《低碳发展论丛》编委会

《低碳发展论》

资　助：浙江省高校人文社科重点研究基地——浙江理工大学应用经济学基地

浙江理工大学人文社科学术专著出版资金（2012 年度）

作　者：沈满洪　吴文博　池熊伟　苏小龙　黄文若　贺震川　孟艾红　王隆祥　周　楠　程永毅　徐　铭　石　清　沈文婷　程小华

低碳发展论丛
沈满洪 / 主编

低碳发展论

沈满洪 吴文博 池熊伟 / 著

THE RESEARCH OF
LOW CARBON DEVELOPMENT

中国环境出版社 · 北京

图书在版编目（CIP）数据

低碳发展论/沈满洪，吴文博，池熊伟著. —北京：中国环境出版社，2013.11

（低碳发展论丛）

ISBN 978-7-5111-1522-5

Ⅰ. ①低… Ⅱ. ①沈… ②吴… ③池… Ⅲ. ①气候变化—影响—经济发展—研究 Ⅳ. ①F061.3

中国版本图书馆 CIP 数据核字（2013）第 168216 号

出 版 人 王新程
责任编辑 陈金华 王海冰
责任校对 唐丽虹
封面设计 陈 莹

出版发行 中国环境出版社
（100062 北京市东城区广渠门内大街 16 号）
网 址：http://www.cesp.com.cn
电子邮箱：bjgl@cesp.com.cn
联系电话：010-67112765（编辑管理部）
010-67113412（教材图书出版中心）
发行热线：010-67125803，010-67113405（传真）
印 刷 北京市联华印刷厂
经 销 各地新华书店
版 次 2014 年 8 月第 1 版
印 次 2014 年 8 月第 1 次印刷
开 本 787×960 1/16
印 张 28.75
字 数 510 千字
定 价 80.00 元

目　录

第 1 章

引　论

1.1　研究意义

温室气体过多排放导致全球气候变暖，全球气候变暖频繁引发气候灾害，这是全球大多数科学家的共识。因此，国际社会在 20 世纪就开始探索温室气体减排事宜，并在 90 年代初见成效：1992 年 6 月，在巴西里约热内卢通过了《联合国气候变化框架公约》，确定了稳定温室气体浓度的长期目标，确定了人类应对气候变化的基本原则；1997 年 12 月，在日本京都签署了《京都议定书》，规定了定量的减排义务，引入三大基于市场的减排机制。此后，大多数国家积极履行自己的职责，温室气体减排呈现向好的趋势。但是，后京都时代温室气体减排的谈判进展缓慢，形成了发达国家阵营和发展中国家阵营两大阵营的较量，其焦点是谁减排更多一级、谁承担减排的成本。

尽管如此，作为“负责任大国”，虽然中国尚处于工业化中期，中国政府早在 2009 年哥本哈根会议之前就明确提出“到 2020 年单位 GDP 的 CO_2 排放量在 2005 年基础上削减 40%～45%”的中期替代目标；从长期来看，中国在 2030—2040 年碳排放将达到峰值（中国科学院可持续发展战略研究组，2009），其后实施碳排放总量削减势在必行。2009 年，胡锦涛主席在联合国气候变化峰会上的讲话中指出：“大力发展绿色经济，积极发展低碳经济和循环经济，研发和推广气候友好技术”。党的十八大报告明确指出：“着力推进绿色发展、循环发展、低碳发展，形成节约资源和保护环境的空间格局、产业结构、生产方式、生活方式，从源头上扭转生态环境恶化趋势，为人民创造良好的生产生活环境，为全球生态安全作出贡献。”（胡锦涛，2012）可见，低碳发展已经成为中国经济转型升级的必然选择。

高碳发展是非目标均衡，低碳发展是目标均衡。在低碳发展目标确定的情况下，特别需要探究的是：目前的非目标均衡状态如何以及实现这种均衡的外部条件如何？未来的目标均衡的状态如何以及实现这种均衡所需要具备的外部条件如何？如何通过各种有效手段实现从非目标均衡到目标均衡的转型？

本书的研究意义在于：在理论上，从农业、工业、能源、交通、建筑、物流、金融等产业和居民消费等方面剖析高碳经济的主要根源和低碳经济的本质要求，并通过计量模型进行实证检验。在政策上，基于理论构想和实证分析，并在借鉴国外相关实践经验基础上，提出为实现低碳经济目标所应该采取的科技创新政策、价格改革政策、财政税收政策和其他市场经济手段等在内的制度创新政策，并提出政策矩阵、政策重点和政策实施策略，为我国发展低碳经济服务。

1.2 概念界定

1.2.1 低碳经济与低碳发展

本书的核心概念是低碳经济和低碳发展。这两个概念总体上是一致的，主要区别是：前者属于名词，后者属于动词。

为应对气候变暖在未来可能带来的灾难性后果，英国政府在 2003 年发布的能源白皮书——《我们能源的未来：创建低碳经济》中首次提出“低碳经济”概念。英国政府认为，低碳经济是通过更少的自然资源消耗和更少的环境污染，获得更多的经济产出；低碳经济是创造更高的生活标准和更好的生活质量的途径和机会，也为发展、应用和输出先进技术创造了机会，同时也能创造新的商机和更多的就业机会[①]。该定义属于政府报告性质，突出了资源节约、污染减排、生活质量、技术创新和商机 5 个关键词。但是，该定义离学科意义上的定义还相差甚远。

我国学者庄贵阳较早研究低碳经济问题。他认为，低碳经济是人文发展水平和碳生产力同时达到一定水平下的经济形态，旨在实现控制温室气体排放的全球共同愿景，其实质是能源效率和清洁能源结构问题，核心是能源技术创新和制度创新，目标是减缓气候变化和促进人类的可持续发展（庄贵阳，2007）。该定义将低碳经济仅仅聚焦于能源效率，显得不够全面；将人文发展水平纳入低碳经济范畴，又过于泛化。

目前国内关于低碳经济的权威定义是冯之浚等（2009）联合提出的：低碳经济是低碳发展、低碳产业、低碳技术、低碳生活等一类经济形态的总称。低碳经

---

① UK Energy White Paper：Our Energy Future—Creating a Low Carbon Economy，2003.

济以低能耗、低排放、低污染为基本特征，以应对碳基能源对于气候变暖影响为基本要求，以实现经济社会的可持续发展为目的。低碳经济的实质在于提升能效技术、节能技术、可再生能源技术和温室气体减排技术，促进产品的低碳开发和维持全球的生态平衡。这是从高碳能源时代向低碳能源时代演化的一种经济发展模式。该定义总体上比较全面，但是存在两个问题：①某些程度上扩大了低碳经济的范围，将低能耗、低排放和低污染“三低”特征作为低碳经济的特征，导致低碳经济与循环经济、绿色经济的混淆。实际上，低碳经济是以碳为核心的循环利用与减排，侧重于解决气候变暖问题，追求温室气体减排；循环经济追求各种资源以及废弃物的循环利用，侧重于解决资源短缺背景下的资源生产力问题；绿色经济强调的是经济与生态的协调，侧重于生态效率和经济效率的兼顾。因此，绿色经济的含义最宽泛，其次是循环经济，再次是低碳经济。②一定范围内又缩小了低碳经济的范围，将低碳经济混同于低碳能源。CO_2 等温室气体的“碳源”主要来自于能源领域，但是又不仅仅局限于能源领域。能源低碳化是低碳经济的重点，但不是全部。

本书认为，低碳经济是以 CO_2 为主的温室气体减排为基本特征的经济形态，主要表现为高碳经济低碳化和低碳技术经济化。高碳经济低碳化就是产业经济活动和消费生活方式都要进行碳减排；低碳技术经济化就是低碳技术和低碳产品等成为企业获取最大利润的新契机和居民获取最大效用的新时尚。

与低碳经济概念相对应，低碳发展就是以 CO_2 为主的温室气体减排为基本特征的发展模式，具体表现为低碳理念、低碳产业、低碳消费、低碳科技、低碳制度等。低碳理念是低碳发展的指导思想，低碳产业和低碳消费是低碳发展的两个重点，低碳科技和低碳制度是低碳发展的两只轮子。

1.2.2　低碳发展与绿色发展、循环发展

低碳发展与绿色发展、循环发展的概念既十分相近又具有特定含义。不少学者不加区分地加以使用。严格地说，从含义广狭的角度看，它们彼此之间具有包容关系，绿色发展的含义最广，循环发展其次，低碳发展最窄；从特指的含义看，它们彼此之间存在并列关系，绿色发展针对环境危机，循环发展针对资源危机，低碳发展针对气候危机（表 1-1）。

不同于有些论著把绿色发展、循环发展和低碳发展混淆的做法，本书的范畴界定是十分清晰的：低碳发展以应对气候危机为出发点，以 CO_2 为主的温室气体的减排为主要内容，以建设气候友好型社会为根本目的。

表 1-1 低碳发展与绿色发展、循环发展的关系

比较项目	绿色发展	循环发展	低碳发展
对应的经济	绿色经济	循环经济	低碳经济
反面的经济	黑色经济	线性经济	高碳经济
基本的内涵	以促进生态修复、环境改善为前提的发展模式	以各种资源的减量化、再使用、再循环为基本特征的发展模式	以CO_2为主的温室气体的减排为基本特征的发展模式
应对的问题	应对环境危机，建设环境友好型社会	应对资源危机，建设资源节约型社会	应对气候危机，建设气候友好型社会
含义的广狭	最广（绿色发展可以包括循环发展、低碳发展）	中间（循环发展可以包括低碳发展）	最窄（低碳发展是绿色发展和循环发展的一个方面）

1.3 理论假说

英国著名学者吉登斯（2009）在其所著的《气候变化的政治》一书中指出：现代工业所制造的温室气体的排放正在引起地球的气候变暖，这对于未来而言有着潜在的灾难性后果。全球变暖带来的危险尽管看起来很可怕，但它们在日复一日的生活中不是有形的、直接的、可见的，因此许多人会袖手旁观，不会对它们有任何实际的举动。然而，坐等它们变得有形，变得严重，那时再去临时抱佛脚，定然是太迟了。

吉登斯悖论的经济学含义是，CO_2 的排放不造成当地、当时的污染，但却因为积累在大气层里，导致全球气候变化，产生负外部性，当负外部性严重到极端的情形就变成一种全球性的“公共负产品”；而实行碳减排，就不是一种对当地、对当时的一种行为，而是一种对全球、对人类产生影响的行为，产生正外部性，当正外部性严重到极端的情形就变成一种全球性的“公共正产品”。

吉登斯悖论的根本原因在于发展高碳经济的私人成本与社会成本不一致，发展低碳经济的私人收益与社会收益的不一致。碳排放的负外部性，导致产出过度，高于社会最优产出；公共负产品导致“公地的悲剧”。碳减排的正外部性，导致产出不足，低于社会最优产出；公共正产品导致“搭便车”心理。

基于对吉登斯悖论的分析，本书提出了“两分法”假设。“两分法”假设有 3 个层面的含义：

（1）低碳经济内涵的两分。高碳经济低碳化和低碳技术产业化。所谓高碳经

济低碳化是指高碳产业转向低碳产业、高碳消费转向低碳消费的规程；所谓低碳技术产业化是减碳技术产业化、用碳技术产业化、固碳技术产业化、低碳能源技术产业化等的总称。

（2）资源与产品的两分。高碳资源与低碳资源、高碳产品与低碳产品。假设市场上的所有资源只有“两种资源”：①高碳资源，这种资源的利用会导致过多CO_2等温室气体的排放；②低碳资源，这种资源的利用可以减缓CO_2等温室气体的排放。假设市场上的所有产品只有“两种产品”：①高碳产品，这种产品的使用会导致过多CO_2等温室气体的排放；②低碳产品，这种产品的使用可以减缓CO_2等温室气体的排放。

（3）经济排碳高低的两分。高碳经济与低碳经济。前者包括高碳农业、高碳工业、高碳能源、高碳交通、高碳建筑、高碳消费、高碳资源、高碳产品、高碳技术、高碳制度等；后者包括低碳农业、低碳工业、低碳能源、低碳交通、低碳建筑、低碳消费、低碳资源、低碳产品、低碳技术、低碳制度等（表1-2）。

表1-2 经济排碳的两分法

序号	类别	高碳经济	低碳经济
1	农业	高碳农业	低碳农业
2	工业	高碳工业	低碳工业
3	能源	高碳能源	低碳能源
4	交通	高碳交通	低碳交通
5	建筑	高碳建筑	低碳建筑
6	物流	高碳物流	低碳物流
7	金融	高碳金融	低碳金融
8	消费	高碳消费	低碳消费
9	资源	高碳资源	低碳资源
10	产品	高碳产品	低碳产品
11	技术	高碳技术	低碳技术
12	制度	高碳制度	低碳制度

根据“两分法”假设，以资源和产品的两分法为例，提出下列理论假说：如果外部成本和外部收益纳入成本-收益的核算范畴，那么，高碳资源的价格低于市场均衡水平，致使高碳资源过度使用；低碳资源的价格高于市场均衡水平，致使低碳资源使用不足；高碳产品的价格低于市场均衡价格，致使高碳产品的过度使用；低碳产品的价格高于市场均衡价格，致使低碳产品利用不足。因此，合乎逻

辑的推理便是：对高碳资源征收碳税→提高高碳资源的使用成本→遏制高碳资源的使用→实现低碳经济的目的；对低碳资源给以补贴→降低低碳资源的使用成本→激励低碳资源的使用→实现低碳经济的目的；对高碳产品征收碳税→提高高碳产品的使用成本→遏制高碳产品的消费→实现低碳经济的目的；对低碳产品给以补贴→降低低碳产品的使用成本→激励低碳产品的消费→实现低碳经济的目的。

与资源和产品的“两分法”相对应，生产和消费也可以进行“两分法”：高碳生产和低碳生产，高碳消费和低碳消费。其理论假说类似于上述阐述，这里不再赘述。

1.4 研究框架

本书由 14 章构成，分别是引论、高碳危机论、低碳农业论、低碳工业论、低碳能源论、低碳交通论、低碳建筑论、低碳物流论、低碳金融论、低碳消费论、低碳技术论、低碳价格论、低碳财税论、低碳对策论。本书的基本思路与框架见图 1-1。

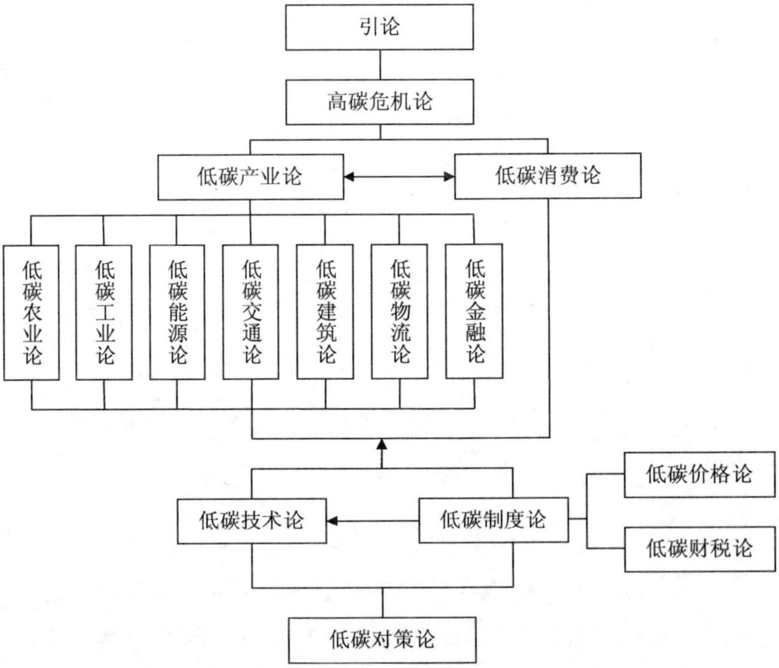

图 1-1 研究思路与框架

第 1 章　引论。本章在阐述低碳发展研究的选题意义的基础上，重点提出高碳经济与低碳经济的“两分法假设”，并就此进行细分，如高碳农业与低碳农业、高碳工业与低碳工业、高碳能源与低碳能源、高碳交通与低碳交通、高碳建筑与低碳建筑、高碳物流与低碳物流、高碳金融与低碳金融、高碳资源与低碳资源、高碳产品与低碳产品、高碳科技与低碳科技、高碳制度与低碳制度等。根据产业与消费、科技与制度的基本主线提出总体研究框架。

第 2 章　高碳危机论。本章在描绘工业化以来碳排放的总体情况以及中国碳排放的总体趋势的基础上，揭示 CO_2 等温室气体的排放所带来的气候灾害等自然危机，重点揭示由于“吉登斯悖论”的作用所导致的各国在碳减排中的“零和博弈”的制度危机，据此阐述低碳发展的重要意义。

第 3 章　低碳农业论。①对低碳农业的内涵、特征及其与高碳农业的差别进行阐述；②测算以化肥、农药为基本特征的高碳农业的碳源与碳汇，据此判断碳排放的形势；③分析从高碳农业的均衡状态及其决定因素、低碳农业的均衡状态及其决定因素以及从高碳农业转向低碳农业的机理与机制；④低碳农业发展的模式创新；⑤促进农业低碳化的对策措施。

第 4 章　低碳工业论。①对低碳工业的内涵、特征及其与高碳工业的差别进行分析；②对中国工业及其各行业的碳排放状况进行测算，并进行历史纵横比较、行业之间比较和国际之间比较；③以部分典型工业行业为例，对高碳工业的均衡状态及其决定因素、低碳工业的均衡状态及其决定因素，以及从高碳工业转向低碳工业的机理和机制进行深入分析；④促进低碳工业发展的对策措施。

第 5 章　低碳能源论。①对低碳能源的内涵、特征及其与高碳能源的差别进行分析；②测算中国能源的碳排放状况并进行历史纵向和不同能源的横向比较，以及进行国际之间的比较；③从能源效率和能源结构两个角度揭示从高碳能源装箱低碳能源的机理和机制；④促进能源低碳化的对策措施。

第 6 章　低碳交通论。①对低碳交通的内涵、特征及其与高碳交通的差别进行分析；②对交通系统以及不同交通方式的碳排放状况进行测算，对交通部门碳排放进行历史纵向比较、不同部门之间的横向比较以及国际比较，从而明确碳排放的状况；③从交通结构、交通方式、运行效率等不同的方面提出从高碳交通转向低碳交通的机理和机制；④对低碳交通的不同模式进行静态和动态分析；第五，促进低碳交通发展的对策措施。

第 7 章　低碳建筑论。①界定低碳建筑的内涵、分析其特征并与高碳建筑做比较；②对建筑碳排放的状况进行测算，并进行纵向和横向比较；③从建筑设计、建筑施工、建筑使用、建筑管理等不同环节提出从高碳建筑转向低碳建筑的机理和机制；④促进低碳建筑发展的对策措施。

第 8 章 低碳物流论。通过从不同角度构建物流业碳排放评价指标体系，严格界定了低碳物流的内涵和特征。统计结果表明，我国依然属于高碳物流。以义乌市商贸城和阿里巴巴物流业发展演变两个经典案例分析了物流业低碳化的基本途径、基本模式及存在问题，并提出了相应的对策建议。

第 9 章 低碳金融论。通过构建碳排放约束下的环境生产函数，以及包含金融政策强度和低碳经济发展评价指标在内的 VAR 系统这两个实证模型，对我国金融资本参与下的环境生产效率和我国低碳金融政策对低碳经济发展绩效的影响作了相关分析。从金融规模、金融效率和金融结构 3 个维度搭建起支持低碳经济发展的金融创新体系，并就投融资机制、金融创新机制和政府激励机制等层面对支持低碳发展的金融优化路径进行详实论述。

第 10 章 低碳消费论。①提出低碳消费的定义、特征及其与高碳消费的比较；②通过问卷调查方法分析我国居民低碳消费的意识、行为、结果、障碍等，从而了解消费活动中的碳排放状况；③对影响低碳消费的各种因素进行实证分析，以揭示各种因素的影响力大小；④分析高碳消费和低碳消费的均衡状况及其决定因素以及从高碳消费转向低碳消费的机理和途径；⑤提出用管制手段、财税手段和教育手段促进低碳消费的对策措施。

第 11 章 低碳技术论。①对低碳技术进行定义，分析其特征并与高碳技术做比较；②对低碳技术促进低碳发展的效应进行定量分析；③以案例分析方法对高碳技术低碳化和低碳技术产业化进行实证分析；④提出促进低碳技术研发、推广和使用的对策措施。

第 12 章 低碳价格论。以高碳资源低价和低碳资源高价作为假设前提，从理论和实证两个方面分析高碳资源低价和低碳资源高价所导致低碳发展，并进一步回答了通过资源价格改革，提高高碳资源价格水平、增加低碳资源价格补贴，是可能实现由高碳发展转向低碳发展的。据此提出了具体的对策建议。

第 13 章 低碳财税论。①资源、产品均存在高碳和低碳两种极端，揭示按照市场均衡价格进行交易所存在的外部性问题；②对高碳资源、高碳产品征税和对低碳资源和低碳产品补贴的政策效应进行分析；③根据政策效应的大小提出在不同情景下税收政策和补贴政策组合使用的对策建议。

第 14 章 低碳对策论。①对低碳发展可能采取的政策进行系统梳理，并按照从硬到软的顺序概括为别无选择的强制性手段、权衡利弊的选择性手段、道德教化的引导性手段；②对促进低碳发展的行为主体进行分析，分别就政府、企业和公众在给定约束条件下的行为选择进行分析；③重点对包括征税和补贴在内的低碳财税手段和包括碳权界定和碳权交易在内的低碳交易手段进行比较分析，揭示在不同条件下的政策选择和取舍；④从国内和国际两个视角提出促进低碳发展的政策实施策略。

1.5　研究方法

1.5.1　比较分析法

低碳发展与高碳发展是互相对应的两种状态。本书十分重视对两种不同状态的比较分析，尤其是注重比较静态分析法的运用。一方面，分类别比较高碳与低碳的不同均衡状态，从而揭示高碳状态的危害与低碳状态的益处；另一方面，分类别比较达到高碳和低碳状态的外部条件，从而明确从高碳状态转向低碳状态需要改变的外部条件。

1.5.2　实证分析法

实证分析就是经济学中进行科学预测和纯事实叙述的分析方法。所谓科学预测就是在其他情况不变的前提下，如果有 A 事实的存在，就会发生 B 情况的后果。它是关于特定条件下因果关系的叙述。所谓纯事实叙述主要回答“是什么”这类问题。它说明某一事物过去怎样、现在怎样、将来又怎样。本书始终围绕“高碳原因—高碳结果—低碳对策（低碳原因）—低碳结果”的因果关系链进行层层分析，通过逻辑实证和经验实证的方法揭示出一系列的因果关系，使分析结论具有说服力。

1.5.3　统计分析法

要刻画高碳发展的状态必须以数据说话。本书特别注重定性分析与定量分析的结合。在低碳农业论、低碳工业论、低碳能源论、低碳交通论、低碳建筑论、低碳物流论等各章均是首先是通过统计分析解释现行经济的高碳性，进而通过国内外的比较，回答如何从高碳经济走向低碳经济。

1.5.4　模型分析法

模型分析特别能够清晰刻画不同经济变量之间的相互关系。因此，本书在阐述过程中除了继续采取文字描述方式外，娴熟运用了几何模型和计量模型。在高碳发展向低碳发展的转型分析方面运用了大量的几何模型，在如何实现低碳发展目标的实证分析中运用了大量的计量模型。

1.5.5 案例分析法

本书在缺乏统计数据进行实证分析的情况下，往往借助于典型的案例进行分析以佐证理论假说。在研究低碳技术创新规律时以电动车与自行车作为典型案例，在研究物流业低碳化进程时以义乌商贸物业和阿里巴巴物流业的低碳化演变作为典型案例，从案例中抽象出一般化的理论，达到了很好的求证效果，也增强了著作的可读性。

参考文献

[1] 中国科学院可持续发展战略研究组．2009 中国可持续发展战略报告——探索中国特色的低碳道路．北京：科学出版社，2009.

[2] 胡锦涛．坚定不移沿着中国特色社会主义道路前进 为全面建成小康社会而奋斗．北京：人民出版社，2012.

[3] 庄贵阳．低碳经济：气候变化背景下的中国发展之路．北京：气象出版社，2007.

[4] 冯之浚，金涌，牛文元，等．关于推行低碳经济促进科学发展的若干思考．广西节能，2009（3）.

[5] 吉登斯．气候变化的政治．北京：社会科学文献出版社，2009.

第2章 高碳危机论

全球气候变暖的事实和科学性正在被越来越多的人所认识和接受。政府间气候变化专门委员会（IPCC）的4次综合评估报告均认为，化石燃料使用导致的人为温室气体排放，尤其是CO_2的排放，是导致全球气候变暖的主要原因。以气候变暖为特征的气候变化不仅破坏了自然系统的正常运行，而且还撼动了人类社会赖以生存的粮食、淡水等重要物质基础，进而威胁人类的生存条件。气候变化还给人类带来巨大经济损失，破坏数千年来经济社会发展所积累的人类文明成果。近半个世纪以来，世界各地的灾难性气候事件明显增多，强降水、热浪、异常的雨雪冰冻天气、洪涝灾害等极端天气频率越来越高、强度越来越大、危害程度越来越深，其中气候变暖带来的海平面上升将威胁世界前十大城市中的八个，几亿居民的生命财产安全将受到威胁。由此可见，人类如再不对气候变化采取切实可行的举措，人类文明的脚步将难以继续前行。

2.1 碳排放的历史回顾与未来趋势

2.1.1 碳排放的历史回顾

2.1.1.1 全球碳排放的历史回顾

自工业革命以来，由于蒸汽机的发明，制造业的兴起，工业化的推进，全球CO_2排放呈不断递增趋势，而且CO_2排放上升速度越来越快，见图2-1。

1750—1850年的100年工业化启蒙时期，蒸汽机问世，欧美发达国家开始使用机器代替人力，第一次技术革命为工业革命开启的广阔的道路，大大提升了社会生产力。在这段时间里，由于工业化范围有限，即使在欧美发达国家，也仅处于工业化初期，因此，整体矿物消耗少，CO_2排放少，全球CO_2的排放量比较有限。

1850—1945年的近100年间，欧美发达国家的工业化程度不断深化，在这段时间里，轮船、潜艇、铁路、汽车、飞机等纷纷问世，由此也带来了第一次世界大战和第二次世界大战，欧美国家的殖民掠夺将工业带到了全世界各地，工业全球化，矿物燃料的消耗快速增加。在这短短的100年里，全球CO_2排放不断增加，到1945年，全球CO_2总体排放量已经到达了15亿t。第二次世界大战期间，各国基础设施和工业设施被摧毁，影响了各国的工业发展，全球CO_2排放呈波动式的增长。但是战争促进了技术创新，为之后的第二次技术革命奠定了坚实的基础。

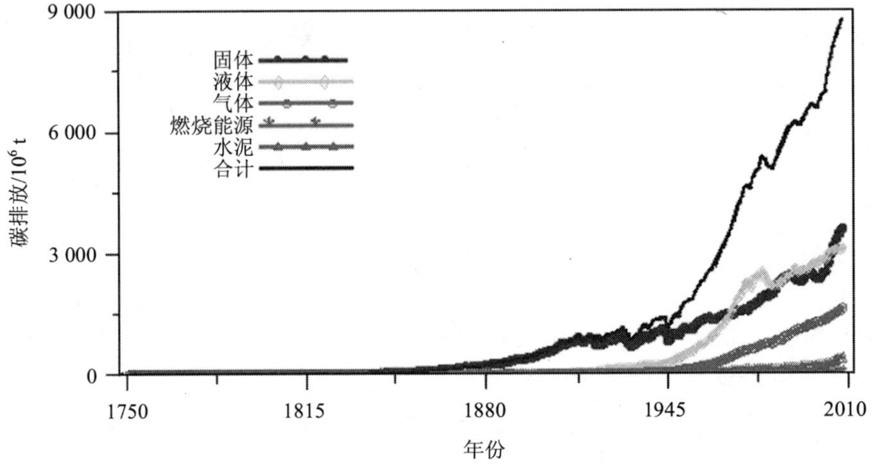

数据来源：Tom Boden，Bob Andres. Global CO_2 Emissions from Fossil-Fuel Burning. Carbon Dioxide Information Analysis Center，Oak Ridge National Laboratory，2012-09-10。

图2-1　工业革命以来全球碳排放的轨迹（1750—2010）

在1945—2010年的65年中，由于第二次技术革命和第三次技术革命所带来的技术创新，特别是计算机的应用，大大促进了全球的工业化。由于经济全球化的不断深化，欧美发达国家的技术和工业也普及到了发展中国家。这期间，全球经济的一体化对科技创新与国家竞争力增强提出了切实的要求，世界各国为了发展本国的经济，不断加大技术创新的投入，加快全国基础设施的建设，增加工业的投资。工业化的不断深化，带来的矿物燃料的广泛使用。石油、煤炭、天然气这三类矿物燃料在这期间逐渐成为世界工业的发动机，造成CO_2等温室气体的排放量逐年增长，增长速度远远快于历史上任何一段时间。2010年，世界CO_2排放总量已经接近90亿t，是1945年CO_2排放量的6倍，CO_2的井喷式增长，对人类降低CO_2排放量提出了迫切的要求。

2.1.1.2　中国碳排放的历史回顾

图 2-2 显示了 1890 年以来我国矿物燃料排放的 CO_2 的总体轨迹。

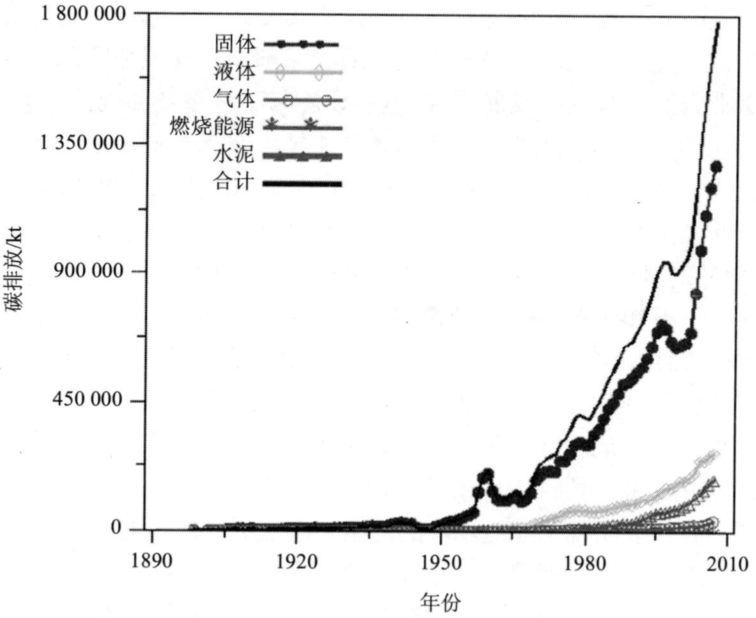

数据来源：Tom Boden，Gregg Marland，Bob Andres. Global CO_2 Emissions from Fossil-Fuel Burning. Carbon Dioxide Information Analysis Center，Oak Ridge National Laboratory，2012-06-10。

图 2-2　中国矿物燃料的 CO_2 排放轨迹（1890—2010）

我国工业化起步于 1890 年。1890—1949 年，我国一直处于半殖民地、半封建社会状态。在这段时间里，虽然也有实业救国思想的发展，但晚清政府忙于扶倾斜之大厦，北洋政府忙于军阀混战，国民政府忙于内战，我国的工业发展既得不到发达国家的帮助，也没有国内经济基础与技术创新做铺垫，因此我国在这段时间工业化没有太大的起色，工业化程度非常低，使用矿物燃料相对比较少，CO_2 排放也比较少。

在 1949—1980 年的 30 年中，我国政治上虽然得到了稳定与发展，经济也有了比较好的发展，但是我国实行计划经济，市场机制无法在资源配置中发挥作用，经济效益低下。在这段时期，我国在经济发展的方针上发生了重大错误，虽然也有一定的经济发展和社会进步，但没有赶上技术革命的浪潮，被欧美发达国家远远地甩在了后面。由于这段时期的工业化发展缓慢，我国的 CO_2 排放自然也是以比较缓慢的方式增长，1980 年我国由于矿物燃烧而排放的 CO_2 总量在 4.5 亿 t 左右。

在 1980—1998 年的近 20 年间，改革开放给中国带来了翻天覆地的变化，我国的经济发展方式从计划经济逐步向市场经济转变，大大激发了人民群众发展经济的积极性，我国经济呈现井喷式发展。随着东部率先发展战略的实施，我国沿海地区的工业得到了长足的发展，各地基础设施与工厂设备如雨后春笋一般冒出，呈现异常繁荣的景象。在此期间，我国工业的技术水平较低，以粗放式的发展方式为主，企业发展往往没有先进的节能环保设备，CO_2 排放程度不断加剧。另外，我国工业严重依赖煤炭资源，而且相比石油与天然气，煤炭资源的碳排放强度最高，我国 CO_2 的排放呈井喷式增加。到 1998 年，我国由于矿物燃料燃烧而释放的 CO_2 达到了 9 亿 t，是 1980 年的两倍。

在 1998—2010 年的 10 多年间，中国正处于工业化迅速推进的时期，加上经济发展指导思想上的偏差，各地大量引进被发达国家所淘汰、环境污染严重的产业与技术。沿海地区的工业已经有了比较大的发展，形成了比较完善的产业链，但依然处于重化工业阶段；中西部地区由于工业基础差，人才吸引力低，高科技产业很难进入，往往无视工业对环境的污染，建设了一批高能耗、高排放的企业。在这段时间里，由于各种污染严重的企业在我国开办工厂，我国 CO_2 排放直线上升，上升速度让人咋舌，短短十来年时间，我国 CO_2 排放量比 1998 年增加了 1 倍，达到了 18 亿 t，其中 2006 年，我国碳排放量超过美国，占世界碳排放量的 20%（Tom Boden 等，2012），由此，我国碳减排面临巨大的国际压力。

2.1.2 碳排放的未来趋势

2.1.2.1 全球碳排放的未来趋势

“八国集团”（G8）于 2009 年 7 月在意大利 G8 峰会上，提出到 2050 年全球温室气体排放削减 50%，其中发达国家削减 80%的目标（简称“G8 目标”）。本节研究设置两种碳排放情景，对“G8 目标”的内涵进行分析。

情景 A：从 2006 年开始，按照“G8 目标”，均匀减排至 2050 年的目标值。该情景要求发展中国家立即开始减排，是“G8 目标”下发展中国家的“最小排放情景”。

根据最小排放情景（情景 A），发达国家和发展中国家均从 2006 年开始均匀减排，至 2050 年满足 G8 全球减排目标（图 2-3（a））。相应地，全球排放量也从 2006 年开始减少，到 2050 年减少一半。按“最小排放情景”，2006—2050 年发达国家和发展中国家的累计排放量分别为 112 Pg 碳和 153 Pg（1 Pg=10^{15} g）碳，全球累计排放量为 264 Pg 碳。因此，2006—2050 年将有 148 Pg 碳（264×56%≈148 Pg 碳）进入大气，换算成 CO_2 含量，则约为 70 mL/m³；加上 2005 年的大气 CO_2 含量（380 mL/m³），那么，2050 年大气 CO_2 含量正好为 450 mL/m³。与此同时，发达国家和发展中国家的人均排放量也在 2006 年同时立刻下降，到 2050 年趋于相同（图 2-3（b））。发展中国家由于自身技术条件有限，经济发展程度低，在此情景下的全球碳减排任务显然对发展中国家极为不利，也极为不公。如果发展中国家由于技术条件与经济发展水平不能支持此情景下的碳减排计划，就不能按计划进行减排，发达国家也将会以此为由不承担自己到 2050 年减排 80%的责任，那么全球碳排放将不会在 2006 年左右出现拐点，而是沿着 2006 年以前的趋势逐年递增。

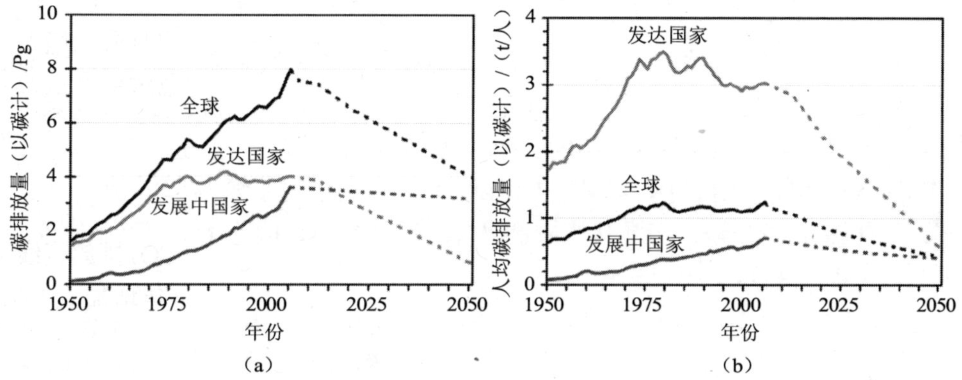

资料来源：方精云等，2009。

图 2-3　情景 A 预测结果

情景 B：从 2006 年开始，发展中国家年排放量快速增加，但相对增加速率逐年均匀减小，至某年增率减至 0，即达到排放峰值；然后开始减排，逐年增大相对减排速率，至 2050 年满足全球减排目标（以 2005 年为基准年）。

在情景 B 下，发展中国家排放量均从 2006 年开始增加，年增加率为 8%，此后年增率逐渐减小直至达到排放峰值，峰值年份在 2025 年前后，达到峰值后开始减少排放，减排速率逐年增大，至 2050 年减排速率在 6.7%左右，年排放量满足“G8 目标”（图 2-4（a））。与之相对应的是，发展中国家的人均排放量从 2006 年开始快速增加，与总排放量同时达到顶峰，此后逐年下降，到 2050 年与发达国家基本持平，达到 G8 的目标（图 2-4（b））。

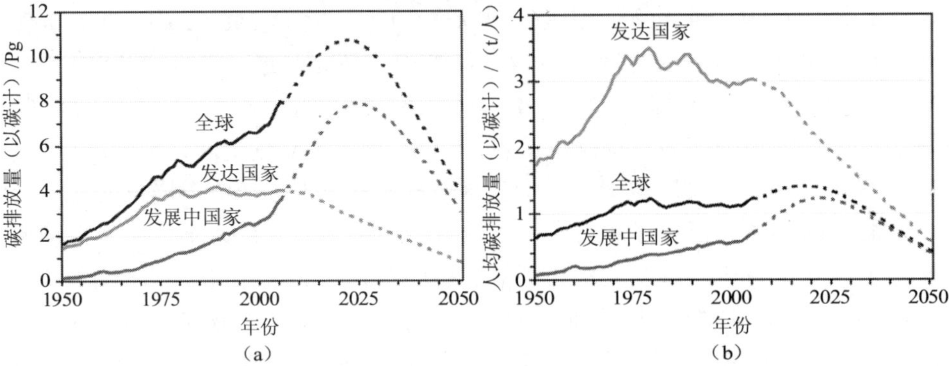

资料来源：方精云等，2009。

图 2-4　情景 B 预测结果

情景 B 的减排计划相对于情景 A 而言，这种情景符合碳减排共同但有区别的责任，对发展中国家更为合理，也更加可行。在此情景下，发展中国家能够在碳减排与本国经济发展上实现兼顾局面，不仅能实现全球碳减排任务，而且还能对全球经济发展作出贡献。相对于情景 B，如果我们可以采用不同的年增加率（例如 10%、12%），又会有不同的情景出现，但是其他情景都与情景 B 相似，因此本节将不予讨论。

2.1.2.2　中国碳排放的可能轨迹

由于中国在世界碳排放问题上具有举足轻重的地位，因此中国未来碳排放的变化趋势受到广泛关注，已有多位学者和研究机构从不同角度对中国未来碳排放进行了预测（岳超等，2010）。本节基于对我国未来 GDP 和单位 GDP 碳排放强度的预测，对我国 2010—2050 年碳排放进行了预测。

本节研究使用的中国碳排放历史数据引自美国橡树岭国家实验室 CO_2 信息分析中心（CDIAC）统计的全球不同国家碳排放数据（Boden T A 等，2009）。碳强度数据引自美国能源部能源信息署（EIA）。为了计算人均碳排放，使用美国人口调查局网站公布的中国 2050 年前人口预测数据①（表 2-1）。

表 2-1　本章使用的 GDP 和人口预测数据

年份	GDP/10^3 亿元	人口/亿
2010	291	13.48
2020	650	14.31
2030	1 291	14.62
2040	2 100	14.55
2050	2 992	14.24

① 数据来源：US Census Bureau. http://www.census.gov/ipc/www/idb/informationGateway.php。

（1）基于碳排放强度五年计划的预测。1980 年以来，我国单位 GDP 碳排放量的排放强度迅速下降。1980—2000 年，平均每 5 年下降约 20%。国家“十一五”规划（2006—2010 年）也将能源强度降低 20%作为目标，因此，本节的“五年计划”情景之一是假定未来我国碳排放强度变化将延续这一趋势，即 2006—2050 年我国 GDP 碳排放强度每 5 年降低 20%（“五年计划 1”情景）。“五年计划”情景之二是假设 2006—2020 年碳排放强度每 5 年下降 15%，2020—2035 年每 5 年下降 20%，2035—2050 年每 5 年降低 25%（“五年计划 2”情景）。这一情景设置是考虑到我国目前仍然处于重化工业阶段，短期内碳排放强度降低幅度可能较小；而远期随着新能源等低碳技术的发展和应用，碳排放强度下降速率可能呈加速趋势。

图 2-5 展示了两个“五年计划”情景下我国未来碳排放总量及人均排放量的预测结果。图 2-5（a）和图 2-5（b）分别说明了我国碳排放总量和人均碳排放量的增长趋势呈倒 U 型，两种情景预测的未来碳排放峰值年份比较接近，均在 2035 年左右。但是不管在总量指标上还是在人均指标上，“五年计划 2”的排放峰值高于“五年计划 1”，并到 2050 年达到一致。“五年计划 2”相对于“五年计划 1”，更加注重我国处于经济发展与结构转型中对于碳排放量需求的事实，以更小的成本促进我国进行碳排放，更加适合我国的国情。

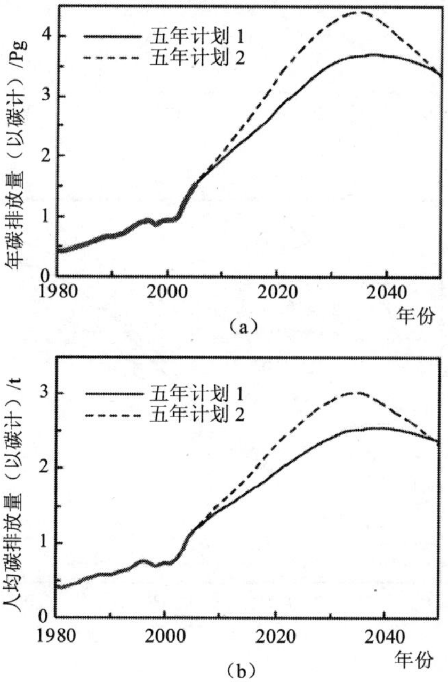

资料来源：岳超等，2010。

图 2-5　基于碳排放强度“五年计划”情景的未来碳排放预测

（2）基于 2050 年碳排放强度假定情景的预测。这一预测仍然假定中国的碳排放强度在 2050 年前指数衰减，但 2050 年碳排放强度降至发达国家 2005 年的水平。根据这一假设，我国碳排放强度年均下降速率分别为：3.62%（按美国），4.10%（按德国），4.53%（按英国），5.27%（按日本）以及 4.10%（按 G8 平均）。

图 2-6（a）和图 2-6（b）分别展示了两个"五年计划"情景下我国未来碳排放总量及人均排放量的预测结果。基于 2050 年碳排放强度假定情景的预测，图 2-6 与图 2-5 趋势相似，都呈抛物线形状，并在 2035 年左右达到峰值（除美国的预测情景外），此后逐年下降。从图 2-6 可以看出，如果预测排放速率越高，那么抛物线就越低，碳排放的累积量就越少，相应的是对我们的经济发展的影响也是越大。

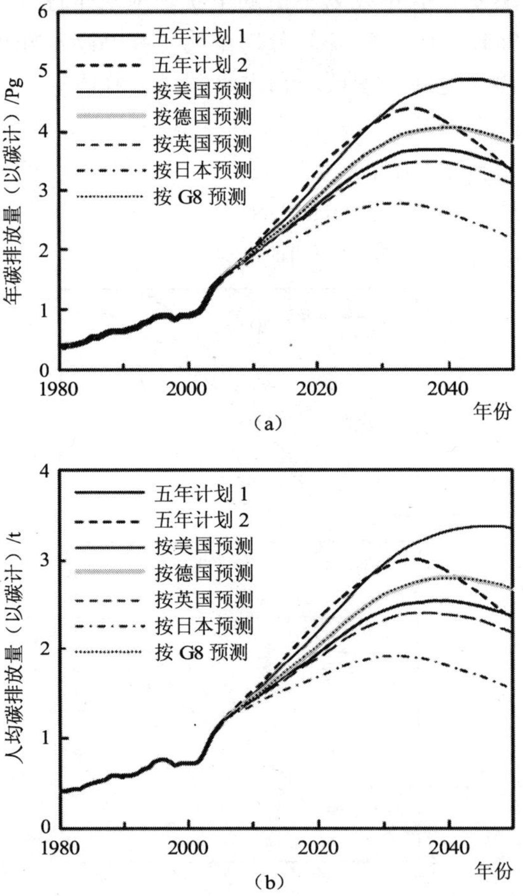

（a）

（b）

资料来源：岳超等，2010。

图 2-6　基于 2050 年碳排放强度假定情景的未来碳排放预测

从图 2-6 还可以看出，不论是基于碳排放强度五年计划的预测，还是基于 2050 年碳排放强度假定情景的预测，我国碳排放量在 2006—2035 年将持续增长，在 2035 年左右达到峰值，约为 2000 年碳排放量的 3 倍，此后碳排放量将逐年下降。

2.2　温室气体排放与全球气候变化

2.2.1　全球变暖与温室气体相关

全球气候在逐渐变暖已经成为不争的事实，应对全球气候变化也已经成为世界各国的共识。根据政府间气候变化专门委员会（IPCC）第四次评估报告，在过去 100 年内，即 1906—2005 年全球平均气温上升了 0.74℃，最近 50 年升温约为每 10 年升高 0.13℃，是过去 100 年升温的两倍，未来 20 年全球气温还会以每 10 年 0.2℃的速度上升。但是对于造成全球气候变暖的原因，不同的学者却各有说辞，主流观点是：温室气体排放特别是 CO_2 排放的急剧上升是全球气候变暖的主要原因。

IPCC 对于全球变暖的认识和原因分析是一个逐步深化的过程。1990 年，IPCC 第一次评估报告认为，观测到的全球增温现象可能主要归因于自然变率，也可能和人类活动有关。这说明在 1990 年，对于气候变暖的原因还是非常不确定。1996 年，IPCC 第二次评估报告指出，根据检测到的证据，说明人类活动所排放的温室气体对气候有影响。到 2001 年，IPCC 第三次评估报告提出了比较确切的观点，根据新的、更加有力的证据表明，过去 50 年观测到的全球大部分增温可能归因于人类活动所排放的温室气体（信度为 66%）。到 2007 年的 IPCC 第四次评估报告则指出，人类活动“很可能”是过去 50 年气候变暖的主要原因（信度为 90%）。IPCC 第三次评估报告的依据不仅是地表温度的分析，还对检测和归因研究做了更复杂的统计分析；第四次评估报告不但提供了结论的信度，而且检测与归因研究在空间尺度和气候变量方面也有新发展。IPCC 第四次评估的科学性使“人类活动是造成过去 50 年全球气候变暖”的结论更具有说服力，这一结论被世界各国的大多数学者所认可。这也是全球所提倡的节能减排、低碳发展与低碳生活的重要科学依据之一。

2.2.2　全球变暖原因的其他观点

除了 IPCC 所代表的主流观点，各国学者对于全球变暖的原因也提出了不同的意见。69 岁的阿卜杜萨马托夫是俄罗斯著名天文学家、俄罗斯学院天文观测总台宇宙研究室主任，也是俄罗斯国内坚持“太阳活动导致气候变化”论的主要科学家。他指出“气候变化是一个被政治家操弄的科学问题”[①]。由于欧美发达国家已经度过了工业化中期，即度过了 CO_2 排放增速最快的时段，相对于广大发展中国家，发达国家进行 CO_2 减排相对比较容易，对本国经济的损害也较小，更重要的是：发达国家可以依靠碳减排的低碳技术催生出新的经济增长点；与此截然不同的是发展中国家必须牺牲刚刚建立起来的工业，去承担本应由发达国家负责的碳减排任务。阿卜杜萨马托夫指出，全球变暖的主要原因不是人类活动所排放的 CO_2 所造成，发达国家极力推进碳减排根本目的是为了制约发展中国家的发展，让发展中国家为自己以往排放的温室气体承担责任，进一步巩固自己在全球竞争中的地位与优势。

阿卜杜萨马托夫对于全球变暖原因解释是：人类活动对气候变化的影响微不足道，气候变化的最重要原因是太阳活动。他表示，全球变暖是事实，这是因为在过去的一个世纪里，太阳辐射强度呈现前所未有的急剧上升势态，并在 1998—2005 年达到峰值。强烈的太阳辐射使得海洋表面温度升高，并释放出大量 CO_2 等温室气体，相比之下，人类活动产生的温室气体不值一提。阿卜杜萨马托夫称，有证据表明，地球、火星、冥王星以及太阳系的其他行星，目前都面临气候变暖的情况。阿卜杜萨马托夫说，在对火星的观测中，天文学家们发现火星上的冰帽正在不断消融，这与太阳辐射量的波动存在直接的关系。同样，地球当前的全球气候变暖趋势，也主要是因为太阳辐射的波动。事实上，众所周知的温室效应只是造成近几十年地球变暖的一小部分原因，不能与太阳辐射量的增加相匹敌，未来大规模的升温和变冷现象将在地球和火星上几乎同时出现[②]。

阿德莱德大学地质学教授伊恩·普里莫在哥本哈根世界气候大会期间表示：“全球变暖跟 CO_2 排放无关，但是哥本哈根却依然讨论这个问题，是因为很多人从中得到了名声和财富，包括研究机构和政府。限制 CO_2 排放，政府就有了收税的好机会。你想不到空气也能拿来收税，现在他们就要拿空气收税了。”[③]

此外，对于全球变暖问题，中国科学院兰州高原大气物理所研究员汤懋苍提出了“气候变化地心说”（倪建红，1997），其基本点在于地球内部变化是气

---

① 张浩．科技日报，2010. http://www.jmnews.com.cn/c/2010/01/20/08/c_6043150.shtml.

② 同上。

③ Ian Plimer. Heaven and Earth：Global Warming – The Missing Science. Connor Court Publishing，2009.

候变化的根本原因，他指出大陆的冰川融化根本不是从顶部开始的，而是从底部开始的，是地心变热造成冰川融化，一切都跟 CO_2 等温室气体无关。中国科学家、北京大学大气科学系教授钱维宏 1997 年成功预报了著名的厄尔尼诺事件，就气候变暖提出了许多与当今主流观点不同的见解。钱维宏对全球气候变化和大气中 CO_2 浓度变化曲线进行分析发现，大气中 CO_2 的浓度从 1750—1950 年缓慢增加，1950 年以来的 50 多年间，CO_2 浓度增加的速率是过去 200 年的 6 倍。由此可见，CO_2 浓度由缓慢增加到快速增加的"拐点"在 20 世纪 50 年代。然而，全球气温从较冷的小冰期到全球增暖期的温度快速增加"拐点"是在 19 世纪 50 年代，比 CO_2 排放增速的"拐点"早了 100 年。他提出，CO_2 浓度增加不能说明全球增暖期以来的平均温度变化，更不能说 2012 年百年来的年代际温度震荡。温室气体对气温上升的贡献份额有待于深入研究（钱维宏，2011）。

2.2.3　本书的基本观点

虽然造成全球变暖的原因各有说辞，但是对于全球变暖这一事实是无可争议的。对于全球变暖的问题争论的焦点，主流观点认为：温室气体，特别是 CO_2 的排放导致了全球变暖；非主流观点各有说辞：一是"太阳周期说"，二是"地心学说"，三是"拐点论"等。本书认为，人类温室气体的过多排放引起的温室效应，是 20 世纪以来全球变暖的主要原因。

从图 2-1 可以看出，自工业革命以来，全球 CO_2 排放逐渐增加，而且增加的速率越来越大，特别是"二战"以后，CO_2 排放呈现喷发式的上升。从图 2-7 可以看出，自 19 世纪末以来，全球温度呈波动式上升，特别是自"二战"以来，全球温度呈快速上升的趋势，上升速率大大超过以往。对比图 2-1 和图 2-7 可见，全球 CO_2 排放的趋势图和全球气温变化的趋势图总体一致。因此可以认为，CO_2 等温室气体的排放与全球变暖有着不可分割的联系。通过数据的对比，以及对大量科学研究的查阅，本书作者认为：人类排放的 CO_2 等温室气体是 20 世纪以来全球变暖的主要原因。

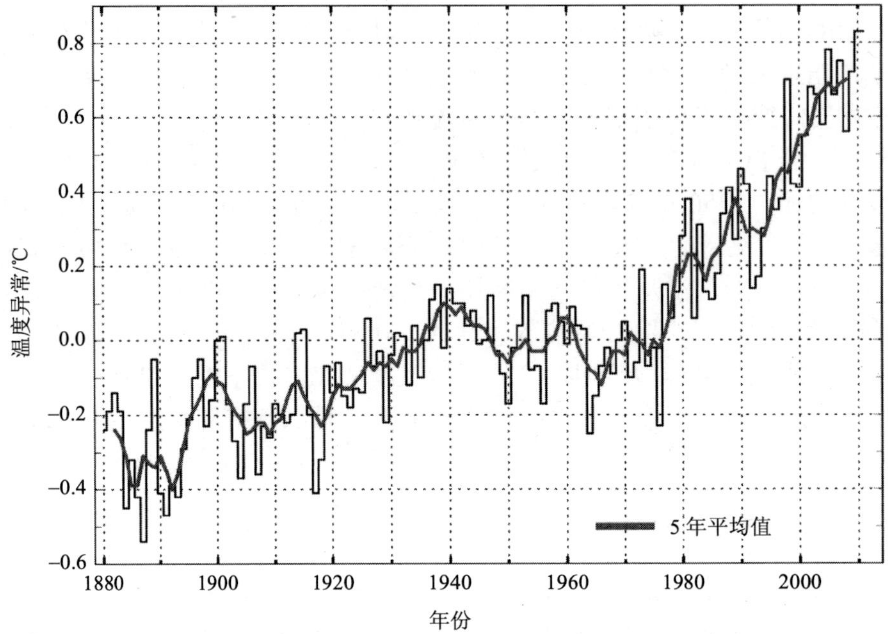

数据来源：Hansen，J.E，R. Ruedy，M. Sato，K. Lo. Global Annual Temperature Anomalies（Land Meteorological Stations）. National Aeronautics and Space Administration，NASA Goddard Institute for Space Studies，2012。

图 2-7 全球历史温度轨迹

2.3 气候变暖的主要危害

2.3.1 气候灾害

2.3.1.1 冰川融化

全球变暖最明显的证据就是极地冰川开始大面积融化。2009 年 9 月 3 日，英国《每日邮报》公布了一张挪威北极地区冰川融化的照片，照片中融化的冰壁内出现了一张哭泣的脸，融水成为这张脸流下的“伤心泪”，见图 2-8。哭泣的冰川犹如地球母亲流着泪呼唤人类保护环境，引起了关于全球变暖的激烈讨论。

资料来源：杨先碧．北极冰川在哭泣．摘自腾讯综合新闻，2009. http://finance.qq.com/a/20090919/001998.htm。

图 2-8　哭泣的冰川

拍摄“冰川哭泣”照片的摄影师是环保人士迈克尔·诺兰，拍摄地点是奥斯特方纳冰川。这片冰川面积超过 7 700 km^2，是挪威斯瓦尔巴特群岛中最大的一处冰川，同时也是北极地区最大的冰川之一。10 多年来，诺兰每年都会来到奥斯特方纳冰川，考察冰川的发展趋势及其对动物生态的影响。结果，诺兰发现，冰川面积每年都在减小，而且缩减趋势越来越快。诺兰接受采访时表示，“哭泣的冰川”应该引起人们的思考。他希望最近拍摄到的只是一个偶然的自然现象，不希望全世界所有的冰川都开始不断“哭泣”。如果真的是那样，冰川附近的居民和沿海居民的生命财产就岌岌可危了，到时哭泣的就该是人类了。如果我们不想看到世界性灾害发生的那一天，那么现在就应该努力通过减少碳排放等措施来遏制全球气候变暖（杨先碧，2009）。

图 2-9 是北极海冰冰层年龄变化的对比图。图中颜色越深，表示冰层年龄越大，颜色越浅，表示冰层年龄越小。从图 2-9 可以明显看出，1981—2009 年，北冰洋年龄大的冰层在逐渐减少，有些薄的冰层已经融化成海水。2008 年冰川融化

的时候，船甚至可以顺利地驶过连接北大西洋和太平洋的西北通道，以前这是不可想象的事情。美国冰雪数据中心公布的数据显示，北极冰川目前的覆盖面积为165万 $mile^2$ ①，自1979年开始对北极冰川面积进行卫星测量以来，这是有记录以来最少的一次（习人，2009）。

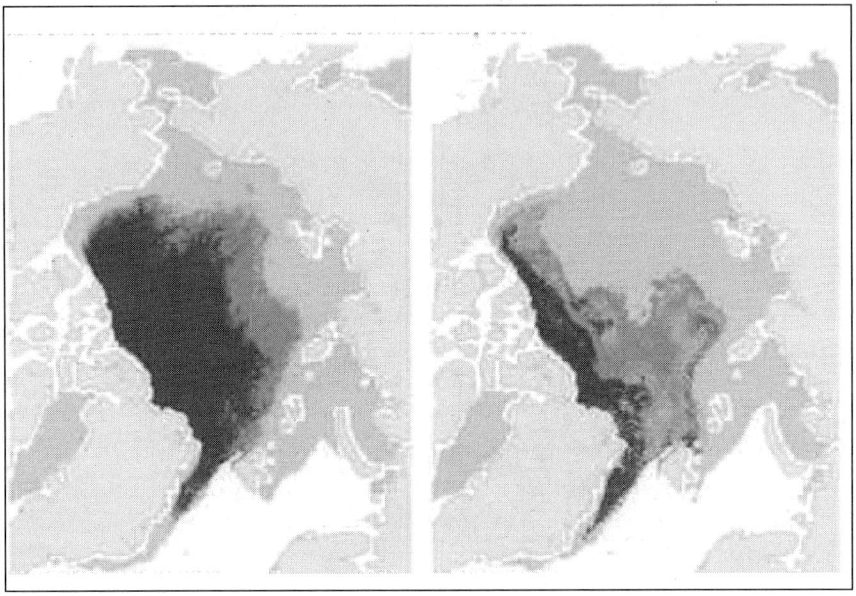

资料来源：习人．英媒刊登照片展示全球正在消融的冰川（组图）．摘自中国网，2009. http://www.china.com.cn/news/tech/2009-05/04/content_17715314_3.htm。

图2-9 北极冰川对比图

2.3.1.2 海平面上升

2007年IPCC第四次评估报告指出：由于全球变暖，到2100年，海平面可能会上升18～59 cm。然而，这些数字并未考虑到南极、北极冰雪加速融化的情况。欧洲气候委员康妮·赫泽高说："令人担心的是，最近科学研究指出，海平面上升速度比我们以前的预期更高。这项研究再次提醒人们，解决气候变化问题的确非常紧迫。"②总部设在挪威首都奥斯陆的北极检测和评估方案（AMAP）说："（直到2010年）过去6年是北极有史以来最温暖的时期。未来90多年，即到2100年，全球海平面预计将会上升 0.9～1.6 m，北极冰川、冰盖和格陵兰大冰原融化

---

① 1 $mile^2$（平方英里）=2.59 km^2。

② 任仲发．2100年海平面或将上升1.6米淹没沿海城市．摘自中国网络电视台，2011．http://news.cntv.cn/20110506/110925.shtml.

的冰，将对此作出巨大贡献”（任仲发，2009）。

北极检测和评估方案报告还表示，2003—2008 年观测到每年海平面上升 3.1 mm，其中格陵兰的冰原提供的冰雪融水超过 40%。格陵兰冰原的面积与墨西哥差不多，每年该地的冰雪融化量从 1995—2000 年的 500 亿 t 上升到 2004—2008 年的 2 000 亿 t。世界各地的冰川和冰原融化，导致海平面快速上升（任仲发，2009）。

海平面上升造成河口地区径流变小，影响径流携沙入海；此外，海平面上升造成的海洋水动力条件的变化，还使得泥沙运动状态发生变化。这些变化的海洋动力条件于海岸带系统将造成潮滩湿地减少、涵闸废弃、洪涝灾害加剧、海堤破坏、海水入侵等灾害效应。

2.3.1.3　洪涝

IPCC 第三次、第四次评估报告指出，受气候变暖的影响，在高纬度地区和一些湿润的热带地区，可供使用的水资源有可能在 21 世纪增加。另外，全球气候变化使极端气候变化出现的频率发生改变，气候系统变得异常敏感，导致强台风、强降水等极端事件发生的频率增加，局部地区发生洪涝、泥石流的频率也大大增加。

从表 2-2 可以看出，随着全球气候变暖，世界极端气候事件发生频率的增加，我国每年洪涝灾害都对人员伤亡和经济损失产生了重大影响。过去 20 年，我国几乎每年因洪涝灾害而死亡的人数都在 1 000 人（2008 年、2009 年除外）以上，直接经济损失都在 500 亿元以上，其中 1993 年、1998 年、2010 年洪涝灾害产生的人员伤亡和经济损失非常大。

表 2-2　1991—2010 年我国洪涝灾害损失

年份	死亡人数/人	经济损失/亿元	严重程度
1991	5 113	779	中
1992	3 012	412	轻
1993	3 499	641	较轻
1994	5 340	1 796	较重
1995	3 852	1 653	较重
1996	5 840	2 208	重
1997	2 799	930	较轻
1998	4 150	2 550	重
1999	1 892	930	较轻
2000	1 942	711	轻

年份	死亡人数/人	经济损失/亿元	严重程度
2001	1 605	623	轻
2002	1 819	838	较轻
2003	1 551	1 300	中
2004	1 282	713	轻
2005	1 624	1 558	中
2006	1 076	743	较轻
2007	1 203	1 071	中
2008	436	721	较轻
2009	538	846	较轻
2010	3 222	3 745	重

数据来源：梁志勇．全国洪涝灾情统计．中国防汛抗旱，2011（5）。

2.3.1.4 干旱

气流的水汽输送是降水的关键因素，大气环流异常就会导致干旱灾难，全球变暖及厄尔尼诺现象将会加强或者减弱局部地区的水汽输送，造成局部地区干旱。如果一个地区的水汽输送加强，那么该地区强降雨事件将会增加；相反，如果一个地区的水汽输送减弱，那么该地区将会受到持续无降水或者少降水的影响，致使该地区发生干旱事件。因此全球变暖将加剧水资源的供需矛盾，让发生洪涝的地区持续强降水，让干旱的地区持续的无降水或者少降水。

中国是一个干旱灾害频繁发生的国家。据统计，全国每年旱灾损失占各种自然灾害的15%以上，1950—2010年所统计的五项气候灾害（干旱、洪涝、台风、冻害、干热风）中，干旱灾害发生频次约占总灾害频次1/3，为各项灾害之首。由于干旱往往具有发生范围广、持续时间长等特点，对国民经济的影响较大，所以研究中国干旱发生的时空分布特征、变化规律及其对粮食产量、水资源、能源、林牧渔业等经济部门的影响意义巨大。

2.3.1.5 热浪

目前，国际上还没有一个统一的高温热浪标准。世界气象组织（WMO）建议将日最高气温＞32℃，且持续3天以上的天气过程称为高温热浪；荷兰皇家气象研究所将日最高气温＞25℃，且持续5天以上，其中至少有3天最高气温＞30℃的天气过程称为高温热浪；我国气象局规定日最高气温＞35℃为高温日，连续3天以上的高温天气称为高温热浪。IPCC第四次评估报告指出，自20世纪70年代以来在更大范围内观测到了更强、持续时间更长的干旱，近50年来已观测到了极端温度大范围的变化，冷昼、冷夜和霜冻已变得稀少，而热昼、热浪事件的发生频率持续上升（秦大河，2007）。

随着全球气候变暖，我国高温热浪天气逐年增多。近 35 年来华北地区高温和闷热天气时间有增多趋势，年平均分别增多 0.25 次和 0.34 次。华东地区近 55 年来≥35℃的高温日数年平均为 10.9 天，从 20 世纪 80 年代后期开始，高温日数有明显增多趋势，尤其近 5 年（2001—2006 年）平均高温日数达 27 天，2003 年为 40 天。近 35 年来华中地区高温天气在 1993 年以前年平均在 20 天以下，从 1994 年以后年平均维持在 24 天以上。近 50 年来华南地区高温天气在 20 世纪 90 年代以前大多在 9.4 天的平均值以下，在 90 年代以后有明显增多趋势，多数年份高于平均值。西南地区高温天气在 50 年代末到 70 年代中期为多发时期，70 年代末至 80 年代有所下降，90 年代又有回升，但较 60～70 年代偏少（谭建国等，2009）。

2.3.2　气候变暖影响产业布局与发展

2.3.2.1　对旅游业的影响

旅游业不仅是当今世界上最大的、增长最快的产业，而且随着个人收入、闲暇时间的增加和运输网络的改善，旅游业未来还会有很大的发展。但是随着全球气候变暖，逐渐升高的温度将会把世界上许多旅游胜地从世界地图上抹去。

关于气候变化对旅游业影响的讨论要追溯到 1988 年，第一次气候变化对全球旅游影响评估的研究出现在 1988 年世界自然基金会（WWF）组织的会议上，1999 年发布了其研究结果（Vinerd，1999）并于 2000 年 1 月在悉尼大学举行的千年旅游和接待业会议上报告，随后又在 2001 年出版。2003 年以来，气候变化与旅游作为一个新的研究领域受到了国际学术界的关注。在 2003 年春季、夏季两个关于气候变化对旅游业影响的会议分别举行。① 2003 年 4 月在突尼斯吉尔巴世界旅游组织举行的第一届气候变化与旅游国际大会。大会认为，气候变化对旅游目的地和旅游流有多方面的影响；由于使用化石燃料和排放温室气体，旅游业也是气候变化的主要因素之一。② 2003 年 6 月在米兰由欧洲科学基金资助的研讨会，此次会议第一次将科学家组织到一起来研讨气候变化、旅游和环境的相互作用，会议拟定了一个科学计划，形成一个提高关注力的战略方案，建设了一个网站网址为 www.e-clat.org，最后成立气候变化和旅游业关系的研究组织。

研究表明，长期的气候变化可能导致全球范围内降水格局的变化、冰川融化、海平面上升、气候灾害现象加剧等后果，对旅游业未来的发展将产生非常深刻的正面和负面影响。总体而言，气候变化给旅游业带来的负面影响是主要的。其影响主要表现在以下几方面：①对旅游地生命周期的影响。气候变化带来的海平面升高加剧了众多的沿海旅游城市以及岛国在海岸带保护方面的巨大风险，甚至直接威胁到旅游目的地的存亡。②对景观季相变化的影响。因为气温、降水、风向风速等天气现象在一年四季内有不同的变化，这将影响某地区的空间景观结构和自然风景的季相变化。③对旅游产品的影响。气候变化会导致旅游目的地原有的资源禀赋发生改变，使得一些传统旅游项目无法正常开展（王洁等，2010）。加拿大因纽特人的生活可能因为北冰洋海岸升温而受到影响；如果降雪继续减少，将会影响加拿大一些地区旅游业的发展，比如野地旅游、冬季钓鱼、滑雪活动等旅游项目。④对旅游者决策的影响。气候的变化将影响旅游目的地的景观及其对游客的吸引力，并最终对旅游者的动机产生影响。一项对 2004 年丽江游客的调查显示，19.63%～42.97%的游客表示如果冰川消失，将不再选择丽江作为旅游目的地（Yuan Lingling，2006）。⑤对旅游业的利益相关者的影响。气候变化对旅游业的影响，会影响到旅游业受益群体，不仅会减少国家的财政收入与地方的就业机会，也会影响投资者的回报以及众多旅游从业人员包括社会居民的利益，还会导致旅游者从旅游活动中获得的利益被削弱。

2.3.2.2 对渔业的影响

气候变化与海洋环境关系非常密切，海洋环境变化将会严重影响海洋中鱼类的生存状态，对全球的渔业和鱼类物种的延续都将形成巨大的挑战。全球变暖所导致的海洋环境的改变主要表现在以下 4 个方面：①海水温度升高，全世界海水温度在过去的 40 年间显著上升，其中海洋表层下 300 m 内海水温度平均升高了 0.31℃，3 000 m 内的水温平均升高了 0.06℃。②海平面上升。这一现象可从三方面来解释，即海水体积的热膨胀、南极和格陵兰冰盖加速融化以及湖泊、地下水等由于全球变暖而增加了汇入海洋的水，20 世纪全球海平面上升速度是近 300 年来最快的。③海洋含氧减少。美国《国家科学院报》的一篇研究报告显示，由于气温升高，海水表层温度上升，但其余部分的水温则变化不大，导致海水上下温度差加大，令其内部混合作用减弱，造成整个海洋水中含氧的供应减少。④海洋酸化。大量燃料燃烧导致海洋化学性质发生变化，生产过程中所释放的 CO_2，其 1/3 进入了海洋，降低了自然状态下呈碱性的海水的 pH 值，这大大改变了海洋中鱼类的生成状态（王亚民，2009）。

海洋生态环境的急剧变化将对渔业造成一系列负面影响：①传统渔场消失，渔业纠纷增加。全球气候变化可能导致传统渔场消失和鱼类洄游迁徙路线和时间的变化。由于渔场的变化，导致渔业资源形成新的分配格局和争夺，会引发国家间双边或多边的渔业资源权益新纠纷与冲突。②影响鱼类繁育，气候变化影响鱼类的生长发育和繁殖，使鱼群大小与结构发生很大变化，也会导致渔场消失或者渔业功能消失，这使得由于人类滥捕而全面衰退的渔业雪上加霜，渔民生计将面临严重的威胁。

2.3.2.3　对农业的影响

我国农业部“气候变化对农业生产的影响及应对技术研究”项目首席科学家、南京农业大学教授潘根兴在接受新华社记者采访时表示，全球 CO_2 浓度持续升高促进了光合作用，或将提高作物产量；但海平面上升、极端气候事件频发及病虫害灾害高发等将抵消有利因素，从而引发粮食产能的不确定性（周舟，2010）。李艳丽等（2004）指出，气温升高使我国高温持续天数增加，种植界限北移，复种指数提高，有利于农作物产量的增加，还会使生长期延长，促进农业生产。但是，温度愈高，生长期愈长，害虫繁殖愈快，也容易成灾，增加了控制的难度。暖冬也破坏了植物原有的生态平衡，使农作物减产。而且，气候变暖也加剧了我国北方地区的旱情，农业灌溉受到很大的影响。林而达（2006）在气候变化国家评估报告中指出，气候变化将对我国的农业生产产生重大影响，如果不采取任何措施，到 2030 年，我国种植业生产能力在总体上可能会下降 5%～10%。到 21 世纪后半期，我国主要农作物如小麦、水稻和玉米的产量最多可下降 37%。今后 20～50 年的农业生产将受到气候变化的严重冲击，气候变化将严重影响我国长期的粮食安全。

何燕等（1999）针对 1997 年初夏至 1999 年夏出现的厄尔尼诺现象对广西壮族自治区农业的影响进行了分析，研究指出，厄尔尼诺现象引起 1997 年夏天广西异常的阴冷，导致早稻损失严重，晚稻受影响；厄尔尼诺现象导致 1997 年秋广西出现近 40 多年来罕见的寒露风天气，致使晚稻受危害严重，产量损失巨大；厄尔尼诺致使 1998 年 8 月广西出现长时间的高温酷热少雨天气，造成广西较大面积干旱，全区农作物受旱面积达 26.93 万 hm^2，其中晚稻受旱面积达 12.51 万 hm^2，严重干裂面积达 4.96 万 hm^2，旱地作物受旱面积达 14.42 万 hm^2，其中旱情特别严重的桂林地区农作物受旱面积为 10.63 万 hm^2，晚稻受害面积为 4.03 万 hm^2，占实插面积的 36.8%。

2.3.3　气候变暖影响人类健康

全球气候变化将影响虫媒传染病的传播，这些影响主要表现在改变虫媒的地区分布，增加虫媒繁殖速度与侵袭力和缩短病原体的外潜伏期。受气候变化影响较大的虫媒传染病包括疟疾、血吸虫病、登革热和其他虫媒病毒性疾病。

2.3.3.1　疟疾

疟疾是全球流行最严重的虫媒传染病。全世界有 1/20 的人口患有疟疾，每年有 3.5 亿新病例，约 200 万人死于该病。疟疾在有些地区原已被控制或消灭，但现在呈复发趋势，这主要是由于疟原虫和传播疟疾的蚊虫已对杀虫剂产生抗药性。气候因素（如温度和湿度）直接影响疟疾的传播，由于疟原虫一般在16℃以下难以存活，所以疟疾分布有地区性，另外充沛的雨量有助于蚊虫的滋生繁殖，适宜的气候条件可加强蚊虫的侵袭力。1987年，疟疾在卢旺达大流行，主要是由于气温持续升高和连续降雨。计算机模型预测到2100年，世界人口受疟疾影响的比例将可能由现在45%增至60%，即每年将新增病例5 000万～8 000万（崔新华，2007）。

2.3.3.2 血吸虫病

在人类寄生虫病中，就社会经济和公共卫生重要性而言，血吸虫病是仅次于疟疾的第二重要的热带病。血吸虫病是人和动物都能受传染的寄生虫病。成虫寄生在人、牛、猪或其他哺乳动物的血液中，因此人和这类动物被称为成虫宿主。人得了血吸虫病会严重损害身体健康。目前每年估计至少有20万人死于血吸虫病。死亡原因为：埃及血吸虫病引起的膀胱癌与肾功能衰竭，与肠道血吸虫病引起的肝纤维化与门脉高压及其后果，如上消化道出血（陈名刚，2001）。2006年我国共有448个血吸虫病流行县（市、区），流行县总人口为23 772.80万人，共有33 810个流行村，流行村总人口为6 746.59万人（赫阳等，2007）。血吸虫病目前在我国流行范围大，难以有效控制，必须加强血吸虫病的防御与治疗。

2.3.3.3 登革热和其他虫媒传染病

全世界有500多种虫媒病毒，其中100多种可引起人类疾病，在适当情况下，虫媒病毒可引起相关疾病的暴发流行。近年来，随着全球气候变化，全球登革热流行呈显著上升趋势，流行区不断蔓延，已广泛分布100多个国家和地区，对25亿人健康构成威胁。据研究报道，我国广东、广西、海南、台湾是登革热流行的主要地区，广东省登革热疫情同国外登革热流行程度相关联，呈输入性流行的特征。我国部分地区的自然条件适合登革热传播媒介伊蚊的生长、繁殖，登革病毒的传入易引起流行，多次的传入使形成地方性的风险升高（吴烽，2006）。

2.3.3.4 心理疾病

阿尔布雷奇特与同事一起历经数年调查记录了澳大利亚人面对干旱时内心深处的感受。他们发现现在澳大利亚人患上了一种奇怪的“心病”——身在家乡，却在思念家乡。阿尔布雷奇特说：“实际上，人们是渴望拥有从前的环境。”发生在澳大利亚的干旱，让科学家们从新的角度审视了气候变化可能影响人们的心理状态。每个人都在担心生态系统可能发生不可预知的变化，比如生活在海滨城市的居民可能担心当海平面上升后，会淹没自己的家乡。阿尔布雷奇特说：“环境变化得越快，对人的心理健康的影响就越大。在澳大利亚内陆，工业活动已将很多地方变成不毛之地，人们的自杀呈直线上升。哈佛大学科学家曾在卡特里娜飓风之后，对该市居民做过一项调查，这里的居民称，他们遭受了极其痛苦的精神折磨，严重程度是 3 年前的两倍以上，其中有近 10%的人甚至有过自杀倾向，生理创伤是原因之一，但环境恶化造成的心理阴影可能是最重要的原因，危机将以另一种方式降临：当世界越来越热、越来越干时，即便从未离开过家乡，人们也回不到曾经美丽的家园，心理上的痛苦或许将伴随人们的一生（詹妮，2009）。

2.4　应对气候变化的国际博弈

2.4.1　吉登斯悖论

2.4.1.1　“搭便车”现象

众所周知，气候变化并非气候本身所使然，据政府间气候变化专门委员会（IPCC）公布的报告，当前的气候变暖，90%是由于人类向大气排放温室气体所造成的，包括化石燃料的使用、土地利用方式等。气候变化起因于人类自身，因此从根本上说，这一问题的解决也依赖于人类自身。但就当前的情况而言，尽管大多数公民都知道气候变化问题的严重性，但却很少有人采用实质性的行动，而等真正被迫采取行动的时候，那又一切都为时过晚。正是针对这样的一种处境，吉登斯提出了以自己的名字命名的概念——“吉登斯悖论”。“吉登斯悖论”的含义是：“既然全球气候变暖所带来的危害在人们的日常生活中不是具体的、直接的、可见的，那么，不管它实际上有多可怕，大部分人就依然是袖手旁观，不做任何具体的事情。但是，一旦等情况变得具体和真实，并且迫使他们采取实质性行动的时候，那一切又为时太晚。”（郭忠华，2010）“吉登斯悖论”实际上突出的更是一种心理的惰性：当存在采取行动的余地时不采取行动，当必须采取行动的时候却没了行动的余地。从集体行动的一面来看，气候显然属于一种公共物品，当自利的“经济人”与公共物品相结合的时候，如果没有强制性的存在，那么必然产生“搭便车”的现象。体现在气候变化上，那就是每一个人都不愿付出边际成本来改善这种大家受益的气候，最终造成没车可搭的后果。

实际上搭便车者普遍能够认识到气候变化问题的严重性，但却不愿采取实际行动。以运动型多功能车（SUV）为例，在英美等工业化国家，大部分人驾驶此类车型，同时它也是 CO_2 的主要排放源。尽管大部分人知道 CO_2 排放与气候变暖之间的关联，但面对广泛的使用者，个人的普遍反应是：“我是想不用这种车了，但我个人不用又能带来什么差别呢？”或者干脆就是“以后再换吧”。搭便车者不仅体现在普通公民身上，在政治领导者、民主国家也是非常普遍的现象。例如，部分政治领导人一边大谈对气候变暖问题的重视，而自己的生活方式却未做任何的调整。

2.4.1.2 现有政治框架的缺陷

在吉登斯看来，面对全球气候变暖这一潜在危机，已经存在的搭便车主义者、怀疑主义者、乐观主义者、环保主义者对于全球变暖都没有提出切实可行的方案。搭便车主义者对于采取行动一直犹豫不决，怀疑主义者和乐观主义者并没有采取行动的动力，环保主义者虽然是最活跃的群体，但是他们缺乏行动的组织性，而且计划缺乏科学性。从现实主义的立场出发，吉登斯提出了解决全球气候变暖问题的一揽子方案——“气候变化的政治”，在他看来，“我们还不存在气候变化的政治。换句话说，如果我们要实现限制全球气候变暖的抱负，我们尚不具备必要的政治革新纲领。”（郭忠华，2010）

现有气候谈判进程中主要的政治缺陷就是国际气候政治谈判集团化，即在关键阶段主要以集团为单位进行博弈。气候谈判集团化始于 1990 年 12 月联合国大会对《联合国气候变化框架公约》（FCCC，以下简称“公约”）谈判的启动，迄今已历经 20 余年。气候谈判集团化主要有两大好处：一方面，谈判集团化有利于快速达成局部共识，缩短谈判时间，加快谈判速度。集团化使利益和立场相同或相近的国家走到一起，有助于达成集团内共识，从而缩短整体谈判时间，整个谈判最后就主要集中于不同集团之间的博弈，谈判速度因此得到加快。另一方面，谈判集团化有利于加强缔约方的谈判力量，提高缔约方，尤其是弱国的声音。当今世界并未脱离政治现实主义所言的权力政治的时代，在气候议题上亦为如此。集团化可以凝聚处于权力弱势的国家，以集团的名义提高自己的声音，在一定程度上抵御权力政治的影响，从而维护自身利益。

但是，气候谈判集团化有着其自身不可避免的弊端，那就是可能造成“多数国暴政”，即把具有共识的多数国家的意愿强加给个别或少数国家。例如，土耳其抱怨，按照联合国贸易与发展会议对发展中国家的规划，土耳其无法被列为中等收入国家；而世界银行又把土耳其规划为中上等收入国家。这使得土耳其在国际气候集团政治中的角色很尴尬，即无法和发展中国家站在一起，也不能同发达国家集团为伍，不能在气候谈判中发出自己的声音。经过多年的演变，国际气候政治集团化已逐渐形成了一些不成文的潜规则，“只有集团的代表可以参加许多非正式磋商，只有集团的代表可以进入最后阶段的谈判”。“这就是为什么要成为集团成员的原因”。如今，在每轮谈判举行之前，都要先进行一些集团的闭门会（张磊，2010）。现有政治框架的缺陷，即国际气候谈判集团化让发达国家阵营在气候谈判中有了更多的话语权，同时也增加了他们抗拒大力减排的底气。另一方面，发展中国家极力要求发达国家承担历史责任，并且向发展中国家提供碳减排的技术与资金支持。发达国家与发展中国家在谈判上无法达成一致结果，致使谈判以悲剧结束。

1992 年至今，全球每年都有关于气候变化的会议，但是至今未切实形成被主要工业国家所共同承认的减排计划，即使《京都议定书》也未能幸免，这与国际气候谈判框架不无关系。《联合国气候变化框架公约》于 1992 年 9 月在巴西里约热内卢召开的由世界各国政府首脑参加的联合国环境与发展会议上制定，目的是控制温室气体的排放，以尽量延缓全球变暖效应（水利部应对气候变化中心，2008）。《公约》共有 189 个缔约国，会议没有对参加国规定具体要承担的义务，对发达国家将本国 2000 年的温室气体排放恢复到 1990 年排放水平的要求也不具有约束性，但确立了“共同但有区别的责任”这一重要原则，为以后会议确立了主基调。《京都议定书》条约 1997 年 12 月在日本东京通过，各国为了自身经济发展，一直未能通过议定书，直到 2004 年 12 月俄罗斯签订《京都议定书》后，议定书才达到了生效的条件，并于 2005 年 2 月强制性生效（水利部应对气候变化中心，2008）。作为人类历史上首个具有法律约束力的温室气体减排方案，议定书的生效具有里程碑意义，但是最大的遗憾是占世界温室气体排放 1/4 的美国拒绝签订议定书。美国拒绝签订《京都议定书》的理由有 3 个：①议定书对美国要求的减排力度最大，将大大影响美国现有的经济实力和工业发展；②美国的人民生活方式具有高碳性，议定书将改变美国的生活方式；③美国自始至终不承认《公约》所提出的“共同而有区别的责任”，美国想自己领导一个温室控制方案，把发展中国家也拉进减排体系。2007 年的巴厘岛会议再次将全球的目光集中在应对全球气候变化问题上，但是会议最终中欧与美国互相妥协，接受折中方案，放弃要在协议中明确规定减排目标，而将难题留给 2009 年的哥本哈根会议。让全球人翘首以待的哥本哈根会议于 2009 年 12 月在丹麦举行，来自 193 个缔约方的 4 万名代表，119 名国家领导人参加了这次气候大会（曾文革，2010），本次会议讨论 2012 年后全球温室气体强制性减排的协议，会议被广泛视为“人类拯救地球的最后一次机会”（人类发展报告编写小组，2009）。然而，会议最后并没有形成具有法律约束的协议，2012 年后的减排将陷入法律真空期。本次会议以失败告终的主要原因在于发达国家与发展中国家关于责任同担问题上的分歧，发达国家要求发展中国家承担减排任务，发展中国家要求发达国家对历史负责。究其原因，在于碳排放权的初始分配，和后期的发达国家帮助发展中国家，尤其是技术支持上发生分歧，导致会议以失败告终。

2.4.2 世界各国的博弈

2.4.2.1 存量与增量的争论

到目前为止，全球碳减排一直未有定论，一个重要原因就是发达国家和发展中国家关于责任权衡和计算的方式不同。发达国家希望以 CO_2 的增量为基础，进行碳减排；发展中国家则反对以增量计算，这种方式忽略了发达国家的历史责任，因此发展中国家更希望以历史存量来计算碳减排的责任。

发达国家远远早于发展中国家进入工业社会，在工业社会前中期，发达国家向大气排放了大量的 CO_2，这是目前全球气候变暖的主要原因，也是发达国家不可推卸的历史责任。现在进入工业社会中后期，一方面，发达国家社会高度发展，既有经济实力又有科技基础进行碳减排；另一方面，发达国家凭借其先进的低碳技术，碳排放强度快速下降，碳排放量越来越少，因此他们希望按照增量来计算减排责任。

与此相对应的是，发展中国家正处于工业化前中期阶段，是发展经济的关键时期，也正是需要排放大量 CO_2 的时期。由于发展中国家工业基础薄，科学技术落后，碳排放强度居高不下，造成部分发展中国家的碳排放总量已经超过一部分发达国家。然而发展中国家需要依靠经济的快速发展来解决落后与贫困，没有低碳技术的支持，发展中国家无法兼顾经济发展与碳减排。如果硬要以增量计算碳减排，那么发展中国家只能牺牲经济来减少碳排放，结果将是经济更加落后，碳减排效果却差强人意。本着对历史负责的态度，为了减少南北差距，为了帮助发展中国家脱离落后与贫困，发达国家应该主动挑起碳减排的大旗，采取以存量计算碳减排的方式，谋求解决气候变化问题，体现发达国家的国际地位。

2.4.2.2 总量与人均的争论

2007 年，中国在 CO_2 总排放量上已经超过美国，居世界第一，但是另一方面，中国的人均 CO_2 排放量却远远低于欧美发达国家。目前国际上对于碳排放是按总量进行减排还是按人均进行减排一直未有定论。发达国家由于自身人均 CO_2 排放居高不下，因此他们强调按总量进行减排，这对总量已经位居世界第一的中国处于非常不利的局面。

表 2-3 是 1980—2010 年世界主要国家的 CO_2 排放量，从 2007 年以后，我国 CO_2 排放量就已经超过美国，跃居世界第一，到 2010 年，我国 CO_2 排放量达到了 82 亿 t，远远超过美国的 55 亿 t。

表 2-3　世界部分国家 CO_2 排放量　　单位：Mt

地区	1980 年	1990 年	1995 年	2000 年	2005 年	2010 年
中国	411	632	805	831	1 386	8 241
美国	1 307	1 330	1 405	1 569	1 599	5 492
日本	250	294	317	332	341	1 138
英国	163	159	154	157	157	493
世界	4 852	5 702	5 850	6 275	7 280	33 509

资料来源：1980—2005 年数据来自 2005—2020 年中国能源需求情景及碳排放国际比较研究（张建民，2011）；2010 年数据来自：Tom Boden，Gregg Marland，and Bob Andres. Carbon Dioxide Information Analysis Center，Oak Ridge National Laboratory，2012。

但是我国人均 CO_2 排放尚低于主要发达国家，见表 2-4。

表 2-4　世界部分国家人均 CO_2 排放量　　单位：t

地区	1980 年	1990 年	1995 年	2000 年	2005 年	2010 年
中国	0.42	0.58	0.67	0.66	1.06	6.2
美国	5.75	5.33	5.28	5.56	5.39	17.6
日本	2.14	2.38	2.53	2.63	2.67	8.9
英国	2.89	2.76	2.64	2.62	2.60	7.9
世界	1.12	1.09	1.04	1.04	1.14	4.9

资料来源：1980—2005 年数据来自 2005—2020 年中国能源需求情景及碳排放国际比较研究（张建民，2011）；2010 年数据来自 Tom Boden，Gregg Marland，Bob Andres. Carbon Dioxide Information Analysis Center，Oak Ridge National Laboratory，2012。

表 2-4 显示了 1980—2010 年世界主要国家人均 CO_2 的排放量，我国从 1980 年以来，人均 CO_2 排放逐渐增加，但是一直低于发达国家人均 CO_2 排放量。1980 年我国人均 CO_2 排放量只有 0.42 t，不到美国人均 CO_2 排放量的 1/10；到 2010 年，我国的人均 CO_2 排放量也只有美国的 1/3 左右。如果按照总量进行减排，我国将面临非常大的碳减排任务，势必严重影响到国民经济发展与相关产业转型升级。

发达国家由于人均碳排放量高居不下，且不想影响本国国民的生活质量，因此希望按总量进行碳减排。但是这对发展中国家极为不利，也极为不公平，碳排放权也是发展权的重要组成部分，每个人都拥有平等的发展权，也理应拥有同等的碳排放权，因此发展中国家呼吁的按人均进行碳排放应该得到确立。

2.4.2.3 生产与消费的争论

在碳减排责任上，有的国家或学者提出了谁的生产活动排放的CO_2最多，谁就理应减排最多，但是近几年另一个观点越来越得到世界各国的认可，那就是谁消费谁负责。工业消费品在生产中排放了大量的CO_2，随着国际贸易的发展，本国的工业品被输送到世界各国，因此产品的碳排放成本也应该随着产品流动，由产品的消费者买单。

工业品属于第二产业，相对于第三产业，工业品的碳排放量强度高，对环境影响严重，属于高碳排放产品。但是就全球而言，工业品是日常生活的必需品，必须保证足够的供应量，满足人们的生活所需。正是发展中国家承担了生产工业品的责任，提供给发达国家消费，而自身环境却深受影响，并且蒙受碳减排的巨大国际压力。发展中国家在遭受工业品生产过程中所排放的碳污染时，并没有把环境污染与碳减排的成本嫁接到产品价格上，以极低的价格提供给发达国家。因此发达国家必须为消费这些产品而承担生产此产品而排放的CO_2，否则发展中国家将无法承受碳排放压力而停止生产工业品或者提高工业品价格，这无论对发达国家还是对发展中国家自己都百害而无一利。

2.4.2.4 一致还是差别的争论

应对气候变化是全世界国家和人民所面对的重大问题，任何个人和国家都无法从气候变化的影响中逃脱，都需要共同面对气候的挑战。应对气候变化，不得不面对这一个基本问题：各国的责任和权利如何划分？各个国家应该扮演怎样的角色？

一种观点认为，既然气候变暖将对所有国际成员产生影响，那么所有国家都应该承担同等的责任和义务。这种观点从提出开始就饱受质疑和批评。虽然应对气候变化是人类面对的公共性问题，但由于各国在应对气候变化中所担负责任大小、利益关切程度、实现利益手段等方面的巨大差异，不能要求所有国家、所有个人都承担同等的责任和义务。首先，气温的升高主要是由以CO_2为主的温室气体排放造成的，从历史上看，发达国家是CO_2的主要排放者。从某种意义上来说，发达国家的过度发展、对自然资源的开采和利用直接导致了气候问题的产生，并且让全世界人民都面临危机和挑战。相反，发展中国家，或者发展相对滞后的国家，它们的CO_2排放存量远远小于发达国家，要求这些国家承担其他国家所带来的后果和责任，显然是不公平的。其次，各国在气候变化过程中的风险和利益是存在差异的。那些海拔较低、地处沿海的国家面临着最大的威胁，海平面的升高可能吞没这些国家的领土，摧毁这些国家居民的家园。相反，一些国家不但不会受气候变暖的影响，甚至会在气候变化过程中获得利益增长，比如一些农业国家，因为气温升高，其农产品能够提高品质，提高产量，从而促进国家经济的发展。最后，各国应对气候变化的承受能力大相径庭。经济发展快速的国家，或者幅员辽阔、综合国力更强的国家，他们抵御气候变化、应对气候变化后果的能力要强于其他国家。要求所有国家承担相同的应对气候变化的责任将加重发展中国家和不发达国家的压力与负担。

显然，应对气候变化虽然需要国际社会的共同努力，但是各国所扮演的角色是具有差别的。近年来，国际社会普遍接受“共同但有区别的责任”（《联合国气候变化框架公约》第三条所规定）的应对气候变化责任分配原则，即发达国家执行限制性的减排任务，发展中国家在第一阶段没有具体的减排要求。

2.4.2.5　自主创新与技术转移的争论

与每次产业革命都是在重大技术突破的基础上发生一样，科学技术也是应对气候变化的关键手段。在发展低碳经济、应对全球气候变化的过程中，技术是最重要的决定因素，尤其是低碳技术，是根本上解决全球变化的关键性技术。

目前，全球的低碳技术分布非常不平衡，发达国家处于技术研发前沿，拥有大量先进的低碳技术及专利；发展中国家处于工业化前期，工业薄弱，技术落后。高端技术的研发需要投入大量的人力、物力，代表一个国家的发展程度，同时也是一个国家处于国际经济领导地位的有力保障，因此发达国家对于低碳科技往往表现出惜售的态度，促使发展中国家自主研发低碳技术。反观发展中国家，缺乏科技人才，缺少资金支持，没有进行高端科技研发的人力、物力，因此需要发达国家转移科技与资金，帮助其碳减排。此外，从经济利益上讲，发达国家在科技研发上投入的时间、资金与人力非常巨大，有些技术需要几十年才能回收成本或者初见成效，发达国家不可能无偿转移给发展中国家，如果有偿转移，发展中国家又无力支付高额的转移费用，因此发达国家提倡各国自主创新技术；然而，从碳减排责任与国际道义上讲，发展中国家碳减排源于发达国家的历史碳排放，发达国家有责任给予发展中国家资金与技术上的支持，发展中国家使用发达国家的资金技术帮助发达国家履行历史责任，因此发展中国家提倡技术转移。

在气候变化应对中，尽管《公约》和《京都议定书》都明确规定：向发展中国家提供技术和资金是发达国家的义务，强调了技术开发与转让的必要性和紧迫性。但是，从 2005 年《京都议定书》生效实施 7 年以来的情况看，发达国家向发展中国家转让低碳技术的进展甚微，究其原因，主要障碍有：

（1）发达国家缺乏低碳技术转让的政治意愿。在低碳科技转让问题上，发达国家政府一直不积极，他们往往把低碳技术视为未来国家竞争力的重要组成部分，缺乏对发展中国家进行技术转让的政治意愿。而且，先进的低碳技术主要掌握在私营企业手中，私营企业追求利益最大化，没有意愿向其他企业转移技术。

（2）缺乏明确的低碳技术转让核查机制。大规模的国际低碳技术转让一直没有发生的另一个主要原因是联合国至今没有一个明确的、可操作的、有效的低碳技术转让核查机制。没有明确的机制来促使发达国家向发展中国家转移先进技术，发达国家就会采取拖延与逃避的策略来防止本国技术外流。

（3）发达国家知识产权保护体系不利于技术向发展中国家转移。发达国家的先进技术往往受到严格的知识产权保护，转让费用较高，很多发展中国家往往由于资金不足而难以承受，从而失去获得低碳技术的机会。

（4）发展中国家自身不足影响对发达国家先进技术的吸收和应用。从我国来看，主要体现在：①资金不足；②人力资源储备不足；③观念落后，信息不畅；④制度不完善，缺乏适宜的经济激励制度；⑤在清洁发展机制（CDM）合作过程，企业重引进资金，轻引进技术，而发达国家则重资金支持，轻技术支持，我国的CDM 技术转让效果评估结果显示，通过 CDM 项目合作转入我国的先进技术非常有限。

应对气候变化，涉及全球共同利益，更关乎广大发展中国家的利益和人民的福祉。我国在经济发展中取得了巨大成就的同时，明确提出了应对气候变化的措施。我国将进一步把应对气候变化纳入经济社会发展规划，并继续采取强有力的措施。①加强节能、提高能效工作，争取到 2020 年单位生产总值 CO_2 排放比 2005 年有显著下降。②大力发展可再生能源和核能，争取到 2020 年非化石能源占一次能源消费比重达到 15%左右。③大力增加森林碳汇，争取到 2020 年森林面积比 2005 年增加 4 000 万 hm^2，森林蓄积量比 2005 年增加 13 亿 m^3。④大力发展绿色经济，积极发展低碳经济和循环经济，研发和推广气候友好技术。中国作为负责任的大国，为发展中国家努力发展低碳社会做出了榜样。①

2.5 中国碳减排的现实困境

2.5.1 资源禀赋决定了以煤炭为主的能源结构

《中国的能源状况与政策》白皮书指出，我国拥有较为丰富的化石能源资源和可再生能源资源，比如煤炭资源，2006 年，我国煤炭保有资源量为 10 345 亿 t，剩余探明可采储量约占世界的 13%，列世界第三位（中国能源状况与政策白皮书，

① 胡锦涛在联合国气候变化峰会开幕式上的讲话，纽约联合国总部，2009。

2007）[①]。据中国石油勘探开发研究院提供的数据，目前中国天然气远景资源量可达 47.14×10^4 亿 m^3，可采资源量为 14×10^4 亿～18×10^4 亿 m^3；目前中国天然气探明地质储量 3.86×10^4 亿 m^3（可采储量 2.47×10^4 亿 m^3）。按目前的可采储量算，以每年开采 1 300 亿 m^3 的速度，只可开采 20 年（金培，2005）。我国以煤炭为主的资源禀赋决定了大规模用煤能源的现状，相比石油和天然气，煤炭的碳排放强度最高，碳污染最严重，因此能源结构决定了我国 CO_2 高排放。

2.5.2　工业化阶段决定了高排放的基本特征

1640 年英国开启工业化进程后，欧美国家逐渐开始本国的工业革命，脱离农业社会，进入工业社会，而我国从 20 世纪才开始工业化道路。欧美国家的工业史表明，工业化初期对于能源的消耗相对较小，因为国内并没有太多的工厂、机器设备需要消耗能源，在这期间，能源的需求和污染物的排放自然不是很多。但是当工业化进入中期后，工业对于能源的消耗逐渐放大，能源的紧缺也开始显露。在工业化中期，由于厂房设备遍布全国，加上工艺简陋、设备落后、技术低下，能源使用效率不高，温室气体排放严重。如今全球变暖的很大一部分责任在于欧美国家在工业化中期排放的大量 CO_2。当工业化进入后期以后，科学技术得到大幅度的提升，低碳技术开始应用到国民经济中，能源效率大大提高，机器设备升级，国民的环境保护意识和国家对于环保的投入大幅度提升，此时间段，CO_2 排放少，且处于下降趋势。

中国工业化进程不过 100 多年，目前正处工业化中期。一方面，我国由于科技设备落后，缺乏低碳技术的应用与推广。与此同时，我国作为“世界工厂”，在保证本国需求的同时，还要为世界各国输送大量的工业品，额外产生了大量的 CO_2；另一方面，欧美国家已进入工业化后期，在本国积极研发低碳技术，同时又把部分高碳排放的民生必需产业转移到中国，加大我国的碳排放量。可以说，我国目前的高碳排放量不仅仅在于满足本国经济发展，很大一部分在于满足国外民生需求与产业布局，因此，我国所处的工业发展阶段与国际环境决定了我国高碳排放的特征。

2.5.3　技术落后决定碳减排的巨额成本

众所周知，中国经济增长具有浓厚的二元经济色彩，是以农业补贴工业所取得，以农业为代表的第一产业的 GDP 份额从 1952 年的 50.95%下降到 2010 年的 10.12%，年均增长只有 1.97%，远低于全国平均水平，而工业 GDP 则保持了高达

---

① 《中国的能源状况与政策》白皮书，2007。

22.24%的年均增长速度，其份额从 1952 年的 20.88%稳步提高到 2010 年的 46.86%。[①] 改革开放以来只占全国 40.1%的工业 GDP 却消耗了全国 67.9%的能源，排放出全国 CO_2 的 83.1%。另外，我国能源利用效率为 30%左右，比发达国家低近 10 个百分点。我国主要用能产品的单位产品能耗比发达国家高 25%～90%，加权平均高 40%左右。其中，我国火电厂供电煤耗为每千瓦时 404 g 标煤，国际先进水平为 317 g 标煤，我国多耗煤 27.4%（王洁，杨联民，2004）。显然，中国工业的高增长带有明显的高投资、高能耗和高排放的特征（陈诗一，2009）。我国“三高”产业盛行的根本原因在于科学技术落后，产业效益低、能耗高、排放多。目前我国正需要大力投入资本与能源发展社会经济的关键时期，如果现在强行减排，势必严重影响经济发展与产业结构转型，结果将是碳减排效果不佳，经济反而倒退。可以说，处于经济转型、社会转型和环境转型的中国将面临碳减排的巨额成本。

2.5.4 国际社会给中国带来巨大的政治压力

虽然发达国家对其历史碳排放存量负有不可推卸的责任，但是现在他们的碳排放量已开始呈下降趋势；反观发展中国家，由于工业发展需要，碳排放量急剧上升。研究表明，1981—2002 年，我国总的 CO_2 排放从 13.46 亿 t 增加到 36.23 亿 t，增加了 202%。2007 年我国更是超过美国，成为世界上碳排放量头号国家。2009 年中国的 CO_2 排放达到了 81 亿 t，比 2008 年增加了 9.1%，占世界总排放的 24.2%（段红霞，2010）。在全球发达国家大力实施碳减排政策的同时，我国碳排放量却一直在增长，碳排放量居高不下让国际社会施加给中国的压力越来越大。在国际气候谈判中，我国一直都强调人均 CO_2 排放远远低于发达国家的事实，以争得应有的公平的发展权利和发展空间。近年来中国 CO_2 的排放不仅表现在总量和速度增长上的加快，而且人均 CO_2 排放也急剧增长。

1990 年我国的人均 CO_2 排放仅为 2.2 t，只有美国人均排放的 11.3%，到 2009 年增至 6.1 t，人均排放为美国的 35%。2000—2009 年的 10 年间，中国人均 CO_2 排放增长了 131%，是世界上人均排放增长速度最快的国家（表 2-5）。事实上，2006 年中国人均 CO_2 排放就已经和世界人均 4.3 t 的排放水平持平。据 IEA 的预测，2030 年中国的人均 CO_2 排放将达到 8 t，超过 OECD 国家人均 CO_2 排放的 7.5 t 水平（段红霞，2010）。一旦我国的碳总排放量和人均排放量的增长幅度双双居世界第一，那么发达国家便会危言耸听：全世界的碳减排努力全让中国给毁了。虽然事实没那么严重，但是总排放量和人均排放量的增量均居世界第一的

---

① 数据来源：陈诗一．能源消耗、二氧化碳排放与中国工业的可持续发展．经济研究，2009（4）。

事实，无疑让中国承受巨大的国际压力，这将强制中国大力减排而阻碍国民经济的发展。

表 2-5 部分国家人均 CO_2 排放变化 单位：t/人

国家	1990 年	2000 年	2006 年	2009 年	2000—2009 年变化/%
美国	19.5	20.5	18.6	17.2	−16
德国	12.9	10.5	10.0	9.3	−11
日本	9.4	10.0	10.3	9.2	−8
英国	10.3	9.3	8.8	8.1	−14
俄罗斯	15.7	10.8	12.2	11.2	3
中国	2.2	2.8	5.6	6.1	113
印度	0.8	1.0	1.4	1.4	38
巴西	1.5	2.0	2.1	1.9	−1
墨西哥	3.7	3.8	4.2	4.2	8
南非	7.3	6.8	8.2	8.0	18

数据来源：Olivier J.G.J. & Peters J.A.H.W.2010. No growth in total global CO_2 emis-sions in 2009. Netherlands EnvironmentalAssessment Agency（PBL），Bilthoven，TheNetherlands，June 2010。

2.5.5 国内区域之间的行政壁垒导致合作减排的困境

国家在应对碳排放问题上，一般是从中央层面进行宏观统筹和规划，而具体的落实工作，需要地方政府执行。我国各地方经济发展水平不一，碳排放强度和总量更是差别巨大，来自社会和自然条件的不同压力造成了各个地区在执行国家政策、法律的时候总会有一定程度的偏差。随着我国城市化进程的加快，各区域不仅在经济发展与城市化进程上出现了分化，在碳排放量上也出现了不小的差距。我国地域辽阔，各地区资源禀赋与经济发展特色又各有千秋，特别是碳排放量区别非常大，种种因素对我国碳减排的实施带来了很大的难题。

图 2-10 表明，1990—2008 年，我国各区域累计 CO_2 排放量东部地区最大，中部次之，西部最小。这与 3 个地区的经济发展水平和城市化进程相关，在我国各大商圈中，环渤海商圈累计碳排放量最大，长三角商圈次之，珠三角商圈排放量最小，环渤海商圈由于重工业扎堆，产业的性质决定了其 CO_2 的高排放。

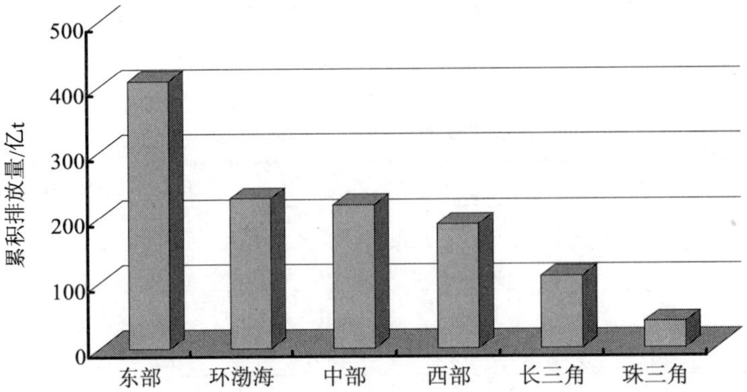

资料来源：刘占成，等．中国区域碳排放研究．地球学报，2010（5）。

图 2-10　1990—2008 年中国各区域累计 CO_2 排放量

我国东部地区的工业化进程要快于西部地区，在我国现代化建设中，东部由粗放式发展方式过渡到集约化发展方式的过程中，消耗了大量的资源，排放了大量的 CO_2，对我国 CO_2 的历史存量负主要责任，按照存量方式计算，东部理应承担更多的碳减排任务。东部的经济实力也远远超过西部地区，低碳技术的应用与推广快于西部地区，因此东部碳减排相比西部更可行，而且减排压力更小。

西部由于工业化进程慢，为了地区的经济发展，引进了大量的高消耗、高污染、高排放的三高产业，造成单位 GDP 的 CO_2 排放强度非常大，碳效率远远低于东部地区，因此西部的碳减排任务相比东部更加必要与紧迫。在西部大力减排，对完成全国碳减排指标的贡献也更大。由此而言，东部对于碳减排有更大的可行性，西部对碳减排更具紧迫性，然而东部与西部谁应承担更多的碳减排任务，却难以权衡。

另外，碳减排将会增加企业的生产成本，降低了企业的效益。地区政府为了本地区企业的发展和产业转型的压力，往往会对碳减排有一定的抵触心理。据此，地方政府会采取产业外迁的策略，将减排压力传递到 GDP 总量落后的区域；为在规定时限内完成减排任务，地方政府会采用限产、停产的方式实现目标。此外，部分省份之间产业结构雷同，产品结构相似，地方政府会采用观望策略，获得后发优势，最大限度保障本区域经济的发展，这增加了碳减排与经济发展的冲突。因此我国碳排放在区域间具有很大的差异性，区域间碳减排协调进行任重而道远。

为了解决我国东部和西部碳减排的困境，一方面，我国应该不遗余力地发展低碳技术，大力进行技术创新，提高全国特别是西部地区的科学技术，降低碳排放强度，让西部地区依靠自身科技进步来减少碳排放。另一方面，我国应该着手制度创新，建立碳交易市场。首先全国实行碳排放总量控制；其次给予各个地区一定的碳排放配额，各个地区再将配额分解给每个企业；最后每个企业根据自身发展，出售或者购买碳排放指标，就全国而言，以最小的成本进行最大程度的碳减排。

参考文献

[1] Tom Boden，Bob Andres. Global CO_2 Emissions from Fossil-Fuel Burning. Carbon Dioxide Information Analysis Center，Oak Ridge National Laboratory，2012-09-10.

[2] Tom Boden，Gregg Marland，Bob Andres. Global CO_2 Emissions from Fossil-Fuel Burning. Carbon Dioxide Information Analysis Center，Oak Ridge National Laboratory，2012-06-10.

[3] 方精云，王少鹏，岳超，等．“八国集团”2009 意大利峰会减排目标下的全球碳排放情景分析．中国科学（D 辑：地球科学），2009（10）.

[4] 岳超，王少鹏，朱江玲，等．2050 年中国碳排放量的情景预测——碳排放与社会发展Ⅳ．北京大学学报（自然科学版），2010（7）.

[5] Boden T A，Marland G. Global，regional and national fossil-fuel CO_2 emissions. Oak Ridge，Tenn，USA：Carbon Dioxide Information AnalysisCenter，Oak Ridge National Laboratory，US Departmentof Energy，2009.

[6] 倪建红．地球系统演化过程中的主要矛盾——汤懋苍教授关于“气候变化地心说”的新探索．地球科学进展，1997（3）.

[7] 钱维宏．天问：谁驱使了气候变化．北京：科学出版社，2011.

[8] Hansen，J.E，R. Ruedy，M. Sato，et al.. Global Annual Temperature Anomalies（Land Meteorological Stations）. National Aeronautics and Space Administration，NASA Goddard Institute for Space Studies，2012.

[9] 杨先碧．北极冰川在哭泣．摘自腾讯综合新闻，2009. http://finance.qq.com/a/20090919/001998.htm.

[10] 习人．英媒刊登照片展示全球正在消融的冰川（组图）．摘自中国网，2009. http://www.china.com.cn/news/tech/2009-05/04/content_17715314_3.htm.

[11] 任仲发．2100 年海平面或将上升 1.6 米淹没沿海城市．摘自中国网络电视台，2011. http://news.cntv.cn/20110506/110925.shtml.

[12] 梁志勇．全国洪涝灾情统计．中国防汛抗旱，2011（5）.

[13] 秦大河，陈振林，罗勇，等. 气候变化科学的最新认知. 气候变化研究进展，2007，3（2）：63-73.
[14] 谭建国，陆晨，陈正洪. 高温热浪与人体健康. 北京：气象出版社，2009.
[15] Viner D，Agnew M. Climate Change and Its Impacts on Tourism. Report Prepared for WWF-UK，Godalming，1999.
[16] 王洁，刘亚萍. 低碳旅游：气候变化下中国旅游业负责任的选择. 岭南学刊，2010（2）.
[17] Yuan Lingling，Lu Aigang，Ning Baoying. Impacts of Yulong Mountain Glacier on Tourism in Lijiang. Journal of Mountain Science，2006，13（1）.
[18] 王亚民，李薇，陈巧媛，等. 全球气候变化对渔业和水生生物的影响与应对. 中国水产，2009（1）.
[19] 周舟. 农业专家：气候变化威胁中国粮食安全. 中国合作经济，2010（1）.
[20] 李艳丽. 全球气候变化研究初探. 灾害学，2004，19（2）：87-91.
[21] 林而达，许吟隆，蒋金荷，等. 气候变化国家评估报告（Ⅱ）：气候变化的影响与适应. 气候变化研究进展，2006，2（2）：51-56.
[22] 何燕，吴毅杰. 1997—1998 年厄尔尼诺对广西农业的影响. 广西农学报，1999（1）：44-48.
[23] 崔新华. 全球气候变化与传染病. 中华医学研究杂志，2007（12）.
[24] 陈名刚. 世界血吸虫病流行情况及防治进展. 中国血吸虫病防治杂志，2002（2）.
[25] 赫阳，吴晓华，郑浩，等. 2006 年全国血吸虫病疫情通报. 中国血吸虫病防治杂志，2007（6）.
[26] 吴烽，钟玉清，陈胤瑜. 登革热传入性风险评估指标体系的研究. 现代预防医学，2006（10）.
[27] 詹妮. 气候变化将导致心理疾病. 健康文摘，2009（3）.
[28] 郭忠华. 求解“吉登斯悖论”：评《气候变化的政治》. 公共行政评论，2010（1）.
[29] 张磊. 国际气候政治集团化：功能、演化与前景. 环球经纬，2010（2）.
[30] 水利部应对气候变化中心.《联合国气候变化框架公约》及《京都议定书》简介. 中国水利，2008（2）.
[31] 曾文革.《哥本哈根协议》的国际法解析. 重庆大学学报（社会科学版），2010（1）.
[32] 人类发展报告编写小组.《2007/2008 人类发展报告》应对气候变化——分化世界中的人类团结. 联合国开发计划署，2009.
[33] 张建民. 2005—2020 年中国能源需求情景及碳排放国际比较研究. 中国能源，2011（1）.
[34] 金培. 资源与环境约束下的中国工业发展. 中国工业经济，2005（4）.
[35] 陈诗一. 能源消耗、二氧化碳排放与中国工业的可持续发展. 经济研究，2009（4）.
[36] 王洁，杨联民. 我国能源利用率仅为 30%. 中华工商时报，2004-09-17.

[37] 段红霞．中国的碳排放、减排潜力及低碳发展政策．科学对社会的影响，2010（4）．

[38] Olivier J.G.J.，Peters J.A.H.W. No growth in total global CO_2 emis-sions in 2009. Netherlands Environmental Assessment Agency（PBL），Bilthoven，The Netherlands，2010（6）．

[39] 刘占成，于安建，于汝加，等．中国区域碳排放研究．地球学报，2010（5）．

第3章

低碳农业论

农业是与自然环境联系最为紧密的一个产业。农业是其他任何产业不可替代的战略性产业。农业既是碳源，又是温室气体的主要排放源之一；农业也是碳汇，发展低碳农业能吸收温室气体，降低其在大气中的浓度，缓和气候变暖。发展低碳农业可以带来显著的环境效益、经济效益和社会效益。本章从低碳农业的内涵和特征出发，分析了中国农业的碳源和碳汇情况，提出了中国高碳农业向低碳农业转变的模式与途径，并分析了低碳农业模式难以推广的机理，最后给出了高碳农业低碳化的对策。

3.1 低碳农业的内涵界定

3.1.1 低碳农业的定义

低碳农业是低碳经济的重要组成部分。但相对于低碳工业、低碳交通、低碳建筑等其他领域而言，国内学者对低碳农业的研究较少。已有研究也对低碳农业有不同的理解。

有些学者从农业发展与生态安全方面定义低碳农业。李晓燕、王彬彬（2010）认为，低碳农业是为维护全球生态安全、改善全球气候条件，以“低能耗、低排放、低污染”为新特征，在农业领域推广节能减排技术、固碳技术、开发生物质能源和可再生能源的农业，具备“农业生产、安全保障、气候调节、生态涵养、农村金融”多元功能的新型农业。罗吉文（2010）提出了低碳农业具有生产、安全保障、气候调节、生态涵养、金融、提升国际竞争力、调整农业生产结构、改善农村环境8个功能。因而，低碳农业是为了实现农业生产发展与生态环境保护双赢，是一种生态经济学原理指导下的可持续发展类型或模式。

有些学者从温室气体减排方面定义低碳农业。姚延婷和陈万明（2010）提出低碳农业是指以减缓农业温室气体排放为目标，将现代节能减排技术与传统农业技术有机结合，通过加强基础设施建设、产业结构调整、提高土壤有机质含量、做好病虫害防治、发展农村可再生能源等转变农业生产和农民生活方式，实现“高效率、低能耗、低排放、高碳汇”的新型综合农业体系。张新明（2010）和程克群、马友华、栾敬东（2010）等的观点与此大同小异，不同点是他们增添了“增加碳汇”这一内容。马友华和王桂苓（2009）则从投入减少、效益最大的角度进行界定，认为低碳农业是一种较少排放温室气体的经济发展模式，强调在农业生产、经营中减少生产中人力、物力、财力的投入，节约各种资源消耗，排放最少的温室气体，以最少的物质投入，将农业产前、产中、产后全过程对社会带来的破坏降到最低，获取最大的社会和经济收益。

还有学者从其他不同角度提出自己的观点。如周玉新（2010）从能源利用的角度出发，指出低碳农业是在农业的生产过程中降低对化石能源的依赖，走有机、生态、高效农业的新道路。严立冬、邓远建和屈志光（2010）从“生物多样性”的角度出发，认为低碳农业的发展就是要通过高新低碳技术，来维护农业生态系统的生物多样性和碳循环的速率平衡，以保持农业生态平衡和农业生产稳定和可持续发展。

低碳农业是农业经济的新形态，从农业发展历程的角度来说，它有别于传统农业、现代农业；从农业范畴的角度来说，它有别于生态农业、循环农业等。以往的学者从农业发展与生态安全、温室气体减排、能源利用、生物多样性等方面对低碳农业进行了研究与定义，有利于深化对低碳农业的认识，却忽略了低碳农业与其他农业的异同点。界定低碳农业必须把握以下特征：①低碳农业是与高碳农业相对的一种农业，通过降低对化石能源的依赖，达到减少温室气体排放并维持农业发展与生态安全的目标；②低碳农业相对传统农业、现代农业而言具有“低能耗、低排放、高效益”的新特征，相对生态农业、循环农业而言，低碳农业的范畴更小，局限于温室气体的减排以改善气候条件；③低碳农业的实现途径主要有两个：减少农业碳排放——减少农业碳源，增加农业碳吸收——增加农业碳汇。

综上所述，低碳农业是指为应对气候变化，减少温室气体排放，发展节能减排、固碳增汇等技术，通过加强基础设施建设、产业结构调整、提高土壤有机质含量、增加农业碳汇、做好病虫害防治、发展农村可再生能源等降低农业对化石燃料的依赖，转变农业生产和农民生活方式，实现“低能耗、低排放、高碳汇、高效益”的新型农业。

3.1.2 低碳农业与传统农业、现代农业的比较

3.1.2.1 传统农业

在中国，传统农业的历史非常悠久，可以追溯到战国、秦汉时期。当时，农业技术以精耕细作为特点，农业生产采取了各项适合当时农业发展的措施：大量施用有机肥；兴建农田水利，发展农业灌溉；种植豆科作物和绿肥；实行轮作、复种；农牧结合等。概括来说，传统农业是在自然经济条件下，凭借世代的经验积累和历史上沿袭的耕作方法或农业技术，依靠人力、畜力等，为满足自身需求而进行生产的农业。因而，传统农业具有低能耗、低排放（能源消耗低，碳排放量少）的特征。由于传统农业部门以家庭为主，其结构较单一，生产规模较小，经营管理和生产技术较落后，抗御自然灾害能力差，因而，农业生态系统功效低，农业生产的效益也较低。

总之，从能源利用、碳排放、产出效益三方面来说，传统农业优缺点并存：优点为能源消耗低，碳排放量少；缺点为农业产出效益低。因此，随着科学技术的发展，特别是机械化的形成，传统农业逐渐转向现代农业。

3.1.2.2 现代农业

现代农业是在工业革命的背景下，依靠现代科学技术，弱化了人力、畜力的功能，由机械、化肥、燃料、电力等各种形式的工业辅助能代替，同时不再以满足自身需求而进行农业生产，而以现代理论和方法经营管理的社会化、商品化农业。在国民经济中，现代农业是一个具有较强竞争力的产业。

现代农业的总体定量标准为：农业劳动力下降到占全国总劳动力的20%以下；用于农业劳动力的投资占当年农业净产值的40%以上；农业劳动生产率高，一个农业劳动力来自农业的收入可养活10人以上，如20世纪50年代的美国和加拿大，60年代中期西欧和北欧，70年代的日本都相继达到上述指标。

现代农业的基本特征有：①过程机械化，能源消耗高。生产过程运用先进设备代替人力的手工劳动，在产前、产中、产后各环节大面积采用机械化作业，从而降低了劳动力强度，提高了劳动效率。但是，由于机械设备需要大量的火力电力支持，而所需的煤、石油等能源的消耗也大大提高，同时释放了大量的CO_2等温室气体。②技术科学化，碳排放量大。农业生产中广泛应用灌溉、施肥、耕作、饲养方面等先进的科学技术，使用化肥、农药、农用薄膜等工业产物，增强了农业抵御自然灾害的能力，丰富了农产品的种类，提高了农产品的产量。但是，化肥农药等工业产物的生产需要消耗化石燃料，而释放CO_2等温室气体。并且，化肥农药等的使用以及使用后也会释放温室气体，且会造成土壤板结而降低土壤的

碳汇能力。③生产社会化，产品效益大。农业生产不再是单一的家庭自给自足模式，而是与社会上的有关部门、市场主体有机地联系起来，根据比较优势进行生产，并且农产品在市场上进行交换，提高了农民的收益。

总之，从能源利用、碳排放、产出效益三方面来说，现代农业也是优缺点并存：优点为由于机械设备的出现和化肥农药技术的发展，农业产出效益大大提高；缺点为化石燃料和化肥农药等的使用使得农业生产需要消耗大量的能源，同时排放了大量 CO_2 等温室气体。现代农业生产整体上是一种集约型的农业增长模式，但随着全球气候条件的恶化、能源资源的日益稀缺，现代农业已不再是一种可持续的农业发展模式。现代农业是一种高碳农业的观点被广泛接受，农业未来如何发展需要探索新的路径。随着低碳经济理论的提出，低碳农业应运而生。

3.1.2.3　低碳农业

低碳农业是针对现代农业“高能耗、高污染、高排放”的弊端而提出的，是低碳经济理念在农业方面的应用，其基本思路是在农业系统中尽可能地减少能源消耗，提高能源利用率，减少碳排放，实现农业生产发展与生态环境保护双赢。衡量农业是否低碳的标准是农业中 CO_2 等温室气体的排放（或吸收）的多少，而非农业生产中污染物排放等问题。

低碳农业与传统农业相比，低碳农业的优势体现在产出更高、效益更大。与现代农业相比，低碳农业的优势体现在低碳农业中能源的消耗更少、能源利用率更高，低碳农业的碳排放量更少。

与传统农业、现代农业相比，低碳农业有以下几个主要特征：①过程低碳化。与现代农业相比，在农业生产过程中减少了对化石燃料的依赖，从碳源上减少了碳的排放。一方面，减少化肥农药等的使用，以减少生产化肥农药等对化石燃料的需求；另一方面，开发生物质能源和可再生能源以替代农业生产活动中机械设备所需的煤、石油等化石燃料，从而减少 CO_2 等温室气体的释放。②技术低碳化。技术低碳化主要体现在两个方面：一是减少碳的排放，低碳农业采取了保护性耕作、间歇灌溉、农药化肥减量、增效、控污技术、合理饲养和放牧等固碳减排技术；二是增加碳的吸收，低碳农业采取了退耕还林还草、植树造林、保护和管理湿地、选育和种植高碳汇的农作物等碳汇技术。③资源循环化。农业循环主要从宏观层面考虑和解决农业中存在的高碳问题，包括两个方面：一是资源的循环；二是经营的循环。低碳农业在注重资源循环、提高利用率以减少碳排放的同时，注重农业经营的循环，保持农产品高效益。

低碳农业与传统农业、现代农业的比较见表 3-1。

表 3-1 低碳农业与传统农业、现代农业的比较

分类	时期	主要特征		举例
传统农业	工业社会以前	低能耗 低排放 低效益	过程依靠人力、畜力等原始动力；技术凭借经验积累或沿袭传统技术；生产组织单一封闭，实行一体化生产方式，产出较低	施用农家有机肥
现代农业	"二战"后，存在于经济发达国家和地区	高能耗 高排放 高效益	过程机械化，以机械等先进设备代替人力的手工劳动；技术科学化，把先进的科学技术广泛应用于农业；生产社会化，农业生产与社会部门及市场相联系，实行分工合作	施用化肥
低碳农业	2003 年低碳经济概念出现以后	低能耗 低排放 高效益	过程低碳化，对化石燃料的依赖下降，碳净排放量减少，或者同样的碳排放量收益更高，成本更小；技术低碳化，采取滴灌等灌溉技术、测土配方施肥技术、免耕、少耕技术等低碳化技术；资源循环化，注重资源循环、提高利用率以减少碳排放的同时，注重经营的循环，保持农产品高效益	施用农家有机肥和高效肥

3.1.3 低碳农业与循环农业、生态农业等的比较

低碳农业作为一种新型的农业形式，与循环农业、生态农业等其他农业有不同的侧重点：循环农业侧重点在于农业生产废弃物、营养元素、生物质能等的循环利用来促进农业发展；生态农业则侧重于维护和改善生态环境，在这一前提下，运用各种生产技术发展农业生产；低碳农业更加侧重于应对气候变化，通过温室气体的减排和循环利用来维护气候安全，它降低了对化石燃料的依赖，是相对高碳农业而存在的农业。三者的关系见图 3-1。

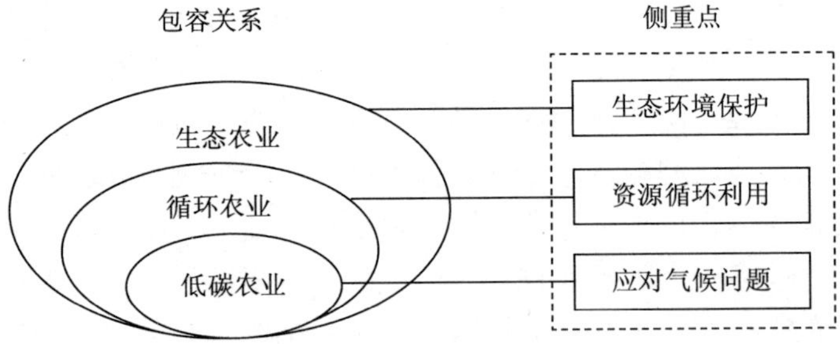

图 3-1 低碳农业与循环农业、生态农业的比较

从图 3-1 可见，从含义广狭角度看，生态农业最广，循环农业次之，低碳农业最窄；从内容侧重角度看，生态农业侧重于生态环境保护，循环农业侧重于资

源循环利用，低碳农业侧重于应对气候变化。

3.1.4　低碳农业与高碳农业的比较

大气中温室气体浓度的大小不仅影响着全球气候的安全问题，也决定着农业经济乃至整个国民经济的健康发展；同时，良好的农业发展模式可以吸收大气中的温室气体，降低大气中温室气体的浓度。

现代农业依赖机械化生产、消耗大量的化石燃料等进行农业生产活动，释放了大量的温室气体，严重影响了气候安全和农业经济的可持续发展，成为了一种“高碳农业”。高碳农业是指在农业生产活动中依赖机械化生产、消耗化石燃料等，释放大量的 CO_2、CH_4、N_2O 等温室气体，获得农产品经济效益的同时引起全球气候变暖、威胁生态安全等不可持续发展的一种农业模式。

低碳农业是相对高碳农业而存在的，两者是一组相对的概念。目前国际上判断农业中各项生产经营活动是“高碳”还是“低碳”尚未形成统一的标准。笔者认为，应比较农业活动中采取某项措施的前后单位碳排放量是否降低了，如果采取某项措施后，单位碳排放量比未采取措施前降低了或者明显减少了，那么就属于低碳农业的范畴。根据低碳农业定义中的关键要素对高碳农业和低碳农业所作的比较见表 3-2。

表 3-2　低碳农业和高碳农业的指标比较

一级指标/二级指标		高碳农业	低碳农业	碳源	碳汇
碳排放基本特征		高能耗、高排放、低碳汇	低能耗、低排放、高碳汇	√	
投入要素指标	化肥农药指标	化肥农药的使用量大，制造过程消耗大量的化石燃料，使用效果差，污染严重，释放大量 CO_2、N_2O 等温室气体	大幅度减少化肥农药的使用量，以有机肥、绿肥、生物农药等替代；开展测土配方和平衡施肥、利用土壤状况和农作物生长需要及生物之间相生相克关系防治病虫害	√	
	农用薄膜指标	制造过程依赖化石燃料；农用薄膜的使用带来土地板结、土壤释放温室气体等问题	减少农膜使用量；以天然纤维制品农膜和可降解农膜替代不可降解农膜，提高土壤有机质含量	√	
	土地利用指标	农业用地被征用，用于工业和建筑；冬田闲置率高；毁草伐林等	农业用地用于农业活动，或园林作业；冬田种植农作物或绿肥；还草还林等	√	√
	耕地方式指标	不合理的耕作方式，耕作次数过多	保护性耕作，少耕、免耕或间耕	√	

一级指标/二级指标		高碳农业	低碳农业	碳源	碳汇
生产过程指标	稻田生态系统指标	稻田排灌设备缺乏等，水资源利用率低；灌溉技术落后	通过土地平整和条田建设，发展排灌设施等改善灌溉条件；根据水稻生长周期和需求适时适量供水，科学灌溉提高水资源利用率	√	
	禽畜养殖指标	消化道发酵释放 CH_4；饲料经营粗放	推广高产禽畜品种；改善饲料管理；推广秸秆饲化；改善饲料营养成分；合理搭配日粮	√	
	作物种植指标	作物培育和种植以经济效益为衡量指标；种植结构单一，碳释放量高	培植“固碳型”农作物；利用循环经济理论，采用立体种养模式		√
	森林经营指标	乱砍滥伐，毁林活动频繁，林业经营粗放；林权制度不完善；科技水平低，缺乏完整的计量体系	合理规划，植树造林，延长砍伐时间，提高木材利用率；深化林权制度改革和目标责任管理；建立森林监测体系，发展森林碳汇交易		√
	草地经营指标	过度放牧和开垦，使草地沙化	合理放牧，退耕还草，增加碳汇能力；改良放牧禽畜的品种；建立草地监测系统		√
	湿地经营指标	气候变化影响大；排水、农业垦殖破坏湿地	保护和限制湿地开发；建立湿地碳循环与温室气体观测点，科学管理湿地		√
资源利用指标	废弃物利用指标	农作物收割后，秸秆利用以直接燃烧、丢弃或作牲畜饲料为主	秸秆还田，增加土壤养分；秸秆氨化、饲化、碳化；秸秆气化，替代化石燃料	√	
		粪便堆积和不合理利用	粪便集中处理，作为粪肥替代化肥；粪便发展沼气；粪便与秸秆结合，作为基质材料	√	
		农产品加工废弃物未经处理或少量处理后被丢弃	对加工废弃物进行再次加工和利用，制作燃料、饲料、肥料等	√	
	能源利用指标	农村发电以煤的直接燃烧为主，电机效率低下	采用天然气等替代煤作为动力；加快农村电网改造	√	
		高能耗机械设备占比高；以柴油等化石燃料作为主要动力，直接排放 CO_2 等温室气体	更新农用机械设备；选择太阳能、风能、水电、生物质能源等新能源作为机械动力	√	

表 3-2 列举了投入要素指标、生产过程指标、资源利用指标等主要指标。投入要素指标反映为进行农业生产活动而投入与能源利用无直接关系的要素所产生

的碳排放量，包括化肥农药指标、农用薄膜指标、动物饲料指标，土地利用指标等，均属于碳源指标；生产过程指标反映农业生产过程中，各项生产活动所产生的碳排放量或碳吸收量，包括耕地方式指标、稻田生态系统指标、禽畜养殖指标、作物种植指标、森林经营指标、草地经营指标、湿地经营指标等，前三者属于碳源指标，后四者属于碳汇指标；资源利用指标反映农业生产活动前后因资源利用所释放的碳排放量，包括能源利用指标和废弃物利用指标，均属于碳源指标。

3.1.5　低碳农业的基本特征

如前所述，低碳农业是在传统农业、现代农业的基础上发展而来的新型农业，使之具有了与传统农业、现代农业相对的基本特征，即“过程低碳化（低能耗）、技术低碳化（低排放）、资源低碳化（低排放、高效益）”；同时，与生态农业、循环农业相比，低碳农业所涵盖的范围更小，更专注于通过温室气体的减少或吸收来发展农业，因而也具备了有别于生态农业、循环农业等的基本特征，即“低能耗、低排放、高碳汇”。归纳起来，低碳农业的基本特征有四：“低能耗、低排放、高碳汇、高效益”，其中，“低排放”是低碳农业最根本的特征，是所有低碳产业共有的一个基本特征；“高碳汇”是低碳农业特有的一个特征，而其他低碳产业（低碳工业、低碳建筑、低碳交通等）不具备这一特征。

3.1.5.1　低排放

“低排放”是低碳农业最根本的特征，正因为具备“低排放”特征，才可以称之为“低碳农业”。此外，它也是其他基本特征的归属，“低能耗、高碳汇、高效益”都体现了“低排放”。“低排放”指的是碳的排放量处于一个较低的水平。低碳农业中“低排放”表现为在农业生产过程中，通过发展节能减排、固碳增汇等技术，如保护性耕作、间歇灌溉、农药化肥减量、增效、控污技术、合理饲养和放牧等减排技术，退耕还林还草、植树造林、保护和管理湿地、选育和种植高碳汇的农作物等固碳增汇技术，加强基础设施建设，加快产业结构调整，提高土壤有机质含量，做好病虫害防治，发展农村可再生能源，从而在农业生产和农民生活中，使得碳的排放量维持在一个较低的水平。

3.1.5.2　低能耗

低能耗，指的是在农业生产过程中，化石燃料等能源的利用与消耗量明显降低，从而达到碳的减排。与现代农业相比，低碳农业在农业生产过程中降低了对化石燃料的依赖，通过“低能耗”从碳源上减少了碳的排放量。一方面，在农业作业中，控制化肥、农药、农用薄膜等的使用，以复合肥、生物肥、生物农药等替代，较现代农业相比，化肥农药等的使用量大大降低，以降低生产化肥农药等所需的化石燃料，间接减少了 CO_2 等温室气体的排放；另一方面，开发生物质能源和可再生能源，作为农用机械的动力，降低在农业生产活动中机械设备所需的煤、石油等化石燃料的使用量，从而减少 CO_2 等温室气体的释放。

3.1.5.3 高碳汇

碳汇指的是碳的固定与吸收，植物能进行光合作用，将大气中的 CO_2 固定在植物体内或土壤中，从而降低大气中 CO_2 的浓度。农业中，森林、草地、湿地、种植业等在生长发展过程中都具备碳汇功能。高碳汇，是指通过植树造林、退耕还林还草、保护湿地、合理放牧、调整种植结构等途径，增加森林、草地、湿地等面积和种植业规模，以吸收更多的碳，使农业生态系统整体达到“碳平衡”或“净汇”状态。

3.1.5.4 高效益

农业循环主要从宏观层面考虑和解决农业中存在的高碳问题，包括农业中资源的循环和农业经营的循环两个方面。低碳农业在注重资源循环、提高利用率以减少碳排放的同时，注重农业经营的循环，发展农业产业链，优化农业产业结构，保持农产品高效益。

3.2 中国农业的碳源和碳汇分析

3.2.1 中国农业碳源分析

碳源是指碳的排放，农业已成为全球温室气体的第二大排放源，排放量介于电热生产和尾气之间。其中，农业用地释放出的温室气体，超过全球人为温室气体排放总量的 30%，相当于每年产生 150 亿 t 的 CO_2；农业耕作大量使用化肥造成 30%的碳排放；动物养殖特别是反刍动物的肠道发酵以及稻田造成 50%以上的 CH_4 排放等。农业排放的温室气体主要包括 CO_2、CH_4 和 N_2O，其排放量分别占总的人为温室气体排放量的 21%～25%、57%和 65%～80%。CH_4 和 N_2O 的排放量的比例较 CO_2 的大，如果不采取有效的农业措施，预计到 2030 年，农业源 CH_4 和 N_2O 排放量将比 2005 年分别增加 60%和 35%～60%。中国农业温室气体排放量占全国温室气体总排放量的 17%，农业排放的 CH_4 和 N_2O 分别占全国排放量的 50.2%和 92.5%。本节主要分析中国农业碳排放的趋势和原因。

3.2.1.1 中国农业碳排放的趋势分析

中国现代农业追求的是农业总产值的提升，农作物的高产、稳产、高效，而这些都需要仰仗大量的农业机械、化肥农药、化石能源等的投入（姚延婷、陈万明，2010）。数据易得的农业碳排放源主要有 6 个（田云等，2011）：①化肥生产和使用过程中所导致的农地直接或间接的碳排放；②农药生产和使用过程中所导致的碳排放；③农膜生产和使用过程中所引起的碳排放；④由于农业机械运用而直接或间接消耗化石燃料（主要是农用柴油）所产生的碳排放；⑤农地翻耕破坏土壤有机碳库，大量有机碳流失到空气中所形成的碳排放；⑥灌溉过程中电能利用间接耗费化石燃料所形成的碳释放。根据经验数据，农业中不同碳源、碳汇的碳排放系数见表 3-3，结合中国统计年鉴（2009）和中国农村统计年鉴（2009）的数据计算得到中国农业的碳排放情况，见表 3-4 和图 3-2。

碳排放估算公式为：

$$C = \Sigma C_i = \Sigma T_i \delta_i$$

式中：C——农地利用的碳排放总量；

C_i——不同碳源的碳排放量；

T_i——各碳排放源的量；

δ_i——各碳排放源的碳排放系数。

测算结果表明，1993—2008 年，中国农业的碳排放整体呈现增长趋势，1993 年为 4 307.54 万 t，2008 年为 7 843.08 万 t，年平均增长率 4.08%。其中，以化肥、农药、农膜、农用柴油所产生的碳排放量的增长速度较快，年均增长率分别为 3.45%、4.65%、7.20%、4.77%，灌溉、翻耕的增长速度较慢，年均增长率分别为 1.22%、0.38%。不同阶段中国农业碳排放增速存在着一定的差异：1993—1997 年，为快速增长期，年际增长率均高于 5%；1998—2003 年，为缓慢增长期，年际增长率介于 1.17%和 3.33%之间；2004—2007 年，为增速反弹回升期，年际增速介于 3.3%和 6.5%之间。

表 3-3　农业中不同碳源/碳汇的碳排放系数

碳源/碳汇	碳排放系数（以碳计）	参考来源
化肥	0.895 6 kg/kg	West（2002）、美国橡树岭国家实验室
农药	4.934 1 kg/kg	美国橡树岭国家实验室
农膜	5.18 kg/kg	南京农业大学农业资源与生态环境研究所（IREEA）
柴油	0.592 7 kg/kg	政府间气候变化专门委员会（IPCC）
翻耕	312.6 kg/km^2	中国农业大学生物与技术学院（伍芬琳，2007）
农业灌溉	20.476 kg/hm^2	Dubey、田云等（2011）

资料来源：出自程琨在 2010 年南方稻田长期试验协作会议上发表的《中国农作物生产碳足迹分析》一文的引文。

表 3-4　1993—2008 年中国农业碳排放情况　　单位：万 t

年份	化肥	农药	农膜	农用柴油	灌溉	翻耕	总量	增速/%
1993	2 822.84	416.93	366.23	555.57	99.79	46.18	4 307.54	—
1994	2 971.51	483.05	459.47	572.32	99.86	46.34	4 632.55	7.55
1995	3 218.52	536.34	473.97	644.32	100.93	46.85	5 020.93	8.38
1996	3 428.27	562.98	547.01	637.16	103.18	47.63	5 326.23	6.08
1997	3 565.11	589.62	601.92	727.99	104.94	48.13	5 637.71	5.85
1998	3 657.36	607.88	625.23	778.43	107.10	48.67	5 824.67	3.32
1999	3 693.72	652.29	652.16	801.88	108.87	48.88	5 957.80	2.29
2000	3 713.52	631.56	691.53	831.90	110.22	48.86	6 027.59	1.17
2001	3 809.70	629.10	750.58	879.45	111.10	48.67	6 228.60	3.33
2002	3 886.37	646.86	793.06	892.59	111.32	48.34	6 378.54	2.41
2003	3 951.03	653.77	824.66	932.32	110.81	47.64	6 520.23	2.22
2004	4 152.54	683.87	870.24	1 077.33	111.57	48.00	6 943.55	6.49
2005	4 268.61	720.38	912.72	1 126.59	112.70	48.61	7 189.61	3.54
2006	4 413.25	758.37	955.71	1 138.49	114.18	47.56	7 427.56	3.31
2007	4 574.54	800.80	1 003.37	1 196.52	115.75	47.97	7 738.95	4.19
2008	4 692.04	824.98	1 039.63	1 117.83	119.75	48.85	7 843.08	1.35
年均递增率/%	3.45	4.65	7.20	4.77	1.22	0.38	4.08	—

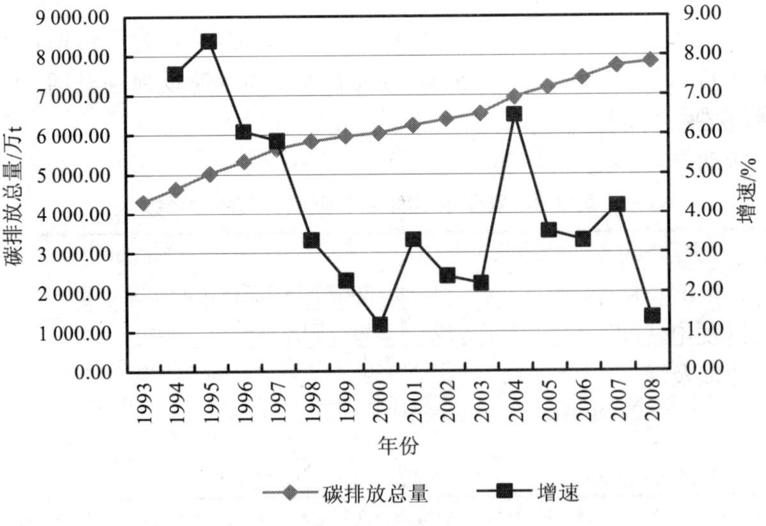

图 3-2　1993—2008 年中国农业（农地）碳排放情况

这种差异性与中国在不同时期的发展状况及采取的不同农业政策有关：1993—1997 年，中国农业现代化的进程进一步加快，为了提高单位面积产量，农民加大了对化肥农药等物资投入及农机使用量，增加了柴油等能源的需求，因而碳排放量增加速度较快；1998—2003 年，由于农业收益少，越来越多的农民由务农转向务工，劳动力的减少在一定程度上抑制了农地碳排放量的快速增加，也造成了中国粮食产量总体上出现下滑趋势，粮食安全问题逐渐显现；2004—2007 年，中央连续颁布了一号文件，推行“两减免，三补贴”等政策，极大解放了农村生产力，增强了农民的种田积极性，农业生产水平得到了较大提高。农业的复苏也带动了农业生产原料需求的增加，进而使得农地利用碳排放增速加快。此外，自从 2003 年“低碳经济”概念的提出，农业低碳化生产也对中国农业碳排放起到了正面作用。

3.2.1.2　中国农业碳排放的原因分析

在农业温室气体中，CO_2 主要来源于农业活动中的能源活动和农业土地利用变化。CH_4 主要来源于能源活动和农业活动，包括垃圾堆积、天然气燃烧、反刍动物养殖、水稻种植以及煤矿开采等。据国际水稻研究所生物研究员赖纳·瓦斯曼统计，全球 CH_4 的排放中，有一半来自水稻种植，另一半来自垃圾分解以及反刍类动物的肠胃胀气，如牛打嗝（陈丹，2009）。N_2O 主要来源于农业活动，包括农田排放、动物排放、秸秆和粪便的燃烧等。罗伯特·古德兰（Robert Goodland）在其《畜牧业和气候变化》的报告中指出畜牧业及其副产品的温室气体排放至少占全球总排放的 51%，远远超过粮农组织先前估计的数值 18%（董红敏，2008）。而且，单位质量 CH_4 和 N_2O 的全球增温潜势分别是 CO_2 的 23 倍和 296 倍（100 年时间尺度）。

综上所述，农业中碳排放的影响因素可以归纳为 3 个方面：农业投入要素、农业生产活动、资源利用情况。农业投入要素中的碳排放主要来自于农业用地、化肥农药、农用薄膜、动物饲料等 4 个方面；农业生产活动中的碳排放主要来自于农田的耕作方式、稻田的灌溉技术、农作物的种植、禽畜养殖等 4 个方面；资源利用情况中的碳排放主要来自于能源利用和废弃物利用两个方面，其中能源利用包括农村发电和农用机械对能源的利用，废弃物利用包括对秸秆、粪便和农业废弃物的处理及利用，见表 3-5。

表 3-5　农业碳排放的影响因素

影响因素	子因素	说　明
投入因素	农业用地	工业城市占用农业土地；冬田的闲置率高；开垦森林、草地等
	化肥农药	化肥、农药和农业薄膜的制造和使用，释放 CO_2、N_2O 等
	农用薄膜	农用薄膜的制造消耗化石燃料，它的使用污染土壤，降低土壤碳储量
生产因素	耕地方式	农田的耕作方式落后，耕作次数过多
	灌溉方式	稻田的灌溉技术低下，水资源利用率低
	作物种植	作物种类选择不合理，种植结构单一
	畜禽养殖	动物肠道发酵释放 CH_4，以粗饲料为主，且管理粗放
资源利用因素	能源利用	①农村发电：发电以煤的直接燃烧为主，农村电机能耗大，利用率低； ②农用机械：高能耗机占比大；动力以柴油等化石燃料为主，直接排放 CO_2
	废弃物利用	①秸秆等直接燃烧或丢弃，排放大量的温室气体； ②粪便管理不合理； ③农业废弃物（如稻壳）的利用不足，增加了温室气体的排放

农业投入要素的碳排放

（1）农业土地利用方式不合理导致碳排放。中国正处在工业化、城市化和现代化的进程中，土地的需求十分旺盛，土地经营方式又十分粗放，造成了土地的极大浪费和地力的破坏，使土地成为了碳排放源之一。首先，随着人口的增加和经济的发展，工业化和城市化占用农田的现象越来越严重。中国平均每年因工业和城市建设需要而占用农田约有 400 万亩[①]（张厚，1998）。其次，冬田的闲置率高。中国有冬闲农田约 940 万 hm^2，主要集中在南方，若冬闲农田的 50%种植农作物或绿肥，每年可多吸收碳水化合物（以碳计）40 万～60 万 t（张厚，1998）。最后，开垦森林、草地等种植经济收益高的作物，导致了土壤的“高排放”。

（2）化肥、农药和农业薄膜使用频繁导致的碳排放。在农业生产活动中，化肥、农药和农业薄膜的使用增加农业碳排放。主要体现在两个方面：①化肥农药虽然能使农作物产量增加，但在使用过程中，由于其本身的易挥发性会释放 CO_2、CH_4 等温室气体，而且，未被植物吸收部分会影响土壤微生物的生物活性，改变土壤的呼吸强度，产生土壤板结、土壤碳素含量减少等问题，间接地增加碳排放；②化肥、农药和农业薄膜等的制造需要消耗化石燃料，从而产生 CO_2 等温室气体。廖媛红（2010）指出，向土壤中施用石灰能够降低土壤的酸性，促进作物生长，

注：15 亩=1 hm^2。

但也会产生大量的 CO_2。尿素施用过程中碳素的易挥发性也产生大量 CO_2。因此，施用石灰和尿素也成为 CO_2 的排放源。除作物吸收利用和土壤残留外，约有 50%以上的氮没有被作物吸收而流失到农田外，会引发土壤板结、温室效应以及农产品品质下降等一系列问题。

农业生产活动的碳排放

（1）农田的耕作方式落后导致碳排放。土壤圈是碳素的重要贮存库和转化器，耕作是破坏土壤有机碳稳定性、加速土壤有机碳分解的重要原因。不合理的耕作方式或耕作次数过多不利于碳的固定，使得土壤中碳素减少，并以 CO_2 等形式释放到空气中。全世界平均每公顷耕地每年释放碳素为 75.34 t（张厚，1998）。2008 年年底中国拥有耕地面积达 $121.715\,9\times10^6$ hm^2，若全部进行耕作，土壤因耕作而每年排放碳素 9.17 Pg。随着土壤肥力的下降，化肥使用量增加，增加了 N_2O 的排放，从而进一步加剧了农业温室气体的排放。综合考虑各地差异及其他耕作技术等，传统耕作比保护性耕作的油耗增加了 25%～30%（张睿，2007）。

（2）稻田的灌溉技术低下导致碳排放。稻田 CH_4 排放是产 CH_4 菌在厌氧环境下的稻田中利用田间植株根际部的有机物质转化形成 CH_4 的量，除去水稻根际部 CH_4 氧化菌对 CH_4 氧化后的剩余量，主要受土壤性质、灌溉和水分状况、施肥、水稻生长和气候等因素的影响（董红敏等，2007）。

中国稻田排灌设备缺乏，导致水资源利用率低，增加了稻田 CH_4 排放。据测算，中国稻田水资源利用率仅为 0.46，稻田灌溉时，从水源到田间，约有一半以上的灌溉水因渗漏、蒸发和管理不善等原因没有被作物直接利用（王昀，2008），造成了水资源的严重浪费，增加了稻田灌溉成本和碳排放。

灌溉技术落后导致了稻田 CH_4 的排放。选择不同的灌溉方式对稻田 CH_4 的排放影响是显著的（彭世彰等，2007）。王增远等（1998）的试验证明，采用间歇灌溉的水稻田 CH_4 排放通量比淹灌的少 59%，比常规灌溉少 46%，若改淹灌为常规灌溉，CH_4 排放通量也可减少 28%。此外，由于对水稻在不同成长期 CH_4 排放量的认识不足，而选择单一的灌溉方式，导致了水稻 CH_4 排放。

（3）农作物品种选择和种植结构的不合理导致碳排放。农作物种植以经济效益为衡量标准，导致不必要的碳排放。以水稻为例，水稻的高产品种在相同条件下 CH_4 排放率相差 1 倍以上。由于中国水稻育种的重点是提高产量和营养含量，较少考虑降低 CH_4 排放率的问题，也没有专门组织对此进行研究和推广，中国稻田 CH_4 排放率因没有选育并推广排放率低的高产品种，可能增加了 20%～30%。同时，若全国有 50%的稻田使用低排放品种，可减排 CH_4 气体 110 万～210 万 t（张厚，1998）。在气候变暖的环境下，培植“固碳型”农作物，能扩大碳的吸收存储。种植农作物时，只考虑需要种植的作物，种植结构单一，并大量使用化肥农药来增产、杀虫，没有利用生物之间的互补性和相克性，排放了不必要的温室气体。

（4）禽畜养殖不合理导致碳排放。反刍动物肠道发酵释放 CH_4，且养殖业生产效率低导致了中国禽畜数目、CH_4 排放总量增长。不管是反刍动物（主要为牛、羊和骆驼）还是非反刍动物（如猪、马）都会排放 CH_4，反刍动物因消化道中特殊微生物能分解纤维素，排放的 CH_4 量远远大于非反刍动物，而且也浪费了饲料能量。据研究，反刍动物因肠道发酵浪费了 4%～9%的饲料能量，中国反刍动物所排放的 CH_4 为 551 万 t/a，占全世界总排放量的 7.2%（张厚，1998）。更重要的是禽畜养殖经营粗放，饲料以粗饲料为主，且消化率水平低，导致了大量的 CH_4 排放。

农业中资源利用的碳排放

（1）农业中能源利用导致碳排放。①农村用电燃料选择不当导致碳排放。农村发电以煤的直接燃烧为主，煤的直接燃烧是一种粗放型的能源利用方式，能源利用率低，会释放大量温室气体。此外，农村电机能耗大，利用率低下，也增加了农业温室气体的排放。②农用机械设备老化和燃料依赖导致碳排放。农业机械设备包括与农业生产活动、农副产品的加工过程和农业相关物品（如化肥、农药等）的生产过程中所用到的一切机器设备。其作为碳源，主要体现在两个方面：①高能耗机具比重大。小型农机具占 90%以上，大中型、高性能农机具数量较少；高能耗、老旧农机具较多，亟待报废更新。张厚（1998）指出中国约有 50%的大中型农机具超龄使用，导致功率下降 20%，柴油损失 20%。以江苏省徐州市睢宁县为例，在睢宁县农机陈旧老化现象严重，就数量而言，已进入甚至远超过报废期的拖拉机（主要是手扶拖拉机）达 16 455 台，其他的如联合收割机、植保机械、小麦播种机等 2 000 余台。部分机器使用年限已超过 20 年，在使用过程中，不仅故障率高而维修频繁，而且能耗较高，农机作业效率低，尾气排放量大。据南京农业大学工学院对手扶拖拉机进行抽检，平均油耗比出厂标定值高 11%，大大增加了污染物的排放。②农业机械动力以柴油等化石燃料为主，释放 CO_2 等温室气体。农业机械主要是依靠柴油、电力等来提供动力，农业机械动力的不断增加，必然带来农业机械对能源需求的不断增大，过高的能源消耗导致大量温室气体排放，最终引起资源不可持续和环境污染问题。

（2）农业中废弃物利用导致碳排放。①秸秆利用不当导致碳排放。秸秆在生长期间通过光合作用吸收 CO_2 产生的有机量约占农作物总量的 65%，如果收割后采取合理处理，这一部分碳的吸收量就不会转变成碳的排放，达到碳汇功能。目前，对秸秆的处理主要是采取燃烧或转化秸秆、直接丢弃等措施，使秸秆又成为重要的碳源。燃烧秸秆，不仅污染环境，向大气层直接释放碳，还容易引发火灾等事故；转化秸秆，只是延缓了秸秆中的碳排放，长期来看，同样增加了大气中的碳含量。②动物粪便利用不足导致碳排放。动物的粪便利用不足是导致碳排放增加的重要原因。规模化的畜禽养殖产生大量的粪便，由于农民认识的偏差和技术手段的落后，大量畜禽粪便积压、浪费，有机肥被忽视，造成了水资源和土壤的污染。以辽宁省辽中县为例，辽中县畜牧业发达，每年总产值达到 37 亿元左右，占农业总产值的 50%以上，而牲畜每年产生粪便为 427.3 万 t，远远超出辽中县工业固废的总排放量 3.73 万 t（黄垚等，2011）。③农产品加工废弃物利用不足导致碳排放。农产品的加工废弃物未经处理或少量处理后被丢弃，造成水资源和土壤的污染，并排放温室气体。对废弃物进行加工和利用，一方面可以减少温室气体的排放，另一方面可以提高农业废弃物的利用率，增加农业的效益。如对稻壳等农产品的加工废弃物进行加工，制作燃料、饲料或肥料以循环利用，提高利用率，减少温室气体的排放，同时减少了饲料化肥等农业支出，增加了农业效益。

3.2.2 中国农业碳汇分析

碳汇是相对碳源而言的，是指碳的吸收与固定，表现为大气中碳含量的减少。农业碳汇是指森林、草地、湿地和种植业等在生长发展过程中通过光合作用吸收大气中的 CO_2，释放出 O_2，并将 CO_2 以生物量的形式固定在植物体内或土壤中，从而降低该气体在大气中的浓度。农业碳汇主要有森林碳汇、草地碳汇、湿地碳汇、种植业碳汇等。然而，由于人类发展的需要，刚性的土地供给已不能满足庞大的人口需求，农业用地，特别是森林、草地、湿地、种植业所需的土地，不断被抢占和破坏，造成了森林、草地、湿地等大面积退化和种植业规模缩减，农业的碳汇能力逐渐下降，对农业碳汇进行测算和分析显得尤为重要。

3.2.2.1 中国森林碳汇分析

（1）中国森林概况。在陆地生态系统中，森林生态系统是全球最大的碳汇系统，不仅维持着地球上的大量碳库，维持着全球 86%以上的植被碳库和全球 73%的土壤碳库，而且具有较强的生产力，每年固定的碳约占整个陆地生态系统的 2/3。据第七次全国森林资源清查资料（2004—2008 年）显示，中国的森林面积为 195.45×10^6 hm^2，比第六次清查（1999—2003 年）增加了 11.74%，2008 年森林覆盖率达 20.36%，低于世界主要国家的森林覆盖率 30.3%[①]。但据专家估算：1980—2005 年，中国通过植树造林和森林管理活动，累计净吸收 CO_2 46.8 亿 t，通过控

① 资料来源：联合国粮农组织《世界森林状况 2009》。

制毁林，减少排放 CO_2 4.3 亿 t，两项合计 51.1 亿 t，相当于同期工业排放总量的 8%。这说明了中国森林碳汇对缓解全球气候问题作出了重要贡献（李怒云等，2009）。

（2）森林碳汇的测算方法比较。森林碳汇的测算是对森林碳含量的度量，它具有重要作用，缺乏对陆地生态系统，尤其是森林生态系统的碳动态缺乏精确的了解，会使大气中 CO_2 浓度的增加、海洋 CO_2 的吸收与化石燃料燃烧和森林破坏所释放 CO_2 的量之间存在着一个巨大的亏空。

已有不少文献对森林碳汇的测算方法进行了说明，主要可以分为两类：一类是与生物量紧密相关的，反映碳累积量的现存生物量清查的方法。另一类是利用微气象原理和技术测定森林 CO_2 通量，然后再将 CO_2 的量换算成碳的储量。第一类测算方法包括有生物量法、蓄积量法、生物量清单法等，第二类测算方法有涡旋相关法、涡度协方差法、驰豫涡旋积累法等（表 3-6）（赵林，2008）。其中，运用最为普遍的是生物量法，它特别适用于对大尺度森林植被类型的碳储量进行计量与评价，如大范围的森林生态系统，省级、国家级的自然保护区。此方法主要是通过先计算森林生态系统各组成部分或林木各生理部分的生物量，再乘以转换因子，算得林地的现存固碳总量。但它未能说明不同树种由于碳储存速率变化差异引起的含碳量变化规律，因此不同树种或林分应选择不同的测算方法，这一点不在此详述。

表 3-6　不同的森林碳汇测算方法的比较

测算方法		原理	优点	缺点
第一类	生物量法	根据单位面积生物量、森林面积、生物量在树木各器官中的分配比例、树木各器官的平均碳含量等参数计算而成	直接、明确、技术简单	①生物量转化成碳含量的转换系数在 0.45～0.55，只凭经验来选择，不能准确反映生物量的积累；②生物量只考虑地上部分，误差大
	蓄积量法	根据对森林主要树种抽样实测，计算出森林中主要树种的平均容重（t/m^3），根据森林的总蓄积量求出生物量，再根据转换系数求森林的固碳量	直接、明确、技术简单	对转换系数的选择只区分了树种，没有考虑其他因素，计量误差大
	生物清单法	根据生态学调查资料和森林普查资料，计算出各森林生态系统类型乔木层的碳贮存（Pg）和碳密度（Mg/hm^2），再根据乔木层生物量与总生物量的比值估算出各森林类型的单位面积总生物质碳贮量	计量精度提高，应用范围更加广泛	数据得到需要大量的劳动力，各地区的研究结果的可靠性和可比性较差

<table>
<tr><th colspan="2">测算方法</th><th>原理</th><th>优点</th><th>缺点</th></tr>
<tr><td rowspan="3">第二类</td><td>涡旋相关法</td><td>以微气象学为基础，在一个参考高度上对 CO_2 浓度以及风速风向进行检测</td><td>能直接长期对森林中 CO_2 通量进行测定</td><td>设备仪器昂贵，测量者素质要求高</td></tr>
<tr><td>涡度协方差法</td><td>对能量、水分、CO_2 进行分别测定</td><td>大范围碳汇测定有很好的精度</td><td>设备昂贵，实验周期长，操作难度较大</td></tr>
<tr><td>驰豫涡旋积累法</td><td>根据垂直风速的大小和方向采集两组气体样品进行测量</td><td>—</td><td>设备昂贵，实验周期长，操作难度较大</td></tr>
</table>

（3）中国森林碳汇的时空变化分析。由于不同的森林碳汇测算方法和不同的资料来源会得到不同的森林碳汇估算结果，表 3-7 给出了中国森林碳汇不同估算结果。从前五次清查资料估算结果看，由于方精云等（2001）可能没有考虑不同森林类型林龄的影响，所得的估算结果比考虑了不同森林类型林龄的徐学良等（2007）的结果要偏高，森林植被碳储量高出 12%～20%，森林碳密度约高出 12%～25%。但是，从变化趋势上来看，两者保持了一致（图 3-3）。中国森林碳汇变化呈现较为平坦的“U”型，先是减少后增加，并保持着增长趋势。

表 3-7　中国森林碳汇不同估算结果的比较

调查阶段	徐学良等的估算		方精云等的估算	
	碳储量/Pg	碳密度/（Mg/hm^2）	碳储量/Pg	碳密度/（Mg/hm^2）
1973—1976 年	3.848 8	35.564	4.44	43.83
1977—1981 年	3.696	38.652 1	4.38	45.75
1984—1988 年	3.759	36.784 9	4.45	43.58
1989—1993 年	4.113 8	37.866 4	4.63	42.58
1994—1998 年	4.656 3	36.039 8	4.75	44.91
1999—2003 年	5.506 5	38.564 1	—	—

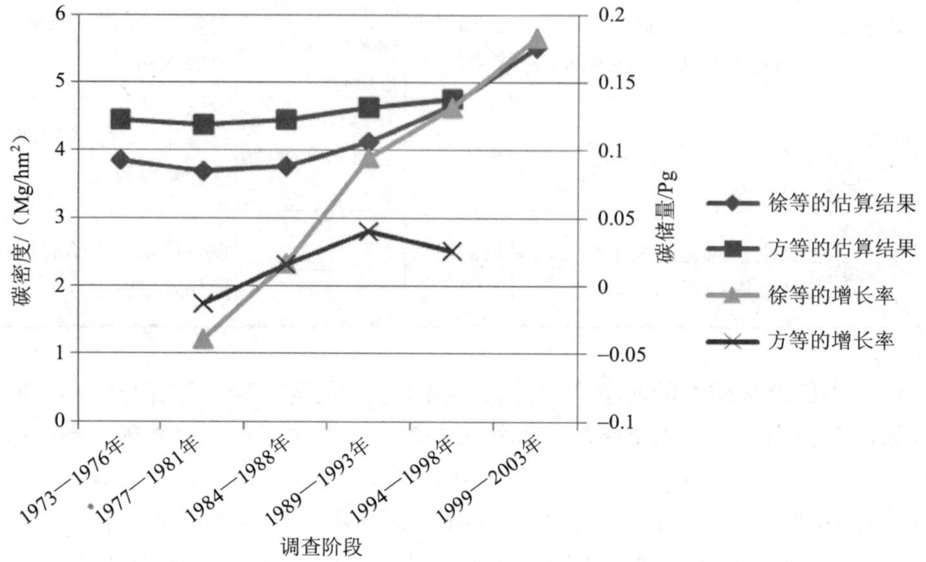

图 3-3 中国森林碳储量的不同估算结果

从各林龄组森林植被的碳储量变化来看（图 3-4），中国成熟林的面积变化曲线和碳储量变化曲线均呈现不完整的“U”型，而中、幼龄林的面积变化趋势和碳储量变化曲线则呈现“倒 U”型曲线。在前 5 次全国森林资源清查中，中国成熟林所占的碳储量比重较大，但随时间的变化而呈现下降趋势。反而，中国森林的中、幼龄林面积和碳储量都呈上升趋势。在第 6 次全国森林资源清查资料中，成熟林的面积和碳储量都出现反弹趋势，开始上升，由成熟林森林面积第 5 次的 37.3×10^6 hm^2 增加到第 6 次的 45.9×10^6 hm^2，增加了 23.03%，碳储量由 2.15 Pg 增加至 2.72 Pg，增加了 26.21%，而中、幼龄林的面积和碳储量都呈现下降趋势。由此可见，随着前 26 年（1973—1998 年）的中、幼龄林的进一步发展与成熟，逐步转向成熟林，中国森林的碳汇潜力已经逐渐显现出来。这说明中国森林碳汇资源处于递增状态。根据曲线做预测，若保持其他条件不变，按照近年成熟林碳储量的平均增长率 2.46%计算，预计 2020 年中国成熟林的碳储量将达 4.11 Pg。

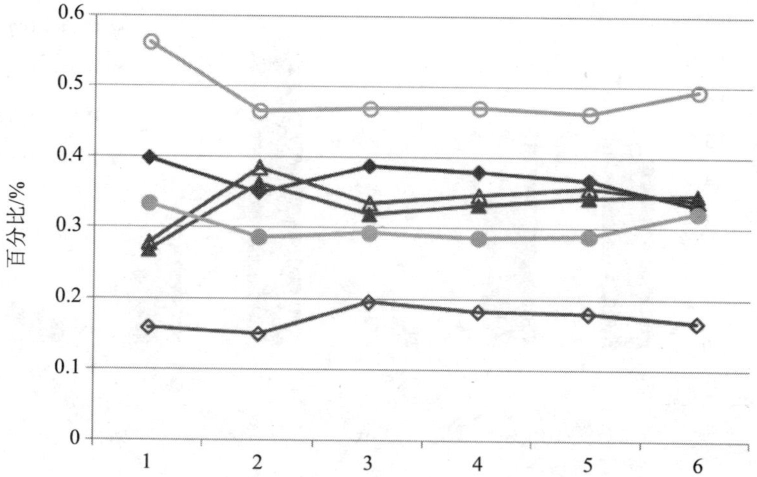

图 3-4　中国不同龄级组的森林碳储量及其变化

◆ 幼龄林面积　◇ 幼龄林碳储量　▲ 中龄林面积
△ 中龄林碳储量　● 成熟林面积　○ 成熟林碳储量

从各林分组森林植被的碳储量变化来看（表 3-8，图 3-5），中国森林的碳储量主要集中于云杉林、冷杉林、落叶松、栎类林、桦木林、硬叶阔叶林和阔叶混交林等 7 个林分类型中，在前 4 次全国森林资源清查中，虽然它们的面积仅占 50%左右，但其碳储量却约占整个森林的 70%（刘国华等，2000）。此外，在 4 次森林清查中，这些森林类型共增加了碳 0.4 Pg，占同期中全国森林碳增量（0.45Pg）的 89%。这充分说明这 7 个森林类型在我国整个森林中占主导地位。因此，这些森林类型碳的动态变化将极大地影响到中国整个森林的碳汇功能。

表 3-8　中国不同林分组的森林碳储量及其变化

调查阶段	面积/10^6 hm^2				碳储量/Pg				碳密度/（Mg/hm^2）			
	第一组	第二组	第三组	合计	第一组	第二组	第三组	合计	第一组	第二组	第三组	合计
1973—1976 年	43.55	47.56	4.92	96.03	2.588	0.918	0.240	37.46	59.4	19.3	48.8	39
1977—1981 年	48.13	35.17	12.33	95.63	2.972	0.787	0.365	41.24	61.8	22.4	29.6	43.1
1984—1988 年	56.2	35.73	10.27	102.2	3.028	0.692	0.340	40.60	53.9	19.4	33.1	39.7
1989—1993 年	56.1	39.55	12.99	108.64	2.999	0.768	0.430	41.97	53.5	19.4	33.1	38.7

注：第一组是指高碳储量森林，包括阔叶混交林、栎类（*Quercus*）林、落叶松（*Larix*）林、云杉（*Picea*）林、冷杉（*Abies*）林、桦木（*Betula*）和硬叶阔叶林 7 个森林类型；第二组是指中碳储量森林，包括马尾松（*Pinus massoniana*）林、云南松（*P. yunnanensis*）林、杉木（*Cunninghamia lanceolata*）林、针叶混交林、针阔混交林、杨树（*Populus*）林和软叶阔叶林等 7 种森林类型；第三组是指低碳储量森林，包括红松（*P. koraiensis*）林、油松（*P. tabulaeformis*）林等。

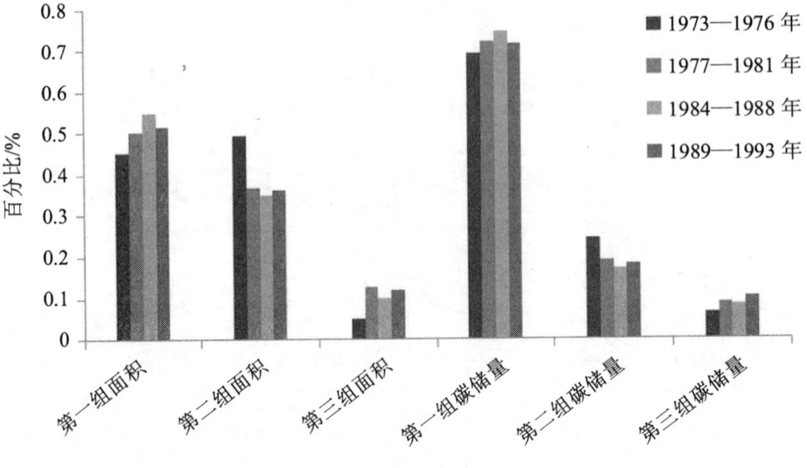

图 3-5 中国不同林分组森林碳储量及其变化

虽然这一数据显得陈旧，但是从图 3-5 可以看出，高碳储量森林的碳储量经历了先增加后减少的过程，而中碳储量与高碳储量变化呈现相反变化，先减少后增加，低碳储量的变化呈现波浪型。这对中国森林碳储量的长期发展具有负面影响，要增强森林碳汇功能必须保持一定的高碳储量森林面积。

从各地区森林植被碳储量和碳密度的空间分布状况来看，中国各地区的森林碳储量存在差异性，密度区域差异也较为显著（表 3-9）。首先，从碳储量来看，中国森林碳库主要集中在东北和西南地区，占全国森林植被碳库总量的 60%左右，其次是中南地区，约占 12%，华北、华东和西北地区各自占比均不到 10%。这主要是因为华东和中南地区人口密度大、西北和华北属于干旱、半干旱地区。从变化上来看，东北、西南地区碳储量变化较大，均呈现先降低后增长的趋势，1973—1981 年，东北、西南地区碳储量减少了 0.248 1 Pg、0.301 4 Pg，这造成了在这一期间中国整个森林碳库碳储量的减少。各地区森林碳储量均呈现明显的增长趋势，其中西南地区森林碳储量增长最突出，净增加 0.880 1 Pg。这也使得中国整个森林碳库呈现增长趋势。其次，从碳密度来看，中国西南、东北以及西北地区的森林平均碳密度较大，中南、华东和华北地区的森林碳密度较低。这是由于中南、华东和华北地区的森林多为人工林，且受人类活动影响强度大的缘故。从变化上来看，1973—1981 年，除了西南地区森林碳密度呈下降趋势区，其他各地区森林碳密度均呈明显的上升趋势，其中，华北地区森林碳密度增长最显著，净增加 10.405 2 Mg/hm^2；1984—2003 年，各地区森林碳密度变化幅度不大，其中西南地区森林碳密度增长最显著，净增加 4.472×10^6 g/hm^2，而东北地区森林碳密度下降最显著，减少 $0.489\,5\times10^6$ g/hm^2。

表 3-9 中国各地区森林碳储量及其变化

项目	地区	1973—1976 年	1977—1981 年	1984—1988 年	1989—1993 年	1994—1998 年	1999—2003 年
碳储量/Pg	东北	1.352 5	1.104 4	1.043 2	1.106 8	1.170 7	1.189 1
	华北	0.065	0.482 2	0.501 4	0.528 8	0.583 9	0.657 7
	华东	0.344 8	0.331 3	0.331 8	0.372 3	0.449 1	0.538 7
	西北	0.299	0.289 5	0.309 4	0.313 5	0.362	0.372 6
	西南	1.350 5	1.049 1	1.149 4	1.326 9	1.507 4	2.029 5
	中南	0.436 9	0.439 6	0.423 8	0.465 4	0.583 3	0.718 9
	总计	3.848 7	3.696 1	3.759	4.113 7	4.656 4	5.506 5
碳密度/（Mg/hm^2）	东北	76.134 1	93.187 6	85.123 9	88.099	84.533 4	42.072 5
	华北	44.217 8	65.028 2	65.831 3	66.046 3	66.308 3	32.830 3
	华东	44.438 1	54.469 9	48.287 1	48.995 9	47.174 6	26.578 8
	西北	76.175	79.954	76.370 7	81.844 4	80.68	41.383 2
	西南	108.166 1	103.209 5	97.812 8	105.702	97.598	53.378 4
	中南	40.815 9	50.656 7	49.573 1	47.653 8	46.683	26.430 8

3.2.2.2 中国草地碳汇分析

（1）中国草地概况。草地是地球上广泛分布的陆地生态系统类型之一，在全球碳循环中起着重要作用。中国草地面积占国土总面积的 41.17%，占世界草地总面积的 6%～8%，主要分布在东北平原、内蒙古高原、黄土高原、青藏高原及新疆山地。中国草地是碳吸收的又一重要途径，其碳储量占世界总碳储量的 9%～16%，对中国农业碳汇起了重要作用。

（2）草地生物量的估算方法。不同的估算方法会选择不同的草地分类系统和资料数据，导致不同的研究结果。在估算草地生物量时，采用野外调查获得实测生物量数据这一方法比较可靠，但难以在整个研究区内进行大范围比较均匀地实地调查取样，无法满足研究中国草地碳储量变化的整体情况。又由于草地生物量分布的空间异质性较大，若简单地利用有限的实地调查所获得的平均生物量数据来推算整个区域的生物量，则可能产生较大误差。大多数学者认为，采用遥感技术可以弥补地面调查取样的不足，特别是结合地面实测数据和遥感信息所建立的遥感统计模型，它可以解决区域草地生物量估算中的尺度转换问题，从而提高区域生物量的估算精度。本节介绍了结合地面数据和遥感技术来估算中国草地碳储量的方法。以杨婷婷等（2008）的文章为例，他们结合地面数据和遥感技术估算了 2008 年中国草地碳储量。

- 结合地面调查和遥感影像数据，将草地地上生物量和地下生物量进行相加得出草地地上地下总生物量，再将其乘以生物量与碳的换算系数 0.45，即可得到中国草地生物碳分布图。由此得到结论 1：中国草地植被碳储量为 0.926 Pg。
- 利用全国土壤类型图和各土壤平均有机碳密度，以及全国草原类型图，在 ARCgis 里通过波段运算和掩膜作出中国草原土壤碳储量分布图。由于不同土壤类型分别具有不同的碳密度（运用于东升的全国各类土壤平均有机碳密度数据），所以先将中国 1∶100 万土壤矢量数据按照土类进行合并，然后将各土壤类型的碳密度录入土壤数据库，再按照土壤碳密度将土壤类型图进行栅格化，即得到土壤有机碳密度分布图；以草地类型图为掩膜即可生成草地土壤有机碳密度分布图。由此得到结论 2：中国草地土壤有机碳储量为 35.06 Pg。
- 通过波段运算将草地生物碳和土壤有机碳相加得到草地总有机碳。由此得到结论 3：2008 年中国草地总有机碳为 35.96 Pg。其中，地上生物量有机碳为 0.161 3 Pg，地下生物量碳为 0.739 5 Pg，土壤有机碳为 35.06 Pg（97.5%）。

（3）中国草地碳汇的时间变化分析。结合杨婷婷等和其他学者的研究成果，采用目前最广泛使用的草地面积（331×10^4 km^2），可以知道，中国草地生态系统碳库在 28.85～51.13 Pg 碳变动。其中，草地生物量碳密度（单位面积碳量）为 215.8～348.1 g/m^2，平均值为 300.2 g/m^2；草地土壤有机碳密度（单位面积土壤碳库）为 8.5～15.1 kg/m^2。但考虑到 8.5 kg/m^2 的估算值是基于近千个土壤剖面的实测数据计算得到，全国平均水平的土壤碳密度一般不会超过此值，则中国草地生态系统碳库约为 29.1 Pg 碳，其中 96.6%的碳储存于土壤有机质中（方精云等，2010）。

中国草地的生物量和土壤碳库变化方向的研究结果也存在着差异。但总的来说，自 20 世纪 90 年代以来，中国生物量和土壤碳库没有明显的变化，草地生态系统处于中性碳汇状态。

- 草地生物量变化微弱。根据多个生态系统定位研究站的监测结果显示，中国北方代表性草地群落的地上生物量在过去 20 多年里呈现较大的年际波动，但并没有表现出显著增加或降低趋势。据色音巴图和贾峰（2003）的研究结果，1982—2006 年中国北方草地的生物量增加趋势微弱，尤其是自 20 世纪 80 年代后期，生物量碳库没有明显的变化趋势（图 3-6）。两者结果相吻合，而且这也与近 20 多年来中国北方地区降水没有显著变化的趋势一致。

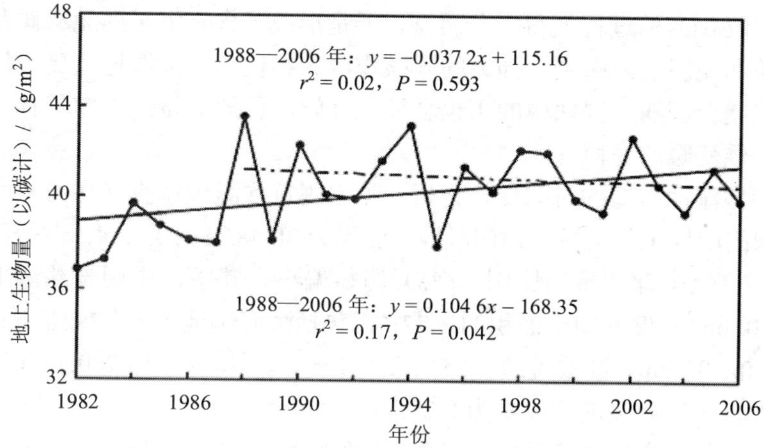

注：虚线为 1988—2006 年；实线为 1982—2006 年。

图 3-6　1982—2006 年中国北方草地地上生物量的年际变化

➢ 草地土壤有机碳库没有明显变化。研究土壤有机碳库的动态变化是一大热点和难点，需要大量野外站点的长期、连续观测，才能克服草地土壤碳库动态变化估算中的显著差异。Yang 等两次对近 20 年来青藏高寒草地土壤有机碳库的动态变化进行了研究，第一次 Yang 等（2009）基于 2001—2004 年实测的 405 处土壤剖面信息，20 世纪 80 年代的全国土壤普查资料，卫星遥感数据，得出：近 20 年青藏高寒草地土壤有机碳库没有发生显著变化。第二次 Yang 等（2010）在样地和样带两个尺度上，采用 2001—2005 年实际调查的 981 个土壤剖面数据和第二次土壤普查提供的 275 个剖面信息，得出：中国北方草地土壤有机碳库在过去 20 年间未发生显著变化。两次结果相互吻合。

3.2.2.3　中国湿地碳汇分析

（1）湿地与气候变化。湿地是指天然或人工、常年或季节性、蓄有静止或流动的淡水、半咸水或咸水沼泽地、泥炭地或水域，包括低潮时水深不超过 6 m 的海域。湿地生态系统是介于陆地和海洋之间的生态系统，是仅次于森林生态系统的最大碳库，湿地的植被和土壤中碳储量丰富且碳密度高。同时，湿地也是 CO_2、

CH_4 和 N_2O 等温室气体的源和汇。与森林相比，湿地吸纳碳的能力更强，在没有人类扰动的情况下，天然湿地的植物净化的碳仅有 15%再释放到大气中（曾昭文等，2009），单位面积湿地的固碳作用是森林的 9 倍（严金龙等，2009）。原因是由于湿地的水分过饱和具有厌氧的生态特性，使得微生物活动相对较弱，植物残体分解而释放 CO_2 的过程变得十分缓慢，于是形成了含有大量的无机碳和有机碳的湿地土壤和泥炭层，起到了强大的固碳作用。相反，如果湿地遭到破坏，湿地的固碳功能就会减弱，湿地中的碳也会氧化分解，释放大量的温室气体，将大大加剧全球气候变暖的进程。

（2）中国湿地碳汇的时间变化分析。据中国首次湿地调查（1995—2003 年）资料，中国的湿地（不包括水稻田湿地）面积为 38.485 5×10^6 hm^2，占全国国土面积的 4.01%，比全球的平均比例（6%）明显偏小。其中，中国自然湿地面积为 36.200 5×10^6 hm^2，仅占国土面积的 3.77%，包括滨海湿地 5.941 7×10^6 hm^2，河流湿地 8.207 0×10^6 hm^2，湖泊湿地 8.351 5×10^6 hm^2，沼泽湿地 13.700 3×10^6 hm^2。人工湿地仅调查了库塘湿地，面积为 2.28.50×10^6 hm^2。

历史上，中国的湿地资源非常丰富，总面积曾达 65.7 万 km^2，占全球的 11%，明显大于中国首次湿地调查（1995—2003 年）的数据（4.01%）。湿地中的碳储量主要存在于土壤和植物体内，其中，湿地土壤碳储量占湿地总碳储量的 90%以上（刘子刚，2004）。中国湿地土壤碳库达 8～10 Pg，占全国总土壤碳库（90 Pg）①的 1/10 左右。而不同类型的中国湿地土壤的有机碳密度介于 75～876 t/hm^2，低于全球湿地的平均水平 600～1 500 t/hm^2。在中国，由于围垦、改变自然湿地用途、城市开发占用自然湿地、过度放牧等人为因素，中国湿地大面积退化，这意味着湿地的碳汇功能减弱。如果不采取措施保护湿地，湿地将成为一个庞大的碳源。吕宪国等（2004）指出，若将全球的沼泽地全部排干，碳的释放量相当于森林砍伐和化石燃料燃烧排放量的 35%～50%。1950 年以来中国湖泊湿地围垦面积达到 130 万 hm^2，致使中国湿地土壤碳库的损失在过去 50 年间可能达 1.5 Pg（张旭辉等，2008）。以三江平原沼泽湿地为例，我国三江平原沼泽湿地被开垦后，由于湿地土壤表层（10 cm）温度的上升和水分的流失，农田 8—9 月的土壤平均呼吸通量达到天然沼泽湿地的 6 倍，在近 50 年间三江平原湿地有机碳的总损失量达到 215 Tg，而这种土壤碳库损失直接贡献于陆地 CO_2 排放。表 3-10 给出了沼泽和泥炭地开垦后用于排水和农业用途时的年均碳排放量，农业用途的碳排放量明显高于仅用于排水的排放量。原因是湿地垦殖时间越长，湿地的土壤有机碳含量越低。在沼泽湿地开垦初期（5～7 年），土壤有机碳含量变化幅度较大，持续耕作 15～

① 第 236 次香山会议上，我国土壤学家接受我国土壤总有机碳库的估计值为 90 Pg。

20 年后，土壤有机碳损失曲线趋于相对稳定值，总损失率可达 75%以上（宋长春等，2004），见图 3-7。此外，于洪贤、黄璞祎（2008）以泥炭地和芦苇湿地为例分析了湿地的碳汇功能，得出：由于农业排水、土地利用方式的改变、大气中 CO_2 体积分数升高、全球气候变化等人为和自然因素的影响，泥炭地的碳蓄积能力在下降；芦苇湿地虽是 CH_4 的碳源，也是 CO_2 的碳汇，综合来看是温室气体的净汇。

表 3-10　沼泽和泥炭地开垦后的 CO_2 排放

地　区	CO_2 排放（以碳计）	
	排水/[t/（hm^2 • a）]	农业用途/[t/（hm^2 • a）]
全　球	0.23～0.26	1～10
寒温带/温带	0.1～0.32	1～19

资料来源：German Advisory Council on Global Chang（GACGC），1998，Special Report。

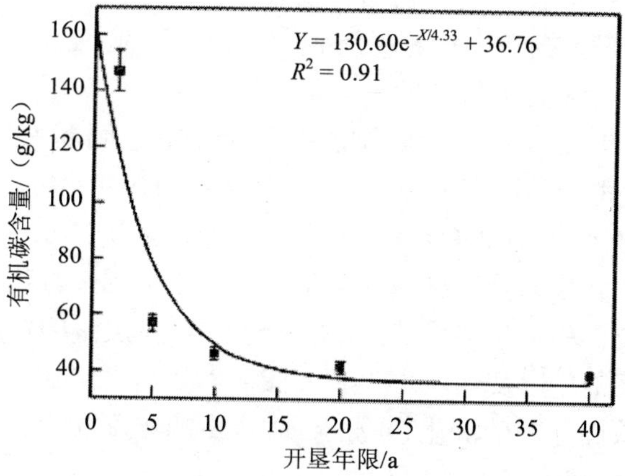

图 3-7　沼泽湿地垦殖后的土壤有机质碳含量变化

人为因素和自然因素对湿地碳储量变化的影响都具有重要的作用，排水、农业开垦、过度放牧等人为因素使得湿地的碳储量下降，而植被类型、地下水位、气候等自然因素使得湿地的碳储量产生巨大波动。湿地具有季节性，既是 CO_2 的汇也是 CH_4 的源。以沼泽湿地为例，冬季沼泽湿地 CH_4 排放量在全年 CH_4 排放中占有重要份额，融冻期沼泽湿地出现明显的 CH_4 和 CO_2 排放峰值，季节性积水沼泽化草甸 CH_4 和 CO_2 排放量大于常年积水沼泽湿地，而冬季常年积水沼泽湿地

CH_4 排放通量大于季节性积水沼泽化草甸。融冻期 CO_2 排放通量与土壤温度（5 cm）呈指数相关关系（R^2=0.912，p<0.001），沼泽湿地 CO_2 排放通量与 CH_4 通量间也呈显著正相关关系（R^2=0.751，p<0.001）（宋长春等，2005）。因而，影响沼泽湿地几种温室气体排放的关键因素是积水水位和温度。

总之，由于气候变化、植被类型、地下水位、农业开垦、过度放牧、水体污染与氮、磷富营养化等自然和人为因素的影响，中国湿地的面积在减少，碳汇功能在减弱。

3.2.2.4 中国种植业碳汇分析

单独研究种植业碳汇的文献至今几乎没有。一般文献研究的是粮食安全和温室气体浓度的关系，温室气体浓度上升造成全球气候恶化的同时使得种植业减产。实际上，种植农作物也可以固定和吸收大气中的碳，净化空气和水质，去除有机物和污染离子。农作物面积越大，吸收和固定的碳量越多。种植业碳汇也是农业碳汇的组成部分，农作物生态系统的生产力较高，物量（干重）很高，生物量中的含碳量达到 43%～58%，农作物土壤也储存着大量有机碳。即农作物通过光合作用将大气中的 CO_2 转变成有机物储存在农作物本身和土壤中，又通过作物和土壤呼吸（微生物分解）将部分 CO_2 释放到大气中。总的来说，与荒芜的农田相比，种植农作物的农田能降低大气中的碳含量。根据农业碳循环研究，农业产品所含的碳水化合物—C 排放量在当年的排放率（指排放返回到大气中去的比例）为 90%，固定、转移率（指固定或转化到某物体中去的比例）为 10%左右，即多种植一亩谷类作物当年所同化的碳水化合物—C 排放量为 27.6 kg（张厚，1998）。

本节以谷物为代表来反映种植业碳汇，首先根据中国谷物播种面积的年度数据算出因种植谷物而释放或固定的碳汇化合物—C 排放量的年度数值，以此来代表中国种植业碳汇的年际变化（表 3-11，图 3-8），再通过比较中国东部、中部、西部的谷物释放或固定的碳汇化合物—C 排放量的年度数值，来解释中国种植业碳汇的地区差异性（图 3-9）。

表 3-11　中国谷物的碳水化合物—C 排放量的变化情况

年份	谷物播种面积/10^3 hm^2	与 1991 年相比的面积/10^3 hm^2	碳水化合物—C 排放量/Mt	比 1991 年多排放的碳/Mt
1991	94 073		38.95	0.00
1992	92 520	−1 553	38.30	0.64
1993	88 912	−5 161	36.81	2.14
1994	87 537	−6 536	36.24	2.71

年份	谷物播种面积/ 10^3 hm^2	与 1991 年相比的面积/ 10^3 hm^2	碳水化合物—C 排放量/Mt	比 1991 年多排放的碳/Mt
1995	89 310	−4 763	36.97	1.97
1996	92 207	−1 866	38.17	0.77
1997	91 964	−2 110	38.07	0.87
1998	92 117	−1 956	38.14	0.81
1999	91 617	−2 456	37.93	1.02
2000	85 264	−8 809	35.30	3.65
2001	82 596	−11 477	34.19	4.75
2002	81 466	−12 607	33.73	5.22
2003	76 810	−17 263	31.80	7.15
2004	79 350	−14 723	32.85	6.10
2005	81 874	−12 199	33.90	5.05
2006	84 931	−9 142	35.16	3.78
2007	85 777	−8 296	35.51	3.43
2008	86 248	−7 825	35.71	3.24
2009	88 401	−5 672	36.60	2.35
2010	89 851	−4 222	37.20	1.75

资料来源：中国统计年鉴（2011）及计算所得。其中，假设 1991 年的碳排放量为 0。

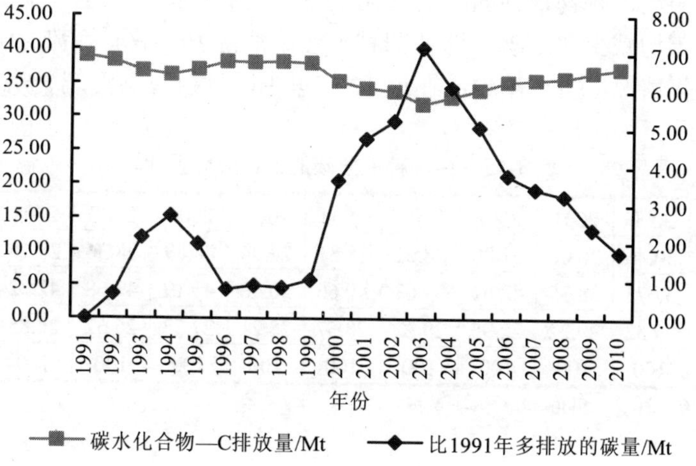

图 3-8　中国谷物的碳水化合物—C 排放量的变化

从时间上来看，中国种植业碳汇呈现略减弱型。自 1991 年以来，中国谷物的种植面积经历了先减少后略增加的过程，2003 年谷物播种面积达到最少，为 7 681 万 hm^2，此后略微增加，至 2010 年增加到 8 985.1 万 hm^2，但仍比 1999 年少 4.49%。若以碳水化合物—C 排放量来计算，则从 1991—2010 年，谷物所同化的碳水化合物—C 排放量在 31.8×10^6 t 至 38.95×10^6 t 之间浮动，2003 年达到最小值，而谷物的碳排放量在 2003 年达到最大，比 1991 年多了 7.15×10^6 t，2003—2010 年呈现不断下降的趋势。预计，2010 年后，谷物播种面积将增加，谷物所同化的碳水化合物—C 排放量也将增加，而谷物的碳排放量将减少。

从地区分布①来看，中部种植业碳汇能力强于东西部，且各地区的种植业碳汇的变化情况各不相同。总量上，中部种植业的碳汇能力强于东部和西部，因为中部的谷物播种面积较大，约占总播种面积的 40.08%，东西部相对较小，东部占 29.22%，西部均占 27.62%（图 3-9（b））。变化趋势上，各地区种植业碳汇变化情况各不相同，而变化幅度都不大，在 0.04%～6.27%浮动（表 3-12，图 3-9（a））。其中，东部地区属于碳汇减弱区，东部地区的谷物播种虽在 1999—2002 年面积先减少后增加，但自 2002 年后其谷物的播种面积就一直减少，年均减少 0.51%，这说明近 8 年里东部地区的碳排放量年均增加 0.51%，其种植业已由“碳汇”向“碳源”转变；中部地区属于碳汇增强区，其谷物播种面积虽然在前四年经历了减少的过程，但从 2003 年起呈现增长趋势，年均增长 0.52%，这说明近 8 年里中部地区的碳排放量年均减少 0.52%，即中部地区种植业碳汇属于增强型；西部地区属于碳汇略减弱区，谷物播种面积的变化没有一定的规律，从整体情况来说，呈现减少趋势，年均减少 0.18%。即西部种植业碳汇呈现略减弱趋势。综合各地区种植业碳汇变化情况，得出结论：在近 12 年里中国种植业碳汇属于略减弱型。

表 3-12　中国种植业碳汇占比的地区比较　　单位：%

年份	1999	2000	2001	2002	2003	2004	2005	2006	2007	2008	2009	2010
东部	31.47	30.46	30.06	31.80	28.61	28.31	28.94	28.89	28.36	28.15	27.90	27.70
中部	37.52	37.73	38.35	42.64	39.63	40.66	40.46	41.19	42.68	42.72	42.83	43.24
西部	28.88	29.52	29.22	22.95	29.22	28.57	28.21	27.57	26.67	26.85	27.04	26.87
总计	100	100	100	100	100	100	100	100	100	100	100	100

资料来源：中国统计年鉴（2000—2011 年）数据。

① 按照中国行政区的划分，东部地区包括 11 个省级行政区，分别是北京、天津、河北、辽宁、上海、江苏、浙江、福建、山东、广东、海南；中部地区包括 8 个省级行政区，分别是黑龙江、吉林、山西、安徽、江西、河南、湖北、湖南；西部地区包括 12 个省级行政区，分别是四川、重庆、贵州、云南、西藏、陕西、甘肃、青海、宁夏、新疆、广西、内蒙古。

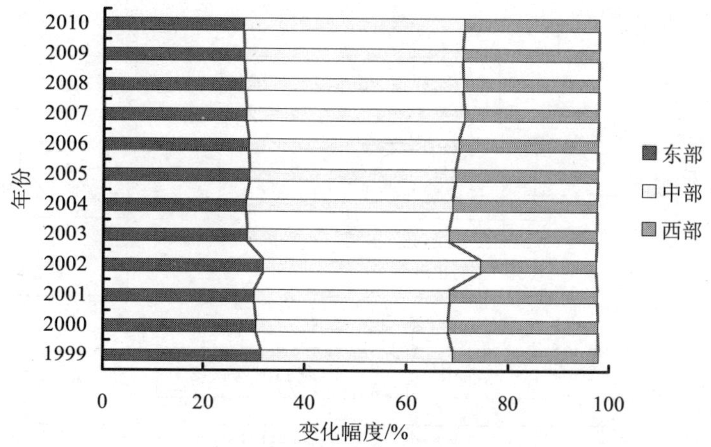

（a）中国各地区种植业碳汇的年际比较

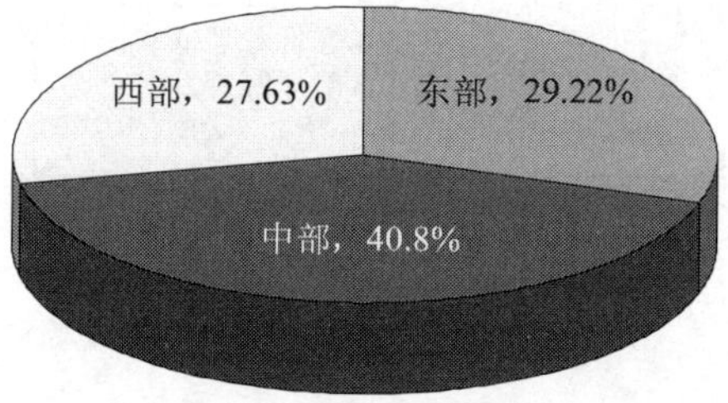

（b）2010 年中国种植业碳汇的地区比较

图 3-9　中国种植业碳汇占比的地区比较

3.3　中国农业低碳化的模式构建

农业生态系统既可以是碳源，也可以是碳汇。如果固定速率大于排放速率就是碳汇，如果排放碳速率大于固定速率就是碳源（黄耀，2006）。高碳农业向低碳农业转变是在农业生态系统中碳量不断减少，最终达到碳平衡状态的过程，需要从碳的排放和吸收两个方面进行控制（图 3-10）。碳排放量的减少通过农业碳源模式和农业中资源利用低碳化模式来实现，主要包括化肥农药等减量替代、动物饲料低碳化、农业土地合理利用、稻田灌溉和水资源管理、农业机械节能、农村生活低碳化、新能源开发替代、秸秆利用低碳化、粪便管理低碳化等 9 种模式；碳吸收量的增加通过农业碳汇来实现，主要包括森林碳汇、草地碳汇、湿地碳汇、种植业碳汇等 4 种模式。

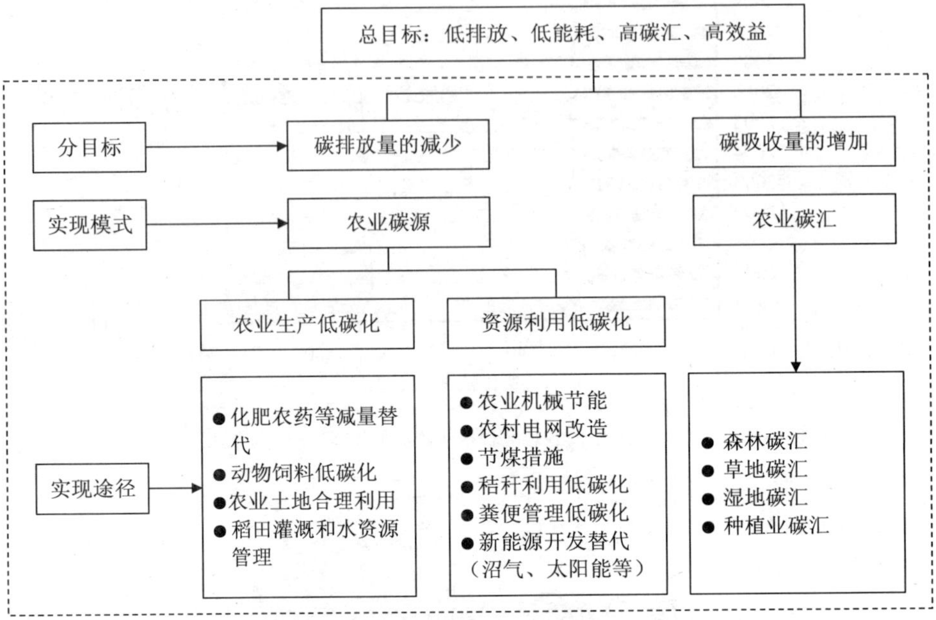

图 3-10 低碳农业发展模式

3.3.1 农业碳源减碳模式

农业碳源减碳模式是指农业生产过程中，通过化肥、农药和农用薄膜等的减量替代、动物饲料低碳化、农业土地合理利用、稻田灌溉和水资源管理等途径来控制碳排放的减少，以应对气候变化，提高农业利润率和农业能源效率，并改进大气和土壤质量的一种模式，农业中能源、废弃物利用等方面已在 3.2 节阐述。

3.3.1.1 化肥、农药和农用薄膜等的减量替代模式

在农业生产活动中，化肥、农药和农业薄膜在使用过程中会释放 CO_2、CH_4 等温室气体，未被植物吸收的部分会造成土壤碳素减少。而且它们本身的制造需要消耗化石燃料，直接排放 CO_2 等温室气体。因此，必须源头减碳，应大幅度减少化肥、农药和农业薄膜的使用量。①以粪肥和堆粪等有机肥替代，实施秸秆还田，推广绿肥养地；以生物农药、生物治虫替代化学农药；以天然纤维制品农膜和可降解农膜替代不可降解农膜。②选用抗病虫良种、培育无病壮苗、有计划地进行轮作、实行深翻垄作、清洁田园等农业防治手段。③采用防虫网、灯光防治、黄板诱杀、性激素引诱及灭蝇纸等物理防治手段防治农作物的病虫害。④在施肥

过程中开展测土配方施肥和平衡施肥。根据土壤状况和农作物生长需要及利用生物之间相生相克关系防治病虫害，尽量减少化肥农药等的施用量，提高土壤的有机质含量。减量替代模式简单易操作，化肥、农药和农用薄膜等使用量的减少，既可以提高土壤质量，又能减少生产化肥、农药和农用薄膜等所需的能源与资源，提高资源配置效率，降低农业碳排放量。

3.3.1.2　禽畜养殖低碳化模式

（1）改良禽畜品种。改良禽畜品种是禽畜养殖低碳化的首选之策。这是从源头实现碳排放控制的模式。因此，要推广使用高产优良品种，加强动物病害防治，提高动物单产水平和大幅度降低反刍动物总量，从数量上减少反刍动物的 CH_4 排放量。

（2）改善饲料管理。

- 推广秸秆青贮、氨化、粉碎及颗粒化等处理方式：秸秆是反刍动物饲养中不可缺少的日粮成分，秸秆的氨化处理能够分解秸秆中的粗纤维，动物采食后，能提高动物的消化水平和瘤胃内氮的水平，从而提高动物生产性能，降低单位畜产品的 CH_4 排放量。秸秆的粉碎和颗粒化可增大饲料表面积，不仅能够增加动物采食量，而且还可以缩短食物在瘤胃内的停留时间，减少营养物质在瘤胃内发酵造成的能量损失（黄耀，2006）。据 Dong H 等（2004）、樊霞等（2006）的估计，单个黄牛采食经氨化处理后的秸秆，CH_4 排放量减少了 16% ~ 30%，相同能量摄入水平和相同精粗饲料比的情况下，饲喂青贮玉米秸的肉牛 CH_4 排放量比饲喂干玉米秸的多 32.68 L/d。
- 改善饲料的营养成分：动物的生产水平和饲料的营养成分直接相关，在一定的范围内，喂食高营养成分饲料的动物，生产水平也高。可以通过使用多功能复合添砖和过瘤蛋白来提高饲料营养成分。实验证明，使用添砖可提高日增重 10% ~ 30%，相对减少单位畜产品的 CH_4 排放量 10% ~ 40%，同时降低了动物生产成本；过瘤蛋白可以避免在瘤胃内发酵，直接进入反刍动物肠内消化，减少了蛋白的浪费，从而提高动物生产性能。
- 合理搭配日粮：日粮中的精粗比不仅关系到饲养成本也直接影响反刍动物生产水平和 CH_4 排放量。粗饲料水平过高可能导致日粮营养浓度偏低、动物为摄取足够的饲料营养物质而增加采食量，从而增加单个动物的 CH_4 排放量。但粗饲料水平过低可能会造成反刍动物阻嚼、反刍、唾液分泌减少，导致代谢疾病的增加，反刍动物生产效率低，同样会增加单个动物的 CH_4 排放量。综合考虑，精粗比约为 1∶1 是合理的。

3.3.1.3　农业土地合理利用模式

（1）农业土地用途合理化。土壤是巨大的碳库，通过土壤吸收来控制碳排放量可以达到良好的效果。土地经营必须合理化，严格控制工业用地以保证农业用地的合理规模。一方面，通过冬田种植作物或绿肥，退耕还林、恢复湿地、保护天然林、延长轮伐时间等途径来增加土壤碳汇；另一方面，严格控制土地用途，加大土地的复垦力度，实行计划性的封山育林，加草地管理，实施草原保护制度及退牧还草工程等。

（2）推广保护性耕作法。土壤有机碳损失是由低水平的农业生产、频繁翻耕、肥料施用不当、清除和焚烧作物残余物（地上和地下的生物残余物）、缺乏抵御土壤侵蚀和防治土壤退化的保持措施造成的。通过少耕、免耕等保护性耕作，可以减少对土壤的扰动，增加土壤团聚体数量，改善土壤结构，保持土壤水分，增加秸秆还田量以及降低土壤表层有机质的矿化率。此外，推行保护性耕作以减少耕作中农业机械操作的次数和消耗的燃料，可以降低相关的碳排放。

3.3.1.4 稻田灌溉和水资源管理模式

水稻在不同成长期的 CH_4 排放量不同，水稻在生产初期（返青期）、中期（分蘖、拔节期）和后期（黄熟期）最为典型，其中中期 CH_4 排放量最大。在水稻分蘖期到抽穗期间采用间歇落干的管理方法可减少 CH_4 排放量。总的来说，落后的灌溉技术和水资源的利用率低下是稻田 CH_4 排放主要原因。具体措施有四：①进行土地平整和条田建设，以达到节水目的。据研究，平整度较好的土地比较差的土地平均节水 10%～20%。②根据作物生长周期和需求饱和度进行适时、适量供水。③采取科学的工程措施，积极发展防渗渠道和管道输水，减少和避免水的渗漏与蒸发。④改造落后的机电排灌设施，推广水稻节水灌溉技术和农作物喷灌、微喷灌、滴溉等技术，提高水资源的利用率。

3.3.2 农业资源利用低碳化模式

资源利用贯穿于农业中碳的排放、流通、固定等多个环节，它是农业减排的一个重要部分，属于农业碳源模式，但又与 3.1 中提到的碳源模式不太一样，它主要的特征是：①以化石燃料等为动力；②动力依赖可向农业本身资源转移，如秸秆、生物质能等。因而将资源利用低碳化模式单独列为一节。农业中资源利用低碳化模式包括能源利用低碳化和废弃物利用低碳化两部分。前者包括农用机械节能、农村生活中能源利用低碳化和新能源开发替代模式，后者包括秸秆利用低碳化、粪便管理低碳化模式。

3.3.2.1 农业能源利用低碳化模式

（1）农用机械节能模式。随着农业生产和农村经济的迅速发展，大批农业劳动力从种植业转换出来，生产集约化和经营规模化，农机作业的重要性也日趋明显。为了提高能源利用率，减少 CO_2 排放，必须更新中大型农机，发展农机技能技术。据报道，全国约有 50%的大中型农机具超龄使用，导致功率下降 20%，柴油损失 20%。若对这些超龄的大中型农机具进行更新，可减排 CO_2（以碳计）18 万～21 万 t。采用新型节能的农机部件（如节能配件活塞、活塞环组、新型凸轮轴、薄型气缸垫、减压器、磁化节油法和高效节油剂、金属洗净剂、黏胶堵漏剂、限油校正器、回油管改造、负压阀、组合油环、引气浮化节油等）对拖拉机等农业动力机械进行改装，可减排 CO_2（以碳计）40 万～45 万 t（张厚，1998）。

（2）农村生活用能低碳化模式。

- 农村电网改造模式：农村用电量逐年递增，自 1991 年以来，年均增长 10%，而农村电机能耗大，利用效率低下已成为农业碳源的一部分，需要进行农村电网改造。短期内，采用更换大泵叶轮调整叶片角度、水泵适当下卧、更换简易井泵、减少无效扬程避免超吸程运行等措施对排灌站机电井现场进行技术改造，同时加强维修管理，进行适当更新；长期内，采用改进水泵电机的设计、补充缺档产品、采用无级调速、完善附件设计、加强自动控制程度、提高产品质量和成套性等，到 2020 年后排灌装置效率可达到世界发达国家水平，达到 60%以上，可减排 CO_2（以碳计）190 万 ~ 200 万 t（张厚，1998）。
- 节约煤炭模式。农产品加工、温室栽培等作业需要消耗大量煤炭。节能措施主要指提高供热设施的效率和改进工艺过程。短期内，推广成熟的先进灶具，提高灶具的质量和使用年限；长期内，研制新的灶具，使烘烤业向集约化、工业化发展，将能源利用率提高到 30%以上。可减排 CO_2（以碳计）400 万 ~ 420 万 t，节约标煤 400 万 ~ 500 万 t（张厚，1998）。

（3）新能源开发替代模式。

- 发展沼气。沼气是一种前景十分巨大的农村可再生能源。沼气原料十分丰富，畜牧业中的畜禽粪便、工业的废弃物、农业废弃物、餐饮垃圾等都可以作为产生沼气的原料。沼气用途十分广泛，发展沼气既能产生作为各种农业活动的燃料和发电的沼气，又能获得可替代农药的沼液、可替代化肥的沼渣。发展沼气是实现从“资源—产品—废弃物”的线形经济模式向“沼料—沼气—燃气—沼渣、沼液—施肥灌溉—沼料—沼气”的循环经济模式转变的成功案例。据研究，一个 8 m^3 的户用沼气池国际认可的 CO_2 减排量为 1.66 t/a，年产沼气约 350 m^3，可省煤 1 ~ 2 t，11 罐 15 kg 的石油液化气（肖超，2010）。
- 推广太阳能技术。推广太阳能技术能减少温室气体的排放。在农村普及太阳能集热器，推广太阳能灶，能大大减少因燃柴（草、木）、燃气、燃煤而产生的CO_2等温室气体。特别是我国西部地区日照时间长，太阳能资源相对丰富，最适宜大量推广太阳能灶。有关专家还提出太阳能“南墙计划”的提案，即利用建筑朝阳的南立面，尽可能将收集到的太阳辐射能量转换为热能，进而传递到室内以实现供热取暖的目的。

3.3.2.2 农业废弃物利用低碳化模式

（1）秸秆利用低碳化模式。充分利用秸秆，既可以减少碳排放，又可以增加绿色农业原料，提高农业产量。首先，通过秸秆还田，减少碳排放。把秸秆深翻到土壤里腐烂做基肥，或者将作物残茬覆盖在地表可防止风蚀和水蚀，提高土壤生产力。这是减少农田CO_2排放的最直接有效措施。其次，采取秸秆氨化后喂畜、替代木材生产复合板材、发展食用菌、秸秆发电、秸秆碳化等技术，减少温室气体的排放和增加经济效益，也是适合中国国情的资源高效利用方式。再次，把秸秆粉碎掺加畜禽粪便发酵后做生物质有机肥，或者采用秸秆气化技术，在高温、高压、厌氧条件下经热解气化成可燃性气体，以替代化石燃料等动力。据科学测算，每2 t秸秆的热值相当于1 t标煤，煤的平均含硫量约达1%，而秸秆平均含硫量只有3.8‰，在物质再生利用中，排放的CO_2与生物质再生时吸收的CO_2达到碳平衡，具有CO_2零排放的作用（陈钰，2011）。

（2）粪便管理低碳化模式。对于粪便进行集中处理和回收利用，减少环境污染的同时提高资源利用率。首先，粪便与沼气相结合。集中畜禽粪便，进行沼气池厌氧发酵，所得到的沼液用于植物肥料，沼气用于日常生活，使农业系统内能量多级利用，物质良性循环。主要有“牧—沼—粮”“猪—沼—菜”“牛—沼—果园”“猪—沼—茶”等模式（图 3-11）。其次，粪便与秸秆相结合。例如，将牛粪、秸秆等副产物作为生产食用菌的基质材料，延伸农业生态产业链，实现“副产物—食用菌—菌糠—肥料—大田作物”的多级利用和良性循环（程克群等，2010）。

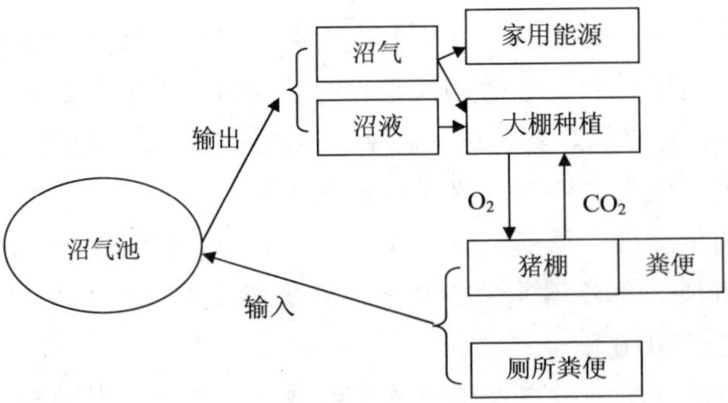

图 3-11 猪粪便的循环处理图

3.3.3　农业碳汇模式

农业碳汇模式主要包括森林碳汇、草地碳汇、湿地碳汇、种植业碳汇四个方面。由于自然因素和人为因素的影响，农业碳汇面积面临减少压力。通过影响农业碳汇因素分析，可见增强碳汇功能、减少人类干扰、建立完整的计量监测体系是实现农业碳汇的主要途径。

3.3.3.1　森林碳汇模式

在森林生态系统中，森林的生物量、植物碎屑及其土壤会固定碳素，森林中的微生物、动物、土壤等的呼吸、分解会释放碳素，当碳素固定量大于释放量时，森林表现为碳汇。研究表明，森林可以将吸收的 CO_2 长期保存于生物有机体内，比草地、农作物的固碳能力更持久。假设在森林生态系统中，植物通过光合作用吸收 CO_2 生成有机质贮藏在体内，记为 Gp。随后，通过植物自身的呼吸作用释放出一部分碳素，记为 Ra。另外，植物以枯枝落叶、根屑等形式把碳贮藏在土壤中，而土壤中的碳有一部分被微生物和其他的异养生物通过分解和呼吸释放到大气中，记为 Rh，则森林生态系统的净生产量（NEP）可用公式表示：NEP= Gp–Ra–Rh。在自然生长状态下，NEP 为正，森林表现为碳汇，但人类活动的破坏使得 NEP 下降，甚至为负，森林转变成为碳源。因而，森林的碳汇模式主要以增加和保护森林植被为主题，从政策、制度、技术上增加 Gp，减少 Ra 和 Rh，全方位提升森林的碳汇能力。具体措施为：

（1）在政策上鼓励并保护森林发展。一方面，鼓励荒山造林，恢复退化的森林生态系统，建立农林复合系统，分类经营森林，增加森林碳汇；另一方面，减少毁林、改进采伐措施、提高木材利用率，有效控制森林灾害（林火、病虫害等），保护森林的碳贮存。

（2）在制度上深化林权制度改革和目标责任管理。通过林权制度改革，逐步形成“产权归属清晰，经营主体明晰，权责划分明确，利益保障严格，流转顺畅规范，监管服务有效”的现代林业产权制度。

（3）在技术上提高林业碳汇的科技水平。建立森林的监测、观测系统，完善林业数据库，为森林碳汇交易做好数据上的支持，以便与国际市场接轨创造林业收入，提高林业人员的生活水平。

3.3.3.2　草地碳汇模式

与森林一样，草地植物通过光合作用吸收空气中的 CO_2 并固定在土壤和植被中，发挥碳汇功能，同时在缓解气候变暖、防风固沙、涵养水源、保持水土、净化空气以及维护生物多样性等方面也发挥了重要作用。由于降水量、土壤温度、气候变化等自然因素和过度放牧、开垦等人类活动，草地面临着退化、沙化、沙漠化的危机。增加草地碳汇的措施有：

（1）适当放牧。过度放牧会增加土壤碳的流失，降低草地的再生产能力，造成草地退化。而长期围封的草地由于土壤呼吸作用的加强产生碳失汇，因而要进行适量的放牧。

（2）改良品种。禽畜品种优良，产出水平就高，对草地的破坏也就相应降低。因此，要加强禽畜品种改良，推广优良品种。

（3）加强监测。要建立草地监测、观测系统，完善草地数据库，以便合理控制草地土壤的温度和湿度，保证草地良好发展。

3.3.3.3 湿地碳汇模式

与森林相比，湿地的吸纳碳的能力更强，人为破坏湿地会增加碳排放强度。湿地对气候变化极为敏感，因而考虑自然因素在湿地的保护中也显得尤为重要。

湿地碳汇模式主要从人为因素和自然因素两方面入手。人为因素包括围垦、改变自然湿地用途、城市开发占用自然湿地、过度放牧等。因而采取的对策是从生态系统保护和碳汇保护的双重目标加强湿地的保护，特别是防止湿地的过度开发利用，不但要限制农业围垦和过度放牧，还要防止工程建设对湿地的破坏。自然因素包括植被类型、地下水位、气候等，关键因素是积水水位和温度。因而采取的措施是：①根据不同类型湿地的土壤碳库和温室气体排放强度，研制一个较精确的湿地土壤碳与温室气体排放清单（总量和区域分布、类型分布）。②根据湿地退化下土壤碳循环及温室气体排放变化，建设和发展覆盖主要湿地类型的湿地碳循环与温室气体试验研究和观测、监测网络，以提升湿地碳汇能力的目标（刘子刚，2004）。

3.3.3.4 种植业碳汇模式

（1）农作物品种调整模式。在扩大农作物种植面积的过程中，要大力培植“固碳型”农作物，严格限制“排碳型”农作物。农作物作为农业碳汇的重要部分，在气候变暖的环境下，扩大农作物种植面积，培植“固碳型”农作物，可以在增加农作物的经济效益的同时扩大碳的吸收存储。

（2）农作物种植优化模式。推行多层立体种养，充分利用土地、阳光、空气、水，拓展生物生长空间，以提高单位面积的综合效益。

- 以间作套种为主的农业模式：根据稻田、旱地及田埂的土壤、地貌特点，实行不同作物间作、混作和套作，形成农田、旱地复合种植或作物与水产、畜禽复合种养模式。具体包括农作物合理间种、套种的农作物立体种植，桑田秋冬套种蔬菜、桑田夹种玉米的农桑结合，树林中套种小麦、大豆、棉花等农作物的农林结合，苗木合理科学夹种的苗木立体种植，稻田养殖、菱蟹共生、藕鳖共生、藕鳝共生的农渔结合，稻田养鸭的农牧结合，树下种牧草，养殖羊、鸭、鹅的林牧结合，水网地区的渔牧结合等。

- 立体互补型设施农业模式：该模式是指充分利用温室、大棚等设施的光温优势，采用一定工程技术措施，按照空间梯次分布立体布局，形成有效组合的优势互补和资源高效利用的立体栽培农业模式。

3.4 中国农业低碳化的机制创新

3.4.1 中国农业低碳化的目标模式

中国农业的低碳化转型是一个重大课题，已有学者对此作出探索，如王昀（2008）提出了有害投入品减量替代模式、立体种养的节地模式、节水模式、节能模式、“三品”基地模式、清洁能源模式、种养废弃物再利用模式、农产品加工废弃物循环利用模式、区域产业循环模式、农业观光休闲模式等 10 种低碳发展模式。罗吉文（2010）也提出了 10 种低碳农业发展模式，与王昀（2008）不同的是他增加了碳汇模式。

本章 3.2 节的分析表明，中国农业的高碳特征十分明显。从碳源角度看，化肥农药的过度使用、灌溉方式的技术落后、禽畜养殖的不合理、农业废弃物（秸秆、粪便等）的利用率不高等导致农业碳排放数量过高；从碳汇角度看，农作物品种与结构不合理、碳汇用地经营方式不当等导致农业碳汇功能过小。因此，中国农业属于高碳农业。结合已有研究成果，本节提出了中国高碳农业低碳化发展的三大模式：减量替代模式、节能减排模式、固碳增汇模式（图 3-12）。减量替代模式包括新能源开发替代模式、化肥农药替代模式等具体模式；节能减排模式包括农地合理利用模式、稻田科学灌溉模式、禽畜养殖低碳化模式、农机节能模式、农村生活节能模式、秸秆利用低碳化模式和粪便管理低碳化模式等具体模式；固碳增汇模式包括森林碳汇模式、草地碳汇模式、湿地碳汇模式和种植业碳汇模式等具体模式。采取这三大模式可以减少碳排放量、增加碳固定量，实现中国高碳农业向低碳化转型，然而农业碳排放的外部性、农业发展中存在的技术锁定等因素制约着这一转化过程的完成，造成了中国农业低碳化模式“推广少、成效差”的局面。中国农业低碳化的转换机制就是克服农业碳排放的外部性、农业发展中的技术锁定等制约因素，实现中国高碳农业向低碳化发展的理论。

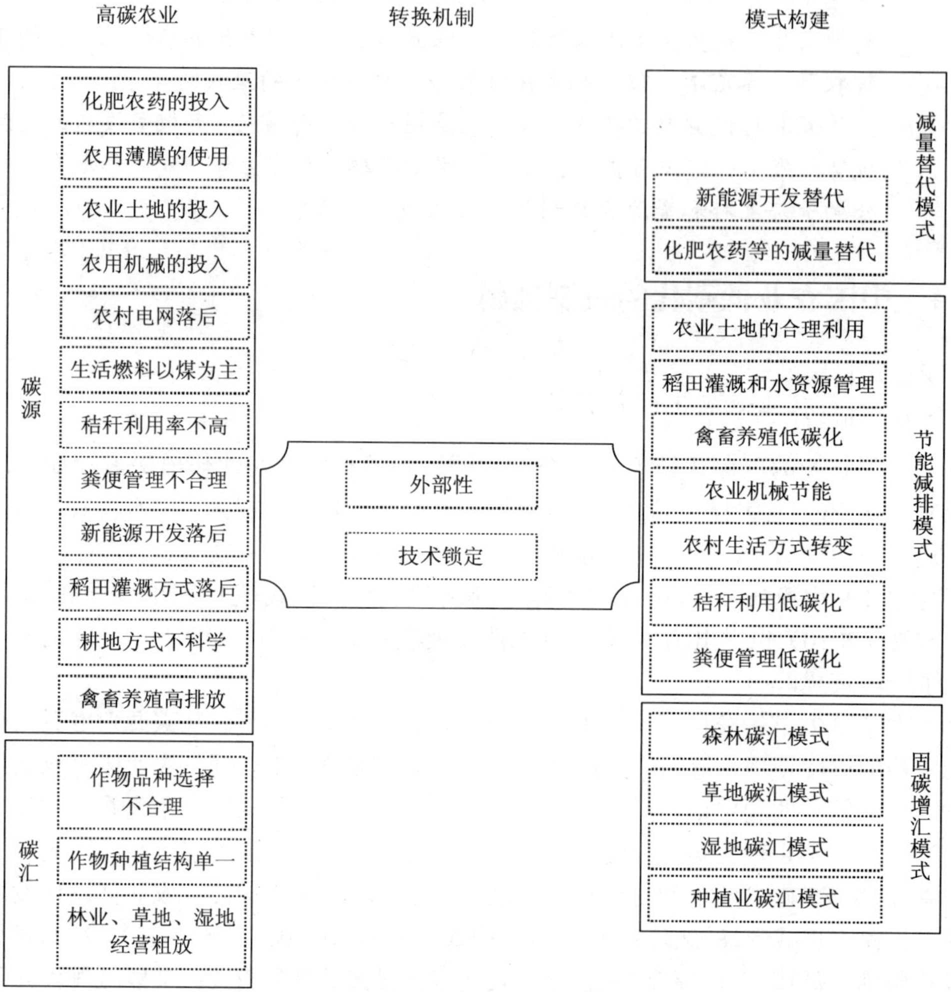

图 3-12 中国高碳农业低碳化的转化路线图

3.4.2 中国农业低碳化的制约因素

中国农业低碳化模式推广运用的制约因素主要来自两个方面：一是农业碳排放或碳减排的外部经济效应，二是农业低碳化进程中的技术锁定效应。

3.4.2.1 外部效应

农业中的外部效应是指农业活动中农户进行农业生产时所产生的碳排放对环境或其他部门产生影响，包括产生消极影响的外部不经济和产生积极影响的外部经济两个方面。

（1）外部不经济效应。农业生产者大量使用化肥、农药、农用薄膜、农用机械从事农业生产时，会出现私人成本小于社会成本的现象，两者之间的差额就是外部成本，农业生产者只关注追求自身效益最大化，不断扩大农业碳源，缩小农业碳汇，导致外部不经济。短期来看，农户没有损失，只有收益，而碳排放使得大气中的碳含量增加，温度上升，气候恶化，造成了外部不经济性。这种负的外部性，进一步影响整个农业的生产活动，农产品产量减少，质量下降，生产成本上升，农民收益在长期来看呈现下降趋势。此时，单个农户有两种选择：①选择加大投入，如围垦草地、湿地等加大农业面积，增加化肥农药等的使用量，使用更多的机械设备等，提高农产品产量和质量，造成更多的农业碳排放；②弃农从工，如进城打工等，造成农田荒芜，人均种植业面积锐减，间接增加了农业碳排放。农户不管是加大农业投入，还是放弃从事农业生产，都会增加农业的碳排放，加速气候恶化，形成恶性循环。可见，市场机制不会自动解决高碳农业所导致的外部不经济效应。

（2）外部经济效应。当农业生态系统中碳源所排放的碳量小于或等于碳汇吸收的碳量（即农业生态系统的碳排放总量为零或为负）时，农业活动本身会带来大气中碳含量的减少，对环境和其他部门产生积极的影响，此时，农业生产者的私人收益将小于社会收益，两者之间的差额就是外部收益，这就是外部经济效应。外部经济效应的存在，会削弱农业生产者采取低碳生产方式的积极性，希望别人从事低碳生产，而自己从事高碳生产。人人这样思考的结果导致低碳农业无法推广。可见，市场机制也不会自动解决低碳农业所导致的外部经济效应。

3.4.2.2　技术锁定效应

最早提出“技术锁定”概念的是布莱恩·阿瑟（William Brian Arthur），他认为：系统一旦达到某个解就很难退出，这种状态就是技术锁定。随后，西班牙学者格利高里·乌恩鲁（Gregory C. Unruh）率先提出和使用了“碳锁定”的概念，即对化石能源系统高度依赖的技术与政治、经济、社会形成了一种共生的系统内在惯性，导致技术锁定和路径依赖，阻碍了低碳技术的发展。低碳农业技术在中国的发展中存在着技术锁定，中国农业经济发展模式已习惯于沿袭已有的路径，缺乏技术创新的动力，而忽视优质的低碳技术，以至于农业经济绩效和环境质量得不到改善（刘娟，李明贤，2010），具体表现如下：

（1）农民文化素质的限制。

➢ 由于知识水平的限制，农民对低碳技术认识不到位，接纳能力差。农户是否采用某一项农业新技术取决于两个条件：一是农户采用新技术的成本，包括采用新技术的直接支出、学习新技术的学习成本和机会成本；二是采用新技术的预期收益，包括预期风险程度。基于经济上的适用性总是优先于技术上的适用性的原则，农业新技术往往难以顺利被采用。

➢ 由于知识、技术和资金的不足，农民的意识和行动往往有惰性：在化学农业观念业已渗透到生产和生活各个环节的情况下，单个农户总倾向于选择化学农业技术，而非农业低碳化技术。这造就了低碳农业生产技术往往“只见试点、难见推广”（马伦娇，2010）。

（2）农村边缘化的限制。

➢ 农业在劳动力就业中遭遇边缘化：在我国目前农业生产效益很低的情况下，农民倾向于依赖外出打工和兼业经营来获取收入。在大量精壮劳动力外出打工后，农村留下的劳动力主要以老弱妇孺为主。而低碳农业的发展大多需要投入大量人力和时间。比如少耕、免耕等保护性耕作要以大量施用粪肥和秸秆还田来保证土壤的疏松和有机质的丰富为前提，而运送粪肥和秸秆还田都需要大量人力和时间；间作套种不易实行机械化作业，需人力投入；少施肥、少喷农药、循环立体农业等，一般都要花费更多人力和时间。老弱妇孺等劳动力不愿也无力对农业投入更多的精力和时间，也不具备运用低碳技术的知识和能力。相比之下，需要精壮劳动力参与的低碳替代模式就成了次优选择。

➢ 农村在信息化建设中遭遇边缘化：一方面，城乡之间网民数量及网民普及率差异巨大，农村明显落后于城市。另一方面，对于涉农信息资源库的建设投入不够，数据库总量不足，库容量普遍偏小，以电子为载体的数据库建设没有得到重视，使得农村科技信息资源缺乏。涉农计算机应用系统发展不充分、不平稳，没有形成农业宏观调控和生产经济管理支持系统的完整体系。农民缺乏了解低碳技术的信息渠道，替代技术难以在农村地区扩散。

（3）农业生产经营落后。

➢ 农业生产规模化程度低，难以有效推广低碳技术：农民分户经营的规模小，不宜采用新技术，也不易看到新技术的效益，从而妨碍了农作物喷灌、微喷灌、滴溉等高效节水农业技术、病虫综合防治、秸秆循环利用等低碳技术的推广。又由于农产品价格低，农民收益不高，农户对低碳技术的需求缺乏主动性，进行低碳生产的积极性普遍不高。

➢ 农户生产组织化程度低，难以成功应用低碳技术：一方面，分户经营的农户总是根据各自的判断进行农业生产活动，生产什么、生产多少和如何生产往往只能顾及眼前利益，只想着眼前的产量如何提高，对未来发展难有长远预见和规划，因而难以顾全农业低消耗、低排放问题，更难以考虑对农田实行少耕、免耕、间歇耕作等保护性耕作方式。即使有农户实行低碳农业的模式，也会由于与周围农户的行动不一致，受周围“高碳”农业影响而最终宣告失败。另一方面，农业生产具有自然风险和市场风险，对农业新技术的高投入、高回报和产量、收益的影响较大，从而引起农户收入的不确定性和农业生产、经营各环节的无序性，而现代农业科技因广泛应用具备了较强的抗风险能力。在农户组织化程度低，缺乏有效的市场竞争力的情况下，更是放大和加剧了科技应用的市场风险，形成了农户接受和应用新技术的屏障。

- 农村产业结构层次低也是低碳新技术难以成功应用的原因，在技术含量不高、技术密集度低的农村产业里，农户和经营者主要靠传统经验和简单技术模仿就能获得一定的产量和效益，因此，也就失去了对新技术的渴望和追求。

（4）粮食安全的要求。一方面，中国人口的持续增长、人民生活水平的不断提高和工业化、城镇化的快速发展，要求中国农产品尤其是粮食产量持续增长；另一方面，中国耕地供给不断减少、种粮积极性不稳、气候变化异常、旱涝灾害频发和水资源短缺等因素约束着粮食产量的增加。为保障粮食安全，在粮食生产中仍不可避免地需要依赖化肥、农药等物资投入、农机化的发展等“高碳”模式，这一定程度上减慢了农业低碳技术推广的进程。

3.4.3　中国农业低碳化的对策建议

低碳农业是未来农业发展的趋势，它以“低排放、低消耗、高碳汇、高效益”为基本特征，可通过减量替代模式、节能减排模式、固碳增汇模式等实现高碳农业向低碳农业转变的过程。但由于农业碳排放的外部经济效应、技术锁定效应的存在，低碳农业不能自发地产生与形成。发展低碳农业既要有观念的转变，又要有资金的投入和技术的创新，还要有制度的保障以及各行各业的协调与努力等。

3.4.3.1　转变传统观念，引导低碳生产和消费

利用各种媒体加大低碳农业的宣传，向农业生产者和农产品消费者普及低碳农业知识。同时，加强农村教育，提升农民的文化知识水平，帮助农民了解低碳农业技术和构建低碳知识体系，转变其固有的传统观念，从而提高对低碳农业技术的接纳能力。此外，政府补贴农业生产者，引导农民从事低碳农业生产。

3.4.3.2 加大资金投入，支持低碳农业的发展

（1）在低碳农业的设施建设方面加大投入。利用财政资金支持农村土地整理、农田水利、田间道路、污水处理、信息网络等基础条件的改善，营造发展低碳农业的基本条件。资金支持湿地保护、森林保护、耕地保护等有利于碳汇增加的领域。

（2）在低碳农业的资金支持方面加大投入。对发展低碳农业的经济主体在贷款额度、贷款利率、还贷条件等方面给予优惠政策，以鼓励各经济主体发展低碳农业的积极性。对于低碳农业园区建设、湿地碳库建设、固碳农作物开发等项目建设中予以财政补助。

（3）在低碳农产品推销方面加大投入。采取财政补贴的办法鼓励消费者消费更多低碳农产品，为低碳农业的发展培育市场。

3.4.3.3 推广低碳技术，加快农业低碳化进程

（1）加大低碳技术的研发力度。激励科研机构和生产者进行更有效的低碳途径探索和技术研究；激励低碳理念和低碳技术的采纳者，对应用低碳理念进行产生和采用新替代技术的农业经营者进行奖励。

（2）抓好低碳技术应用的示范工作。因地制宜地选择和建立低碳技术推广的示范基地和示范户，用活生生的事实教育和引导农民改变传统的经营方式，从而增加低碳技术的操作性和提高农户的接纳程度，顺利推行低碳技术的发展。

（3）健全农村低碳信息服务系统。为农户吸纳低碳科技提供准确、及时、有用的信息。在农村现有信息系统上，拓宽信息采集渠道，优化信息采集手段，提高信息采集的网络化水平，同时建立一批可利用的数据库系统，为低碳研究和推广提高理论支持；加强信息网站建设，促进农技内部交流，为农业生产经营者获取农业、农技信息提供重要窗口和渠道，充分发挥农村信息系统以及各种信息网站在低碳技术推广过程中的作用。

（4）发展低碳农业生产经营新模式。建立低碳技术经济合同制度，做到对低碳技术风险同担，利益共享，以提高农民生产积极性和农业组织化程度；建立低碳农业技术应用风险储备金制度和农产品风险基金制度，搞好农业科技应用保险，进一步降低农业新技术应用的风险；建立公共绿色基金和退耕生态林收购制度，拓宽融资渠道，建立健全的碳交易组织管理体系（马培衢，2011）；搞好农产品流通体制改革工作，建立开展低碳农业交流合作的科技、人才、资本等平台，尽快形成开放、公平、竞争、有序的农产品市场体系。

3.4.3.4 创新低碳机制，保障低碳化成功转型

机制创新解决农业碳排放的外部性问题，实现高碳农业向低碳转化，主要围

绕限制高碳农业和激励低碳农业发展两个方面。

（1）限制高碳农业的机制创新。从农业规划、产业准入等角度对高碳农业采取限制性措施，减少或取消有害于环境的化肥、农药等的补贴政策，严格禁止对森林、草原、湿地、农田等具有碳汇功能的资源的破坏性行为或破坏性开发者。

（2）激励低碳农业的机制创新。建立碳补偿机制和碳排放交易权制度，发展碳交易市场，以促进森林碳汇、秸秆和畜禽粪资源化处理等项目的良好开展；建立与低碳农业相适应的政策、法规、技术、管理等激励约束保障体系，采取农产品“保护性”价格体系，并对使用有机肥、生物农药、可降解农膜，购买新的农用机械，秸秆还田和低碳化处理，畜禽粪便集中处理，建设沼气池等行为予以财政补贴，从而增加农业的比较收益，缩小私人成本和社会成本的差距，使得农业生产者的私人收益与社会收益趋于一致，提高农户生产积极性。

参考文献

[1] 李晓燕，王彬彬．低碳农业：应对气候变化下的农业发展之路．农村经济，2010（3）．

[2] 罗吉文．低碳农业发展模式探析．生态经济，2010（12）：142-144．

[3] 廖媛红．低碳农业的发展模式研究．作物研究，2010，24（4）．

[4] 姚延婷，陈万明．农业温室气体排放现状及低碳农业发展模式研究．科技进步与对策，2010（11）：48-51．

[5] 程克群，马友华，栾敬东．低碳经济背景下循环农业发展模式的创新应用——以安徽为例．科技进步与对策，2010（10）：52-55．

[6] 马友华，王桂苓，石润圭，等．低碳经济与农业可持续发展．生态经济，2009（6）．

[7] 周玉新．低碳经济时代转变农业经济发展方式探索．农业经济，2010（4）．

[8] 严立冬，邓远建，屈志光．论生态视角下的低碳农业发展．中国人口·资源与环境，2010（8）．

[9] 黄垚，张戈．辽中县低碳农业现状分析和发展思路的探讨．经济研究导刊，2011（3）．

[10] 田云，李波，张俊飚．我国农地利用碳排放的阶段特征及因素分解研究．中国地质大学学报（社会科学版），2011，11：59-63．

[11] West T. O.，Marland G.. A synthesis of carbon sequestration，carbon emissions，and net carbon flux in agriculture：Comparing tillage practices in the United States. Agriculture Ecosystems and Environment，2002：1-3.

[12] 伍芬琳，李琳，张海林，等．保护性耕作对农田生态系统净碳释放量的影响．生态学杂志，2007（12）．

[13] 张厚．农业减排温室气体的技术措施．农业环境与发展，1998（1）．

[14] 张睿．中国农业机械化柴油消耗趋势分析与节能的战略措施．农业工程学报，2007（12）：280-283.

[15] 董红敏，李玉娥，陶秀萍，等．中国农业源温室气体排放与减排技术对策．农业工程学报，2008，24（10）：269-273.

[16] 王昀．低碳农业经济略论．中国农业信息；2008（8）：13-14.

[17] 彭世彰，李道西，徐俊增，等．节水灌溉模式对稻田 CH_4 排放规律的影响．环境科学，2007（1）．

[18] 王增远，徐雨昌，李震，等．稻田甲烷排放及其控制．作物杂志，1998（3）：10-11.

[19] 李怒云，杨炎朝，何宇．气候变化与碳汇林业概述．开发研究，2009（3）：95-97.

[20] 赵林，殷鸣放，陈晓非，等．森林碳汇研究的计量方法及研究现状综述．西北林学院学报，2008，23（1）：59-63.

[21] 方精云，陈安平．中国森林植被碳库的动态变化及其意义．植物学报，2001，43（9）：967-973.

[22] 徐学良，曹明奎，李克让．中国森林生态系统植被碳储量时空动态变化研究．地理科学进展，2007，26（6）：1-9.

[23] 刘国华，傅伯杰，方精云．中国森林碳动态及其全球碳平衡的贡献．生态学报，2000（9）：733-740.

[24] 杨婷婷，吴新宏，王加亭，等．中国草地生态系统碳储量估算．干旱区资源与环境，2008，26：127-130.

[25] 方精云，杨元合，马文红，等．中国草地生态系统碳库及其变化．中国科学：生命科学，2010，40：566-576.

[26] 色音巴图，贾峰．中国北方草地生物量时空分异的定位监测研究．中国草地，2003，25：9-14.

[27] Yang Y H，Fang J Y，Smith P，et al. Changes in topsoil carbon stock in the Tibetan grasslands between the 1980s and 2004. Global Change Biol，2009，15：2723-2729.

[28] Yang Y H，Fang J Y，Ma W H，et al. Soil carbon stock and its changes in northern China's grasslands from 1980s to 2000s. Global Change Biol，2010，doi：10.1111/j.1365-2486.2009.02123.x.

[29] 曾昭文，刘赢男，倪红伟．土地利用变化对湿地生态系统温室气体排放的影响．国土与自然资源研究，2009，3：42-43.

[30] 严金龙，丁成，韩香云，等．全球气候变化中的滩涂湿地土壤有机碳研究．盐城工学学报（自然科学版），2009，22：1-5.

[31] 刘子刚．湿地生态系统碳储存和温室气体排放研究．地理科学，2004，24（5）：634-639.

[32] 吕宪国，刘红玉．湿地生态系统保护与管理．北京：中国工业出版社，2004.

[33] 张旭辉，李典友，潘根兴，等．中国湿地土壤碳库保护与气候变化问题．气候变化研究进展，2008，4（4）：202-208.

[34] 宋长春，王毅勇，阎百兴，等．沼泽湿地开垦后土壤水热条件变化与碳、氮动态．环境科学，2004，25（3）：150-154.

[35] 于洪贤，黄璞祎．湿地碳汇功能探讨：以泥炭地和芦苇湿地为例．生态环境，2008，17（5）：2103-2106.

[36] 宋长春，王毅勇，王跃思，等．季节性冻融期沼泽湿地 CO_2、CH_4 和 N_2O 排放动态．环境科学，2005，26（4）：7-12.

[37] 黄耀．中国的温室气体排放、减排措施与对策．第四纪研究，2006，26（5）：722-730.

[38] Dong H，Tao X，Xin H，et al. Comparison of enteric methaneemissions in China for different IPCC estimation methods and production schemes. Transactions of the ASAE，2004，47（6）：2051-2057.

[39] 樊霞，董红敏，韩鲁佳，等．肉牛甲烷排放影响因素的试验研究．农业工程学报，2006，22（8）：179-183.

[40] Research Team of China Climate Change Country Study. China Climate Change Country Study. Beijing：Tsinghua University Press，1999，257-258.

[41] 韩继福，冯仰廉，张晓明，等．阉牛不同日粮的纤维消化、瘤胃内 VFA 对甲烷产量的影响．中国兽医学报，1997（3）：278-280.

[42] 陈钰．低碳经济视角下我国生态农业发展新模式及对策分析——以河西走廊为例．商业时代，2011（9）：120-121.

[43] 肖超．大力发展沼气推进低碳经济建设．广西林业，2010（6）：24-26.

[44] 刘娟，李明贤．低碳农业发展的技术替代分析．农业经济，2010，4：17-21.

[45] 马伦姣．发展低碳农业面临的挑战及应对思路．中国农业信息，2010（12）.

[46] 韩媛，张芳．我国碳汇林业发展前景分析．商业经济，2011（2）：37-38.

[47] IPCC. Climate change 2007：mitigation of climate change contribution of working group the third to the fourth assessment report of the intergovernmental panel on climate change. Cambridge：United Kingdom，Cambridge University Press，2007：63-67.

[48] 马培衢．农业低碳发展投入政策：有效性和创新路径．生态经济，2011（2）：49-53.

第 4 章

低碳工业论

中国是一个高碳工业大国。从能源使用角度看，中国工业部门属于高耗能部门，能源效率较低；从能源结构角度看，我国工业部门主要消耗以煤为主的化石能源；从工业内部结构角度看，我国工业部门中重工业比重大，碳排放量也大。“十二五”规划指出，要抓好工业、建筑、交通运输等重点领域节能，单位国内生产总值能耗和 CO_2 排放分别降低 16%和 17%。这对发展低碳工业提出了明确的要求。因此，研究工业碳排放现状，探析高碳工业向低碳工业的转型机理与实现工业低碳发展的保障措施等具有重要的现实意义。

4.1 低碳工业的内涵界定

4.1.1 低碳工业定义

傅晓华等（2010）指出，低碳工业是 CO_2 低排放的工业生产模式，是生态经济的重要组成部分，是解决工业污染、资源消耗高的有效途径。“三低”即低能耗、低污染、低排放是低碳工业的衡量指标，核心是绿色技术创新、产业优化和制度创新以及发展观变革。徐玖平等（2011）提出，低碳工业是通过技术创新、产业转型、新能源开发等手段，尽可能地减少煤炭和石油等高碳能源消耗，降低污染水平和碳排放量，达到经济发展与生态保护双赢的一种产业发展形态。这些概念不同程度上存在一些不足，如与“低碳经济”概念相混淆，将低碳工业与节能减排相混淆，将低碳工业与生态工业、循环工业相提并论等。

低碳经济是以 CO_2 为主的温室气体减排为基本特征的经济形态，主要表现为经济低碳化和低碳经济化（沈满洪等，2010）。因此低碳工业也应以 CO_2 减排为基本特征，低污染与低能耗非低碳工业的主要聚焦点。宋德勇（2009）指出，“低碳工业化”是指国民经济的基要生产函数（生产要素的组织方式）实现从“高碳”向“低碳”的连续突破性变化，低碳的生产方式和低碳产业逐渐替代高碳的生产方式和高碳产业的过程，最终经济发展和工业化过程摆脱化石能源和温室气体排放的束缚。我国低碳工业化道路的实质是要通过低碳式的发展，跨过传统工业化道路固有的阶段，穿过碳排放的“高峰”，实现跨越式发展。这一表述为合理界定低碳工业内涵提供了思路。

综上所述，低碳工业与高碳工业相对，是一种以 CO_2 为主的温室气体低排放为基本特征的工业生产模式，在工业资源投入、生产过程、产品产出、运输方式等工业生产各个环节以较少的温室气体排放为代价获得较大产出。

4.1.2　低碳工业特征

4.1.2.1　产业路径分析

（1）要素投入低碳化。传统工业的能源结构不合理，导致工业高碳化现象十分严重。如中国以煤炭为主的能源结构必然导致主要依靠化石能源燃烧的工业碳排放量过大。所以，要降低工业的碳排放量，必须从源头进行控制。低碳化的要素投入主要指的是区别于传统化石能源的核能、太阳能、风能、生物质能、地热能、海洋能、氢能等新能源。由新能源取代传统的化石能源，改变工业能源结构，在降低能耗的同时，也能有效实现低碳工业。

（2）生产过程低碳化。工业生产过程中的碳排放来源主要有中间投入材料的运输、工厂加工废气排放、产品生产过程废气排放（如水泥生产中产生 CO_2）等。工业生产技术是影响工业生产过程碳排放的主要因素，低碳化的生产技术不仅能提高能源利用效率，还能通过废弃物的回收处理以及碳捕捉技术等实现降低工业生产过程中的碳排放量的目的。此外，生产过程中，物质和能量在各个生产企业和环节之间还应进行循环、多级利用，减少资源浪费。

（3）产品产出低碳化。工业生产废料的处理方式不当不仅会产生 CO_2 排放，而且也会造成资源的浪费。低碳工业注重对工业废弃物的有效回收利用，充分利用每一个生产环节的废料，把它作为下一个生产环节或另一部门的原料，以实现物质的循环使用和再利用，以此也减少了不当处理这些废弃物的碳排放。产品包装与运输中的碳排放不可小觑，而抢占这一领域的低碳具有较大的潜在商机。例如，作为国内多家大卖场的主要水果供应商之一，都乐近期将纸箱改良成为可循环使用的简易黑白色纸箱，增加了 1/4 的容量，减少了 20%碳排量。

4.1.2.2　工业发展分析

（1）产值增速稳态化。低碳工业不以牺牲工业产值为代价来降低温室气体排放，而是通过改变能源利用方式，调整能源结构，提高能源效率以及发展低碳技术等手段，在保证工业增速稳态化，降低温室气体排放，减少对气候的影响，因此有别于前工业化时代的工业发展思路。2011年《中国低碳经济发展报告》指出，中国要避免日本在节能减排中出现的经济低速增长，应当保持清醒的头脑，在发展经济的同时坚持节能减排原则。①

（2）产业结构轻型化。高碳产业往往来自那些以化石能源为主要原料的高耗能产业，而这些产业又往往是重工业。例如，我国制造业碳排放量占81%以上，工业分行业碳排放比重较大的是：化学原料及化学制品制造业，黑色金属冶炼及压延加工业，非金属矿物制品业，电力、热力的生产和供应业，煤炭开采和洗选业，石油加工、炼焦及核燃料加工业等，都属于能源工业与重工业，并且这些工业行业的增速仍保持高位。2000—2006年钢铁，石化、水泥能耗年均增长率均超过10%，而从2003年开始，钢铁和水泥更以20%的速度增长。必须对原有的产业结构及工业结构进行适当调整，根据区域实际情况，结合地区优势产业，深度挖掘产业链，提高低碳工业准入标准，发挥政策的先导性作用，引导工业结构转型和升级。

（3）生产效益生态化。低碳工业的着眼点在降低工业CO_2排放，但其主旨仍在于寻求工业效益生态化。工业生产存在巨大的负外部性，而各国高速攀升的工业产值也并未反映资源环境的经济价值及工业发展的生态代价。这不仅不利于真实反映一国工业发展的实际水平，而且不符合低碳经济的发展理念。顾康康等（2010）通过因子分析发现，中国工业部门生态效益差异显著，机械设备制造业、电子属于生态效益最优的工业部门，以矿产品采掘与加工为基础的工业部门整体表现出高能耗、高污染、低效益，造纸及纸制品业生态效益最差，发展低碳工业，寻求工业效益的生态化极具现实意义。

4.1.2.3 外部因素分析

（1）低碳技术为核心。在全球气候变暖对人类生存和发展带来严峻挑战的情况下，我国能否实现低碳经济发展模式，很大程度上取决于低能耗、低排放、低污染、高效率的低碳技术创新（岳雪银等，2011）。低碳工业亦如此，低碳技术是低碳工业的核心。低碳技术以零排放或者较低排放的可再生能源技术（包括风能、太阳能）为主体，还包括提高能效的碳排放减少技术以及碳捕捉与存储技术（CCS，Carbon Capture and Storage）（黄栋，2010）。在工业领域，低碳技术不仅贯穿产业链的始末，是高碳产业低碳化的强大推手，而且还将壮大成为一个新兴的产业。在我国，低碳技术的获取主要通过自主研发或是通过清洁发展机制（CDM）②引

---

① 引自中国环境经济网 http://www.csfee.org.cn。

② 清洁发展机制是指发达国家通过提供资金和技术给发展中国家，在发展中国家实施具有减少温室气体排放效果的项目，项目产生的温室气体减排量转让给发达国家。

进发达国家的成熟技术。中国尚处于工业化发展中期，没有摆脱消耗大量资源的粗放模式，重化工业比重较大、能源结构以煤为主、人口增长等因素决定了在中国短时间内不可能根本扭转温室气体排放增长的势头，过早、过激的减排将会严重影响我国社会经济的持续增长，因此必须大力推动中国低碳技术创新（王可达，2011），以低碳技术驱动低碳工业发展。

（2）低碳政策为导向。政策法规的导向作用对于低碳工业的发展至关重要，尤其体现在提高高碳工业市场准入以及鼓励引导低碳技术与低碳产业发展上。全球气候变暖的趋势下，西方发达国家纷纷推出低碳经济发展战略与政策，主要表现为：改造传统高碳产业，加强低碳技术创新；积极发展可再生能源与新型清洁能源；应用市场机制与经济杠杆，促使企业减碳；加强国际范围内的减碳协作等（任力，2009）。而这些政策措施的落实是通过政府出台相关规定及政策得以实施的。在发展低碳工业方面，政策的导向型作用主要集中于产业结构调整、产业制度创新、工业发展观念变革等方面上。

（3）低碳理念为引领。低碳工业的发展离不开氛围的营造。政府在低碳意识引导方面，应大力普及低碳经济的理论和知识，大力宣传低碳政策和法规，大力推广低碳技术和产品。企业要树立从原材料投入、生产过程、交通运输以及产品产出与废料处理等全过程减碳的理念，积极利用低碳技术发掘低碳经济商机，从产品供给方角度将低碳产品推向市场。居民应主动培养低碳消费理念，多树立碳预算、个人碳预算意识，多让自己为低碳经济发挥出应有的作用，推动低碳工业等低碳经济的各方面发展。

综上所述，低碳工业的特征见图 4-1。

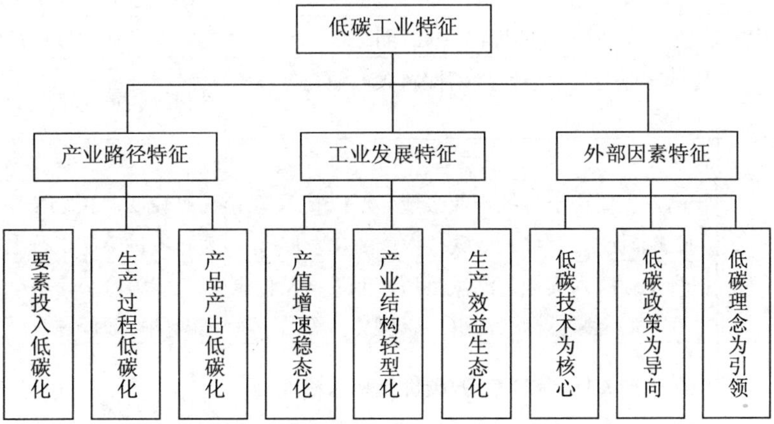

图 4-1　低碳工业特征

4.1.3 高碳工业与低碳工业的比较

4.1.3.1 定义比较

如前所述，低碳工业是一种以 CO_2 为主的温室气体低排放为基本特征的工业生产模式，在工业资源投入、生产过程、产品产出、运输方式等工业生产各个环节以较少的温室气体排放为代价获得较大产出。与低碳工业相对，那些高耗能高 CO_2 排放的工业，如化石能源密集型产业，称为高碳工业，具体是指在化石能源体系的支撑下，人类形成的火电、石化、钢铁、建材、有色金属等工业并由此衍生出的汽车、船舶、航空、机械、电子、化工、建筑等行业（鲍健强等，2008）。需要指出的是，传统工业与现代工业都不同程度地存在高碳排放的问题。即使是在工业化发展初期，由于几乎不存在资源短缺与气候变暖等环境问题的约束，低效率的粗放工业模式也是高碳排放的。因此，工业产值低、CO_2 排放量少的工业模式几乎是不存在的。低碳工业同时具备工业产值高、CO_2 排放量少的特点，兼具经济效益与环境效益。

4.1.3.2 特征比较

结合低碳工业的特征分析，将高碳工业与低碳工业的特征比较见表 4-1。

表 4-1 高碳工业与低碳工业的特征比较

特征比较角度	低碳工业	高碳工业
资源投入	采用新能源、清洁能源	采用传统的以煤为主的化石能源
生产过程	CO_2 排放量少或者为零	CO_2 排放量大
产品产出	废物处理、包装、运输等环节注重低碳环保	高碳排放，不注重环保
工业发展程度	较高，一般处于工业化发展后期	贯穿于工业化发展过程中
工业结构	传统产业适当发展，战略性新兴产业与低碳产业占据一定地位	以传统的重化工业为主
生态效益	较好	较差
科技投入	较高，主要用于传统产业改造、低碳技术运用（如碳捕捉与封存）、低碳技术产业化发展等	相对较低，主要用于提高生产能力与改进生产工艺上
政策导向	提高工业准入门槛，淘汰落后产能，扶持低碳产业，制定减排标准，引导碳权交易等	以产能为政绩考核标准，不注重工业碳排放问题
意识观念	低碳生产、低碳消费等低碳价值观念较强	生产、消费及生活中未树立起低碳价值观念

4.1.3.3　指标评价

运用指标体系进行评价能够更好地比较高碳工业与低碳工业。已有文献主要着眼于低碳经济或低碳社会的评价指标建立，如任福兵等（2010）从能源利用结构、产业社会发展、农业发展支撑、科学技术支持、建筑支持、交通支撑、消费方式、政策法规等方面构建了低碳社会的评价指标体系（共 52 项指标），并通过具体测算，得出了低碳社会的评价等级标准；叶依常、黄明凤（2011）在构建低碳经济发展指标体系的基础上，运用因子分析法提取出经济环境因子、技术因子和自然禀赋因子，并据此计算出了低碳经济发展水平的综合得分。也有学者研究低碳经济背景下的制造业主导产业与高碳产业发展问题等（蔡兴，2010；胡志伟，2011），但较少涉及低碳工业的评价指标体系构建问题，且在低碳经济指标评价体系构建方面，较多的是描述性指标，即使是成型的评价标准，也很难具有普适性。

常用的评价指标体系构建方法主要有专家预测法、德尔菲法、主观概率法、社会调查法等，评价指标权重确定的常用方法主要有因子分析、多元回归、层次分析、数据包络分析等，此处评价指标主要取自学者们已有的研究成果，并选用因子分析法，分析中国工业的低碳化发展趋势。

（1）因子分析基本原理。因子分析法是处理多因子变量，并显示它们之间相互关系的一种科学的经济数量方法。该方法从大量的可观测因子变量中通过因子分析计算，把众多的因子变量概括、析取和综合为少数重要因子，并通过对各因子变量的综合得分值进行相对次序排列，从而建立起最基本、最简洁的概念体系，最终达到诸因子之间差别明显化和可操作化的目的（吴玉鸣，2000）。因子变量的提取方法选择主成分分析法，该方法假定原变量是因子变量的信息组合，第一主成分有最大的方差，后续可解释变量方法越来越少。因子变量是对某些原始变量信息的综合反映，具有命名解释性，易于理解和进行比较分析。

（2）指标体系构建。界定高碳工业与低碳工业的评价指标众多，根据指标选择的科学性、代表性、独立性、可操作性等原则，从工业产出、工业能源利用、工业产业结构、工业 CO_2 排放等方面选取了 6 个具有代表性的指标（1995—2009 年）：工业 CO_2 排放强度（即工业 CO_2 排放量/工业总产值，X1）、煤炭占能源消费的比重（X2）、能源加工转换效率（X3）、R&D 支出（X4）、高技术产业产值占工业产值比重（X5）、工业制成品出口占出口总额比重（X6）。数据来源主要为相关年份的《中国统计年鉴》《能源统计年鉴》，工业 CO_2 排放量则是根据历年工业能源消费情况按碳排放系数折算而得，详见本章 4.3 节。

（3）因子分析结果。在进行因子分析之前，首先要进行 KMO（Kaiser-Meyer-

Olkin Measure of Sampling Adequacy）和巴特利特球体检验（Bartlett's Test of Sphericity），KMO 取值变化在 0～1，若 KMO 小于 0.5，则不适合做因子分析。见表 4-2，此处 KMO 取值为 0.592，通过了检验。

表 4-2　KMO 和巴特利特球体检验

KMO 检验		0.592
巴特利特球体检验	X^2 统计量	109.292
	自由度	15
	显著性水平	0.000

表 4-3 所示的是观测变量之间的相关系数矩阵（上半部分）及各个相关系数检验的显著性水平（下半部分）。其中，相关系数值越大，相关性越高；显著水平值越小，相关性越显著。由表 4-3 可见，工业 CO_2 排放强度（VAR1）与煤炭占能源消费的比重（VAR2）、高技术产业产值占工业产值比重（VAR5）、工业制成品出口占出口总额比重（VAR6）的相关系数值较大、显著水平值较小，说明工业 CO_2 排放强度与工业产业结构及工业品出口存在较大的关联性。前者主要表现为工业分行业中高碳产业推动工业碳排放增长，战略性新兴产业及高技术产业比重的上升会减少工业的碳排放；后者可以解释为工业制造品出口存在巨大的隐含碳排放量，若按国际上分配的碳减排义务进行约束，不仅有失公允，而且不利于发展中国家的工业发展。

表 4-3　相关矩阵表

		*X*1	*X*2	*X*3	*X*4	*X*5	*X*6
相关系数	*X*1	1.000	0.684	−0.282	−0.294	−0.890	−0.947
	*X*2	0.684	1.000	0.394	−0.337	−0.390	−0.493
	*X*3	−0.282	0.394	1.000	−0.100	0.595	0.482
	*X*4	−0.294	−0.337	−0.100	1.000	0.403	0.367
	*X*5	−0.890	−0.390	0.595	0.403	1.000	0.976
	*X*6	−0.947	−0.493	0.482	0.367	0.976	1.000
单侧显著性水平	*X*1	—	0.002	0.154	0.144	0.000	0.000
	*X*2	0.002	—	0.073	0.110	0.075	0.031
	*X*3	0.154	0.073	—	0.362	0.010	0.035
	*X*4	0.144	0.110	0.362	—	0.068	0.090
	*X*5	0.000	0.075	0.010	0.068	—	0.000
	*X*6	0.000	0.031	0.035	0.090	0.000	—

注：行列式 = 5.616×10^{-5}。

图 4-2 是表示方差解释变量的公共因子碎石图，横坐标为因子数，纵坐标为因子的特征值。明显的拐点个数表示可以提取的公共因子个数。由于选取的指标个数过小，碎石图的拐点并不是很明显。结合表 4-4 所示的总体方差解释表，可见，前 4 个因子可以解释原始信息的能力分别是 47.6%、19.1%、18.1%、14.7%，累计贡献率为 99.5%，说明这 4 个因子提供了原始数据的足够信息，可以根据因子载荷进行工业低碳化发展程度的分析。

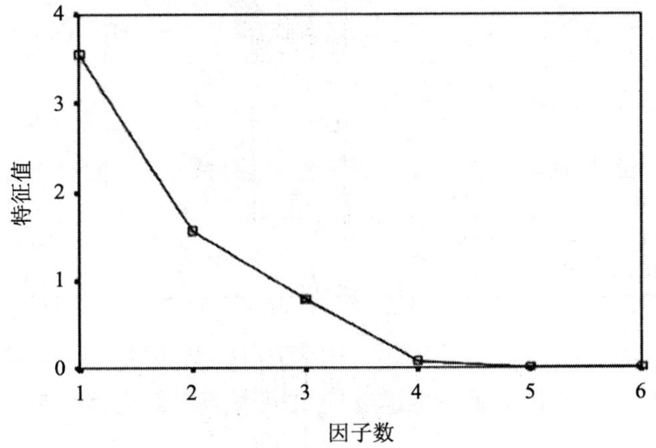

图 4-2　方差解释变量的公共因子碎石图

表 4-4　总体方差解释表

成分	初始特征值			提取的平方和载荷			旋转后的平方和载荷		
	合计	特征值占总方差百分比/%	累计贡献率/%	合计	特征值占总方差百分比/%	累计贡献率/%	合计	特征值占总方差百分比/%	累计贡献率/%
1	3.556	59.262	59.262	3.556	59.262	59.262	2.856	47.598	47.598
2	1.552	25.871	85.132	1.552	25.871	85.132	1.148	19.129	66.727
3	0.778	12.972	98.104	0.778	12.972	98.104	1.087	18.113	84.840
4	0.087	1.452	99.556	0.087	1.452	99.556	0.881	14.676	99.516
5	0.019	0.309	99.865	0.019	0.309	99.865	0.016	0.272	99.788
6	0.008	0.135	100.000	0.008	0.135	100.000	0.013	0.212	100.000

提取方法：主成分分析。

由表 4-5 可知，因子 1 在 $X6$、$X1$、$X5$ 上有较大载荷①，说明第一个公因子主

① 因子载荷系数是用于反映因子和各变量相关程度的指标，其绝对值越大，则该因子对当前变量的影响程度越大。

要由工业制成品出口占出口总额比重、工业 CO_2 排放强度、高技术产业产值占工业产值比重决定，将其命名为工业产业结构因素；因子 2 在 $X3$ 上有较大载荷，将其命名为能源效率因素；因子 3 在 $X4$ 上有较大载荷，将其命名为科技因素；因子 4 在 $X2$ 上有较大载荷，将其命名为能源结构因素。

表 4-5 旋转后成分载荷矩阵

	成分					
	1	2	3	4	5	6
*X*6	0.935	0.238	0.190	−0.164	0.077	−0.018
*X*1	−0.925	−0.064	−0.087	0.348	0.098	0.048
*X*5	0.874	0.384	0.252	−0.124	0.025	0.100
*X*3	0.351	0.895	−0.087	0.263	0.003	0.001
*X*4	0.194	−0.064	0.974	−0.098	0.002	0.003
*X*2	−0.450	0.367	−0.152	0.799	−0.002	−0.002

SPSS 软件根据回归法会自动计算出因子得分函数的系数及 4 个公共因子的各年得分。以旋转后的各因子对应的方差贡献率为权重进行加权求和计算得到综合因子得分 F。

$$F = 0.476 \times F1 + 0.191 \times F2 + 0.181 \times F3 + 0.147 \times F4 \tag{4.1}$$

根据综合因子得分，可以得到我国工业低碳化评价指标趋势图，见图 4-3。从图 4-3 可见，我国工业低碳化发展总体呈良好趋势，综合评价指标由负转正。同时，我国工业低碳化发展趋势还不稳定，2008—2009 年评价指标出现的下滑可能与金融危机有关。

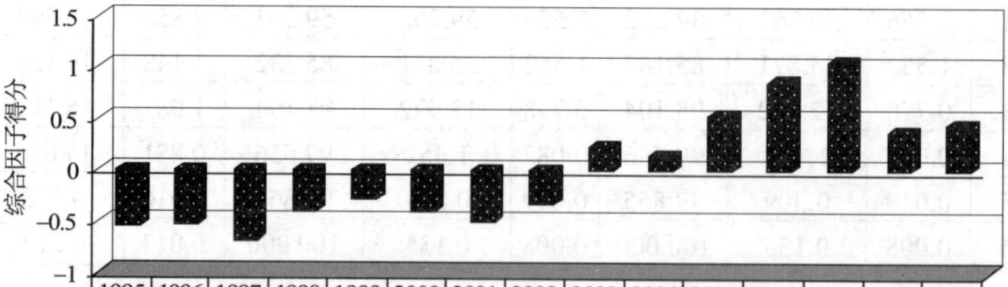

	1995年	1996年	1997年	1998年	1999年	2000年	2001年	2002年	2003年	2004年	2005年	2006年	2007年	2008年	2009年
■ 综合因子得分	−0.55	−0.53	−0.68	−0.4	−0.28	−0.41	−0.51	−0.33	0.236	0.155	0.544	0.865	1.067	0.385	0.45

图 4-3 我国工业低碳化评价指标趋势图

（4）评价结果及存在的问题。通过以上分析可以得出以下结论：①尽管无法通过分析得出评价高碳工业与低碳工业的界定范围，但总体而言，中国工业存在着由高碳工业向低碳工业发展的良好趋势（由工业低碳化综合得分递增得出）；②影响中国工业低碳化发展的因子主要有工业产业结构因素、能源效率因素、低碳技术因素及能源结构因素，其中，工业产业结构贡献程度最大；③工业 CO_2 排放强度与工业产业结构及工业品出口存在较大的关联性，说明高碳化的工业产业结构及工业制成品出口所带来的隐含碳排放很大程度上导致了我国工业的高碳排放。

需要指出的是，上述指标评价存在许多不足之处，如指标选择较少，其全面性与科学性有待检验；低碳工业政策未加入分析；低碳工业技术得不到精确的衡量，而是用 R&D 投入代替等。同时，这一评价方法无法得出高碳工业与低碳工业的界定范围，无法运用于省际比较，而只能得出中国工业低碳化的发展趋势。推广到世界范围，对于低碳工业的指标体系制定与评价更是困难，如各国经济发展和科技水平悬殊，民众低碳意识和认识水平相去甚远，许多发展中国家相关统计资料严重欠缺，或者缺乏相应的计量手段，另外各国关于碳排放的统计方法和统计标准严重不一，所有这些问题都有待解决。

4.2　中国工业碳排放测算与比较分析

4.2.1　中国工业碳排放测算

4.2.1.1　测算方法

张德英等（2005）对碳源排放量估算办法进行了归纳，选取部分与工业碳排放量测算相关的方法介绍如下：

（1）实测法。主要通过监测手段或国家有关部门认定的连续计量设施，测量排放气体的流速、流量和浓度，用环保部门认可的测量数据来计算气体的排放总量的统计计算方法。实测法的基础数据主要来源于环境监测站。监测数据是通过科学、合理地采集和分析样品而获得的。样品是对监测的环境要素的总体而言，如采集的样品缺乏代表性，尽管测试分析很准确，不具备代表性的数据也是毫无意义的。

（2）物料衡算法。物料衡算是对生产过程中使用的物料情况进行定量分析的一种方法。始于质量守恒定律，即生产过程中，投入某系统或设备的物料质量必须等于该系统产出物质的质量。该方法是把工业排放源的排放量、生产工艺和管理、资源（原材料、水源、能源）的综合利用及环境治理结合起来，系统地、全面地研究生产过程中排放物的产生、排放的一种科学有效的计算方法。适用于整个生产过程中的总物料衡算，也适用于生产过程中某一局部生产过程的物料衡算。目前大部分的碳源排放量的估算工作和基础数据的获得是以此方法为基础的。具体应用中，主要有表观能源消费估算法和详细的燃料分类为基础的排放量估算法。计算的基本公式为：

排放量＝（分品种燃料的实际消费量×单位能力含碳量－非能源利用固碳量）×燃料的氧化率

（3）排放系数法。排放系数法是指在正常技术经济和管理条件下，生产单位产品所排放的气体数量的统计平均值，排放系数也成为排放因子，公式为：

$$C_t = \sum_i C_{i,t} = \sum_i \mathrm{EC}_{i,t} \times \mathrm{ef}_i \times (1 - \mathrm{cs}_{i,t}) \times O_i \times (44/12) \tag{4.2}$$

式中：i——不同的燃料（包括煤、石油、天然气等）；

C——能源排放的 CO_2 量，t；

EC——总的能源消耗量，TJ；

ef——燃料的碳成分含量，t/TJ；

cs——未被氧化的储存碳部分；

O_i——氧化了的碳；

t——年份；

44 和 12——分别为 CO_2 和 C 的分子和原子量。

各类能源消耗量可以从历年《能源统计年鉴》里获得。而 ef 值一般采用经验数据。相关文献采用的各类能源的碳排放系数见表 4-6。

表 4-6　碳源转换系数

数据来源	煤炭消耗碳排放系数（以碳计）/（t/t）	石油消耗碳排放系数（以碳计）/（t/t）	天然气消耗碳排放系数（以碳计）/（t/t）
DOE/EIA	0.702	0.478	0.389
日本能源经济研究所	0.756	0.586	0.449
国家科委气候变化项目	0.726	0.583	0.409
徐国泉	0.747 6	0.582 5	0.443 5
平均值	0.732 9	0.557 4	0.422 6

资料来源：胡初枝，黄贤金，钟太洋，等．中国碳排放特征及其动态演进分析．中国人口·资源与环境，2008（3）：39。

目前的排放系数分为没有气体回收和有气体回收或治理情况下的排放系数。但在不同技术水平、生产状况、能源使用情况、工艺过程等因素的影响下的排碳系数存在很大差异。因此，使用系数法存在的不确定性也比较大。

此外，还有模型法、生命周期法、决策树法等测算方法，由于这些方法与工业碳排放量测算联系不大，所以不做介绍。测算中国工业及工业分行业的碳排放量属于宏观上的统计，因此运用实测法过于繁杂，不切合实际，而物料衡算法又涉及氧化率及非能源利用固碳量等因素，计算时无法获得相关的数据，因此选取相对比较方便的排放系数法。

4.2.1.2　数据来源

通过查阅相关年份的《中国统计年鉴》《中国能源统计年鉴》，获取我国工业及工业分行业的终端能源消费量、综合能源平衡表中的相关数据。工业分行业分类采用国家统计局的分类方法，将工业分为三类：一类是采掘业；一类是制造业；再一类是电力、煤气及水生产和供应业。在能源分类上，选取统计年鉴中关于工业分行业能源消耗的分类方法，能源类型包括煤炭、焦炭、原油、汽油、煤油、柴油、燃料油、天然气、电力等 18 种。

CO_2 排放系数参考张云等（2011）的研究成果，他们的计算方法主要是根据联合国政府间气候变化专门委员会（2006）提供的各种能源 CO_2 排放系数的公式：

$$\theta_k = \mathrm{NCV}_k \times \mathrm{CC}_k \times \mathrm{COF}_k \times (44/12) \quad (k=1,2,3,\cdots) \tag{4.3}$$

式中：NCV_k——平均低位发热量，kJ/kg 或 kJ/m^3；

CC_k——碳排放因子，kg/GJ；

COF_k——碳氧化因子，联合国政府间气候变化专门委员会取缺省值 1；

44 和 12——分别为 CO_2 和 C 的分子量和原子量。

各种能源类型的碳排放系数计算结果参见表 4-7。若能源消耗以标煤[①]当量给出，则需要标煤的 CO_2 排放因子可计算得：29.307 6 GJ/t × 94.6 kgCO$_2$/（GJ×1 000）= 2.772 5 tCO$_2$/t 标煤。

表 4-7　各种能源 CO_2 的排放系数

能源类型	CO_2 排放系数	能源类型	CO_2 排放系数
原煤	1.895 3 kg/kg	煤油	3.093 3 kg/kg
洗选煤	2.388 1 kg/kg	柴油	3.157 1 kg/kg
其他洗煤	0.758 1 kg/kg	燃料油	3.232 8 kg/kg
焦炭	3.073 5 kg/kg	液化石油气	3.162 3 kg/kg

① 标煤的热值是 7 000 kcal/kg，1 cal=4.186 8 J，7 000 kcal = 7 000×4.186 8 kJ = 29 307.6 kJ = 29.307 6 GJ。

能源类型	CO_2排放系数	能源类型	CO_2排放系数
焦炉煤气	1.238 1 kg/m^3	炼厂干气	3.374 9 kg/kg
其他煤气	0.386 9 kg/m^3	其他石油制品	3.095 2 kg/kg
其他焦炭产品	2.688 2 kg/kg	天然气	2.182 5 kg/m^3
原油	3.064 3 kg/kg	热力	0.113 0 kg/MJ
汽油	2.982 6 kg/kg	电力	1.104 0 kg/（kW·h）

资料来源：张云、赵捧莲. 中国工业出口产品二氧化碳国内净排放的比较分析. 中国流通经济，2011（4）：100-104。

4.2.1.3 测算结果

利用碳排放系数法，根据统计年鉴中各年份的工业终端能源消耗量计算而得近年来我国工业CO_2排放量，见图4-4。总体排放量及走势与世界银行WDI数据库相近。

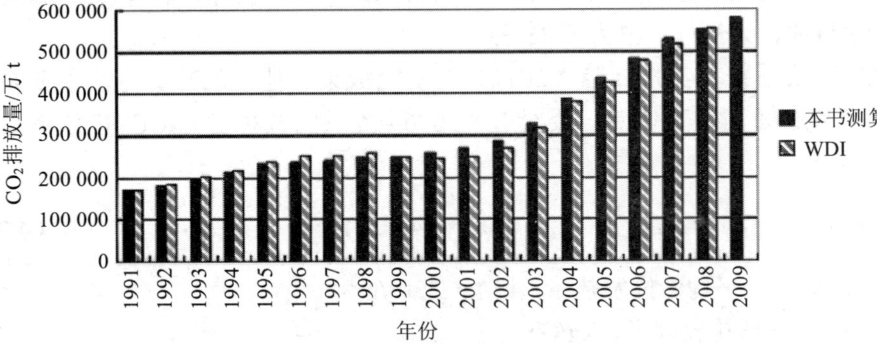

数据来源：测算数据由相关年份《中国能源统计年鉴》的工业能源消费量，以各类能源的碳排放系数折算而得。WDI数据来自世界银行网站，由中国电、热生产及制造业与建筑业CO_2排放量数据加总而得。

图4-4 1991—2009年我国工业CO_2排放量走势图

由图4-4可见，我国工业碳排放总体呈递增趋势，1996—2000年趋势有所缓和，而后又进一步飙升，2009年工业CO_2排放总量达577 792.98万t。据此，可将我国1991—2009年工业碳排放划分为3个阶段：1991—1996年的较快增长阶段，1996—2000年的平缓变动阶段；2000—2009年的迅猛增长阶段。

工业分行业的碳排放量测算结果见表4-8。由2009年我国工业分行业CO_2排放量及排放比重中可以看出，制造业是工业各行业中的“排碳大户”，占85.85%。2009年我国工业分行业CO_2排放量前几位分别是：黑色金属冶炼及压延加工业、化学原料及化学制品制造业、非金属矿物制品业、电力及热力的生产和供应业、有色金属冶炼及压延加工业、石油加工与炼焦及核燃料加工业。

表 4-8　2009 年中国工业分行业 CO_2 排放量　　单位：万 t

工业分行业	CO_2 排放量	比重/%	工业分行业	CO_2 排放量	比重/%
（一）采掘业	39 545.53	6.84	医药制造业	3 830.5	0.66
煤炭开采和洗选业	20 209.16	3.50	化学纤维制造业	4 307.34	0.75
石油和天然气开采业	8 711.58	1.51	化学原料及化学制品制造业	77 050.76	13.34
黑色金属矿采选业	3 964.41	0.69	橡胶制品业	4 117.05	0.71
有色金属矿采选业	2 695.77	0.47	塑料制品业	5 990.91	1.04
非金属矿采选业	3 110.87	0.54	非金属矿物制品业	68 538.87	11.86
其他采矿业	853.74	0.15	黑色金属冶炼及压延加工业	160 408.74	27.76
（二）制造业	496 017.55	85.85	有色金属冶炼及压延加工业	35 494.57	6.14
农副食品加工业	7 569.22	1.31	金属制品业	9 677.12	1.67
食品制造业	4 259.54	0.74	通用设备制造业	9 077.55	1.57
饮料制造业	3 219.23	0.56	专用设备制造业	4 754.67	0.82
烟草制品业	687.81	0.12	交通运输设备制造业	9 023.86	1.56
纺织业	18 648.67	3.23	电气机械及器材制造业	5 740.01	0.99
纺织服装、鞋、帽制造业	2 115.99	0.37	通信设备、计算机及其他电子设备制造业	7 029.34	1.22
皮革、毛皮、羽毛（绒）及其制品业	1 163.4	0.20	仪器仪表及文化、办公用机械制造业	914.95	0.16
木材加工及木、竹、藤、棕、草制品业	3 068.87	0.53	工艺品及其他制造业	4 429.32	0.77
家具制造业	542.73	0.09	废弃资源和废旧材料回收加工业	184.86	0.03
造纸及纸制品业	11 320.42	1.96	（三）电力、煤气及水生产和供应业	42 229.9	7.31
印刷业和记录媒介的复制	1 109.68	0.19	电力、热力的生产和供应业	38 031.29	6.58
文教体育用品制造业	662.85	0.11	燃气生产和供应业	1 277.82	0.22
石油加工、炼焦及核燃料加工业	31 078.69	5.38	水的生产和供应业	29 920.79	5.18

数据来源：由相关年份《中国能源统计年鉴》得到终端消费中工业分行业的各种能源消费量，以张云、赵捧莲（2011）研究中所采用的各种能源碳排放系数折算。

4.2.2 工业碳排放分析与比较

上述测算结果仅仅是在绝对量上表明我国工业碳排放的高速增长态势，以及在工业分行业间的排放差异性。为了更进一步分析我国工业碳排放的现状，需做相关比较分析。下面从国际与国内两个角度，结合已有研究成果，分析说明我国工业高碳排放的严峻形势。

4.2.2.1 工业碳排放的国际比较

由于国际上还没有针对各国工业碳排放公布统一观测数据，但可以通过地区工业能源使用情况、工业分行业碳排放数据加总等方法做一大概的国际比较。

（1）工业碳排放的国际格局变化。工业碳排放的国际格局与世界经济格局息息相关，同时，也与各国能源使用直接相关。由表 4-9 可见，1971 年工业部门最终能源消耗量较多的前三位地区是北美、西欧、前苏联；1990 年变为发展中亚洲、北美、前苏联；2005 年为发展中亚洲、北美、西欧。这种格局的变化同样反映在电力使用产生的能源相关 CO_2 排放格局上。不难发现，发展中亚洲在工业发展与经济崛起的同时，伴随着大量的能源消耗与 CO_2 排放，工业呈现高碳化严峻形势。

表 4-9 世界 9 个地区 1971—2005 年工业部门最终能源、一次能源和能源相关 CO_2 排放

	最终能源（EJ）			一次能源（EJ）			电力使用产生的能源相关 CO_2 排放（包括间接排放）/Mt		
年份	1971	1990	2005	1971	1990	2005	1971	1990	2005
太平洋经合组织	6.02	8.04	10.09	8.29	11.47	14.29	524	710	821
北美	20.21	19.15	21.89	25.88	26.04	28.06	1 512	1 472	1 461
西欧	14.78	14.88	16.69	19.57	20.06	21.83	1 380	1 187	1 144
中、东欧	3.75	4.52	2.80	5.46	7.04	3.85	424	529	246
前苏联	11.23	18.59	10.81	15.67	24.63	15.00	1095	1631	873
发展中亚洲	7.34	19.88	37.88	9.38	26.61	60.47	714	2 012	4 505
拉美	2.79	5.94	8.39	3.58	7.53	11.16	178	327	480
撒哈拉以南非洲	1.24	2.11	2.44	1.7	2.98	3.56	98	178	203
中东及北非	0.83	4.01	6.72	1.08	4.89	8.65	65	277	468
世界	68.18	97.13	117.71	90.61	1 312.5	166.86	5 990	8 324	10 199

资料来源：E. Worrell，L. Price. Industrial energy efficiency and climate change mitigation. Energy Efficiency，2009（2）：109-123。

（2）中国工业碳排放的迅猛反超。图 4-5 所示为 2009 年工业增加值前 5 位的国家 2000—2008 年工业 CO_2 排放量走势图。图中所示的中国工业 CO_2 排放曲线与上文测算结果基本一致，处于迅猛增长阶段。由图 4-5 可见，中国工业 CO_2 排放量自 2003 年超越美国以来，稳居世界之首，并继续大幅上升。工业高碳排放是我国高速发展的工业现代化的结果，也反映了我国工业发展方式的落后。我国工业的进一步发展面临着国际碳减排的巨大压力。

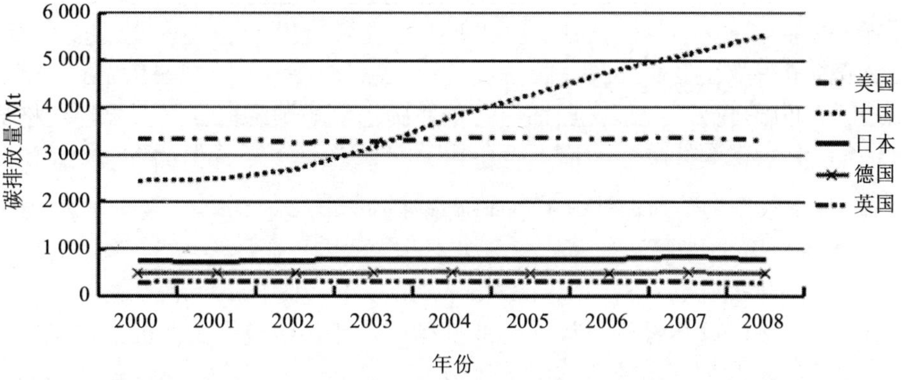

数据来源：工业 CO_2 排放量数据根据世界银行公布的各国电、热生产及制造业与建筑业 CO_2 排放量数据加总而得。

图 4-5　2009 年工业增加值前 5 位国家工业碳排放量走势

（3）工业发达国家相关指标比较。工业碳排放与能源使用、经济发展等众多指标相关。表 4-10 反映的是 2009 年工业增加值前 5 位国家相关能源及经济指标的比较情况。由表 4-10 可见，尽管我国工业增加值位世界第二，但在这 5 个国家中我国工业 CO_2 排放占总排放比重最高，单位 GDP 能耗最大，化石能源消费比重最大，可替代及新能源比重最低，煤炭租金占 GDP 比重最大。前述指标均反映了我国能源利用率低，能源结构不合理，工业高碳排放情况严重。煤炭租金是按国际价格计算的硬煤和软煤的生产价值与生产总成本之间的差别，类似生产者剩余。我国煤炭租金比重较其他 4 个国家明显高，反映出我国煤炭市场的生产者剩余较大，间接反映了我国煤炭需求量大，能源结构中煤炭比重高，助推了我国工业的高碳趋势。由此可以得出，我国工业亟需转变发展方式，由高碳工业向低碳工业转型升级。

表 4-10　2009 年工业增加值前 5 位国家能源及经济指标比较

比较项目	美国	中国	日本	德国	英国
GDP/10^4 亿美元	11.26	2.94	4.82	2.00	1.71
工业增加值/10^4 亿美元	2.08	1.45	1.36	0.47	0.32
工业 CO_2 排放比重/%	56.66	81.53	62.59	58.49	50.74
单位 GDP 能源使用（以标油计）/（kg/1 000 美元）	170.26	273.16	125.98	120.87	99.48
化石能源消费比重/%	84.14	87.37	81.01	79.49	87.33
可替代及新能源比重/%	11.85	3.66	17.59	13.04	9.83
煤炭租金占 GDP 比重/%	0.24	2.74	0.00	0.07	0.03

注：GDP 及工业增加值按 2000 年不变价，单位 GDP 能耗中的 GDP 按 2005 年不变价，工业 CO_2 比重采用 2008 年相关数据。

数据来源：世界银行网站．http://databank.worldbank.org/ddp/home.do?Step=1&id=4；美国能源信息中心．http://www.eia.gov/cfapps/ipdbproject/IEDIndex3.cfm?tid=91&pid=46&aid=31。

（4）有关国际碳转移的争议。工业碳排放在测算中较多关注的是一国工业能源消耗相关的碳排量，而随着国际碳排放博弈的兴起，国际贸易中伴随的隐含碳排放越来越受到学者们的重视，由此也引发了一些争议。王文举等（2011）研究发现，进出口贸易对碳排放的影响巨大。2005 年出口产品 CO_2 排放量前三位国家为中国、俄罗斯、美国，进口产品 CO_2 排放量前三位国家为美国、德国、中国。尽管如此，按 CO_2 净转移量看，中国、俄罗斯、印度等国是 CO_2 的净转入大国，而美国、德国、法国、英国、日本等发达国家是 CO_2 的净转出大国。相反，李小平等（2010）通过实证检验得出，中国各行业单位出口产品所隐含的 CO_2 中，国内投入隐含的 CO_2 所占的比例减少，而进口中间品隐含的 CO_2 所占比例增加；发达国家向中国转移的产业并不仅仅是污染产业，同时也向中国转移了低碳排放系数的“干净”产业；中国并不是发达国家的污染天堂，不需要为了减少 CO_2 排放而去限制国际贸易等国际经济活动。诚然，碳排放权的国际权威界定才是解决污染企业国际转移问题的良策。

通过上述比较分析可知，世界工业碳排放格局正发生着变化，发展中亚洲工业的碳排放比重越来越大；中国工业 CO_2 排放量自 2003 年超越美国以来，稳居世界之首，并继续大幅上升；我国能源利用率低，能源结构不合理，工业高碳排放情况严重；在解决污染企业国际转移问题上，碳排放权的国际权威界定才是良策。

4.2.2.2　工业碳排放的国内比较

上述国际比较说明我国工业高碳排放的严峻形势，而我国工业碳排放的国内比重、排放强度、省际比较等情况还需做具体分析。

（1）我国工业碳排放比重变化。我国已是世界第一大工业排碳大国，在国内，工业部门的碳排放比重也维持在高位。根据上一节工业碳排放测算数据，得出我国国内工业部门的碳排放比重，结合其他学者的相关研究，工业碳排放比重比较见图 4-6。尽管本书测算与徐汉国等（2010）测算结果的差别最大达7%左右，但二者都显示出我国工业碳排放比重在 65%～75%的区间变动这一事实。这说明我国工业部门是 CO_2 排放的主要部门，且排放比重未呈现显著的下降趋势。

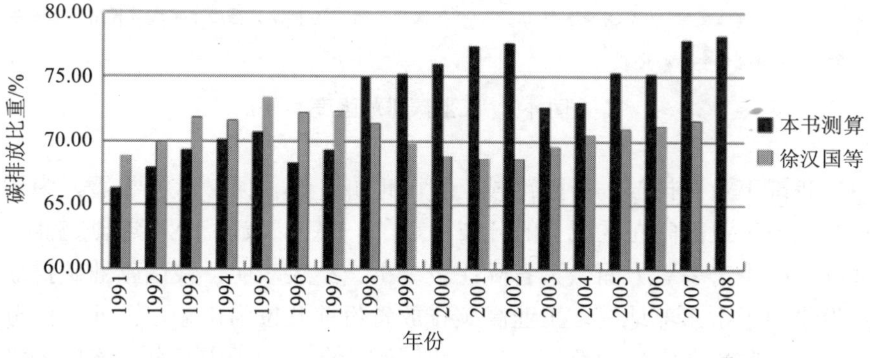

数据来源：我国工业 CO_2 排放数据来自上文的测算，我国 CO_2 的总体排放数据来自世界银行网站；徐汉国等的测算数据来自徐汉国、杨国安编著的《绿色转身：中国低碳发展》一书。

图 4-6　我国国内工业部门碳排放比重

（2）我国工业碳排放强度变化。工业碳排放强度是用来衡量单位工业生产值的 CO_2 排放量，是一种排放效益指标。排放强度越大相对表示工业 CO_2 排放越缺乏效益，排放强度越小则相对表示工业 CO_2 排放越具有效益。根据上一节的测算数据，结合我国工业生产总值，得出工业碳排放强度（图 4-7）。可见，我国工业碳排放强度逐年减少，已有研究也得出这一结果。这表明我国工业碳排放效益相对提高。

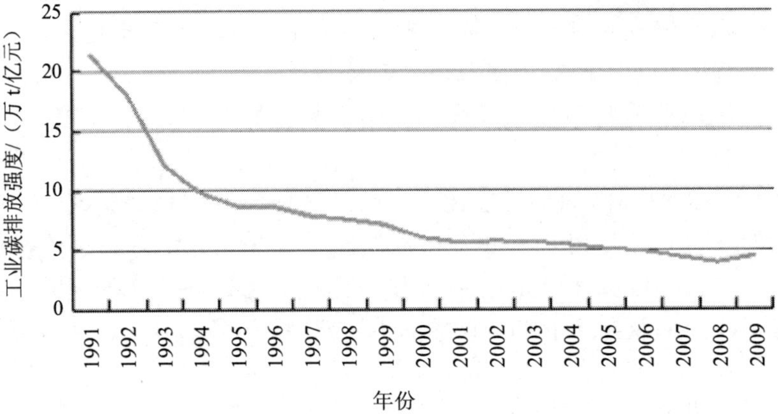

数据来源：工业碳排放强度=工业 CO_2 排放量/工业生产总值。工业 CO_2 排放数据由上文测算得到，工业生产总值由相关年份的《中国统计年鉴》得到。

图 4-7　工业碳排放强度

（3）我国工业碳排放的省际比较。我国地域广博，区域差异显著，为了解我国高碳排放的工业部门在区域上的分布特点，本书针对我国工业碳排放的绝对量、排放强度、碳生产率等方面做了省际比较分析。结果表明，我国工业碳排放量较高的省份集中于中东部地区，工业高碳排放省份前几位为山东、河北、江苏、广东、河南、辽宁、浙江、山西等。这与我国制造业集中于中东部省份的经济现状较为一致，也与地区的能源结构、资源禀赋、产业结构等息息相关。

结合各省的工业生产总值，计算得出各省的工业 CO_2 排放强度数据。可知，我国工业碳排放强度呈现自中西部地区向东部地区减小，东部地区工业碳排放强度小表明其工业效益较中西部地区高。这也与我国经济地理格局吻合。

此外，还可以用地区碳强度竞争力指数来衡量区域碳排放差异。碳强度竞争力 C_j^{int} 用来度量某地区某产业 CO_2 排放领先全国平均水平的大小，见式（4.4）、式（4.5）。

$$C_j^{\text{int}} = \frac{(C_j^{\text{pro}})_{\text{region}}}{(C_j^{\text{pro}})_{\text{nation}}} \tag{4.4}$$

$$C_j^{\text{pro}} = \left(\frac{\text{VA}}{E_{\text{CO}_2}}\right)_j \tag{4.5}$$

式中：碳生产力 C_j^{pro}——CO_2 排放强度的倒数（工业增加值/CO_2 排放量），该指标数值越大表示碳生产力越强；

j——某行业；

region——某地区指标；

nation——全国指标平均值；

VA——工业增加值；

E_{CO_2}——CO_2 排放量。

采用 2010 年全国及各省工业 CO_2 排放量、工业增加值等数据，计算得到各省的工业 CO_2 强度竞争力指数，结果表明，我国工业碳强度竞争力较强的省份为东部省份，排名靠前的省（市）有北京、上海、广东、江西、江苏、天津、浙江、安徽、福建、湖南、辽宁、湖北等。

此外，也有学者针对我国工业分行业的减排能力做了研究。例如，陈诗一（2010）估算了中国工业 38 个两位数行业在 1980—2008 年的 CO_2 影子价格，结果显示，重工业部门由于能源利用效率较低以及排放水平较高，CO_2 的边际减排成本反而较低，影子价格也较低；而轻工业和高新技术行业由于本身能源效率较高，排放水平又较低，进一步减排的空间已经很小，每减排 1 单位的 CO_2 成本很高，因而影子价格也挺高。

通过上述中国国内方面的比较可知，工业部门是我国 CO_2 排放的主要部门，排放比重在 65%～75%；我国工业碳排放强度逐年减少，表明我国工业碳排放效益相对提高；工业 CO_2 的省际比较显示，我国工业碳排放量较高的省份集中于中东部地区，我国工业碳排放强度呈现自中西部地区向东部地区减小，我国工业碳强度竞争力较强的省份为东部省份，这与我国的能源禀赋与结构、经济地理特征等相吻合；工业减排成本上，已有研究表明，我国重工业的减排成本较低，轻工业的减排成本较高。

4.2.3　相关结论

本节通过对我国工业 CO_2 排放量的测算，并基于国际、国内视角，结合已有研究进行比较分析，综合得出以下结论：

（1）我国工业碳排放总体呈递增趋势，具体可划分为 1991—1996 年的较快增长阶段、1996—2000 年的平缓变动阶段及 2000—2009 年的迅猛增长阶段。

（2）由 2009 年我国工业分行业 CO_2 排放量及排放比重中可以看出，制造业是工业各行业中的“第一排碳大户”，占 85.85%。2009 年我国工业分行业 CO_2 排放量前几位分别是：黑色金属冶炼及压延加工业、化学原料及化学制品制造业、非金属矿物制品业、电力及热力的生产和供应业、有色金属冶炼及压延加工业、石油加工与炼焦及核燃料加工业。

（3）通过国际工业碳排放的比较发现，世界工业碳排放格局正发生着变化，发展中亚洲工业的碳排放比重越来越大；中国工业 CO_2 排放量自 2003 年超越美国以来，稳居世界之首，并继续大幅上升；我国能源利用率低，能源结构不合理，工业高碳排放情况严重；在解决污染企业国际转移问题上，碳排放权的国际权威界定才是良策。

（4）通过国内方面的比较可知，工业部门是我国 CO_2 排放的主要部门，排放比重在 65%～75%；我国工业碳排放强度逐年减少，表明我国工业碳排放效益相对提高；我国工业 CO_2 的省际差异明显，碳排放量较高的省份集中于中东部地区，工业碳排放强度呈现自中西部地区向东部地区减小，工业碳强度竞争力较强的省份为东部省份，这与我国的能源禀赋与结构、经济地理特征等相吻合；工业减排成本上，已有研究表明，我国重工业的减排成本较低，轻工业的减排成本较高。

4.3 中国工业碳排放影响因素分析

从国内外学者的已有研究看，工业碳排放的影响因素主要有能源结构、能源效率、能源排放强度、产出规模、产业结构等。较多采用的分解方法是指标分解法，主要包括 Laspeyres 指数法、简单平均分解法（SAD）和自适应权重分解法（AWD）[①]。其中，SAD 法又包括对数平均权重分解法（Logarithmic Mean Weight Division Index Method，LMDI）和平均增长率指数法（Mean Rate of Change Index，MRCI）。对数平均权重分解法（LMDI）使用较为广泛，它是由 Ang 等[②]在 1998 年提出的，能将碳排放指标分解成几个不同的因素，具有可不产生余值，且允许数据中包含零等优点。因此，本节采用了较通行的 LMDI 方法。

4.3.1 模型构建

4.3.1.1 KAYA 等式

KAYA 等式是由 Kaya Yoichi（1989）提出的用于研究 CO_2 排放量变化的驱动因子，表达式为：

① 董军，张旭．中国工业部门能耗碳排放分解与低碳策略研究．资源科学，2010，32（10）：1856-1862.

② Ang B W，Zhang F Q，Choi K H. Factorizing Changes in Energy and Environmental Indicators through Decomposition. Energy，1998，23（6）：489-495.

$$C = \frac{C}{E} \times \frac{E}{Y} \times \frac{Y}{P} \times P \tag{4.6}$$

式中：C——碳排放量；

E——能源消费量；

Y——经济产出；

P——人口。

KAYA 等式揭示的是，CO_2 排放量与能源消费、经济产出、人口等因素有关。为了进一步分解碳排放的影响因素，结合工业领域碳排放的实际情况，参考查建平等（2010）的研究方法，将 KAYA 等式作适当变形，具体如下：

$$C = \sum_i \sum_j C_{ij} = \sum_i \sum_j \frac{C_{ij}}{E_{ij}} \times \frac{E_{ij}}{E_i} \times \frac{E_i}{Y_i} \times \frac{Y_i}{Y} \times Y \tag{4.7}$$

式中：C——工业碳排放量；

C_{ij}——工业内部第 i 产业的第 j 类能源的碳排放量；

E_{ij}——工业内部第 i 产业的第 j 类能源的消耗量；

E_i——工业内部第 i 产业的能源消耗总量；

Y_i——工业内部第 i 产业的产出；

Y——工业总产出。

根据上述分解方法，可以得到工业碳排放的各影响因素，分别为：工业内部各产业的各类能源的排放强度 $D_{ij} = \frac{C_{ij}}{E_{ij}}$，即工业内部第 i 类产业的单位第 j 类能源消耗过程中的碳排放量；工业内部各产业的能源结构因素 $ES_{ij} = \frac{E_{ij}}{E_i}$，即在工业内部第 i 产业的总能源消耗中第 j 类能源所占比重；工业内部各产业的能源效率因素 $I_i = \frac{E_i}{Y_i}$，即工业内部第 i 产业的单位产出所耗用的能源；工业内部产业结构因素 $IS_i = \frac{Y_i}{Y}$，即工业内部各产业的产出在总产出中所占的比重；总产出因素 $O = Y$，即工业生产总值。因此，改写后的工业碳排放公式为：

$$C = \sum_i \sum_j D_{ij} \times ES_{ij} \times I_i \times IS_i \times O \tag{4.8}$$

则第 t 期相对于基期的工业碳排放变化可以表示为：

$$\begin{aligned}\Delta C &= C_t - C_0 \\ &= \sum_i\sum_j D_{ij}^t \times ES_{ij}^t \times I_i^t \times IS_i^t \times O^t - \sum_i\sum_j D_{ij}^0 \times ES_{ij}^0 \times I_i^0 \times IS_i^0 \times O^0 \\ &= \Delta C_D + \Delta C_{ES} + \Delta C_I + \Delta C_{IS} + \Delta C_O\end{aligned} \tag{4.9}$$

4.3.1.2 LMDI 模型

LMDI 模型原理如下：

$$V = \sum_i X_{1i}, X_{2i}, \cdots, X_{ni} \tag{4.10}$$

式中：V——被分解的对象，可以表示如碳排放量、能源消费量或能源结构效应等多种指标；

X_{1i}，X_{2i}，…，X_{ni}——对 V 有影响的 n 种因素；

i——不同能源品种、不同国家或地区、不同产业门类等多种指标；

V_0——基期的值；

V_t——t 期的值（董军等，2010）。

对于目标 V 的分解有乘法形式和加法形式，两种方法形式本质上是相通的，可以相互转化。这里采用乘法形式，具体形式如下：

总效应：

$$D_{tot} = V^t / V^0 = D_{x1}, D_{x2}, \cdots, D_{xn} \tag{4.11}$$

各具体效应计算公式：

$$D_{xk} = \exp\left[\sum_i \frac{(V_i^t - V_i^0)/\ln(V_i^t - \ln V_i^0)}{(V^t - V^0)/\ln(V^t - \ln V^0)} \ln(\frac{X_{ki}^t}{X_{ki}^0})\right] \tag{4.12}$$

基于式（4.8），利用对数平均权重 Divisia 分解法对工业碳排放进行因素分解。所得到的分解结果如下：

$$\Delta C_D = \sum_i\sum_j \frac{C_{ij}^t - C_{ij}^0}{\ln C_{ij}^t - \ln C_{ij}^0} \ln(\frac{D_{ij}^t}{D_{ij}^0}) \tag{4.13}$$

$$\Delta C_{ES} = \sum_i\sum_j \frac{C_{ij}^t - C_{ij}^0}{\ln C_{ij}^t - \ln C_{ij}^0} \ln(\frac{ES_{ij}^t}{ES_{ij}^0}) \tag{4.14}$$

$$\Delta C_I = \sum_i\sum_j \frac{C_{ij}^t - C_{ij}^0}{\ln C_{ij}^t - \ln C_{ij}^0} \ln(\frac{I_i^t}{I_i^0}) \tag{4.15}$$

$$\Delta C_{IS}=\sum_i\sum_j\frac{C_{ij}^t-C_{ij}^0}{\ln C_{ij}^t-\ln C_{ij}^0}\ln(\frac{IS_i^t}{IS_i^0}) \quad (4.16)$$

$$\Delta C_{O}=\sum_i\sum_j\frac{C_{ij}^t-C_{ij}^0}{\ln C_{ij}^t-\ln C_{ij}^0}\ln(\frac{O_i^t}{O_i^0}) \quad (4.17)$$

式（4.13）～式（4.17）分别表示的是能源碳排放强度因素对工业碳排放的贡献值、能源结构因素对工业碳排放的贡献值、能源效率因素对工业碳排放的贡献值、产业结构因素对工业碳排放的贡献值、产出因素对工业碳排放的贡献值。

4.3.2　数据来源

工业及工业分行业产值、工业分行业各类能源消耗量等原始数据均来自相关年份的《中国统计年鉴》《中国能源统计年鉴》，并经过相应的计算而得。工业分行业分类采用国家统计局的分类方法，将工业分为：采掘业，制造业，电力、煤气及水生产和供应业三大行业。在能源分类上，选取统计年鉴中关于工业分行业能源消耗的分类方法，能源类型包括煤炭、焦炭、原油、汽油、煤油、柴油、燃料油、天然气、电力等 9 种。在时间段划分上，根据表 4-12 及图 4-4 的工业碳排放测算结果可以看出，我国工业碳排放呈现 1996 年前的上升、1996—2000 年波折缓慢下降、2000 年以来的显著增长趋势，又因统计年鉴中涉及 1996 年以前的相关数据（如工业分行业各种能源消耗量等）缺乏，故将工业碳排放的因素分解检验的时间段划分为 1994—1996 年、1996—2000 年、2000—2009 年三段。

为了剔除价格上涨对工业产值的影响，这里将工业及工业分行业的产值都根据统计年鉴里提供的工业品出厂价格指数进行折算，统一为 1994 年的价格水平。工业分行业各类能源的消耗量统一以万吨标煤计算，折算系数来自《中国能源统计年鉴》里提供的各种能源折标煤参考系数表，其中，煤炭按原煤的折算系数计算。工业分行业的碳排放量计算方法采用碳排放系数法，按各类能源的碳排放系数进行折算统计，其中，煤炭的排放系数按原煤计。

4.3.3　分析结果

4.3.3.1　中国工业碳排放影响因素分解结果

基于 LMDI 分解法，经计算得到了各项指标：能源排放强度 D、能源结构因素 ES、能源效率因素 I、产业结构因素 IS，以及能源碳排放强度、能源结构因素、能源效率因素、产业结构因素与产出因素对工业碳排放的贡献值，见表 4-11。

表 4-11 中国工业碳排放影响因素贡献值

时间段	能源排放强度	能源结构	能源效率	产业结构	产出因素
1994—1996 年	0.000 010 18	−14 490.418 07	−50 595.070 6	87 393.674 18	149 355.219 5
1996—2000 年	−0.000 010 7	33 619.780 49	−172 418.558	200 371.198 2	179 806.998 8
2000—2009 年	−0.000 010 7	−260 016.049	−296 379.867	6 215.851 146	594 391.930 3

由表 4-11 及图 4-8 可见，产出因素、产业结构因素是工业碳排放增长的强劲带动因素。这可以解释为我国工业产出的粗放化，工业内部产业结构不合理。能源结构因素与能源效率因素在 2000—2009 年表现出对工业碳排放的抑制作用。这得益于我国在工业节能减排工作上的相关政策出台，以及我国在能源利用方面的结构调整。3 个时期的能源排放强度对工业碳排放的贡献值处于同一水平，且对工业碳排放的影响不大。这是由于统计方法的局限性（采用碳排放系数法测算工业碳排放量）。有学者用热力和电力排放强度的变化对工业能源碳排放的影响来定义能源排放强度因素的贡献值，如查建平等（2010）检验结果显示能源排放强度对工业碳排放起抑制作用，但作用较小。魏一鸣等（2008）的检验结果也显示碳排放系数（电力和热力碳排放系数）对工业碳排放的影响最小，主要是因为我国的电力生产主要是火电（1998—2005 年 75%以上的电力是煤电），从而导致电力和热力碳排放系数变化较小。这也说明我国工业能源利用效率较低及减排技术不足等原因制约着低碳工业的发展。

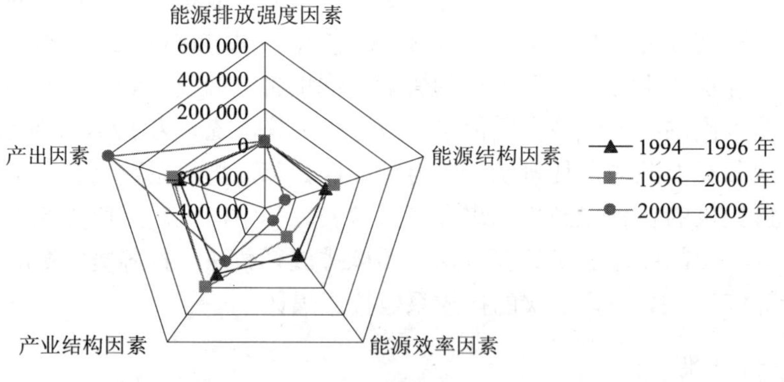

图 4-8 中国工业碳排放影响因素分解

为了探析 1996—2000 年我国工业碳排放出现平缓波动趋势的原因，本章将上述 3 个时间段的影响因素做了细分，碳排放强度因素影响不显著，故未将其纳入细分范围（图 4-9）。

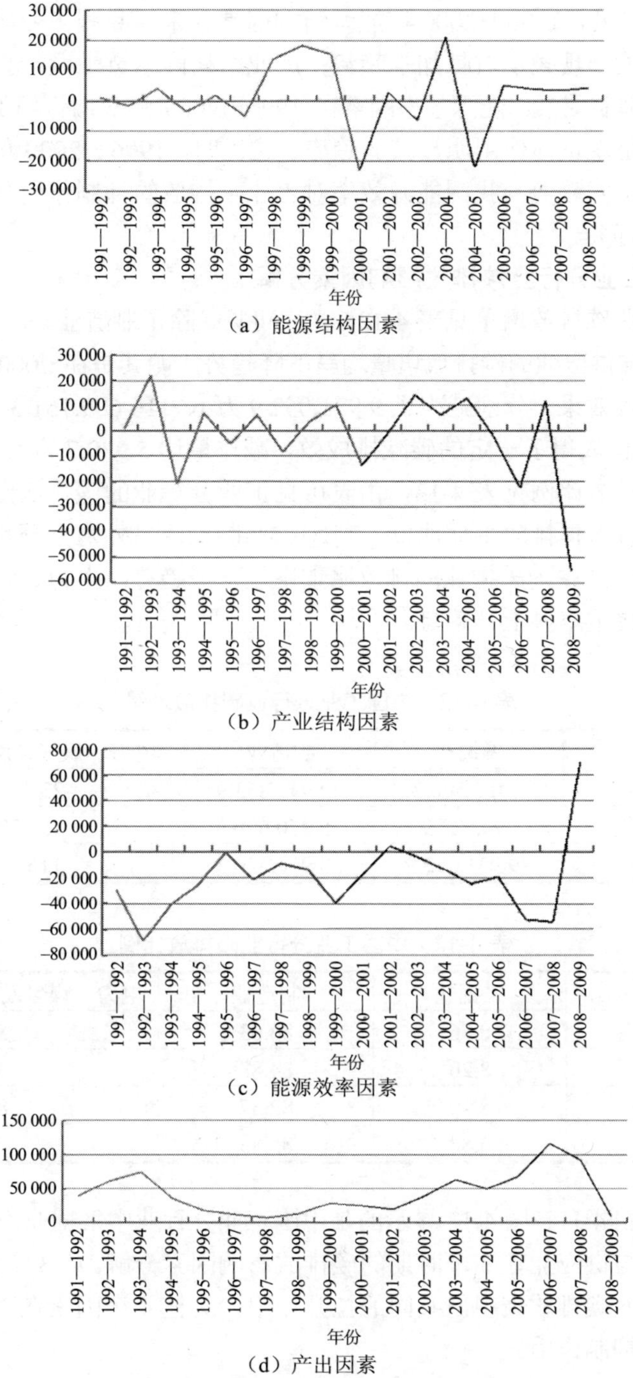

（a）能源结构因素

（b）产业结构因素

（c）能源效率因素

（d）产出因素

图 4-9　我国工业碳排放各影响因素趋势图

由图 4-9 可见，1996—2000 年能源结构因素并未对我国工业碳排放减少作出贡献，反而一度出现拉动贡献加强趋势；产业结构因素贡献度一直呈现正负波折变动，也不是抑制因素。能源效率因素在 1996—2000 年负向作用加强，产出因素也在此时间段呈现正向作用明显减弱趋势。这说明，1996—2000 年我国工业碳排放出现的波折下降趋势与我国能源效率对工业碳排放的抑制作用加强与产出因素拉动作用减弱有关。

4.3.3.2 中国工业分行业碳排放影响因素分解

工业分行业碳排放增量见表 4-12。由表可见，除了制造业外，采掘业和电力、煤气及水生产与供应业的碳排放增量均呈下降趋势，尤其是在 2000—2009 年取得了一定的碳排放效果，分别减少了 9 931.052 9 万 t、116 609.751 3 万 t。制造业在 1996—2000 年也取得了一定的碳减排成效，减排量达 5 970.7 万 t。三大分行业在相关年份的碳排放比例见表 4-13，由表可见工业分行业的碳排放比例没有较大变动，制造业一直占据排放主体地位，高达 85%以上，另外两大分行业的排放比重均在 10%以下。其中，采掘业的排放比重略显下降趋势，电力、煤气及水生产与供应业的排放比重略显上升趋势。

表 4-12 中国工业分行业碳排放增量 单位：万 t

时间段	采掘业	制造业	电力、煤气及水生产与供应业
1994—1996 年	1 353.500 2	29 933.853 9	23 174.097 2
1996—2000 年	394.925 9	–5 970.696 3	15 702.422 8
2000—2009 年	–9 931.052 9	38 976.320 3	–116 609.751 3

表 4-13 中国工业分行业碳排放比例 单位：%

年份	采掘业	制造业	电力、煤气及水生产与供应业
1994	8.76	86.03	5.20
1996	8.20	84.88	6.92
2000	8.90	82.37	8.73
2009	6.84	85.85	7.31

图 4-10、图 4-11、图 4-12 显示的是中国工业分行业中采掘业，制造业，电力、煤气及水生产与供应业在 3 个时期的碳排放影响因素分解。从 3 个图中可以看出，产出因素对工业碳排放表现出共同的拉升作用，其他 4 个因素在 3 个时期显示出比前期更大的抑制作用。

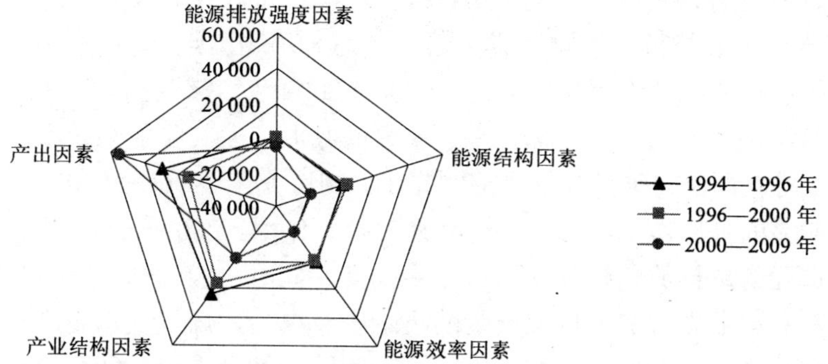

图 4-10　中国采掘业碳排放影响因素分解

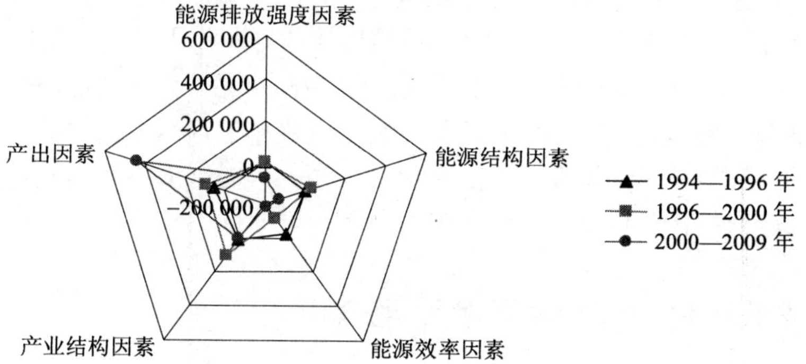

图 4-11　中国制造业碳排放影响因素分解

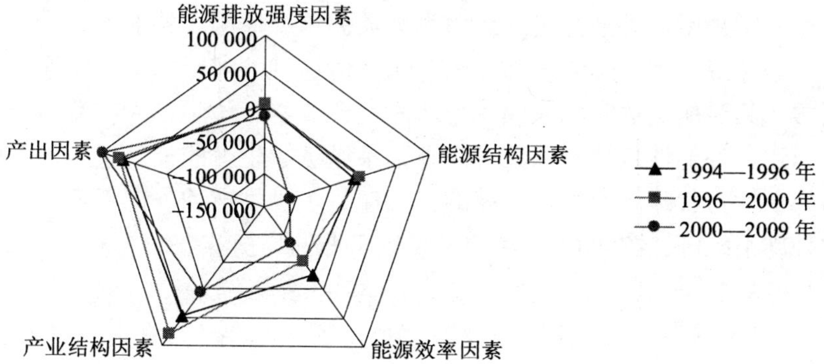

图 4-12　中国电力、煤气及水生产和供应业碳排放影响因素分解

从分行业分时期角度看，与1994—1996年的因素分解效果相比较，1996—2000年采掘业的碳排放各影响因素贡献变化不大，产出因素与产业结构因素对采掘业的碳排放量的拉升作用相对较弱。2000—2009年，产业结构因素、能源效率因素、能源结构因素的贡献度都出现了明显的减弱，尤其是能源效率因素与能源结构因素，对采掘业的碳排放量呈抑制作用。制造业在1996—2000年，能源效率因素呈现明显的抑制作用，产业结构因素起拉升作用。2000—2009年，能源效率因素对制造业的碳排放量抑制作用进一步提高，同时，能源结构因素与能源排放强度因素对制造业碳排放量也呈现负的贡献度。电力、煤气及水生产与供应业的碳排放影响因素中，产业结构与产出因素有明显的拉升作用，能源效率对碳排放一直为抑制作用。

综上所述，产出因素与产业结构对工业碳排放呈拉升作用，其中产出因素拉升作用较大；能源排放强度因素对工业碳排放量的贡献度不明显，处于正负效果的边缘；能源效率与能源结构因素对工业碳排放的抑制作用较大，尤其是2000—2009年，两者均对工业碳排放呈负的贡献度。由此可见，我国的能源效率得到较大提高，能源结构得到一定的调整，但仍需进一步推进这两方面的努力，继续加强低碳技术与节能技术的研发，开发利用新能源。同时，应逐步实施工业发展方式的转变与产业结构的调整，促进我国工业由高碳向低碳转型。

4.4 工业低碳化的转型机理及路径分析

4.4.1 高碳工业向低碳工业转型的机理分析

4.4.1.1 高碳工业的均衡状态

微观经济学揭示，外部性是导致市场失灵的重要原因。外部性是指某个经济主体对另一个经济主体产生的一种外部影响，而这种外部影响又不能通过市场交易进行买卖，其实质是边际私人成本与边际社会成本、边际私人收益与边际社会收益的不一致。外部性包括外部经济与外部不经济、生产的外部性与消费的外部性、代内外部性与代际外部性等。高碳工业便是一种生产的外部不经济，而且也是代际的外部不经济。图4-13所示的是高碳工业的均衡状态。

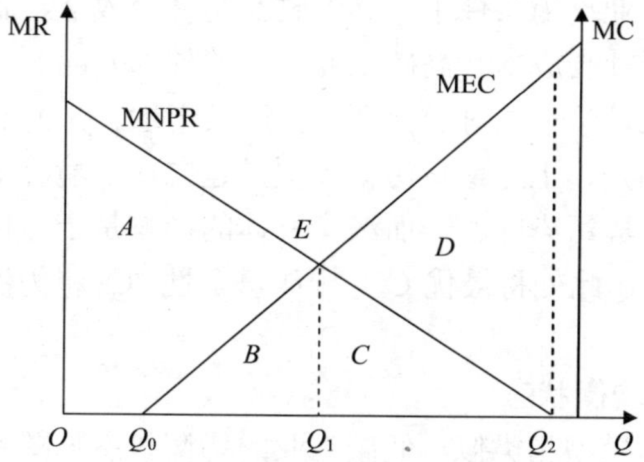

图 4-13　高碳工业下的均衡状态[①]

图 4-13 中，横轴 Q 表示 CO_2 排放量，假定生产过程中不可避免地要排放 CO_2，则横轴 Q 又表示与 CO_2 排放有关的生产规模（以 CO_2 排放量与生产规模同比增加为前提）。纵轴表示边际收益 MR 或边际成本 MC。

MNPR 线是边际净私人收益线曲线，它等于工业企业不考虑外部成本时从事生产活动所得到的边际收益减去企业所支付的边际成本之后的差额。MNPR 线向右下方倾斜，意味着随着生产规模的扩大，边际净私人收益递减（假定边际生产成本递增，产品的市场价格随着产量的扩大而下降）。

MEC 线是边际外部成本曲线，它向右上方倾斜，意味着随着生产规模的扩大，CO_2 排放量增加，社会成本增加，主要表现为外部环境由于受到 CO_2 过量排放而产生的损害，如气候变暖、海平面上升、自然灾害等。由于环境阈值的存在，所以 MEC 线的起点离原点有一段距离 OQ_0。

E 点是 MNPR 与 MEC 两条曲线的交点，表示考虑外部环境成本的生产均衡点，对应的生产规模或 CO_2 排放量是 Q_1。在现实工业生产中，企业往往会忽视社会成本，只要边际净私人收益为正，便会继续扩大生产，直至边际净私人收益为零，此时产量为 Q_2。因此，私人总收益为 $A+B+C$（图 4-13 中字母表示面积），而社会成本为 $B+C+D$，社会收益为：

$$\text{私人总收益} - \text{社会成本} = (A+B+C) - (B+C+D) = A-D$$

当 D 为 0 时，社会收益最大，故 E 点对应的产量 Q_1 也称最优污染水平时的产量。

① 此模型原型为最优污染模型，用以解释局部地区的环境污染问题。转引自沈满洪主编的《资源与环境经济学》一书，作者从皮尔斯的《世界无末日》一书中参考而得。

显然，在高碳工业均衡条件下，私人收益与社会收益、私人成本与社会成本不一致，主要是由于社会成本（高碳工业生产的外部效应）没有内化为企业生产成本，所产生的后果是产量相对于社会最优污染产量（Q_1）而言过剩。

此处需要指出的是，上述最优污染模型是建立在环境容量基础之上的，一般适用于局部地区的环境污染问题。而温室气体的影响是全球性的，难以确定最优 CO_2 排放水平。因此，此处将最优 CO_2 排放量定性地解释为温室效应不加重的一种环境状态。

4.4.1.2 低碳工业的均衡状态

与高碳工业均衡模型相类似，低碳工业的均衡状态见图 4-14。与高碳工业的均衡状态不同的是，低碳工业追求的不仅是私人最优，同时还要保证社会最优。低碳工业的均衡经过一个动态过程而实现。

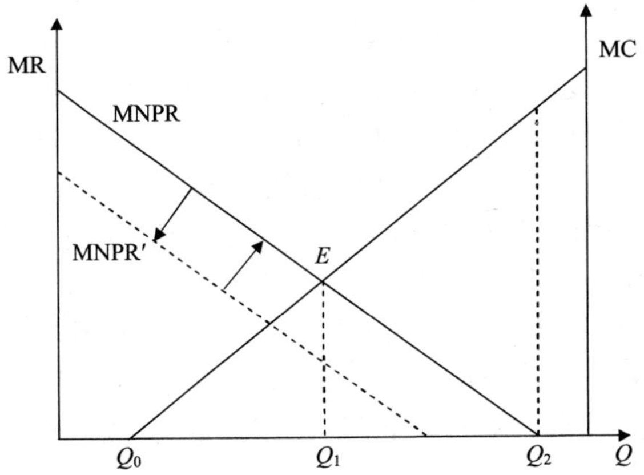

图 4-14 低碳工业下的均衡状态

如图 4-14 所示，低碳工业发展将外部成本内化为企业生产成本，企业生产成本提高，私人净收益减少，MNPR 曲线平移到了 MNPR′；但因国家在低碳工业发展战略上诸如价格补贴等政策优惠的实施，以及人们对于低碳产品认知度与购买意愿的提高，私人净收益又会逐渐提高。社会成本方面，假设环境阈值不发生变化，则社会成本线会因社会成本内化为私人成本而绕着 Q_0 点向右下方偏转，社会成本下降；但又因温室效应的大范围性，内化为企业内部成本的部分对社会成本的减少难以在短期内体现出来，具体来说，因温室效应而导致的气候变暖、海平面上升等现实环境问题趋势无法短期回转，因此社会成本线变化微小，甚至无变化。经过一系列动态变化，最终得到的低碳工业均衡状态中最优排放量对应的工

业产量仍可达到 Q_1 水平。Q_1 产量下的工业发展品质显著高于高碳工业下的工业发展品质，并且理论上实现了控制工业碳排放增长的效果。

4.4.1.3　高碳工业向低碳工业转型机理

实现高碳工业向低碳工业转型，便要使得 MNPR 曲线向 MNPR′平移。企业自身不会自觉地将外部成本内部化，需要政府加以干预，使工业企业进入以较低的碳排放产生较高工业产值的低碳工业发展状态。龚攀（2010）从优化工业结构、创新工业技术、开发新型低碳产业等视角研究低碳工业化机理，并分析了各个机理的实现路径。万宇艳（2011）从技术创新、国家经济发展战略、制度创新与需求结构变动 4 个角度分析了工业结构低碳化的实现机理。在借鉴已有研究成果基础上，本节从宏观的工业结构调整、中观的工业行业提升、微观的工业企业激励等角度探讨高碳工业向低碳工业的转型机理，作用机制见图 4-15，图中带箭头的线条表示各机理间的相互作用。

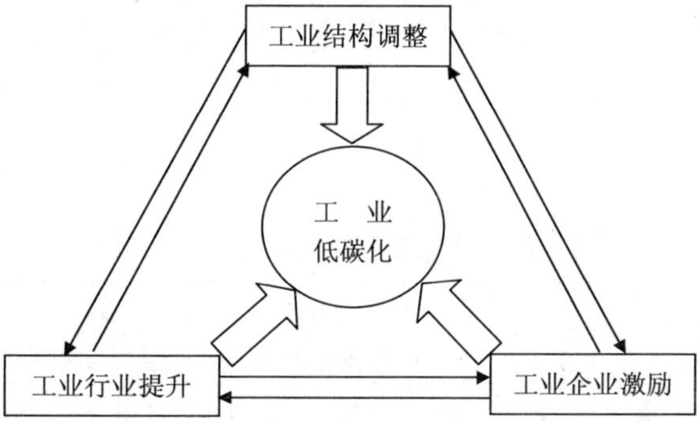

图 4-15　低碳工业化路径及相互关系

宏观层面的工业结构低碳化主要是指在高碳工业向低碳工业转型过程中应注重结构调整，处理好传统产业与现代产业、重化工业与轻型工业、资本密集型与技术密集型工业的关系，引导工业结构向现代化、轻型化、技术密集化方向发展，从结构上促进高碳工业转向低碳工业。中观层面的工业行业低碳化主要针对工业行业内部而言，注重不同行业的特性，尤其是黑色金属冶炼及压延加工业、化学原料及化学制品制造业等行业内“排碳大户”重点进行改造升级，使得工业行业内部实现产业整体提升。微观层面的工业企业低碳化是指通过政策制约与引导，激励作为理性经济人的企业做出低碳约束下的优化工业生产的选择。

4.4.2 高碳工业向低碳工业转型的路径分析

4.4.2.1 高碳产业低碳化

高碳产业低碳化主要是针对落后产能的淘汰以及对传统产业的改造。一方面需要靠政策，如政府制定低碳工业市场准入，或者提高工业准入标准，淘汰一批落后产能企业；制定相关的工业碳排量限制机制，加强对企业碳排放的监测，并建立相应的奖惩机制。另一方面，也是关键，靠技术。我国工业产品能耗过高，关键在于技术水平落后，特别是缺乏核心的关键技术。因此需要通过传统设备、技术的改造与低碳技术的运用，改造与提升传统产业。王惠等（2010）针对东北老工业基地发展低碳工业提出了发展区域创新系统的建议，即由地理上相互分工与关联的生产企业、研究机构和高等教育机构等构成的区域性组织体系，按照组织和制度的安排以及人际关系促进知识的产生、利用和传播，提高东北工业基地资源利用率，在逐步实施的过程中淘汰碳排放量大、严重依赖资源的落后产业，这样既保证产业结构的转换，也减少了转换中产生的经济成本，实现对老工业基地的技术改造与产能提升。表 4-14 所示的是高耗能产品的能耗国际比较。

表 4-14 高耗能产品能耗的国际比较

项目	2000 年		2005 年		2007 年	
	中国	国际先进	中国	国际先进	中国	国际先进
火电供电煤耗（以标煤计）/[kg/（kW·h）]	392	316	370	314	356	312
钢可比能耗（以标煤计）/（kg/t）	784	646	714	610	668	610
电解铝交流电耗/（kW·h/t）	15 480	14 600	14 680	14 100	14 488	14 100
水泥综合能耗（以标煤计）/（kg/t）	181	126	167	127	158	127
乙烯综合能耗（以标煤计）/（kg/t）	1125	714	1073	629	984	629

资料来源：李士，方虹，刘春平．中国低碳经济发展研究报告．北京：科学出版社，2011．原始数据来源：王庆一．中国能源数据. http://bbs.jjxj.org/viewthread.php?tid=26993.2008。

4.4.2.2 低碳技术产业化

低碳技术是指降低碳排放或者吸收碳的技术，以及低碳资源开发、低碳产品生产等的技术。其中，碳排放降低技术是指以降低大气中碳含量为目的的技术，主要包括 CO_2 零排放化石燃烧发电技术、碳回收与储藏技术等。李士等（2011）指出，低碳技术具有发展阶段性，具体表现为战略性或前瞻性技术、创新性技术、成熟技术、商业化技术。目前，低碳技术主要由发达国家掌握，而发展中国家在低碳技术发展上较为落后，表 4-15 所示的是我国工业领域低碳发展存在的障碍。成熟的低碳技术商业化可以使包括中国在内的发展中国家有效发挥“后发优势”，汲取世界上已有的先进低碳技术。但是，发达国家在这场全球性的博弈中显得别有用心，不肯共享低碳技术，利益集团大发环保财（柳下再会，2010），使得发展中国家进口低碳技术成本大增，阻碍低碳工业发展的进程。这不仅需要中国加强在低碳工业发展领域的国际交流与合作，也需要国际社会不断推动低碳工业发展的多边谈判，通过技术合作共同减少 CO_2 排放，促成有效应对气候变暖的共赢局面。此外，低碳技术不仅可以作为低碳工业的发展关键因素，而且其自身也存在巨大的商业价值，如加以产业化发展，不仅能够解决技术创新的激励机制问题，而且有助于推动我国产业结构的优化升级。

表 4-15　我国工业领域低碳技术发展障碍

技术	技术障碍		成本障碍		成本有效，但面临其他障碍
	研发	示范	扩大（增大规模）	推广（经济刺激）	
热电联产技术				○	○
电机系统					●
蒸汽系统				○	●
基础材料生产工艺创新	●	●	○	○	
燃料替代				●	
原材料替代	●	●	○	○	
工业 CO_2 捕捉与封存	●	●	○	●	
工业能源中心			○	○	●

注：●表示在目前很重要的障碍；○表示在目前不太重要但是仍有影响的障碍。

资料来源：李士，方虹，刘春平．中国低碳经济发展研究报告．北京：科学出版社，2011．作者根据 IEA2008 年报告、中国科学院能源战略研究组的研究结果整理而得。

4.4.2.3　低碳工业政策引导

我国发展低碳工业的一大难题是“锁定效应”，即基础设施、机器设备以及个人大件耐用消费品等因其使用年限都在 15 年乃至 50 年以上，期间不大可能轻易废弃，因而技术与投资都会被“锁定”。为破解低碳工业发展遇到“锁定效应”的影响，需要发挥政府的主导作用，提供一些优惠政策，引导传统产业开展技术升级与改造。我国曾就节能减排出台过一系列法律和政策，如 1998 年的《中华人民共和国节约能源法》、2002 年的《中华人民共和国清洁生产促进法》、2005 年的《关于加快发展循环经济的若干意见》、2009 年的《关于中国清洁发展机制基金及清洁发展机制项目实施企业有关企业所得税政策问题的通知》等，成效初显。当前，我国发展低碳工业同样需要政策的引导，如此前工信部计划将低碳工业发展纳入国家发展计划，并制定一定的工业减排目标，这对于工业企业具有一定的风向标作用，有助于企业规范生产，积极减排。同时，应进一步完善法律、法规和标准体系，强化目标责任考核，加快形成有利于低碳工业发展的体制机制。

4.5 促进我国低碳工业发展的对策措施

4.5.1 约束性措施

4.5.1.1 严格高碳工业市场准入

随着国外低碳经济的发展，一些发达国家将碳密集产业和高能耗项目逐步向发展中国家转移。若毫无限制地吸收、引进，则会扩大高碳工业的比重，阻碍我国低碳工业的发展，恶化工业经济的结构。因此，从宏观角度而言，政府需制定严格的市场准入，加强规划引导，统筹部署安排，加快建立市场准入条件和技术标准规范，避免一哄而起，盲目发展、低水平竞争；实行固定资产投资项目节能评估审查和包括碳排放在内的环境影响评估审查。同时，加快淘汰落后产能，严控“两高”行业盲目扩张，拓宽新领域，发展新业态，培育新热点，大力推进工业节能减排。从微观角度而言，需形成一套完备的碳排放量监测系统，对工业生产的每个环节，包括原材料投入、生产过程、产品产出、运输方式等进行碳排放量监测，并通过企业环境评估报告等形式作为信息反馈机制保证信息对称，以便于政府决策，对不合标准的企业给予处罚或限制生产。

4.5.1.2 调整产业结构及工业内部结构

同等规模或总量的经济，处于同样的技术水平，如果产业结构不同，碳排放量可能相差甚远。2003 年英国能源白皮书揭示，英国近 30 年中经济规模增加 1 倍，但能耗总量只增加了 10%，一方面得益于能源利用效率的提高，另一方面也得益于现代服务业的发展，目前发达国家的现代服务业在 GDP 中所占比重已高达 60%～70%（郭印，2009）。近年来，我国第三产业迅速发展，但以工业为主体的第二产业仍占主导地位；从工业碳排放影响因素分解的结果中也可以看出，我国工业的产业结构仍是拉动工业碳排放量增长的因素。这些现实情况尽管在一定程度上存在“碳锁定”效应，但同时也说明我国工业碳减排存在巨大空间。因此，要坚持以低碳工业发展为导向，积极调整三产结构和工业内部的行业、产品结构，同时实施严格的政策和法规控制措施，在工业生产的每个环节，通过改良生产设备和工艺技术，以提高能源利用效率，实现清洁化生产。“十二五”时期是推进我国工业转型升级由工业大国变成工业强国的一个关键时期，必须坚持走中国特色的新型工业化道路，充分发挥我国的比较优势，发展结构优化、技术先进、清洁安全、附加值高、吸纳就业能力强的现代产业体系。

4.5.1.3 提高工业能源利用效率

中国是世界上能源消耗增速最快的国家，国际能源署曾在 2006 年发文预测在未来 20 年左右中国的能源需求增幅将稳居世界第一，若不提高能源利用效率，这将对于工业碳减排目标造成巨大压力。从工业碳排放因素分解部分可知，能源效率对工业碳排放具有明显的抑制作用，且随着近年来我国能源效率提高，这种抑制作用显著增强。但是，从国际比较来看，我国的能源系统效率为 33.4%，比国际先进水平低 10 个百分点。根据法国能源统计公司 Enerdata 的数据显示，2009 年中国每创造 1 美元的 GDP 需要消耗 0.28 kg 标油，这比世界平均水平高出 50%，比 OECD 国家高出近一倍，比意大利、英国等欧洲国家高出近两倍。[①]由此看出我国的能源利用效率还存在很大的提高空间，可以通过税收杠杆来促进能效提高；通过增加投资，设立与节能相关的新项目；调整能源战略，应用节能技术等提高能源利用效率。此外，还可以通过国际合作，增进工业节能方面的技术交流。例如，2007 年中美两国签订谅解备忘录，在开发节能措施方面开展技术共享和自愿合作，以建设强制性碳排放上限与交易体系，遏制温室气体排放。[②]

4.5.1.4 限制煤炭年开采总量

能源结构是抑制工业碳排放的又一大因素。由于资源禀赋以及工业化进程的不断推进，我国以煤炭为主的能源结构短期难以改变。这是造成工业碳减排存在“碳锁定”的一个重要原因。尽管我国煤炭储量居世界第三，但每年开采量和消费量巨大，目前我国煤炭的开采量已达 36 亿 t，煤炭资源的储采比低于 50 年，小于全球的平均水平；同时由表 4-15 可见，2007—2009 年中国源自煤炭使用的 CO_2 排放量居世界首位。由于资源紧缺以及碳减排的压力，必须限制煤炭年开采总量。如果煤炭开采量持续递增，会出现即使新能源总量在递增，但比重仍可能出现下降的可怕局面。

4.5.2 激励性措施

4.5.2.1 鼓励发展战略性新兴产业

鼓励发展战略性新兴产业是在增量经济领域发展低碳工业的一大手段。低碳

---

① 引自证券之星网站《中国能源战略应加调整，重点提高能源效率》一文. http://finance.stockstar.com/JL2011042900001324.shtml。

② 引自证券之星网站《中美签订谅解备忘录以提高中国工业部门能源利用效率》一文. http://finance.stockstar.com/GA2007091700640469.shtml。

工业发展应与走中国特色的新型工业化道路相结合，以低碳工业发展推动产业结构的转型升级，并将低碳工业发展作为中国工业化发展中期新的经济增长极。2010年《国务院关于加快培育和发展战略性新兴产业的决定》指出，要大力发展生物产业、新能源产业、高端装备制造业、节能环保产业、海洋新兴产业、新能源汽车、物联网产业、新材料产业、核电关联产业等9大战略性新兴产业。同时，要大力发展生产性服务业，大力发展研发、设计、现代物流、软件服务、电子商务、信息服务、技术管理咨询、文化创意等生产性服务业，为新兴战略性产业发展搭建平台、疏通渠道。

4.5.2.2 鼓励发展利用新能源

新能源是指传统能源以外的能源类型，包括太阳能、风能、生物质能、地热能、核聚变能、水能和海洋能以及由可再生能源衍生出来的生物燃料和氢所产生的能量。相对于传统能源，新能源具有储量大、污染少、零排放等特点，对于低碳工业发展具有重要意义。专家测算，到2015年，我国新能源的利用将减少3 000多万t CO_2的温室气体以及200多万t SO_2等污染物的排放，不但有利于节能减排，而且有助于我国的可持续发展。2009年9月，我国提出争取到2020年非化石能源占一次能源消费总量的比重达到15%左右的目标。目前我国的新能源开发与利用成效显著，水电装机容量、风电的新增容量，核电在建规模，太阳能热水器集热面积均居世界第一。2010年我国水电装机容量已经达到2亿kW；风电装机容量3 500万kW；核电装机容量910万kW，在建规模2 540万kW；太阳能热水器的集热面积1.45亿m^2。但新能源推广继续作为一项能源政策仍需不断推进，同时应加大对新能源利用的资金支持，例如设立国家专项基金，支持低碳能源、低碳材料等的研发。而在核能开发利用方面，由于日本福岛发生核泄漏事故，中国应暂缓核电“突进”，全面审查在建核电站，严格审批新上核电项目，抓紧编制核安全规划，调整完善核电发展中长期规划。

4.5.2.3 鼓励低碳技术研发

低碳技术分为三类：减碳技术、用碳技术和固碳技术。低碳技术关系到能源效率的提高以及能源排放强度的降低，能引领能源利用方式的转变。作为发展中国家，中国低碳技术的开发主要依赖于两个途径：一是自主研发；二是直接引入国外的先进技术。在技术引进方面，清洁发展机制为发展中国家提供了便利，它允许缔约双方（一般为发达国家与发展中国家缔约）进行项目级的减排量抵消额转让与获得，在发展中国家实施温室气体减排项目。但因发达国家在技术交流与转让方面有所保留，使得清洁发展机制等低碳技术的国际交流得不到有效实施。因此，发展中国家应加快重点领域和关键技术的突破，尽快建立节约型技术体系和生产体系；制定相应的产业技术政策，设立碳基金，扶持低碳技术风险投资机构的设立，激励低碳技术的研究和开发；培养专项人才，增强低碳技术的自主研发能力。我国科技部、教育部、基金委、中科院和许多省市已经部署了发展低碳技术的计划，中科院 2009 年启动了《太阳能行动计划》；“十二五”期间，中国计划建设 100 个资源综合利用示范基地，50 个城市矿产示范基地，5 个再制造产业集聚区，实施工业过程温室气体控排技术示范工程，碳普及利用和封存技术示范项目和高排放产品节约替代工程。这些都是我国在低碳技术研发方面做出的探索性尝试。

4.5.2.4　完善财税政策及碳排放交易制度

根据环境经济学理论，外部性的解决需要在制度创新的基础上引入市场机制，从而有效配置环境资源，合理解决环境问题。在财税政策方面，对于高碳企业开征碳税；扩大消费税的征税范围，将高污染、高能耗产品纳入征税范围；取消高污染、高能耗产品的出口退税待遇等；对于积极从事节能投资和新能源技术研发的企业，在增值税和所得税方面也给予更多的税收减免待遇。在推行财税政策的同时，应完善相应的配套机制，如能效标准及审计制度、低碳中介服务机制、低碳产品的标识和认证制度、资源减排协议制度、碳排放交易市场机制等，综合运用财税及市场交易机制促进工业领域低碳发展。

参考文献

[1] 傅晓华，欧祝平．低碳经济：新型工业化的新途径．中南林业科技大学学报（社会科学版），2010（5）.

[2] 徐玖平，卢毅．低碳经济引论．北京：科学出版社，2011.

[3] 沈满洪、吴文博、魏楚．近二十年低碳经济研究进展及未来趋势．浙江大学学报（人文社会科学版），2011（3）：28-35.

[4] 宋德勇．中国必须走低碳工业化道路．华中科技大学学报，2009（6）：95-96.

[5] 顾康康，刘景双，王洋．中国工业部门生态效益分析．城市环境与城市生态，2010（1）.

[6] 岳雪银，谈新敏，黄文艺．低碳技术创新在低碳经济发展中的作用及对策．科协论坛，2011（4）：142-143.

[7] 黄栋．低碳技术创新与政策支持．中国科技论坛，2010（2）：37-40.

[8] 王可达．低碳技术创新的意义及路径选择．探求，2011（2）：68-73.

[9] 任力．国外发展低碳经济的政策及启示．发展研究，2009（2）：23-27.

[10] 鲍健强，苗阳，陈锋．低碳经济：人类经济发展方式的新变革．中国工业经济，2008（4）：

153-160.
[11] 任福兵，吴青芳，郭强．低碳社会的评价指标体系构建．江淮论坛，2010（1）：122-126.
[12] 叶依常，黄明凤．低碳经济发展指标体系的构建与实证评价．统计与决策，2011（8）：47-49.
[13] 蔡兴．低碳经济背景下中国制造业主导产业选择．系统工程，2010（28）：105-110.
[14] 胡志伟．基于低碳经济的省域高碳战略产业分析．江南大学学报，2011（10）：1：87-90.
[15] 吴玉鸣．我国 31 个省市区第三产业综合发展水平的最新评估．中国软件科学，2000（10）：52-56.
[16] 张德英，张丽霞．碳源排放量估算办法研究进展．内蒙古林业科技，2005（1）.
[17] 张云，赵捧莲．中国工业出口产品二氧化碳国内净排放的比较分析．中国流通经济，2011（4）：100-104.
[18] 王文举，向其凤．国际贸易中的隐含碳排放核算及责任分配．中国工业经济，2011（11）：56-64.
[19] 李小平，卢现详．国际贸易、污染企业转移和中国工业 CO_2 排放．经济研究，2010（1）：15-26.
[20] 徐汉国，杨国安．绿色转身：中国低碳发展．北京：中国电力出版社，2010-4.
[21] 陈诗一．工业二氧化碳的影子价格：参数化和非参数化方法．世界经济，2010（8）：93-111.
[22] Kaya yoichi. Impact of Carbon Dioxide Emission on GNP Growth：Interpretation of Proposed Scenarios. Paris：Presentation to the Energy and Industry Subgroup，Response Strategies Working Group，IPCC，1989.
[23] 查建平，唐方方，傅浩．产业视角下的中国工业能源碳排放 Divisia 指数分解及实证分析．当代经济科学，2010（5）：88-94.
[24] 董军，张旭．中国工业部门能耗碳排放分解与低碳策略研究．资源科学，2010，32（10）：1856-1862.
[25] 魏一鸣，刘兰翠，范英，等．中国能源报告（2008）．北京：科学出版社，2008.
[26] 龚攀．我国工业低碳化发展研究．武汉：华中科技大学，2010（5）.
[27] 万宇艳．我国工业结构低碳化初探．武汉：华中科技大学，2011（5）.
[28] 王慧，张智玮．低碳经济为东北老工业基地带来的契机．财经界，2010（12）：58-59.
[29] 李士，方虹，刘春平．中国低碳经济发展研究报告．北京：科学出版社，2011.
[30] 郭印，王敏洁．国际低碳经济发展经验及对中国的启示．改革与战略，2009（10）：176-179.

第 5 章

低碳能源论

中国快速增长的 CO_2 排放引起了国际社会的广泛关注。中国要实现高碳能源向低碳能源转型的目标，必须从以下两大根本途径着手：一是减少高碳能源的碳排放，二是增加低碳能源的使用以改善能源结构。因此，发展低碳能源可以通过提高能源效率和优化能源结构而实现。本章从能源结构和能源效率两方面的定量分析说明我国目前处于高碳能源时代。从理论层面上，运用经济学方法和几何模型，给出高碳能源如何向低碳能源转型的机理，包括能源效率的影响因素的作用机理和能源结构的影响因素的作用机理；从实证层面上，通过计量分析给出能源效率的影响因素对其作用方向和作用大小以及能源结构的影响因素对其作用方向和作用大小。从实践层面上，提出了高碳能源如何向低碳能源转型的政策建议。

5.1 低碳能源的内涵界定

5.1.1 低碳能源的定义

学界很少对低碳能源作出内涵界定。低碳经济关注于能源领域，重点在减少温室气体排放量，强调经济发展与气候变化双赢（韩宝华等，2011）。但是，低碳能源不等于低碳经济，因此，要注意低碳能源与低碳经济的区别。国内对低碳经济研究较早的是庄贵阳。庄贵阳（2007）提出低碳经济的实质是能源效率和清洁能源结构问题，核心是能源技术创新和制度创新，目标是减缓气候变化和促进人类可持续发展。冯之浚等（2009）认为低碳经济是从高碳能源时代向低碳能源时代演化的一种经济发展模式。以上学者把低碳经济聚焦于能源问题，而忽略了产业经济活动以及消费生活方式等方面的内容，具有片面性。但是对于低碳能源的内涵界定具有借鉴意义。

有学者从微观角度给出了低碳能源的定义，即一种含碳分子量少或无碳分子结构的能源（陈柳钦，2011；陈冠益等，2010）。该定义仅仅是以能源自身的含碳量作为界定标准，这样难免会造成减排体系的缺失，还可能引起某种误导。例如，电能在其使用过程中是不产生CO_2的，应当作为“零碳”能源，但是火电是以碳基燃料燃烧等能量转换形式来获得电能的，其生产过程伴随着大量CO_2的排放。因此仅从能源本身界定高碳能源还是低碳能源具有片面性。从能源的使用过程来看，低碳能源通过清洁技术等低碳技术和先进的生产工艺所带来的高能源效率来实现CO_2的减排目的。从CO_2排放的结果来看，低碳能源的碳排放水平要低于高碳能源。针对电能、石油制品等二次能源，要将其从一次能源转变为二次能源的过程中所产生的碳排放计算到总的碳排放中，以此判断其是否属于高碳能源或低碳能源。

胡兆光（2009）认为低碳能源是采用能源使用管理的方法，通过市场机制、政策引导、行政手段及法规等途径，以产业调整、技术改造、产品升级等措施，调整能源使用方式，优化能源消费结构，提高能效，达到降低能源需求及节能减排的目的。该定义总体上比较全面，但是存在的问题是夸大了发展低碳能源的目的。

综上所述，低碳能源是以社会经济与生态环境和谐发展理念作为指导，以低能耗、低排放为主要特征，以能源清洁技术、温室气体减排技术等为基本手段，以减少化石燃料的消耗和 CO_2 等温室气体排放为目标的能源生产和能源消费体系。发展低碳能源的实质是建设清洁能源结构和提高能源利用效率。清洁能源结构就是发展绿色能源体系，实现能源结构多元化发展。提高能源利用效率就是以技术进步为主要手段实现用较少的能源提供同样的能源服务。

5.1.2 低碳能源与高碳能源的区别

高碳能源与低碳能源是相对的两个概念。有学者从能源的含碳量角度对高碳能源和低碳能源进行区分，但结果并不一致。鲍健强（2011）把煤炭、石油、天然气等化石能源称为高碳能源，而把水能、核能等非化石能源称为低碳能源。而张玉卓（2008）则认为高碳能源主要是指煤炭，低碳能源是指石油和天然气。以上学者认为低碳能源和高碳能源的区别在于单位热值所含碳的数量的高低，他们的共同缺陷在于忽视了通过技术进步和能源效率的提高同样可以实现碳含量高的能源在使用过程中低碳排放的目的。另外，即使像电能之类的“零碳”二次能源，在其生产过程中也不可避免地会产生大量的 CO_2，不能因为其本身不含碳而归类为低碳能源。可见，他们对高碳能源和低碳能源的分类标准存在片面性。不同能源形式的单位热值所含碳的数量的高低固然重要，但是更加重要的是能源使用的过程以及由此带来的碳排放的高低。

可以通过高碳能源与低碳能源在一些主要指标上的对比来区分两者的不同特点。高碳能源与低碳能源是相对而言的，热值相同的不同能源形式所排放的 CO_2 是不同的。例如，在煤炭、石油、天然气 3 种化石能源中，煤炭的碳密度最高，因此相对于石油和天然气来说，煤炭属于高碳能源品。从能源品角度来看，低碳能源主要是以低碳能源为主的能源消费结构，其碳排放系数相对来说要低，而高碳能源则相反。在产出相同的条件下，使用高碳能源所产生的 CO_2 排放量要高于低碳能源。由于技术水平的高低，使得高碳能源和低碳能源的能源效率存在差异，表现在进行同样的生产活动下，前者的能源强度和单位产品能耗要高于后者。从能源系统效率看，前者要低于后者。

5.1.3 低碳能源的基本特征

陈柳钦（2011）认为作为一种清洁能源，低碳能源突出减少 CO_2 等温室气体对全球性的排放污染，同时也兼顾对社会污染排放的减少。它的基本特征是：可再生，可持续应用；高效且环境适应性好；尽可能实现大规模化产业应用。该学者对低碳能源特征的概括具有片面性，例如，核能在使用过程中不会产生碳排放，是一种清洁能源，但是它不具有可再生性。因此可再生不是低碳能源具有的基本特征。此外，核能的使用不当会对周围环境造成灾难性的影响，所以不能将低碳能源在使用过程中产生的 CO_2 少等同于环境适应性好。

我国处于高碳能源时代是因为我国是典型的以煤为主的化石能源消费结构以及能源利用技术落后、能源利用率低、能源消耗和 CO_2 排放总量巨大（陈建敏等，2011）。从高碳能源向低碳能源转变的过程中往往表现出单位能源的碳含量的相对下降；生产同样产品或者提供同质的服务所排放的 CO_2 的相对减少；能源的开采、能源的中间使用环节和能源终端利用效率相对提高。

综上所述，低碳能源的基本特征主要表现在以下 3 个方面：

（1）能源结构清洁化。在提供相同热量的前提下，煤炭所排放的 CO_2 要远远高于石油、天然气等化石燃料和核能、太阳能等新能源。因此如果要实现经济发展与 CO_2 排放“脱钩”，必须调整能源结构，使其朝着清洁化方向发展。

（2）能源使用高效化。一方面要提高能源经济效率，即单位产出的能源消耗量的降低以及由此带来的 CO_2 排放的减少；另一方面要提高能源技术效率，即从能源开采到能源的终端使用，通过生产工艺的改进减少能源使用过程中的浪费及由此造成的 CO_2 的增加。

（3）能源技术低碳化。一方面要开发和运用能效技术，使得生产单位产品或提供同质服务所需的能源投入减少了；另一方面要使用可再生能源技术和清洁能源技术，以调整能源结构，使得碳排放系数低的能源品代替碳排放系数高的能源品。

5.2 中国能源结构及能源效率与碳排放状况分析

5.2.1 能源结构方面

能源结构是由经济、社会发展程度与一定科技水平下可利用的能源资源状况所决定的。产业革命以来，能源发展反映了两大趋势：①随着经济发展，人均能源消耗量在增长；②能源构成不断在变化，总体趋势是从含碳量高向含碳量低转变，即从传统的化石能源逐步向优质能源和清洁能源转变。基于本章的研究目的，本节通过与发达国家能源结构对比来判断目前中国是否属于高碳能源结构，并分析能源结构与温室气体排放的关系，以期为后续的研究奠定基础。

5.2.1.1 能源结构的跨国比较

中国的一次能源消费量在2000年之后经历了快速增长时期（表5-1），从2000年的967.3×10^6 t标油增长到了2009年的2 177×10^6 t标油，年均增长速度为9.5%，超过世界平均增长速度2.1%。中国能源消费量占世界的比重也从2000年的10.45%上升到了2009年的19.5%。反观发达国家的能源消费量的变化情况，美国、加拿大、德国、英国、日本等国家的能源消费量在经历了快速增长时期后，在2000年之后都出现了稳中有降的局面，这正是各国致力于低碳经济所带来的结果。从数据上看，中国将来很可能赶超美国成为世界第一的能源消费大国。可见中国的能源结构选择对世界低碳能源的发展举足轻重。

表5-1 2000—2009年世界部分国家一次能源消费量

单位（以标准油计）：Mt

国家	2000年	2003年	2006年	2008年	2009年	2009年消费比重/%
美国	2 309.5	2295	2 323.1	2 302.4	2182	0.195 4
加拿大	300.4	310.1	320.1	335.3	319.2	0.028 6
德国	329.5	330.9	327.8	310.3	289.8	0.026 0
英国	222.9	223.8	222.2	210.9	198.9	0.017 8
日本	510.2	506.2	520.4	508.7	463.9	0.041 6
俄罗斯	614.3	643	666.5	680.9	635.3	0.056 9
印度	295.1	316.2	378.8	441.1	468.9	0.042 0

国家	2000 年	2003 年	2006 年	2008 年	2009 年	2009 年消费比重/%
巴西	182.9	186	205.2	227.8	225.7	0.020 2
南非	107.3	116.3	121.4	131.2	126.8	0.011 4
中国	967.3	1 229.3	1 724.2	2 007.4	2177	0.195 0
世界	9 259.6	9 824.3	10 828.5	11 315.2	11 164.3	1.000 0
中国占世界的比例/%	0.104 5	0.125 1	0.159 2	0.177 4	0.195 0	—

数据来源：根据 BP Statistical Review of World Energy June 2010 计算而得。

与发达国家相比，我国能源结构存在不合理的地方（图 5-1）。这与我国富煤、少气、缺油的资源禀赋是分不开的。自改革开放以来，我国的煤炭消费量占能源消费总量的比重都维持在 70%左右，2009 年为 70.6%，占世界煤炭消费总量的 46.9%，而石油在能源消费总量中仅仅占了 18.6%，天然气、核能和水电只占了 10.8%。反观发达国家，比如美国，2009 年煤炭占能源消费总量的 22.8%，石油、天然气、核能和水电的比重分别为 38.6%、27.0%、8.7%和 2.9%。加拿大、英国、日本、德国的煤炭消费比重都维持在 25%以下，他们经济的发展主要依靠石油和天然气等碳排放系数远远低于煤炭的化石能源以及核能和水电等低碳能源来实现。

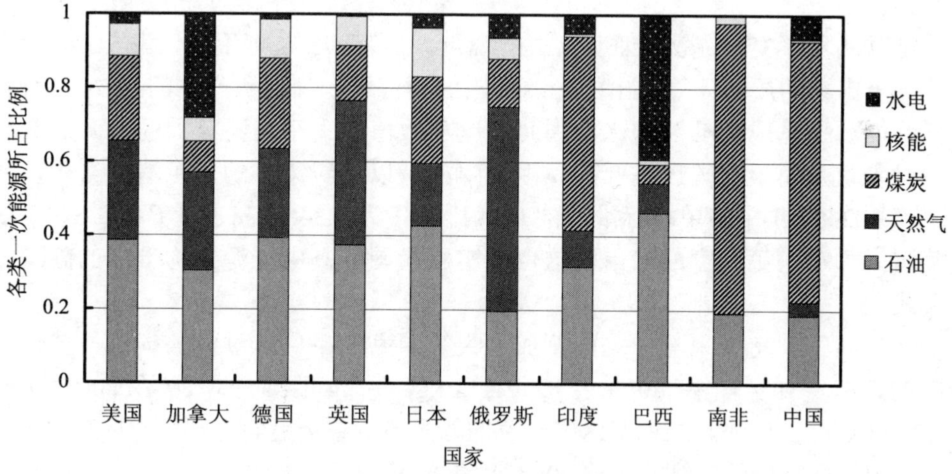

图 5-1　2009 年世界部分国家一次能源消费结构

5.2.1.2　能源结构不合理决定高碳经济模式

从以上的分析可知，我国与西方国家在能源结构上存在很大的差别，我国是以煤炭为主要能源，而西方国家主要以石油和天然气为主要能源。从表 5-2 可以发现，煤炭的碳排放系数要远远高于油类和天然气的碳排放系数，也就是说消耗同等质量的煤炭所产生的 CO_2 数量要比油类产品和天然气所产生的排放量要高。暂且不考虑我国的能源效率和能源消费总量与西方国家的差别，单从能源结构来看，如果同样是消耗 1 单位标煤的能源，由于我国属于高碳能源为主的能源结构，因此所产生的碳排放量会高于西方国家，这也决定了我国相对于西方国家来说是高碳经济模式。

表 5-2 主要能源的排放系数

	煤炭	焦炭	原油	汽油	煤油	柴油	燃料油	天然气
折标系数（以标煤计）/（kg/kg 或 kg/m^3）	0.714 3	0.971 4	1.428 6	1.471 4	1.471 4	1.457 1	1.428 6	1.33
CO_2 排放系数/（kg/kg 或 kg/m^3）	1.98	3.048	3.07	2.988	3.083	3.163	3.239	2.187
单位标煤排放系数（CO_2/标煤）/（kg/kg）	2.771 9	3.137 7	2.149	2.030 7	2.095 3	2.170 8	2.267 3	1.644 4

数据来源：根据《中国能源统计年鉴 2010》和 2006 IPCC Guidelines for National Greenhouse Gas Inventories，Volume 2 Energy，Table2.2，Table2.3 计算而得。

可以从表 5-3 中的数据证明以上的观点。与表 5-2 数据不同，表 5-3 的数据是从一个国家的层面计算得出的，即该国的所有能源消费所产生的 CO_2 与所有消耗的能源折算成标准油的比，因此可以从数值的大小判断该国的能源消费结构相对来说是属于高碳还是低碳。由于中国是以煤炭为主的能源消耗结构，从表中可知 2007 年中国单位标准油的 CO_2 排放量为 3.340，高于世界的 2.540，以及美国、加拿大等国家的水平。这也证实了我国的高碳能源结构带来的高碳经济模式。

从时间序列角度来看，美国、加拿大等国家的单位标准油的碳排放量呈现递减的趋势，如美国从 2000 年的 2.513 $kgCO_2/kg$ 标油下降到了 2007 年的 2.492 $kgCO_2/kg$ 标油。这说明这些国家的能源消费结构趋向低碳化。反观中国，中国的单位标准油的碳排放量从 2000 年的 3.115 $kgCO_2/kg$ 标油增到了 2007 年的 3.340 $kgCO_2/kg$ 标油，这也说明了中国近年来的能源消费结构中高碳能源品的消费比例在上升。

表 5-3 2000—2007 年部分国家的单位标准油的 CO_2 排放量

单位：kgCO_2/kg 标油

年份	2000	2001	2002	2003	2004	2005	2006	2007
美国	2.513	2.512	2.507	2.510	2.507	2.512	2.498	2.492
加拿大	2.138	2.123	2.096	2.119	2.064	2.059	2.031	2.067
德国	2.465	2.461	2.447	2.441	2.410	2.388	2.377	2.377
英国	2.429	2.454	2.425	2.430	2.446	2.439	2.523	2.552
日本	2.374	2.397	2.430	2.493	2.426	2.392	2.383	2.441
俄罗斯	2.364	2.335	2.333	2.330	2.351	2.325	2.331	2.285
印度	2.592	2.593	2.574	2.621	2.605	2.640	2.680	2.708
巴西	1.744	1.784	1.710	1.632	1.623	1.621	1.580	1.562
南非	3.338	3.347	3.331	3.250	3.218	3.218	3.122	3.225
中国	3.115	3.204	3.137	3.243	3.267	3.320	3.310	3.340
世界	2.473	2.480	2.470	2.499	2.510	2.520	2.523	2.540

数据来源：世界银行 WDI 数据库。

接下来通过能源结构优化前后的对比分析来了解我国可以实现碳减排的潜力。我国的碳排放量从 2000 年的 353 845.5 万 t 上升到了 2009 年的 736 020.3 万 t，以年均 8.59%的速度增长。根据前面的分析得知我国的碳排放总量之所以如此巨大且增长速度如此快，虽然经济快速发展是一部分原因，但是另一个重要的原因在于以煤为主的能源消费结构。由此也导致了我国的碳排放强度一直维持在 3 万 t CO_2/亿元以上。

如果我国的能源消费结构与美国一样，那么碳排放状况会发生如何改变？假设我国在 2000—2009 年的能源消费结构与 2009 年的美国的能源消费结构一样，即煤炭、石油、天然气与水电等其他能源的消费占比分别为 22.82∶38.63∶26.98∶11.57，由于要维持同样的经济产出水平，由此假设能源效率不变且能源消耗总量不变，计算结果见表 5-4。能源结构优化后碳排放量出现了显著的下降，如 2009 年从原来的 736 020.3 万 t 下降到了 584 604.7 万 t，下降幅度达到了 20.57%。2000—2009 年累计减少排放 CO_2 1 140 011 万 t，年均碳排放量减少幅度为 21.18%。碳排放强度也出现了显著的下降，以 2009 年为例，从原来的 3.027 万 t CO_2/亿元下降到 2.404 万 t CO_2/亿元，下降幅度达到了 20.58%。从以上分析可知我国通过能源结构的调整可以实现的碳减排的潜力是巨大的。

表 5-4　2000—2009 年能源结构优化前后的碳排放状况对比

年份	碳排放量/万 t		碳排放强度/（万 t CO_2/亿元）	
	现状	能源结构优化后	现状	能源结构优化后
2000	353 845.5	277 446.4	3.566	2.796
2001	361 148.2	286 740.3	3.361	2.669
2002	383 205.9	303946	3.269	2.593
2003	446 887.3	350 388.8	3.465	2.717
2004	517 698.6	406 941.5	3.647	2.867
2005	573 652.4	449 914.6	3.630	2.847
2006	629 427.4	493 150.8	3.535	2.77
2007	681 381.4	534 772.3	3.352	2.631
2008	700 278.3	555 628.7	3.142	2.493
2009	736 020.3	584 604.7	3.027	2.404

数据来源：根据 2010 年《中国统计年鉴》计算而得，其中计算碳排放强度时采用 2000 年不变价格的 GDP 数据。

综上分析可见，由于消耗同等单位标煤的煤炭的碳排放量要高于石油和天然气，这决定了在能源消耗总量相同的条件下我国以煤炭为主的能源消费结构所产生的碳排放量要高于西方国家以石油和天然气为主的能源消费结构。在保证能源效率不变的前提条件下，如果改善我国的能源结构使其与美国相同，则可以实现 CO_2 排放的大幅下降的目的。因此我国能源结构不合理的现实决定了目前我国的高碳经济发展模式。

5.2.2　能源效率方面

5.2.2.1　能源效率的跨国比较

改革开放以来，我国在能源领域的工作取得了巨大的突破，能源开发与节约并重的政策实现了以能源低增长支持经济高增长的目标。但是我国能源利用效率仍然明显低于发达国家水平。衡量一个国家的能源效率的指标归纳起来主要有两类：一是能源经济效率指标，二是能源技术效率指标。本部分通过与发达国家的能源效率的比较，以期了解我国目前的能源效率在世界上所处的位置，然后进一步分析能源效率与温室气体排放的关系。

（1）能源经济效率的国际比较。能源经济效率也称能源强度，是指产出单位经济量所消耗的能源量。能源强度越低，能源经济效率越高。目前能源经济效率的比较主要有两种方法：一种是按照汇率计算得出的能耗强度，一种是按照购买力平价（PPP）计算得出的能耗强度。对于采用哪种方法来比较国际能源效率，仍存在争议。如果按汇率计算可能存在高估的问题（蒋金荷，2004），如果按 PPP 计算而存在低估的可能（宣能啸，2004）。本节通过两种方法分别进行国际对比，希望能够从综合的角度来把握我国当前的能源效率处境。

由表 5-5 可见，按汇率计算得出的结果来看，2009 年中国的能源强度是美国的 3.86 倍、英国的 6.28 倍、日本的 7.78 倍、OECD 国家的 4.21 倍，世界平均水平的 2.64 倍。与中国发展水平相当的其他“金砖”国家[①]比较结果来看，中国的能源强度除了比俄罗斯低之外，比其他 3 个国家都要高，是巴西的 2.80 倍、印度的 1.40 倍，南非的 1.06 倍。从纵向来看，中国能源强度在 2002 年之前都是呈现下降的趋势，但是从 2002—2004 年出现了上升势头，之后又出现了下降。与世界平均水平相比，中国能源强度从 1999 年的世界平均水平的 2.89 倍下降到了 2002 年的 2.62 倍，又上升到 2004 年的 2.89 倍，之后再次呈现下降的势头直到 2009 年的 2.64 倍。从长期角度来，中国与世界能源强度平均水平是呈现越来越趋近的势头。但是与发达国家比较来看，却呈现扩大的趋势。中国的能源强度与美国相比，从 1999 年的 3.56 倍上升到了 2009 年的 3.86 倍。与 OECD 国家相比，从 1999 年的 4.06 倍上升到 2009 年的 4.21 倍。

表 5-5 单位 GDP 能耗比较

年份	1999	2003	2006	2009	1999	2003	2006	2009
计算方式	按汇率计（t 标油/万美元）				按 PPP 计（t 标油/万国际元）			
美国	2.376	2.197	2.029	1.920	2.106	1.948	1.799	1.702
加拿大	4.223	4.008	3.788	3.769	3.066	2.910	2.750	2.737
德国	1.780	1.724	1.620	1.450	1.347	1.305	1.226	1.097
英国	1.551	1.408	1.292	1.180	1.316	1.194	1.096	1.001
日本	1.106	1.065	1.024	0.953	1.422	1.369	1.317	1.225
俄罗斯	25.765	20.963	17.622	15.964	5.310	4.321	3.632	3.290
印度	6.332	5.807	5.379	5.296	1.621	1.487	1.377	1.356
巴西	2.888	2.742	2.669	2.648	1.350	1.282	1.247	1.238
南非	8.395	7.983	7.168	6.970	3.318	3.155	2.833	2.755
中国	8.454	7.892	8.015	7.411	3.008	2.808	2.852	2.637
OECD	2.081	1.974	1.857	1.762	1.726	1.630	1.526	1.442
世界平均	2.924	2.868	2.819	2.808	1.971	1.887	1.805	1.732

数据来源：根据世界银行 WDI 数据库和 BP Statistical Review of World Energy June 2010 的数据计算而得。其中以 2000 年不变价格计算得到汇率法的能耗强度，以 2005 年不变价格计算得到 PPP 法的能耗强度。本表仅给出了部分年份的数据。

① 金砖五国分别是指：巴西、俄罗斯、印度、中国、南非。因为金砖的英文单词为 BRICS，正好是五个国家英文单词的第一个字母，B 表示巴西，R 表示俄罗斯，I 表示印度，C 表示中国，S 表示南非。

按 PPP 计算得出的结果来看，中国与世界上其他国家的能源强度相比，虽然没有按照汇率计算得出的差距那么大，但是中国还是存在能源强度过高的问题。2009 年，中国的能源强度是美国的 1.54 倍，英国的 2.64 倍，日本的 2.15 倍，世界平均水平的 1.52 倍。与其他 4 个“金砖”国家的能源强度比较，除了比俄罗斯和南非低之外，比另外两个国家要高。从纵向来看，中国的能源强度与世界平均水平相比，从 1999 年的 1.53 倍下降到了 2009 年的 1.52 倍，基本没有发生变化。但是与世界先进国家相比，同样存在扩大的趋势。与美国相比，从 1999 年的 1.43 倍上升到 2009 年的 1.55 倍。与 OECD 国家相比，从 1999 年的 1.74 倍上升到 2009 年的 1.83 倍。

从两种计算得出的结果来看，虽然数值不一致，但是所得出的结论基本一致，即我国的能源强度存在过高的问题。虽然我国能源强度与世界平均呈现趋近的势头，但是与发达国家的距离依然很远。

（2）能源技术效率的国际比较。能源技术效率也称能源系统效率，是指使用能源活动中所取得的有效能源与实际输入的能源量之比，也是一项由总体能源结构、产业用能比重、能源利用技术等多种因素形成的综合指标，一般用百分率来表示。能源系统总效率由三部分组成：开采效率η_1、中间环节效率η_2和终端利用效率η_3。能源效率为中间环节效率与终端利用效率乘积，即$\eta=\eta_2\times\eta_3$。能源系统总效率为开采效率与能源效率乘积，即$\xi=\eta_1\times\eta$。

2007 年中国的能源效率为 36.2%（表 5-6），其中中间环节效率为 68.4%，终端利用效率为 52.9%。能源系统总效率为 12%，也就是说能源可采储量变成终端有用能的只有 12%，其余 88%的能源在开采、加工、转换、贮运和中段利用过程中损失和浪费掉了。从纵向来看，各个环节的效率都呈现上升的趋势。2007 年我国的能源利用效率大概相当于 20 世纪 90 年代初欧洲的水平、日本 70 年代的水平[①]。

表 5-6　物理能源效率比较　　单位：%

比较指标	1989 年	2000 年	2004 年	2007 年	ECE 地区 90 年代初预计
1．开采效率	31.1	33.5	35.4	33.2	59～71
2．中间环节效率	72.4	67.8	68.6	68.4	67～75
3．终端利用效率					
农业	28	32	33	33	33～36
工业	40.5	49.6	53.4	53.8	65

① 日本 1975 年能源效率为 36.5%。参见蒋金荷．提高能源效率与经济结构调整的策略分析．数量经济技术经济研究，2004（10）。

比较指标	1989 年	2000 年	2004 年	2007 年	ECE 地区 90 年代初预计
交通运输	25.4	28.1	28.1	26.6	25～30
民用和商业	42.5	66.2	70.8	73.3	50～65
合计	38.7	49.2	52.1	52.9	51～55
4．能源效率（2×3）	28	33.4	35.7	36.2	34～41
5．能源系统总效率（1×4）	8.7	11.2	12.6	12	20～30

数据来源：王庆一．中国可持续能源项目参考资料 2008 年能源数据．能源政策研究，2003（6）。其中中间环节是能源加工、转换和贮运；终端利用效率是终端用户得到的有用能与过程开始时输入的能源量之比。工业包括建筑业，民用和商业包括其他部门。ECE 地区包括西欧、东欧和前苏联。

从以上分析可知，虽然我国近年来能源强度呈现逐年下降的态势，但是与发达国家还是存在差距，且差距呈现扩大的趋势。因此有必要通过进一步研究确定影响能源效率的因素，从而能够制定相应的政策目标以实现与发达国家的能源效率差距逐步缩小的目标。

5.2.2.2　能源效率低下决定高碳经济模式

从能源技术效率角度来看，包括开采效率、中间环节效率和终端能源效率，我国与西方国家都存在一定的差距。下面分析终端能源效率的差距所带来的结果。这里暂不考虑能源消费结构的不同，如果我国和西方国家为得到同样的产出而消耗同样多的能源，但是由于终端能源利用效率的差距，我国为提供同样多的能源而实际消耗的能源要比西方国家高，由此而导致我国的碳排放量也高于西方国家。

从能源经济效率角度来看，前面的分析可以知道，不论是采用 PPP 或者是汇率来比较我国与西方国家的能源效率，我国都处于落后的位置。同样不考虑能源结构的不同，如果我国和西方国家的产出相同，由于能源强度较高，使得所消耗的能源总量是高于西方国家的，由此导致我国的碳排放量要高于西方国家。这也决定了我国相对于西方国家来说是高碳经济模式。

接下来通过能源效率提高前后的对比分析来了解我国可以实现碳减排的潜力。假设我国在 2000—2009 年的能源效率与美国的 2000—2009 年的能源消费效率是相同的[①]，由于能源效率提高了，要维持同样的经济产出水平所需要的能源消费量就相应的减少，假设能源消费结构不发生变化，由此可以计算能源效率提高后的碳排放状况，计算结果见表 5-7。能源效率提高后，碳排放量出现了显著的下降，如 2009 年从原来的 736 020.3 万 t 下降到了 190 691.8 万 t，下降幅度达到了 74.09%。2000—2009 年累计减少排放 CO_2 3 938 332.73 万 t，年均碳排放量减少幅度为 72.81%。碳排放强度也出现了显著的下降，以 2009 年为例，从原来的

① 这里的能源效率的相同是指按汇率法计算而得美国的能源效率来代替中国的能源效率。

3.027 万 t CO_2/亿元下降到 0.784 万 t CO_2/亿元，下降幅度达到了 74.1%。从以上分析得知我国通过能源效率的调整可以实现的碳减排的潜力是巨大的。

表 5-7 2000—2009 年中国能源效率提高前后的碳排放状况对比

年份	碳排放量/万 t		碳排放强度/（万 t CO_2/亿元）	
	现状	能源效率提高后	现状	能源效率提高后
2000	353 845.470	102 286.608	3.566	1.031
2001	361 148.164	105 561.731	3.361	0.982
2002	383 205.896	115 191.888	3.269	0.983
2003	446 887.344	124 421.516	3.465	0.965
2004	517 698.572	134 457.545	3.647	0.947
2005	573 652.445	146 296.933	3.630	0.926
2006	629 427.386	159 352.503	3.535	0.895
2007	681 381.450	181 661.147	3.352	0.894
2008	700 278.285	185 290.965	3.142	0.831
2009	736 020.324	190 691.774	3.027	0.784

数据来源：根据 2010 年《中国统计年鉴》、世界银行 WDI 数据库计算而得，其中计算碳排放强度时采用 2000 年不变价格的 GDP 数据。

综合以上的分析，我国与西方发达国家相比，不论是能源经济效率还是能源技术效率都处于落后的位置。在保持能源结构不变的前提条件下，如果提高我国的能源效率使其达到美国的效率水平，则可以达到 CO_2 排放量的大幅度下降的效果。因此我国的低能源效率的现实决定了目前我国的高碳经济发展模式。

5.2.3 中国能源结构和能源效率与碳排放强度关系的实证分析

5.2.3.1 因素分解模型

Kaya 等式是 Yoichi Kaya（1989）提出的用于研究 CO_2 排放量变化的驱动因子，表达式为：

$$C = \frac{C}{E} \times \frac{E}{Y} \times \frac{Y}{P} \times P \tag{5.1}$$

本章将能源的种类进行细分，根据扩展的 Kaya 等式可以得到碳排放强度的基本公式：

$$\mathrm{CI} = \frac{C}{Y} = \sum \frac{C_i}{E_i} \times \frac{E_i}{E} \times \frac{E}{Y} \tag{5.2}$$

式中：CI——碳排放强度；

C——碳排放总量；

C_i——第 i 种能源的碳排放量；

E——一次能源消费量；

E_i——第 i 种能源消费量；

Y——国内生产总值（GDP）。

下面定义，$\mathrm{EM}_i=\dfrac{C_i}{E_i}$ 为消耗第 i 种能源的 CO_2 排放量；$\mathrm{ES}_i=\dfrac{E_i}{E}$ 为第 i 种能源在一次能源消费中的比重；$\mathrm{EI}=\dfrac{E}{Y}$ 为能源消费强度；由此可以将碳强度的变化分解为ΔEM、ΔES、ΔEI 分别代表碳排放效应、能源结构效应、能源消费强度效应 3 种因素，即：

$$\mathrm{CI}=\frac{C}{Y}=\sum_i \mathrm{EM}_i\times \mathrm{ES}_i\times \mathrm{EI} \tag{5.3}$$

因素分解法是目前国际上广泛采用的用来研究 CO_2 变化机理的方法，其实质是将排放分解为相关影响因素的乘积，并根据不同确定权重的方法进行分解，以确定各个影响因素对排放变动的贡献度。Ang（2004）研究指出拉氏指数分解中存在残差项，而较大的残差项会影响到分析的结果，而迪氏指数分解法在分解过程中能够消除残差项，使模型更具有说服力。鉴于此本节选用 LMDI 方法对碳排放强度进行因素分解，从而确定能源效率与能源结构对碳排放强度变动的影响。LMDI 方法有两种形式的分解方法：乘积分解和加和分解，两种方法分解的结果是一致的，所以本书采用加法分解方法。即：

$$\begin{aligned}\Delta\mathrm{CI}&=\mathrm{CI}^t-\mathrm{CI}^0\\&=\sum_i \mathrm{EM}_i^t\times \mathrm{ES}_i^t\times \mathrm{EI}^t-\sum_i \mathrm{EM}_i^0\times \mathrm{ES}_i^0\times \mathrm{EI}^0\\&=\Delta\mathrm{EM}+\Delta\mathrm{ES}+\Delta\mathrm{EO}+\Delta\mathrm{rsd}\end{aligned} \tag{5.4}$$

各因素的分解结果如下：

$$\Delta\mathrm{EM}_i=\sum\left(\frac{\dfrac{C_i^T}{Y^T}-\dfrac{C_i^0}{Y^0}}{\ln\dfrac{C_i^T}{Y^T}-\ln\dfrac{C_i^0}{Y^0}}\times\ln\frac{\mathrm{EM}_i^T}{\mathrm{EM}_i^0}\right) \tag{5.5}$$

$$\Delta\mathrm{ES}_i=\sum\left(\frac{\dfrac{C_i^T}{Y^T}-\dfrac{C_i^0}{Y^0}}{\ln\dfrac{C_i^T}{Y^T}-\ln\dfrac{C_i^0}{Y^0}}\times\ln\frac{\mathrm{ES}_i^T}{\mathrm{ES}_i^0}\right) \tag{5.6}$$

$$\Delta \mathrm{EI}_i = \sum_j \left(\frac{\dfrac{C_i^T}{Y^T} - \dfrac{C_i^0}{Y^0}}{\ln \dfrac{C_i^T}{Y^T} - \ln \dfrac{C_i^0}{Y^0}} \times \ln \frac{\mathrm{EI}^T}{\mathrm{EI}^0} \right) \tag{5.7}$$

5.2.3.2 数据来源

本部分以2000—2010年为时间区段，以全国的能源消费量和GDP为初始数据，采用LMDI因素分解法对中国碳排放强度与能源结构和能源效率的关系进行分析。其中各变量及数据来源说明如下：

能源消费量：根据2011年《中国能源统计年鉴》提供的能源消费数据，包括煤炭、石油、天然气和水电、核电等四种能源，考虑到水电、核电的碳排放系数为0，在进行因素分解的时候会产生0值而导致计算无法继续进行，另一方面水电、核电的能源消耗量的占比很小，故此处不考虑水电、核电的能源消耗。

CO_2排放量：中国没有直接公布CO_2排放数据，化石能源消费活动产生的CO_2排放量的计算公式如下：

$$\mathrm{CO}_{2i} = E_i \times C_i \times D_i$$

式中：i——煤炭、石油、天然气3种能源；

E_i——各种能源消耗量；

C_i——缺省的CO_2排放因子[①]，kg CO_2/kcal；

D_i——中国的平均低位发热量[②]，kcal/kg或kcal/m^3。

其中$C_i \times D_i$被称为CO_2排放系数，万t。

GDP及GDP指数：来自2011年《中国统计年鉴》，以2000年不变价格计算，单位为亿元。

5.2.3.3 计算结果

分解结果见图5-2，能源强度和能源结构与碳排放强度变动之间存在密切的联系。能源强度的变动对碳排放强度的变动起到最主要的作用，它们的走势基本呈现一致的形态，两者之间仅存在微小的差距。这说明了能源结构变动对碳排放强度造成了小程度的影响。另一方面，由于单位标煤的能源的碳排放量是不变的，因此计算得出的碳排放效应为0。

---

① 数据来源：2006 IPCC Guidelines for National Greenhouse Gas Inventories，Volume 2 Energy，Table2.2，2.3。

② 平均低位发热量会因为国家或地区而不同，所以本书采用了我国的平均低位发热量。数据来源：2006 IPCC Guidelines for National Greenhouse Gas Inventories，Volume 2 Energy，Table2.2，2.3。国家发展改革委应对气候变化司，关于公布2009年中国区域电网基准线排放因子的公告，2009年7月2日。

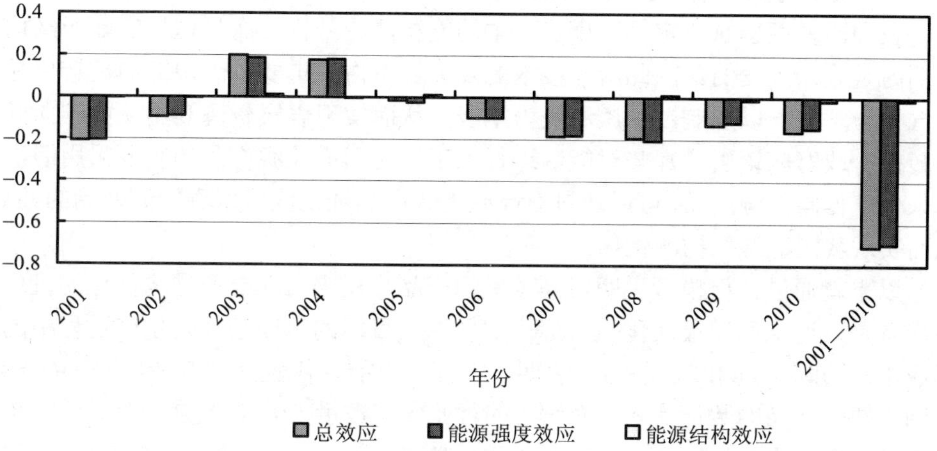

图 5-2　2000—2010 年中国碳排放强度与能源结构和能源强度的关系

从以上计算得出的结果可以知道，碳排放强度的主要影响因素是能源强度，而能源结构对碳排放强度的影响较为微弱。但这并不意味着我国如果要实现碳减排，就要重提高能源效率而轻优化能源结构。之所以能源结构效应这么微弱，其主要原因在于我国的能源消费结构一直是以煤炭为主，且并未发生较为显著的变动。由之前的分析可以知道，如果我国能源结构发生改善，其以煤炭为主的能源结构逐步向以石油和天然气为主转变，将很大程度上减少 CO_2 的排放，从而降低碳排放强度。因此要实现碳强度的降低，提高能源效率和优化能源结构两手都要硬。

5.3　高碳能源向低碳能源转型的机理分析

5.3.1　能源结构影响因素的机理分析

由此前的分析结果可知，能源结构与温室气体排放有着密切的关系，能源结构优化对发展低碳能源乃至低碳经济都有重要的意义。我国拥有丰富的煤炭储量，我国“煤多油气少”的资源禀赋很大程度上影响了我国以煤炭为主的能源消费结构。另外，财税政策以及能源价格对能源结构也有着重要的影响，其作用机理如下。

5.3.1.1 改革财税政策，优化能源结构

我国的资源禀赋决定了以煤炭为主的能源消费结构，而且这样的能源结构在短期内是难以改变的。因此清洁技术的发展显得格外重要。煤炭的清洁转化是以煤气化为基础，以煤制油、煤制氢为主线，从而实现煤炭资源利用从高碳向低碳的转换。政府应该引导那些对能源进行加工转化形成能源产品的企业采用清洁技术来生产低碳能源产品，可以通过对高碳能源产品征税或对低碳能源产品的补贴，从而实现我国能源结构的优化。

以下就通过几何模型说明对高碳能源产品征税来实现能源结构优化的机理。生产者是以追求利润最大化为目标，实现这一目标的均衡条件是生产过程中的边际成本与边际收益相等。图 5-3 表明，在征税以前，代表性生产者按照 MC_1=MR 原则来决定产品的数量为 q_0，而对应的行业生产数量为 Q_0，这是一个导致高碳能源产品生产过多的均衡点。政府可以对高碳能源产品进行征税 MDC，从而使得高碳能源产品的均衡数量变为 q_1，而对应行业生产数量为 Q_1。与没征税以前相比，行业生产的高碳能源产品的数量从原来的 Q_0 下降到了 Q_1，实现了该行业的能源结构的优化。

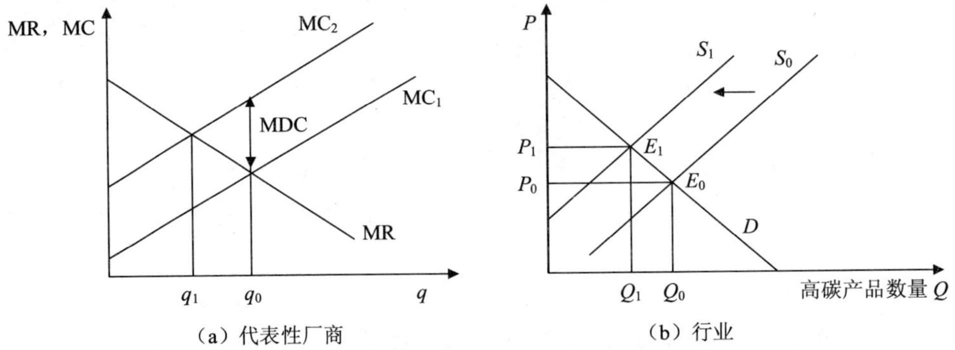

图 5-3 征税与能源结构优化

对低碳能源产品的补贴来实现能源结构的优化的分析过程与前面类似（图 5-4）。在补贴以前，代表性厂商按照边际收益等于边际成本即 MR_1=MC 的原则来决定生产产品的数量为 q_0，而对应的行业生产数量为 Q_0，这是一个低碳能源产品生产过少的均衡点。假设政府给予厂商每单位产品 XR 的补贴，则厂商的收益从 MR_1 上升到了 MR_2，从而使得低碳能源产品的产量上升到 q_1，而对应的行业生产数量为 Q_1。与没有补贴以前相比，行业生产的低碳能源产品的数量从原来的 Q_0 上升到了 Q_1，实现了该行业的能源结构的优化。

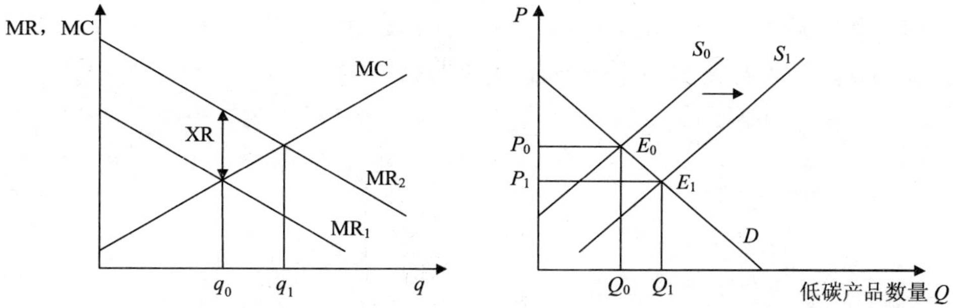

（a）代表性厂商　　（b）行业

图 5-4　补贴与能源结构优化

以上的分析是把煤炭等高碳能源以及通过清洁技术产生的各种低碳能源作为产出品来进行分析，通过财税政策实现能源结构优化。如果把能源作为投入品来看待，高碳能源通过低碳技术同样可以生产出低碳产品，同样实现了发展低碳经济的目的，只不过它不是通过优化能源结构的方式来实现的。在这里，对高碳产品进行征税或者对低碳产品进行补贴，其分析过程与对高碳能源产品征税或低碳能源产品补贴类似，最后实现了低碳产品数量的增加和高碳产品数量的减少，实现了发展低碳经济的目标。

5.3.1.2　改革价格体系，优化能源结构

通过征税实现能源结构的优化是从能源作为产出品的角度来进行分析的。能源作为投入要素，其价格变化往往影响生产者对它的需求。由于计划经济的体制惯性，我国政府对资源价格的管制使得资源的价格不能反映资源本身的稀缺性，资源价格往往只反映了资源开发成本，没有全面覆盖环境破坏成本和安全生产成本，由此资源价格往往低于市场均衡价格水平。因此，如果政府放松对高碳资源价格的管制，与国际社会的资源价格接轨，使资源价格回归正常，这样就能够实现能源结构的优化，从而实现低碳经济的发展。

以下就分析价格调整来实现能源结构优化的作用机理。该部分将完全竞争厂商[①]作为分析对象。完全竞争厂商使用要素的原则是使用该要素的“边际收益”等于“边际成本”。“边际收益”即边际产品价值 VMP，它是边际产品 MP 与产品的市场价格的乘积，也就是 VMP=MP×P，它表示厂商增加使用一个单位要素所增加的收益。“边际成本”即增加一单位要素所增加的成本。在完全竞争市场，它就是

① 参考高鸿业主编《微观经济学》第四版（中国人民大学出版社，2007）中对厂商的分类。其中完全竞争厂商是指在产品市场上和要素市场都是完全竞争的。

单位要素的市场价格。因此完全竞争厂商的使用要素原则为 VMP=MP×P=P'（P'表示要素市场价格）。由以上的分析可以进一步得知边际产品价值 VMP 曲线即厂商面临的要素需求曲线。见图 5-5，如果高碳能源价格从 P_0'上升到 P_1'，则厂商对资源的需求从 q_0 下降到了 q_1。

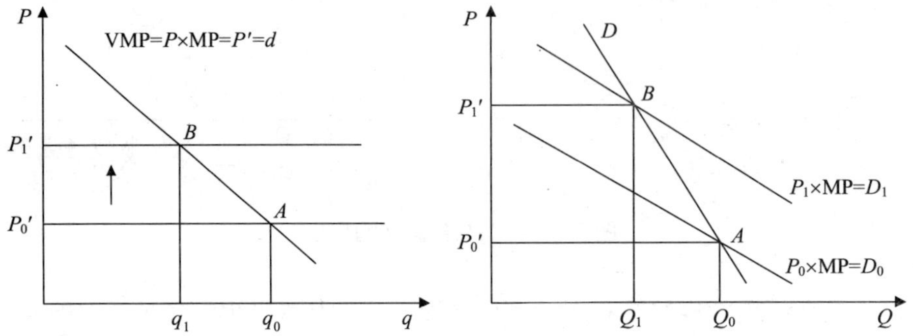

（a）代表性厂商　　（b）行业

图 5-5　价格调整与能源结构优化

接下来考察行业对高碳能源价格上升的反应。要素市场的行业需求曲线并不是所有的厂商的需求曲线的简单加总。因为单个完全竞争厂商的要素需求曲线等于边际产品价值曲线是有条件的——假设其他厂商不进行调整，否则厂商的需求曲线将脱离边际产品价值曲线。

当高碳能源价格从 P_0'上升到 P_1'时，所有厂商对高碳能源的需求下降，从而导致产品产出减少而导致产品的价格 P 从 P_0 上升到 P_1，产品价格的变化导致需求曲线由原来的 D_0 变为 D_1，从而使得厂商对高碳能源的需求点从 A 点变为 B 点。如此反复可以得到所有厂商都调整的情况下单个厂商对高碳能源的需求曲线为 D，高碳能源价格从 P_0'上升到 P_1'时，需求数量从 Q_0 下降到 Q_1，行业的需求曲线就是各个厂商调整后的需求曲线的加总，需求数量也是呈现下降的趋势，从而导致对高碳能源需求的下降，从而优化了能源消费结构。

对低碳能源的价格补贴能够使得低碳能源的需求上升，同样能够实现能源结构的优化。见图 5-5（a），高碳能源价格补贴对厂商来说相当于单位低碳能源的价格下降了，如果价格从 P_1'下降到 P_0'，厂商对低碳能源的需求从 q_1 上升到了 q_0，从行业来看则需求量从 Q_1 上升到了 Q_0，从而优化了能源消费结构。

5.3.2　能源效率影响因素的机理分析

能源强度是单位 GDP 的能源消耗，可以表示为：

$$\mathrm{EI}=\frac{E}{Y}=\sum_{ij}\frac{E_{ij}}{E_i}\times\frac{E_i}{Y_i}\times\frac{Y_i}{Y}=\sum_{ij}\mathrm{ES}_{ij}\times\mathrm{EI}_i\times\mathrm{GS}_i \tag{5.8}$$

式中：EI——总的能源强度；

E——能源消耗量；

Y——GDP；

i——各产业；

j——各种不同的能源；

ES_{ij}——第 j 种能源的消费量在第 i 产业能源消费量的比重，即为能源结构；

EI_i——第 i 产业的能源强度，可以代表该产业的技术水平；

GS_i——第 i 产业的经济比重，即产业结构。

此外，随着中国能源价格改革的进行，能源价格逐渐成为能源效率的一个不可忽视的影响因素，本书将其也纳入为研究范围。

因此能源效率的提高可以从能源消费结构的调整、产业结构调整、技术进步和能源价格调整等几方面来实现，以下部分阐述了这几方面实现能源效率提高的作用机理。

5.3.2.1　调整能源结构，提高能源效率

能源结构调整对能源强度的影响主要是基于能源强度的计算方法。通常情况下计算能源强度所使用的能源消耗量是能源的投入量，而实际经济产出发生作用的是投入能源中的有用能。不同的能源品种在从原始形态到转换为有用能的过程中，能源利用效率是千差万别的。在一次能源品中，我国煤炭的利用效率为 27%；原油的利用效率约为 50%；天然气的利用效率为 57%[①]。在“一定热当量的不同能源品种对于经济产出的支持度是相同的”这个假定条件下，如果将投入品中一定标煤的煤炭转变为同样热当量的天然气或原油，由于后者的能源效率较高，所以能源结构变化后，其有用能相对于之前增加了，产出就增多，能源强度就下降了。当然也有学者对“一定热当量的不同能源品种对于经济产出的支持度是相同的”这个假定是不科学的，因为随着经济发展，产业结构不断升级，与此同时，高附加值产业对能源品种的需求也会升级，而高附加值产业明显比低附加值产业具有更大的产出量（货币角度）。所以认为同样热当量的不同能源品种对于经济产出的支持度是不同的。这种说法也从另一个角度说明了能源消费结构的改变会影响到能源强度。

① 宣能啸．我国能源效率问题分析．中国能源，2004，26（9）：4-8.

5.3.2.2 调整产业结构，提高能源效率

产业结构变动对能源消费强度产生影响主要是由于各产业能源消耗强度不同，如果能源消耗强度高的产业，在国民经济中占有较大的比重且上升较快，能源消费强度就会因此而增加（史丹，2002）。接下来用简单的数学公式来解释产业结构调整对能源效率的作用机理。

假设各个产业的能源消费强度保持不变，为简单起见，假设国民经济由高碳产业和低碳产业两个产业所构成。能源强度可以表示为：

$$I = \sum I_i S_i = I_1 S_1 + I_2 S_2 \tag{5.9}$$

式中：I——能源消费强度；

I_i——产业能源消费强度；

S_i——产业经济比重；

1——低碳产业；

2——高碳产业。

假设 Δt 表示产业经济比重的变动量，以此来表征产业结构调整。则产业结构变动后的全国能源消费强度为：

$$\begin{aligned} I_\Delta &= I_1(S_1 + \Delta t) + I_2(S_2 - \Delta t) \\ &= I_1 S_1 + I_2 S_2 + \Delta t(I_1 - I_2) \end{aligned} \tag{5.10}$$

$$\because I_2 > I_1$$

$$\therefore I_\Delta < I$$

即高碳产业的经济比重下降，低碳产业的经济比重上升导致的全国能源强度出现了下降。虽然这里仅仅分析了两个产业的国民经济，但是对于多部门的国民经济，其产业结构的调整对能源强度的变动的作用机理本质上来说还是一样的。

5.3.2.3 促进技术进步，提高能源效率

技术进步对能源效率的提高的作用显而易见。技术进步作为一种无形资产，较难进行准确的定义和精确的衡量标准，其主要有 3 种体现形式：机器设备的先进程度；人类知识存量的增加；人力资本质量的提高。以机器、设备对能源效率的影响为例，钢铁行业产能在 100 万 t 以下的设备，其产品能耗为 900 kg 标煤/t；产能在 100 万～500 万 t 的设备，其产品能耗为 790 kg 标煤/t；产能在 500 万～1 000 万 t 的设备，其产品能耗为 750 kg 标煤/t。需要指出的是，技术进步对能源效率的改进作用是可持续的，而非技术因素对能源效率的改进则是不可持续的。其作用机理见图 5-6。

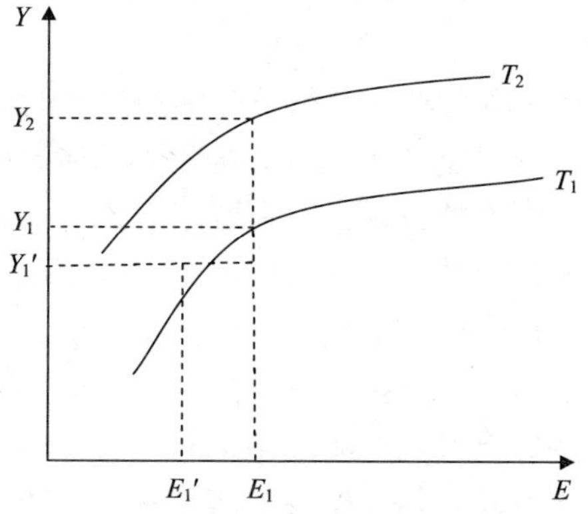

图 5-6　技术进步与能源效率的关系

图 5-6 中，T_1 和 T_2 分别表示不同技术水平下的最大可能生产曲线，横轴 E 表示能源消耗量，纵轴 Y 表示产出。如果以一定的能源投入带来最大的经济产出为目的，则在投入为 E_1 的情况下，最大产出为 Y_1，实际产出为 Y_1'，实际产出和最大产出之差 Y_1Y_1' 是由于未能充分利用技术潜能和其他非技术的因素造成的。因此在技术一定的前提下，即使非技术因素得到了充分的发挥，在能源投入为 E_1 时，产出最多也只能从 Y_1' 上升到 Y_1。如果技术从 T_1 变为 T_2，在投入为 E_1 时，最大的可能产出从 Y_1 上升到了 Y_2，并且随着技术的进步，一定投入下的经济产出还是能够继续提高的。可见技术进步对能源效率的提高是建立在最大可能生产曲线外移的基础上的，是可持续的。而非技术因素对能源效率的改进表现在既定的技术水平下向最大可能生产曲线不断逼近的过程，是不可持续的。如果以最小的能源投入带来固定的经济产出为目的，其分析思路还是类似的，这里就不再赘述了。

当然也有部分技术的进步不是为了实现固定能源投入下提高最大产出或者一定产出下的减少能源的投入这个目标，而是为了改变投入能源消费的种类。我国的能源消费结构是以煤炭消费为主，而且短期内难以改变。例如可以通过清洁技术实现煤炭从高碳能源转变为低碳能源，从而实现能源投入的低碳化，从而实现产出的低碳化目标。

5.3.2.4　调整能源价格，提高能源效率

能源价格改革作为一种降低能源强度的有效手段往往不是单独起作用的，价格可以通过作用于别的因素来调节能源强度的水平（孔婷等，2008）。前面的分析可知，技术进步对降低能源强度有积极的影响。能源相对价格变化对能源强度的影响的传导机理，可以分为两种：要素间相对价格变化对现行技术的选择

机制；能源价格变化对新技术的诱导机制。前者属于静态框架，后者属于动态框架。

首先来阐述静态框架下能源价格的变化对能源强度的影响（图 5-7）。图中，曲线 Q 表示不同要素组合下的等产量曲线，横轴表示能源要素，纵轴表示除了能源以外的其他要素。静态框架的理论依据是要素间的替代关系。在给出等产量曲线的定义时，前提假设条件是技术水平保持不变，可以把现行技术水平理解为一个技术集，在竞争性的市场中，由于能源、资本和劳动之间的相对价格的变动将决定生产者会在现行的技术集中选择一种技术来实现在固定成本下的产出最大化，或者在产出一定的条件下实现成本最小化的目标。以产出一定为例，生产者在决定各种要素需求量的时候，是根据要素的边际技术替代率与两要素的价格比例相等的原则。假设刚开始能源价格与其他要素的价格是相等的，则生产者就会选择两要素的边际替代率为 1 的技术来进行生产，此时能源和其他要素的需求量是相等的，即图 5-7 中的 A 点。如果能源价格下降了，生产者为了实现成本最小化的目标，就会选择消耗能源较多而其他要素较少的技术来进行生产，即图中的 C 点，此时单位产出的能源消耗量增加了，即能源强度上升了。如果能源价格上升了，生产者按照两种生产要素的最优组合的原则，就会选择消耗能源少而其他要素多的技术来进行生产，即图 5-7 中的 B 点，此时单位产出的能源消耗量减少了，即实现了能源强度的下降。

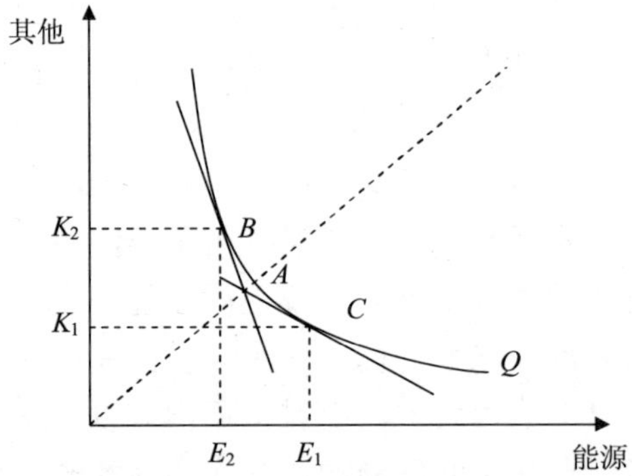

图 5-7　能源价格调整与能源效率的关系

动态框架的理论依据是 Hicks 的“诱导性创新”假说（航雷鸣，2007）。能源价格的上升不仅会促使生产者在现行的技术集中选择效率较高的技术，而且会诱导新的高能效技术的发展，即相对价格变化可以成为“诱导性技术变化”的动力。如果能源价格比资本和劳动价格低，那么研究动力就来自节约资本和劳动，同样，如果能源价格高于劳动和资本，则动力来自节约能源，这也就是实现了能源强度降低的目的。诱导性技术变化的思想是 Hicks“诱导性创新”假说的一个现代版本。

5.4 促进中国低碳能源发展的对策建议

5.4.1 实施低碳导向的能源战略

受限于我国国内能源资源禀赋，能源消费呈现出以煤为主的小幅度波动，从近期来看还是不能改变以煤为主的能源消费结构特征，因此应该实施清洁能源发展战略；从长期来看，应大力发展可再生能源和新能源，实施能源替代战略。

5.4.1.1 实施清洁能源发展战略

现代煤炭清洁转化是指以煤气化为基础、以实现 CO_2 减排为目标、将高碳能源转化为低碳能源的技术。新型煤电技术、煤基替代燃料技术是我国近期技术较为迫切的发展方向。在新型煤电技术方面，超临界（SC）和超超临界（USC）技术、循环流化床（CFB）技术、整体煤气化联合循环（IGCC）技术都是近期可供选择的技术发展方向，因此国家应加大研发投入，解决设备“大型化”难题，降低生产成本，增强运行的可靠性和经济性，对电厂燃用劣质煤给予更加明确的惠化政策。在煤基替代燃料技术方面，通过扩大生产规模，提高技术水平等途径来降低生产成本，替代石油产品，提高市场竞争力。

5.4.1.2 实施可再生能源替代战略

可再生能源是未来能源结构转变的方向，大力发展可再生能源可以减轻经济发展对化石能源的过分依赖。合理适度开发水电，针对西南地区的水电开发利用率较低，应作为今后重点开发对象。虽然风能未来发展前景广阔，但是在开发时要注意以下问题：风能资源主要分布在远离电力负荷中心的内蒙古、新疆、甘肃、东北和青藏高原部分地区，大规模风电机组介入当地电网将给电网调峰、调频带来困难。同时要加快制定风电标准、加强产业调控。要加快开发太阳能、生物质能和地热能等其他清洁能源。对于我国核电的发展，人才和技术是发展的最大束缚，因此要大力培养核电研发、运维和管理人才队伍，同时要注重在引进技术过程中形成自己的核心技术。

5.4.2 按照低碳导向调整产业结构

从前面的分析可知，产业结构调整对于提高能源效率具有一定的影响。由于工业部门的经济比重大，因此对我国能源强度变动的贡献一直处于决定性的位置，提高工业部门的能源效率、降低工业部门的经济比重对于降低我国的能源强度意义重大。

工业是产业结构调整的重要部门，为了优化工业结构，首先要实现落后工业产能的有序退出，降低能耗过大的部门经济比重，将腾出的资源环境容量用于低消耗、低排放、低污染、高效益的新建项目。其次要提高高碳产业准入门槛。强化招商引资的结构导向机制，以是否有利于建设资源能源节约、环境友好型的产业系统为基本的取舍标准，拒绝那些高于行业平均能源标准的投资项目。

5.4.3 推进能源资源价格体制改革

长期以来，为了支持经济尤其是工业的发展，中国能源价格往往低于市场均衡价格水平，即使到了今天仍存在这种现象。能源的市场价格是能够反映能源的稀缺程度，具有调节供需实现平衡的作用。如果能源的价格人为地限定在均衡价格以下，那么这一价格向市场传达的信号就是该能源的供给比较充裕。较低的价格导致相对于能源供给的过度需求，表现在高能耗行业的盲目扩张和其他经济领域的低能效现象的存在。另一方面，能源在开发、加工、运输和使用过程中有较强的负外部性。如果能源价格在形成过程中不能将这些外部性内部化，则会导致能源价格偏低，鼓励对能源产品的过度需求。目前我国的能源价格只能反映能源的开发成本，而没有全面覆盖环境破坏成本。

从近期来看，我国应该适当调整能源价格，理顺比价关系，积极推进煤电价格、成品油价格和电价等领域的市场化改革，引进市场机制。进一步改进和完善煤电价格联动机制，建立市场机制为主、政府适度调控的煤炭价格形成机制。在推进电力体制改革的基础上，发电价格和售电价格主要由市场竞争形成。成品油价格要与国际市场接轨。从远期来看，要实现能源的外部性成本内部化，完善能源市场价格的竞争机制，以供需引导企业和个人消费低碳能源品，提高能源的利用效率。

5.4.4 大力推进低碳能源技术进步

技术进步主要通过两方面的作用来实现低碳能源的发展：①技术进步提高了能源的利用效率；②清洁能源技术等低碳技术的推行有利于使得能源消费结构趋于低碳化，增加了低碳能源品的消费比例。技术进步的实现可以通过技术引进和自主创新相结合的方式。

5.4.4.1　技术引进

目前发展中国家缺乏先进的有利于减缓温室气体排放的技术。尽管《联合国气候变化框架公约》规定了发达国家有义务向发展中国家提供技术转让，然而发达国家对先进技术的封锁和技术转让的过高的技术使用阻碍了这一转让过程的进行。我国目前的低碳技术在质和量上都远远不能满足现实低碳能源的要求，因此必须通过国际层面的政治协商以及市场机制作用的发挥来减少以上的障碍的影响，积极促进国际间的低碳技术转让。

5.4.4.2　自主创新

自主创新能力的建设是推进低碳技术进步的核心动力，可以通过以下两方面的举措来推动。

（1）完善低碳技术创新激励政策。西方发达国家主要采取对科研机构直接拨款的形式来激励国内的低碳技术发展。例如，美国政府自 2001 年以来，投入 22 亿美元用于将先进清洁煤技术从研发阶段向示范阶段和市场化阶段推进。我国可以借鉴发达国家的经验，通过财政直接拨款的形式来激励企业和科研机构发展低碳技术。另外也可以通过设立碳基金的方式进行激励。目标除了关注碳汇的增加外，还需要更加关注帮助商业和公共部门减少 CO_2 的排放，从中寻找低碳技术的商业机会。碳基金作为一个独立的公司，介于企业和政府之间，实行独立的管理运营模式，这种独特的地位有利于协调政府、企业、科研机构的各方力量，共同培育低碳经济。

（2）为了保障知识产权，制定相应的产业技术政策。低碳技术属于新兴行业，处于专利池的初步构建阶段，因此我国创新主体在这一阶段应当积极配合技术创新构建专利池，并且在专利池的许可证贸易中逐步构建适合创新主体专利池结构的许可和转让条件（张鹏，2010）。

5.4.5　努力完善低碳财税政策体系

5.4.5.1　低碳税收政策

征收碳税，是为了控制 CO_2 排放而征收的一种环境税，但是考虑到以 CO_2 的实际排放量作为计税依据涉及排放量的监测问题，且技术上不易操作，在实际的操作中可以采用 CO_2 的估算排放量作为计税依据。碳排放量与化石燃料有着严格的比例关系，且化石燃料的使用数量比较容易确定，由此通过对投入量或使用量来确定碳排放量，以此作为征税的依据。

根据征收碳税的对象，可能课税的主要环节为生产阶段和消费阶段，前者意味着纳税人为含碳能源开采、加工企业，具有数量相对少而征收方便的优点，但由于远离能源产品的消费终端使得碳税的价格信号传递效果呈递减状态，具有不利于消费者树立节能减排意识的缺点。后者则相反，具有碳税价格的引导效果显著的优点和征税困难的缺点。因此我国应当根据不同的含碳能源产品选择不同的征收环节。对于一次性能源产品，包括原油等可在生产环节征收，而对成品油等二次能源产品在销售环节征收，至于消费环节由于征收难度过大且涉嫌双重征税，可以不予考虑。这时还要考虑到税率水平的问题，由于煤炭、石油、天然气等能源的碳密度不同，因此要实行差别税率，对于碳密度高的煤炭等能源应征收高的税率，而对于碳密度低的天然气等能源应降低税率水平，通过差别税收引导生产和消费低碳能源品，从而达到优化能源结构的目的。

税收优惠是碳税的另一个重要环节。对于生产低碳能源品的企业，可以给予一定的奖励。对于消费能源大、竞争力差的钢铁企业和传统电力行业，可以给予一定的税收优惠，同时可与其签订碳减排协议，并规定自愿参加协议的企业可以享受税率减免，以此激励其减排工作的进行。

5.4.5.2 低碳补贴政策

与税收政策相对应的是补贴政策，主要是针对碳排放较小的低碳能源产品进行补贴。由于下游产业处于产业链末端，消费者的需求直接决定其兴衰，另一方面，像新能源汽车等末端产品的低碳属性要在消费环节而非生产环节体现，因此对消费者补贴具有重要的意义。需要指出的是，对消费者补贴的同时还需要逐步提高行业的低碳标准，以此促进行业不断提高技术，提高能源利用效率，促进低碳能源和低碳经济的发展。

补贴政策的另一个对象是厂商。由于厂商的生产过程中要消耗能源，其生产工艺的优劣、技术水平的高低直接决定了碳排放量的多寡。因此对于那些生产和使用低碳能源品，使用先进的低碳生产技术，严格执行行业碳排放标准的企业给予一定的补贴，以此推进低碳能源和低碳经济的发展。

参考文献

[1] 韩宝华，李光．论低碳经济与循环经济的异同及整合．云南社会科学，2011（2）：67-72.

[2] 庄贵阳．中国：以低碳经济应对气候变化挑战．环境经济，2007（z1）：69-71.

[3] 冯之浚，牛文元．低碳经济与科学发展．中国软科学，2009（8）：13-19.

[4] 陈柳钦．低碳能源：中国能源可持续发展的必由之路．中国市场，2011 年第 33 期总第 644 期，31-38.

[5] 陈冠益，邓娜，吕学斌，等．中国低碳能源与环境污染控制研究现状．中国能源，2010，

32（4）：9-14.

[6] 胡兆光．中国特色的低碳经济、能源、电力之路初探．中国能源，2009，31（11）：16-19.

[7] 鲍健强，王云峰，张祥，等．增强低碳能源价格市场竞争力政策选择研究．中国能源，2011，33（1）：17-21.

[8] 张玉卓．从高碳能源到低碳能源——煤炭清洁转化的前景．中国能源，2008，30（4）：20-22.

[9] 陈建敏，田鸿雁．高碳能源背景下中国低碳经济发展之路．中国经贸导刊，2011（20）：50-52.

[10] 蒋金荷．提高能源效率与经济结构调整的策略分析．数量经济技术经济研究，2004（10）：16-23.

[11] 宣能啸．我国能源效率问题分析．煤炭经济研究，2004（9）：4-7.

[12] Ang，B W. Decomposition Analysis for Policymaking in Energy：Which Is the Perferred Method. Energy Policy，2004（32）：1131-1139.

[13] 史丹．我国经济增长过程中能源利用效率的改进．经济研究，2002（9）：49-56.

[14] 孔婷，孔林岩，何折，等．能源价格对制造业能源强度调节效应的实证研究．管理科学，2008，21（3）：2-8.

[15] 航雷鸣．我国能源消费结构问题研究（博士论文）．上海交通大学管理学院，2007（1）.

[16] 张鹏．论低碳技术创新的知识产权制度回应．科技与法律，2010（3）：29-32.

第 6 章 低碳交通论

工业革命以来，交通部门成为仅次于能源和工业部门的第三大碳排放部门。根据 IEA（2010）的研究报告，2008 年全球交通部门的碳排放占碳排放总量的 22.5%，发达国家交通碳排放比例达到了 1/4 以上。发展低碳交通已成为世界经济发展的主旋律。处于工业化、城镇化中的中国的交通碳排放增速以年均两位数增加。发展低碳交通是实现经济转型的紧迫任务。本章主要回答下列问题：什么是低碳交通？如何发展低碳交通？高碳交通转向低碳交通的转型机理是什么？在发展低碳交通时如何处理好经济发展、社会和谐和碳减排的关系？每一种低碳的交通模式在 CO_2 减排上能起到什么样的效果？

6.1 低碳交通的内涵界定

6.1.1 低碳交通的定义

低碳交通是低碳经济在交通领域的具体体现。由于国内低碳交通的研究刚处于起步阶段，学者们对低碳交通概念有各自的理解。

从狭义的交通范畴看，最为详细地提出低碳交通概念的学者是宿凤鸣（2010）。他认为低碳交通是在充分认识气候变化危害的背景下，以节约资源和减少排放、实现社会经济的可持续发展和保护人类生存环境的可持续发展和保护生存环境为根本出发点，根据各种运输方式的现代技术经济特征，采用系统调节和创新应用绿色技术等手段，实现单种运输方式效率提升、交通运输结构优化、交通需求有效调控、交通运输组织管理创新等目标，最终实现交通领域的全周期全产业链的低碳发展，促进社会经济发展的低碳转型。陆化普（2009）认为低碳交通只是在绿色交通的基础上进一步强调了减少温室气体排放，重在强调采取各种措施减少交通运输带来的 CO_2 排放量。

更多的学者是从广义的范畴上理解。陈洁行等（2009）认为低碳城市交通是指以低碳经济为发展模式、以低碳生活为市民行为特征、以低碳社会为政府建设标准的城市交通。卫蓝等（2011）认为低碳交通就是在交通领域的各个环节全面关注能耗和温室气体排放问题，通过运输结构和运输效率的优化，最大程度地实现节能减排。其核心在于交通运输的能源效率提高、用能结构改善、发展方式优化。张云霞（2011）认为低碳交通是指以较低碳排放为主要特征的交通体系。茅林（2010）认为低碳交通是指以降低碳排放量来衡量交通建设、管理和服务等领域的工作绩效，涵盖范围包括交通环境保护、交通节能减排、交通循环经济和交通科技与信息化等四个方面。

虽然学者们从不同的角度定义了低碳交通，但是大多局限于交通领域内部的某些方面。众所周知，交通部门是依赖于能源、技术、经济结构等外部环境的，局限于交通领域，显然无形中缩小了低碳交通的范畴。此外，上述定义中几乎只包括了技术、制度、结构等其中部分内容，没有全面界定低碳交通的内涵。陈洁行等（2009）的定义虽然较为全面，但是将范围缩小到城市交通层面，无法覆盖交通领域的更广维度。

笔者认为，低碳交通是指以低能耗、低排放、高能效为基本特征，以结构低碳化、技术低碳化、制度低碳化为基础，以可持续发展为目的，以适应气候变化、构建现代化运输体系为核心内容的交通发展模式。其实现途径是：在结构方面，交通建设结构低碳化、交通运输结构低碳化、交通用能结构低碳化等；在技术方面，能源利用低碳化、交通管理低碳化、基础设施低碳化、交通工具低碳化等；在制度方面，需求引导低碳化、政策倾向低碳化、机制体制低碳化等。

6.1.2　低碳交通与高碳交通的比较

交通是唯一既能满足生产性需求又能满足消费性需求的部门。CO_2 排放是主要的既能威胁经济发展又能威胁人类生存的外部性问题。低碳交通和高碳交通是一对概念。本节依据交通定义的关键要素，罗列部分主要指标，用以区分高碳交通和低碳交通（表 6-1）。

由表 6-1 可知，低碳交通的具体范畴可以从排放特征、结构特征、技术特征、制度特征这四部分展开。即排放特征呈现低排放、低能耗、高能效；结构特征方面，交通运输结构倾向于清洁化、公共化、高效化，基础设施结构倾向于合理化、技术化，交通需求结构倾向于信息化、公共化；技术特征方面，呈现出清洁低碳型燃料比例高、交通工具排放效率高、信息化利用程度高的“三高”态势；制度特征方面，体现出严格的环境管制标准、先进的管理制度、一体化的管理模式等低碳化特征。而高碳交通正好与低碳交通形成鲜明的对照。

表 6-1　高碳交通与低碳交通的基本特征比较

主要指标			高碳交通	低碳交通
碳排放特征			高排放、高能耗、低能效	低排放、低能耗、高能效
结构特征	交通运输结构	交通方式结构	主要以碳排放高的燃料使用为主的内部结构，比如铁路早期的蒸汽机车、落后陈旧的机动车、船舶等	主要以清洁型环保型交通工具为主的内部结构，比如电气化的铁路、电动汽车、混合动力汽车、自行车等
		城市交通结构	主要以机动车私人交通为主，公共交通为辅的运输结构	主要以公共交通为主，非机动车出行和私人机动车交通协调发展的结构
		区域交通结构	主要以公路运输为主，铁路、水运等辅助的运输结构	主要以低排放的公路运输和电气化铁路为主的交通结构，局部区域以水路、铁路、公路等方式协调发展的结构
	基础设施结构	资金投入结构	资金主要用于公路基础设施建设，其中公共交通基础建设力度不够；水运基础建设不足；电气化铁路投入不够，人均电气化里程较低	公路、水路、铁路的基建资金投入分配合理，尤其加大公共交通的基础建设、铁路电气化建设、水运航道的维护、建设和拓宽等
		技术等级结构	低等级的基础设施比例较高，各交通方式的基础设施衔接不足，存在严重的重复建设现象	高等级的基础设施比例较高，各交通方式间能够达到无缝衔接和零距离换乘，基础设施共享程度高
	交通需求结构	消费出行结构	主要以私人交通出行为主，公共交通出行比例不高，如美国城市的出行结构	主要以公共交通出行为主，私人交通、慢性交通（自行车、步行）等比例协调，如新加坡的城市交通模式
		出行频率结构	出行频率较高，互联网、移动通讯等现代化通讯利用程度较低	出行频率较低，更多依赖于现代化的交通通讯手段
		出行距离结构	出行距离逐年增加	出行距离保持在一个合理范围
	燃料结构		主要以高碳石油制品消费为主，清洁型替代能源，可再生能源等利用程度偏低	主要以低碳化的石油制品消费为主，清洁型替代能源、可再生能源等利用程度较高
技术特征	燃料供给		交通燃料的碳含量较高，清洁型燃料供给不足等	燃料的碳含量较低，电能、生物燃料、甲醇等清洁型燃料供给程度较高
	交通工具		交通工具的能源利用效率和碳排放效率较低	交通工具的能源利用效率和碳排放效率较高
	运输管理		交通运输管理系统信息化、智能化、一体化程度较低	交通运输管理系统信息化程度较高，智能交通系统、区域一体化系统、网络监测系统等信息化利用程度较高

<table>
<tr><th colspan="3">主要指标</th><th>高碳交通</th><th>低碳交通</th></tr>
<tr><td rowspan="5">制度特征</td><td rowspan="2">环境管制</td><td>排放技术标准</td><td>政府出台相对较低的排放技术标准，比如中国汽车的欧III排放标准远低于欧美的技术标准</td><td>出台严格的高技术标准，比如欧盟、美国的汽车排放标准是全球较为严格的</td></tr>
<tr><td>低碳燃料标准</td><td>未出台或出台的低碳燃油标准水平较低，比如中国航空燃油的低碳燃油标准就还在修订中</td><td>出台较高的低碳燃油标准。比如，美国和欧洲一些国家出台的低碳燃油标准</td></tr>
<tr><td colspan="2">政策倾向</td><td>鼓励低碳化交通发展的政策倾斜较少，或者某些政策甚至是有高碳倾向的</td><td>鼓励低碳技术研发和推广的政策措施；鼓励运输企业低碳转型的政策措施；鼓励居民低碳出行的引导政策等</td></tr>
<tr><td rowspan="2">管理机制创新</td><td>运输企业管理机制创新</td><td>运输企业还停留在运输环节的减碳，运输管理水平较低，管理机制较为落后</td><td>运输企业已将减碳重点转移到管理效率提高方面了，注重管理机制创新和管理水平提升</td></tr>
<tr><td>运输管理部门机制创新</td><td>管理部门各自为政，各交通运输部门管理机制和技术标准存在差异性，未形成一体化的交通管理模式</td><td>管理部门统一协作，规划合作；资源共享，建立区域协调的管理机制和技术标准；实现一体化的交通管理模式</td></tr>
</table>

6.1.3　低碳交通的基本特征

6.1.3.1　低碳交通与外部环境的内在一致性

交通是实物流、资本流、信息流等的载体。交通领域碳排放形势很大程度上取决于能源、技术、制度、需求主体等外部环境。能源供给低碳化、技术创新低碳化、制度设计低碳化、需求主体低碳化等都会引导交通低碳化的发展。因此，低碳交通的发展与外部环境存在着内在一致性。

6.1.3.2　低碳交通与经济转型的互补性

经济转型的本质是转变发展方式，由粗放型向集约型转变；调整经济结构，由以工业为主向以服务业为主转变。这依赖于科技进步和机制创新。经济的转型发展，促进了交通领域的科技进步和交通工具的革新，为低碳交通的发展提供了动力。而低碳交通的发展，转变了交通领域的发展方式，能够极大地促进经济转型。因此，低碳交通与经济转型之间存在互补性。

6.1.3.3　低碳交通与城镇化的路径依赖性

城镇化过程中涉及基础设施建设，城镇化模式的创建决定了基础设施的规模、布局、技术含量等属性。基础设施的确定，在短时间内无法大规模的改变和提升，只能在局部范围的提升和改善，存在着路径依赖性。而低碳交通发展的前提是交通基础设施的低碳化供给。如果已有的交通基础设施是高碳排放特征的话，低碳交通的发展则存在着巨大的难度。因此，低碳发展与城镇化模式之间存在着路径依赖性。

6.1.3.4 低碳交通与内部环境的系统性

交通系统符合生态系统的基本属性。交通领域内部环境包括各交通方式、交通基础设施、交通政策体系等。交通方式间的物流无缝衔接和客运零距离换乘的系统设计是低碳交通的表现。只要一个部分没有协调发展，交通系统的碳排放都会增加。也就是说可以将完成一个交通需求的环节看作一条食物链，只要某个环节出问题的话，整条食物链就有可能断裂，交通系统也是这样。因此低碳交通与内部环境是存在系统性的。

6.1.3.5 低碳交通与生活方式的依存性

传统的经济增长理论认为自然环境是免费使用的自由物品。但是实践证明，自然环境是稀缺的经济物品。低碳交通的环境保护公共性，依赖于人类的生活方式。绿色消费或低碳消费的伦理价值观，会强化低碳交通的环境保护属性。而铺张浪费的消费方式或高碳的私人出行方式，会减弱低碳交通的环境保护效果。因此，低碳交通一定程度上依存于人类的生活方式。

6.2 中国交通部门碳排放测算与比较分析

6.2.1 中国交通部门碳排放的测算

6.2.1.1 交通部门碳排放的测算方法

中国交通碳排放测算参照《2006 年 IPCC 国家温室气体清单指南》的指导意见，运用 IPCC 系数法，即采用排放因子法，假设燃料的氧化作用是完全的，不存在 CO 等化合物。公式如下：

$$CO_2\text{排放量} = \sum E_i \times \mathrm{EF}_i \tag{6.1}$$

式中：E——燃料消耗量；

EF——燃料的排放因子；

i——交通燃料的类型。

运用式（6.1）测算碳排放量需要注意以下问题：①燃料的排放因子选择。IPCC 给出了三种排放因子，考虑到具体环境、技术的限制，对于排放因子的影响，本节选用"方法 1"中的缺省排放因子（燃料缺省排放因子见表 6-2）。②排放源的类型区分。根据排放源的属性分，有固定源和移动源两种，其排放形式的差异，导致其排放因子的差异。因此在测度交通部门的 CO_2 排放量时需要正确区分固定源和移动源。③碳排放量的重复计算。交通部门的燃料消耗中，电力、热力等排放源属于固定源，并且是二次能源，其电力、热力产生的碳排放在其他部门中计算，为了避免重复计算，不应包括在内。

表 6-2　燃料缺省排放因子　　单位：kg/TJ

燃料类型	原油	汽油	煤油	柴油	燃料油	天然气	液化石油化
排放因子	73 300	69 300	71 900	74 100	70 000	56 100	63 100
燃料类型	原煤	洗精煤	其他洗煤	焦炭	焦炉煤气	其他煤气	
排放因子	97 973	94 600	94 600	10 700	44 400	44 400	

6.2.1.2　中国交通部门的能耗数据

根据 IPCC 的测算方法，需要完备的能耗数据。而目前中国交通能耗数据的统计口径，与国际的统计口径存在差异，主要体现在：①在行业划分上中国将交通运输与仓储、邮政业划分为一个行业进行统计。②中国交通运输部门或行业中发生的部分建筑能耗被计入到交通运输行业中。但是一般认为，这些差异相对于已统计的交通运输能耗来说数值较小，对实际结果影响不大。③最重要的差异在于中国的公路运输能耗只统计了交通部门运营车辆的能耗，未统计社会其他部门行业及私人车辆的能耗。这部分差异涉及范围广泛，能耗数值大，对于计算交通运输能耗水平有着很大的影响，使得中国交通能耗数据比国际统计口径数据的计算结果明显偏小。

王庆一（2006）按国际统计原则，根据各种石油制品平衡表、有关行业能源消费统计和专家咨询，提出了油品分摊法，用来修正交通的统计口径。在此基础上，许多学者运用油品分摊法重新测算了交通能耗（林伯强等，2008；彭家惠等，2008）。因此，这里也采用油品分摊法[①]对中国交通能耗重新测算。中国交通能耗测算结果（图 6-1）。

① 油品分摊法是指除交通运输部门运营用油外，工业、建筑业、服务业消费的 95%的汽油、35%的柴油用于交通运输工具，居民生活和农业消费的全部汽油，居民生活消费的 95%的柴油用于交通运输工具。

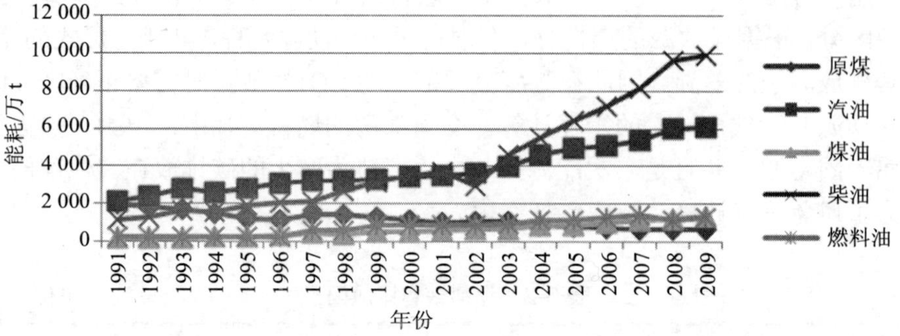

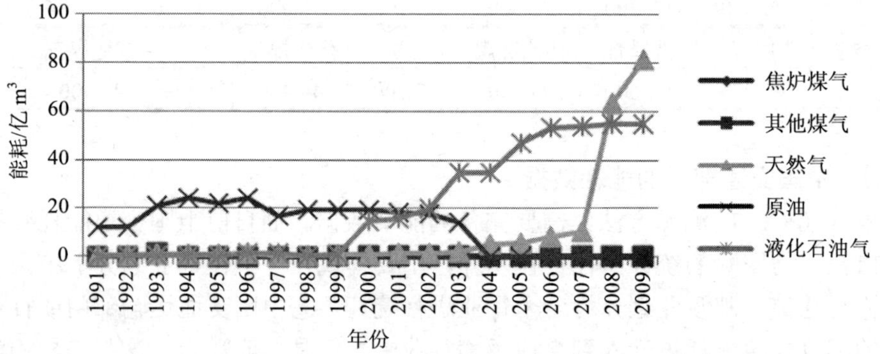

数据来源：中国能源统计年鉴，各燃料数据，其中原煤、汽油、煤油、柴油、燃料油单位为万 t，焦炉煤气、其他煤气和天然气单位为亿 m^3，柴油和汽油的数据运用油品分摊法修正。三轮车和低速货车用油未计算在内。

图 6-1　中国交通部门能耗情况

6.2.1.3　中国交通部门碳排放量

根据式（6.1）测算中国交通部门 1991—2009 年的 CO_2 排放量见图 6-2，碳排放量只需要在 CO_2 排放量的基础上乘上其碳含量（12/44）。各燃料碳排放所占的比例（图 6-3）。

由图 6-2 可知中国交通碳排放的变化趋势。在整个研究时间段内，CO_2 排放量增速明显，年均增长率为 15.6%。从交通部门的碳排放增长率角度看，可以分为两个阶段：1991—2002 年碳排放增速较为平稳，从 1991 年碳排放量为 151.6×10^6 t 提高到 2002 年的 269.8×10^6 t，年均增长率为 6.5%；2003—2009 年碳排放增速加快，从 2003 年碳排放量为 335.7×10^6 t 提高到 602.3×10^6 t，年增长率为 11.3%。

从交通燃料碳排放贡献角度看（图 6-3），目前交通碳排放主要来自于汽油、柴油、原煤、煤油、燃料油和天然气。2003 年开始，消耗柴油产生的碳排放量明显增加，碳排放比例从 43.7%提高到 51.8%。而“高碳”燃料煤炭的碳排放比例持续下降。燃料油、煤油和汽油等燃料碳排放变动较小。而从 2007 年开始，天然气的碳排放量增量较大。

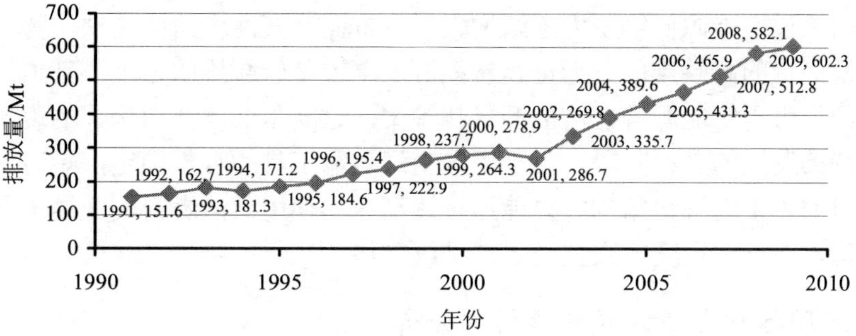

图 6-2　中国交通部门的 CO_2 排放量

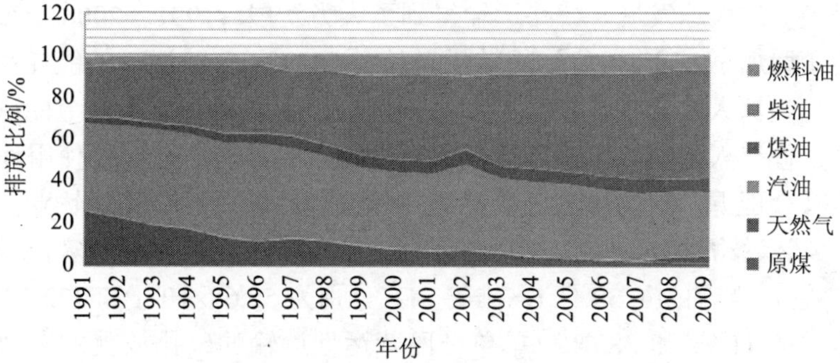

图 6-3　中国主要交通燃料碳排放比例

6.2.1.4　中国交通碳排放与能源结构

根据 IPCC 的燃料碳排放因子，可以发现燃料单位碳排放之间的关系为：煤炭＞柴油＞煤油＞汽油＞天然气。从煤炭—柴油—天然气变动趋势可以看出，中国交通燃料的结构调整属于“低碳化”调整，但是总体上交通部门还是高碳排放的状态。

由于受资源禀赋和技术水平的双重制约，交通碳排放很大程度上受能源结构的影响。中国的能源结构是以高碳的煤炭为主，以石油制品为辅。在改革开放早期，低成本的燃料优势，促进了生产要素流动和经济增长，这为工业化和城镇化进程的顺利推进奠定了基础。由于当时交通需求较低，主要是货运交通，交通碳排放还处于较低水平。因此，以煤炭为主的能源结构与当时的工业化阶段是相适应的。

随着经济持续增长和交通快速发展，环境污染和能源供应成为交通发展的瓶颈。交通燃料结构转变为以石油制品为主，其他燃料为辅。这对已经是石油进口国的中国来说，能源供给压力逐渐增大。一方面是石油供给的紧缺，另一方面是石油大量消费的高碳排放。无论是从能源安全还是碳减排的角度，都迫切需要向替代能源、可再生能源等清洁能源寻找答案，这既是低碳交通构建的现实要求，也是可持续发展的必经阶段。由于中国交通运输工具的存量锁定，短时间内无法改变以石油为主的燃料结构，只能通过逐渐增加使用清洁燃料的交通工具，优化燃料结构，在一定程度上减缓交通碳排放趋势。

6.2.2 中国各种交通方式的碳排放分析

6.2.2.1 公路

公路部门承担着绝大多数的中短途运输，是占交通碳排放比重最大的部门。随着国民经济的快速发展，公路运输得到了大力发展。1991—2008 年公路部门的客运周转量增加了 334%，货运周转量增长了 859%。公路运输的能耗和碳排放量的增幅也相当惊人。其中，以柴油和汽油消耗最为明显。近年来节能减排的相关政策出台，使得太阳能、电力、天然气、生物燃料等清洁燃料的使用逐年增加。

从全社会能源消费角度看，公路碳排放应包括营运性公路运输业的碳排放和非营业性公路运输业的碳排放。2005 年我国营业性载货汽车和载客汽车共消费汽油为 0.17 亿 t，柴油为 0.39 亿 t，排放 CO_2 分别为 50.68×10^6 t 和 122.13×10^6 t，占交通碳排放的 11.9%和 28.6%，单单公路营运性运输的碳排放就占交通碳排放的 40.5%。随着经济增长，非营运性油耗所占比例会逐年增加。按保守的统计数据估计，全社会公路碳排放占交通碳排放的 70%～80%。

影响公路碳排放的效应可分为规模效应、结构效应和技术效应。规模效应是指由于机动车保有量、平均行驶距离、出行次数等数量的增加，导致的碳排放增加。结构效应可细分为能源结构和机动车结构。机动车结构是指柴油型机动车、汽油型机动车、混合动力型机动车、电力机动车等机动车的比例。新型环保机动车的比重越高，其碳排放越低。技术效应主要指交通工具的燃料经济性标准。在短期内，通过提高机动车的排放效率，能够有效地减缓公路部门的碳排放。

6.2.2.2 铁路

铁路作为现阶段重要的交通方式，承担着中长途的客货运任务。随着经济增长，铁路以较高性价比得到较快的发展。在铁路电气化调整的情况下，铁路碳排放并没有出现大幅度增长的情况。

为降低能源消费，适应能源多样化和碳减排的要求，铁路加快了电气化结构调整。到“十一五”末电气化率达到了 45%左右，淘汰了碳排放量大的蒸汽机车，内燃机车和电力机车比重大幅度提高，在铁路总运输量大幅度增长情况下，总能耗和碳排放没有大幅增长。通过 1990—2005 年中国铁路企业的碳排放量比较（见表 6-3），可以看出电气化结构调整的低碳化作用。从表 6-3 中可以发现，铁路企业的碳排放逐年降低，2003 年以后一直维持在 $30×10^6$ t 左右。随着煤炭消费的减少，来自蒸汽机车等排放源的碳排放减少明显，而柴油消耗的碳排放量逐年增加，但总体上铁路部门的碳排放量并没有明显增加。

表 6-3　1990—2005 年中国铁路企业碳排放量比较　　单位：Mt

年份	1990	1991	1992	1993	1994	1995	1996	1997
煤炭	38.8	36.6	34.1	31.0	29.6	27.9	26.5	23.6
柴油	8.5	9.2	9.8	10.6	11.4	12.2	12.9	14.0
年份	1998	1999	2000	2001	2002	2003	2004	2005
煤炭	19.6	17.1	15.9	15.2	14.4	13.8	13.3	13.6
柴油	14.1	15.1	15.8	16.3	16.3	16.7	17.5	18.4

注：为了避免重复计算，数据未包括电力机车的碳排放，2003 年以后煤炭没有作为动力用能，其碳排放量应属于其他部门，为了数据完备性，没有分开处理。

由于没有考虑电力因素，碳排放测算量无法完全反映出电气化结构调整的实际贡献。何吉成和吴文化（2011）指出，33 年来电气化铁路使得中国铁路运输行业的直接减碳量为 426.7 万 t，直接减碳量年均增长 48.3 万 t。电气化结构调整为减少中国铁路能源消耗、温室气体排放发挥了重要的作用。

6.2.2.3　航空

航空运输业在经济增长、管制放松、科技进步等因素作用下，得到了快速发展。相关统计数据①表明，换算周转总量从 1991 年的 30.2 亿 t·km 增加到 2008 年的 376.8 亿 t·km，提高了 10 倍左右，民用飞机拥有量从 1990 年的 503 架增加到 2009 年的 2 181 架[15]。航空运输总量和飞行里程的增加，一方面增加了能耗和碳排放，为节能减排目标的实现增加了难度；另一方面，规模效应和技术引进提高了航空的能源利用效率和碳排放效率，在一定程度上抵消了因周转量增加所带来的能耗和碳排放。

① 数据来源：中华人民共和国国家统计局. 中国统计年鉴 2010，北京：中国统计出版社，2010。

航空部门近20年发展速度较快，其碳排放量呈现上升的趋势（图6-4）。在整个时间段内，航空部门碳排放量累积增长了7.88倍，到2008年达到了36.4×10^6 t。2003年以来，航空部门碳排放的增速加快。可以预见，随着经济增长，航空碳排放将会以较快的碳排放速度增长。这是规模效应、技术效应、结构效应共同作用的结果。

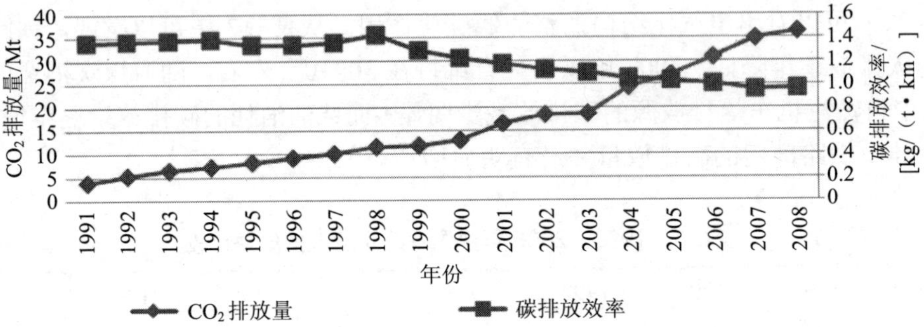

图6-4　1991—2008年中国航空部门碳排放量和碳排放效率

6.2.2.4　水路

水路运输作为综合交通运输体系的重要组成部分，承担着中国90%以上外贸的货运运输任务。中国具有内河流域长、沿海区域广阔的特点，适合发展运能大、成本低、能耗少的水路运输。

“十五”期间，水路货运量年均增长率为12.4%，远洋货运量年均增长率高达16.2%，水路运输得到了较大的发展。“十五”期间水路营业性船舶燃油消耗和碳排放量见表6-4。从表6-4可知，在此期间，总体上水路运输的碳排放呈现上升趋势，到2005年达到了39.7×10^6 t。据相关研究，考虑到非营业性运输船舶油耗，2005年中国水路运输的实际碳排放量将达到61.5×10^6 t。水路运输部门的碳排放形势严峻，因此水路部门的低碳化转型显得十分重要。

由于水路运输具有量大面广、流动性强、管理难度大等特点，造成水路碳减排的工作难以有效展开。目前水路碳减排的问题主要体现在：宏观层面，水路运力结构需要调整，主要包括内河船型标准化、老旧船和劣质船整治等方面；船运市场的无序竞争，使得水路运输的碳排放效率低下；航道基础设施投入的不足，一定程度上降低了船舶的碳排放效率。在微观层面，主要存在运输企业管理水平低下、能源管理基础工作不完善、碳减排意识薄弱等。

表 6-4 中国“十五”期间水运营业性船舶燃油消耗和碳排放量

指　　标	2000年	2001年	2002年	2003年	2004年	2005年
燃油消耗量/万t	1 175	1 253	1 009	1 022	1 303	1 356
CO_2排放量/Mt	34.4	36.7	29.5	29.9	38.1	39.7
换算周转量/（亿t·km）	12 788.1	76 856①	16 689.4	16 151.2	22 796.8	20 589.5
燃油单耗/[kg/（kt·km）]	9.2	7.4②	6.0	6.29	5.72	6.59
碳排放效率/[kg/（kt·km）]	26.9	21.7	17.6	18.4	16.7	19.3

注：2001—2005年能耗数据来源：全国交通统计资料汇编（2001—2005）；2000年能耗数据来源：李连成，吴文化．我国交通运输业能源利用效率及发展趋势，综合运输，2008（3）：16-20。

①统计数据异常，应该有误。

②数据来源：李连成，吴文化．我国交通运输业能源利用效率及发展趋势．综合运输，2008（3）：16-20。

6.2.2.5 管道

管道运输作为中国第五大货物运输方式，是随着石油生产运输而产生的一种特殊运输方式。具有运量大、不受气候和地面其他因素限制、可连续作业以及成本低等优点。随着石油、天然气等能源需求的不断增长，管道运输发展步伐不断加快。

“十一五”期间，中国加快了油气干线管网和配套设施的规划建设，逐步完善全国油气管线网络，建成“西油东送”“北油南运”成品油管道，同时适时建设第二条西气东输管道及陆路进口油气管道。由于中国经济持续快速增长和能源需求的快速增加，中俄输气管线、苏格里气田外输管线、土库曼和西伯利亚至中国的输气管线等管线的建设，为中国管道运输提供广阔的发展空间。

然而，管道运输部门也是重要的耗能和碳排放部门。据相关资料表明，管道输油企业年耗油近30万t、耗电约12.5亿kW·h。特别是近几年，随着输油量的递减，能源消耗量反而逐年增加，输油成本不断增加。管道运输具有较大的沉没成本，规模不经济使得管道运输能源利用效率和碳排放效率低下。管道运输企业管理水平低下、生产工艺和技术落后、能源基础工作不完善等问题一定程度上也限制了能源利用效率和碳排放效率的提高。

6.2.3 交通碳排放的效率比较

6.2.3.1 中国不同交通方式的碳排放效率比较

交通方式的碳排放效率受多种因素影响，一般来说，技术水平是最主要的影响因素。随着科技的发展，交通方式碳排放效率会持续增加。交通基础设施、交通状况、交通行为、运输企业管理水平等都是影响碳排放效率的重要因素。可以说，在一定发展阶段，交通基础设施、交通状况等外部环境是影响碳排放效率的主要方面。

表 6-5 罗列了近 20 年来中国交通方式的碳排放效率，可以发现碳排放效率较高的交通运输方式是水运，最低的是航空。得益于科技进步、基础设施建设、管理水平提高等方面的努力，交通方式碳排放效率有所提高。

表 6-5 1991—2007 年中国交通方式的碳排放效率比较

单位：kg/（100 t • km）

交通方式		1991 年	1995 年	2000 年	2001 年	2002 年	2003 年	2004 年	2005 年	2007 年
公路	客运-汽油	19.2	20.1	24.3	26.5	22.1	26.5	26.5	29.1	28.9
	客运-柴油	19.6	23.4	24.5	21.7	27.2	29.9	29.9	31.5	33.2
	货运-汽油	15.2	13.9	15.4	17.6	17.6	17.6	17.6	17.6	18.3
	货运-柴油	12.5	12.0	13.6	16.3	16.3	16.3	16.3	17.1	17.1
航空		136	134	123	118	113	110	106	104	96
水路		—	—	2.7	2.2	1.8	1.8	1.7	1.9	—

注：由于缺少铁路运输的数据，故而不包括铁路运输方式。水路运输方式的数据来源：2001—2005 年能耗数据来源：全国交通统计资料汇编（2001—2005）；2000 年能耗数据来源：李连成，吴文化．我国交通运输业能源利用效率及发展趋势，综合运输，2008（3）：16-20。

然而唯独公路交通碳排放效率略有增加。比较历年中国营业性道路运输客货运的碳排放效率可以发现，随着经济增长，无论是客运还是货运交通，单位交通量的燃料碳排放量持续增加。机动车保有量的总量快速增长，运输企业的管理水平低下等因素减低了机动车的碳排放效率，部分抵消了来自科学技术的进步、资本存量的增加等对碳排放作出的贡献。从公路运输的燃料角度看，总体上柴油机动车的单位碳排放量高于汽油机动车。而天然气、电力等清洁燃料的碳排放效率更高。从公路节能角度看，单位交通量的运输，汽油的消费多于柴油的消费。增加柴油的消费量，减少汽油的消费量，能够缓解成品油供应的压力。

由于电气化结构调整，铁路部门低碳化战略地位逐渐凸显。从交通模式的碳排放强度角度看，2003 年中国各种交通模式百吨 • 千米碳排放量指标，航空燃油消耗排放 CO_2 为 103.6 kg，公路汽油消耗排放 CO_2 为 20.6 kg，柴油消耗排放 CO_2 为 16.4 kg，铁路柴油消耗排放 CO_2 仅为 1.6 kg。从公路转移 1 万 t • 千米运输量到铁路，可以节约柴油约 0.47 t，减少 CO_2 排放为 1.5 t。按照 2007 年公路货物周转量 11 355 亿 t • 千米测算，假如全部转移到铁路运输，可以节约柴油 53.4×10^6 t，减少 CO_2 排放为 168.7×10^6 t。现阶段，铁路碳排放效率是各交通方式中最高的，略高于水路运输。而随着水路基础设施的提升、船舶标准化的实施，可以预见水路碳排放效率无疑将是最高的。

国外的权威机构比较了各交通模式的碳排放量水平，得出铁路模式碳排放量更低，更符合低碳交通体系的要求。日本运输部门测算了各交通模式的碳排放量比重，结果显示：家用轿车为 52%、货车为 31%、内河航运为 6%、铁路为 3%、航空为 3%。客运方面，私人轿车每人千米排放 CO_2 是铁路的 9.5 倍；货运方面，普通卡车每吨千米排放 CO_2 是铁路的 13.8 倍。

6.2.3.2　中国与发达国家的交通碳排放效率比较

（1）公路运输碳排放效率低于发达国家。中国汽车工业发展落后于发达国家，发动机排放技术标准的制定主要依据欧美国家的标准。目前欧美国家已经使用欧Ⅴ排放标准，而中国的排放标准基本上相当于欧Ⅲ的排放标准。因此，从技术水平上看，中国公路的碳排放效率显然低于欧美发达国家。

由 2000 年德国的环境报告可知，德国在客运交通方面，每百人千米 CO_2 排放量，公路为 16.8 kg、航空为 13.4 kg、铁路为 4.8 kg；在货运交通方面，每百吨千米 CO_2 排放量，公路为 79.8 kg、航空为 10.7 kg、铁路为 2.6 kg。其铁路客运的碳排放量约为公路客运的 1/4；铁路货运的碳排放量仅为公路货运的 1/30。通过与中国交通碳排放效率的比较，发现德国公路的货运碳排放效率还低于中国的水平。道路运输能源强度与碳排放效率有着直接的关系。欧盟及其典型国家的道路货运能源强度见表 6-6。由表 6-6 可知，德国比其他国家有着更低的能源强度，故而中国公路的碳排放效率应该高于欧盟其他国家。

表 6-6　1990—2007 年欧盟及其典型国家的道路货运能源强度

单位（以标煤计）：kg/（100 t • km）

国家	1990 年	1995 年	2000 年	2002 年	2003 年	2004 年	2005 年	2006 年	2007 年
奥地利	8.29	7.43	6.57	6.29	6.29	6.43	6.29	6.14	5.86
克罗地亚	10	11.57	10.14	9	9	8.86	9	8.57	9
丹麦	7.29	7.57	7.71	8.71	8.71	9.14	9.29	9.14	9.71
芬兰	5.86	7	6.86	7.29	7.29	7.29	7	0	7.86
法国	11.14	10.71	10.57	10.43	10.43	10.29	10.86	10.57	10.29
德国	0	6.86	5.71	5	5	4.86	4.86	4.71	4.57
意大利	8.57	8.14	8.71	10.86	10.86	10.14	9.71	9.57	9.57
荷兰	6.29	6.29	7.14	7.57	7.57	6.86	7.29	7.57	7.86
西班牙	6	6.71	5.86	6	6	6.43	6.71	7	6.86
英国	11.57	11.43	11.57	11.86	11.57	12	11.57	11.71	11.71
欧盟 15 国	9.43	9	8.43	8.57	8.43	8.57	8.57	8.71	0
欧盟 27 国	9.14	8.71	8.14	8.29	8.14	8.14	8	7.86	7.57

然而这是不符合逻辑的，造成这种现象的原因是碳排放效率的评价指标选取问题。目前衡量交通碳排放效率主要用单位交通周转量的碳排放水平。单位交通周转量又由交通量和里程所决定，这其中涉及产业结构、基础设施、负载状况等多种影响因素，相互关系特别复杂，容易产生让人困惑的假象。

（2）航空客运碳排放效率高于发达国家。如果以单位交通周转量碳排放水平来衡量碳排放效率的话，那么，单次飞行的客运人数或货运重量越接近于满负载，单位燃料的碳排放功效就越高，即碳排放效率就越高。目前中国客运航空就正显示出规模经济效应，而货运航空尚未体现出规模经济效应。

在与日本、美国等国家的交通碳排放比较中，就可以发现客运和货运碳排放效率存在着较大差异（表 6-7）。在客运方面，3 个国家的客运单位碳排放总体上呈现下降趋势，而中国民航客运的单位碳排放水平低于日本、美国。由于中国民航客运需求大，具有一定的规模经济效应，而使用了大中型飞机类型，美国、日本等国家的中小飞机的数量占总量的比重较大。在货运方面，中国航空货运单位碳排放水平呈现下降趋势，但是目前略高于日本。可见中国航空部门的 CO_2 减排还是存在着一定的空间。

表 6-7　中国航空部门与日本、美国的碳排放比较

运输类型	中国		美国			日本		
	2000 年	2005 年	1980 年	1990 年	2000 年	1985 年	1995 年	2005 年
民航客运/[kg/（人·km）]	0.161	0.145	0.262	0.229	0.186	0.212	0.283	0.286
民航货运/[kg/（t·km）]	2.162	1.62	0	0	0	2.011	1.702	1.557

注：碳排放数据根据“方法 1”计算，下同，其中能源消费数据来源：吴文化. 我国交通运输行业能源消费和排放与典型国家的比较，中国能源，2007（10）：19-22。

（3）水路碳排放效率呈现两极化分布。由于海运的国际化趋势明显，且各国统计口径的不一致，水路碳排放效率指标的绝对值不具有可比性。因此重点对内河航运进行国际横向比较。其中美国（特别是密西西比河）发达的内河航运，可作为中国内河航运的参照标杆，但是需要注意发展阶段性的对应性和可比性。

近几十年来美国内河航运单位碳排放指标的演变态势与单位能耗强度同步，呈现“U”型曲线，特别是近年来受高附加值货物比重、航速等因素的综合影响，能源强度和碳排放效率有所上升。而中国内河航运单耗和碳排放效率在大型运输企业和个体经营户之间呈现明显的两极分化。

6.2.4　中国交通部门的高碳特征

综上所述，中国交通部门碳排放类型属于高碳排放。

（1）从整体上看，中国交通部门在快速发展过程中，碳排放呈现出“跨越式”的增长趋势。在 1991—2009 年时间段内交通碳排放年均增长率为 15.6%，属于典型的高碳排放类型。以柴油、汽油等石油制品为主的燃料结构更是高碳排放的结构（虽然燃料结构开始朝低碳化方向调整）。

（2）如果将研究范围缩小到子系统层面，可以发现交通方式间的碳排放差异。即公路碳排放水平远高于其他方式，水路则是较为清洁的交通方式。而从交通结构解读出“高碳看公路，低碳看水路”的主要规律恰恰反映出中国交通结构的高碳排放特征。虽然中国公路碳排放效率高于航空部门，但因公路所占比重最大，涉及范围最广，成为最主要的减排领域。基础设施技术含量偏低、运输企业管理水平较低、私人机动化程度持续增加等方面，都将推高公路系统的碳排放水平。而发展水路和铁路运输是主要的低碳化结构调整方向。

（3）通过与典型发达国家的横向比较，可以发现中国交通碳排放效率总体上处于较低的水平。航空客运方式等的碳排放效率虽说高于典型发达国家，但是，这主要得益于中国航空客运的规模经济效应。从技术水平的角度看，总体上，中国交通部门的碳排放属于高碳排放。

6.3　从高碳交通向低碳交通转型的机理分析

6.3.1　交通低碳化转型的经济学理论基础

6.3.1.1　仅考虑收入约束的最优化选择

在不考虑碳排放的情形下，以货运为例，假设 $U(x_1, x_2, \cdots, x_n)$ 代表完成一定交通量的效用函数。预算集由交通方式的运输价格向量和收入水平组成。设价格向量 $P=(P_1, P_2, \cdots, P_n)$，$P_i>0$，假定个别消费者的消费行为不会影响运输价格水平。则消费者的收入预算集是：

$$B=\{x \mid x\in R^n_+,\ P\cdot x\leqslant y\} \tag{6.2}$$

这里 B 代表收入预算集（Budget set），x 是可行的交通方式组合，$P\cdot x=\sum p_i\cdot x_i$。

如果只考察两维的预算集，基于效用最大化理论，根据动态最优化方法，可知满足最优点的必要条件为：

$$\mathrm{MU}_1/P_1 = \mathrm{MU}_2/P_2 = \lambda \tag{6.3}$$

其经济学含义是在其他条件不变的情况下，消费者多消费 1 单位商品 x_1 所带来的效用增加和减少 1 单位商品 x_2 所带来的效用损失相等。消费者的行为选择可描述为图 6-5。在图 6-5 中，点 A 就是效用最大化的最优点。通过改变商品 x_1、x_2 的服务价格，可以将预算线 $x_1^a x_2^a$ 移动到 $x_1^b x_2^b$，点 B 是价格调整后的最优点。消费者需求理论涉及的影响因素变动几乎都可以做到交通组合方式的最优化调整。

6.3.1.2 考虑碳排放参照的最优化调整

在考虑碳排放的情形下，由于交通运输和碳排放之间存在不可分性，碳排放依附于交通方式的选择，无法将碳排放约束和收入约束一起进行最优化求解。只能将碳排放水平作为一个参照系，尽可能选取趋近于低碳排放的最优交通组合。通过碳排放效率的比较可知，各交通方式碳排放水平存在差异性。也就是说，碳排放效率较高的交通方式所占比重越高，交通总碳排放量越低。

假设只考虑两维的碳排放，以公路货运和水路货运为例，α、β 分别表示公路、水路货运的碳排放水平（$\alpha > \beta$），以 x_i 表示公路和水路货运的消费量（$i = 1$，2）。则交通总的碳排放曲线为：

$$C = \alpha x_1 + \beta x_2 \text{ 或者 } x_2 = C/\beta - (\alpha/\beta)x_1 \tag{6.4}$$

由于 $\alpha > \beta$，可知在其他条件不变的情况下，只考虑价格变动的情况，水路交通方式的消费量越高的话，总碳排放量就会越低。在图 6-5 的基础上，考虑碳排放量，价格调整下的最优选择的具体图形演变为图 6-6。图中曲线为总碳排放曲线①，图中从点 A 到点 B 的调整中，水路交通方式的消费量 x_2 减少，相应的 x_1 增加了，总碳排放量增加了②。即 $C^b > C^a$。在其他条件不变的情况下，沿着无差异曲线 U 向下移动，可以观察到 x_1、x_2 相互替代的最优调整过程中的可能的碳排放量变动的曲线见图 6-7。在图中，C 的最低点是只消费 x_2 的情形，最高点为只消费 x_1 的情形，在现实世界，一般很少存在只消费一种商品的情形。随着 x_1/x_2 的比值逐渐增加，公路碳排放所占比例增加，总碳排放量会持续增加，直到只消费商品 x_1 为止。

根据图 6-7 所示，在考虑收入约束的最优化调整中，影响因素的变动应该尽

---

① 在其他条件不变的情况下，碳排放效率不会发生改变。此处线性图形的位置不影响分析结果，只需要各条碳排放线性图形的前后关系不变。

② 考虑的是完成单位运输量的情形，如果运输量不一致的话，碳排放水平存在不确定性。

可能朝着低碳化的思路调整。只要能够使碳排放变化曲线向前移动或者是沿着曲线向下移动的手段都是低碳化的。在现实世界交通方式的选择往往是多样化的，基本的原理还是相同的，只是更复杂些而已。

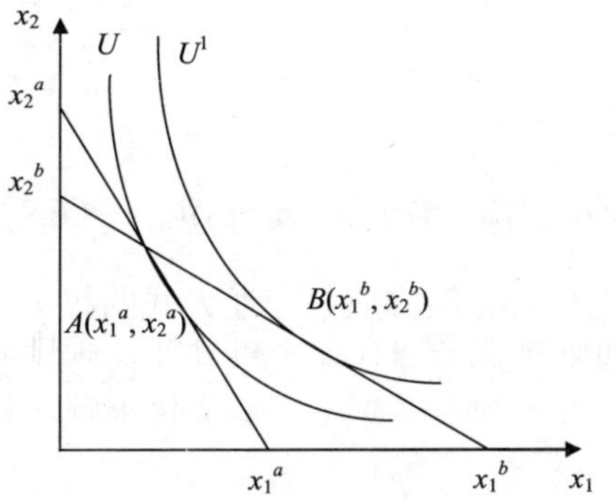

图 6-5　不考虑碳排放情形的最优化调整

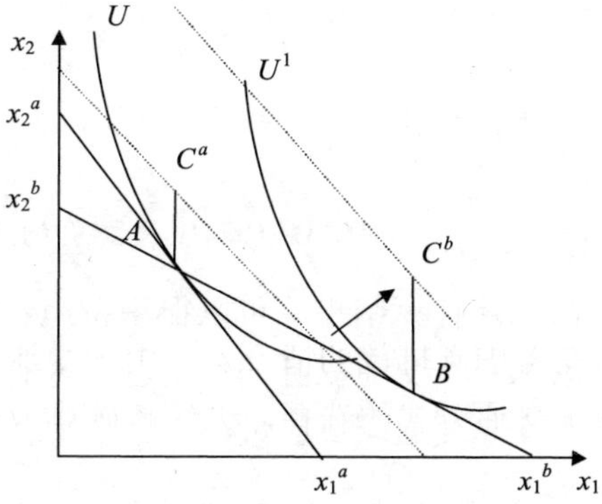

图 6-6　考虑碳排放情形的最优化调整

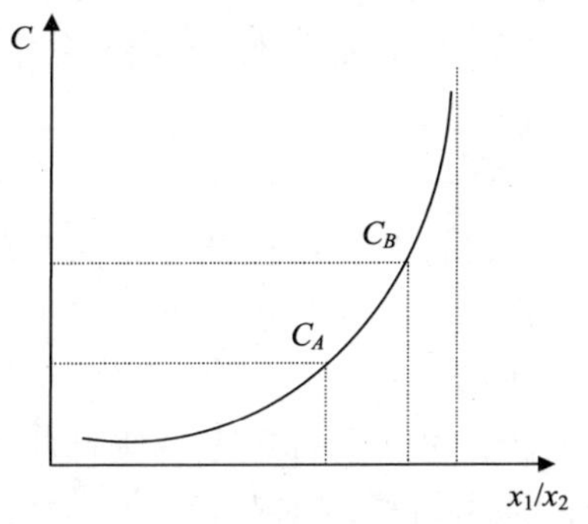

图 6-7　总碳排放量变化曲线

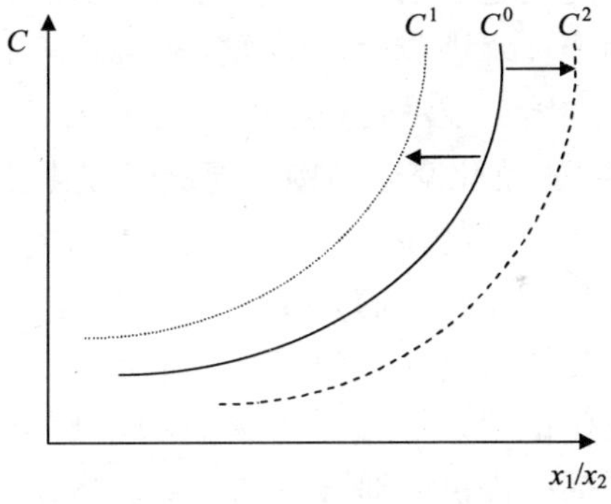

图 6-8　总碳排放曲线变动情况

6.3.1.3　总碳排放变化的数学推导

假设只考虑两个维度，以公路和水路运输为例，令 $U=x_1^{\rho}x_2^{\varphi}$（$\rho+\varphi=1$），$\alpha$、$\beta$ 分别表示公路、水路货运的碳排放水平（$\alpha>\beta$），以 x_i 表示公路和水路货运的消费量（$i=1$、2）。现假设收入等外部条件不发生变化，求解最优化选择情况下的总碳排放量 $C=\alpha x_1+\beta x_2$。

$$\max \quad U=x_1^{\rho}x_2^{\varphi} \tag{6.5}$$

$$\text{s. t. } p_1 \cdot x_1 + p_2 \cdot x_2 = y \tag{6.6}$$

通过构造拉格朗日方程$\mathfrak{L}(x_1, x_2, \lambda) = x_1^{\rho} x_2^{\varphi} + \lambda(p_1 \cdot x_1 + p_2 \cdot x_2 - y)$，求解消费者的最优解。根据效用最大化理论，可知：

$$d\mathfrak{L}/dx_i = 0 \tag{6.7}$$

$$d\mathfrak{L}/d\lambda = 0 \tag{6.8}$$

求解可知：

$$x_1 = (\rho/p_1)y;\ x_2 = (\varphi/p_2)y;\ C = \alpha x_1 + \beta x_2 = (\alpha\rho/p_1 + \beta\varphi/p_2)y \tag{6.9}$$

由上述计算结果，可以很清楚地看出最优点的总碳排放与交通方式的权重、碳排放水平、交通服务的价格、收入有关。只要其中任意一个参数发生改变，都将会改变总交通碳排放量。

6.3.2 交通低碳化转型的传导机制分析

交通低碳化转型可以从交通的内、外环境两方面入手。从交通的内部环境看，短期内交通结构优化、交通工具排放效率提高是主要的手段，长期来说更多还是依赖于技术进步。从交通的外部环境看，主要依靠能源低碳化供给、交通工具低碳化供给、经济转型中产业结构调整、低碳的城镇化模式构建。

6.3.2.1 优化交通结构，促进低碳化转型

在交通经济学中，交通需求是指出于各种目的的人和物在社会公共空间中以各种方式进行移动的要求。同理，交通需求量是指在一定条件下，在终点成本和交通代价（换值）下，消费者意图获取交通服务，从而进行社会经济活动，而发生的交通运输量。决定和影响交通需求量变动的因素有很多，概括起来大致包括：提供交通服务的本身价格、其他交通的服务价格、消费者偏好、收入水平、消费者对未来交通价格的预期、人口总量与结构的变动、政府的消费政策引导等。

根据交通领域的特征，可知价格因素、消费者偏好、经济增长、人口因素是主要的影响因素。由西方经济学中供求理论，现假设D曲线为市场的需求曲线，S曲线为市场的供给曲线。在上小节水路和公路货运例子的基础上，阐述市场层面（图 6-9，图 6-10）。在这之前，先阐述上述影响因素如何影响消费者层面的碳排放变化。

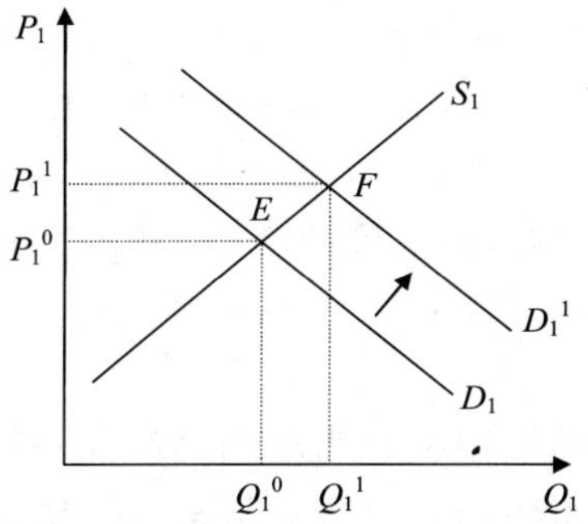

图 6-9 公路运输市场均衡曲线

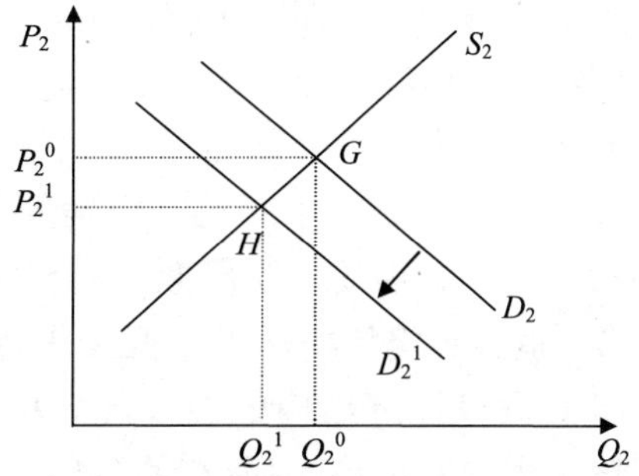

图 6-10 水路运输市场均衡曲线

在价格因素方面，在其他条件不变的情况下，商品 x_1 的交通服务价格上升，消费者出于效用最大化的最优考虑，会相应减少商品 x_1 的消费，转而增加商品 x_2 的消费。这样做的结果就是图 6-5 所示的相反效果。即消费者选择最优点从 B 点转向 A 点，碳排放的变动趋势见图 6-7。通过数学推导的公式，可以很清楚看出价格对于总碳排放量的影响。差异性的燃料税、排污税、补贴等都可以做到此类效果。

在消费者偏好方面，在其他条件不变的情况下，假定当时社会出行风尚出现转变，认为水运货运更环保，而更多选择水运运输，减少公路运输，也可以达到 B 点调整到 A 点的减排效果。前提是效用函数的认定范畴还包括情感、社会责任等心理因素。当然此处用这个例子解释消费者偏好的作用不是很合适，但是如果是城市公交系统的话，那就是贴切的。

在经济增长方面，存在两个效应：替代效应和收入效应。在经济增长情况下，消费者增加的收入用于商品 x_1、x_2 消费的再配置，以获得收入边际效用，这个过程直至收入边际效用为零时停止。同时，商品 x_1、x_2 也存在替代性，也就是说每种商品的收入弹性不一致，一旦收入增加，会调整商品消费的结构，直到各种商品的边际替代率等于价格之比时才会停止。至于对碳排放的影响还需要看具体的收入弹性和实际情况。

在人口因素方面，从微观个体来说，人口总量的增长，会使交通服务质量下降，从而会对商品 x_1、x_2 消费进行再配置。比如城市公交服务质量下降，会导致居民转向出租车或私人轿车等。这类因素的影响机制可以表述为消费者更愿意选择服务质量较高的高碳交通方式，减少低碳化的交通方式。对应于图 6-7 便是由点 A 转向点 B 的高碳过程。人口因素对交通碳排放的主要影响还是在总量效应上，也就是说由个体加总到市场层面的总量增加。

在分析了微观个体的影响机制后，假定微观个体同质化，市场层面无非就是微观个体效应的加总。具体对于各交通方式的运输市场均衡的影响见图 6-9，图 6-10。在图 6-9 中，描述了公路运输需求曲线 D_1 因某一因素而向上移动到 D_1^1，均衡点则从 E 点变为 F 点。水路运输也是类似。在清楚地分析了微观个体对碳排放影响机制的基础上，市场宏观层面只是相对应的变动而已。在此不过多赘述。

6.3.2.2 调整经济结构，助推低碳化转型

（1）调整经济结构的微观传导机制。经济结构调整作为交通系统的外部冲击，影响着式（6.9）中所有的参数。首当其冲受到影响的参数是ρ、φ，因为各种交通方式对不同产业的需求依存度存在着差异。从第二产业向第三产业调整、粗放向集约转变的经济结构调整，有助于微观主体倾向于选择低碳化的交通方式组合。其次，交通工具单体的碳排放效率（参数α、β）得到有效提升。经济结构调整的过程中，伴随着科技投入和产业升级。区域经济新格局形成后，交通基础设施建设将是首先考虑的问题。高技术含量的基础设施无疑会提高交通出行效率。汽车产业、新能源产业等高新技术产业的发展，保障了交通工具的低碳化供给和能源的低碳化供给，进一步提高交通单体的碳排放效率。同时也将改变各交通方式的相对价格（参数 p_1、p_2）。最后，经济结构调整有助于收入（y）增加。这些参数的变化会对交通总碳排放的影响如何，还是要合力的方向（图 6-8）。

（2）调整经济结构的宏观传导机制。交通系统与经济结构相互促进、相互联系。交通发展对经济结构调整具有正向作用，反过来经济结构调整对交通发展也存在着负向反馈机制，它们共同组成了正负反馈环（图 6-11）。交通系统对经济发展的正向作用，最早在 19 世纪上半叶就已经有了论述。而近些年伴随着经济结构调整的实证研究表明了负反馈机制的存在。王岳平（2004）在研究中国经济结构变化对交通运输业的影响时，发现交通运输业与经济发展阶段有着较强的相关性。进一步分析认为交通方式对不同需求的依存度是经济结构影响交通运输业结构的重要依据，同时也是影响交通领域碳排放量的重要依据。陈诗一等（2011）通过全国与上海的比较分析，发现产业结构调整对碳排放的影响要大于能源结构调整，第三产业的迅猛发展，更洁净的石油制品替代，能够抑制 CO_2 排放。

经济结构调整对于交通低碳化转型的传导机制有 4 种：交通方式组合选择的再配置机制、交通基础设施建设的科技投入机制、管理系统创新的信息投入机制、低碳产业发展的低碳供给机制（图 6-11）。

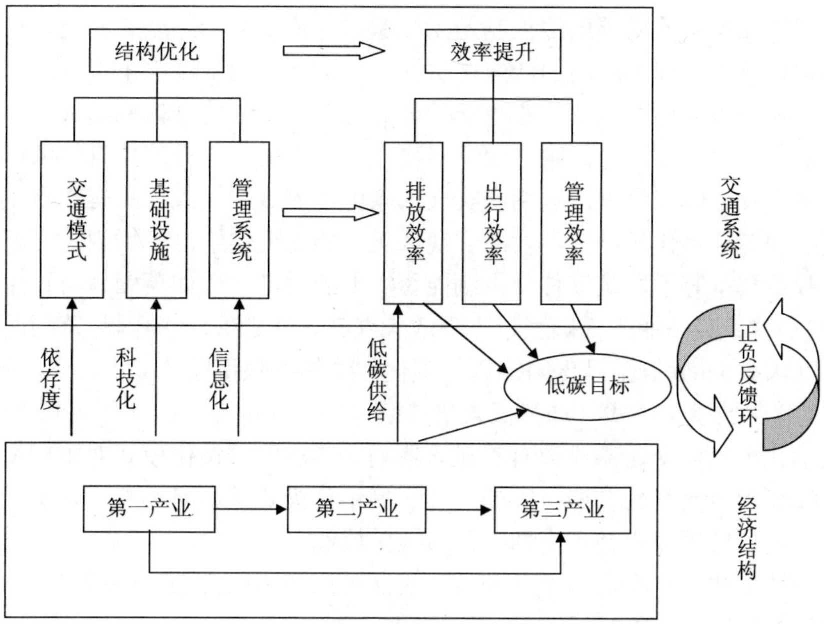

图 6-11　经济结构调整对交通低碳化转型的影响机制示意图

交通方式组合选择的再配置机制的中间传导变量是交通方式对不同需求的依存度。依据不同交通方式对不同产业的依存度差异，相应地调整经济结构，改变交通方式间的供求关系，供求市场的价格机制会改变微观主体基于效用最大化的优化选择。发达国家的经济发展史已经验证了此种传导机制的存在性。

交通基础设施建设的科技投入机制是在经济结构调整，产业转型、迁移和区域一体化等成为经济发展的主题这一大背景下发生的。区域经济的产业升级、迁移和一体化等将面临着经济新格局的产生。在经济新格局下，产业分工、社会分工等一系列布局变化都要求交通基础设施的再规划。科技带动下的经济调整，势必需要高科技化的基础设施。比如轻轨、快速公交系统（BRT）等新格局下的交通方式都需要高科技基础设施的建设。而高等级的基础设施有效提高了交通出行效率，从而达到降级交通碳排放的目的。

管理系统创新的信息投入机制是指运用信息化武装交通管理系统，达到提高交通运行效率和碳排放效率的目的。经济结构调整中涉及到科技带动产业升级的环节。交通运输业作为第三产业，也面临着产业升级。随着互联网、计算机技术、智能化等信息技术的推广，交通运输业的信息化普及将成为必然趋势。再者，区域一体化、经济一体化等战略实施都要求信息化交通管理系统的建立。

低碳产业发展的低碳供给机制是指交通系统依靠的能源产业和交通工具制造产业低碳化发展过程中产品的低碳化供给。经济结构调整过程中特别注意高新技术产业、新能源、环保汽车行业等低碳产业的发展。该传导机制的关键性传导变量就是低碳产业发展，而低碳产业发展离不开技术进步。目前先进的低碳技术基本上控制在发达国家手里，短期内实现低碳供给的难度较大。只有将自主创新和低碳技术的国际合作相结合，才能实现低碳化的规模供给。短期内，环境管制和倾向性政策扶持等手段是该传导机制能否实现的关键。比如英国《可再生燃料法规（RTFO）》、美国加州低碳燃料标准政策（CA—LCFS）、中国起草的两项“低碳燃料”国家标准[①]等都是保障能源低碳化供给的有效手段。

6.3.2.3 优化城镇化模式，加快低碳化转型

城镇化模式对交通碳排放有着显著影响。紧凑型城镇化模式对中国交通碳排放的抑制作用也是得到普遍认同的。那么城镇化模式是如何影响交通碳排放的？是不是紧凑型城镇模式就一定抑制交通碳排放？

城镇化模式对于交通碳排放的传导机制可以分为两方面：消费者行为选择和交通特征的演变（图 6-12）。

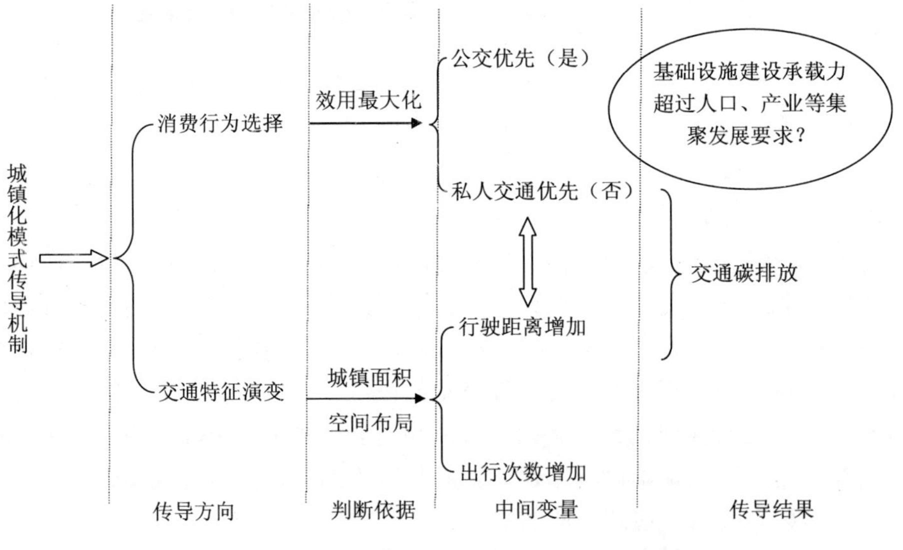

图 6-12 城镇化模式对交通碳排放的传导机制

① 两项“低碳燃料”国家标准是指《交通燃料生命周期温室气体排放评价 原则和要求》《交通燃料生命周期温室气体排放报告与审核》。

从微观主体行为选择角度来看，城镇化模式对于交通低碳化转型的传导方向取决于消费者的行为选择（参数ρ、φ）。中国城镇化模式发展的要求之一便是公共交通发展优先，即消费者主要选择公共交通出行为主。而城镇化发展过程中，面临着产业、人口等快速集聚与交通基础设施刚性供给之间的矛盾。如果人口集聚的速度快于交通基础设施承载力的提高速度，那么公共交通服务质量就会下降，就会改变消费者的行为选择，如选择私人交通。最终结果便是个人理性与集体理性的背离，整个城市交通将会是以私人交通为主的模式。而大规模的私人交通的碳排放结果很显然是高碳的。

从交通特征的演变角度看，伴随着城镇化进程，城镇面积的扩大和空间布局的重构是主要的城镇化特征。与此相对应的便是行驶距离和出行频率的增加。城镇面积扩大和空间重新布局带来了两个效应：在不改变出行目的、交通方式选择和其他条件的情况下，单纯行驶距离的增加；在不改变出行目的和交通方式选择的情况下，城镇面积扩大使得距离市中心或繁华地段的租金增加，导致居民住租地远离市中心，从而达到新的均衡。而这种空间布局重构的结构便是居民的通勤时间、通勤距离和通勤频率的增加，无形中消耗了更多的能源，以及产生更多的碳排放。而因城市空间布局重构而产生的能耗和碳排放，是无益于交通发展的。孟斌（2009）在北京近万份问卷调研的基础上证明了此种效应的存在。

至于城镇化模式对于交通碳排放的影响究竟有多大，还要看上述两种传导机制的合力。根据目前现实数据的观察，城镇化发展促进了交通碳排放，即图 6-8 中微观主体的总碳排放曲线向右移动。

6.3.3　交通低碳化转型的综合分析

本节交通低碳化转型的传导机制分析是从消费者效用最优化选择开始的，推导出微观主体对交通总碳排放影响的 4 种关键参数：收入（y）、各交通方式的权重（ρ、φ）、碳排放效率（α、β）、交通服务的价格（p_1、p_2）。其后在消费者效用最优化选择的基础上，分析了交通系统内的各影响因素对交通碳排放的影响，进而推出交通系统内部各影响因素的传导机制。最后，从交通系统外部环境出发，考察了经济结构调整和城镇化发展这两大当今主题对交通碳排放的传导机制。交通低碳化转型的传导关系见图 6-13[①]。

① 本节认为城镇化伴随着经济发展而产生，是经济系统的一部分。

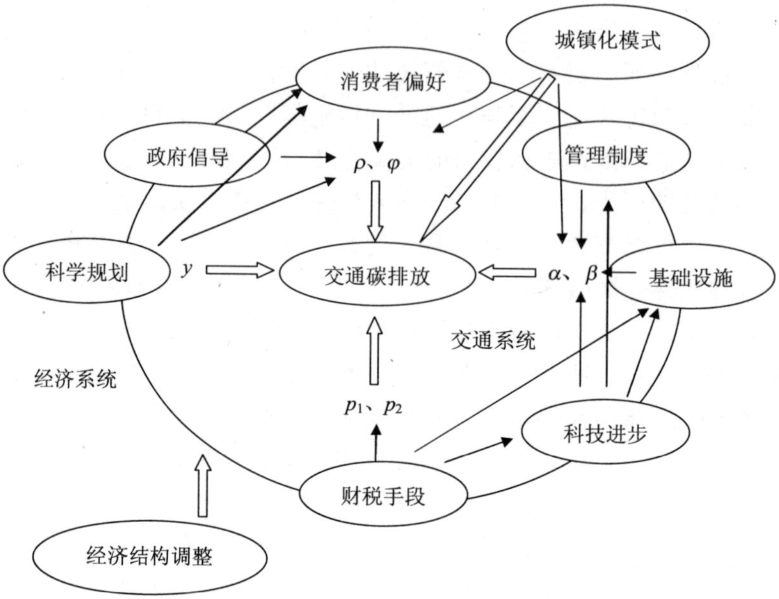

图 6-13　交通低碳化转型的传导关系图

（1）从交通系统的内部角度看，科技进步及其信息化管理制度、高等级基础设施建设等都能够提高交通方式的碳排放效率。在不改变消费者效用最优化选择的基础上，有效地抑制了交通碳排放。倾向性的财税政策等价格手段的使用，改变了消费者收入预算约束线，在资源再配置中，交通方式组合的优化选择有助于交通碳减排。上述都是假设消费者偏好没有改变的前提下得出的结论。现在取消消费者偏好不变的假定，可以发现客运零换乘等科学规划会提高消费者对公共交通的效用满足，动态优化后的结果会倾向于低碳化的交通组合选择。此外，从长期看，政府的消费引导也会改变消费者对于交通方式的偏好，使之逐渐转向低碳出行模式。

交通领域财税手段的使用，不仅仅对交通服务价格起作用，更对运输企业发出了强烈的信号。即“产业升级才是企业发展的王道”。运输企业的技术创新和产业升级直接决定着交通碳排放水平。倾向性的财政转移支付，逐渐提高高等级基础设施的建设和落后基础设施的维护等，为下一步低碳交通发展奠定基础。

（2）从交通系统的外部环境看，经济结构调整影响着 4 种参数。根据这 4 种参数的影响传导关系，可以发现经济结构调整对交通碳排放的影响存在 4 种机制：交通方式组合选择的再配置机制、交通基础设施建设的科技投入机制、管理系统创新的信息投入机制、低碳产业发展的低碳供给机制。城镇化模式的发展同样影响着交通碳排放。只不过城镇化模式的传导机制有两部分：一部分是通过改变消费者的效用函数，即影响参数ρ、φ，来影响交通碳排放量，如果交通基础设施承载力无法满足人口城镇化的要求，那么反而会增加交通碳排放量；另一部分是交通特征的演变，行驶距离增加、出行频率增加等都会直接推高交通碳排放，但是这种以环境为代价的增加是没有经济效应产生的，故而应该是尽可能减少的。

（3）结合交通系统内外环境的各影响因素，分析各传导机制的时序问题。也就是交通碳减排政策实施的时序选择问题。总体上看，交通低碳化转型的政策选择大致可表述为“短期看结构，长期看技术”。短时期内，碳减排方向应该针对结构性减排，通过优化交通结构，达到抑制交通碳排放增长的效果。中长期则应该以技术性减碳、消费者减碳为主，即政府倡导、科学规划等需求引导性政策。

6.4　促进中国低碳交通发展的对策建议

6.4.1　实施交通基础设施低碳化供给战略

既然交通基础设施犹如人体“血管”，那么基础设施的技术等级和科学规划就显得尤为重要。高等级高速公路比例小的问题一直困扰着低碳交通发展。加强基础设施科技投入，完善梯度式科技交通网络建设，有助于保障低碳交通的顺畅性。加大用于维护基础设施的财政转移支付，提高资源利用效率。基础设施的维护过程中，既不能“只建不护”，又要避免“收费他用”，因此建立健全交通收费用途的监察和管理机制是发展低碳交通的良好政策补充。科学规划交通布局，构建“客运零换乘、货运无缝衔接”的交通新格局。利用城乡一体化、区域一体化，推进轻轨、快速公交车道等公共交通基础设施建设，为下一步交通需求增长做好低碳准备。

6.4.2　实施制度低碳化供给战略

如果说交通低碳化调整需要动力的话，制度无疑是转型的动力“心脏”。其核心动力体现在由管理制度、财税政策、环境规制组成的“点、线、面”立体作用上。①节点上保证低碳供给。一方面，建立多部门管理制度一体化战略，共享交通资源，提高部门管理效率；另一方面，将碳排放和能耗等环境指标纳入企业考核，实施低碳奖惩制度，提高企业管理效率。②线点上推动低碳供给。深化燃油税改革，引导各交通线点的低碳转变。制定低碳倾向的购车税或补贴政策，优化交通线点的碳排放车辆结构。提高低碳技术的财政投入，建立健全产学研合作制度，推高交通线点的技术含量。③面线上提升低碳供给。严格执行交通工具技术标准和环境标准，规范交通的淘汰和准入制度，从“跑”这面线上提升低碳供给厚度。建立健全低碳燃料标准制度，制定发展可再生能源规划，从“用”这面线上提升低碳供给质度。

6.4.3 实施交通技术低碳化供给战略

如果说制度是低碳转型的动力“心脏”，那么技术就是低碳调整的“新鲜血液”。自我创新和国际合作是保持“新鲜血液”的两大途径。加强自主创新和国际合作，提高低碳技术利用的深度和广度。一方面，加强低碳环保的交通运输技术研究、示范和推广，推动清洁能源和低碳交通工具的应用，充分发挥“血液再造”的功能。另一方面，引进先进的低碳交通技术（如快速海上运输），提高交通运行效率，保障“血液”的新鲜度。运用信息化武装交通系统，全面提升交通管理技术。通过建立信息化的平台，逐渐取代“血液”的污浊成分，实现交通系统的技术低碳化供给。

6.4.4 实施产业结构调整的低碳化引导战略

如果以产业结构在交通低碳化转型中的作用做类比的话，产业就是“人体的器官”。低碳交通与各种产业是“秤不离砣，砣不离秤”的关系。如果产业的“健康度[①]”出现问题，低碳交通发展可能会寸步难行。优化“器官”的协作能力，能够保证人体的健康。同样，通过发展服务业、高新技术产业等，优化交通结构，为低碳交通发展打下基础。人体器官的另一重要功能是将分泌物或残留物排放到“血液”或排除体外。产业结构优化对于低碳交通发展有着类似的作用。一方面，汽车制造业的低碳调整，环保车型、新能源和混合动力等车辆的研发推广，增强了“血液”的新鲜度。低碳能源产业的发展，稀释了浑浊的“血液”，并将其排除系统外，有助于保持系统的低碳。另一方面，加强“肾脏”的排毒能力，即发展低碳技术产业。建立健全企业、高校、政府之间的产学研机制，优化资源配置，提高低碳技术的研发水平，净化系统的“高碳成分”。

6.4.5 实施差异化的低碳区域交通模式

如果前四点阐述的都是交通系统低碳化局部对策的话，那么低碳区域交通模式就是发展低碳交通对策的整体体现。既然人与人之间存在着差异，那么区域的交通系统又何尝不是呢？中国交通发展存在着明显的区域阶段性特征，“血液”

---

① 健康度暗指产业的低碳化程度。

"器官"等健康度存在着差异。从东部的长三角、珠三角到中西部，呈现出阶梯状特征。交通的低碳化技术无法适用于基础条件较差的区域，必须构建差异化的低碳区域交通发展模式。根据"宜水则水、宜陆则陆"的原则，考虑经济发展阶段，以水路、公路、铁路、航空等交通方式为基础，相应地调整交通结构，促进交通低碳化调整。同时，还必须注意区域协调发展的问题。即除了"养生之外，兼顾事业"。中西部区域的首要目标是经济发展，交通发展必须为经济发展服务。为此，在现有条件下，利用"适度超前"的交通发展规划，植入低碳化的软硬件设施，提早为交通需求增长做好前期准备。

参考文献

[1] International Energy Agency（IEA）. CO_2 Emissions from fuel combustion highlights，2010 Edition，http://www.iea.org/co2hightlights.pdf.

[2] 宿凤鸣．低碳交通的概念和实现途径．综合运输，2010（5）：13-17.

[3] 陆化普．城市绿色交通的实现途径．城市交通，2009（6）：23-27.

[4] 陈洁行，沈悦林，龚勤，等．杭州的低碳城市交通实践与发展对策．城市发展研究，2009（12）：19-22.

[5] 卫蓝，包路林，王建宙．北京低碳交通发展的现状、问题及政策措施建议．公路，2011（5）：209-213.

[6] 张云霞．现代化进程中我国低碳交通发展探讨．科技管理研究，2011（12）：86-88.

[7] 茅林．杭州市低碳交通"十二五"发展规划基本问题的思考．公路，2010（8）：183-184.

[8] 贾平顺，毛保华，刘爽，等．中国交通运输能源消耗水平测算与分析．交通运输系统工程与信息，2010（2）：22-27.

[9] 王庆一．按国际准则计算的中国终端用能和能源效率．中国能源，2006（12）：5-9.

[10] 彭家惠，姜涵．重庆市终端能源消耗计算与分析．建设科技，2008：109-111.

[11] 林柏强．中国能源发展报告 2008．北京：中国财政经济出版社，2008.

[12] 吴文化，樊桦，李连成．交通运输领域能源利用效率、节能潜力与对策分析．宏观经济研究，2008（6）：28-33.

[13] 何吉成，吴文化．中国实现铁路电气化的节能减排量估计．气候变化研究进展，2011（1）：29-34.

[14] 周新军．我国铁路能源消耗和节能现状．中外能源，2009（3）：87-92.

[15] 中华人民共和国国家统计局．中国统计年鉴 2010．北京：中国统计出版社，2010.

[16] 李连成，吴文化．我国交通运输业能源利用效率及发展趋势．综合运输，2008（3）：16-20.

[17] 王庆云．交通运输的可持续发展观．综合运输，2003（9）：4-7．
[18] 中华人民共和国国家统计局．中国统计年鉴 2008．北京：中国统计出版社，2008.
[19] 贺玉龙，杨立中．铁路在综合交通运输体系中的比较优势．铁道运输与经济，2007（12）：12-14．
[20] 贺玉龙，杨立中．铁路在综合交通运输体系中的比较优势．铁道运输与经济，2007（12）：12-14．
[21] 欧阳斌，李忠奎，陈建营．典型发达国家交通运输能源消费特征分析与启示．综合运输，2010（12）：65-71．
[22] 吴文化．我国交通运输行业能源消费和排放与典型国家的比较．中国能源，2007（10）：19-22．
[23] B.W. Ang. Decomposition Analysis for Policy Making in Energy：Which is the Preferred Method？Energy Policy，2004，32：1131-1139.
[24] 国家统计局能源司．能源统计工作手册．北京：中国统计出版社，2010：119-122．
[25] B.W. Ang，Na Liu. Handling zero values in the logarithmic mean Divisia index decomposition approach. Energy Policy，2007，35：238-246.
[26] 王峰，吴丽华，杨超．中国经济发展中碳排放增长的驱动因素研究，经济研究，2010（2）：123-136.
[27] 李茜．我国交通基础设施的投资格局及政策建议．综合运输，2005（11）：31-34.
[28] 王岳平．产业结构对交通运输业发展影响的定量分析．管理世界，2004（6）：65-72.
[29] 陈诗一，吴若沉．经济转型中的结构调整、能源强度降低与二氧化碳减排：全国及上海的比较分析．上海经济研究，2011（4）：10-23.
[30] 孟斌．北京城市居民职位分离的空间组织特征．地理学报，2009（12）：1457-1466.

第7章 低碳建筑论

低碳发展是一个全球共同关注的热门话题，但是，系统地从建筑的角度研究碳减排的成果颇少。作为碳排放的3个大户之一的建筑，实现低碳化排放对于完成国家预定的碳减排目标具有决定性的意义。正是在这样的背景下开始了本章的研究，并试图解决什么是低碳建筑、我国建筑碳排放状况如何以及怎样发展低碳建筑等问题。为此本章的结构安排如下：7.1节，界定低碳建筑的内涵；7.2节，测算我国建筑碳排量，并分析其特征；7.3节，实证分析建筑碳排量的驱动因素；7.4节，指出我国建筑低碳化的发展路径；最后，结合前文，提出政策建议。

7.1 低碳建筑的内涵界定

7.1.1 低碳建筑的定义

低碳建筑是生态文明视野下低碳经济形态的一个重要领域，与低碳工业、低碳交通一起构成低碳经济的3个特别重要的部门。正如李启明（2010）所言，其建设和发展并不是一个全新的领域，实际上在我国的漫长发展历程中就存在着低碳建筑的雏形，现完整保存下来的就有陕北窑洞、客家土楼等，以贴近大自然的人与自然共生为发展理念，以居住者的简约、舒适为建造标准，具备夏凉冬暖、宜居舒适的显著物理特征。

而在新形势下，低碳建筑之所以再次成为人类关注的焦点，只是因为在低碳经济的浪潮下，低碳的概念及碳交易市场重塑了低碳建筑的内涵，并且更加突出地要求通过计算碳排量来评价建筑。所以，可以说是低碳经济直接地推动了低碳建筑的研究和发展进入新的高潮，并赋予其新的时代内涵。这也就客观上使得低碳建筑与低碳经济间存在着千丝万缕的关联。因此，新形势下，界定低碳建筑的内涵始终不能脱离开低碳经济，否则就不准确、不完整。为准确理解低碳建筑的内涵，还是从分析、归纳理论界现有的理论观点说起。

总体上看，虽然国内学术界对低碳建筑的定义进行了不少探讨，但截至目前仍然众说纷纭，主要有以下几种论述。①低碳策略论，其代表为赵黛青等（2010）。他们认为，低碳建筑是低碳经济理念的一种发展策略，该策略要求建筑项目在满足社会对风、光、热等人工环境的基本舒适性要求和特殊功能服务需求的同时，在全寿命周期内尽可能地节约资源，保护环境和降低温室气体、固体废弃物等的排放，在技术选择上应协调、整合和优化实用、有效的建筑技术，以适应人类社会的可持续发展要求。②建筑模式论，代表人物为李启明等（2010）。作者认为低碳建筑是一种建筑模式，该模式要求在建筑的全生命周期内，以低能耗、低污染、低排放为基础，最大限度地减少温室气体排放，为人们提供具有合理舒适度的使用空间。③建筑体系论，以邢立轩等（2006）为代表，他们认为，低碳建筑是高能效、低能耗、低污染、低排放的建筑体系。其主要特征为舒适宜居、采光通风、节能减排。④建筑低排论，这其中又有不同的表述。蔡筱霜（2011）指出，低碳建筑就是实现少量 CO_2 排放的建筑，与关注“输入”的“低能耗”不同，“低排放”着眼于“输出”。曹小琳等（2010）指出，低碳建筑要求建筑产品在设计过程中，广泛利用太阳能、风能、地热能等可再生清洁能源，满足建筑物内部资源的封闭循环使用，减少能源消耗；在建造过程中，采用低碳技术、使用低碳材料，最大限度地减少能源消耗和碳排放；在使用过程中，改变原有的生活模式及消费观念，使用高能低耗空调、照明及节能家电，以延长建筑及生活用品的生命周期，减少碳排放。龙惟定等（2010）认为“碳排放量低”有两种理解：一种是使用过程中的低碳，另一种是建筑全寿命周期的低碳，也即狭义与广义层面的。其中，前者所占比例最大，对于实现低碳建筑是至关重要的。而更多的学者（仇保兴，2007a，b；刘军明等，2010；黄文凯等，2010）则认为，低碳建筑是指在建筑材料与设备制造、施工建造和建筑物使用的整个生命周期内，减少化石能源的使用，提高能效，降低 CO_2 排放量。类似界定的还有姜虹等（2010）。

纵观以上 4 种观点，可以发现一个共识：大多是从全生命周期的角度予以阐述，也就是广义的角度。究其原因，全生命周期是低碳建筑可持续发展的关键思路，各环节存在着密切联系。然而具体到 4 种观点，均存在着不同的问题。例如，建筑策略论以低碳经济为框架，但遗憾的是始终没有跳出这个框架，其结果是这种策略可以实施也可以不实施，显然没有准确地把握低碳建筑在低碳经济发展中的地位。建筑模式论和建筑体系论一样，都是从总体的角度囊括分析，尽管切中了低碳建筑的低排放、舒适空间等特征，但存在两个问题：脱离低碳经济的框架以及扩大范围，与绿色建筑相混淆。而建筑低排论尽管更加贴近内涵实质，但跳出了低碳经济的范畴。尽管如此，总体上看，既有内涵研究还是抓住了“一个中心”——低碳排放，“两个基本点”——能源结构和能源效率。这正如 P. J. 等（2008）所定义的那样，低碳建筑应建立在降低建筑产品能源需求和充分利用可再生、可重复利用能源的基础上。

所以，综合来看，把握低碳建筑的内涵关键就是要把握“一个中心”——低碳排放、“两个基本点”——能源结构和能源效率以及“一个归宿”——促进人类社会的可持续发展（沈满洪等，2012b）。基于此，可以认为，低碳建筑包括广义与狭义两个范畴。从广义上看，低碳建筑是低碳经济在建筑领域的一种具体形态，以满足人类宜居舒适为出发点，通过技术创新和制度创新，优化能源结构、提高能源效率（降低能源强度），降低建筑物化[①]和运行过程中以 CO_2 为主的温室气体排放量，以实现人类社会的可持续发展。而狭义上，低碳建筑则专门指建筑运行过程的低排放。已有的大量研究均表明，建筑运行减碳是建筑减碳的关键一环，其占建筑全生命周期排放总量的 75%以上（沈满洪等，2012b）。例如，蔡筱霜（2011）、刘念雄等（2009）、李海峰（2011）、尚春静等（2010）、林宪德（2007）等学者，以北京、上海、无锡等城市具体建筑的跟踪研究。实际上，在我国，建筑运行还存在着减排成本相对较低、减排潜力相对较大的特点。所以，促进建筑低碳化发展一定程度上也就是促进建筑运行低碳化。研究狭义的低碳建筑，有助于有效地降低建筑碳排量。

7.1.2 低碳建筑的特征

7.1.2.1 低排放性

低碳排放是低碳建筑的核心，也是低碳建筑的“题中之义”。广义上，低碳排放是指在建材生产、建筑设计、建筑施工、建筑运行、建筑维护及拆除等各个环节，通过制度与技术“两个创新”，以较少的能源投入与消耗，较高的能源效率、较清洁的能源结构，在满足人类的居住和生活需求的同时，实现低碳排放。狭义上，低碳排放是指通过“两个创新”，减少人类在建筑空间里，因满足居住和生活需求而产生的对采光、通风、照明、取暖等各种能耗的使用，实现低碳排放（产出）。同样表现在建筑能源结构的优化和建筑能源效率的提高两方面。所以实现建筑的低碳化排放，必须紧紧咬住建筑能源效率、能源结构不放松。

有资料显示，建筑的全寿命周期消耗的资源包括：世界能源消耗总量的 50%、水资源的 42%、原材料的 50%、耕地的 48%，产生全球温室效应的 42%、水污染

① 此处的物化是广义的概念，包括初始物化、修复物化和拆除物化三大部分，通俗地说就是建材制造、建筑设计、建筑制造与施工、建筑修复以及建筑拆除。参阅陈江红、李启明、邓小鹏：《住宅建筑全生命周期的能耗分析》，《建筑经济》，2008（7），第 118 页。

的 50%、固体废物的 48%（仇保兴，2011）。而在我国，目前每一单位面积的能耗是发达国家同等水平的 2～3 倍，其能效之低可想而知。其中，北方地区又因集中供暖而以仅占全国建筑总量 10%的城镇建筑消耗 40%的全社会建筑能耗（仇保兴，2011）。显然这样的建筑不能称为低碳建筑，在构建资源节约型、环境友好型社会中应该受到摒弃。

而在“十一五”期间我国建筑节能承担了全国节能任务的 20%。如果切实执行住房和城乡建设部规定的新建建筑执行 50%的节能标准，局部地方执行 65%的节能标准要求，那么，到 2020 年我国建筑领域就能每年节约 3.54 亿 t 标煤（仇保兴，2008b）。按照目前的能源结构，每年能减排近 8.5 亿 t CO_2，建筑领域减排潜力可想而知。

另外，能源结构在低碳建筑的发展中也起到决定性的作用。比方说，在节省 1 t 标煤的情况下，节省 714.3 kg 的原煤与节省 1 330 m^3 的天然气，其减少的碳排量是不同的。根据笔者的测算，前者大约减排 2.77 t CO_2，而后者则减排 1.64 t CO_2，其减排效果是原煤的 1.69 倍。所以低碳建筑要求降低高碳能源的消耗比例，提高低碳、低品质能源的消耗比例。

7.1.2.2 宜居舒适性

宜居舒适性是低碳建筑的目的和归宿，也是低碳建筑最直接的主观评价标准。低碳建筑通过采取一系列的被动式技术、外墙保温技术等，其最终受益者还是室内居住者。夏季凉快、冬季温暖增加居住者的舒适感，改变现代高碳建筑给居住者带来的夏季闷热、大汗不止，冬季寒冷、毛骨悚然的现状。以深圳的建科大楼为例，通过自然通风设计等技术，在深圳的过渡季节可减少 3 个月的空调使用，不仅碳排量大为减少，而且通风使在此工作的人员拥有了一个舒适的工作环境，提高了居住者的工作效率与热情，由此发挥更大的生产潜力和创新潜力，带来了显著的经济效应（仇保兴，2009）。

研究表明，决定室内人体舒适的要素主要有 6 个，即空气温度、湿度、风速、辐射、着装量和活动量。除了温度越高会越感觉热之外，潮湿会导致偏热的环境感觉更闷热，而偏低的温度感觉更寒冷。此外，夏季风速越低会感到越热，热辐射越强人就感到越热。而这 4 个要素通过建筑的合理设计，完全可以达到合适的水平，实现“热中性”这一最舒适的状态。

7.1.2.3 系统性

系统性是指低碳建筑作为一个整体，是一个复杂的系统。从全寿命周期的角度来讲，建筑的前端过程包括建筑设计、建材生产，直至建造塑造了一栋建筑的能源需求结构和特征，而这样的结构和特征在建筑建成之后一般难以彻底改变。

从狭义的角度来讲，低碳建筑是众多局部环节减碳的集成。例如，不仅仅要求采用低碳技术、使用低碳产品，还要求采取完善的低碳制度、吸纳先进的低碳文化。只有成熟的低碳技术和低碳产品，而缺乏完善的低碳制度，则硬件设施形同虚设，宛如没有生命力的花瓶；只有完善的低碳制度，而缺乏成熟的低碳技术和低碳产品，则如空中阁楼，费劲而不给劲。在低碳产品和低碳制度内部也存在同样的问题，单一的制度无法实现系统的低碳，孤立的技术无法完成全面的低碳。

7.1.2.4 协调性

协调性侧重于建筑与周围环境的协调与吻合，要求建筑适应地情、顺应民情、响应风情。也就是说，建筑在设计过程中要适应当地的地理特征、气候条件，比如飓风状况、日照状况等。顺应民族风情，民俗习惯以及民族文化，不同的民族风情、民族文化有不同的生活习惯和用能特征，只有顺应该特征，才能不逆向而为之，才能顺畅地节能减碳。响应风情，是指要注重中华民族天人合一、人与自然和谐、尊重敬天、顺天、法天、同天的传统生态意识，传承天人同物、天人相付、天人一体、天人同性的原始生态文明，注重建筑与生态环境的协调统一，注重建筑物周围环境绿化、美化、生态化，注重碳汇的吸收能力，把碳汇作为建筑减碳的重要方式。比如在我国南方，园林是建筑物的延伸，园林在建筑中，建筑在园林中，彼此共生共存，赏心悦目又低碳（仇保兴，2009）。

7.1.2.5 集约性

集约性是对低碳建筑主体——人的要求。生活方式是发生在主体与客体之间互动的载体，不同的载体决定了不同的互动效果。正如 Urge-Vorsatz 等（2007）所阐述的那样，建筑碳排量很大程度上取决于居住者的使用方式，即使建筑能效按照澳大利亚绿色建筑 4.5 星级标准设计，也有可能因为居住者的无效能源管理行为而使其变成能效低于 1.5 星级的建筑。正因为如此，居民生活方式的集约性成为低碳建筑的本质特征。也就是说，粗放浪费的生活方式与低碳建筑是不相容的，只有节约集约的方式才能最大限度地发挥建筑客体的低碳效能，最大限度地减少建筑碳排量。

7.1.3 低碳建筑与绿色建筑、节能建筑的概念界定

7.1.3.1 低碳建筑与绿色建筑的概念界定

绿色建筑是在我国建筑发展中普遍提及的名词。根据现有学者对低碳建筑的概念界定存在着的与绿色建筑概念混淆的问题，有必要对这两个概念作一个界定。

根据仇保兴（2006）的定义，绿色建筑是指为人们提供健康、舒适、安全的居住、工作和活动的空间，同时在建筑全生命周期中，实现高效率地利用资源（能

源、土地、水资源、材料)、最低限度地影响环境的建筑物。其内涵包括减少资源、能源的耗用和对环境的冲击，创造健康舒适的居住环境，与周边的自然环境和谐共生等诸多方面的内容，体现在“四节两环保”：节能、节水、节地、节材以及对外部的生态环境保护、对室内环境保护，增进居住者的健康。

低碳建筑和绿色建筑相比，总目标基本一致，都是生态文明在建筑领域的具体实现形态，只是切入点、侧重点与技术选择不一致（姜虹等，2010）。绿色建筑侧重于环境保护及减少污染排放，面临的社会背景是经济发展日益威胁生态环境安全、威胁人类健康；低碳建筑侧重于节约能源及减少碳排放，相较于绿色建筑范围更窄，它以减少CO_2为代表的温室气体排放为核心目标，更契合节能减排应对全球气候变化的主题。而绿色建筑以保护生态环境为目标，以促进建筑、人与生态之间的和谐统一为宗旨，不仅包括减少温室气体排放，而且包括并且主要包括减少污染物排放。因此，也可以把用低碳技术策略打造的绿色建筑称为低碳型绿色建筑。

从概念的提出时间上来讲，这两个概念又存在一个发展过程。20 世纪 90 年代开始特别是 21 世纪初叶，国内比较热衷于使用“绿色建筑”。其背景是经济迅速增长，但环境受到了普遍的破坏，环境库兹涅茨曲线处于加速上升阶段。人们提出“绿色建筑”是出于建筑的角度改善环境，减少负产出对人类健康状况的影响，实现人与自然的和谐共生。而低碳建筑则是这几年，在国际气候越来越复杂多变，两极冰川加剧融化的背景下，国际社会对低碳经济的呼声日益高涨，尤其是哥本哈根国际气候变化会议之后再次成为人类关注的焦点，并被赋予新的时代内涵而展开相关研究。从这个角度来讲，它们也存在着一脉相承的内在联系。

7.1.3.2 低碳建筑与节能建筑的概念界定

在气候变化的课题中，节能与CO_2减排往往被合并讨论，英国的哈德利气象研究中心甚至通过模型论证出将节约能源和减少CO_2排放联系起来探讨，有助于人们理解全球范围内的碳循环运动（王珏，2011）。然而实际上两者也存在着区别。就建筑而言，节能建筑是目前我国建筑发展实践正在追求与努力探寻的目标，通俗地讲就是减少建筑相关活动的能源消耗，与低碳建筑的联系最为紧密。建筑的全部碳源都来源于与建筑生产和使用（或者使用）有关的直接能源消耗，而低碳就是要减少碳源、增加碳汇。所以，低碳建筑必定是节能建筑，但节能建筑未必是低碳建筑。①考核目标上，节能建筑只是增量节能的概念，低碳建筑不仅要求增量节能，而且要求存量节能。例如，目前我国新建建筑实行特大城市和东部大城市节能 65%、其他区域新建建筑节能 50%的标准，这个节能标准只是一个相对的增量节能标准，而不是绝对值意义上的能耗降低。②技术手段上，低碳建筑要求更加高效地利用可再生能源，对能源结构提出了更高的技术要求，节能建筑则不然。众所周知，不同的能源结构所产生的碳排量是截然不同的，而能耗总量则可能是相同的。因此，节能建筑与低碳建筑的联系与区别概括起来就是：低碳建筑一定是节能建筑，但节能建筑不一定是低碳建筑。

7.1.4　低碳建筑的发展历程

正如上文中所提到的那样，实际上低碳建筑并不是一个新概念、新事物。而是悠久地存在于我国建筑发展实践中的。随着人类文明的进步，建筑依次经历了 3 个历程：传统低碳建筑、现代高碳建筑、现代低碳建筑（表 7-1）。虽然现代高碳建筑依然占据主要地位，但其“高能耗、高排放、高成本”的“三高症”在资源与环境成为经济社会发展越来越大的制约因素的背景下，被“低能耗、低排放、高收益”的低碳建筑取代将仅仅是时间上的问题。

表 7-1　低碳建筑的发展历程及其比较

发展历程		传统低碳建筑	现代高碳建筑	现代低碳建筑
特征	社会文明形态	农业文明	工业文明	生态文明
	碳排量	低排放	高排放	低排放
	能源效率	低能效	低能效	高能效
	技术结构	基于农业文明的传统技术	基于工业革命的现代技术	基于生态文明的现代技术
	能源结构	森林资源及可再生能源为主	化石能源为主	新能源、可再生能源为主
	成本-收益	低建设与运行成本、低收益	高建设与运行成本、低收益	高建设成本、低运行成本、高收益
	居民生活方式	低水平的节俭与循环利用	粗放式、奢侈性、一次性利用	高质量的集约与循环利用
举　例		窑洞建筑、客家土楼等	玻璃幕墙建筑	低碳能源园区

7.1.4.1　传统低碳建筑

在农业社会，由于生产工具的落后，人类在与大自然和谐相处的同时，对其的探索也只是停留于初级阶段，化石能源无法利用，生产资料相对原始，手工业相对发达。作为人类的固定居所，传统低碳建筑是该时期的建筑表现形态。例如，广泛分布在我国中西部黄土层较厚地区的窑洞住宅、广泛分布在我国西南地区的干阑住宅、南方客家人居住的土楼建筑群等。这些建筑以附近的黄土、竹木等自然资源为材料，从全寿命周期角度讲，具有建设成本低、运行成本低、总收益低、社会效益低等特点。从建筑运行的角度来讲，由于生活水平低下，居住者养成了节俭与循环利用的生活习惯，建成的住宅对能耗需求极低甚至为零，并且在较低的能源需求中以可再生能源为主的清洁化能源结构为特征，而使其成为低排放的低碳建筑。从其缺点上看也较明显，即由于其内部空间和住宅承载能力的有限性以及技术的相对落后难以满足现代人类的多元化的居住需求。正是因为如此，使得传统低碳建筑在工业化、城镇化进程中受到抛弃。

7.1.4.2 现代高碳建筑

以工业革命为标志，人类对大自然的探索和发现进入了一个新的阶段。技术科学迅猛发展，工业异军突起，社会分工日益精细化，人类对能源、资源的开发与利用达到近乎痴迷的状态，经济社会的“A 模式”[①]表现在建筑领域，就是一栋又一栋豪华的玻璃幕墙建筑拔地而起，建筑能耗和碳排量不再是各级主体考虑的重心，满足人类的便利化需求才是首要目标。生活水平的逐步改善，与农业社会相比，人类生活方式越来越奢侈浪费、粗放，追求一次性消费，导致化石能源消耗大幅度增长，能源效率利用低下，建筑运行中因取暖、制冷、照明、通风等消耗大量的煤炭、天然气、电力等一次和二次能源，运行成本高昂，由此排放大量 CO_2，对气候变化构成了越来越大的威胁。

7.1.4.3 现代低碳建筑

随着生活水平的提高、科学技术的进步，人类生态意识开始彻底觉醒，生态成为一种实实在在的生产力、创造力、竞争力。越来越多的证据表明温室气体大量排放是导致气候变暖的罪魁祸首，人类开始展开保护生态家园之旅，一场低碳革命悄然在全社会兴起。在人类居所方面，低能耗、低排放、高能效的现代低碳建筑成为居住常态，这种建筑运用现代系统技术，在满足人类宜居舒适的居住需求的条件下，抛弃大量消耗化石能源的做法，取而代之以新能源、可再生能源作为主要能源。从全生命周期来看，由于前期对各项节能技术和材料等环节的资金投入，导致其建设成本相对于前两种建筑较高，但在资源、能源紧缺程度恶化、化石能源价格高企的情况下，建筑运行因节约大量能源反而带来了运行成本的降低。因此，在技术可行的环境下，具备经济效益、生态效益和社会效益的多重效

---

① 根据美国地球政策研究所所长、生态经济学家莱斯特·R·布朗的界定，经济发展模式分为两种：一种为“A 模式”，一种为“B 模式”。“A 模式”就是以美国为首的发达国家的发展模式，以化石能源和线性的物质过程为主要特征。作为“A 模式”的变革方向，“B 模式”就是以可再生能源和物质再生性为特征（诸大建，2009）。由于布朗的“B 模式”过度强调可再生能源，指出中国应该停建所有燃煤电厂转向可再生能源，而被国内大多学者认为“B 模式”就是不要发展的模式或者“反增长计划”（仇保兴，2008b）。基于两者之间，国内学者提出经济与生态可持续发展的“C 模式”。

果。通过对全生命周期成本-收益的分析可以看出，建筑运行对于抵消现代低碳建筑前端的成本增长有决定性的作用。或者说现代低碳建筑给居住者带来的经济效应取决于建筑运行所带来的成本减少量或者收益增加量，体现在建筑运行因能源费用减少所带来的成本节约。所以，从这个意义上讲，建筑运行是现代低碳建筑收益最大化的关键。

可以说，人类在经历一番否定之否定的建筑实践探索之后，终将逐渐回归到人与自然和谐共生的理想状态。因为，低碳建筑蕴含着丰富的生态正义的生态道德价值。这种道德价值倡导在人与人之间公平地分配资源、共享生态责任、实现生态正义（陈通等，2012）。而这种正义又主要体现在两个方面：①横向的代内正义。无论贫富、性别、年龄乃至种族、国籍，人人享有公平的生态环境权利。②纵向的代际正义。不仅仅当代人，下一代人以及更久远的后来人均有享受良好生态环境的权利。低碳建筑要求当代人在生存发展时，减少温室气体排放对气候造成的不可逆转的破坏，促进人与人、人与自然、人与社会的可持续发展。

7.2　我国建筑碳排放量测算及其特征分析

与其他终端消费主体一样，建筑作为人类日常生活起居、办公的固定场所，其碳排放过程同样来自于消费者对于能源的消费。顾名思义，建筑能耗是建筑碳排放的原因，而截至目前，由于我国统计制度的缺陷及国家统计局公布的数据按行业划分的现实，导致建筑能耗测算陷入困境，学术界尚无系统的数据，鉴于此，本节从建筑能耗开始说起。

7.2.1　我国建筑能耗测算

7.2.1.1　建筑能耗构成

正如前文所述，建筑能耗从总体上可以分为广义能耗和狭义能耗。从广义能耗上看，建筑能耗包括物化能耗和运行能耗两类，其中物化能耗主要包括建材生产能耗、运输能耗、建造能耗等建筑建成之前的能耗以及维护、拆除能耗，而该部分的能耗与工业、交通部门密切相关。从狭义能耗上看，建筑能耗仅仅指建筑建成后居民居住过程所产生的能耗，即专指运行能耗。而根据已有研究显示，建筑运行能耗是建筑全生命周期能耗的主体，占建筑能耗的绝大部分比例，所以为了与工业、交通能耗严格区分开来，本章从狭义的角度给予研究，并且只包括住宅建筑和公共建筑两部分民用建筑，而把工业建筑排除在外。当然这也是学术界默认的，也符合欧美发达国家的惯例。

7.2.1.2 研究方法与数据来源

由于我国统计年鉴中公布的数据采取按行业分类沿用“工厂法”的特点，而不是按照产业活动分类，建筑能耗数据被拆分到不同的行业，因此只能采取间接计算法测算建筑能耗。

从目前的研究来看，建筑能耗统计法分为宏观模型法、微观模型法以及终端使用模型法（杨秀等，2006）。其中，前者是从国家统计局的数据入手，具有权威性、总量精确等特点；微观模型法则以研究者的调查数据为依据，结合数学工具进行分析，具有随机性、数据获得复杂性等特点，所需各项资源较多，缺乏课题支撑的研究难以开展；终端使用模型法是在结合前面两者的基础上展开的，从建筑终端用能设备的角度统计，所需数据较多，不可避免地会产生数据不够准确的局限。所以综合以上分析，本节选取宏观模型法作为能耗统计方法，并且借鉴江亿院士领衔的清华大学建筑节能研究中心（2008，2009）发布的中国建筑节能年度发展研究报告，把建筑能耗划分为北方城镇采暖煤耗、公共建筑除采暖外能耗（以下简称公共建筑能耗）以及住宅除采暖外能耗（以下简称住宅能耗）三部分。其中公共建筑除采暖外能耗和住宅除采暖外能耗又从电耗以及煤耗两方面加以区分研究。

根据清华大学建筑节能研究中心发布的研究报告（2008），北方城镇采暖煤耗包括集中供热用煤以及非集中供热用煤两部分。其中：集中供热用煤 = 城镇供热用煤+热电联产余热供热用煤。城镇供热用煤数据可由历年中国统计年鉴以及中国能源统计年鉴煤炭平衡表获得，热电联产余热供热用煤 = 单位面积煤耗 × 集中供热热网面积。根据清华大学的研究（清华大学建筑节能研究中心，2008），发现单位面积煤耗取 14 kg 标煤是合适的，大部分年限的集中供热面积可由历年中国统计年鉴直接获得，少数亦可由公布的城市数据按照比例推算获得；而非集中供热用煤面积为集中供热用煤面积的 20%，其煤耗相当于城镇供热用煤的 20%。

结合清华大学建筑节能研究中心发布的研究报告（2008），住宅电耗可由历年中国统计年鉴电力平衡表中的居民消费部分直接获得；住宅热耗采用历年中国统计年鉴中生活能源消费量中的煤炭、煤油、液化石油气、天然气以及煤气的数值。

根据清华大学建筑节能研究中心发布的研究报告（2008），公共建筑电耗采用历年中国统计年鉴电力平衡表计算，其中包括交通运输、仓储和邮政业，批发零售和住宿、餐饮业以及其他行业的消费量；公建热耗采用统计年鉴按行业分能源消费量表中相应行业的煤炭和天然气消费量。

7.2.1.3 我国建筑能耗测算结论

根据以上研究方法，通过查找相关年鉴得出中国 1985—2009 年的建筑（运行）

能耗值见表 7-2。该测算值与目前普通使用的清华大学能源研究中心的数据比较接近。

表 7-2　1985—2009 年中国建筑能耗值　　单位（以标煤计）：万 t

年份	住宅能耗	公建能耗	北方城镇采暖	建筑总能耗	社会总能耗	建筑能耗占比/%
1985	12 509	4 209	1 299	18 017	76 682	23.50
1986	12 847	4 346	1 559	18 752	80 850	23.19
1987	13 517	4 539	1 879	19 935	86 632	23.01
1988	14 584	4 924	2 047	21 555	92 997	23.18
1989	14 573	5 108	2 371	22 051	96 934	22.75
1990	14 653	5 264	2 926	22 843	98 703	23.14
1991	14 806	5 377	3 338	23 521	103 783	22.66
1992	14 148	5 443	3 809	23 400	109 170	21.43
1993	14 349	6 074	4 784	25 206	115 993	21.73
1994	14 085	6 701	5 627	26 413	122 737	21.52
1995	14 963	5 374	6 138	26 475	131 176	20.18
1996	16 398	5 965	6 690	29 052	135 192	21.49
1997	15 427	5 527	6 710	27 664	135 909	20.35
1998	13 441	6 259	6 871	26 571	136 184	19.51
1999	13 889	6 600	7 174	27 663	140 569	19.68
2000	14 228	6 856	7 597	28 681	145 531	19.71
2001	15 258	7 186	8 425	30 869	150 406	20.52
2002	16 041	7 731	9 020	32 791	159 431	20.57
2003	17 590	9 132	12 514	39 236	183 792	21.35
2004	18 476	9 951	13 526	41 953	213 456	19.65
2005	20 127	11 001	15 841	46 969	235 997	19.90
2006	21 902	12 105	16 948	50 955	258 676	19.70
2007	24 802	12 881	18 245	55 928	280 508	19.94
2008	26 519	15 778	18 744	61 041	291 448	20.94
2009	28 015	17 753	19 543	65 311	306 647	21.30

注：表格中煤炭、天然气、煤油、液化石油气、煤气分别按照以下标煤系数进行折算：煤炭 0.714 3 kg 标煤/kg、天然气 1.33 kg 标煤/m^3、煤油 1.471 4 kg 标煤/kg、液化石油气 1.714 3 kg 标煤/kg、煤气 0.571 4 kg 标煤/m^3。

资料来源：火电发电煤耗数据来源于《中国工业经济统计年鉴 2004》《中国能源统计年鉴 2011》以及中国电力联合会统计分析报告；社会总能耗来自《中国能源统计年鉴 2010》中的发电煤耗计算法数据；其余各项能耗数据分别来自于《中国统计年鉴 1986—2011》《中国能源统计年鉴 1991—2010》。

从表 7-2 可以总结出我国建筑能耗至少具备以下两个特征：

（1）能耗总量上，呈现“两高一低”的发展局面。总量上，建筑能耗由 1.8 亿 t 标煤增长到 2009 年的 6.5 亿 t 标煤，实现了 3.6 倍的扩张。其中按照三分法划分的结果显示，中国建筑结构能耗呈现“两高一低”的相对特征（图 7-1）：公共建筑能耗和北方城镇采暖能耗占比提高，住宅建筑能耗占比降低。占建筑总面积 20%以下的公共建筑能耗从 1985 年占建筑总能耗的 23.4%提高到 2009 年的 27.2%，提高 3.8 个百分点，公共建筑能耗的低效率由此可见一斑。而北方城镇采暖能耗形势更加严峻，由 1985 年总量的 7.2%提高到 2009 年的 29.9%，甚至高峰值为 2006 年总量的 33.7%。究其原因与我国北方长此以往的能耗按建筑面积计量的制度密切关联，同时时间序列上的大幅度增长，也反映了居民生活水平提高所带来的节约意识的淡化，而这种改变在缺陷制度下的表现更加活灵活现。相对于公共建筑和北方采暖建筑能耗的大比例提高，住宅建筑能耗呈现相对降低的发展局面，由 69.4%降低到 42.9%，尽管总量上也实现了翻番。

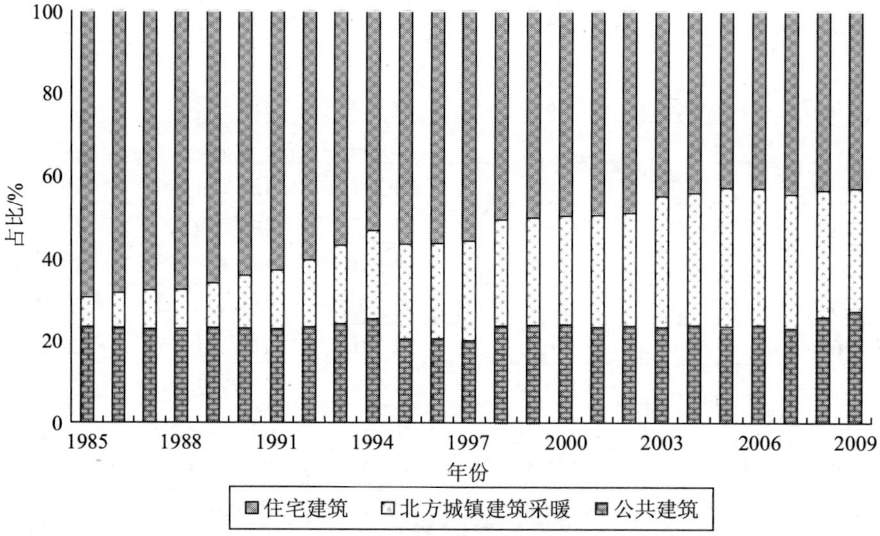

图 7-1　中国建筑结构能耗分布图

（2）能源结构上，呈现“两增一减”的演变特征。从能源结构上，和大多数的研究一样，在 1985—2009 年的 25 年间，我国建筑能耗呈现出“两增一减”的演变规律。即电力和气体能源绝对增加，煤炭相对减少，两者结合导致我国建筑能耗在社会总能耗中的比例小幅下降。

从电力消耗上看，1985 年建筑领域消耗 445.6 亿 kW·h，到 2009 年消耗

8 815.9 亿 kW • h，以 19.7 倍的绝对增长速度成为建筑领域中助推能耗增长的第一推动力量，其在建筑能耗中的占比从图 7-2 中可以看出增幅异常显著，从 9.8% 增长到 43.2%，而与此相对的是我国单位电力能耗的降低。随着我国能源结构的进一步多样化，天然气在建筑能源消费中的比例也呈现大幅增长的趋势，从 1985 年的 0.4%提升到 2009 年的 6.4%，绝对值上也实现了质的飞跃，从 5.3 亿 m^3 提高到 316.7 亿 m^3，这显然与我国近年来积极展开的能源外交有关。液化石油气作为居民炊事、生活热水等的重要能源，在此期间也呈现绝对增长的趋势，从建筑能耗的 0.86%提高到 3.9%，最高时期达到 6.1%。然而，煤炭作为第一能源直接在建筑中消耗的相对比例大幅减少，从 87.5%降低到 44.9%。在图 7-2 中，煤炭和电力在建筑总能耗中的比例略似于对称的喇叭形曲线，到 2009 年两者逼近。可以预测，随着时间的推移，交点即将出现，并且曲线将反转。综合以上几个方面，在我国电力工业技术进步的推动下，导致建筑能耗在社会总能耗中的比例从 1985 年的 23.5%小幅降低到 21.3%，尽管个别年份由于国家统计局统计口径的不一致等因素，能耗出现了一定程度的波动，但总体上建筑能耗占比呈现出前降后升，总体回落的演变趋势。

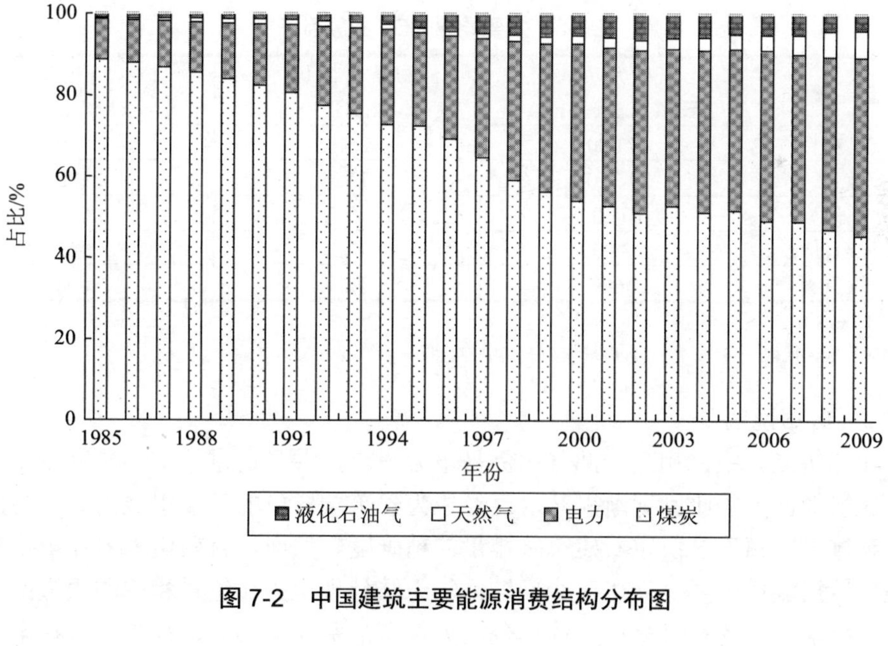

图 7-2　中国建筑主要能源消费结构分布图

7.2.2 我国建筑碳排量测算及其特征分析

7.2.2.1 研究方法

在建筑能耗的基础上，利用 IPCC 碳排放系数法便可较直接地得出我国 1985—2009 年建筑碳排量。公式如下：

$$E_t = \sum_i E_{it} = \sum_i R_{it} \times \mathrm{NCV}_i \times \mathrm{EF}_i \times O_i \times \frac{44}{12} \qquad (7.1)$$

式中：E_t——第 t 年的 CO_2 排放量；

R_{it}——第 t 年分品种能源 i 的消费量，t 或 m^3；

NCV_i——能源 i 的低位发热值，TJ/Gg；

EF_i——能源 i 的缺省含碳量；

O_i——氧化率，默认值为 100%；

44/12——CO_2 转化系数。

根据以上公式可以获得建筑能耗中涉及的煤炭、天然气、煤油、液化石油气、煤气等主要能源 CO_2 排放因子，见表 7-3。

表 7-3 主要能源 CO_2 排放因子

能　源	低位发热量/（kcal/kg，kcal/m^3）*	缺省含碳量/（kg/GJ）	CO_2 排放因子/（kg/kg）
煤炭	5 000	25.8	1.979
天然气	9 310	15.3	2.185
煤油	10 300	19.5	3.081
液化石油气	12 000	17.2	3.166
煤气	3600	12.1	0.668

* 1 cal=4.186 8 J。

资料来源：能源低位发热值、缺省含碳量来源于《中国能源统计年鉴 2005》。

7.2.2.2 数据说明

在建筑能耗中，相当一部分比例是电力消耗，并且通过上节的研究发现，电力在建筑能耗中的比例逐渐提升，已经成为建筑碳排放的重要组成部分。为此，电力碳排量的精确度决定着建筑碳排量的精确度。然而，目前学术界在单位电力碳排量数据测算中至少存在 3 个问题：①无法体现电力传输过程中的损失部分。尽管从终端用户的角度来讲，该部分电力没有消费，但实际上损失部分在电力生产过程中消耗了能源，排放了温室气体，并且客观上讲，电力传输损失是不可避免的，虽然只是数量上的问题，所以有必要从体现生产过程的发电煤耗数据进行测算。②无法准确反映我国工业技术进步在发电中的运用。大多数数据采取连续年限固定值的方式，而实际上，随着我国脱煤脱硫技术、发电技术等各种技术的提升，发电煤耗持续降低，从而单位电力碳排量持续下降。③无法准确地反映我国电力结构。目前我国发电结构呈现火力发电为主，水力、风力、核电、沼气等为辅的格局，而一般来讲，后几种结构在发电中少量甚至完全不排放温室气体，这就从总量上稀释了我国单位电力的排放量。所以，综合以上考虑，本节对单位电力碳排量重新测算，以求数据的准确性、时效性。测算结果见表 7-4。从表中可以看出，我国单位电力 CO_2 排放量呈现逐步回落的趋势。

表 7-4　1985—2009 年我国单位电力 CO_2 排放量

年份	总发电量/（kW・h）	火电量/（kW・h）	火电比例/%	火电发电煤耗（以标煤计）/[kg/（kW・h）]	单位电力碳排量（以 CO_2 计）/[kg/（kW・h）]
1985	4 106.9	3 183.2	77.51	0.398	0.855
1986	4 507.0	3 550.0	78.77	0.398	0.869
1987	4 985.2	3 972.6	79.69	0.398	0.879
1988	5 452.1	4 360.6	79.98	0.397	0.880
1989	5 848.1	4 664.2	79.76	0.397	0.877
1990	6 230.4	4 994.8	80.17	0.392	0.871
1991	6 775.5	5 524.6	81.54	0.39	0.881
1992	7 589.2	6 214.7	81.89	0.386	0.876
1993	8 426.5	6 838.8	81.16	0.384	0.863
1994	9 260.4	7 459.2	80.55	0.381	0.850
1995	10 023.4	8 043.2	80.24	0.369	0.820
1996	10 800.2	8 777.1	81.27	0.377	0.849
1997	11 344.7	9 240.7	81.45	0.375	0.846
1998	11 662.0	9 441.0	80.96	0.373	0.837
1999	12 393.0	10 205.4	82.35	0.369	0.842
2000	13 471.4	11 164.5	82.88	0.363	0.833
2001	14 633.5	11 767.5	80.41	0.357	0.795
2002	16 404.7	13 273.8	80.91	0.356	0.798
2003	19 105.8	15 803.6	82.72	0.355	0.814
2004	22 033.1	17 955.9	81.50	0.349	0.788
2005	24 940.8	20 473.4	82.09	0.343	0.780
2006	28 499.0	23 741.0	83.30	0.342	0.789
2007	32 644.0	27 207.0	83.34	0.332	0.767
2008	34 510.0	28 030.0	81.22	0.322	0.725
2009	37 032.7	30 117.0	81.33	0.320	0.721

资料来源：《中国电力年鉴 2004—2011》《中国工业经济统计年鉴 2004》《中国能源统计年鉴 2011》。

7.2.2.3 特征分析

结合以上研究，可测算得出 1985—2009 年我国建筑 CO_2 排放量见图 7-3。通过分析可以发现以下短期特征与长期趋势：

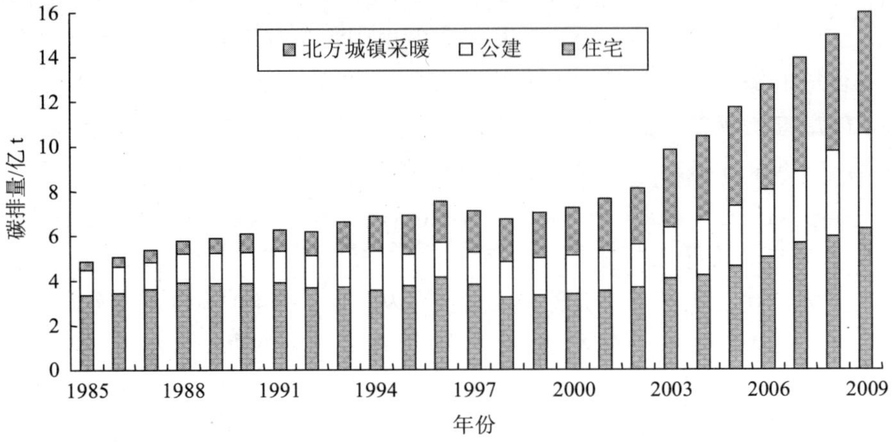

图 7-3 1985—2009 年中国建筑碳排量分布图

（1）我国建筑碳排量的短期特征分析。

➢ 建筑碳排量的波动性：为了更加形象地反映建筑碳排量的波动性，采用脱钩理论进行研究。脱钩理论是一种主要用于分析经济发展和资源能源消费之间短期响应关系的理论。在经济发展过程中，资源、能源投入与经济产出之间未必是同步增长或缩小的关系，而往往是一种能效逐步提高，从而经济增长时物质投入并不同步增长的趋势，这便是“脱钩”。经过学者们的研究，TaPio（2005）提出了脱钩弹性（碳排放弹性）的概念，反映了 GDP 每变化 1 个百分点所引起的碳排放量的变化率（张丽峰，2011），其计算公式为：$e=\dfrac{\Delta CO_2/CO_2}{\Delta GDP/GDP}$。并且作者进一步把 CO_2 与经济发展之间的关系分为连接、脱钩和负脱钩 3 种状态。其中，连接状态指 CO_2 排放增长率与经济增长率呈现同步增长或者 CO_2 排放增长率高于经济增长率的情形；脱钩状态是指 CO_2 排放增长率低于经济增长率的情形或者呈现经济稳定增长而 CO_2 排放量反而减少的状态；负脱钩指虽然经济出现下降但是 CO_2 排放量反而增加的情形（杨国锐，2010）。根据弹性值的不同，进一步可分为强脱钩、强负脱钩、扩张负脱钩、弱脱钩、衰退脱钩、衰退连接、弱负脱钩与扩张连接等 8 大类，见表 7-5。

表 7-5 脱钩弹性与脱钩类型关系

弹性值	GDP 增长率	CO_2 增长率	脱钩类型	弹性值	GDP 增长率	CO_2 增长率	脱钩类型
$e<0$	正	负	强脱钩	$0.8 \leqslant e \leqslant 1.2$	正	正	扩张连接
	负	正	强负脱钩		负	负	衰退连接
$0 \leqslant e<0.8$	正	正	弱脱钩	$e>1.2$	正	正	扩张负脱钩
	负	负	弱负脱钩		负	负	衰退脱钩

基于以上理论，分析出 1986—2009 年我国建筑碳排放弹性特征见表 7-6，其中 GDP 数据以《中国统计年鉴 2011》为依据，换算成 1985 年不变价格。从中可以获得几个启示：

首先，建筑碳排放增长率波动较大。从 1986 年 4.02%的增长率到 1997 年的−5.53%、从 1998 年的−5.25%到 2003 年的 20.95%。

表 7-6 1986—2009 年中国建筑碳排放弹性特征

年份	GDP 增长率/%	CO_2 增长率/%	碳排放弹性	碳排放特征	年份	GDP 增长率/%	CO_2 增长率/%	碳排放弹性	碳排放特征
1986	7.01	4.02	0.57	弱脱钩	1998	7.74	−5.25	−0.68	强脱钩
1987	9.37	6.24	0.67	弱脱钩	1999	7.76	4.06	0.52	弱脱钩
1988	5.01	7.89	1.58	扩张负脱钩	2000	10.19	3.52	0.35	弱脱钩
1989	−4.27	1.89	−0.44	强负脱钩	2001	9.75	5.71	0.59	弱脱钩
1990	6.56	3.43	0.52	弱脱钩	2002	10.62	5.95	0.56	弱脱钩
1991	12.84	2.91	0.23	弱脱钩	2003	11.53	20.95	1.82	扩张负脱钩
1992	16.17	−1.12	−0.07	强脱钩	2004	13.29	6.20	0.47	弱脱钩
1993	14.42	7.17	0.50	弱脱钩	2005	12.57	12.53	1.00	扩张连接
1994	9.92	4.01	0.40	弱脱钩	2006	13.96	8.57	0.61	弱脱钩
1995	7.71	0.26	0.03	弱脱钩	2007	15.85	9.32	0.59	弱脱钩
1996	8.11	9.51	1.17	扩张连接	2008	10.34	7.56	0.73	弱脱钩
1997	7.93	−5.53	−0.70	强脱钩	2009	14.18	6.52	0.46	弱脱钩

资料来源：GDP 增长率来源于《中国统计年鉴 2011》，其他数据由本书计算获得。

其次，建筑碳排放弹性大幅波动、碳排放特征不稳定。单位实际 GDP 增长率所带来的建筑碳排量增长率正负交替普遍、数值难趋稳定，从 1986 年的 0.57%到 1997 年的−0.7%、从 1998 年的−0.68%到 2003 年的 1.82%以及 2009 年的 0.46%都显著地反映了我国建筑碳排量与经济发展之间没有固定不变的短期联系，至于其长期关联，将在后续内容中予以研究。这些因素直接致使我国建筑碳排放特征有别于英国等持续稳定在经济正增长但碳排量负增长的国家，也有别于稳定维持在碳排放增长率显著低于经济增长率的弱脱钩或者碳排放负增长的强脱钩状态的欧美、日本等发达国家，而呈现出以弱脱钩为主、碳排量迅速扩张的扩张连接与扩张负脱钩、碳排放增长率为负值的强脱钩并存的极不稳定状态。而该结论与我国学者庄贵阳的研究是一致的（庄贵阳，2007；杨国锐，2010），说明该研究是正确的、可靠的。此外，对比杨国锐博士对我国社会总排放特征的研究之后，可以发现建筑碳排量特征在总体上与我国社会碳排放特征相似的同时，也存在着波动更加不确定的问题，这其中可能存在统计口径的问题，存在着气候异常变化导致建筑能耗乃至碳排量异常波动的问题。

➢ 建筑碳排量的阶段性：在建筑排放量由 1985 年的 4.85 亿 t 提升到 2009 年的 15.95 亿 t，占社会总排量的比例由 24.67%降低到 2008 年的 21.26%的同时[①]，从图 7-3 可以看出，建筑碳排量呈现出阶段性特征。总体上可以分为 3 个发展阶段：第一个阶段（1985—1996 年），建筑碳排量的缓慢增长期。在这 12 年间，总排量以年均 4.2%的速度实现了 2.75 亿 t 的增量，碳排放弹性年均值为 0.47。呈现出与经济发展水平弱脱钩为主的排放状态。第二个阶段（1997—2000 年），建筑碳排量的下降调整期。和大多数国内学者对我国社会碳排放的研究结论一样，在这 4 年间，建筑碳排量年均增长率为–0.8%，实现了 0.27 亿 t 的降幅，尤以 1997 年和 1998 年降幅最为明显，而该时期正是东南亚金融危机的爆发期。第三个阶段（2001—2009 年），建筑碳排量的加速增长期。从图 7-3 中可以看出，在我国建筑碳排量 2003 年登上 10 亿 t 的台阶之后，其增速呈加速之势。而这点从碳排放弹性中表现得最为直接，9 年内，在 GDP 增长率保持两位数高位增长的同时，碳排量也不示弱，年均增长率高达 9.26%，最终使得年均碳排放弹性达到 0.76 的高位值。

➢ 建筑碳排量的差异性：从图 7-3 可以发现，按照三分法划分，我国建筑碳排量存在着较强的差异性。总量上看，占我国建筑总面积 70%以上的住宅建筑碳排量一直是建筑总排量的第一大排放结构，但其排放增幅相对平缓，年均增长率为 2.96%，处于弱脱钩的状态。占我国建筑总面积约 10%的北方城镇采暖建筑碳排量以年均增长 12.3%的速度直线上升，从建筑总排量的 7.4%提高到 33.5%，其碳弹性也由此显著地大于 1，属于扩张负脱钩的特征。

---

① 我国 1985—2008 年社会 CO_2 总排量数据来源于世界银行数据库：http://data.worldbank.org.cn/indicator/EN.ATM.CO2E.KT/countries/1W?display=default。

而从总体趋势来看，北方城镇采暖碳排量曲线与建筑总排量曲线趋势最为接近，可以认为北方城镇建筑采暖碳排量是推动我国建筑碳排量递增的第一因素。而作为占我国建筑面积 20%以下的公共建筑，其碳排量也呈现出较强劲的增长势头，年均增幅为 6.0%，占建筑总量比例从 23.1%扩大到 26.2%。

（2）中国建筑碳排量的长期发展趋势研究。从以上分析可以看出我国建筑碳排量在短期内波动较大，碳弹性不稳定。这样的结论对于准确地把握碳排量的发展趋势是不利的，因此从长期的角度来分析，可以规避波动性带来的障碍，了解其总体的发展趋势。为达到此目的，本节以碳库兹涅茨曲线理论为依据，进行理论检验。

为了更加准确地检验 CKC 曲线，本节构建包括经济发展水平二次方、三次方在内的变量作为解释变量，并且取 1985 年不变价的人均实际 GDP 作为因变量，为消除异方差的影响，变量取对数形式。依此构建 CKC 模型如下形式：

$$\ln Y = \beta_0 + \beta_1 \ln A + \beta_2 (\ln A)^2 + \beta_3 (\ln A)^3 + \varepsilon \tag{7.2}$$

式中：Y——建筑人均 CO_2 排放量；

A——人均实际 GDP；

β_0、β_1、β_2、β_3——模型的参数；

ε——表征误差项。

我国建筑碳排量与经济发展水平之间的长期关系取决于模型变量 β_1、β_2、β_3 的大小，其具体关系主要有以下几种（杜婷婷等，2007）：

a. 当 $\beta_1 \neq 0$，$\beta_2 = \beta_3 = 0$ 时，CO_2 排放量与经济发展之间的函数关系曲线是一条线性直线。

b. 当 $\beta_1>0$，$\beta_2<0$，$\beta_3=0$ 时，CO_2 排放量与经济发展之间的函数关系是一条倒 U 型的 CKC 二次曲线。

c. 当 $\beta_1<0$，$\beta_2>0$，$\beta_3=0$ 时，CO_2 排放量与经济发展之间的函数关系是一条 U 型的二次曲线。

d. 当 $\beta_1>0$，$\beta_2<0$，$\beta_3>0$ 时，CO_2 排放量与经济发展之间的函数关系是一条 N 型的三次曲线。

e. 当 $\beta_1<0$，$\beta_2>0$，$\beta_3<0$ 时，CO_2 排放量与经济发展之间的函数关系是一条倒 N 型的三次曲线。

在做回归分析之前，为了避免伪回归的风险，以 Eviews6.0 为工具，在协整检验之前做时间序列的平稳性检验（高铁梅，2009），这里采用 ADF 单位根检验法。经检验发现所有序列在水平序列和一阶差分的 ADF 值在 10%置信度下无法拒绝单位根假设，而时间序列在二阶差分之后均在 1%的显著水平下拒绝单位根假设，因此 $\ln Y$、$\ln A$、$(\ln A)^2$、$(\ln A)^3$ 服从 I（2）过程，单位根检验过程见表 7-7。

表 7-7 单位根检验

统计量	（c，t，l）	ADF	1%	5%	10%	P 值
$\ln Y$	（1，0，2）	1.83	−3.74	−2.99	−2.64	0.999 5
$D(\ln Y)$	（0，0，2）	−1.31	−2.67	−1.95	−1.61	0.170 1
$D(\ln Y，2)$	（0，0，0）	−8.31	−2.67	−1.95	−1.61	0
$\ln A$	（1，1，2）	−1.89	−4.41	−3.62	−3.24	0.623 2
$D(\ln A)$	（1，1，5）	−3.03	−4.46	−3.64	−3.26	0.147 3
$D(\ln A，2)$	（0，0，0）	−4.57	−2.67	−1.95	−1.61	0.000 1
$(\ln A)^2$	（1，0，2）	2.57	−3.77	−3.00	−2.64	0.999 9
$D[(\ln A)^2]$	（1，1，5）	−2.96	−4.46	−3.64	−3.26	0.165 8
$D[(\ln A)^2，2]$	（0，0，0）	−4.65	−2.67	−1.95	−1.61	0.000 1
$(\ln A)^3$	（0，0，1）	2.51	−2.67	−1.95	−1.61	0.995 5
$D[(\ln A)^3，1]$	（1，1，0）	−2.96	−4.41	−3.62	−3.24	0.164 3
$D[(\ln A)^3，2]$	（0，0，0）	−4.74	−2.67	−1.95	−1.61	0.000 1

注：检验形式（c，t，l）中的 c 和 t 表示是否包含常数项和趋势项，l 表示所采用的滞后阶数。

由于变量是二阶非平稳序列，为了检验人均 GDP 与人均 CO_2 排放量之间是否存在稳定的长期均衡关系，需要作协整检验。首先对式（7.2）作 OLS 回归，回归结果见表 7-8。虽然通过对模型 1 和模型 2 的残差项作 DF 检验表明，两模型均存在协整关系，但是从模型 1 可以看出，各变量 t 统计量均不显著，而在去除三次项的模型 2 中，各变量均在 0.5%置信度下显著，而且各项统计指标都通过了假设检验。所以，可以认为建筑碳排量与经济发展之间的长期趋势，并不存在三次曲线的特征，环境库兹涅茨假说也不成立，而是一条 U 型的二次抛物线，并且其回归方程为：$\ln Y = 11.3 - 3.44 \ln A + 0.25(\ln A)^2$。

表 7-8 建筑碳排量长期趋势的回归模型

解释变量	模型 1		模型 2	
	Coefficient	t-Statistic	Coefficient	t-Statistic
β_0	57.798	1.074	11.292	2.888
$\ln A$	−21.411	−1.033	−3.441	−3.444
$(\ln A)^2$	2.554	0.963	0.248	3.907
$(\ln A)^3$	−0.098	−0.871	—	—
AR(1)	0.668	4.580	0.658	4.270
R^2	0.979 587		0.978 68	
F	227.940 1		306.035 2	
DW	1.924 722		1.808 681	

注：AR(1)表示对模型中存在的一阶自相关作广义差分回归。

7.2.2.4 研究结论

（1）北方城镇建筑采暖和公共建筑是我国建筑碳排放量的重要来源。从比例上看，依据世界银行公布的社会碳排量数据，这两项碳排量由 1985 年占社会总排量的 7.5%提高到 2008 年的 12.8%，在我国低碳经济发展中的显著地位可见一斑。而致使其高排放的因素与我国目前存在的北方供热计量制度的缺陷以及公共建筑的公共属性以及节能激励制度缺失密切相关。

（2）促进建筑碳减排的长期目标就是要推动建筑碳排放的相对脱钩向绝对脱钩转变，或者是由目前的扩张负脱钩、扩张连接、弱脱钩到强脱钩的转变。对建筑碳排量长期发展趋势的研究，获得了一条有别于碳库兹涅茨曲线的先减后增的 U 型曲线。所以，推动我国建筑低碳化任重而道远。促进建筑低碳化发展就是要通过外部调控力量实现碳排量长期发展曲线呈现倒 N 型，或者使建筑碳排放特征从不稳定的状态向相对脱钩和绝对脱钩转变。

7.3 我国建筑碳排量的影响因素及实证分析

测算建筑碳排量是了解我国建筑碳排量现状的直接手段，也是为展开碳排量影响因素实证分析提供的数据保障，而后者对于有的放矢地研究建筑低碳化发展的实施措施具有重要的现实价值。

7.3.1 影响因素

结合现有文献，本书认为影响建筑碳排量的主要驱动因素包括经济发展水平、人口规模、能源结构、能源强度、能源碳排放因子等变量。

7.3.1.1 经济发展水平

理论与实践均表明，在不发达国家实现工业化、城镇化的发展阶段，经济发展水平的提高往往要伴随着污染物产出水平的提高，并且环境库兹涅茨理论表明，污染物产出的增加需要经历先增长后降低的倒 U 型发展特征。而从前文的论述可以发现，我国建筑碳排量呈现出两端高中间低的 U 型曲线特征。即在保持外部条件不变的情况下，我国建筑碳排量未来几年还将处于快速上升的阶段。而这似乎根源于人类生活水平的提高，从而导致人均建筑面积的扩大。如 J. Li（2009）通过对发达国家的经验总结，支持了该结论。而胡文发等（2012）的研究正好表明建筑面积的扩张，是建筑碳排量增长的推动因素。而杨选梅等（2010）基于问卷调查数据的实证研究则更加明确地指出，住宅建筑面积增加 1 m^2，户均建筑年碳排量将增加 8.54 kg。因此，经济发展水平通过使得人均建筑面积增长的方式推动建筑碳排量增长。

经济越发达、生活水平越高，导致对建筑舒适度的诉求提高和消费多样化需求的出现，而这两项直接带动与建筑能源有关的生产与消费活动。其中，能源的生产又助推经济的发展，经济的发展又推动能源生产，如此循环往复必将加速碳排量扩张。而能源消费活动的增加，就意味着能源消耗量的增长，在能源结构不变的条件下，必然推动建筑碳排量扩张。如查建平等（2010）发现居民消费水平对直接生活能源碳排放有正向提升作用。

此外，经济发展水平的提高在我国的现有国情下，也意味着城市化率的提高。而现有的大量研究均表明城市化率是碳排量的重要推动因素，如杨振（2010）指出人口城市化率每提高 1 个百分点，能源消费的碳排量增长 0.332 8 个百分点。这主要是由于中国社会二元结构下城乡居民生产与消费水平差距的存在，人口城市化率的提高实际上是居民整体生产与消费水平提高的反映，碳排放量的增长也就成为必然（朱勤等，2010）。

因此，经济发展通过增加建筑居住者的收入水平及其购买力，增加对建筑能源的消费，以至于增加建筑碳排量，经济发展也通过推动城市化率提高来增加建筑碳排量。从而印证了王锋（2010）的研究结论：CO_2 排放与经济发展和居民生活水平提高密切相关。当然，经济发展水平的提高也将带来技术进步，包括建筑保温隔热材料的进步以及能源利用方式的进步所带来的能源碳排放强度的降低等。显然，这些又在一定程度上抑制了建筑碳排量增长。但是，由于技术进步本身所具有的周期性以及正外部性，在保持外部条件不变的条件下，短期内其对建筑碳排量的减缓作用也许是微乎其微的。因此，经济发展水平对建筑碳排量的影响取决于能源消耗量增长带来的正向效应与技术进步引致的负向效应。但总体上说，经济发展水平与建筑碳排量将是正相关的。

7.3.1.2 人口规模

几乎所有的研究一致认为（社会）人口规模扩张对碳排量具有正向效应。例如，D. Zha 等（2010）研究指出人口规模对城市建筑碳排量起正向推动作用，并且在 1992—2004 年，随着时间推移，正向效应显著递增；而就农村建筑碳排量而言，由于我国工业化过程中农村人口的梯度转移，该效应则由正向推动到反向抑制转变，并且拐点为 1997 年：这种转变从反面进一步印证了人口规模扩张对建筑碳排量的正向推动效应。而这种效应主要是由于，一方面人口规模的增加将直接推动建筑规模的扩大，而建筑规模的扩大表现为建筑需求的增长，这种需求就包括建筑用能需求，那么在能源结构不变的情况下，由此排放的 CO_2 自然水涨船高。也正是这种巨大的乘数效应使我国“有效地”成为每年新增建筑面积世界第一、存量建筑面积世界第一的大国以及碳排量大国；另一方面，人口规模的扩大使得建筑用地增加，从而减少了土地面积，而土地作为重要的碳汇，土地面积的减少也就意味着碳汇的降低，并且建筑用地还使得其成为一个新的巨大碳源。因此，可以认为，人口规模增长至少从两个方面推动了建筑碳排量扩张。

7.3.1.3　能源结构

几乎所有的对碳排量影响因素的研究都会考虑能源结构。这主要是由于能源消费是碳排量的原因，而不同的能源消费结构所产生的碳排量显著不同。以煤炭为主的能源禀赋结构是我国发展低碳经济的主要障碍，而低碳建筑同样如此。清洁的能源结构在同样能量的情况下所产生的碳排量将显著低于高碳的化石能源结构。见表 7-9，单位标煤 CO_2 排放系数，煤炭是煤气的 2.37 倍，是天然气的 1.68 倍，等等。因此，能源结构将显著地影响建筑碳排量。而目前我国建筑能源结构中，煤炭消费的直接减少以及电力的正比例增长，将有助于改善建筑的能源结构，从而有助于抑制建筑碳排量增长。而这也正是 1985—2009 年，我国建筑能源总量持续增长而占社会碳排量比例反而有所降低的重要原因。

表 7-9　主要能源的碳排放系数

系　数　值	煤炭	石油	天然气	煤　油	液化石油气	煤气
折标煤系数/（kg 标煤/kg，kg 标煤/m^3）	0.714 3	1.428 6	1.330 0	1.471 4	1.714 3	0.571 4
CO_2 排放系数/（$kgCO_2$/kg，$kgCO_2/m^3$）	1.979 0	3.068 3	2.185 3	3.081 3	3.166 5	0.668 3
单位标煤排放系数/（$kgCO_2$/kg 标煤）	2.770 6	2.147 7	1.643 1	2.094 1	1.847 1	1.169 5

资料来源：能源折标煤系数来源于《中国能源统计年鉴 2010》，其他数据通过 IPCC 系数法计算得出。

7.3.1.4　能源强度

单位 GDP 能耗是社会能耗水平的重要指标，能源强度越高，社会能源消费方式越粗放，所产生的碳排量越高。从纵向上看，近年来，我国把能源强度作为一项重要指标纳入国家各项发展规划中，特别是在刚刚过去的“十一五”期间，建筑节能被视为社会节能的重要领域，被赋予节能 1 亿 t 标煤的规划目标。为实现这一目标，国家住房和城乡建设部实行了大型公共建筑节能改造、北方城镇建筑供热计量收费制度改革、太阳能、沼气能等可再生能源建筑商业化利用等一系列节能管理新举措。在这些举措的影响下，可以看到我国建筑能耗占社会能耗比例出现了一定幅度的降低，与高速增长的经济发展水平相除，能源强度有了较大幅度的降低。为此，胡文发等（2012）的研究显示，能源强度是抑制建筑使用阶段碳排量的主要因素。故，本书同样认为，就时间序列而言，能源强度将抑制建筑碳排量的增长。但是从横向上看，无论“十一五”期间我国在节能减排方面采取怎样的节能强度，仍然无法摆脱资源禀赋的制约，无法摆脱能源强度显著高于世界发达国家甚至部分发展中国家的现实。因此，从这一点上讲，能源强度依然是推动建筑碳排量扩张的因素，依然存在较大的降低空间。

7.3.1.5 能源碳排放强度

正如 D. Zha 等（2010）所研究的那样，能源碳排放强度也是建筑碳排量的重要影响因素。而这种影响在测算建筑碳排量中显得尤其直接。也就是说，能源碳排放强度越高，那么建筑碳排量越高。而能源碳排放强度主要由能源结构和技术进步决定。也就是说，能源结构越趋向清洁化，那么能源碳排放强度越低，技术越进步，能源利用方式越集约，那么能源碳排放强度越低。由于主要化石能源碳排放强度均随时序不变，而建筑的重要二次能源——电力在我国工业化的过程中，煤耗值和结构均随时间动态变化，因此，能源碳排放强度的影响主要体现在电力的影响上。通过上文的研究可以发现，我国单位电力碳排放强度随着时间序列呈现递减趋势，这种发展趋势直接导致消耗单位能源的碳排放量降低。因此，对建筑碳排量的影响应该和 D. Zha 等（2010）的研究结论基本一致，即能源碳排放强度对建筑碳排量起抑制作用。

7.3.2 实证分析

7.3.2.1 研究方法

目前围绕碳排放增长的驱动因素分析法比较常见的有结构分解分析法、计量模型法和因素分解法等（赵捧莲等，2012）。其中，结构分解法通常和投入产出法搭配使用。该方法最初见诸于 Grossman 和 Krueger 研究 NAFTA 对环境的影响，目前广泛应用于国际贸易和能源领域（赵捧莲等，2012）。计量模型法则是依靠建立的各类计量模型，借助于 Eviews 等应用软件，通过对各类检验变量的检测，证实模型合理性的一种方法。其中模型建立又有两类主要方向：一类是直接建立一元或者多元回归模型，进行 OLS、TSLS、MLE 等回归；一类是以 IPAT、ImPACT 及其拓展模型——STIRPAT 模型等理论模型为依据，建立模型（Richard York 等，2003）。而因素分解法一般以 KAYA 恒等式为依据，利用严格的乘数恒等式法则，把碳排放分解为规模效应、结构效应、强度效应等因素，并且利用 LMDI 等法则分析出各因素的大小和方向。该方法逻辑缜密，实证结果可信度较高，是研究经济以及产业碳排量驱动因素的常用方法。例如，徐国泉（2006）、王锋等（2010）、沈满洪等（2012a）均分别采用此类方法研究我国全社会碳排量、交通碳排量驱动因素。结合数据的可获得性和模型的可信度等因素，本书选取因素分解法作为实证研究我国建筑碳排量增长影响因素的方法。

7.3.2.2　模型构建与数据来源

根据因素分解法，首先以 KAYA 恒等式为原型，建立本书的碳排量等式：

$$C=\sum_i C_i=\sum_i \frac{C_i}{E_i}\times\frac{E_i}{E}\times\frac{E}{Y}\times\frac{Y}{P}\times P \tag{7.3}$$

式中：C——建筑碳排量；

C_i——第 i 种能源的 CO_2 排放量；

E_i——第 i 种能源的消耗量；

E——能源的总消耗量；

Y——产值；

P——总人口。

这里分别定义：能源碳排放强度 $CE_i=\frac{C_i}{E_i}$，即建筑能源结构中，第 i 种能源的 CO_2 排放量；能源结构 $\mathrm{ES}_i=\frac{E_i}{E}$，即第 i 种能源占总能源的比重；能源强度 $\mathrm{EI}=\frac{E}{Y}$，即单位产出的能耗；经济发展水平 $\mathrm{CP}=\frac{Y}{P}$，用人均产出表征。居于此，建筑碳排量可以分解为能源排放强度效应ΔCE、能源结构效应ΔES、能源强度效应ΔEI、经济发展效应ΔCP 以及人口规模效应Δ*P*。

根据因素分解法，选取 LMDI 对碳排量进行分解，通过加法分解可得出建筑碳排量总效应为：

$$\begin{aligned}\Delta C&=\Delta C^t-\Delta C^0\\&=\sum_i \mathrm{CE}_i^{\,t}\times \mathrm{ES}_i^{\,t}\times \mathrm{EI}^t\times \mathrm{CP}^t\times \mathrm{P}^t-\sum_i \mathrm{CE}_i^{\,0}\times \mathrm{ES}_i^{\,0}\times \mathrm{EI}^0\times \mathrm{CP}^0\times \mathrm{P}\\&=\Delta\mathrm{CE}+\Delta\mathrm{ES}+\Delta\mathrm{EI}+\Delta\mathrm{CP}+\Delta\mathrm{P}\end{aligned} \tag{7.4}$$

式中：

$$\Delta\mathrm{CE}=\sum_i L(\mathrm{CO}_{2\,i}^{\ t},\mathrm{CO}_{2\,i}^{\ 0})\ln(\frac{\mathrm{CE}_i^{\,t}}{\mathrm{CE}_i^{\,0}}) \tag{7.5}$$

$$\Delta\mathrm{ES}=\sum_i L(\mathrm{CO}_{2\,i}^{\ t},\mathrm{CO}_{2i}^{\ 0})\ln(\frac{\mathrm{ES}_i^{\,t}}{\mathrm{ES}_i^{\,0}}) \tag{7.6}$$

$$\Delta EI=\sum L(CO_2{}^t,CO_2{}^0)\ln(\frac{EI^t}{EI^0}) \tag{7.7}$$

$$\Delta CP=\sum L(CO_2{}^t,CO_2{}^0)\ln(\frac{CP^t}{CP^0}) \tag{7.8}$$

根据 B.W. Ang（2009）的研究，以上 $L(a,b)$函数又可以表示为：

$$L(a,b)=\begin{cases}\dfrac{a-b}{\ln(a)-\ln(b)}, & 当a\neq b时；\\ a, & 当a=b时。\end{cases}$$

在构建以上模型的基础上，相关变量取值如下：Y取以 1985 年为基期的实际建筑业产值，Y、P 数据均来自于历年《中国统计年鉴》；建筑能源结构、碳排量、各类能源排放强度等数据均由上文测算获得。

7.3.2.3 实证分析

根据实证结果中各影响因素的贡献值变化情况，可以获得分为 6 个区间的建筑碳排量影响因素贡献分布表，见表 7-10。由于建筑用能源中，除了电力外，其他能源排放强度效应均为零。因此，此处能源排放强度效应就相当于电力排放强度效应。从表中可以清晰地看到以下几点：①在测算的 25 年内，总体上看，电力碳排放强度、能源结构、能源强度对建筑碳排量的影响起负效应，而经济发展与人口规模对建筑碳排量的影响起正效应；②电力排放强度对建筑碳排量的抑制作用在加强，而经济发展对建筑碳排量的拉升作用在加强；③总体上，电力碳排放强度、能源结构和能源强度的抑制作用难以抵消由经济发展、人口规模拉动的建筑碳排量增长。

表 7-10 1985—2009 年中国建筑碳排量的影响因素及其贡献值 单位：万 t

时间段	ΔCE	ΔES	ΔEI	ΔCP	Δ*P*
1985—1988 年	41.15	−123.72	−1 801.66	4 127.88	829.99
1988—1990 年	−35.01	−236.07	1 895.15	−1 047.37	862.10
1990—1996 年	−47.76	−335.71	−5 165.93	7 111.46	740.80
1996—2001 年	−313.56	−626.55	−8 083.03	8 366.38	590.22
2001—2003 年	346.51	43.15	138.99	9 615.51	516.15
2003—2009 年	−973.30	−400.27	−7 071.13	17 043.91	668.53

通过对表 7-10 的分析可以发现，电力碳排放强度、能源结构、能源强度总体上对建筑碳排量起负效应。通过上文的研究，可以获知我国单位电力碳排放量主要在单位煤耗逐步下降的影响下随着时间序列逐步降低，因此除了 2001—2003 年

电力碳排量微弱提升之外，其余区间电力排放强度的负效应逐步增强。能源结构方面，正如上文所研究的那样，在测算的时间序列内，建筑能源结构呈现出直接用煤减少、电力以及天然气等气体资源增加的演变趋势。因此，正如理论假说中所显示的那样，建筑能源结构的这种优化抑制了建筑碳排量的增长。而一旦这种结构出现微弱的反转（2003 年建筑用煤同比增长 1.94%，电力同比降低 1.34%，其他气体燃料同比降低 0.6%），就将如 2001—2003 年出现的那样，能源结构效应由较强的负效应反而成为微弱地推动建筑碳排量增长的因素。因此，能源结构对建筑碳排量的变化极其敏感。这种密切关系在能源强度因素中同样存在。总体上看，随着建筑带来的第三产值逐步增加，能源强度逐步下降，但是在 1988—1990 年以及 2001—2003 年这种趋势比较例外，从原始数据看到 1989 年、1990 年和 2003 年该数据分别同比增长 1.68%、4.86%、6.77%，因此，能源强度与建筑碳排量的联系和能源结构与建筑碳排量的联系一样，能源强度降低抑制建筑碳排量增长，而能源强度增长拉动建筑碳排量增长，并且这种联系极其敏锐，微小的变化就将产生较大的影响。

通过对表 7-10 的分析可以发现，在测算的时间里，经济发展与人口规模对建筑碳排量的增长起着正向效应。显而易见的，这种影响根源于经济规模的扩张以及人口规模的扩张，这从 1988—1990 年的产业经济数据可以更加直观地发现。1989 年和 1990 年该数据分别同比降低 0.89%和 2.62%，相应的经济发展效应由 4 127.88 转变为–1 047.37。通过表 7-10 还可以看到，经济发展效应对建筑碳排量的拉动作用在增强，这说明由经济发展引致的建筑能源活动及所产生的碳排量显著增加。另外，经济发展与人口规模的这些效应，也解释了上文中对建筑碳排量长期演变趋势为倒 U 型的预测结果，即经济发展与人口规模的持续扩张是导致建筑碳排量长期增长的主要原因。

通过对表 7-10 的分析，可以解释上文中建筑碳排量三阶段的发展特征。1985—1996 年，由于电力碳排放强度效应、能源结构效应与能源强度效应的抑制作用较大程度上减缓了经济发展效应、人口规模效应的拉动作用，因此，在该时期建筑碳排量表现为缓慢的增长期。1996—2001 年，由于 3 个负效应因素抑制作用的增强抵消了经济效应、人口效应的拉动作用，使得总效应由正变为–66.54，从而直接导致该时期建筑碳排量进入短暂的下降调整期。1991—2009 年，由于经济发展的提速，正效应显著大于负效应，使得建筑碳排量进入加速增长期。

7.3.3 研究结论

通过本章的研究发现，建筑碳排量增长的驱动影响主要有经济发展、人口规模、能源结构、能源强度、电力碳排放强度。实证研究发现，1985—2009年，经济发展与人口规模是推动建筑碳排量增长的因素，能源结构、能源强度与电力碳排放强度则是抑制建筑碳排量增长的因素，并且正向效应超过负向效应导致建筑碳排量增长，而建筑碳排量的增长速度又取决于正向效应与负向效应的相对力量。分析还发现，正向效应的相对力量正在提升，从而致使2001—2009年以及预测的未来一段时间内建筑碳排量加速增长。

所以，从长期来看，面对人口高峰的到来、经济发展水平的提高，促进建筑低碳化发展的有效举措就是继续优化能源结构、降低能源强度、降低电力碳排放强度。而这种成效显著与否直接取决于能源结构的优化、能源强度以及电力排放强度的降低所带来的抑制作用能否显著抵消经济发展水平提高和人口规模扩大所带来的推动作用。

从横向上看，我国建筑能源结构依然不合理，依然难以摆脱富煤缺油少气的能源禀赋，地热能、光电一体化等可再生能源的利用比例依然较低；能源强度依然较高，尤其是北方城镇建筑采暖和公共建筑能源强度居高不下，导致建筑用能效率极其低下，据清华大学建筑节能研究中心对全国范围内大型公共建筑的调查，得出的结论是大型公共建筑单位面积能源耗费是普通公共建筑的4～6倍，是住宅的10～15倍（国家发展和改革委员会能源研究所，2007）。而与相同气候条件下的西欧或北美国家相比，我国北方城镇住宅建筑的单位采暖面积要多消耗50%～100%的能量，而且舒适性较差。例如，就北京在执行1995年新节能标准之后而论，虽然建筑能耗大幅下降，但是仍然比瑞典、丹麦、芬兰等国家高出近1倍（武涌等，2007）。与西方主要发达国家相比，我国公共建筑能耗同样居高不下。根据国内学者的调查研究，发现上海市9栋公共建筑的年平均能量为1.8 GJ/（m^2 • a），而日本相同气候条件下的公共建筑能耗标准为1.256 GJ/（m^2 • a），我国上海能耗高出43.3%。同样，对北京10家公共建筑能耗的监测表明，这些建筑的全年空调系统能耗平均为0.7 GJ/（m^2 • a），日本同类建筑的平均能耗大约为0.5 GJ/（m^2 • a），我国北京商场高出近40%（武涌等，2007）；电力碳排放强度依然存在很大的改进空间，而这源于电力的能源结构以及发电能源利用效率。通过比较发现我国电力中火电煤炭利用效率依然较低，煤耗值依然较高。1990年我国与日本的差距为23.7%，与意大利的差距为20.2%，尽管受技术进步的影响，使我国电力中火电煤耗与国际先进水平相比，差距有很大程度地缩小，但截至2009年与日本的差距仍然达到8.8%，与意大利的差距则更大，2008年仍为16.7%（表7-11）。

表 7-11　火电厂发电煤耗中外比较　　单位：kg 标煤/（kW・h）

国　家	1990 年	1995 年	2000 年	2005 年	2006 年	2007 年	2008 年	2009 年
中　国	392	379	363	343	342	332	322	320
日　本	317	315	303	301	299	300	297	294
意大利	326	319	315	288	283	280	276	—
中日差/%	23.7	20.3	19.8	14.0	14.4	10.7	8.4	8.8
中意差/%	20.2	18.8	15.2	19.1	20.8	18.6	16.7	—

资料来源：《中国能源统计年鉴 2010》。

所以，我国建筑能源结构、能源强度以及电力碳排放强度依然有较大的改进空间，推动建筑低碳化发展就是要借助于外部手段，通过对市场施加影响，采取多种宏观政策优化建筑能源结构、降低建筑能源强度以及电力排放强度，以显著的正向效应抵消经济发展以及人口增长所带来的负向效应，从而推动建筑碳排量长期曲线由倒 U 型向倒 N 型转变，以达到促进建筑低碳化发展的目标。

7.4　我国建筑低碳化发展路径研究

上文中研究了我国建筑 25 年来的碳排放特征总体上处于以弱脱钩为主的不稳定的状态，在此基础上提出了建筑碳排放的未来目标是由不稳定过渡到弱脱钩以及强脱钩的绝对脱钩状态。通过实证研究发现，影响我国建筑碳排量的因素主要有人口规模、能源碳排放强度、能源结构、能源强度、经济发展水平等，从中可以看出未来几年随着我国经济社会的持续发展以及人口规模的持续扩张，我国建筑低碳化发展仍然充满挑战。从理论上探讨建筑低碳化的路径选择，及时而必要。

7.4.1　优化建筑能源结构

7.4.1.1　促进技术进步，优化建筑能源供给结构

导致我国建筑能源供给结构较为单一、与发达国家相比煤炭等高碳能源消费量较大的原因除了与资源禀赋有关外，还与低碳能源利用技术跟不上低碳建筑发展要求有关。低碳技术的不成熟导致对低碳能源的利用成本过于高昂，阻碍了低碳能源在建筑中的大规模商业化利用，从而使建筑的能源供给停留于被动地利用与依赖现有的资源禀赋，形成一种能源路径依赖。而相反，通过技术进步，则能够从两个方面优化建筑能源供给结构：①通过技术进步，促进现有能源结构的清洁化，实现既有能源由高碳向低碳的转变。例如，通过煤气化利用促进煤炭的清

洁化，通过液态化实现石油的清洁化。②通过技术进步，开发、利用地热能、沼气能、太阳能、风能等可再生能源，实现建筑能源结构的多元化、低碳化。实际上，我国地表存在着大量可开发利用的地热能，然因受制于技术的限制，这种能源的利用几乎为零。同样，在农村大量太阳能、沼气能的规模化应用，均证明技术进步是优化建筑能源供给结构的重要途径。当然，由于技术进步存在着外部性以及不确定的风险，需要政府给予财税政策配套。

7.4.1.2 改革价格体系，优化建筑能源需求结构

价格是影响消费者购买的重要因素，改变商品的价格必将影响消费者的购买与使用行为。如图 7-4 所示，假设能源市场上存在低碳能源 L 与高碳能源 H 两种商品可供消费者选择，数量集为（Q_L，Q_H），在该范围内消费者根据自身的偏好对其效应进行排序，得到三条无差异曲线 U_a，U_b，U_c。消费者的收入为 I，低碳能源的价格向量为（P_{L1}，P_{L2}）（$P_{L1}>P_{L2}$），高碳能源的价格向量为（P_{H1}，P_{H2}）（$P_{H1}<P_{H2}$），当低碳能源的价格为 P_{L1}，高碳能源价格为 P_{H1} 时，消费者根据均衡条件 $\mathrm{MRS}_{LH}=\dfrac{P_{L1}}{P_{H1}}=\dfrac{\mathrm{MU}_L}{\mathrm{MU}_H}=\lambda$（其中，$\lambda$为货币的边际效用）作出选择，为此，消费者将购买 L_a 单位的低碳能源以及 H_a 单位的高碳能源（西方经济学编写组，2011）。

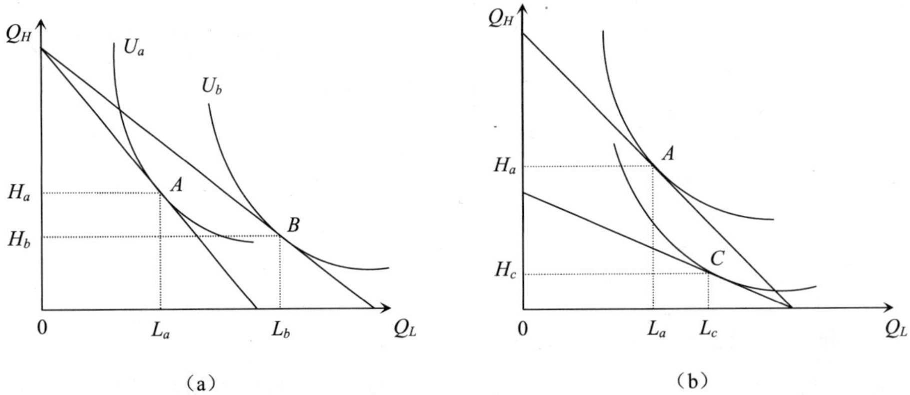

图 7-4 价格调整与能源需求结构优化

情形 1：消费者的收入 I、高碳能源的价格 P_{H1} 保持不变，低碳能源价格由 P_{L1} 降低到 P_{L2} 时，预算约束线将会围绕着纵轴向右旋转，此时消费者的均衡点为（L_b，H_b），从图 7-4（a）中可以看出，$L_b>L_a$，$H_b<H_a$。也就是说，在其他条件保持不变的条件下，降低低碳能源的价格使得消费者增加低碳能源的消费、降低

高碳能源的消费，从而优化能源消费结构。

情形 2：消费者的收入 I、低碳能源的价格 P_{L1} 保持不变，高碳能源价格由 P_{H1} 提高到 P_{H2}，预算约束线将会围绕着横轴向左旋转，此时消费者的均衡点为（L_c，H_c），类似地从图 7-4（b）可以发现，$L_c>L_a$，$H_c<H_a$。其意义就是在其他条件保持不变的条件下，提高高碳能源的价格将使得消费者增加低碳能源的消费、降低高碳能源的消费，从而达到优化能源消费结构的目的。

7.4.2 降低建筑能源强度

（1）促进技术进步，降低建筑能源强度。技术进步对降低建筑能源强度的贡献较为突出。主要表现在：通过技术进步增强建筑围护结构与材料的保暖、换气功能，降低建筑运行过程中的采暖能源消耗和制冷能源消耗，从而降低建筑能源强度；通过技术进步改进建筑用能设备的用能效率，减少用能设备的能源消耗，从而降低建筑能源强度。

技术进步对降低建筑能源强度的机制见图 7-5。横轴代表总能耗量，纵轴代表产出，T_1 和 T_2 分别表示不同技术水平下的最大产出曲线，并且 T_2 的技术水平高于 T_1。从图中可以看到，当技术水平提高时，在消耗同样数量能源 E_1 的条件下，较高技术水平的产出曲线 T_2 所对应的最大产出 Y_2 显著地大于 Y_1，从而使得 $\mathrm{EI}_2=\dfrac{E_1}{Y_2}<\mathrm{EI}_1=\dfrac{E_1}{Y_1}$，即技术进步使得同样的能耗水平下，产出增加，从而促进建筑能源强度降低。

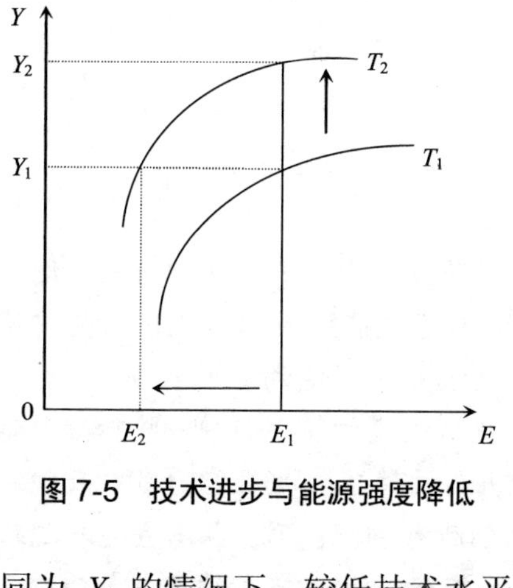

图 7-5 技术进步与能源强度降低

同样，在产出水平同为 Y_1 的情况下，较低技术水平条件下的能源消耗量为 E_1，而在较高技术水平条件下所消耗的能源仅为 E_2，从图中可以显而易见地看到，

$E_2 < E_1$，此时有 $EI_2 = \frac{E_2}{Y_1} < EI_1 = \frac{E_1}{Y_1}$，即技术进步使得单位产出内的建筑能源消耗量降低，从而促进建筑能源强度降低。

（2）调整价格政策，降低建筑能源强度。能源价格是市场机制中调节能源强度的重要因素和手段（孔婷等，2008）。价格调整对降低建筑能源强度的路径主要有 4 条：

- 逐步提高供暖等建筑用能价格，减少对大量消耗化石能源的建筑用二次能源的价格补贴，通过价高量低的机理，达到降低建筑能源强度的目标。见图 7-6，在政府的现行价格补贴政策下，价格为 P_0 时需求量为 E_0，当减少或者取消能源价格补贴使得价格提高到 P_1 时，需求量降低为 E_1，能源需求量的降低也就意味着在产出水平不变的情况下，能源强度降低。实际上，通过减少或者完全取消公共建筑和北方城镇建筑采暖的价格补贴政策，提高建筑用电、采暖等的价格，甚至采取阶梯价格政策，将显著地减少公共建筑和北方城镇建筑的能源强度，有效地抑制公共建筑和北方城镇建筑碳排量增长的发展势头。

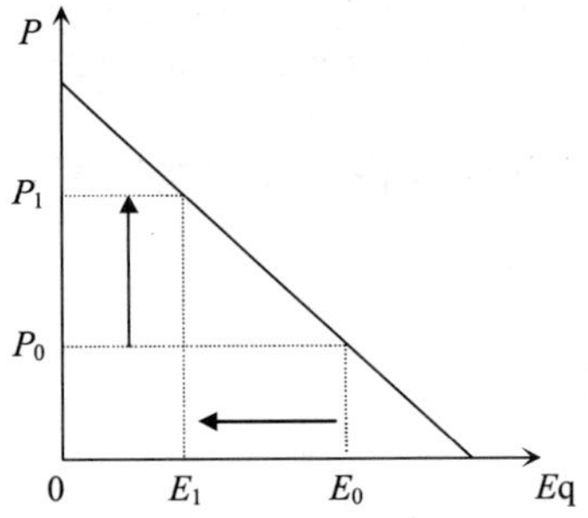

图 7-6　价格政策与能源强度

- 通过提高高碳能源价格、降低低碳能源价格，达到优化建筑能源消费结构的目标（图 7-4），而建筑能源结构的优化使得建筑能源消费转向高效率能源，从而有利于建筑能源强度的降低。
- 通过能源价格对技术进步的诱导机制，降低建筑能源强度。当高碳能源价格提高、低碳能源价格降低，并且能够有效反映市场供需状况，以至于市场主体进行技术创新有利可图时，市场将逐渐踊跃出技术研发与创新的行为，诱导清洁技术或者高效率技术的发展与推广，从而增加清洁或高效率建筑能源的使用，降低建筑能源强度（孔婷等，2008）。

综合以上分析，可以用图 7-7 表示价格政策调整，促进建筑能源强度降低的发展路径。

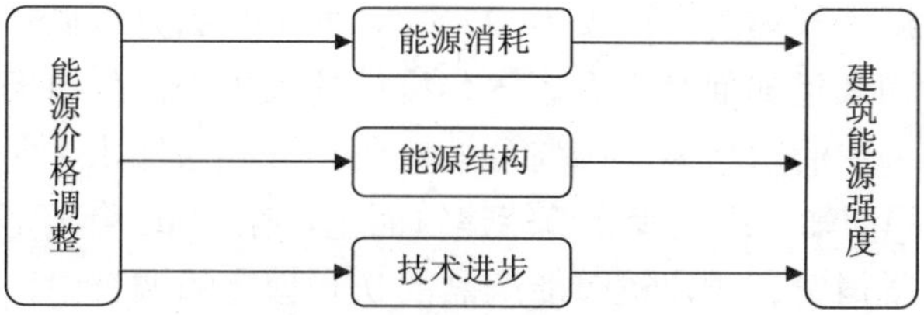

图 7-7　价格调整与建筑能源强度

（3）培育低碳意识，降低建筑能源强度。低碳意识表现为一种文化精神，这种意识或者精神通过经济行为主体的能动性影响个体的行为选择从而影响建筑运行中的能源消耗量，以至于影响建筑能源强度。这种精神对经济行为主体的影响主要表现在两个方面：①精神导向。即经济行为主体的用能行为目标的选择和确立受低碳意识的引导，这种意识或精神以一种内在的自觉定向和导引，帮助行为主体做出“应当做什么”的行为选择（李永刚，2012）。②意识规约。低碳意识作为行为人的内在行为规范，自觉地约束行为人“不应该做什么”和“不应该如何做”（李永刚，2012）。低碳意识正是通过以上两个功能促进行为人做出低碳的行为选择，以达到降低能源强度的目标。而实证研究也发现意识的作用不可小觑。例如，王长江等（2012）在问卷调查的基础上，实证研究发现公众意识的影响最大，“意识非常强烈”比“意识非常淡薄”的效果好 2.54 倍。

以英国为例，自全球首个低碳经济白皮书被提出以来，英国就把发展低碳经济作为未来竞争力的一个制高点，作为稳增长、扩就业与出口的切入点，作为应对能源安全的突破口。所以从联邦政府到地方政府，各级部门积极努力、分工明确、意志坚定、统一配合，从市场机制、技术创新、制度建设、法律保障等全面深入推进，使得英国 2005 年较 1990 年 CO_2 排放降低 15.4%，2010 年预计较 1990 年降低 19.4%以上。此外，英国还提出 2020 年在 1990 年的基础上减排 26%～32%、2050 年减排 60%的长期减排目标，并且贸工部提出到 2020 年将可再生能源在 2005 年的基础上提高 29%，占能源总消耗 35%的目标（仇保兴，2008a）。在建筑领域，严格执行“欧盟建筑能耗标准体系”，每年投入大量资金用于技术创新和旧房低碳化改造，对 25 万个家庭建筑保温隔热改造提供补贴。而在英国国民之间，低碳意识逐渐高涨，大力支持有利于提高人类家园环境的低碳行为，无论企业还是个人都积极参与英国建立的碳排放交易体系，全球碳交易额的 80%使得伦敦成为全球的碳交易中心。

然而在我国，大量的事实表明，无论住宅用户还是公共建筑用户，低碳意识普遍淡薄，低碳离普通建筑用户的距离感还很远。据国内学者对杭州市的问卷调查，知道什么是温室气体的占比仅为 27.4%，知道什么是低碳产品和高碳产品的居民占 21.2%，而知道如何减少温室气体排放的人更少，仅占调查总数的 19.5%（孟艾红，2011）。生活水平居我国前列的杭州，低碳认知水平是如此差强人意，我国其他地区可想而知。退一步就节能建筑而论，在 2005 年建设部组织的"建筑节能调查问卷"就消费者对建筑节能产品的认知程度的调查中，结果见表 7-12，认知程度更低。另据建设部网站 2006 年的一项全国调查，针对"在建筑中应用可再生能源产品的意愿"的调查结果显示，被调查对象"愿意"或"非常愿意的"只占 45%，直接回答"不愿意"的占 7%，36%的被调查者选择"视国家政策而定"。而在针对既有建筑进行节能改造的意愿调查中，明确表示"愿意"的只有 34%，"视国家政策而定"和"视建筑情况而定"的分别占 27%和 29%，明确表示"不愿意"的占 10%（武涌等，2007）。上述调查结果表明，我国普通居民对低碳的认知意识比较薄弱，愿意主动在建筑领域采取行动的比例很低，从而极大地阻碍了通过低碳意识降低建筑能源强度的路径选择。

表 7-12　居民对建筑节能产品的认知程度调查结果　　单位：%

调查对象	所在区域	建筑节能产品认同度		
		较高	一般	低
住宅居民	严寒和寒冷地区	3.2	46.2	50.6
	夏热冬冷地区	2.8	53.6	43.6
	夏热冬暖地区	1.6	38.1	60.3
公共建筑业主	严寒和寒冷地区	4.2	58.3	37.5
	夏热冬冷地区	4.8	64.3	30.9
	夏热冬暖地区	18.2	31.6	50.2

资源来源：王珏．我国低碳建筑市场体系构建及对策研究．硕士学位论文，重庆大学，2011：17。

7.4.3 降低电力碳排放强度

7.4.3.1 促进技术进步，降低电力碳排放强度

技术进步降低电力碳排放强度主要是借助技术的力量，使得电力中的一次高碳能源清洁化、低碳化，以达到降低单位电力碳排量的目标。在我国的发电结构中，火电占据绝对比重，水电、核电、风电、太阳能发电均可以视为无碳排放。因此，技术进步促进电力排放强度降低的路径主要是通过技术手段降低单位电力

煤耗值，以达到总体降低电力排放强度的目的。而通过上文的研究发现，我国火电发电煤耗值与日本、意大利等发达国家相比依然存在不少差距，这表明通过技术手段降低火电发电煤耗值从而降低电力排放强度依然存在较大的潜力。

7.4.3.2 优化能源结构，降低电力碳排放强度

在我国电力碳排放强度中，很大程度上取决于火电的结构比重，而火电又依靠大量的煤炭资源。因此，火电结构越高，也就是电力中间接用煤越多，电力碳排放强度越高，相反较低的火电比重，也就意味着较高的风电、水电、核电等无碳电力结构，通过稀释作用使得电力碳排强度降低。因此，优化能源结构，也就是降低火电的比重以及电力中的间接用煤量，提高可再生能源的发电比例，降低电力碳排放强度。

7.5 促进我国建筑低碳化发展的政策建议

7.5.1 培育居民低碳意识

通过上文的研究可以获知，低碳意识是降低建筑能源强度的重要一环。而从相关调查来看，无论公共建筑居民还是住宅居民低碳意识均较薄弱，这也就成为阻碍建筑低碳化发展的重要力量。为此，可以采取以下政策：

（1）创新宣传方式，加大宣传力度。把培育全民低碳意识、构建全民低碳文化作为一项全社会的系统工程来抓，以行政部门、教育机构、商业组织为主体，以书籍、报纸、电视、网络、移动媒体等为载体，加大宣传力度。创新宣传方式，通过电视连续剧、电影、小品相声、网络游戏角色塑造等方式，让低碳知识、低碳意识寓学于乐，寓乐于学，使传播低碳文化成为无处不在、无处不学的新气象，让低碳文化成为建筑的新文化，成为中华民族的新文化。

（2）加强示范引领。发挥政府机关在低碳意识培育中的引导作用，首先开展政府部门公共建筑的节能评比，形成一种政府间上下各部门节能竞争的氛围，并且借助舆论的力量，接受社会的监督与评比，使得这种低碳文化成为社会大众耳熟能详、茶余饭后的一种谈资，从而达到进入大众生活的目的。

（3）发挥社会低碳组织的力量。社会组织作为第三方，往往具有专业性强、与行政资源互补等优势，是不可多得的一支力量。支持社会力量建立低碳社团等社会组织，鼓励社会组织开展宣传低碳意识、培育低碳文化的各类活动，有利于高效、持久地营造先进的低碳意识与低碳理念。

7.5.2 推动建筑能源价格改革

通过上文的研究可以知道，改革建筑能源价格体系能够从两方面促进建筑低碳化：①通过优化建筑能源需求结构，实现建筑能源结构的清洁化；②通过诱导技术进步，促进建筑能源强度降低，实现建筑低碳化。通过上文的研究还可以知道，推动建筑能源价格改革，表现在两个方面：一方面放开对高碳能源的价格管制，提高社会净收益（苏小龙等，2010）。而针对我国公共建筑和北方城镇建筑能源消耗高、能源利用效率低的特点，尤其需要建立针对公共建筑和北方城镇采暖建筑的能源价格政策，在推动北方城镇采暖建筑供热计量制度由按面积收费向按热量收费的同时，改革现行单一的价格政策，推行阶梯电价、阶梯暖气价格等价格制度。在逐步降低电力、暖气的基础消费量的基础上，加大阶梯间的价格差，尤其是要大幅提高高阶梯的价格，提高浪费能源、资源的成本，最大限度地利用高价政策降低建筑尤其是公共建筑和北方城镇采暖建筑的能源强度。另一方面，增加对低碳能源的价格补贴，降低低碳能源的使用成本，促进建筑能源需求结构的清洁化、低碳化。

7.5.3 建立有利于技术进步的财税政策

通过上文的研究可以获悉，促进技术进步能够从 3 个方面助推建筑低碳化：①技术进步通过促进既有高碳能源的清洁化利用以及开发、利用地热能、太阳能等可再生能源，优化建筑能源供给结构，实现建筑低碳化；②技术进步通过降低建筑能源强度实现建筑低碳化；③技术进步通过降低电力排放强度实现建筑低碳化。因此，可以看出，技术进步是促进建筑低碳化的重要力量。而技术进步之所以难以推进就在于其本身的正外部性以及存在的风险性。由于政府在纠正市场失灵方面的天然优越性，需要借助于政府的宏观调控，推动低碳技术的创新与发展。为此，需要建立一套有利于技术进步的财税政策体系，以财政补贴、税费减免、贴息贷款、利率优惠等财政、金融手段为保障，着力支持低碳建筑所急需的新型保温复合墙体材料、复合玻璃、低碳器具等产品与技术的研发与产业化建设，着力推动地热能、太阳能、风能等可再生能源开发与利用以及光电一体化技术、水源热泵技术等技术的研发与利用，着力推动电力用煤的清洁化改造，促进建筑能源结构的清洁化、高效化，大力发挥建筑能源结构、能源强度、电力排放强度在建筑减排中的重要抑制作用。实施策略上，在低碳技术发展初期，着力扶持几家大型能源企业，利用规模经济效应降低技术创新成本。在低碳技术发展中后期，着力推动低碳技术产业化、集聚化发展，多管齐下降低低碳技术在各个阶段的成本，给予建筑低碳技术大规模商业化应用的成本条件。

7.5.4　利用市场机制实现建筑低碳化

在建筑低碳化发展过程中，除了需要采用各种财税政策、金融政策激励市场主体技术创新，改革能源定价机制鞭策市场主体优化能源结构和减少能源消费等传统的市场机制以外，还需要利用其他机制有效推动建筑低碳化发展。

（1）利用清洁发展机制。CDM 是《京都议定书》中规定的发达国家与发展中国家之间转移碳排放的一种旨在降低减排成本的履行机制。通过该机制的履行，一方面可以帮助发达国家以更加低廉的成本实现国内碳减排的目标；另一方面，又可以提升发展中国家的低碳技术，增加发展资金。所以，稳妥地利用 CDM 可以实现“双赢”的局面。然而目前，尽管我国建筑存在很大的减排空间，但是国内鲜有在建筑领域应用 CDM 的案例。为此，可以从北方城镇采暖建筑和公共建筑入手，通过引进清洁发展机制，在吸收资金来源国减排经验的同时，提升我国建筑减排技术。

（2）建立低碳基金。无论是以优化能源结构为目的的技术创新还是以开发建筑保温复合墙体材料为目的的技术创新，无论是低碳器械开发还是低碳技术研发，都脱离不开大量资金的支持，而光靠政府的财政拨付是远远满足不了需求的。为此，必须创新融资方式，丰富融资渠道。发展各种用途的低碳专项基金，形成以市场主体为主，财政补贴为辅的融资模式。例如，通过利用中央与地方政府财政、能源服务公司或者能源企业、建筑住户共同建立的北方城镇建筑低碳基金促进北方城镇建筑低碳化改造；通过利用中央与地方财政、建筑业主等共同建立的公共建筑节能基金促进公共建筑低碳化改造；通过利用政府财政、开发企业共同建立的低碳技术基金促进低碳建筑技术开发与利用。

（3）建立合同能源管理机制。合同能源管理作为目前国际上最先进的能源管理模式，通过专业的节能服务公司（ESCO）与用能单位（建筑消费者）签订节能服务合同约定节能项目的节能目标，并且节能服务公司对用能单位提供节能改造服务，而其改造投入费用及合理利润无需用能单位直接支付，只是通过减少的能源费用给予支付。该机制在追求社会效益的同时，也追求经济效益。通过建立合同能源管理机制，推动既有建筑低碳化改造，能够消除建筑消费者的技术风险，也能够在消费者无融资障碍的情况下，降低建筑能源费用支付，减少建筑运行成本（谢庆，2011），是当前实现建筑低碳化改造的重要而有效的市场机制。

参考文献

[1] Ang B. W. Decomposition analysis for policy making in energy：which is the preferred method?. Energy Policy，2004（32）：1131-1139.

[2] Yao C. S.，Chen C. Y.，Li M. Analysis of rural residential energy consumption and corresponding carbon emissions in China. Energy Policy，2012（41）：445-450.

[3] Jun L.，Michel C. Managing carbon emissions in China through building energy efficiency. Journal of Environmental Management，2009（90）：2436-2447.

[4] Jones P.，Li X. X. Low-Carbon Building Design：European Experience．第七届亚洲建筑国际交流会（ISAIA）论文集．北京：中国建筑学会，2008：159-163.

[5] Richard Y.，Eugene A. R.，Thomas D. STIRPAT，IPAT and ImPACT：analysis tools for unpacking the driving forces of environmental impacts. Ecological Economics，2003（46）：353.

[6] Urge V. D.，Harvey L. D. Mitigating CO_2 emissions from energy use in the world's buildings. Building Research & Information，2007（35）：379-398.

[7] Zha D. l.，Zhou D. Q.，Zhou P. Driving forces of residential CO_2 emissions in urban and rural China：An index decomposition analysis. Energy Policy，2010（38）：3377-3383.

[8] 蔡筱霜．基于LCA的低碳建筑评价研究．江南大学，2011：7-43.

[9] 曹小琳，柳云状．我国发展低碳建筑的障碍因素及对策研究．建筑经济，2010（3）：16.

[10] 查建平，唐方方，傅浩．中国直接生活能源碳排放因素分解模型与实证．山西财经大学学报，2010（9）：9-15.

[11] 陈江红，李启明，邓小鹏．住宅建筑全生命周期的能耗分析．建筑经济，2008（7）：118.

[12] 陈通，姚德利．低碳建筑管理体系及激励机制研究．天津师范大学学报（社会科学版），2012（2）：18.

[13] 仇保兴．创建低碳社会 提升国家竞争力——英国减排温室气体的经验与启示．城市发展研究，2008a，15（2）：1-8.

[14] 仇保兴．从绿色建筑到低碳生态城．城市发展研究，2009（7）：1.

[15] 仇保兴．我国绿色节能建筑的发展前景及对策建议．广西城镇建设，2011（1）：41.

[16] 仇保兴．中国建筑节能与模式创新（二）．住宅产业，2007a：16-21.

[17] 仇保兴．中国建筑节能与模式创新（三）．住宅产业，2007b：14-17.

[18] 仇保兴．中国建筑节能与模式创新．住宅产业，2006（12）：17.

[19] 仇保兴．中国特色的城镇化模式之辩——“C模式”：超越“A模式”的诱惑和“B模式”的泥淖．城市规划，2008b，32（11）：9-14.

[20] 杜婷婷，毛锋，罗锐．中国经济增长与 CO_2 排放演化探析．中国人口•资源与环境，2007，

17（2）：94-99.

[21] 高铁梅．计量经济分析方法与建模：Eviews 应用及实例（第二版）．北京：清华大学出版社，2009：465-468，490-491.

[22] 国家发展和改革委员会能源研究所．中国大型公共建筑节能管理政策研究．北京，2007：8.

[23] 胡初枝，黄贤金，钟太洋，等．中国碳排放特征及其动态演进分析．中国人口·资源与环境，2008（3）：38-42.

[24] 胡文发，郭淑婷．中国住宅建筑使用阶段碳排放的因素分解实证．同济大学学报（自然科学版），2010，40（6）：960-964.

[25] 黄文凯，黄春华．基于低碳绿色建筑理念的实证分析——以广州商品房为例．湖南工业大学学报（社会科学版），2010，15（5）：89-91.

[26] 姜虹，李俊明．中国发展低碳建筑的困境与对策．中国人口·资源与环境，2012，20（12）：72-75.

[27] 孔婷，孙林岩，何哲，等．能源价格对制造业能源强度调节效应的实证研究．管理科学，2008，21（3）：2-8.

[28] 李海峰．上海地区住宅建筑全生命周期碳排放量计算研究//中国城市科学研究会，中国建筑节能协会、中国城科会绿色建筑与节能专业委员会．城市发展研究——第七届国际绿色建筑与建筑节能大会论文集．2011：416-419.

[29] 李启明，欧晓星．低碳建筑概念及其发展分析．建筑经济，2010（2）：41-43.

[30] 李永刚．文化如何成为经济学研究的对象．经济学家，2012（2）：5-12.

[31] 林宪德．绿色建筑——生态·节能·减废·健康．北京：中国建筑工业出版社，2007：163-168.

[32] 刘军明，陈易．崇明东滩农业园低碳建筑评价体系初探．住宅科技，2010（9）：9-12.

[33] 刘念雄，汪静，李嵘．中国城市住区 CO_2 排放量计算方法．清华大学学报（自然科学版），2009（9）：1-4.

[34] 龙惟定，白玮，梁浩，等．建筑节能与低碳建筑．建筑经济，2010a：39.

[35] 龙惟定，张改景，梁浩，等．低碳建筑的评价指标初探．暖通空调，2010b：6-11.

[36] 孟艾红．城市居民低碳消费行为影响因素的实证分析．中国城市经济，2011（10）：77.

[37] 清华大学建筑节能研究中心．中国建筑节能年度发展研究报告 2008．北京：中国建筑工业出版社，2008：239.

[38] 尚春静，张智慧．建筑生命周期碳排放核算．工程管理学报，2010（1）：7-12.

[39] 沈满洪，池熊伟．中国交通部门碳排放增长的驱动因素分析．江淮论坛，2012a（1）：31-39.

[40] 沈满洪，王隆祥．低碳建筑的文献综述与研究展望．建筑经济，2012b（12）：67-70.

[41] 苏小龙，沈满洪．发展低碳经济的双轮驱动：资源价格改革与财税政策创新．学习与实践，2010（12）：30.
[42] 王锋，吴丽华，杨超．中国经济发展中碳排放增长的驱动因素研究．经济研究，2010（2）：123-136.
[43] 王珏．我国低碳建筑市场体系构建及对策研究．硕士学位论文，重庆大学，2011：9-17.
[44] 王长江，周洪光，马明．基于有序 Logistical 回归的低碳建筑影响因素研究——以河北省建筑业为例．建筑经济，2012（8）：99-101.
[45] 武涌，刘长滨．中国建筑节能经济激励政策研究．北京：中国建筑工业出版社，2007：17-18，164-165.
[46] 西方经济学编写组．西方经济学上册．北京：高等教育出版社，人民出版社，2011：113-116.
[47] 谢庆．合同能源管理在低碳建筑中的应用研究．重庆大学，2011：14-15.
[48] 邢立轩，代月．低碳建筑的发展趋势与现实需要．科技传播，2010（6）：10-13.
[49] 徐国泉，刘则渊，姜照华．中国碳排放的因素分解模型及实证分析：1995—2004．中国人口·资源与环境，2006，16（6）：158-161.
[50] 杨国锐．中国经济发展中的碳排放波动及减排路径研究．华中科技大学，2010：49.
[51] 杨秀，魏庆尤，江亿．建筑能耗统计方法探讨．中国能源，2008，28（10）：12-16.
[52] 杨选梅，葛幼松，曾红鹰．基于个体消费行为的家庭碳排放研究．中国人口·资源与环境，2010，20（5）：35-40.
[53] 杨振．中国能源消费碳排放影响因素分析．环境科学与管理，2011，35（11）：38-41.
[54] 张丽峰．我国经济增长、能源消费对碳排放影响分析．工业技术经济，2011（1）：127.
[55] 赵黛青，张哺，蔡国田．低碳建筑的发展路径研究．建筑经济，2010（2）：47-49.
[56] 赵捧莲，杨来科，闫云凤．中国碳排放的影响因素及测算：模型比较及文献述评．经济问题探索，2012（2）：131-136.
[57]《中国电力年鉴》编辑委员会．中国电力年鉴 2004—2011．北京：中国电力出版社.
[58] 诸大建．从布朗的 B 模式到中国发展 C 模式．文汇报，2009-12-21.
[59] 朱勤，彭希哲，陆志明，等．人口与消费对碳排放影响的分析模型与实证．中国人口·资源与环境，2010，20（2）：98-112.
[60] 庄贵阳．气候变化挑战与中国经济低碳发展．国际经济评论，2007（5）：50-52.

第8章

低碳物流论

物流业的运行既会影响到经济社会系统，又会影响到资源环境系统。一方面，物流业作为低碳经济的重要支撑，实现低碳物流有利于低碳发展；另一方面，物流业作为能源消耗的重点行业，油品消耗数量约占全社会油品消耗总量的 1/3（中国物流与采购联合会，2010），对资源环境影响很大。因此，物流业是我国进行“低碳革命”的重点行业之一。随着物流行业的不断发展壮大，物流业低碳化的任务日益加重。同时，“低碳”作为物流业发展的方向，只有尽早完成从“高碳”到“低碳”的转型，才能具有行业竞争优势。

8.1 低碳物流的内涵界定

8.1.1 低碳物流的定义

低碳物流是随着低碳经济的发展而衍生出来的新概念，与低碳经济是相互包容的关系，低碳物流发展是低碳经济发展的一部分。低碳物流的发展可以促进低碳经济的发展，同时，低碳经济的发展也可以促进低碳物流的发展。低碳物流也是物流业的发展方向，是物流行业的必然选择。准确定义低碳物流有助于低碳物流的研究。定义低碳物流首先需要理解物流的定义。目前，国际上对物流最普遍的定义是美国物流协会（CLM）作出的：物流是为了迎合顾客需求而对商品、服务及相关信息从原产地到消费地的高效率、低成本流动和储存进行规划、实施和控制的过程（周启蕾，2005）。

国内学者对于低碳物流内涵的描述主要从以下两个角度展开：①降低物流碳排放，②降低物流碳强度（李东光，2010）。支持“降低物流碳排放”的学者居多。杨雨薇（2011）认为，低碳物流是在整个物流系统的运行中，通过先进的技术与物流管理水平，提高资源利用率，降低温室气体的排放量，以达到系统效益的最大化。李太武（2011）认为，低碳物流是以低碳发展为方向，以低能耗、低污染、低排放和高效能、高效率、高效益为基础，以节能减排为发展方式，在物流过程中抑制物流对环境造成的危害，实现对物流环境的净化，并使物流资源得到最充分的利用，低碳物流的发展必须优先考虑环境问题，形成一个与环境共生性的物流管理系统。李蜀湘、陆小成（2010）指出，低碳物流是以应对全球气候变化为背景，以科学发展观、低碳经济、物流管理等理论为基础，以节能减排、低碳发展为基本要求，抑制物流活动对环境的污染，减少资源消耗，利用先进低碳物流技术规划并实施低碳物流活动，低碳物流是物流作业环节和物流管理全过程的低碳化，其内涵体现为绿色加高效。陶晶（2010）则认为，低碳物流是以低碳经济和绿色物流理论为基础，达到资源利用效率最高、对环境影响最小和系统效益的最优化。还有学者指出，低碳物流是指在物流过程中以低能耗、低污染、低排放为目标，利用能效技术、可再生能源技术和温室气体减排技术减少物流活动中的碳排放，降低物流活动对环境的污染，提高物流资源的利用效率（徐旭，2011）。可见，在这些以“降低物流碳排放”来定义“低碳物流”的学者中，各自又有着不同的理解。但在某些方面几乎已取得一致的认识：

（1）以可持续发展为根本目标。一方面，实现低碳物流的发展，其提出的背景是应对气候变化，核心是“低碳”，要求在物流过程中实现低能耗、低污染、低排放，即提高资源的利用效率，减少对环境的污染和 CO_2 等温室气体的排放，以节能减排的方式发展物流业；另一方面，低碳物流也需要满足社会经济发展这一基本要求，实现物流业高效能、高效率、高效益，使行业长远发展有经济基础，使物流业长远发展成为可能。低碳物流的发展是以环境为首先考虑要素，在不影响甚至更好促进物流业发展的前提下，尽可能减少资源消耗和排碳量，保护环境甚至净化环境，从而实现其行业的可持续发展。

（2）以先进的技术和科学的管理为手段。在提高能效，减少排放的要求下，必然要求技术和管理的创新，如可再生能源技术、能效技术和温室气体减排技术、联运管理等，使其成为低碳物流的支撑和行业发展的推动力，为物流业提供技术手段和管理保证。如果技术和管理水平得不到进步，低碳物流的发展将不可能实现。

（3）以系统性实现低碳为要求。低碳的实现不是只有一个环节或一个方面，而是整个物流系统和作业环节都实现低碳。局部的低碳实现只能认为是物流业的局部低碳发展，并不是低碳物流的发展。从系统论的角度来看，局部的低碳实现虽然实现了物质流与信息流的结合、转移，但是由于其他环节的高碳仍造成了能量流的流失，价值流的浪费，没有实现物流业的最优效率。只有整个物流系统和作业环节都实现低碳，才能有效整合并优化物质流、信息流、能量流及价值流，达到物流业最有效率的状态。可以说，物流业系统性的实现低碳是低碳物流的基本要求。

综上所述，低碳物流是以先进的技术和科学的管理为手段，以系统性的实现低碳发展为要求的可持续发展的物流模式。

8.1.2　低碳物流与高碳物流的比较

为了比较低碳物流与高碳物流的不同，这里引入物流碳排放评价体系进行分析。首先介绍两种评价体系：基于层次分析法（Analytic Hierarchy Process，AHP）的物流碳排放的评价体系和基于循环理论的物流碳排放评价指标体系。再根据两种评价体系进行低碳物流与高碳物流的比较。

8.1.2.1　物流碳排放评价体系

（1）基于 AHP 的物流碳排放的评价体系。本章采用的基于 AHP 的物流碳排放的评价体系是根据包云（2007）提出的“物流业可持续发展评价体系”基础上修改而成的。AHP 是美国运筹学家 T.L.Saaty（1977）提出的。这是对定性问题的定量分析的一种简便实用的方法。同时，提供了一个 1～9 标度法，有利于判断定量化，见表 8-1。

表 8-1　1～9 标度表

标度	含义
1	表示两个因素相比，同样重要
3	表示两个因素相比，前者比后者稍微重要
5	表示两个因素相比，前者比后者明显重要
7	表示两个因素相比，前者比后者强烈重要
9	表示两个因素相比，前者比后者极端重要
2，4，6，8	上述两相邻判断的中间值
倒数	表示两个因素相比，后者比前者的标度是前者比后者的倒数

具体做法是：对复杂问题的各种因素划分为相互联系的有序层次，建立一个多层次的递阶结构；确定递阶结构中相邻层次元素间相关程度；计算各层因素对系统目标的合成权重；根据计算结果，选取决策。建立递阶结构模型，见图 8-1。由上至下四层分别为：目标层、准则层、指标层、方案层。

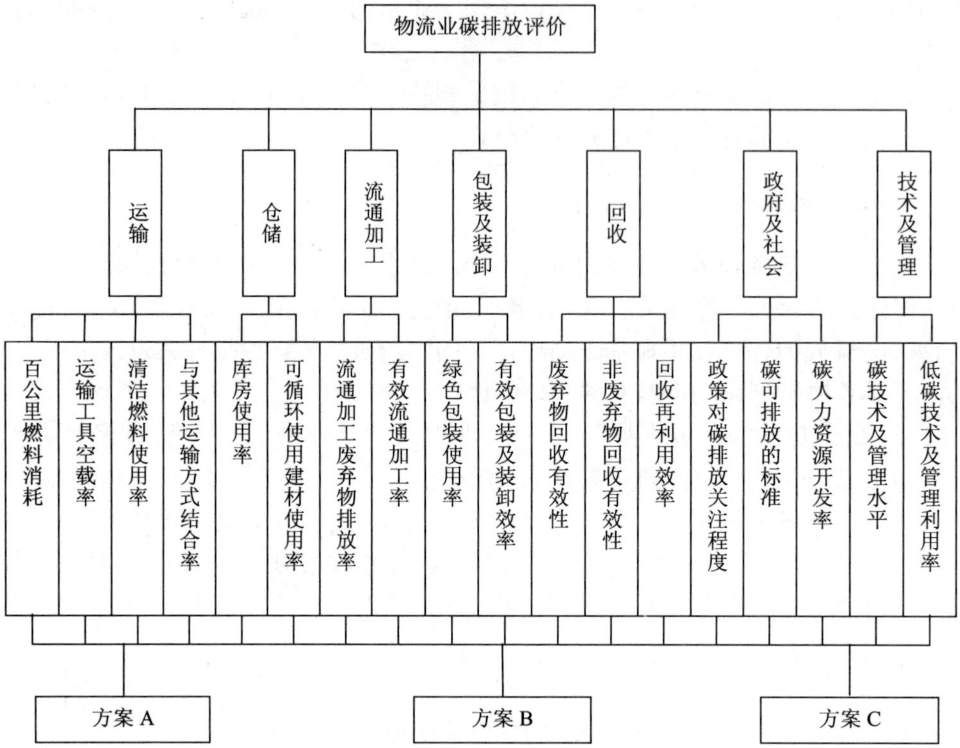

图 8-1 物流业碳排放评价体系递阶结构模型

通过对同一层的因素进行两两比较，并根据 1～9 标度表，可得到一个判断矩阵。然后根据这个判断矩阵的特征根和特征向量进行一致性检验。这样得到每一层相对于其更高层次的重要性排序，然后在此基础上计算，得到相对于最高层的重要性排序，按照总排序可以确定方案的排序。

（2）基于循环理论的物流碳排放评价指标体系。以上基于 AHP 的物流碳排放的评价体系是一种把定性问题定量化的方法。更侧重于对方案的决策选择。而以下介绍的基于循环理论的物流碳排放评价指标体系，更侧重于指标性的评价，两者评价目的不同，评价方法也不相同。本章是在潘文军（2008）提出的“基于循环理论的绿色物流评价指标体系”基础上修改而成的。物流业发展循环化有助于碳排放量的减少。循环经济的实施依据“3R”原则：资源利用减量化、产品的再使用、废弃物的再循环。结合此原则，本书将指标层次划为政府层次、企业层次、社会层次。建立的指标体系见表 8-2。

表 8-2　基于循环理论的物流评价指标体系

指标层次	一级指标	二级指标		
		资源减量化	回收利用	其他
企业层次	物流资源消耗水平	含碳能源消耗量	废弃物回收率	清洁能源使用率
		含碳能源利用率	能量回收率	能源损失率
	低碳物流管理水平	运输工具空载率	逆向物流发展水平	绿色供应链发展水平
	企业合作水平	联运程度	设备再利用率	第三方物流发展水平
政府层次	政策有效水平	限制能源过度消耗	对回收利用的支持水平	政府碳排放宣传力度
	标准化水平	设定标准水平	设备使用标准	政府引导水平
	经济手段水平	征收能源税率	回收补贴	金融优惠政策
社会层面	人才培养水平	减排人才培养	对员工环保宣传	理论研究水平
	社会机构效率	节能监督效率	再生产品市场培养水平	辅助政府政策推广水平

8.1.2.2　根据物流碳排放评价体系进行比较

（1）根据“基于 AHP 的物流碳排放的评价体系”的比较。在此评价体系中，物流业碳排放评价体系递阶结构模型由上至下分为四层：目标层、准则层、指标层、方案层。为了便于比较，选取目标层、准则层、指标层进行分析。先进行低碳物流与高碳物流的指标层比较，再由指标层的结果分析低碳物流与高碳物流的准则层比较，最后，由准则层的结果分析低碳物流与高碳物流的目标层比较。

指标层分析结果见表 8-3。

表 8-3　指标层分析结果

指标名称	低碳物流	高碳物流
百公里燃料消耗	少	多
运输工具空载率	低	高
清洁燃料使用率	高	低
与其他运输方式结合率	高	低
库房使用率	高	低
可循环使用建材使用率	高	低
流通加工废弃物排放率	低	高
有效流通加工率	高	低
绿色包装使用率	高	低
有效包装及装卸效率	高	低
废弃物回收有效性	高效	低效
非废弃物回收有效性	高效	低效

指标名称	低碳物流	高碳物流
回收再利用效率	高	低
政策对碳排放关注程度	高	低
碳可排放的标准	低	高
碳人力资源开发率	高	低
技术及管理水平	高	低
碳技术及管理利用率	高	低

根据指标层的分析结果，可知准则层的比较结果，见表 8-4。在运输过程中，低碳物流较高碳物流燃料消耗少、空载率低、使用清洁燃料多、与其他运输方式结合率高，是一种节能、高效、减排的运输方式。在仓储环节，低碳物流较高碳物流房屋利用率高、可循环使用的建材多，是一种节约的方式。在流通加工过程中，低碳物流较高碳物流废弃物排放低、运行效率高，是一种环保、高效的流通加工过程。在包装及装卸环节，低碳物流较高碳物流绿色包装使用率高、有效性强，是一种环保、高效的方式。在回收环节上，低碳物流较高碳物流回收有效性强、再利用效率高，是一种节约、环保、高效的方式。从政府及社会的角度出发，低碳物流比高碳物流其政策更关注碳排放、允许排放的碳量更少、相关碳研究推广的人力资源多，是一种满足社会需求、政策及社会碳关注高、碳排放限制强的物流方式。在技术及管理层面上，低碳物流较高碳物流技术管理水平高、低碳技术及管理水平利用率高，是一种技术管理进步的物流方式。

表 8-4　准则层分析

指标名称	低碳物流与高碳物流相比
运输	节能、高效、减排
仓储	节约
流通加工	环保、高效
包装及装卸	环保、高效
回收	节约、环保、高效
政府及社会	满足社会需求、政策及社会关注高、碳排放限制强
技术及管理	技术管理进步

根据准则层的分析结果，可知目标层的分析结果。在准则层上，低碳物流较高碳物流节能、高效、减排、节约、环保、满足社会需求、政府及社会关注高、碳排放限制强、技术管理进步，是一种低碳排放的物流方式。因此，低碳物流较高碳物流的物流业碳排放评价是，在市场机制自动调节和政府的干预下，在技术

及管理进步的基础上，通过各环节发展的低碳化，有效促进物流业实现较低碳排放，是一种可持续发展的方式，更有利于物流业的长远发展。

（2）根据“基于循环理论的物流碳排放评价指标体系”的比较。在此评价指标体系中，指标层次划为政府、企业、社会 3 个层次，同时，每一层次划分为一级指标、二级指标。下面先从二级指标分析比较低碳物流与高碳物流的不同，再根据二级指标分析比较一级指标中低碳物流与高碳物流的不同，最后，根据一级指标分析比较 3 个指标层中低碳物流与高碳物流的不同。

二级指标总体上分为资源减量化、回收利用、其他 3 个部分。为了便于比较，这里只分析每个一级指标下的二级指标这 3 大部分的低碳物流与高碳物流的不同。分析结果见表 8-5。

表 8-5　二级指标分析

指标名称	三个部分	低碳物流	高碳物流
物流资源消耗水平	资源减量化	能源利用率高	能源利用率低
	回收利用	回收利用率高	回收利用率低
	其他	清洁能源使用率高，能源损耗少	清洁能源使用率低，能源损耗多
低碳物流管理	资源减量化	空载率低	空载率高
	回收利用	逆向物流水平高	逆向物流水平低
	其他	绿色供应链发展较先进	绿色供应链发展较落后
企业合作水平	资源减量化	联运程度高	联运程度低
	回收利用	设备再利用率高	设备再利用率低
	其他	第三方物流发展较先进	第三方物流发展较落后
政策有效水平	资源减量化	限能耗政策多	限能耗政策少
	回收利用	回收利用支持多	回收利用支持少
	其他	宣传力度强	宣传力度弱
标准化水平	资源减量化	设定标准水平低	设定标准水平高
	回收利用	设备使用标准高	设备使用标准低
	其他	政府引导水平高	政府引导水平低
经济手段水平	资源减量化	征收能源税率高	征收能源税率低
	回收利用	回收补贴多	回收补贴少
	其他	金融优惠政策多	金融优惠政策少
人才培养水平	资源减量化	减排人才培养多	少
	回收利用	对员工环保宣传程度强	对员工环保宣传程度弱
	其他	理论研究水平高	理论研究水平低
社会机构效率	资源减量化	节能监督效率高	节能监督效率低
	回收利用	再生产品市场培养水平高	再生产品市场培养水平低
	其他	辅助政府政策推广水平高	辅助政府政策推广水平低

根据二级指标分析结果，可知一级指标中低碳物流与高碳物流的比较结果：物流资源消耗水平是低碳物流较高碳物流更低；低碳物流管理水平是低碳物流较高碳物流更高；企业合作水平是低碳物流较高碳物流更高；政策是低碳物流较高碳物流更有效；标准化是低碳物流较高碳物流更高；经济手段是低碳物流较高碳物流水平更高；人才培养是低碳物流较高碳物流水平更高；社会机构效率是低碳物流较高碳物流更高。

根据一级指标分析结果，可知政府、企业、社会 3 个层次的低碳物流与高碳物流的比较结果。在企业层次中，低碳物流较高碳物流能耗低、技术管理水平高、企业间更注重合作；在政府层次中，低碳物流较高碳物流政府关注程度大、相关政策多、多手段结合；在社会层次中，低碳物流较高碳物流社会关注多、各方共同努力。因此，总体上来讲，低碳物流较高碳物流是一个在各层次上受更多关注碳减排的一种物流模式，各界希望通过各种手段的结合促使低碳物流的实现。

8.1.3 低碳物流的主要特征

低碳物流较高碳物流有其独有的特征，下面从 AHP 的评价分析和评价指标体系两个角度分析低碳物流特征。

8.1.3.1 基于 AHP 的评价分析角度

（1）先进的技术和科学的管理。在物流作业的各环节，如仓储，流通加工等，几乎每一环节都突出了技术和管理的革新，清洁能源的使用、与其他运输方式联运、绿色包装的使用等，都需要先进的技术、管理为支撑。因此，低碳物流较高碳物流的一个特征是低碳物流具有先进的技术和科学的管理，即实现高碳物流向低碳物流的转变需要借助先进的技术和科学的管理。

（2）政府的引导和社会的监督。评价体系中，政府的政策有效性和社会影响作为一个评价标准。政府政策有效，低碳人力资源开发率高，则对于我国物流业的评价就高，低碳物流就越有可能实现。政府的政策有效说明政府进行引导有力，低碳人力资源开发率高说明社会形成了低碳意识，有利于监督、推进低碳物流的实现。而在我国高碳物流发展过程中，多数还是依靠市场自发调节，政府及社会的干预较少。因此，低碳物流较高碳物流的一个特征是政府进行引导和社会进行监督，即实现高碳物流向低碳物流的转变需要借助政府的引导和社会的监督。

（3）系统性和整体性。低碳物流作为一个系统，要求每一环节及整体上实现低碳发展，这样才是低碳物流，若只有某个环节或者局部实现低碳，这样只能称为物流的局部低碳化。前文从系统论的角度说明，只有整个物流系统和作业环节都实现低碳，才能有效整合并优化物质流、信息流、能量流及价值流，达到物流业最有效率的状态。因此，物流的另一个特征是具有系统性和整体性，即实现高碳物流向低碳物流的转变需要物流作业每个环节及其整体实现减少碳排放。

8.1.3.2 基于循环理论的物流碳排放评价指标体系角度

（1）逆向物流。通过对低碳物流指标评价体系的分析可以看出，回收利用是一个重要指标。我国高碳物流的运作过程中存在很大的浪费，造成不必要的碳过度排放。低碳物流所提倡的是降低碳排放。对于正向物流运作结束的产品有很大一部分是可以再利用的，就产生了逆向物流。逆向物流对于低碳物流是很有意义的，不但节约了资源，还减少了碳排放。这样就使得低碳物流的运行具有双向性，这是低碳物流较高碳物流的一个特征。

（2）第三方物流。在低碳物流的评价中，逆向物流发展水平和第三方物流发展水平也都作为评价指标。这说明，低碳物流的发展对于一些新的行业，如第三方物流、逆向物流等的发展都有一定的积极作用。因此，低碳物流较高碳物流的又一个特征是：促进新的节约型企业的发展。低碳物流的发展对于经济具有有力的推动作用。

（3）标准化。同时，在指标评价体系中提出了标准化评价标准。对低碳物流的发展提供了一个标准化的度量，设定了一种低碳物流运行过程中的运行指标。因此，低碳物流较高碳物流的一个特征是标准化，即存在衡量标准对低碳物流业进行评价和界定。

8.1.3.3 低碳物流的特征总结

（1）碳排放量低。这是其最显著的特点。无论采取什么方法，最终是以降低碳排放量为目标。

（2）技术和管理理念比较先进。要想到达一个较高的低碳物流评价指标必须到达一个较高的技术和管理水平。通过对上述两种评价方法的分析，可以看出，技术性因素占据了一个较重要的位置。技术水平高，资源利用率高，传统能源使用少，清洁能源使用多，排碳量就相对较少。

（3）政府及社会对物流发展干预较大。仅靠市场的自我调节，是不可能快速有效地实现物流业低碳化发展的。我国物流业还缺少领头型企业，而且企业间的竞争还是以利润为主要追逐目标。没有政府强制性手段限制或激励性手段的鼓励及社会的监管，物流行业不可能走上低碳发展之路的。

（4）系统性强。低碳物流是强调物流业各作业环节和整个系统实现低碳化，相比于在高碳物流中只强调某方面的节能减排来说，低碳物流更具有系统性。

（5）创造就业机会。低碳物流的发展会促使如第三方物流、逆向物流的发展。这会创造更多新的就业机会和创业商机。同时，回收利用的思想也会创造产品再使用的市场发展，对于产品的处理、使用等提供了新的理解方式，也可能引起新的行业思考。

8.2 中国物流业碳排放状况分析

8.2.1 中国物流业碳排放状况测算

8.2.1.1 测算方法

碳排放测量方法有多种，根据张德英等（2005）的分析，结合我国物流业碳排放计量的可行性，物流业碳排放的测算主要有排放系数法和模型法。

排放系数法是一种测算在正常技术经济和管理条件下的生产单位产品所排放的气体数量的统计平均值，或者说估算基于能耗和排放系数的乘积得到生产产品的气体排量的统计方法。碳排放系数是指每单位经济产出所排出的CO_2数量。根据 IPCC 假定，可以认为某种能源的碳排放系数是不变的。排放系数法是一种由 IPCC 向各国推荐的重要的温室气体排放的清单编制方法。目前，使用的排放系数大体有两种：一是有回收处理情况下的污染物排放，二是没有回收处理情况下的污染物排放。

基本公式为：

$$E=\mathrm{EF}\times Q$$

式中：E——气体排放量；

EF——排放系数，即生产某单位产品的排放量；

Q——某产品生产量。

模型法多适用于受多种因素影响、各因素之间又相互作用的复杂系统。物流业碳排量的估算也是适用的。物流业碳排放与用能方式、技术水平、社会经济发展水平等有关。在研究涵盖宏观经济各要素的碳排放量时，主要采用的模型法有自上而下型和自下而上型。自上而下型是研究在一定的经济投入、技术使用、能源供给等条件下计量消费终端而得到碳排放量的模型。自下而上型是研究在通过终端能源优化、技术选择、减排投入等影响因素建模后，估算在不同能源结构及技术应用条件下的碳排放。但是模型法的适用性也是有限的：模型法更多的是考虑整个生态经济系统内各因素相互作用下的环境影响，较少考虑碳源本身及其作用特点。

8.2.1.2　测算结果

李蜀庆（2011）根据美国橡树岭国家实验室（ORNL）提出的对于化石燃料燃烧释放的 CO_2 的估算而提出不同能源的估算模式。化石燃料燃烧释放 CO_2 的估算公式如下：

$$CE = E_n \times k \times n \times \frac{44}{12} \tag{8.1}$$

式中：CE——碳排放量；

E_n——能源消费量；

k——有效氧化分数；

n——每吨标煤含碳量。

（1）煤炭燃烧碳排放的估算公式：

$$CE = E_{n煤} \times k \times n \times \frac{44}{12} \tag{8.2}$$

式中：$E_{n煤}$——煤炭消费量。

（2）天然气燃烧碳排放的估算公式：

$$CE = E_{n气} \times k \times \alpha \times \frac{44}{12} \tag{8.3}$$

式中：$E_{n气}$——天然气消费量；

α——在获得相同热能的情况下，天然气释放 CO_2 与煤炭释放 CO_2 的比值。

（3）油料燃烧碳排放的估算公式：

$$CE = E_{n油} \times k \times \beta \times \frac{44}{12} \tag{8.4}$$

式中：$E_{n油}$——油料消费量；

β——在获得相同热能的情况下，油料释放 CO_2 与煤炭释放 CO_2 的比值。

以上各式中，有效氧化分数 k 取值 0.982，α 取值 0.813，β 取值 0.561，n 取值 0.68。

由于物流业涉及的其他能源排碳量较低，因此在估算物流业碳排放时主要采用的是煤炭消费量和石油消费量，如表 8-6 前两列所示。将主要能源消费量代入估算公式中，得出计算结果，即为物流业主要能源 CO_2 排放量，可以大致估算物流业碳排放量，见表 8-6 后四列所示。

表 8-6　我国物流企业的主要能源消费量及碳排放量　　单位：万 t

年份	煤炭消费量	石油消费量	煤炭 CO_2 排放量	石油 CO_2 排放量	总 CO_2 排放量	总碳排放量
1980	1 934.40	911.50	4 736.29	1 841.21	6 577.49	1 793.68
1981	2 085.90	857.50	5 107.23	1 732.13	6 839.36	1 865.09
1982	2 173.20	927.90	5 320.98	1 874.33	7 195.31	1 962.16
1983	2 191.80	1 002.70	5 366.52	2 025.43	7 391.95	2 015.78
1984	2 279.60	1 063.70	5 581.49	2 148.65	7 730.14	2 108.01
1985	2 307.10	1 176.40	5 648.83	2 376.30	8 025.12	2 188.45
1986	2 295.00	1 375.70	5 619.20	2 778.88	8 398.08	2 290.16
1987	2 241.50	1 476.50	5 488.21	2 982.49	8 470.70	2 309.96
1988	2 259.40	1 557.20	5 532.04	3 145.50	8 677.54	2 366.36
1989	2 284.10	1 634.60	5 592.51	3 301.85	8 894.36	2 425.49
1990	2 160.90	1 683.20	5 290.86	3 400.02	8 690.88	2 370.00
1991	2 024.80	1 871.20	4 957.63	3 779.78	8 737.40	2 382.69
1992	1 875.90	2 084.80	4 593.05	4 211.24	8 804.30	2 400.93
1993	1 750.50	2 496.00	4 286.02	5 041.86	9 327.87	2 543.71
1994	1 873.40	2 350.30	4 586.93	4 747.54	9 334.48	2 545.51
1995	1 315.10	2 863.60	3 219.96	5 784.40	9 004.36	2 455.49
1996	1 175.90	2 937.70	2 879.14	5 934.08	8 813.21	2 403.36
1997	1 431.00	3 733.00	3 503.74	7 540.56	11 044.30	3 011.78
1998	1 390.60	4 215.30	3 404.82	8 514.80	11 919.62	3 250.48
1999	1 294.30	5 004.30	3 169.03	10 108.56	13 277.59	3 620.80
2000	1 139.94	5 509.40	2 791.09	11 128.84	13 919.93	3 795.97
2001	1 050.88	5 692.91	2 573.03	11 499.53	14 072.56	3 837.59
2002	1 055.00	6 156.60	2 583.12	12 436.17	15 019.29	4 095.76
2003	1 067.33	7 093.24	2 613.31	14 328.16	16 941.47	4 619.94
2004	832.12	8 620.59	2 037.41	17 413.37	19 450.77	5 304.23
2005	815.34	9 708.48	1 996.32	19 610.88	21 607.20	5 892.28
2006	724.80	10 969.16	1 774.64	22 157.42	23 932.06	6 526.27
2007	685.45	12 296.64	1 678.29	24 838.89	26 517.19	7 231.24
2008	665.41	13 279.40	1 629.23	26 824.04	28 453.27	7 759.21

能源消费量数据来源：段向云．物流企业低碳化发展的影响机理与运营机制研究．天津财经大学，2011：31．二氧化碳及碳排放量数据根据公式整理得出。

8.2.2　中国物流业碳排放评价

本节是在 8.1.2 节中的“基于 AHP 的物流碳排放的评价体系”基础上进行的对低碳物流的评价。主要是先计算出各指标对于物流业碳排放评价的权重，然后据此进行评价。为了方便解释，将评价体系中的目标层、准则层、指标层 3 个层次分别计为 A 层、B 层、C 层，并将每一层次指标详细标注，见图 8-2。

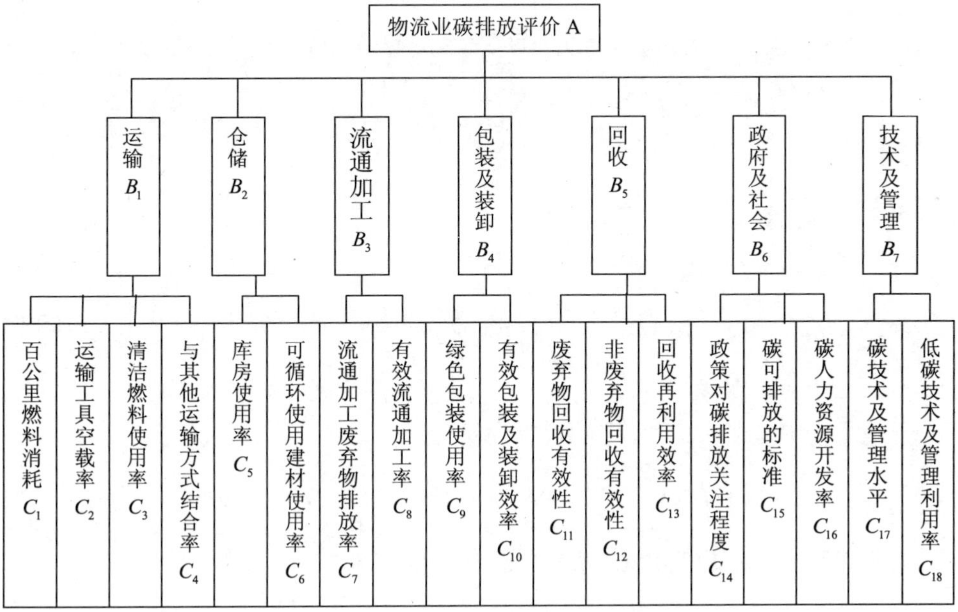

图 8-2　物流业碳排放评价体系递阶结构模型

首先将隶属于同一层各指标之间的相对重要性进行比较，然后根据表 8-1 的 1～9 标度表，形成判断矩阵。例如，A 层下的 B 指标，相对重要性比较后，按重要性，根据 1～9 标度表，形成 A-B 判断矩阵，见表 8-7。

表 8-7　A-B 矩阵

A	B_1	B_2	B_3	B_4	B_5	B_6	B_7
B_1	1	3	1	3	1	7	3
B_2	1/3	1	1/3	1	1/3	7	3
B_3	1	3	1	3	1	7	3
B_4	1/3	1	1/3	1	1/3	7	3
B_5	1	3	1	3	1	7	3
B_6	1/7	1/7	1/7	1/7	1/7	1	1/3
B_7	1/3	1/3	1/3	1/3	1/3	3	1

判断矩阵的最大特征根向量经归一化处理后，即可得到各评价指标相对于上层指标的权重向量。此处采用方根法解 A-B 矩阵的特征向量。步骤如下：

（1）计算判断矩阵每一行乘积 M_i：

$$M_i = B_{i1} \cdot B_{i2} \cdots B_{ij} \quad (i，j=1，2，\cdots，7) \tag{8.5}$$

M_1=189，M_2=7/9，M_3=189，M_4=7/9，M_5=189，M_6=1/50 421，M_7=1/81

（2）计算 M_i 的 n 次方根：

$$\overline{W_i} = \sqrt[n]{M_i} \quad (n=1，2，\cdots，7) \tag{8.6}$$

$\overline{W_1}$=2.115，$\overline{W_2}$=0.965，$\overline{W_3}$=2.115，$\overline{W_4}$=0.965，$\overline{W_5}$=2.115，$\overline{W_6}$=0.213，$\overline{W_7}$=0.534

（3）将方根向量归一化：

$$W_i = \overline{W_i} / \sum_{i=1}^{n} \overline{W_i} \tag{8.7}$$

得到排序权向量 $\boldsymbol{W}=(W_1，W_2，\cdots，W_n)^T$（$n$=1，2，…，7）

于是求得 B 层相对于 A 层的权重向量为：

$$\boldsymbol{W}_A = (0.23，0.11，0.23，0.11，0.23，0.02，0.06)^T$$

按照相同方法可以得出 C 层相对于 B 层的权重向量，分别为：

$\boldsymbol{W}_{B1} = (0.30，0.10，0.30，0.30)^T$

$\boldsymbol{W}_{B2} = (0.25，0.75)^T$

$\boldsymbol{W}_{B3} = (0.75，0.25)^T$

$\boldsymbol{W}_{B4} = (0.75，0.25)^T$

$\boldsymbol{W}_{B5} = (0.20，0.20，0.60)^T$

$\boldsymbol{W}_{B6} = (0.2，0.2，0.6)^T$

$\boldsymbol{W}_{B7} = (0.5，0.5)^T$

C 层对于 A 层的合成权数计算要自下而上，将指标单权重进行合成，逐层进行，直到算出 C 层每一指标相对于 A 层的权重：

$$\boldsymbol{W}=\boldsymbol{W}_A\boldsymbol{W}_B = (0.069，0.023，0.069，0.069，0.027\,5，0.082\,5，0.172\,5，0.057\,5，0.082\,5，0.027\,5，0.046，0.046，0.138，0.004，0.004，0.012，0.03，0.03)^T$$

据此可以看出，权重较大的几个 C 层的指标是：百公里燃料消耗、清洁燃料使用率、与其他运输方式结合率、可循环使用建材使用率、流通加工废弃物排放率、有效流通加工率、绿色包装使用率、回收再利用效率。这些是对于物流业碳排放评价较重要、影响较大的指标。因此，对于我国物流业碳排放评价中主要根据这几个指标进行，见表 8-8。可以看出，我国物流业目前是能耗大、效率低。

表 8-8　我国物流业碳排放主要指标评价

百公里燃料消耗	高
清洁燃料使用率	低
与其他运输方式结合率	低
可循环使用建材使用率	低
流通加工废弃物排放率	高
有效流通加工率	低
绿色包装使用率	低
回收再利用效率	低

8.2.3　中国物流业碳排放的比较分析

8.2.3.1　中国物流业碳排放的纵向比较

根据 8.2.1.2 估算的总碳排放量，见表 8-6，作图 8-3。由图 8-3 可知，我国物流业的 CO_2 排放量整体上呈上升趋势。在 1996 年之前，物流业的 CO_2 排放量增速较缓，1996—2008 年，物流业的 CO_2 排放量以较快的速度增加。这说明，随着我国物流业的不断发展，物流业 CO_2 排放量逐年增多，且 CO_2 排放量在近几年内加速增加。

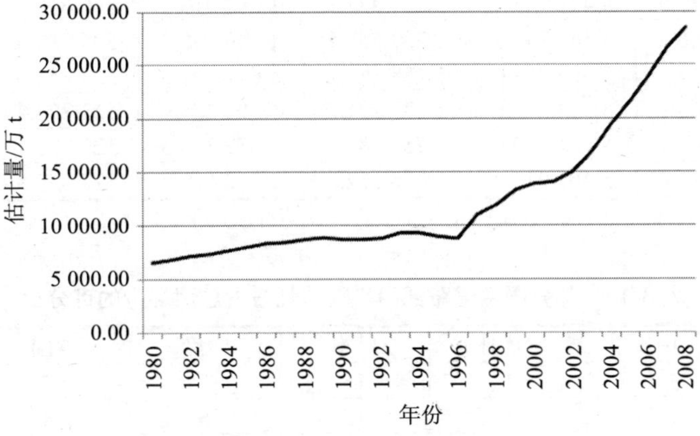

图 8-3　我国物流业 CO_2 排放估计量

8.2.3.2　中国与部分国家物流业碳排放的横向比较

物流业 CO_2 排放量主要取决于物流业运输部门。因此本节试图估计各国道路部门的 CO_2 排放量，从而作为物流业道路运输 CO_2 排放量的大致估计。道路部门的

CO_2 排放量主要是指交通部门中道路活动的能源消耗所排放的 CO_2 量，如在城市道路、乡村道路、公路等活动中石油产品、天然气、电力等消耗所排放的 CO_2 量。

（1）从表 8-9、表 8-10 可知，世界几个代表性国家的 CO_2 排放量 C_{ij}（i 代表年份，j 代表国家），道路部门燃料消耗量占总消耗量的百分比∂_{ij}。

（2）将每个国家每年的道路部门燃料消耗量占总消耗量的百分比乘以世界主要国家的 CO_2 排放量，可得各国道路部门的 CO_2 排放量，即

$$Y_{ij} = C_{ij}\partial_{ij} \tag{8.8}$$

（3）假设各国物流业道路运输的 CO_2 排放量占道路部门 CO_2 排放量的比例相同，为 a，即可算得物流业道路运输 CO_2 排放量，为

$$L_{ij} = \mathrm{a}Y_{ij} \tag{8.9}$$

见表 8-11。

表 8-9　部分国家 CO_2 排放总量　　单位：10^3 t

年份	中国	美国	日本	印度	英国	俄罗斯
2001	3 487 566.4	5 389 928.9	1 202 266.3	1 203 843.1	550 552.4	1 544 404.7
2002	3 694 242.1	5 437 816.3	1 216 761.9	1 226 791.2	531 942.4	1 537 195.4
2003	4 525 177.0	5 471 754.4	1 237 242.1	1 281 913.5	540 636.8	1 584 998.4
2004	5 288 166.0	5 563 799.8	1 259 658.5	1 346 595.7	545 719.3	1 602 963.0
2005	5 790 017.0	5 595 358.0	1 238 188.2	1 411 127.6	542 474.0	1 615 683.9
2006	6 414 463.1	5 514 775.6	1 231 771.0	1 504 364.7	543 273.4	1 669 603.4
2007	6 791 804.7	5 581 537.0	1 251 187.7	1 612 383.6	529 621.1	1 667 575.6
2008	7 031 916.2	5 461 013.7	1 208 162.8	1 742 697.7	522 855.5	1 708 653.3

数据来源：世界银行．http://data.worldbank.org.cn/indicator/EN.ATM.CO2E.KT。

表 8-10　部分国家道路部门燃料消耗量占总消耗量的百分比　　单位：%

年份	中国	美国	日本	印度	英国	俄罗斯
2001	4	22	15	6	17	6
2002	4	22	15	6	18	6
2003	4	23	15	6	18	6
2004	4	23	15	6	18	6
2005	4	23	14	6	18	6
2006	5	23	14	6	18	6
2007	5	23	14	6	19	6
2008	5	23	14	7	19	7

数据来源：世界银行．http://data.worldbank.org.cn/indicator/IS.ROD.ENGY.ZS。

表 8-11 部分国家物流业道路运输 CO_2 排放量 单位：万 t

年份	中国	美国	日本	印度	英国	俄罗斯
2001	13 950.27a	118 578.44a	18 033.99a	7 223.06a	9 359.39a	9 266.43a
2002	14 776.97a	119 631.96a	18 251.43a	7 360.75a	9 574.96a	9 223.17a
2003	18 100.71a	125 850.35a	18 558.63a	7 691.48a	9 731.46a	9 509.99a
2004	21 152.66a	127 967.40a	18 894.88a	8 079.57a	9 822.95a	9 617.78a
2005	23 160.07a	128 693.23a	17 334.63a	8 466.77a	9 764.53a	9 694.10a
2006	32 072.32a	126 839.84a	17 244.79a	9 026.19a	9 778.92a	10 017.62a
2007	33 959.02a	128 375.35a	17 516.63a	9 674.30a	10 062.80a	10 005.45a
2008	35 159.58a	125 603.32a	16 914.28a	12 198.88a	9 934.25a	11 960.57a

数据来源：由表 8-9、表 8-10 数据分析整理而得。

虽然由于 a 的难以确定，无法得出准确的 CO_2 排放量，但是，部分国家之间的物流业道路运输 CO_2 排放量关系可以得出。由表 8-11 作图 8-4，从中可见：从横向角度看，物流业道路运输 CO_2 排放量最高的一直是美国；2003 年以来，我国物流业道路运输 CO_2 排放量超过日本，成为所列几个国家中排放量次高的国家；物流业道路运输 CO_2 排放量第三高的是日本，其余几个所列国家排放量较为接近。从纵向角度看，美国、日本、印度、英国、俄罗斯的物流业道路运输 CO_2 排放量随时间的推移变化幅度不大，处于比较平稳的状态；中国物流业道路运输 CO_2 排放量呈现出明显上升趋势；2002—2007 年，我国物流业道路运输 CO_2 排放量以较快的速度增长，期间赶超日本物流业道路运输 CO_2 排放量，并以较高的数量高出日本。由此可知，我国物流业道路运输 CO_2 排放量不仅排放数量高，而且增长速度快。

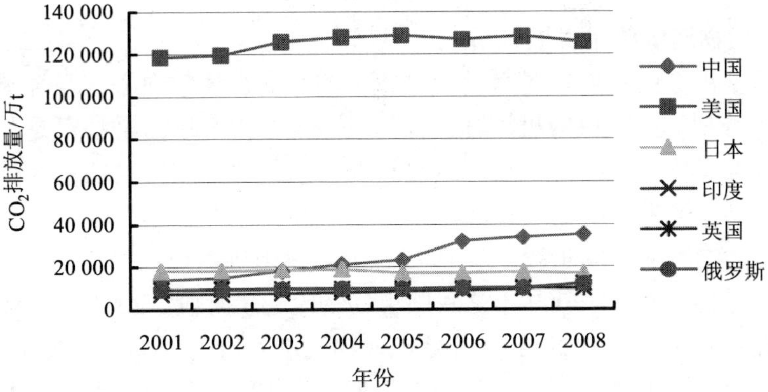

图 8-4 部分国家之间的物流业道路运输 CO_2 排放量关系

以上分析是基于不同国家 a 不变的基础上，但是实际上不同国家 a 并不相同。若我国以 a 计算，由于发达国家用碳效率较高，其物流业道路运输的 CO_2 排放量占道路部门 CO_2 排放量的比例应低于 a。因此，在图 8-4 中，发达国家物流业道路运输 CO_2 排放量应稍低一点。相比发达国家，我国物流业道路运输 CO_2 排放量在图 8-4 中应更高。

综上所述，从我国 1980—2008 年物流企业的碳排放量可以看出，我国物流业碳排放量处于增加的趋势中，且在 1996—2008 年，碳排放速度增加；从"基于 AHP 的物流碳排放的评价体系"可以看出，我国物流业目前是能耗大、效率低；从我国与国外主要国家 2001—2008 年物流业道路运输的 CO_2 排放量关系可以看出，我国物流业 CO_2 排放量不仅排放量较高，而且处于较快增长的趋势中。因此，可知我国物流业的发展处于高碳物流阶段，即我国物流业的发展是以高碳物流方式发展的。

8.3 中国物流业低碳化发展的案例分析

如前所述，我国物流业尚处于高碳物流阶段。在大力发展低碳经济的背景下，高碳方式并不可取，低碳物流才是我国物流业发展的方向。本节试从义乌这一全球最大的小商品集散地及阿里巴巴这一全球领先的电子商务公司两个案例出发，分析义乌物流与阿里巴巴物流在发展低碳物流方面的各自成就及原因，试图辨析两者相对于未来发展目标的不足之处。并根据以上分析总结各自的适用情形。最终，提出推动两者发展低碳物流的建议。

8.3.1 案例介绍

8.3.1.1 义乌物流低碳化发展分析

义乌位于浙江省中部，是目前全球最大的小商品集散中心。联合国、世界银行、摩根士丹利等国际权威机构称义乌为世界第一大市场。义乌已是一个与世界贸易往来极其频繁的市场，想要加强这种联系，就要完成货物的有效转移，物流已然成为义乌不断发展的重要一环。

（1）义乌物流的发展阶段。自 1995 年起，我国进入现代物流阶段。根据赵娜等（2009）观点，1995—2000 年是我国现代物流起步阶段，2001—2004 年现代物流进入快速发展阶段，自 2005 年开始现代物流进入协调、持续、快速发展阶段。浙江省在《第十个五年计划纲要》中提出把现代物流业作为服务业发展的重点。从此，义乌物流得以进一步的发展，与赵娜观点一致。义乌物流发展过程中，公路货运量占着较大比重，铁路运输、航空运输等运输方式货运量相比于公路运输货运量占着较小比重，可以忽略不计。因此作表 8-12，选取 2002—2010 年义乌市公路货运量来代表义乌物流货运量，并作图 8-5。

表 8-12 2002—2010 年义乌市公路货运量 单位：万 t

年份	2002	2003	2004	2005	2006	2007	2008	2009	2010
货运量	1 248	2 124	2 294.8	2 451	3 087	3 622	3 535	3 896	4 331

数据来源：义乌统计局．http://tjj.yiwu.gov.cn/tjxx/tjnj/2008_1_1_1/tj/。

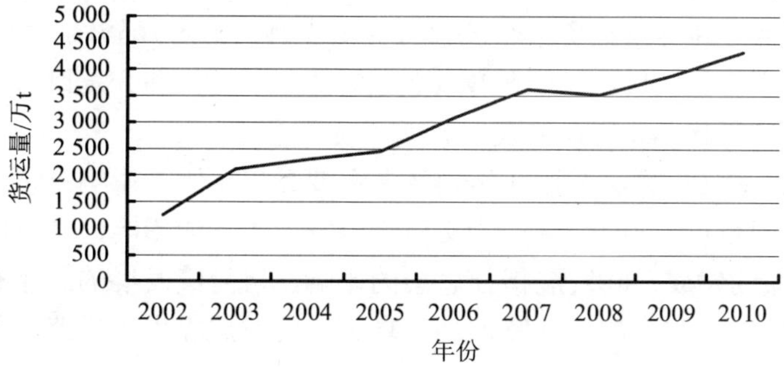

图 8-5 2002—2010 年义乌市物流货运量

从图 8-5 可以看出，义乌物流货运量在 2002—2010 年总体上呈增长趋势，但是从折线波动情况来看，义乌物流货运量大致经历了 5 个阶段：

- 物流货运量快速增长阶段（2002—2003 年）：义乌物流主要采取的方式是联托运方式。潘瑞玉等（2003）指出义乌市联托运市场从 1999 年进入了经营权放开阶段。这说明义乌物流获得了更自由的发展空间，由混乱到更为规范。随着义乌物流不断地完善，其运作效率也在不断地提高，货运容纳量也在不断地增加。因此，这一阶段义乌物流货运量得以比其他 4 个阶段更快速的速度增长。
- 物流货运量缓慢增长阶段（2003—2005 年）：随着义乌物流的不断完善，其在这种情形下的运作效率已到极致，货运容纳量也在接近饱和，市场需求也没有明显改变，除非有明显的技术、方法、需求的改变刺激，否则，不会体现出像阶段一的货运量那样以快速的增长速度增长。并且，此阶段相比于其他阶段增长速度更为缓慢。

- 物流货运量较快速增长阶段（2005—2007 年）：正如赵娜等（2009）所讲，自 2005 年起，我国现代物流进入协调、持续、快速发展阶段。这期间，社会物流总费用与 GDP 比率降低，经济运行质量进一步提高；物流业基础条件进一步改善，物流业可持续发展能力增强；物流业对经济发展的支持和促进作用明显。义乌物流作为我国现代物流的一部分，也进入到协调、持续、快速发展阶段，因此，物流货运量能够较快速增长。但是，增长速度不如阶段一。
- 物流货运量减少阶段（2007—2008 年）：这种情况的发生主要是受金融危机的影响。在此期间，金融危机的发生使得世界经济下滑，一方面减少对货物的需求，从而降低对物流的需求，减少物流货运量；另一方面使得物流业运行环境不稳定，物流业自身减少物流业务，降低了货运量。
- 物流货运量较快速增长阶段（2008—2010 年）：部分是因为经济复苏的影响，使得物流业得以恢复，提高了货运量。

由此可见，义乌物流在近几年的发展主要受以下因素影响：①经济环境的影响，与经济环境同方向的变化；②义乌物流发展市场的影响，开放的市场环境有助于义乌物流的发展；③发展指导思想的影响，可持续发展的思想有利于义乌物流的发展。所以，这为如何继续推动义乌物流的发展提供了思路：低碳物流是义乌物流发展的方向。

（2）义乌物流的发展现状。2011 年义乌物流可达国内 300 多个大中城市，覆盖了全国 90%以上的地级市；2012 年每天有 1 500 多辆集装箱卡车将货物从义乌带向 219 个国家和地区（图 8-6）。

图 8-6　义乌物流运送范围辐射图

义乌物流的良好发展，具体体现为以下几个方面：

- 义乌物流基础设施较完善。义乌拥有国际物流中心、江东货运市场、江北下朱货运中心、江北宾王货运中心等专业性物流场站，总占地面积近 800 亩。并计划投资 190 亿元，用地 1.8 万亩，建成“两园四专业两站点一备用”的物流场站总体布局，将义乌打造成综合交通枢纽。义乌也在完善各种公路交通以方便物流业的运行，杭金衢高速、金甬高速穿境而过，将义乌与周围地区紧密联系起来；同时，正在兴建的义乌至兰溪公路、义乌至武义公路等也有助于义乌物流发展。
- 义乌物流运输方式较多。义乌物流运输方式多样，有公路、铁路、空运和借助上海、宁波的海运等多种对外运输方式。可以满足不同的物流需求，较为方便。
- 义乌物流形成较明显价格优势。义乌拥有国内物流经营单位 1 084 家，其中公路货运 1 074 家，铁路货运 10 家。义乌快递物流市场已形成了国际快递、民营快递与国有快递并存的局面。可见，义乌物流竞争较为激烈，从而形成明显的“价格洼地”。义乌物流成本占商品总成本的 12%，远低于全国 17%的平均水平。
- 义乌物流注重“质与量”的共同发展。义乌不仅注重物流量的发展，还注重物流质的发展。义乌成立了全国县级市首家快递物流行业协会——义乌市快递物流行业协会，还设立了全国首家县级快递调解机构——义乌市快递物流行业协会人民调解委员会。

由此可见，义乌物流已经有良好的发展，且在物流行业具有较明显的竞争优势。虽然，在对义乌物流的分析中没有进行排碳量的分析，但是，以事物发展角度，对义乌物流的研究将有利于探索并推动低碳物流的发展。

（3）义乌物流的主要方式。义乌物流目前采用的是联托运业务模式。联托运业务具体流程是：客户将要运送的货物包装好并注明托运地址，再将货物运送到托运处，托运处按货物重量及运输距离收取托运费，然后等到同一目的地的各客户货物可以装满此线路的货车时，联系合同车发车。由于待运货物量较大，一般当天就会发车。最后，收货地托运处通知收货人前来取货。在这一过程中，由于货物流动量大，托运处不需要自己的车队，使用合同车，随时可用，货满发车，同时，托运处也没有自己的仓库，托运处只有一个磅秤即可。由此可以看出，联托运模式对托运处的成本要求很低，不需要自己的车队，没有自己的仓库。但是联托运模式的存在要求是货物流动量要大，否则其运转环节出现断裂；其次是合同车供给及时，否则容易出现货物运送不及时等导致的货物滞存，影响业务质量；

最后联托运模式不提供上门取货、送货到门服务，只负责运货，服务质量得不到保障。

由于义乌独特的市场环境，联托运模式得以不断地发展。货运线路有由义乌发往全国的 190 多条直达线路，700 多家托运处，140 多家由外来货源到义乌的卸货点，铁路联托运点 24 家，包专列 5 趟。义乌联托运业务通过公路直达、铁路运输出运的货物已突破每年 150 万 t，公路货运量每天约为 5.6 万 t。义乌联托运市场拥有江东货运市场（150 亩）、宾王货运中心（23 亩）、大陈联托运（15 亩）、南方联、北方联、义乌国际物流中心（450 亩）等大型物流场站。中国小商品城义乌联托运市场国际物流中心提供一关三检、集装箱堆场、仓储、流通加工、配送、信息处理、停车场等业务。

8.3.1.2 **阿里巴巴物流低碳化发展分析**

阿里巴巴在 1999 年成立于杭州市，最初提供 B2B 网上贸易市场平台，是我国最大的电子商务公司；2003 年，投资 1 亿元人民币建立淘宝网这一跨越 C2C、B2C 的网上贸易市场平台，并取得了显著成就。阿里巴巴提供的交易市场形成了一个由 240 多个国家和地区超过 6 100 万名注册用户组成的网上社区。阿里巴巴在我国 30 多个城市设有销售中心，在印度、日本、韩国、美国、欧洲等地设有 70 多个办事处。与阿里巴巴巨大规模相对比的是物流业的落后。例如，在淘宝网 C2C 模式中，物流已成为网上购物最大的投诉点：配送过程中责任不明确、配送终端不能有效对接、覆盖面不到位等。随着电子商务的发展，物流日益成为其中不可或缺的部分，同时也成为网上贸易进一步释放潜力的瓶颈。

（1）阿里巴巴物流的发展进程。2010 年 3 月，阿里巴巴以 7 000 万元参股星辰急便，阿里巴巴正式布局物流业。当时阿里巴巴打算以“云计算”的方式运行物流业，即“云物流”。“云物流”是指在需求一端整合大量分散的客户发货信息，对订单信息进行初步的处理，并在供给一端运用信息化系统整合小物流公司的分散运送能力，从而实现基于订单的物流“拦单”和“交付”服务。加盟的小快递公司只需要一台电脑便可以进入星辰急便“云物流”平台，获得客户、订单信息，从而进行取货、送货。然而，2012 年 3 月，这家致力于发展“云物流”的公司已濒临破产。究其原因，主要是缺少大量客户。根据运费收取方式的不同，淘宝货物邮费的收取可以分为立即付款和货到付款两种。淘宝货物的立即付款又可以称为淘宝普通件。在淘宝包裹中绝大部分是淘宝普通件。星辰急便加盟商指出淘宝货到付款件占的比例很小，其中超过 80%都是立即付款件。这种现象的产生，一是因为货到付款的包裹派送不便，只有联系到收件人时才能将货物送过去，然后收费；二是因为包裹反件率高，收件人可能会以包装问题、产品问题拒绝付款，产品送回始发地。虽然淘宝货到付款件也较多，但是通过星辰急便“云物流”的却较少。淘宝市场多被其他网点多、规模大的物流公司所占据，作为后进者的星辰急便不具竞争优势。因此，依靠大量订单才能够顺利运行的“云物流”出现问题。星辰急便也在不断地寻求解决方法，例如，发展后期扩张网点，但是由于网点扩张过快，其在管理、IT 对接、客户沉淀、员工培训上不能赶上网点扩张的水平。同时，各界普遍指出“云物流”的建设需要耗费较大资金，如技术、管理、信息化建设、标准化建设等都需要大量资金投入。

2007 年，马云个人联合郭台铭投资百世物流。2010 年 7 月，百世物流收购汇通快递 70%的股权，阿里巴巴正式进入物流业。当时以对“云物流”备份为出发点，但是却与星辰急便略有不同。一方面百世物流以为企业提供电子商务与物流整合的解决方案为重点，以此弥补星辰急便的不足；另一方面将阿里巴巴和淘宝平台引入到企业端。这相当于解决星辰急便客户少的问题，随着发展，这一模式已不是真正意义上的云物流。

除上述事件外，阿里巴巴还通过其他途径接触物流业，部分见表 8-13，可以看出阿里巴巴主要是针对国内物流业。

表 8-13　阿里巴巴物流发展过程

时间	事件	意义
2007 年	马云个人联合郭台铭投资百世物流	阿里巴巴物流意识的觉醒
2009 年	与四大物流商签订战略合作协议	阿里巴巴首次应对物流业
2010 年 3 月	阿里巴巴以 7 000 万元参股星辰急便	阿里巴巴正式布局物流业
2010 年 6 月	物流宝平台上线	物流信息、交易消息和商家 ERP 系统全面打通，形成淘宝物流合作伙伴体系和物流服务标准体系
2010 年 7 月	百世物流收购汇通快递 70%的股权	阿里巴巴正式进入物流业
2010 年 9 月	阿里巴巴和淘宝开始在全国考察物流合作伙伴和仓储基地	预示着“大物流”计划的开启
2010 年 10 月	阿里巴巴等共同参投新加坡政府投资公司旗下的物流部门普洛斯公司	阿里巴巴参股国外物流公司
2011 年 1 月 19 日	马云对外公布“大物流”计划	“大物流”计划的正式启动
2012 年 3 月	星辰急便已濒临破产	星辰急便运行的“云物流”失败

（2）阿里巴巴物流的发展现状。2011 年 1 月 19 日，阿里巴巴集团首席执行官马云对外公布了一个“大物流”计划：与融资伙伴打造仓储网络体系，并希望推动其伙伴携手创建一个综合物流平台。这个物流战略决心要打造一个开放、共

享的物流体系生态圈。阿里巴巴物流主要做两件事：一是做好物流宝，其具体流程是商家把商品放到与淘宝合作的仓库，买家下单时订单自动传送到仓库，由专业物流公司进行捡货、包装和发货；二是建设仓储网络体系，阿里巴巴仓储是指搭建一个为我国电子商务服务的开放式仓储平台，任何独立的 B2C 电子商务网站、物流企业、淘宝买家等都可以使用阿里仓储的公共服务。物流宝平台早在 2010 年 6 月就已上线，而仓储体系仍在建设中。在 2010 年 9 月阿里巴巴和淘宝就在全国开始考察物流合作伙伴和仓储基地，淘宝在北京、上海、广州、深圳、成都建立了配送中心。在大物流计划公开之际，马云指出将首期投入 200 亿～300 亿元人民币，同时，期望其他电子商务生态体系内的合作伙伴共同努力，日后将总投资额增加至 1 000 亿元人民币。京津地区、长三角、珠三角是优先考虑的仓储建设地，预计在东北、华北、华东、华南、华中、西南、西北七大区域选择中心位置建设仓储设施，搭建一个开放的物流平台。

（3）阿里巴巴物流的主要方式。先前，阿里巴巴采取的主要方式投资参股，通过快递企业进行线上平台整合线下分散的物流资源。对于当时阿里巴巴来讲信息流是关键，物流是增值服务。经过不断地发展，阿里巴巴吸取失败的教训，总结成功的经验，提出了大物流计划，这也是阿里巴巴物流目前所采取的主要方式。可以看出，物流被列为阿里巴巴将来发展的重点，与信息流同等重要。

大物流计划虽然也提供一个开放平台，整合信息，资源共享等，但是却与先前的方式不同：

- 阿里巴巴提供的物流宝平台是淘宝联合国内外各仓储、快递、软件等物流企业组成服务联盟，提供一站式电子商务物流配送外包服务，解决卖家货物配备和递送难题的物流信息平台。不仅是对星辰急便“云物流”平台理念的继承，还解决了其缺少大量订单的问题。
- 物流宝的运行不需要星辰急便“云物流”那样多的资金。星辰急便“云物流”是一个物流模式，在这个物流模式中包含很多环节，需要解决很多问题，物流宝则是一个环节，没有较大资金压力。
- 淘宝物流宝是先整合物流信息，然后由与淘宝合作的物流公司为商家管货发货。物流宝的推行有助于整合物流服务商的服务信息，使得淘宝后端的管理系统与线下物流配送体系实现无缝对接，实现了从生产商到消费者的物流链的系统性整合。解决了星辰急便“云物流”运行链断节的问题。
- 阿里巴巴仓储网络体系的建设改变了以往的物流建设形式，以仓储建设为主。不是重新建设一种物流模式，如“云物流”，也不是简单对“云物流”的补充。更像是受“云物流”的启发重新审视物流业建设方法。

- 阿里仓储的建设是由阿里巴巴首先投资，再吸引其他电子商务生态体系内的合作伙伴共同建设，实现了动员全社会一切积极力量改变物流现状。这是电子商务促进物流业发展的一个里程碑。

8.3.2 理论假说：低碳物流函数与低碳化发展

为了阐述方便，以义乌物流、阿里物流两种简称分别代表两种物流模式。

8.3.2.1 低碳物流相关函数的确定

低碳物流相关函数的确定。决定某一物流模式能否发展下去主要是看这一物流模式是否实现净收益。决定净收益的公式（沈满洪，2005）如下：

$$\Delta = \mathrm{TR} - \mathrm{TC} \qquad (8.10)$$

式中：Δ——净收益；

TR——总收益；

TC——总成本。

在总收益 *TR* 中，包含着内部收益 *IR*、外部收益 *XR* 两部分，在总成本 *TC* 中，包含着内部成本 IC、外部成本 XC 两部分。因此，式（8.10）可以写成：

$$\Delta = (\mathrm{IR} + \mathrm{XR}) - (\mathrm{IC} + \mathrm{XC}) \qquad (8.11)$$

整理成：

$$\Delta = (\mathrm{IR} - \mathrm{IC}) + (\mathrm{XR} - \mathrm{XC}) \qquad (8.12)$$

在不考虑外部性的情形下，某一物流模式的净收益只受内部收益与内部成本的影响，$\Delta = \mathrm{IR} - \mathrm{IC}$。只要实现 $\mathrm{IR} - \mathrm{IC} > 0$，企业便会选择这一物流模式。

但是，本节是从低碳的角度考虑物流模式的选择，必须要考虑到外部性的影响。所以，不仅要实现 $\mathrm{IR} - \mathrm{IC} > 0$，还要实现 $\mathrm{XR} - \mathrm{XC} > 0$，而既然某一物流模式可以发展，那么 $\mathrm{IR} - \mathrm{IC}$ 肯定大于 0，需要解决的就是如何实现 $\mathrm{XR} - \mathrm{XC} > 0$。既然是从低碳角度出发，那么本书所考虑的外部性仅设定在“碳”方面。因此：

$$\mathrm{XR} - \mathrm{XC} = \delta(Q_0 - Q_1) \qquad (8.13)$$

式中：δ——转换系数，为正值；

Q——碳排放量；

Q_0——表示与 Q_1 相比较的前一状态值。

由此可见，当 Q 增加，$Q_0 - Q_1 < 0$，外部收益减少，外部成本增加，$\mathrm{XR} - \mathrm{XC} < 0$；

当 Q 减少，导致外部收益提高，外部成本减少，$XR-XC>0$。

从两个案例描述可以看出，决定这两个物流模式碳排放量的大小主要有以下几个因素：运输路程的长短、仓储的大小、运作效率的高低等。运输路程长说明运输工具燃料消耗多，从而排放碳量大，运输路程短则相反；仓储越大说明建筑材料使用越多，从而排放碳量大，仓储小则相反；运作效率高说明在相同条件下碳排放量少，运作效率低则相反。除此之外，还有很多影响这两个物流模式碳排放量大小的因素，如从政策、技术等层面对物流业整体的影响，一方面对以上两个案例来讲，这些因素对于两者是相同的，或者说是从宏观角度对整个物流业的影响，不具可比性；另一方面，对于单独每一个案例来讲，这些因素是可以被所列的 3 个主要因素包含的。

因此，决定不同物流模式碳排放量变化的公式为：

$$Q=\alpha L+\beta C-\gamma X+a \tag{8.14}$$

式中：L——路程；

C——仓储大小；

X——运作效率；

a——其他因素导致的碳排放；

α、β、γ——系数，分别代表单位路程的碳排放量、单位仓储大小代表的碳排放量、单位运作效率代表的碳排放量，且都为正值。

此公式仅代表 Q 与其影响因素的正负关系，并不代表具体数值关系。由公式可以看出，碳排放量 Q 与路程 L、仓储大小 C 成正比关系，与运作效率 X 成反比关系。

8.3.2.2 低碳物流是物流业发展的方向和动力

从当今经济发展趋势来讲，低碳发展是主流之一，低碳物流市场的形成将引领物流业进入更高发展水平。物流业作为经济的一部分应遵循这一规律，向着低碳方向发展。低碳化发展的结果是新机遇的产生，即形成低碳市场。先进入这一市场的物流企业具有行业优势，不仅优先开发这一市场的大量资源，还能淘汰一部分没有及时进入这一市场的强劲对手。这对所有已意识到低碳市场的重要性的企业来讲，能否快速有效地进入到低碳市场是其成败关键。在这一理念的推动下，物流企业积极探索行之有效的低碳发展道路。同时，这些企业作为物流业参与主体，自身的发展是推动物流业进步的主要力量。当低碳物流市场形成时，所留下的物流企业都是发展水平较高的，因此，这时的物流业较以往又有着显著的进步。

从波特的竞争理论可以看出，差异化战略作为三大一般性战略之一，将有助于提高物流企业竞争优势，推动物流业的进步。差异化战略是指公司提供不同产品或服务的战略。在当前情形下，物流企业若选择低碳发展之路，即是物流企业差异化战略的一种体现。当物流企业成功走出了低碳发展之路，即成功实施了这一差异化战略，将提高物流企业的竞争优势。随着越来越多的物流企业走低碳发展之路，这一差异化将逐渐消失。这时，说明物流业已进入了更高的发展水平。

从收益函数关系来看，低碳物流推动所有理性人进行低碳选择，推动物流业的发展。在函数关系式（8.13）中，碳排放量的降低使得 $XR-XC>0$；碳排放量的增加使得 $XR-XC<0$。对于物流企业来讲，$IR-IC>0$，在此基础上式（8.12）Δ 值的大小取决于 $XR-XC$ 的值。对于任何理性人来讲，都会选择使自身效益最大化的行为。在这样的条件下，每一个将外部效益考虑在内的理性人都会选择使物流业碳排放量降低，获得较高的收益。以此类推，物流业在实现低碳化的过程中，获得的收益将越来越多，从而为物流业积累了大量收益，包含气候改善的收益，实现了物流业的发展壮大。因此，“低碳”选择是推动物流业发展的内在动力。

8.3.2.3　低碳物流的发展需要典型物流模式的推动

市场在推动低碳物流发展方面体现出不可替代的作用。首先，物流市场不同于政府、公众等参与主体，可以直接决定物流业的具体运作。虽然政府、公众在一定程度上会影响到物流业进行“低碳”选择，但是都需借助市场机制这一“看不见的手”而间接影响。而且，最终决定权在于企业。其次，物流市场较政府、公众对物流业的具体情形更为了解。选择怎样的“低碳”之路、怎样进行“低碳”改进等问题，物流企业最为清楚。最后，市场中的物流企业作为理性人，可以做出实现利益最大化的选择。每一物流企业都将选择有利自身发展的道路，不同企业的理性选择是不同的，在低碳经济大背景下，意识到“低碳”发展重要的理性企业都会选择“低碳物流”之路；而“低碳”意识较为薄弱的企业则可能不会选择“低碳物流”之路。这可能需要市场与其他参与者的共同努力，来提高物流企业的“低碳”理性。但是不可否认的是，市场在推动低碳物流发展方面体现出不可替代的作用。

市场参与者中，任一方仅凭自己之力较难实现低碳物流的发展。在市场参与者中，并不是说任意参与者或某些参与者就可以实现低碳物流的。一方面，这样的物流参与者不能起到导向作用，不能引领其他物流企业发展低碳物流；另一方面，这样的参与者也没有能力探寻低碳物流发展之路。因此，要实现物流低碳发展的企业，不仅需要有足够的主导作用，还需要有足够的实力。这样看来，以物流模式上的创新来实现低碳物流发展符合以上两者的要求。

典型物流模式具有推动低碳物流发展的优势。①同一物流模式的企业有其发展的共同性。这样在关于“低碳物流”理念的传播及运行等方面较易接受和控制，对统一模式内的物流企业也具有导向作用。②参与同一物流模式的企业数量较多。这样易形成一定规模的同一低碳物流发展企业群，不仅有足够的发展实力，还对其他物流模式产生一定的发展低碳物流导向作用。③统一物流模式的不同企业参与推动物流低碳发展，有助于从多角度补充和完善低碳物流发展模式，也是在不同条件下，探索适用于自身的物流低碳发展方法。

8.3.3 实证分析：影响低碳物流发展的关键因素

影响低碳物流发展的关键因素是物流运作过程中碳排放量的降低，而物流运作过程中碳排放量的大小主要受式（8.14）决定，因此，影响碳排放量的主要因素也是影响低碳物流是否得以发展的关键因素。

从“相对低碳”的角度来讲，义乌物流的发展相当程度上是由于其排碳量的降低。在式（8.14）中，Q 受 L、C、X 3 个因素的影响，义乌物流由于其特殊的运作方式，不需要有或者很少用到仓储，因此 C=0。式（8.14）变为：

$$Q = \alpha L - \gamma X + b \tag{8.15}$$

托运处的增加使得货物运输地点更具选择性，发货托运处、收货托运处辐射范围变小，货物运输的时候也更具针对性，从而总运输路程缩小，L 减小。同时，随着基础设施的不断完善、运输方式的不断丰富等，运作效率不断提高，X 增加。对应于式（8.15），Q 减小，排碳量降低。将 Q 代入式（8.13），Q 的减小意味着 $Q_0 - Q > 0$，即 $\mathrm{XR} - \mathrm{XC} > 0$，$\Delta > 0$。因此，义乌物流得以发展。

阿里物流在其发展过程中主要经历了“云物流”的失败和现在的“大物流”计划两个主要模式。从“云物流”到“大物流”计划，阿里物流通过建立物流宝平台和仓储网络体系，进行了一次阿里巴巴物流的改革。从“碳”量角度来讲，阿里物流的发展相当程度上是由于其排碳量的降低。仓储网络体系建立的效果类似于托运处增加的效果，但又有很大不同。一方面，这使得货物运输地点更具选择性，发货托运处、收货托运处辐射范围变小，货物运输的时候也更具针对性，从而总运输路程缩小，L 减小；另一方面，仓储网络体系的建立使得 C 增加。物流宝平台的建立、电子商务伙伴的合作等都大大提高了阿里物流的运作效率，X 增加。式（8.14）变为：

$$Q = \alpha L + \beta C - \gamma X + c \qquad (8.16)$$

式中，Q 受 L、C、X 3 个因素的影响，在 L 减小、C 增加、X 增加的基础上很难比较出 Q 的大小，但是需要说明的是：阿里物流较“云物流”订单量增加非常大，单位货物所占仓储大小增加比较小，C 增加较小；阿里物流较“云物流”运作效率很高，X 增加较显著。因此，Q 减小，排碳量降低。将 Q 代入式（8.13），Q 的减小意味着 $Q_0 - Q > 0$，即 $XR - XC > 0$，$\Delta > 0$。因此，阿里物流得以发展。

由此可见，式（8.14）的建立有一定的意义，为如何促进低碳物流发展提供了思路。

8.3.4　规范分析：基于问题分析的路径优化

8.3.4.1　低碳物流的发展方向

低碳物流模式的选择主要涉及 3 个函数关系式：

$$\Delta = (\mathrm{IR} - \mathrm{IC}) + (\mathrm{XR} - \mathrm{XC})$$

$$\mathrm{XR} - \mathrm{XC} = \delta(Q_0 - Q_1)$$

$$Q = \alpha L + \beta C - \gamma X + a$$

低碳物流模式得以被选择的根本原因是具有正的净收益，即 $\Delta > 0$。这不仅要求 $\mathrm{IR} - \mathrm{IC} > 0$，还要求 $\mathrm{XR} - \mathrm{XC} > 0$。$\mathrm{XR} - \mathrm{XC} > 0$，就是要求 Q 有所降低，这也与“低碳”的理念相一致。如何使 Q 降低，就取决于 L、C、X 这 3 个关键因素。

物流业的发展肯定会向更有利可图的方向发展，即 Δ 变大。在 $IR - IC$ 保持不变的前提下，就是要实现 $\mathrm{XR} - \mathrm{XC}$ 变大，即 Q 要大大减小。这就要求 L 有较大程度的减小、C 有较大程度的减小，X 有较大程度的增大。因此，对于物流业来讲，低碳物流模式是其发展方向；对于低碳物流模式来讲，努力使 L 减小、C 减小、X 增大，是其发展方向。

8.3.4.2　义乌物流与阿里物流的不足

无论对义乌物流来讲，还是对阿里物流来讲，两者在发展低碳物流的过程中仍有些许有待改进的地方。在义乌物流中，想要降低碳排放，就要努力使 L 减小、X 增大，因此有两个问题需要解决：

（1）货物运输路线没有实现最优化。义乌物流托运处较多，虽然一定程度上缩减了货物运输路程，但是却给货物运输线路的选择带来了困难，阻碍了 L 的减小。一方面，托运处众多，加大了最优线路选择的工作量和难度；另一方面，托运处众多且托运处之间一般会有合作关系，加大了线路修正和线路监管的难度。如图 8-7 所示，A 起始地的货物可以选择 1、2、3 个托运处进行托运，以最短线路考虑，应选 2 托运处进行托运，由 2 托运处将货物发往收货地 D 地，同样，D 地有 4、5、6 托运处，应选离 D 最近的 5 托运处。但是，由于托运处之间的合作关系，例如 2 与 4 之间合作而非 2 与 5 之间，这就加大了运输路程。想要改变这种关系，管理者就要付出更高成本，使 2 与 5 之间合作的收益不小于 2 与 4 之间。

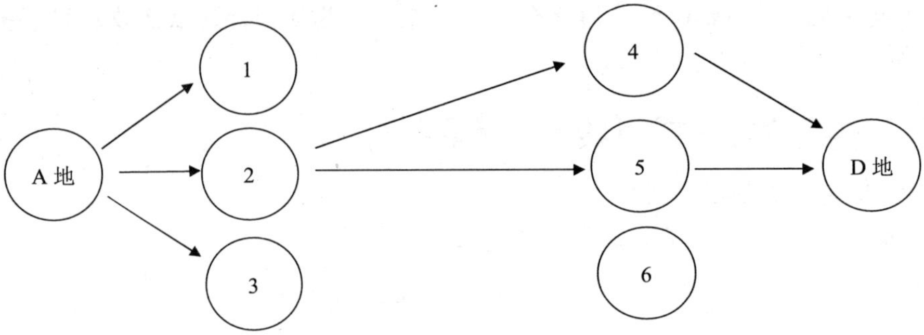

图 8-7 义乌物流的运输线路图

（2）义乌物流的运作效率过低。这不仅体现在托运处上，还体现在运输过程中。义乌物流托运处以个体经营为主、规模小、技术程度及管理水平不高、作业效率低。一方面，托运处建设的不合格导致了较高的碳排放量；另一方面，增加了在搬运装卸、流通加工等物流过程中的碳排量。在货物运输过程中，由于缺少专业的指导，货物运输多专业化低且非标准化，如对于运输工具的选择，托运处选择合同车辆的标准，一般不会看车辆排碳量是否更低，不会看运作效率是否更高。

在阿里物流中，想要降低碳排放，就要努力使 L 减小、C 减小、X 增大，因此有几个问题需要解决：

（1）仓储平台建设点少。阿里物流虽然打算在涵盖全国的几个区域的中心位置分别建设仓储设施，但是仓储平台建设点仍过少，增加了货物运输路程。如图 8-8 所示，假设 A 起始地的货物可以选择 1、2、3 个地方进行货物存储，以最短线路考虑，应选 2 仓储处，由 2 仓储处将货物发往收货地 D 地；但是由于仓储平台网点少，可能不会恰好建在 2 处，例如建在 1 处，则 A 到 1，再由 1 发往 D 处，显然增加了运输路程。

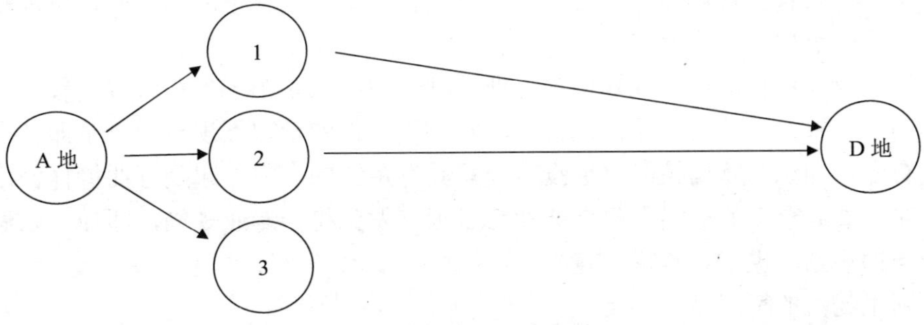

图 8-8 阿里物流的运输线路图

（2）仓储规划有待完善。淘宝已建成了四大配送中心，阿里巴巴又斥巨资进行“大物流”计划，拟在每一个区域建设一个仓储基地，照此情形，阿里物流仓储建设的规模会很大，虽然阿里物流提供了一个专业化、标准化体系的仓储平台，能够减少不必要的资源浪费，也不会使用高碳的设备产品，但是一方面由于仓储建设增加碳排放量，过大的仓储规模造成了不必要的碳排放的增加；另一方面，仓储规模过大可能造成管理困难、运作效率低等一系列问题，得不偿失。

（3）阿里物流的运作效率有待提高。虽然阿里物流想法很好，也能一定程度上提高物流业的运作效率，但是阿里物流仍存有待改善的地方。如若想其他电子商务生态体系内的合作伙伴共同参与，就要考虑到其他电子商务伙伴之间如何协作提高效率。同时，对于阿里物流本身来讲，仓储规模过大可能导致效率较低；或对于如此高效的运作流程，工作人员若不能实现人-机的良好衔接，也有可能导致效率较低；运输工具的选择、使用、安排不当，也有可能致使阿里物流运作效率较低等。

8.3.4.3 不同情形下物流模式的选择

由以上两个低碳物流模式各自所存在的问题可以看出，不同物流模式有其适用情形，或者说由于各自的特点所决定了其物流模式。本节试图探讨一下不同情形下应选择哪种物流模式，仍以义乌物流、阿里物流为例。

义乌物流的特点是：

（1）托运处数量多，分布范围广，规模小。由于在义乌物流中，多是一些小公司、小企业参与者甚至是个体参与者，因此，一方面可以形成较大的参与团体，形成数量多、分布范围广的托运处，满足巨大的货物流量需求；另一方面，这些小公司没有足够的资金支撑起较大规模的托运处。同时，由于义乌物流特有的性质，也不需要有大规模的托运处，或大量的投入资金，也正因为如此，可以吸引到如此多的小型公司的参与。

（2）物流运作缺乏专业知识和专业管理，效率低。由于参与者数量较多、规模较小，导致一是缺乏专业知识背景，对物流运作的管理不规范；二是即使有公司具有专业知识和管理技能，也没有公司具有足够的实力能起到行业榜样作用；三是对于如此众多的、实力各异的参与者很难做到统一专业规划，即使可以做一个导向性规划，也很难监督实施。

阿里物流的特点是：

（1）仓储数量少，规模大。在阿里物流中，阿里巴巴牵头开始“大物流”计划，投资巨额资金进行物流建设，说明阿里巴巴自身有足够的实力进行大规模仓储建设。加之其他电子商务伙伴的合作，使得大规模的仓储建设更容易实现。但是，由于类似阿里巴巴的电子商务企业数量有限，且单个企业独自有效进行仓储建设的能力有限，而导致虽然仓储规模大，但是仓储规划的数量少。

（2）物流运作专业化、标准化程度高，效率高。由于阿里巴巴及其他电子商务企业多而且实力雄厚，专业化能力强，物流管理规范，且具有足够实力和可能性树立榜样向导，因此阿里物流运作具有专业化知识为支撑、专业化管理进行规范。同时，类似阿里巴巴的电子商务企业数量有限，这使得比较容易对其物流运作进行统一专业化规范及监督。

以上分析可知，若某一物流模式所涵盖的公司或企业规模较小，实力不是很雄厚，则应选择义乌物流模式。因为在义乌物流模式中，对托运处规模、物流运作的专业化管理、效率等要求不高，比较适合小公司的参与。若某一物流模式所涵盖的公司或企业规模较大，实力较为雄厚，则应选择阿里物流模式。因为在阿里物流模式中，对仓储规模、物流运作的专业化管理、效率等要求较高，比较适合大企业的参与。如果大企业或公司选择了义乌物流模式，则资源浪费，高碳排放；如果小企业或公司选择了阿里物流模式，则不能胜任，物流业混乱，不能长远发展。

8.3.4.4 义乌物流与阿里物流低碳发展的对策建议

（1）义乌物流低碳发展的对策建议。

- 普及低碳物流相关专业知识：低碳物流是当前物流业发展的方向，而物流业作为现在经济发展的重要内容理应受到政府的重视。在义乌物流发展过程中，没有可以承担起示范作用的公司，因此，宣传发展低碳物流的重任应由政府承担。政府应加大宣传低碳物流相关知识的力度，如发展的重要性、低碳发展的基本知识等。并多提供机会大家共同学习，如交流座谈会、专业授课等。面对促进低碳物流发展时所出现的困难，增强各方应对能力。

➢ 加强物流运作各部分之间的合作：作为义乌物流运作的直接参与者，各公司、企业应加强物流运作各方面的合作。例如：可以加强各托运处之间的合作，以方便最优线路的实施；可以加强各运输工具的共享，以最合理的组合安排运输工具；可以加强内部各方的合作，以便提高物流运行效率，减少不必要的效率损失等。总之，各方合作的增加有利于低碳物流的发展。

➢ 进行专业规划，设定运行标准：除了政府、企业的参与，社会各界也应为低碳物流发展作出贡献：社会各界可以运用自己的力量组建义乌物流协会等机构，利用各资源的优势，提供如资金、低碳知识等各方帮助，为义乌物流进行专业规划，如运输线路规划、托运处建设规划等，同时，设定物流运行标准并监督各物流参与者的实施，如托运处垃圾排放标准、建设材料使用标准、运输工具选择标准等。专业规划的制定与实施，低碳标准的设定，对促进义乌物流低碳发展具有重要作用。

（2）阿里物流低碳发展的对策建议。

➢ 针对仓储建设环节，应满足绿色环保要求：阿里物流仓储建设规模较大，造成较多碳排放，为了避免不必要的碳排放，仓储建设应尽量满足绿色环保要求。这不仅指建造材料、装修材料等应使用绿色材料，还应包括所配备的设置、仓储内部规划等各方面应使用绿色配置、绿色规划方法。除此之外，仓储建设技术、投入使用后废弃物排放、收集等也应采用绿色环保的方法。

➢ 对货物运输流程，应采取分级运输方法：根据前文的分析，阿里仓储的建设有规模过大、数量过小的问题。想要解决这一问题，就应缩减仓储规模、增加仓储数量。针对这一思路，本节提出阿里物流的仓储建设应采用分级建设的方法，从而对于货物运输来讲，应采用分级运输的方法。仓储规模并不是盲目的缩减，仓储数量也不是毫无根据的增加，应满足“碳”量的要求，即 Q 减小。如图 8-9 所示，假设开始计划只建造 I 处一个仓储点，但是规模很大，根据本节思路应将 I 缩减规模，同时增加仓储点，于是在第一层建设一个规模减小的仓储点 I，在第二层建设两个仓储点 A、B，设 I 缩减的规模正好可以建 A、B 两个仓储点。于是发货商将货物运往 I，由从 I 开始往收货地发货变为，先由 I 将部分货物运往 A、B 两个仓储点，再由 A、B 两地往收货地就近发货。这在仓储规模不变的基础上，不仅缩减了货物的运输路程，还增加了仓储的运作效率。若 I 处缩减的规模还可以再建仓储，假设可以再建第三层的 A1，货物运输就变成了三层运输。当仓储增加，所增加的效率和缩短的路程致使碳排放量的降低除了能够抵消增加的仓储所增加的碳排放量外，还能使得碳排放量减少，则可以继续增加层数或仓储。以此类推，直至减少的碳排放量与增加的碳排放量相抵消为止，Q 则不变。一般来说，为了低碳物流的发展，阿里物流建设的层级及仓储数量、规模应满足最后所得的 Q 呈减小趋势。

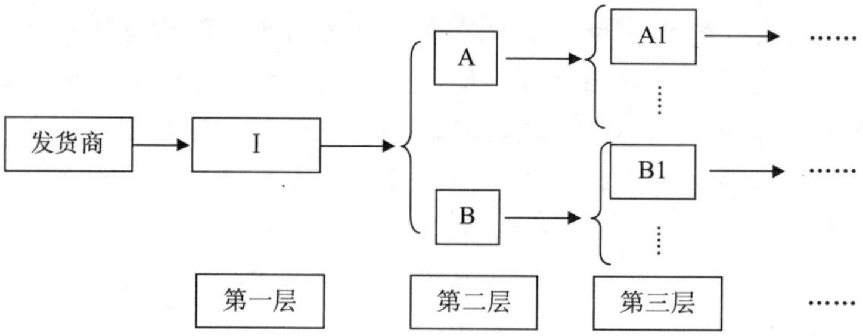

图 8-9 阿里物流分级运输流程图

- 针对阿里物流所涉及的各参与方，应加强交流合作。整体看来，阿里物流的有效运行，需要各参与方的积极配合。这不仅需要建立各电子商务参与方的密切合作，如协调仓储分配、加强仓储共享等，还需要加强物流环节各方配合与协作，如加强人际协作、提高物流各环节的衔接水平等。除此之外，加强阿里物流内部运作与外部环境之间的连接性，也对提高阿里物流运作效率有至关重要的作用。阿里物流运作效率的提高，有利于推进低碳物流的发展。

8.4 促进我国物流业低碳化转型的对策建议

8.4.1 进行物流专业规划，推动物流业碳减排

在各子系统分析中，规划对于各子系统碳减排有重要作用。无论是各子系统的最优选择，如最短路径的选择、最强路值的选择等，还是各子系统的优化安排，如仓储的安排使用、回收系统中的自身条件的改善等，都离不开有效的规划。若

想推动物流业碳减排，就要进行物流业专业规划。①进行各子系统的专业规划，针对各子系统所需解决的问题，提出相应规划建议；②进行物流整体系统的专业规划，这不仅要求对整体系统存在问题的解决、发展阶段的安排等规划，还要求对其内部各子系统的协调安排；③对于物流系统与外部的关系，也需要协调、规划。例如，物流系统与外界参与主体之一——政府之间的关系随低碳物流的发展而做出的改变、与公众的相互作用随着低碳物流的发展而做出的改变等都需要进行专业的规划。

8.4.2 提高物流“碳”竞争能力，积极推进物流转型

在企业物流系统分析中，“碳”竞争能力的计算不仅解决了企业减碳优劣势的数字化比较、评价的问题，还有利于推动进行“碳”竞争能力的提升，从而推进高碳物流向低碳物流的转型。从分析结果可以看出，减碳的所有因素的共同改善对于企业“碳”竞争能力的贡献最大，或者说多种因素的相互配合有助于物流企业更好的减碳。因此，物流企业应意识到，若想更为有效地促进低碳物流的发展，应兼顾多方面的因素。每个物流企业应尽一己之力积极推动物流转型。①主动接受“碳”竞争能力作为能力评价指标之一；②分析企业自身“碳”竞争能力所处的位置及所存在的不足，进行针对性的改善；③根据具体情形，分析出各因素随着发展的改变，可以重新衡量公式，然后进行优劣分析，做出更为符合现实的改善。

8.4.3 加强物流技术创新，促进低碳物流发展

在物流业系统分析中可以看出，技术的进步将有助于发展低碳物流。同时，在推动低碳物流发展过程中，技术的进步将降低成本，提高收益，推动物流业的发展。因此，为进一步促进物流业的发展，需要加强低碳技术的创新。①企业应加强物流技术创新。尽可能地为促进低碳物流发展提供技术服务。②企业应提高物流管理水平。既要加强各子系统的管理，使其为减少碳排放服务，又要加强各子系统间的协作，提高整体减碳排放能力。③企业应尽快完成高碳物流向低碳物流的转型升级。高碳物流已是物流业的夕阳产业，物流业想要长远发展，一定要走可持续发展的道路，否则企业将被淘汰。这不仅需要企业物流运行设施、生活服务设施、人才等硬环境的转型升级，还需要企业文化、政策、思想观念等软环境的转型升级。

8.4.4 区别对待物流模式，探索低碳物流发展

每一种物流模式或者每一个物流子系统都有其各自的特点，不能一概而论，

而要区别对待。甚至是同一物流模式或者物流子系统在不同时期也会有不同情形。因此，在探索低碳物流发展时，应根据具体问题进行具体分析。①物流企业应根据自身情形确定所属的物流模式，或者说特定情形下自身的特点更适于采用某种物流模式；②确定所要解决的具体问题，如某子系统需要进行的改善、整个系统的改善等；③有针对性地提出建议。

8.4.5 引领低碳物流发展，限制高碳物流增长

在低碳物流仍处于起步的今天，政府在推动低碳物流发展方面有着至关重要的作用。政府必须要采取干预措施，促进低碳物流发展，限制高碳物流发展。首先，政府应出台高碳物流的管制政策。通过行政手段和法制手段，管制高碳物流业，促使高碳物流业转型升级，使不能成功转型的高碳物流企业淘汰出局，遏制高碳物流发展。其次，政府应出台低碳物流的激励政策。基于我国物流业现状，政府可以通过产业规划、产业发展向导目录，鼓励低碳物流发展。最后，政府应制定促进低碳物流发展的财税政策。政府可以对低碳物流企业予以补贴、税收减免，弥补其发展低碳物流所需的部分成本；对高碳物流企业征税，以补偿高碳物流企业对气候所造成的损害。总之，政府应以积极的态度促进低碳物流发展。

参考文献

[1] 中国物流与采购联合会，中国物流学会．中国物流发展报告（2009—2010）．北京：中国物资出版社，2010：13.

[2] 周启蕾．物流学概论．北京：清华大学出版社，2005：10.

[3] 李东光．绿色物流与低碳物流辨析．中国储运，2010（12）：92-93.

[4] 杨雨薇．国内外低碳物流研究综述．物流工程与管理，2011（3）：1-3.

[5] 李太武．快递企业实现低碳物流问题探讨．现代商贸工业，2011（5）：9-10.

[6] 李蜀湘，陆小成．中国低碳物流金融支持模型研究．中国流通经济，2010（2）：27-30.

[7] 陶晶．低碳经济下的低碳物流探讨．中国经贸导刊，2010（12）：72.

[8] 徐旭．低碳物流的内涵、特征及发展模式．商业研究，2011（4）：183-187.

[9] 包云．基于 AHP 的物流业可持续发展指标评价体系研究．物流科技，2007（1）：8-11.

[10] T.L.Saaty，1977，Modeling unstructured decision problems：a theory of analytical hierarchies，Proceedings of the First International Conference on Mathematical Modeling，University of Missouri Rolla，Vol.1，59-77.

[11] 潘文军．基于循环经济理论的绿色物流评价体系研究．起重运输机械，2008（7）：1-7.

[12] 张德英，张丽霞．碳源排碳量估算办法研究进展．内蒙古林业科技，2005（1）：20-23．
[13] 李蜀庆，余凯．能源类碳源排碳量估算．三峡环境与生态，2011（1）：56-58．
[14] 段向云．物流企业低碳化发展的影响机理与运营机制研究．天津财经大学，2011：31．
[15] 赵娜，金聪慧，陈焕标．我国现代物流发展阶段研究．福建论坛（社科教育版），2009（12）：83-84．
[16] 潘瑞玉，张丽丽，周根贵．浅析义乌物流．华东经济管理，2003（3）：103-105．

第9章

低碳金融论

金融功能是否有效发挥将直接影响到经济社会的运行绩效，金融产业在引导资源优化配置方面承担着极其重要的作用。低碳发展时代，金融企业通过提供创新性的专业服务和金融衍生工具，将有利于实现保护环境、减少排放的低碳发展目标。同时作为金融企业履行社会责任的重要途径，低碳金融业务也为金融行业内的差异化竞争带来新的发展契机。目前，国内外已有金融部门率先投入到支持低碳发展的金融创新活动中，并在引导社会资金流向绿色低碳部门、研发碳权金融工具等方面取得了许多创见性的成果。我国低碳金融业务起步较晚，与国际成型的低碳金融业务模式有着相当大的差距，亟待理论研究的深化。本章在综合现有低碳金融理论的基础上，对我国低碳金融发展与低碳经济运行绩效进行实证研究，并构建我国发展低碳经济的低碳金融创新体系和优化路径。

9.1　低碳金融的内涵界定

9.1.1　低碳金融的定义

低碳金融，也称碳金融。两者就其研究的内容来看，它们实指同一事物，均指低碳经济领域系列金融制度的安排。但是，“碳金融”以金融制度所针对的对象出发，偏重于强调围绕“碳权”为中心的各种金融制度的安排；而“低碳金融”强调的是为实现“低碳化”发展目标所实行的一系列金融制度。因此，为突出我国应对气候变化、控制CO_2排放的决心与目标，并作出有利于低碳发展的金融制度安排这一负责任的行为，低碳金融的提法似乎更切合这一主题。

尽管低碳金融业务在实际操作层面上已经被大量应用，并有所斩获，但学术界至今仍未对“低碳金融”概念进行严格的界定。世界银行（2006）的定义是，为了低碳经济发展，用私人和公共投资项目减少碳排放，缓解气候变化的金融解决方案，最核心的是与气候变化联系在一起；狭义的低碳金融是和碳交易有关的金融活动，强调的是碳交易；广义的概念是指与低碳有关的融资安排和非融资活动，包括其衍生品。而 Sonia Labatt（2002）等则定义碳金融为碳约束社会中的金融风险与机遇问题，是运用市场工具转移环境风险和实现环境目标的一种金融制度，强调的是金融手段的作用。Sonia Labatt、Rodney R. White（2010）对碳金融给出了更为广泛的定义，它是指在碳排放受限制的情况下，在一个排放 CO_2 及其他温室气体必须付出代价的世界中所产生的所有金融问题。

国内学者认为，低碳金融泛指旨在减少温室气体排放及转移碳交易风险的各种金融制度安排和金融交易活动，既包括碳排放权及其衍生品的交易、低碳项目开发的投融资，也包括碳保险、碳基金和其他相关金融中介活动和碳交易币种的确定等制度安排（初昌雄，2010；王倩等，2010；吴俊等，2010；叶耀明等，2010；邹亚生，2010）。综上所述，各机构及学者对低碳金融的界定主要关注的是碳融资与碳交易方面：碳融资，可以作为环保项目投融资的代名词，而碳交易则可以看成是对碳物质及其衍生品的买卖。国内学者在界定低碳金融含义时，对碳融资赋予了较高的重视，这是国外学者所没有突出说明的一个方面，也是国内外对低碳金融定义有所区别的一个主要方面。这是由于中国低碳金融业务初步发展，金融发展程度不够深，而碳融资能够发挥“碳货币”职能，通过低碳金融服务将产业资本、金融资本和民间资本汇聚于低碳经济领域，能有效解决融资缺口问题（吴俊等，2010），从而推动低碳发展。

因此，低碳金融是为控制温室气体排放、缓解气候变暖所作出的包括低碳项目投融资、碳权及其衍生产品交易和其他相关金融服务在内的金融解决方案和金融制度体系。根据此定义，可将低碳金融业务进一步细分为：金融中介参与下的项目间接融资、风险投资等投资资本参与的项目直接融资、碳权及其金融衍生产品的市场交易，以及为保障上述低碳金融业务顺利实行的各项金融服务。

9.1.2　低碳金融与传统金融的比较

金融系统在过去被认为是一个较为简单的具有行业性、中介性的单一服务组织。《辞海》中对金融一词的解释：货币资金的融通，一般是指货币流通与银行信用有关的一切活动，主要通过银行的各种业务来实现；《新帕尔格雷夫经济学大辞典》中，金融（Finance）被定义为“资本市场的运营、资本的供给与定价”，由于是对 Finance 直接翻译而来，可能理解为“融资”更恰当，而现代金融是已然演化成一个复杂的巨系统（白钦先，2003），它已经发展成为包括银行金融与非银行金融、商业性金融与政策性金融、证券与保险、期货与期权、直接金融与间接金融、长期金融与短期金融、全球金融与国别金融、宏观金融与微观金融、理论金融与实务金融、国内金融与国际金融、金融理论与政策、金融安全与金融主权、金融风险与金融危机等众多因素，且直接涉及经济与社会、财富与资源、财政与税务、政治与军事、内政与外交、国家主权与安全、科学与技术、实体经济与虚拟经济的复杂巨系统。

即使现代金融已经发展成为一个复杂巨系统，但长期来看金融机构不被认为与环境问题有任何的关联。20 世纪 90 年代以来，随着国际环境问题的日益突出及我国节能减排工作的逐步展开，金融界越来越被要求积极参与到解决环境问题中去，资源环境问题逐渐与金融开始有了交集。一个具有社会责任的金融机构不仅自身在日常运行中要环境友好，而且应承担起通过杠杆和利益传导机制等功能来更广泛地影响其他行为主体的责任。这一理念已经成为全球金融业发展的主流共识。以此为契机，全球众多金融机构转变观念，开始利用金融力量致力于解决以地球温暖化为首的各种环境问题（任卫峰，2008），低碳金融由此蓬勃发展。低碳金融的出现更是拓宽了现代金融所涵盖的范畴，低碳金融业务经营的是碳排放的“权”与“责”，这有别于传统的银行业务。

传统金融倾向于支持重工业化，占总体投融资比重较高。因为无论是金融机构的间接融资者，还是资本市场的直接融资者，他们在开展贷款业务过程中重点强调的是资本回报率与风险控制，而大型重化工业项目由于资信较高且预期效益较高，因而比较容易得到资金。但过分追求经济效益的同时会加重环境负担，带来更多的环境负外部性。而低碳金融则更注重经济效益和环境效益的平衡与协调，有时候甚至会更加强调环境效益。金融资本将侧重于对低碳项目进行扶持，增加对节能环保新型产业和第三产业的资本投入，并转而对传统高排放的重化工业予以资本投放数量的压缩。低碳金融的不断发展将意味着金融信贷结构的变化，从而促进产业链价值分布从向资源型企业倾斜转向低碳技术型企业的倾斜（焦月等，2010）。

除了投融资制度外，低碳金融有着传统金融所没有的新型金融产物，即碳排放权交易和基于碳权的碳金融衍生产品的研发与交易。碳权及其碳金融衍生产品交易是一种全新的交易种类，为保障该金融新业务的有序开展，必然对金融机构的创新能力提出更高的要求。金融部门需要有更加宽广的视野与思维，借鉴国内已有的交易机制和国外现有的先进经验，逐步开展业务尝试与业务量的拓展。这些金融新业务的产生，在增添金融活力的同时，也提高了金融业务开展的复杂程度，需要为各项新型交易制度提供配套的专业型人才建设机制和构建完善的市场交易机制。传统金融与低碳金融的主要指标的比较见表 9-1。

表 9-1　传统金融与低碳金融的比较

对比指标	传统金融	低碳金融
是否参与解决气候变暖问题	否	是
金融制度安排的指向	不针对 CO_2 减排	针对 CO_2 减排
金融发展目标	实现资本价值增值	获得经济效益与环境效益的双赢
金融投融资热点	高利润回报率的资源型企业	环境友好型的低碳技术型企业
金融创新能力要求	一般	较高
金融业务复杂程度	一般	较高

9.1.3　低碳金融的基本特征

9.1.3.1　以提供低碳产业资本为导向

低碳经济的发展是以低碳产业的兴起为重点，作为资金与金融服务的主要需求方，低碳技术研发企业和低碳生产企业在低碳金融领域起到导向的作用，因此开展低碳金融业务的主要目标即是为了促进低碳企业的平稳发展。

低碳产业，普遍具有投资大、回收期长，短期收益不明显，长期市场潜力大的共同特点。这类企业在缺乏政策导向时，往往较难获得所需资金：①因为它们在短期利润回报率上缺乏投资吸引力，且风险太高；②由于投资额巨大，投资方为规避未知的风险，采取提高利率，增加担保或质押等融资条件，或者直接缩小项目资金规模，为企业生产增加融资成本，影响工程建设进度。因而低碳金融就是要引导各类金融机构充分了解低碳企业的金融需求与实际困难，克服由于信息不对称所造成的不利影响，竭力围绕低碳企业的金融需求制造相应服务供给。

关于低碳企业的资金融通渠道，基本可归纳为间接融通和直接融通两类。前者主要涉及到以商业银行为主的金融中介机构，后者包括风险投资、私募、投资银行等投资机构。商业银行作为低碳金融发展进程中的重要角色，在进行传统授信业务时，特别重视对低碳项目的放款考评，并为之提供系列优待条件。此外，不同于银行机构，风险投资、私募以及投资银行往往具有雄厚的资金作支撑，资金的趋利性使得他们有更敏锐的触觉，能快速察觉到国家产业政策向低碳方向的转变，因而能够迅速将资本转移到前景广阔的低碳技术企业，解决低碳企业的资金问题，推进低碳产业的振兴及国家政策的有效性。

9.1.3.2　以促进碳权交易为核心

碳权交易作为低碳金融中的一项重要金融机制，是基于实体低碳生产部门为调剂碳配额余缺所产生的一种交易机制。在政府间、企业间推动碳权交易，使所有主体最终都能以最低的成本实现碳减排的目标。

碳权交易是基于碳权初始分配后的产物。在初始碳权分配完毕后，不同生产技术的企业的碳权配额会产生盈余或赤字，这就产生了碳权交易的供需。随着碳权交易规模的扩大，会促使各类企业不断提升生产技术，不再依赖于从市场中买进碳配额，而更多地倾向于成为碳权的供应方。短期来看，碳权交易的较大受益者是那些具有较少的排放限额且边际减排成本较高或者具有较多剩余排放权或者边际减排成本较低的地区；而交易前减排率与优化减排率相差较小的地区受益较少（陈文颖等，1998）。而在长期，碳权交易将促使大部分地区和企业进行技术改造，提高单位产值能耗，降低单位产值碳排放量，从而达到降低碳排放的结果。

因而在低碳金融发展中，为促进碳权交易的进行，政府部门作了相当多的基础工作。包括先后成立北京环境交易所、上海环境能源交易所、天津排放权交易所、深圳排放权交易所等，为未来全国性碳权交易的展开做好地区试点，积极探索各项碳权交易制度，提高入场交易企业对碳权及碳权交易的认知度，增强企业适应环境变化，承受减排压力的能力。通过活跃碳权交易活动，使各企业权衡购买碳排放指标与加快生产技术与工艺改进的成本大小，在短期内通过碳权市场的交易进行暂时的碳权融通以应对减排限制，而在中长期逐步转向注重对低碳减排技术方面投入为主的一种环境友好型发展模式。

9.1.3.3 以碳权衍生工具创新为手段

低碳经济发展模式中，风险暴露相较于其他经济体系而言会更加突出。因而低碳金融体系在管理低碳信贷风险、碳权交易风险及低碳经营风险等方面，要利用金融衍生产品工具的创新为基本手段，来平稳低碳经济发展中的潜在风险。

在面临碳约束的现实状况下，无论是低碳产业还是传统产业，其对于控制生产经营风险有着本能的需求。同时，碳权交易的推行在一定程度上也催生了对现时交易任务和未来交易任务间价格波动的担忧。而低碳金融衍生工具正是满足这些诉求的有效手段。对应于传统金融工具中原生和衍生的分法，原生低碳金融工具有碳信用交易和碳现货交易，而低碳金融衍生工具则延续了已有金融市场上的金融衍生工具品种，应用较多的有碳期货、碳基金与碳期权等。低碳金融衍生工具的主要功能不在于调剂资金的余缺和直接促进储蓄向投资的转化，而是管理与原生碳金融工具相关的风险暴露（王增武等，2010）。

由于低碳金融衍生工具是由以碳交易为主的原生金融工具进行创新而来，因此，低碳金融体系为实现风险规避的功能，不断进行思维拓展，从碳交易的各项实质性问题，到考量现有金融工具品种及特点，研发适应于低碳经济发展目标和低碳企业发展需求的低碳金融衍生产品，以金融衍生工具的不断创新为手段，为企业的低碳化发展提供金融保障，进而达到促进低碳发展的最终目标。

9.2　低碳金融发展的理论基础

金融与产业发展、经济增长的关系研究，在经典经济学理论和现代金融发展理论中均被大量涉及。经济体系中的金融部门，由其最初的资金融通功能、金融货币政策的研究，逐步延伸为金融产业自身发展中的组织结构及金融工具创新问题，以及政府对金融部门的引导治理等深层次问题的探究。传统金融发展理论为低碳金融的理论拓展提供了基本的研究思路。

9.2.1　低碳金融发展的内在逻辑

9.2.1.1　低碳金融资本是低碳产业资本供给的主要渠道

在低碳发展情景下，金融与经济的关系有了新的特点。从低碳实体产业链的发展过程可以发现，金融产业组织作为连接资本市场与实体经济的中介商，在前端链条上通过有效的信息披露制度，降低交易成本的基础上，汇拢社会剩余储蓄和闲余资金，从而促成资本形成与资本积累；在后端链条上通过优化配置资源、创新服务和便利交易等手段，最终达到低碳技术创新、低碳产品服务的需求增长和低碳产业兴起的低碳发展目标，其关系链见图 9-1。延续传统金融资源参与经济发展理论的脉络，金融资本为低碳产业提供资本供给是当下低碳经济发展中金融所需发挥的核心内容。

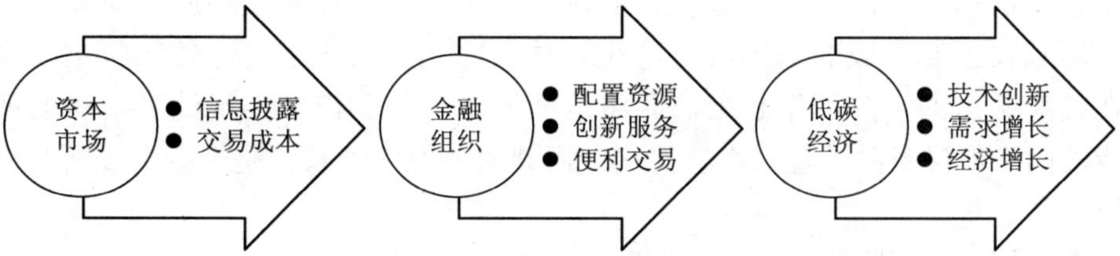

图 9-1　金融发展参与低碳经济的关系链

低碳经济发展中对金融需求首先产生于对低碳产业资本的渴求。资金融通是整个金融体系中最为突出的一项功能，低碳产业的资本供给也是低碳经济发展中对金融需求的根本性内容。社会化大生产条件下的资本运动规律表明，低碳产业资本的循环过程需要有足够多的金融资本的参与来实现。从低碳经济体系构建的层面来看，低碳产业的投资运营是其中的关键环节，主要包括新能源开发利用、低碳技术研发应用等技术密集型产业[①]，而企业的前期筹备与后期大规模的技术获取、改造与创新，均需要大量的资金投入来推动。因而金融中介在低碳投资资金方面给予的补给作用显得尤其重要（汪陈等，2010；Jung，2011）。

面对低碳产业的资本需求，金融业能够通过金融创新，从而为解决资金、技术瓶颈等方面问题发挥重要作用。随着低碳经济发展体系的进一步完善，金融部门在汇积资金量、促进储蓄向投资转化和增加就业量等方面的影响系数更大，关联程度更密切，金融在资金要素投入量增加方面的促进作用会较一般经济体系更为明显。而从低碳经济体系所要实现的整体减排目标来看，其所需的资金额度也十分巨大[②]。目前，中国低碳发展面临的一个很大的制约因素就是资金的投入不足，低碳产业发展面临着巨大的资金缺口。因此，创造良好的投融资环境和金融支持体系至关重要，要充分利用金融市场，借助金融手段解决低碳发展中的资金短缺问题（陈柳钦，2011）。

9.2.1.2 金融资本与产业资本的传递机理

根据美国经济学家帕特里克 H・T・Patrick 的研究结论，发展中国家促进经济增长的金融发展可归结为“需求追随型”和“供给引导型”两种模式。需求追随强调的是经济主体对金融服务的需求，因而引致了金融机构各种相关金融服务的产生。这种金融发展模式是实体经济蓬勃发展的结果，市场势力的不断扩张和生产产品的越发多样化，从而对交易成本和风险规避产生了更高更有效的要求。因此，金融发展在经济增长过程中所发挥的作用是比较被动的，金融发展只是被动地对实体经济所产生的金融服务需求做出反应。而供给引导强调的是金融机构及各类相关金融服务的供给先于经济主体对金融服务的需求，对经济增长发挥着积极的引导作用。在这种金融发展模式下，金融部门主动将滞留在传统部门的资源汇聚起来，并将这些资源转移到能够实现经济增长的现代产业部门，促进资源配置效率的提高。而此时的经济增长，是金融发展所带来的结果。

考虑到我国现阶段低碳经济的实践情况，低碳产业的金融资源供给不充分，引致少许不甚旺盛的金融需求。且现有的低碳产业多为政府主导下的指令式发展，

---

① 国家发改委能源研究所发布的《2050 中国能源和碳排放报告》，从能源工业的投资、全国能源的花费和终端部门的额外投资 3 个部分对中国发展低碳的资金需求进行了估算，沿用《中国可再生能源中长期规划》中的研究结果，要实现 2020 年我国可再生能源中长期规划目标，预计需要 2 万亿元投资。

② 麦肯锡发布的《中国的绿色革命——实现能源与环境可持续发展的技术选择》，指出要实现减排情景中的全部潜力，需在今后 20 年中平均每年需新增资本投入 1 500 亿～2 000 亿欧元（相当于 2 000 亿～2 600 亿美元），占当年 GDP 的 1.5%～2.5%。

缺乏市场及社会资源的大量参与。由于低碳经济对我国来说，还是一种比较新的经济发展方式，因此我国低碳金融体系的建立应遵循以供给引导为主线，需求追随为辅线的金融发展模式，对支持低碳经济的金融发展目标做出适当的调整。在低碳经济的发展初期，要贯彻以金融供给为主导的金融发展模式，发挥金融对低碳经济发展的促进作用；而当低碳经济的发展上轨道时，可通过实行供求引导和需求追随共同促进的金融发展模式，通过金融产品和金融服务的不断创新，来满足日益增长的低碳发展需求，进而实现低碳经济与金融部门的联动发展。

目前，在我国供给引导型金融的发展方面，资本供给是重中之重。低碳产业的开拓和经营需要巨额的资本投入，资本供给不足是我国低碳产业发展的关键性制约因素，对低碳产业投入的资本不足是低碳发展的硬伤。因此，低碳金融发展的重要内在逻辑是：增加对低碳产业投入的资本形成规模，完善资本形成结构，提高资本形成效率，实现资本供给形成的核心目标，从而有效激发低碳经济产业发展的融资需求与投资热情。上述金融和低碳发展的内在逻辑可由两方面进行展开：一方面是基于低碳产业部门产业资本形成缺口的传递机理；另一方面是基于金融中介部门金融效率的传递机理。而这两个方面的传递机理最终通过低碳发展的金融支持体系得以互相连通，从而体现出一个较为完整的演化过程，见图 9-2。

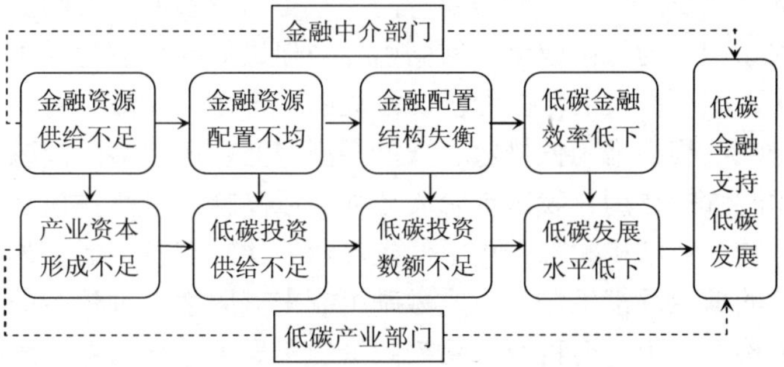

图 9-2 供给引导型低碳金融发展的内在逻辑

从图 9-2 可知，在金融资源的供给方面，金融中介部门是低碳产业部门发展的先决条件之一。由于低碳产业部门所能依靠的自有资本数量有限，当金融资源的供给不足时，会对产业的资本形成制造障碍。继而引发稀缺金融资源的不均衡配置所带来的金融配置结构的相对失衡，金融资源倾向于流入传统高耗能、高排放产业，而非更具效率的低耗能、低排放产业，使得金融运行效率无法得以提高。低碳产业部门由于得不到应有的资本供给，低碳投资的规模和深度得不到兑现，于是低碳发展的目标也就无法实现。因此，改善金融资源供给不足的现象，是目前我国供给引导型金融发展模式所要正视的首要问题。只有当金融资源实现了充分供给，才能有后续的金融资源的优化配置、金融结构的升级调整以及金融运行效率的提升强化，进而才能拓展各类金融服务，满足初步发展起来的低碳产业的各类金融需求。

因此，当供给引导型金融发展模式取得一定实效时，金融发展模式就该在需求追随型上开始有所作为。随着供给充足下的产业资金需求缺口被逐步填补，在此基础之上的后续创新金融业务的演进必须随时跟进。在各种低碳企业建立起来后，金融部门应对企业生产经营中所面临的各种境况有所预见，针对企业需求做出追随型对接业务。企业的生产价值链上将经历购买、生产和销售的必然过程，由于低碳企业存在着表征环境友好型的低碳特征，因而在这 3 个过程中与碳排放有关的各项活动中潜藏着巨大的金融需求空间，如碳排放权指标的交易需求、市场碳价格变动的避险需求、租赁低碳生产设备、扩张生产规模的贷款需求等。金融部门应为实体低碳经济产业部门的金融需求创造有利条件，提供各类创新金融产品及信息揭示、碳权交易等服务功能，为低碳产业资本效率的提升提供可靠的金融服务资源。

9.2.1.3 金融资本投入是低碳经济效率提升的关键因素

由于低碳经济发展中，金融与经济的关系更为密切，其影响更为深远，金融部门能配合国家相关的低碳政策，共同引导与促进低碳化的社会生产，提升低碳经济运行效率。因而在发展低碳经济的过程中，金融如能减少对高耗能、高排放产业的资源分配，相应地为低排放、低能耗型产业实施更多的投融资活动，充分发挥优化资源配置的作用。我国现阶段还处于以高耗能、高排放产业为主的清洁产业占比较低的产业结构状态。由于低碳产业往往具有较强的正外部性特点，需通过金融部门的信息反馈机制、金融激励机制来克服生产过程中的“搭便车”问题。而金融机构在货币、财税等一系列政策的指导下，将信贷资源在产业价值链上进行重新分布与调整，再与财政政策、产业政策进行相互联动，积极引导与推动符合低碳经济要求的产业发展（焦月等，2010），是顺利实现产业结构低碳化调整、不断提升低碳经济效率的有效激励手段。

相较于传统经济发展模式下的资源消耗过快、资源利用效率过低的资源利用方式，低碳经济提倡的是提高资源使用效率、降低能源消耗、减少温室气体的排放。低碳经济的产业指向往往是高新技术产业，普遍具有高风险的特征，但对于这些低碳创新项目来说，企业所能获得的内部收益很低，甚至为负。在这种情况下即需要借助金融手段，通过创新性的金融倾斜政策，将企业实施低碳项目所获得的外部收益转化为企业的内部效益，进而激发企业进行低碳技术创新，提高生产经营效率，从而保障了低碳企业的投融资过程的顺利进行以及生产运行阶段的高效性与稳定性。

9.2.2　发展低碳金融的重要推论

9.2.2.1　低碳金融发展需要不断的金融创新

金融创新在低碳金融发展中有着特殊的贡献。金融创新按照实现功能的不同，可分为信用创造创新、流动性增强创新及风险转移创新等。相较于传统经济发展模式下的资源消耗过快、资源利用效率过低的资源利用方式，低碳经济提倡的是提高资源使用效率、降低能源消耗、减少温室气体的排放。但对于部分低碳创新项目来说，企业所能获得的内部收益很低，甚至为负，在这种情况下需要借助金融信用创造的创新手段，将企业实施低碳项目所获得的外部收益转化为企业的内部效益，进而激发企业进行低碳技术创新，提高生产经营效率。

在低碳经济发展中，低碳信贷技术创新可降低交易成本，碳交易风险管理创新能改变贴现率，创造碳信用、增强碳权流动性等形式的金融创新，会影响到预期收入和贴现率。这些促进低碳发展的金融创新行为（投资决策）最终都将反映在金融机构的企业价值上，在满足低碳相关的金融需求，推动低碳产业发展的基础上，同时也为金融机构带来更多新的经济利润。因而在金融市场中，无论是资金融通还是虚拟碳权交易，除了运用传统的金融方式给予支持外，更重要的是引导金融机构针对低碳行业和创新型企业的特点，从制度、产品和模式等方面加快金融创新，设计相对灵活的解决方案和服务方式，增强金融支持力度。

另外，低碳经济的产业指向往往是高新技术产业，普遍具有高风险的特征，为保障低碳企业的投融资过程及生产运行阶段的高效性与稳定性，金融机构可提供完善的投融资体系及合理的风险规避机制，并通过低碳金融工具的研发与推广，为提升低碳经济运行效率注入强劲动力。特别是碳基金、碳期货、碳期权、低碳指数等围绕碳排放权所设计的各种低碳产品，不仅为低碳企业资金提供更多的融通渠道，解决低碳企业的风险管理需求，同时也活跃了新兴碳权交易市场上的投资增值活动（乔海曙等，2011）。通过低碳金融衍生品的不断创新，满足低碳生产中的风险转移需求，从而提升整体经济运行效率。这也是顺利实现产业结构低碳化调整的有效手段之一，有助于提高低碳产业产值在国民生产总值中的比重，提高低碳产值的贡献度，进而促成低碳产业成为新增长极。

9.2.2.2　低碳金融发展需要强力的政策支撑

低碳金融的发展在低碳产业资本的汇聚、清洁化产业结构的调整、经济运行效率的提升等方面起到了重要的促进作用。金融部门属于国民经济体系中的一部分，需要服从于国家的宏观控制，更需要政府部门和相关金融机构制定完备的规章制度，从而为低碳金融活动做出强有力的制度保障。由于低碳产业大多具有较强正外部性的特点，成本与收益之间的落差使得金融机构的投资积极性降低。针对类似情况，就需要通过政府政策引导金融部门建立起专门的“低碳信贷”部门，专项负责低碳项目的信贷工作，通过制定信息反馈机制、金融激励机制等方法来克服低碳产业发展中的“搭便车”问题。此外，在规范国内碳权及其衍生产品交易等新型碳金融业务时，需要政府部门在交易市场建立、交易规则制定等方面给予明确的政策导向，从而规避金融市场业务中的潜在法律风险和经济风险。

金融机构在货币、财税等一系列国家宏观政策的指导下，配合国家相关的低碳政策，将信贷资源在产业价值链上进行重新分布与调整，再与财政政策、产业政策进行相互联动，积极引导与推动符合低碳经济要求的产业发展（焦月、焦作，2010），将有助于引导与促进低碳化的社会生产。在发展低碳经济的过程中，金融部门的信贷投放标准如倾向于减少对高耗能、高排放产业的资源分配，相应地为低排放、低能耗型产业实施更多的投融资活动，充分发挥优化资源配置的作用，将是顺利实现低碳化发展目标的有效手段之一。可见，低碳金融业务的发展与壮大，离不开国家政策导向和金融制度安排的双轮驱动，低碳相关的金融政策的制定是金融功能发挥的关键保障。

9.3 中国低碳金融的体系构建

金融作为解决经济社会活动中不确定问题的一种有效手段，特别是在引导金融资源配置、提供金融支持服务等方面发挥着无可替代的作用，对经济增长乃至社会发展都充当了巨大的推动力。就低碳发展模式而言，各种新型产业的发展、低碳技术的研发都离不开金融部门的支撑。一个针对需求拉动且行之高效的金融运行机制，能够将金融资源分配到高收益率的投资部门或项目，使资金能够按照经济原则在不同产业部门之间实现有效流动，促使提高投资效益和要素生产率，促进生产要素向低碳型新兴产业转移。因此，如何在低碳发展的大背景下，构建功能完善的低碳金融体系，充分发扬金融部门对于低碳发展的引领作用是未来金融研究领域中的重要任务。

9.3.1 低碳金融的发展契机

低碳发展情景下的金融需求，引发了金融行业发展的新契机。低碳金融的产生源于新的金融需求。金融机构在应对新需求时，变被动供给为主动创造的金融行为，将是金融产业向上发展的又一新机遇。

以低碳产业资本为主，用于促进低碳产业发展，并改善产业结构的低碳金融需求表明，产业资本运动不仅是金融资源参与产业资本循环的客观要求，同时更是金融活动赖以生存和发展的客观基础。金融资源在参与和促进低碳产业资本实现循环的同时，也逐渐演变出独立的低碳金融活动，使得金融产业的自身产业规模和金融功能得以快速发展。现有经济格局在向低碳经济转型的过程中将会经历大批传统产业改造、大量新兴产业成长的阶段，必然产生巨大的“绿色信贷”需求，而低碳信贷作为低碳金融的分支之一，将成为未来金融业竞争的重要利润增长点（杨波等，2010；陈游，2009）。

同时，以金融工具、创新服务为主的提升低碳企业运营绩效、提高经济运行效率的低碳金融需求表明，不仅低碳经济的发展需要金融支持，反过来看，低碳经济也为金融产业创造出新的商机，提供了更多交易服务机会和不断延伸的金融创新空间。随着低碳理念的普及与减排的政策约束，碳排放权作为具有投资价值和流动性的金融资产，其重要性已被碳交易市场规模的扩大和碳货币程度的提升所证实（张茉楠，2009；王瑶，2010）。因此，金融机构直接参与碳权交易，研发以碳权为基础的各种金融衍生产品，通过金融创新为金融业带来新的业务活力，激发金融业的创新潜能与发展潜力。此外，金融机构提供的关于低碳项目咨询、碳排放权交付保证等相关中介服务新产品，可有效拓宽现有的金融服务内容，成为金融机构未来市场营销的有利手段之一（乔海曙等，2011）。

低碳金融体系的建立由于符合低碳政策导向、金融同业竞争及产品创新发展的基本要求，必然在提升市场竞争力、更多地参与国际市场交易等方面有所斩获。

9.3.2　我国发展低碳金融的制约因素分析

我国低碳金融发展历时还不是很长，在现阶段的核心工作主要集中在以商业银行为主体的国内低碳信贷与基于 CDM 项目的国际碳交易活动上。但由于我国制定低碳发展战略的时间较西方发达国家要晚很多，从低碳金融业务种类的多元化与参与主体的多样化上看，低碳金融业务的开展类型和实施主体比较单一。且在低碳金融的实际操作过程中，仍然面临着一些制约低碳金融业务开展、延伸与创新的影响因素。

9.3.2.1　金融资源供给不足

我国一些地区的金融资源参与低碳经济的效率偏低，表明我国低碳金融发展的制约因素之一表现为金融资源供给总量的严重不足，并且表现出一定程度上的刚性特征。在国内，金融资金的供给方主要由政策性金融机构、商业性金融机构、非银行金融机构及资本市场等几部分组成。从总体上来看，我国金融部门的投融资机制建设滞后。在国家各类扶持发展产业的企业主之中，普遍存在着对政府投入高度依赖和对社会资金求贤若渴的矛盾心态。由于资金来源渠道过于单一，与低碳相关的企业发展较为困难。

我国的政策性金融机构从1994年起才陆续成立，至今仍带有较重的财政体系拨款的管理色彩。再加上政策性金融机构的扶持重点与低碳发展存在着一定的不对称性，因此从事低碳发展的企业从政策性银行获得融资支持的额度不大。在正规金融融资的主力渠道上，商业银行在开展信贷业务时，会考虑到低碳行业高投入、长回收期的信贷特点，对其缺乏正面积极的收益激励，结果往往是商业银行倾向于贷款规模大、收益快的传统产业，而不大青睐所谓的低碳新型产业。而对于偏好高投入、高收益的风险投资，由于低碳行业面临着技术研发的不确定性，而低碳产品的市场需求潜力又有待评估，风险投资者的预期回报率增加，使得低碳企业主的生产经营无以为继。此外，我国资本市场发育缓慢，企业上市融资门槛偏高，非银行类金融机构发展滞后，无法满足低碳产业发展的各类金融服务需求。金融资源的总体供应不足的现象，难以适应低碳产业发展的现实要求，大大制约了社会公众对低碳产业的投资热情与投资力度。

9.3.2.2 金融避险功能薄弱

在我国现有金融体系中，金融资源参与低碳发展的效率偏低，与低碳金融体系内的避险功能薄弱也有较大关系。金融资本在进入低碳产业后，由于其产业高风险未能被相应的金融避险工具所分散，从而让低碳生产过程中的潜在风险有机会对生产活动带来不利波动。金融体系的避险功能薄弱主要表现为：各类碳金融工具开发与碳交易市场建立相对滞后，有需求企业诉求无门。由于碳排放权已具备一般商品物的性质，在生产活动中存在着现期与远期的价值变动，也会产生储备与交易的需要，以及转移经营活动中特殊风险的需求。随着低碳经济发展进程的不断深化，相关低碳的金融需求进一步激发，金融避险需求与金融避险供给之间缺口的扩大化，是影响我国低碳金融发展的一大限制因素。

金融部门除了在实体产业资金供给方面存在巨大作用外，在以实体经济为基础的虚拟经济的发展上也能独当一面，不断的金融创新为风险转嫁提供了重要的途径与手段。而我国的碳交易市场和交易机制建设相对滞后，多元化的金融原生工具、衍生工具的种类数量均十分匮乏，无法为低碳产业发展所需要的风险规避与风险转移提供方法与途径。且国内现有的低碳金融工具在参与国际交易时面临着国际协议刚性等约束问题，在短期内无法与国外交易市场和交易机制相协调对接。我国近年来交易量较大的 CDM 项目，其市场运作还不够深入，对 CDM 相关专业知识及政策法规缺乏深度了解。现有碳金融产品创新中，没有碳掉期交易、碳证券、碳期货、碳基金等各类碳金融衍生品，在国际的碳交易市场上没有定价权，只能接受外国碳交易机构所设定的较低的碳价格。因此，对 CDM 项目和碳交易的认识有待加强，金融中介市场有待发展，低碳金融产品种类单一的现状有待改善，金融机构规避风险能力有待提高。

9.3.2.3　金融政策体系模糊

在我国当前的产业组织结构中，低碳企业主、金融机构面临着低碳投融资政策大量缺失的现象，金融支持政策体系模糊，为低碳经济运行绩效的提升带来很大影响，我国的低碳金融政策环境有待优化。企业在寻求各种融资渠道时，以信息不对称等原因而以失败告终的例子不在少数，低碳产业金融制度盲区、低碳信贷制度缺陷等不利因素是对低碳金融发展铺设障碍，更是对低碳经济本身的有序发展制造问题，使低碳发展模式流于形式和低效率的行进。

低碳相关的金融政策与金融制度的不完善与不明晰，为实际生活中各种不协调问题的产生埋下诱因。在低碳融资中，对低碳信贷的标准制定比较模糊，没有统一的界定，各种税费优待与财政补贴等问题缺乏标准化。由于缺乏完善的能耗、排放管理考核机制，贷款存在信息不对称的特点，加大了信贷过程中对企业进行风险识别的难度，有碍于开展高效的审查与决策，致使资金融出方的信息获取渠道不畅，资金供给行为缺乏动力。而不明确的政策扶持条款有碍于投资者及贷款人正确客观地评估企业成本收益问题，导致投资效率的降低。在金融创新中，金融部门对于低碳相关的金融研发与创新动力不足，低碳发展中的创新性金融工具和金融业务开展迟缓。碳权交易市场建立滞后，交易机制不甚完善，交易的社会参与度较低。现阶段我国所遇到的这些问题，在很大程度上与现行机制设计有关，法律、法规、规章缺乏。因此，急需配套的法制对低碳金融发展进行规范及对企业排放加强监管与考核。

综合以上我国低碳金融发展的制约因素来看，一成不变的传统金融体系已无法满足低碳产业发展的现实需求，融资过程中的信息双向披露、资金供给渠道拓宽、风险转移规避、金融创新能力提高，以及政策法规的透明统一等因素将是低碳经济中金融支持体系构建的主要方向。因此，针对低碳发展的金融的产生，正是在信息对称化、风险最小化、政策明晰化的要求下，是金融部门又一次审时度势的调整与创新。只有金融部门顺势改革，才能顺利解开当前所面临的发展瓶颈难题。

9.3.3 低碳金融体系的框架搭建

通过对低碳金融发展的制约因素及体系构架的内在逻辑分析可见，我国支持低碳发展的金融体系建立可从金融规模、金融效率和金融结构 3 个维度进行框架构建，并相应地从金融资本形成机制革新、金融运行机制创新及金融机制设计立新等方面构架出低碳发展的金融支持体系的有机整体，具体框架见图 9-3。

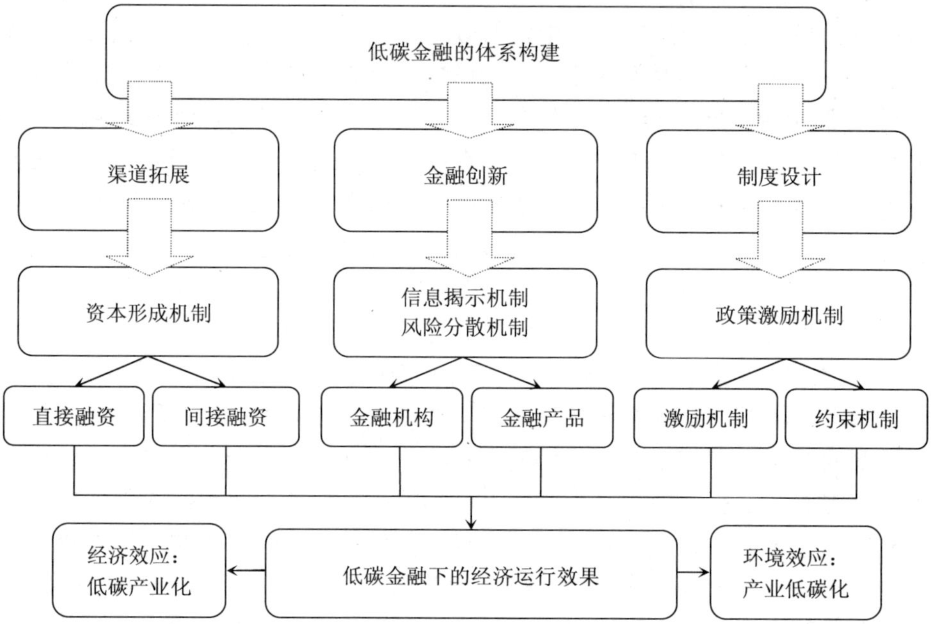

图 9-3 低碳金融发展的总体框架示意图

9.3.3.1 通过渠道拓展实现低碳金融规模

支持低碳经济的金融规模小是我国金融发展的现实写照。而低碳发展所延伸出的新型产业，由于其产业特性决定了其资金需求量大的特点。无论是个别富有实力企业主体，还是单一国家行政支配主体，均无法独立承担起数额巨大的资本配备，需要由多元化的金融主体来共同承担金融资本的汇聚与配置功能。因此，在我国经济高速增长及产业结构升级调整的现阶段，要发挥金融部门在资金供给方面的引导作用，为我国低碳经济的持续发展创造有利的金融环境，必须积极拓宽资金融通渠道，促进融资形式的多样化发展。在以国有商业银行为主的间接金融主导模式下，对商业银行业务进行不断革新，不再局限于对储蓄资源的再配置业务，并引导银行体系外资本市场的直接金融的发展，拓宽资本形成渠道，增强资本形成机制，保障金融体系下的部门协调与稳定发展。

9.3.3.2　通过金融创新提升低碳金融效率

金融体制下的资本运行效率低下是影响资本效益发挥的重要因素。效率的影响因素较为复杂，但在考虑支持低碳经济发展的金融效率时，主要可以归结为金融资金供给中的信息不对称因素和金融服务需求中的新业务拓展能力。因而在金融体制随经济体制进行变革的进程中，通过不断的金融创新可以为金融效率的提升带来较大的改观。尤其是金融机构的功能演化和职能专一化，以及创新性碳金融产品的研发与市场化，将为低碳企业提供可靠的且急需的金融服务，为企业资金使用效率的提升添设砝码。通过高度市场化的金融创新，能缓减我国现阶段国家宏观指令下的金融资源分配不均所带来的金融资源配置扭曲现象，提高资本流动的合理性和使用的高效性，有利于我国金融效率整体水平的提升和实际环境经济绩效的取得。

9.3.3.3　通过制度设计保障低碳金融发展

我国现阶段低碳经济投资结构要从以城市环境基础设施建设为主转向以低碳环保产业投资为主的金融结构。金融结构往往能较好地反映出金融资源的投向领域，在政策缺失的低碳经济模式下，金融机构在逐利本性的驱使下，多将金融储蓄投向短期获利快，但环境效益差的传统产业项目，对低碳类的高新技术等清洁产业的资金投入较少，与金融投资结构趋于高级化的目标相背离，而制度的建立与实施是保障低碳经济有序进行的必要手段。只有政策制度的正规化，才能促进金融部门进行自我革新、产业部门坚定发展低碳产业，碳产品市场做出敏捷反应。同时，金融政策所涵盖的激励约束机制将促使资金形成、投资结构和配置效率的不断优化，顺利实现金融部门在低碳经济发展过程中引导社会投资结构、优化资源配置的根本功能。

金融部门之所以能在国民经济发展中促进产业实质性飞跃发展，主要在于金融部门为企业提供经营资金和风险规避的有效渠道。金融功能是否有效发挥，又与国家的宏观政策有很大关系，它是基于国家政策具体指向所进行的贯彻与落实。因而可以说，低碳金融发展主要为资金支持和服务支持，并以国家政策为必要基础。当前，制度缺失和机制滞后等问题是制约低碳产业发展的重要因素。因此，需通过建立起一种支持低碳发展的金融体系，来协调低碳经济运行中的关系，将社会资源进行更加合理的配置。

综上所述，我国低碳发展中的金融支持模式应是金融资本供给先行、金融机构创新为基础、国家制度为坚实后盾的金融支持框架，其中包括低碳经济产业资本形成机制革新：资本积累、金融信贷、证券融资等；低碳经济金融需求中的金融创新机制：证券、担保机构、交易市场、金融衍生工具等；以及低碳经济中的金融政策激励机制：制度、体系、治理、运行机制等。通过这些，最终达到低碳经济发展的经济效应和环境效应的双赢，即低碳产业化和产业低碳化之间的有机结合，实现金融支持体系的终极效应，即低碳经济的稳定发展。

9.4 中国低碳金融发展的路径探索

在支持低碳经济发展的金融体系实现框架的前提基础上，本节将就金融规模、金融效率和金融结构 3 个角度所延展开来的问题，对可能的金融优化路径进行翔实而具体的论述。明确金融部门在低碳发展中所占据的重要位置与未来发展的演变方向，在低碳发展潮流中实现金融功能的优化和金融产业的升级。由于金融复杂体系中各项金融活动间的关联性较强，因此在分析中可能会交叉叙述。本节主要从投融资机制、金融创新机制和政府激励机制这 3 个层面进行研究。其中，投融资机制将作为金融优化路径中的重要内容着重论述，通过综合考量金融资本形成和投融资效率问题，分别从商业间接融资、创新直接投资及融资企业等视角进行展开。低碳金融优化路径研究始终以坚持低碳为先、效率为先的发展原则。

9.4.1 金融投融资机制的优化路径分析

9.4.1.1 间接融资体系的优化调整

我国的传统金融体制中，国有股份制商业银行不论是在总体实力、资产总量，还是在业务承担范围、市场占有率上都占据着统治地位。这显现出我国现行金融系统是以国有商业银行为主的间接型金融为主导的金融模式。因此，在很长的一段时间内，低碳发展必须依靠并利用好这一金融模式。但我国银行机构的运作模式、风险管理、操作方法及项目开发、审批等环节发展滞后，创新产品缺乏，因而在商业银行主导模式下的低碳经济中，需对商业银行进行市场结构取向的变革和银行业务部门的治理革新，不断增强银行支持低碳发展的融资能力和整体竞争力。

（1）树立促进低碳企业发展的经营理念。低碳经济的兴起以低碳产业的发展为起点，作为资金与金融服务的主要需求方，低碳技术研发企业和低碳产品生产企业在支持低碳发展的金融领域处于关键地位。商业银行作为低碳发展金融体系中的重要角色，在参与授信的传统业务上，有着其他金融渠道所无法比拟的优势。在经济高速发展或是银根紧缩的情况下，商业银行的可贷资金往往处于供不应求的状态，如何在众多的贷款申请中进行抉择，信贷部门除了精密计算成本收益与风险控制外，基本没有其他能够用于估量是否予以贷款的方向性准则。因此，在低碳经济驱动下的以银行信贷为中心的低碳金融体系中，要明确树立以低碳产业为重点扶持对象的根本经营理念，首先在思想观念上实现突破与创新。树立特定产业的准入门槛，实行率先支持低碳产业发展的基本原则，在放款方向应侧重低碳企业，并提供一系列优惠条件。商业银行在加大对低碳产业的信贷支持，可具体体现在以下几个方面：选择具有较强发展潜力的低碳行业进行资金的投放，即对实力较强、具有一定竞争优势的企业给予更多的信贷支持，并从信贷额度、审批环节等方面给予倾斜；对基本面良好、产品市场广、信用记录较好但暂时出现经营困难的低碳企业，积极给予必要的信贷支持，适时扩大授信额度；地方性商业银行应与国有大型商业银行进行差异化竞争，针对不同的低碳项目，确定相应的贷款期限、利率和偿还方式，积极为各种资金需求的低碳企业创造合适的信贷支持；并分析研究每个行业对环境的影响、评价，为客户提供风险评估的服务和环境灾害保险。

（2）采取第三方介入的审查制度。在处理申请项目贷款时，相较于国外的项目融资方式，我国商业银行主要关注的是项目背后的公司资质和信誉，而非项目本身。因此，商业银行在放贷之前会开展一系列严格的审慎调查，基于审批文件评价、招标评价、项目建设评价及财务评价等评估书，从经济可行性、市场动向等角度进行充分的考核，科学地评估项目投资回报率，以最大限度地降低银行的信贷风险。而低碳企业作为一种新型的产业类型，具备有别于传统产业的特殊性，仅靠银行体系原有的贷款审查能力不足以反映低碳产业的发展潜力。因而，在进行低碳类型项目评估阶段，要加强信贷的全过程管理，形成贷前、贷中、贷后的传导和控制链条，采取第三方项目评审的介入显得尤为重要。它能提供专业的金融评估服务，针对不同的项目类型，为项目设计把关，检测项目实施风险，确认产品市场潜力，进而为项目资质审查与风险评估提供客观的决策依据，是防范低碳产业信贷风险，最终得以保证投资信心的有力程序。第三方审查机构的介入也因与商业银行融资体系相分离的特点，能更好地保证审查过程中的公正性与独立性。因此，金融服务体系中的第三方金融审查机构是科学评估融资对象的有效途径，要不断完善与规范第三方专业评估机构：加强第三方评估机构评估业务的准则建设和自律监管，防范节能减排政策对企业构成的可能风险，加强信贷政策的前瞻性研究；在进行评估业务时，要严格执行专业技能，同时要注意增强对低碳产业方面的评估理论研究和数据服务系统建设，为开展低碳企业评估提供必要的理论和数据支持。

（3）探索灵活的风险担保机制。在融资市场中，企业或项目的资质考量与未来潜在风险规避成为融资方最为关注的两大问题。低碳产业作为战略性新兴产业之一，虽然其未来市场愿景值得肯定，但对短期内可能出现的产业、技术风险不能坐视不管。从低碳产业的国外经验和发展趋势来看，传统的风险规避途径，如抵押贷款和股东担保等贷款模式，已经越来越不适应市场的需要。这种新型产业风险和落后风险担保机制，将对银行存量贷款的信用风险管理带来严峻挑战，也加大了银行为促进低碳发展投放新增贷款的风险识别和信贷决策难度。因此，商业银行在确定为低碳产业提供贷款的同时，在信贷风险的分散与转移工作中，要积极探索各类型的担保方式，扩大低碳产业的担保资源。创新风险担保机制是有效控制和分散贷款风险、促进商业银行支持低碳产业发展的关键因素。创建政策性担保公司或保险公司等政策性金融服务组织，可为低碳产业及关联企业提供相应的融资担保服务，开发灵活有效的风险担保业务。政策性担保及保险机构在国家产业政策、金融政策等宏观调控手段的引导下，能吸引大商业银行、大公司、大财团等营利性社会资金的积极参与，使其资金实力得以充实，进而有效发挥其担保职能，为低碳产业发展提供强有力的支持。此外，商业保险作为可以覆盖投资风险的传统避险工具，其风险转移功能也应被充分考虑与利用。可见，除银行外的金融服务机构的有序发展为支持低碳发展的金融体系构建贡献了重要作用。

（4）项目融资机制的普及应用。国内信贷活动中偏重考察借款者的信用与资质多于项目本身所具有的真实价值。在国外早已普及应用的项目融资机制，在国内融资市场上的比例不高。项目融资是以使用该融资资金的项目运行所产生的现金流和收益作为偿还贷款的资金来源，而不依赖借款人的信贷所涉及的有形资产为偿债来源。项目融资最大的优势在于满足融资方资金需求的同时，实现对融资风险的约束和分担。而项目融资资产负债表外融资的特性，对于项目建设周期和投资回收周期比较长的低碳企业而言，是一种价值的体现。因此，充分利用项目融资这一新型融资手段，对于填补低碳产业资金需求缺口有着重要意义，使得一些财力有限的低碳企业在不影响公司未来筹资能力的基础上，能够从事更多的融资活动。项目融资在低碳产业发展方面具有较大的运作空间，可借鉴基础设施BOT 融资方式为低碳项目筹集资金。BOT（Build-Operate-Transfer）意为“建设-经营-转让”，让有低碳投资意向的企业家参与到低碳企业的建设与生产经营中，并最终通过企业转让获取收益，是向社会提供低碳项目的一种有效投资方式。低碳项目的运作，一方面需要巨额的投资，以保证建设和运营过程中的高技术支撑；另一方面需要政府补贴、税收优惠等政策扶持，以保证低碳项目的投资者能够从后期产品出售中获取稳定收益。合理有效地运用项目融资方式，可为我国低碳项目的建设与低碳产业的发展，获取更充裕的资金和更先进的技术支持。

9.4.1.2　直接投资的创新性引导

银行机构作为金融体系中的主体，大多局限于对集中储蓄资金的再配置，其资本形成机制单一且功能薄弱，无法满足低碳经济发展中的产业资本需求。因而有必要开拓发展资本融资市场和国有商业银行以外的金融中介机构的有序发展，不断创新融资方式，拓宽融资渠道。直接投融资包括风险投资、私募及投资银行、投资基金等一级市场投资主体，具备较强的资金汇拢优势与灵活便利的放款渠道，再加之其较强的主观能动性，即介入风险企业经营管理的意愿，将给低碳企业的生产经营提供强有力的支持。

（1）风险资本的投资机制创新。风险投资的运作主要是通过向各类机构和个人以一定方式筹措风险资本，然后将所筹得的资本投入到具有高度不确定性的高新技术企业或项目，是以实现项目的高成长率，并最终出售股权获得高收益的一种投资行为。由于风险投资具有雄厚的资金作支撑，资本趋利性所延伸出来的敏锐触觉，使之能快速察觉到国家产业政策的指引方向，能迅速汇集资金并投入到政策支持的领域中去。

在低碳发展进程中，国家产业政策取向也随之发生变化，新能源、新材料、高新技术等低碳产业被高度提倡。而低碳产业的发展具有高技术、高风险、资金需求量大等特性，正与风险资本“高风险、高收益、低流动性”的投资特征相吻合。前景辽阔的低碳产业，为风险投资的利润实现提供了新支点。与此同时，风险投资在满足低碳企业各种阶段的不同资金需求，做出适时调整与布局以延续低碳企业的有序发展。风险投资对低碳经济的介入，能有效地促进低碳产业的振兴及保障国家政策的有效性。

因此，风险资本是低碳产业资金链中的又一股主要力量。因此，要从传统的风险投资体制进行创新，建立适应低碳产业发展的风险投资机制。在创新低碳产业风险投资体系时，需特别重视风险投资对低碳产业中技术的开拓研发和推广应用方面的金融支持，建立与完善符合国际一般标准的“入口-运行-出口”模式的低碳产业风险投资创新机制。在“入口”阶段解决好资金来源的多样性问题和“出口”阶段中的适时退出机制设计问题，在考虑风险资本所要充分衔接好的进退因素的基础上，要重点关注风险资本在“运行”阶段中，如何科学评估可供筛选的备选项目，对企业资本结构、确定企业控制权、未来融资要求、生产管理介入和资金退出方式等内容的谈判是风险投资机制创新的关键性问题。而投资机制的创新应根据低碳企业的发展特征来进行，从而有利于投融资双方达成一致意见。

“天使投资”作为风险投资的一种基本形式，在低碳企业初创期可发挥积极的促进作用。天使投资人指的是企业家的第一批投资人，这些投资人在公司产品和业务成型之前就把资金投入进来，为新建企业提供了极其重要的资金支持。再者，“天使投资”往往具有“领头雁”效应，能有效吸引风险投资、公募基金和银行信贷，将“天使投资”渠道融入到低碳风险投资的完整体系中，有利于拓宽风险投资所容纳的投融资领域。因此，在低碳产业中风险资本的直接投资机制创新中，要充分调动“天使投资”的作用。

（2）投资基金的践行创新。投资基金作为一种利益共享、风险共担的集合型投资制度，无论是公开市场上的资金募集，抑或是定向型的资金募集，都具有较好的资金汇拢能力。这里所讨论的投资基金特指投资于实业的投资型基金，而非二级市场上可以申购、赎回以及交易的基金类型，关于以股票、债券等作为投资标的的证券市场上供投资的基金将在下一节中阐述。作为融资市场的中坚力量，投资基金在为解决低碳产业资金问题上亦具有重要地位。

为提升投资基金在低碳产业中的支持力度和融资效率，基金的投资机制也应进行突破与创新，下面将主要以产业投资基金为例进行阐述。产业投资基金，通过发行基金受益券来募得资金，并交由专业人员组成的投资管理团队进行操作。基金资产分散投资于不同的实业项目，主要投资于特定行业中具有发展潜力的企业，以促进产业发展为基本目标。基金投资收益按资分成，具有“集合投资、专家管理、分散风险、运作规范”等特点。在低碳产业寻求融资的过程中，可充分利用产业投资基金的优势，通过投资基金的专业规范运作，积聚可观的社会资金，打破资金需求瓶颈，汇聚资金优势，培育大型低碳技术企业集团，带动低碳企业的快速发展，促进产业结构的优化升级。

在国家产业政策指向低碳发展的新时期，产业投资基金需紧跟低碳产业发展的时代前沿，应适时设立低碳产业投资基金，利用其开放融资、共担风险的优势，面向社会公开筹集资金，进而获得支持低碳产业蓬勃发展的资金基础。低碳产业投资基金的具体投资领域可以包括：扶持低碳技术企业的生产发展、加强低碳技术企业的研发能力建设以及低碳技术企业产品的推广应用，不断促成低碳技术产业的规模化与现代化，实现可持续发展。

低碳产业投资基金可从以下几个方面进行基金的设立与创新运作：①建立以政府为主导的低碳产业投资基金。该产业投资基金由政府财政设立，自主筛选专业投资机构，采用市场化的激励与约束机制，按照国际惯例进行基金的经营和管理，并适时引入其他长期性的社会资金，壮大基金规模与影响力，促进低碳产业的快速发展。②建立政企联合设立的专项低碳企业投资基金。通过政府牵头，企业共同参与出资的融资形式组建的低碳产业投资基金，将资金专门用于低碳领域内的投资需要。通过政府财政资金的带动作用，会同社会资金共同出资，为低碳产业提供资金帮扶。③建立民间自发筹建的低碳产业投资基金。民间低碳产业基金汇聚了对低碳产业有投资意愿的特定投资者的自有资本，通过精通低碳产业、善于资本运营的投资专家的集合管理，筹集民间资本为低碳技术企业提供的较为直接的权益性资本支持。

9.4.1.3　资金融入方的行为优化

低碳融资市场中，资金融入方主要集中于各种类型的低碳技术企业之中，包括新能源企业、固碳技术企业、清洁煤技术企业等以减排技术为核心、低碳排放为特点的一批高新技术产业。这些企业在融资问题上面临着共同的难题：由于投资需求量大、回收期长、风险高、短期收益不明显，在缺乏政策倾斜时，很多投资借贷方拒绝融资。即使投资方考虑到低碳企业未来的市场价值并决定投资时，为规避未知的风险，多采取高利率、增加担保或质押，增加融资成本，或者直接缩小项目资金规模，影响工程建设进度。

考虑到低碳企业作为融资市场中的最终资金需求与运用方，同时也是决策被动方和信息充分方。①在资金授予获取方面，低碳企业处于决策被动方，企业方面只负责出示相关的技术报表与阐述产业的相关远景，在交易细节谈判时容易处于被动局面。②在企业经营发展方面，低碳企业属于信息充分方，无论是关于企业成本收益的预估还是市场风险的预判，低碳企业较之企业外部者拥有更多的信息量。为避免由于信息不对称所带来的融资效率的降低，应考量如何将企业内部信息进行有效传递，因而获得一定的决策主动权是资金融入方行为优化的重要内容，通过提高信息透明度，尽可能预估和规避潜在风险，为产品做好市场定位等3个方面，增强资金出让方的投资意愿，实现资金融入方与资金出让方的双赢。

（1）做好自我审查，积极披露信息。在对融资方提供报表或接受审查前，低碳企业应首先做好项目的可行性研究与各项指标估算，并及时如实地告知对方。在经济效益指标的评价方面，包括项目内部收益、投资回报期、投资回报利润率、投资利税率等财务评价指标，与行业基准值进行比较，明示企业的经营安全率、抗风险能力与企业竞争力；在社会效益的评价方面，要明确表明企业是否符合国家产业政策，是否对稀缺资源的替代、低碳机制的运行起到补充作用；在低碳技术的保证方面，要明确知识产权以及技术研发等保障性供给；在环境保护方面，要注意项目建设地的选址问题，是否选择非环境敏感区，生产运行过程中的各种排放水平是否会造成污染等。只有当前期完善的企业建设计划中的方方面面被真实、完整地呈现在资金出让方面前，才能让其对项目的真实价值有着较为直观和客观的理解，有助于使资金出让方打消各种顾虑，并予以积极的投资或贷款。

（2）运用各种途径，努力规避风险。由于低碳项目的风险高于一般传统项目，这是阻碍低碳产业资金融通的一个重要原因。虽然非系统性风险无法被完全有效地覆盖，但还是可以通过许多途径来规避低碳企业一部分生产经营中的系统风险。比如传统的保险项目就可以覆盖工程建设中所可能存在的某些风险：在项目建设初期、土建工程时期、运输过程、吊装测试和运行维护过程中，可充分应用相关联的保险品种进行风险的转移和规避，如建工一切险、延迟启动险、公众责任险、货物运输险、工程险、吊装责任险、财产一切险、损坏险、营业中断险、运营期一切险等传统险种。此外，低碳企业还应积极探寻和利用市面上不断涌现出的用于抵御风险的各类创新型产品。只有部署了完善保障措施的企业融资计划，才能让资金出让方对项目树立坚定的信心，有利于项目中后期资金的顺利到位，以及增加后续融资需求被满足的概率。

（3）找准市场定位，构架新型理念。低碳企业在成本控制方面，除了要严格执行信息披露与风险回避制度外，还应聚焦于企业产品市场表现力的收益，为成本控制下的收益的实现制定可行的规划。低碳企业需要放眼中期和长期，找准市场定位，构造具备辽阔市场潜力的新型产品框架。如低碳节能产品的生产制造，应以市场需求为向导，生产适销对路的新型产品，准确定位产品在未来市场中所处的位置，并不断根据市场前沿的变动，跟进技术的突破与继续研发。更要与时俱进地更新企业服务理念，不断升级商业模式，逐步从传统的产品销售转向全面的低碳服务，形成产品供应链与后期服务链为一体的完整营销网络，从低碳产品设备的供应、新能源开发等低碳技术行业向低碳技术服务产业逐步延伸。最终依托低碳企业的技术实力、服务质量及品牌优势，积极开展与巩固其优势业务，扩大低碳产业的影响力度，促进低碳经济的全面发展。

9.4.2 低碳金融市场的创建

9.4.2.1 碳权交易市场的机制建设

碳权就是CO_2等温室气体的排放权利。其最初分配是建立在国与国之间的，用以限制原本无节制的工业碳排放。之后逐步发展为各个国家内部主要碳排放企业之间碳排放配额的分配，每个排放单位在各自的碳权配额约束下进行生产活动[①]。初始碳权分配后，由于企业边际减排成本的差异性，一些排放企业的碳权配额会产生盈余或赤字，这是碳权交易形成的前提和基础。企业由于生产扩大或者由于生产技术落后于行业平均碳排放水平，需要额外的大于其所被分配到的碳权

① 国外一般按照行业平均碳排放水平估算与分配碳权。我国可以结合国内具体情况，由独立的专门管理机构根据企业的历史排放量以及国际的平均排放水平来进行配额的确定。

数量；相反，另一些企业由于技术进步使得单位产品的碳排放量小于所赋予的碳权数量，因而拥有碳排放权配额的盈余。于是，形成碳权交易市场。

我国在碳权交易市场的建立要晚于西方发达国家，亟需借鉴国外成熟的碳交易市场经验，尽快与国际碳交易市场接轨。近年来，我国境内相继成立的碳权交易所为我国开展与国际接轨的碳权交易起到了较好的铺垫作用，但也还存在着市场分割、交易机制闭塞等缺陷，有待进一步完善。因此，在碳权交易市场的机制优化中，政府应当尽快制定相应的法律法规来明确合理的碳权分配规则和碳权交易制度，特别是碳权市场交易双方进入门槛的设置与交易规则的设计，再到碳权交易价格的市场化运作程度与政府管制之间的有机统筹等方面，加大力度来推动碳交易市场的有序构建，为碳交易市场的稳定运行提供必需的制度保障。此外，政府还应不断强化引导企业的经营思路，帮助其了解碳权交易，鼓励相关企业积极参与到以碳减排为目标的碳权交易上来，为企业低碳发展提供新的抓手。

企业作为碳排放的终极源头及碳减排成本的直接承担者，要主动提高对碳权及碳权交易的认知度，增强企业适应环境变化，承担减排压力的能力。通过参与碳权的市场交易活动，各个企业需要权衡购买碳排放指标与加快生产技术与工艺改进之间的成本差异，在短期内通过碳权市场的交易进行暂时的碳权融通来应对减排限制，而在中长期要争取逐步转向以低碳减排技术投入为主的环境友好型发展模式，并可将技术进步后碳权剩余参与碳权交易，为碳权市场增添供应。商业银行作为低碳金融发展的重要角色，一方面参与低碳相关的授信业务，而在碳权交易方面，可为企业及个人的碳交易提供务实便利的中介服务，充分利用其广泛的客户基础和交易网络，为碳交易各方提供代理服务，增加碳交易的交易渠道，便利交易需求。

9.4.2.2　低碳金融工具的衍生创新

随着碳权为基础的碳权交易的不断深化，碳权将进一步衍生为具有流动性质的金融资产。纵观发达国家的发展经验，围绕碳排放权已经形成了碳交易货币以及包括直接投融资、银行贷款、碳指标交易、碳期权期货等一系列金融衍生品为支撑的碳金融体系，金融工具的创新成果不断涌现。对应于传统金融工具中原生和衍生的分法，原生低碳金融工具，即碳信用交易和碳现货交易，而低碳金融衍生工具则延续了已有金融市场上的金融衍生工具品种，应用较多的有碳期货、碳基金与碳期权等。碳期货，是针对碳权现货交易标准化了的碳权远期交易。碳期货可有效弥补碳权市场上的价格波动，规避未来市场风险。碳期货与现有品种的期货的最大区别在于基础资产不同，即到期交割时的货品为碳权。碳基金，主要作为碳排放配额中间商和项目投资人，可供二级市场上进行投资与买卖。

从低碳金融衍生工具的类型和功能可知，低碳金融衍生工具的主要作用不在于调剂资金的余缺，或是促使储蓄向投资的转化，更多的是用于管理与碳权交易相关的风险暴露，是对低碳企业生产经营中风险治理的一种方式，是降低企业经营成本、提升企业经营效率的一种手段。由于低碳实体企业在建成运营过程中，面临低碳排放的现实约束，生产过程中可能存在的未知风险，使得企业会对具有避险功能的低碳金融工具产生大量需求。而在国内，低碳金融工具方面的研发及创新显得较为滞后，产品品种及功能比较单一，需要更进一步的唤醒与激发。这个唤醒过程不仅仅指的是加大低碳金融工具的创新与研发力度，也包括各种与低碳经济密切相关的碳结构理财产品、碳信托业务及基于碳权交易的各类金融产品在实际生产活动中的推广与应用。

金融机构需要在碳金融工具的多样化方面进行努力与创新，要创造助推低碳经济的碳金融工具，从而保障低碳企业的协调发展。在低碳金融工具的开发方面，要通过协同银行、保险机构以及机构投资者等金融机构共同协作，充分把握低碳经济内涵、特征和技术等要素，创新研发各类碳掉期交易、碳证券、碳基金、碳期货、碳权质押贷款等碳金融衍生产品，并以金融衍生产品为基本载体，建立与国际碳金融衍生产品交易市场相对接的国内交易市场。在金融衍生产品的交易方面，要利用证券公司、期货交易所、产权交易所在专业服务能力、平台基础设施、交易结算系统、交易规则制定之间所存在的互补性，开展碳金融原生及衍生产品交易，通过降低交易成本，提高交易的透明度和流动性，实现交易的规模性与有效性。

9.4.3 政府激励机制的强化作用

低碳金融发展体系必然是在市场机制和行政体制的双重作用下逐渐建立起来的。金融能否顺利撬起低碳经济的增长点，与制度的契合性与创新性有着很大的关系。良好的市场氛围和政策环境不仅为企业融资带来更宽广的空间，对于整个低碳产业发展、经济结构调整的推动作用也将是巨大的。因此，在市场融资机制、市场服务体制创新的基础上，政府激励机制的强化创新将进一步助推金融支持体系作用的发挥，为营造有利于低碳发展的金融政策环境和促进低碳经济发展的金融创新方面起到强大的保障作用。

9.4.3.1 低碳金融理念的营造

发展低碳经济，政府首先需要彻底转变单纯追求 GDP 的政策观念，为低碳发展营造适宜的金融生态环境，主要体现在金融领域内低碳理念的引导与推广，需特别重视低碳信贷、清洁发展机制等新型理念的传播。

低碳信贷，是从绿色信贷中独立出来的一部分，强调的是以减少 CO_2 排放为重点的企业贷款机制。与传统金融放贷程序所不同的是，在审批贷款项目对企业进行资质考评时，会特别考察其在减碳方面的表现，注重产业间及产业内部的碳排放水平的比较。对于低碳排放及零碳排放的企业项目予以优先放款，而对于高能耗、高碳排放的高碳项目不予批准。金融部门应十分重视对低碳经济基础设施建设、技术研发以及推广应用等低碳产业方面的信贷力度。CDM 项目即是在低碳金融信贷体系中，需要特别重视的一类专注于 CO_2 减排的低碳产业项目。CDM 同时作为我国参与国际碳减排活动的最主要方式，需要引起各类金融机构的关注。

政府在引导金融机构适应低碳理念时，应着力于突破现有金融部门思维模式的局限性，推广金融服务的低碳理念，倡导金融机构学习与践行“低碳信贷”等低碳金融理念。首先，政府应通过各种形式的教育和宣传活动，鼓励金融机构提高绿色低碳的责任意识，增强金融机构对低碳经济发展条件下低碳项目的敏锐度，促使金融机构更多地参与到节能减排领域中的投融资活动中去。与此同时，政府还应敦促金融机构加强“低碳信贷”业务的风险管理，严格执行低碳信贷审批条件，加强低碳信贷风险的动态管控。此外，中央银行应充分利用其“窗口指导”功能，加强各金融机构对 CDM 项目的认知，引导银行加大对 CDM 项目的资金支持，为各项低碳金融业务发展营造良好的氛围。

9.4.3.2 政策性低碳金融机构的引导

政策性金融机构，有别于市场的自发机制，是国家宏观调控下的一种优化手段，可有效弥补以追求利润最大化为目标的单一商业性金融引发的市场失灵，及其所导致的资源配置扭曲现象，是比商业性金融更为直接与有效地实现国家宏观调控政策的一项金融部署。

设立专门的支持低碳产业创业与发展的创新政策性金融机构，其主要功能在于为低碳产业发展所需的资金融通方面提供绿色通道。其中，建立专为低碳产业发展提供资金的政策性金融组织，可为低碳项目的审批、拨款等方面提供系列便利的金融服务，适当降低建设项目资本金限制、延长银行贷款期限等。各地方政府应根据地方产业特点，积极组建成立碳基金或担保公司等金融机构，为开展低碳信贷所可能产生的损失进行风险分散，激发社会资金对低碳投融资的热情。此外，还可成立专门的“低碳科技成果转化”机构，设立“创新低碳科技成果转化扶持基金”等政策性金融组织，通过支持优秀的创新低碳科技成果项目，为其注入扶持资金以及协调金融部门，在第一时间启动生产，从而将创新低碳科技快速转化为具有社会效益和经济效益的实际产出。

政策性金融机构除了自身所发挥的积极作用外，在引导各类金融机构和各种社会投资者进行低碳投资方面也有出色表现。建立政策性金融机构，有助于商业性金融机构及时认清国家现阶段的低碳产业扶持政策，有意识地向国家政策所支持的低碳产业进行靠拢。此外，通过政策性金融机构在促进产业发展上的参与，培养商业性金融机构进行共同参与的竞争意识，形成一定程度上的竞争激励，进而促使商业性金融机构更多地参与到支持低碳产业的活动中去。最终使得低碳产业不再依靠单一的政府资金来源，而是能够从更多的资金融通渠道上获取企业经营资本。

9.4.3.3 管制手段的鞭策

发展低碳经济涉及到企业外部性和社会公平效率问题，这就需要强有力的外部约束力加以有效规制。如果说低碳发展的理念传播和政策性金融机构的引导属于政府激励机制中的软约束，那么政府激励机制中的带有强制性色彩的管制手段就是硬约束。

构建良好的法制环境，建立健全低碳经济法律体系，是保障低碳经济的发展过程中金融机构尽快适应低碳经济的发展需要，不断调整与优化贷款的结构，扩大低碳经济的信贷资金规模的基本保障，也是低碳企业投融资双方进行有效沟通的前提基础。法律法规的制定要以现有相关法律为基础，与低碳经济内在利益相结合，强化法律法规在低碳投融资、碳权交易方面的管理作用，要建立相应的政策协调机制，会同中国人民银行、银监会、证监会等职能部门，更好地发挥国家宏观政策的导引作用，为节能减排项目相关联的信贷投资活动制定引导政策。

构建低碳金融法律体系主要包括，建立规范金融企业低碳业务规则和新型碳金融工具的市场交易秩序，建立健全低碳经济担保机制，强化企业信用担保在低碳经济融资中的作用，为金融机构的低碳金融业务和相关个人及企业主体的权利与义务制定全面的保障。法律法规的制定过程中，要进行充分的研究考察，针对现实中的企业融资、金融衍生品创新、碳权交易中可能存在的突出问题进行规范与明确，确保法律法规的严谨性与科学性。在制定标准的同时，应加大对执法能力的建设，针对低碳金融的特殊性，对低碳金融业务的开展进行有针对性的监督与监管。建立透明的监督反馈机制，使得企业和金融机构间的沟通与交流能够顺利进行。

9.5 促进中国低碳金融发展的政策建议

在低碳发展进程中，应以低碳产业链为依托，将金融手段嵌入到产业发展的全过程，从最初的资金融通、中间的资源整合及最终的价值增值 3 个方面，帮助低碳企业解决资金问题，创造符合低碳产业发展的金融产品。而对于政府职能部门来说，有针对性地制定相应的金融保障措施也同样关键。基于我国现阶段低碳金融发展中所面临的问题，提出以下政策建议：

9.5.1 构建低碳考核指标，加强信贷风险管理

支持低碳发展的金融体系的核心内容之一是低碳投融资行为。而低碳投融资的潜在投资风险将高于传统产业。因此，加强信贷风险管理，防范金融风险将成为支持低碳发展的金融体系能否实现良性发展，支撑低碳产业培育与低碳经济崛起的关键，要建立透明、标准、客观、准确的第三方评价制度，消除信息不对称，降低融资成本。首先需建立低碳企业的考核标准与监测体系，为各低碳企业开立独立的低碳信用账户，将企业环保达标情况及耗能指标等考核内容予以真实的记录，以便在进行环保审核时能够提供具体、完整的信息。在进行风险评估分析工作时，尽量将融资项目交由资深项目评估人或机构及低碳产业业内专家组等，科学地开展项目评价和风险分析，切实做到项目潜在风险的可预见性，出具翔实的项目可行性分析报告。

在信贷风险所可能带来的额外成本可控的情况之下，进行集中的风险管理，其主要方式在于通过各种类型的法律契约和合同，将各方面的利益结合起来共同承担风险，将原本集聚的风险分散到多个主体，特别强调的是利用掉期、期权、期货和远期等金融工具及其他创新性金融衍生工具。此外，积极利用融资担保制度对于债务追索权所具有的保障作用。在担保人类型上可推行第三方参与，如政府、国际性金融机构的担保介入，担保物的选择上可由传统物的担保抵押转向项目担保等更为灵活的担保机制。除此以外，积极探索碳保险业务的开展模式，为将来更广泛地参与国际碳权交易提供适时的风险转移途径。

9.5.2 拓展低碳融资方式，鼓励引进社会资本

在传统融资方式上要进一步创新资金平台，包括权益资本、国内银行贷款、发行债券、租赁融资等。并在协调当前分散的融资渠道的基础上，创建多层次、多渠道的新型融资机制，如综合运用多种传统资金筹集方式的项目融资。随着工业化的发展，传统的银行间接融资比例将趋于下降，而从资本市场直接融资的比重会越来越大，要充分利用主板市场进行融资，优先支持符合低碳发展要求的企业上市融资。应着力发展信用担保、信托贷款等多元化投融资机制。积极探索碳权质押融资贷款方式，即以项目的减排单位收入为还款来源之一提供质押融资，

不仅作为一种新的融资方式，同时也将促进碳排放权的交易，使碳权的应用领域更加宽广。

释放强烈的政策信号，增强投资信心。在低碳金融发展的初期，应发挥公共投资带动私人投资的导向作用，由间接的银行、基金的投资到资本直接投资。政府通过组建低碳产业创业投资引导基金与产业投资基金，发挥多层次资本市场的引导作用，拓宽低碳产业的融资渠道。由于行政主体向市场发送连续稳定的政策信号，使公共资金得到高效率的利用，并积极推动碳市场的繁荣，从而带动融资的另一大主体——私营资本进入低碳产业，推动国家公私部门间的资金融通，促进民间资金流向低碳领域，并与公共资本取得合作。

9.5.3 深入市场运作模式，推行低碳金融工具

在支持低碳发展的金融体系运作中，市场作为行政干预的重要补充，是实现资源有效配置的一种重要手段，必须得到足够重视。低碳金融体系的市场创新是以节约资源消耗、提高环境质量、转移环境风险、促进低碳产业发展为主要目的，以创新性市场运作规则为依托，通过开发低碳金融产品，形成合适的金融产品结构，并创建金融产品的交易平台，为低碳产业发展提供充足的资金与风险规避的途径。金融产业内的各个金融部门要善于把握机会，不断推动低碳金融产品的创新，主动参与到发展低碳产业的体系中来。

金融部门要积极参与搭建碳交易平台，开发基于碳交易的各种碳金融衍生工具，如碳掉期交易、碳证券、碳期货、碳权质押贷款等，以代理或自营形式为碳交易市场提供流动性，为低碳企业提供完备的碳交易品种，也为将来与国际碳金融衍生产品交易市场进行对接做好准备。金融部门还应主动研发低碳理财结构性投资产品，推出挂钩低碳能耗、环保型公司以及环境资源类指数的理财产品，为投资者提供新的投资渠道。通过推进金融创新与低碳产业的不断融合，从而实现低碳产业发展和金融创新的相互促进。

9.5.4 完善低碳金融政策，确保法律结构严谨

良好的金融体系要以完善的制度环境为保障，而低碳金融支持体系的建立更加离不开各项制度的规范与约束。从融资和交易两大市场来看，就涉及银行信贷机制、风险投资机制、项目融资机制、项目风险评估机制、企业上市融资机制、碳权交易机制及碳金融衍生工具开发机制等各种既独立又关联的复杂机制。

因此，要通过进一步健全相关政策和各项法律法规，加强市场间的信息共享、优化区域市场环境等一系列措施，来完善投融资机制与碳交易机制，确保法律结

构严谨无误，具有较强的保障能力。

总之，发展支持低碳发展的金融体系是一项系统工程，政府部门要根据可持续发展原则制订一系列有针对性的标准、规则，建立成熟的碳交易制度以及科学合理的投融资机制，并提供相应的投资、税收、信贷导向等配套激励政策，鼓励个人、企业和金融机构参与到低碳领域的创新活动之中。

参考文献

[1] JUNG T. Green Finance in Korea. Int'l Symposium：Low Carbon Finance，Yellow Mountain，Anhui，China，2011.

[2] Labatt S. Environmental Finance：A Guide to Environmental Risk Assessment and Financial Products. Hoboken：JohnWiley & Sons，2002.

[3] World Bank，Carbon Finance at the World Bank. Frequently Asked Questions：What Is Carbon Finance？http://www.carbonfinance.org.

[4] 白钦先．百年金融的历史性变迁．国际金融研究，2003（2）：59-63.

[5] 陈柳钦．新能源产业发展的金融支持研究．金融发展研究，2011（6）：30-34.

[6] 陈文颖，吴宗鑫．气候变化的历史责任与碳排放限额分配．中国环境科学，1998，18（6）：481-485.

[7] 陈游．碳金融：我国商业银行的机遇与挑战．财经科学，2009（11）：8-15.

[8] 初昌雄．我国碳金融发展现状与发展策略．经济学家，2010（6）：80-86.

[9] 焦月，焦作．有效发挥金融在促进低碳经济发展中的作用．理论探讨，2010（12）：321-324.

[10] 乔海曙，谭烨，刘小丽．中国碳金融理论研究的最新进展．金融论坛，2011（2）：35-41.

[11] 任卫峰．低碳经济与环境金融创新．上海经济研究，2008（3）：38-42.

[12] 索尼亚•拉巴特，罗德尼•R•怀特．碳金融．王震，王宇，译．北京：石油工业出版社，2010.

[13] 汪陈，何圣财，金利娟．构建低碳经济创新型金融支持体系实证研究．金融论坛（论文增刊），2010：78-81.

[14] 王倩，李通，王译兴．中国碳金融的发展策略与路径分析．社会科学辑刊，2010（3）：147-151.

[15] 王增武，袁增霆．碳金融市场中的产品创新．中国金融，2010（24）：51-52.

[16] 吴俊，林冬冬．国外碳金融业务发展新趋向及其启示．商业研究，2010（8）：123-126.

[17] 伍海华，张旭．经济增长•产业结构•金融发展．经济理论与经济管理，2001（5）：11-15.

[18] 王瑶．碳金融：全球视野与中国布局．北京：中国经济出版社，2010.

[19] 叶耀明，张锡锋．我国碳金融交易发展的影响因素分析．上海金融，2010（7）：31-35．

[20] 杨波，肖苏原，田慕昕．我国金融机构参与碳金融的思考．国际金融研究，2010（8）：43-52．

[21] 张茉楠．碳金融能否成为全球货币金融新体系的起点．中国经贸，2009（12）：62-63．

[22] 邹亚生．低碳经济背景下我国的碳金融发展之路．中国金融，2010（4）：45-46．

第 10 章 低碳消费论

消费活动不仅直接排放 CO_2，而且它还通过影响生产活动进而影响 CO_2 排放的多少。因此，研究低碳消费具有重大而深远的意义。本章在明确界定低碳消费内涵的基础上，通过问卷调查，运用多元逐步回归法，分析了社会责任意识、炫耀性心理、从众心理、年龄、低碳消费知识以及低碳消费感知对居民低碳消费行为的影响。结合消费行为学等理论，对居民的消费行为进行了详细的分析。基于此，提出了促进居民进行低碳消费的对策建议。

10.1 低碳消费的内涵界定

10.1.1 低碳消费的定义

作为低碳经济的重要组成部分，低碳消费在理论界受到广泛关注。Goodall（2007）认为，扭转气候日益变暖的趋势，关键在于如何转变居民个体的消费行为。低碳消费要求居民在消费时，追求物质和能源消耗的减量化以及废弃物排放的减量化。严格地说，低碳消费就是以 CO_2 为主体的温室气体减排为基本特征的消费行为。对于这一定义，需要说明 3 点：①低碳消费以温室气体的减排为主要目的；②温室气体的减排对象主要是 CO_2；③CO_2 的减排不局限于 CO_2 的排放方面，它还包括对 CO_2 吸收的增加。对以 CO_2 为主的温室气体的吸收主要是指绿色植物光合作用过程中对 CO_2 的吸收。因此，以 CO_2 的减排为基本特征的低碳消费可具体分为居民对高碳产品和高碳资源的减量化及高效使用、对低碳产品和低碳资源的购买与使用以及对温室气体吸收源的保护 3 个方面。

与低碳消费的概念相反，高碳消费是指居民对高碳产品的购买及使用行为、消费过程中的温室气体过度排放行为、对温室气体吸收源的破坏行为，其最终造成温室气体的大量排放，导致全球气候变暖。

10.1.2 低碳消费与高碳消费的比较

根据消费过程中碳排放的多少可以将消费分为高碳消费和低碳消费。低碳消费是低碳经济的重要部分，是实现低碳社会的必要手段。低碳消费与高碳消费最重要的区别在于人们消费过程中对以 CO_2 为主体的温室气体排放量的多少。本章根据消费行为涉及的关键要素，列举部分指标来区分低碳消费和高碳消费（表 10-1）。

表 10-1 高碳消费与低碳消费的比较

主要指标		高碳消费	低碳消费
CO_2 排放特征		高排碳、高能耗、低效能	低排碳、低能耗、高效能
结构特征	饮食结构	以高碳水化合物为主的饮食结构	以低碳水化合物为主的饮食结构
	穿衣结构	以昂贵的皮草等为主	以简单加工的衣物为主
	住房结构	以豪华装修，大户型、传统材质的房屋为主的住房结构，比如只住几个人的豪华别墅	以简装、小户型的房屋为主的住房结构，或以低碳材质建造的房屋
	交通结构	以消耗化石能源的交通工具为主	以消耗新能源的交通工具为主
	出行结构	出行以私人汽车为主	出行以公共交通为主
	能源结构	以高碳能源和高碳产品为主要燃料的能源消费结构，比如以汽油、柴油等为燃料的汽车	以低碳能源和低碳产品为主要燃料的能源消费结构，比如用天然气供热、太阳能供热
	技术结构	使用产品或资源时不讲究方法，不懂得节能、高效使用、低排碳的技术，造成浪费	懂得节能、高效使用、低排碳的技术，并利用节能降耗的技术或方法使用产品或资源
	家用结构	家用工具或者材料以高耗能、高排碳的资源或产品为主	家用工具或者材料以低耗能、低排碳的资源或者产品为主
制度特征	排放技术标准	政府出台相对较低的排放技术标准，比如中国汽车的欧III排放标准远低于欧美的技术标准	政府出台严格的高技术标准，比如欧盟、美国的汽车排放标准是全球较为严格的
	低碳燃料标准	未出台或出台的低碳燃油标准较低，比如中国航空燃油的低碳燃油标准还在修订中	出台较高的低碳燃油标准。比如美国和欧洲一些国家出台的低碳燃油标准
心理意识特征	从众心理	受外界高碳消费的影响比较大，通常表现为盲目跟从他人购买不必要的商品或高碳商品	有自己的独立想法，不随便跟风或者在环境最优化思维的影响下理性的跟从别人购买商品
	炫耀性心理	在意社会地位的高低、物质生活的享受，喜欢通过各种方式来炫耀自己，比如炫耀住房大小、消费品档次等	淡泊名利或对人生有正确的认识，只要自己觉得舒服就好，从不在人前炫耀，或认为低碳消费才是值得炫耀的
	社会责任感	缺乏社会责任感，认为应对气候变化、减缓温室效应是政府的事情，与己无关	具有较强的社会责任感，认为个人高碳行为会加剧气候变暖形势，温室效应的减缓需大家的共同努力

由表 10-1 可知，低碳消费与高碳消费可从结构特征、制度特征以及心理意识特征方面进行区分。结构特征按吃、穿、住、行、用分为饮食结构、穿衣结构、住房结构、交通结构、出行结构、能源结构、技术结构和家用结构几种。高碳消费在这几个结构中分别表现为以高碳水化合物为主、以昂贵的皮草为主、以豪华高耗能的房屋为主、以消耗传统能源的交通工具为主、出行以私人汽车为主、以高碳能源为主要能源消费燃料、不讲究产品或资源的使用方法和技术、家用工具采用高耗能的。而低碳消费在这几个方面的表现恰好与高碳消费相反：以低碳水化合物为主的饮食结构、以简单加工的衣物为主、以简装小户型的房屋为主、以消耗新能源为主的交通工具、出行以公共交通为主、以低碳能源或产品为主的燃料、采用节能降耗的技术或方法使用产品或资源、使用低能耗低排碳的家用工具。制度特征主要从排放技术标准和低碳燃料标准两方面来分析。政府出台较低的排放技术标准导致高碳消费行为盛行，政府出台严格的排放技术标准引导低碳消费的实现。低碳燃料标准越低，则高碳消费就越猖獗；低碳燃料标准越高，则低碳消费就越易形成风尚。心理意识特征主要从炫耀性心理、从众心理和社会责任感三方面来考察。高碳消费在这三方面表现为：在意社会地位的高低与物质生活的享受；盲目跟从他人购买自己不必要的商品；缺乏社会责任感，认为应对气候变化是政府的事，与己无关。低碳消费在这三方面表现为：对人生有正确的认识，不会在意外在的东西或者认为低碳消费才是最值得炫耀的事；有自己的独立想法，不随意跟风；具有较强的社会责任感，认为自己的行为会给气候变化造成一定的影响，温室效应的缓解需要大家的共同努力。

10.1.3　低碳消费与相近概念的比较

10.1.3.1　低碳消费与生态消费的比较

汪秀英（2005）认为生态消费是一种生态化的消费模式，建立在符合物质生产与生态生产的发展水平上，在对生态环境给予保护、爱戴与贡献的前提下满足人们消费需求的一种消费理念。王环（2008）分别从内容、理念、原则和目的角度对生态消费进行界定，指出生态消费是人类的消费活动与自然相和谐、取之于自然而不破坏自然、作用于自然而不损害自然，在提高生活质量的同时保持自然生态平衡，保持社会永续和谐发展的一种消费模式。生态消费要求消费具有适度性、全面性与协调性等特征。生态消费取之于自然而不破坏自然、作用于自然而不损害自然的原则同时也是低碳消费所要遵循的原则，温室气体的过量排放已给自然带来伤害，低碳消费就是为停止这种伤害而存在的。生态消费的目标是人与自然和谐相处，低碳消费的目标是减缓温室效应。生态消费侧重于人与自然之间日益恶化的关系，而低碳消费侧重于应对气候变化。气候变暖是人与自然之间关系恶化的表现之一，所以进行低碳消费不仅能减缓温室效应，从总体上看，它还可以改善人与自然之间的关系。因此，低碳消费是生态消费，而生态消费未必是低碳消费，可见低碳消费的内涵没有生态消费的内涵广。

10.1.3.2 低碳消费与可持续消费的比较

1994 年，UNEP 在内罗毕发表《可持续消费的政策因素》报告时首次将“可持续消费”定义为“提供服务以及相关的产品以满足人类的基本需求，提高生活质量，同时使自然资源和有毒材料的使用量最少，使服务或产品的生命周期中所产生的废物和污染物最少，从而不危及后代人的需求”。可持续消费概念的提出是基于生态环境问题的解决，所以保护环境是可持续消费的内在规定性；消费是为了寻求福利满足和幸福快乐，所以可持续消费不是放弃福利满足和幸福快乐的消费；可持续消费不仅要满足当代人的消费需求，还要保证后代人的消费需求不受到威胁，所以可持续消费是一个动态概念。Heiskanen 等（1997）将可持续消费定义为一种既满足当代人的需要而又不损害后代人需要的消费活动。俞海山（2002）认为可持续消费是一种既能满足当代人消费发展需要而又不对后代人满足其消费发展需要的能力构成危害的消费模式。可持续消费不仅要在消费者福利目标与保护生态环境之间寻找平衡点，在保证消费者福利满足的同时使物质、能源消耗以及废弃物排放最小化，它还要在当代消费者与后代消费者之间寻找平衡点，在保证当代消费者福利满足的同时使后代消费者的福利得到满足。可持续消费体现了人、社会与环境的和谐统一，从生态需要出发，遵循代际公平和代内公平的原则，实现消费主体与消费客体及消费环境之间持续、协调、共同发展的消费模式。低碳消费是针对气候变暖问题的。低碳消费可以在某个领域为可持续消费创造条件，所以低碳消费是可持续消费的一个方面，低碳消费比可持续消费的含义更加狭小。

10.1.3.3 可持续消费、生态消费与低碳消费的异同

低碳消费、生态消费和可持续消费的终极目标相同，都是从消费方面来减轻人类对生态环境的压力。不同点在于它们的直接目标、侧重点和含义的广狭度，具体见表 10-2。

表 10-2 生态消费、可持续消费和低碳消费的比较

	生态消费	可持续消费	低碳消费
直接目标	人与自然和谐相处	代际之间公平	减缓温室效应
侧重点	人与自然	世代关系	应对气候变化
含义广狭度	居中	最广	最窄

10.1.4 低碳消费的基本特征

气候变暖是温室气体的吸收与排放不平衡的结果，即当过多的温室气体在大气中积累的时候，全球气候就会变暖。低碳消费是在全球气候变暖的背景下提出的，其目标是应对全球气候变暖、减缓温室效应。低碳消费的目标要求低碳消费具备低排碳、低能耗、高效能和高吸收的特征，要求其终极目标是减少以 CO_2 为主的温室气体的排放和增加以 CO_2 为主的温室气体的吸收。低碳消费是符合低碳经济发展要求的一种消费方式。

（1）低碳消费具有正外部性。以 CO_2 为主的温室气体是公共物品，具有较强的流动性。一个人的消费方式越是低碳，他所排放的 CO_2 就越少，对气候变暖的影响就越低。而低碳消费行为所带来的社会效益不仅被他本人享用，还会被其他人所分享。因此，低碳消费的个人收益小于社会收益，存在外部收益。低碳消费的正外部性容易导致碳减排的"搭便车"现象。如果不能有效控制"搭便车"现象，或者不能使私人收益等于社会收益从而实现外部性的内部化，则低碳消费的实行将会严重受阻。

（2）低碳消费是一种高投入、隐收益、短期低收益的消费方式。低碳技术和低碳产品的研发耗用大量的资金，导致部分低碳产品和低碳资源的价格较传统产品和传统资源价格高，造成低碳消费的初始成本高于高碳消费。低碳消费的收益属于细水长流型的，需要较长时间才能体现，短期内难以明显被感知到。低碳消费造成的 CO_2 减少量不能可靠计量、不易被人感知到，这造成行为实施者缺少效果反馈的有效激励。利用成本收益分析，这种高投入、隐收益、短期低收益的成本收益状况不能有效激励行为者继续进行低碳消费。

（3）低碳消费是一种健康的、人与自然和谐共处的消费方式。低碳消费所要求的低排碳、高效率、高吸收使人类免受气候变暖带来的危害，促使人与自然和谐共生。低碳消费可以减缓温室效应的影响，使自然界中的生物得到合适的生存环境，有利于休养生息。倡导低碳消费就是遵循自然界的客观发展规律。低碳消费使资源得到充分利用，有利于缓解资源短缺的局面，使人类的经济发展更加可持续。

10.2 影响低碳消费的理论分析

10.2.1 气候变暖感知

居民对全球气候变暖的感知越强烈，就越倾向于购买和使用低碳产品。居民在认识商品的过程中并不是麻木不仁的。在不同的环境下，居民会有不同的内心变化和外部反应，并表现出不同的感情色彩，即情感过程。实践证明，居民的购买行为不仅受理性控制，还会被情感所左右，因为较激烈的情感会影响居民的效用函数。

对全球气候变暖感知较强烈的居民而言，在同样的温室气体排放水平下，其心理效用要比对全球气候变暖无感觉的居民低。假设 G_1 和 L_1 分别为图 10-1（a）中的高碳消费量和低碳消费量，G_2、L_2 分别为图 10-1（b）中的高碳消费量和低碳消费量，进行高碳消费的成本和进行低碳消费的成本分别为高碳消费和低碳消费这两种商品的价格 P_G、P_L，消费者的收入为 I，居民对全球气候变暖感知较弱时的效用函数为 U_w，居民对全球气候变暖感知较强时的效用函数为 U_s，则图 10-1（a）的消费者均衡点由式（10.1）决定，图 10-1（b）的消费者均衡点由式（10.2）决定：

$$\begin{cases} I = P_G G_1 + P_L L_1 \\ \max\ U_w(G_1, L_1) \end{cases} \tag{10.1}$$

$$\begin{cases} I = P_G G_2 + P_L L_2 \\ \max\ U_S(G_2, L_2) \end{cases} \tag{10.2}$$

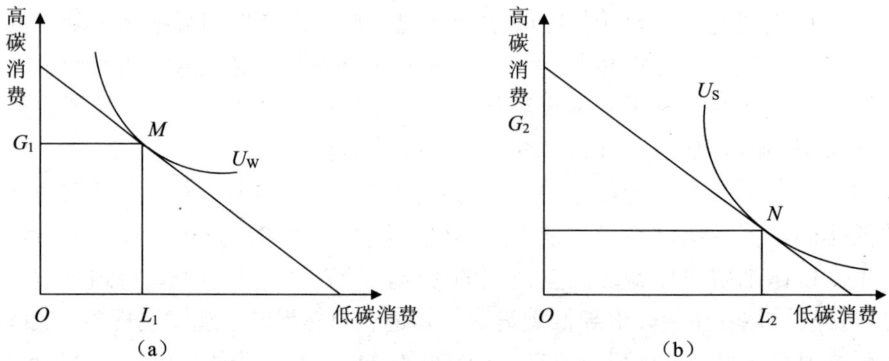

图 10-1　不同气候变暖感知的消费者均衡

式（10.1）决定的消费者均衡是居民对全球气候变暖感知较弱时的消费均衡，式（10.2）决定的消费者均衡是居民对全球气候变暖感知较强时的消费均衡。两个方程决定的消费均衡可用图 10-1 加以表示。气候变暖感知较弱时的无差异曲线与预算约束线相切形成的消费均衡点为 M，气候变暖感知较强时的无差异曲线与预算约束线相切形成的消费均衡点为 N。比较 M 和 N 两点的位置可以知道，N 点时居民的低碳消费量比 M 点时多，即 $L_2 > L_1$。图 10-1（a）到图 10-1（b）的原因是气候变暖感知较弱时居民对减缓温室效应的紧迫感较弱，气候变暖感知较强时居民对减缓温室效应的紧迫感较强，所以气候变暖感知较强的居民通常购买和使用更多的低碳产品。

10.2.2　低碳消费知识

居民对低碳消费知识掌握越多，就越懂得如何低碳，越倾向于高碳消费的低碳化。技术具有一定的生产作用，而知识往往是转化为技术的。生产是在生产要素投入的基础上在技术条件的约束下进行的。自然条件对生产施加的是强技术约束，知识对生产施加的是软技术约束。在知识就是生产力的社会中，知识的创造力更强大。图 10-2 中，生产曲线 y_2 代表的技术比生产曲线 y_1 代表的技术高，在其他投入相同的情况下，生产函数 y_2 生产的产品更多，且 y_2 会与更高的利润线 L_2 相切，切点为 M，即生产函数 y_2 赚取的利润更多。可见，技术具有提高利润的能力。应用到低碳消费上，掌握的低碳消费知识越多，则进行低碳消费时可以利用的技术就越多，产生的低碳生活方式就越多，获得的利润也会随之增加。

由索洛模型可知技术可以产生规模报酬递增的效果。从成本效益角度看，人们对低碳消费知识的投入是固定的，但其收益在规模报酬递增的情况下会比较显著，以至于使由低碳消费而产生的一些隐性收益得到强化而被人强烈地感知到。受行为效果激励，人们会继续进行低碳消费。此外，知识具有正外部性，它不仅影响掌握此知识的个体本身，还影响其他目前还没掌握此知识的个体。没掌握此知识的个体在此环境中耳濡目染，慢慢地就懂得了如何进行低碳消费。

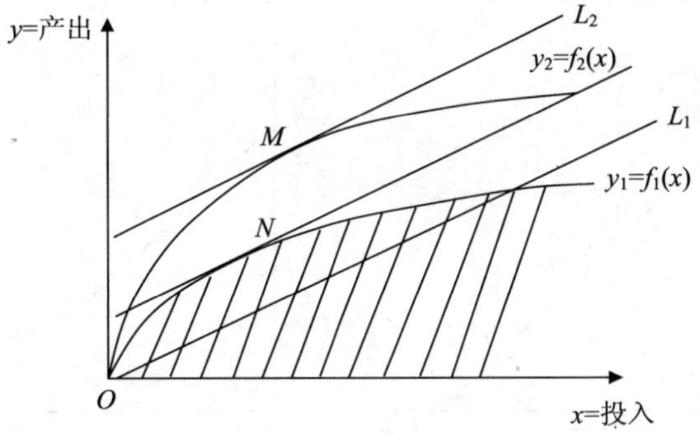

图 10-2　不同低碳消费知识的消费均衡

10.2.3 社会责任意识

居民对减缓全球温室效应社会责任意识的差异，决定了他们日常生活中对高碳产品高效利用情况的不同。居民社会责任意识越强，就越倾向于节约资源的低碳消费，反之，就越倾向于浪费资源的高碳消费。社会责任意识影响居民的偏好，不同的偏好会形成不同的效用函数，不同的效用函数和不变的预算约束线相切又会形成不同的消费均衡点。本节通过分析同一个居民在社会责任意识得到强化前后形成的不同消费均衡来分析同一时点下不同社会责任意识的居民的低碳消费行为差异。假设 G_1 和 L_1 分别为图 10-3（a）中的高碳消费量和低碳消费量，G_2、L_2 分别为图 10-3（b）中的高碳消费量和低碳消费量，进行高碳消费的成本和进行低碳消费的成本分别为高碳消费和低碳消费这两种商品的价格 P_G、P_L，居民的收入为 I，居民社会责任意识较弱时的效用函数为 U_w，居民社会责任意识较强时的效用函数为 U_s，则图 10-3（a）的消费者均衡点的决定式（10.3），图 10-3（b）的消费者均衡点的决定式（10.4）：

$$\begin{cases} I = P_G G_1 + P_L L_1 \\ \max\ U_w(G_1, L_1) \end{cases} \tag{10.3}$$

$$\begin{cases} I = P_G G_2 + P_L L_2 \\ \max\ U_S(G_2, L_2) \end{cases} \tag{10.4}$$

式（10.3）决定的消费者均衡是居民社会责任意识较弱时的消费均衡，式（10.4）决定的消费者均衡是居民社会责任意识较强时的消费均衡。由上面两个方程决定的消费均衡可用图 10-3 表示。

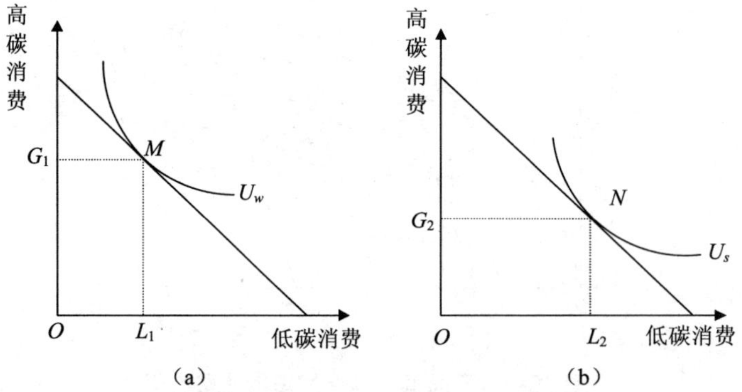

图 10-3 不同社会责任意识的消费均衡

图 10-3 表明，社会责任意识较弱时的无差异曲线与预算约束线相切形成的消费均衡点为 M，社会责任意识较强时的无差异曲线与预算约束线相切形成的消费均衡点为 N。比较 M 和 N 两点的位置可以知道，N 点时居民的低碳消费量比 M 点时多，即 $L_2>L_1$。图 10-3（a）到图 10-3（b）的原因是社会责任意识较弱时居民不在意其行为对周围环境的影响，社会责任意识较强时居民比较在意其消费行为对周围环境的影响。由于低碳消费具有正外部性，居民进行低碳消费时不仅可以给自己带来效用，还可以给社会带来效用，所以社会责任意识较强的人通常进行更多的低碳消费。

10.2.4　心理变量

10.2.4.1　炫耀性心理

炫耀性心理对居民高碳消费的低碳化影响比较显著。心态较平和的居民往往更加注重低碳消费，喜欢攀比的居民则倾向于消费高碳产品并且不大注意节约。炫耀性消费有其深层次的社会原因：由于从前人们长期生活在物质资源匮乏的条件下，所以他们格外重视物质消费，甚至拿物质资源来炫耀。通过消费大量的物质资源炫耀自己身份的行为属于高碳消费。当高碳消费群体逐渐膨胀时，出于身份、地位等需要，人们逐渐接受、购买高碳产品或高碳资源并养成习惯，最终导致高碳消费群体规模越来越庞大。但是，在中国规模庞大的高碳消费群体中有相当一部分消费者是尚不完全具备消费实力的“参照群体”。在这部分居民看来，是否拥有某些奢侈的高碳产品已成为能否进入高层次社交圈的标志，进行高碳消费，可以提高他们的社会地位。

利用成本效益理论分析。对于居民来说，他们进行高碳消费所付出的只是一定量的货币成本，而得到的收益却不只是高碳产品的使用价值所带来的消费者效用，更多的是由这些高碳产品所代表的社会价值所带来的效用：第一，它提高了居民的社会地位，满足了居民的虚荣心；第二，它可以使居民进入一个更富有的交际圈，而这个交际圈在未来可以给居民带来很多便利。在收益大于成本的驱动下，理性的消费者选择高碳消费。但是，高碳消费具有外部不经济性，高碳消费的个人成本小于社会成本，存在外部成本。心态平和的居民认为炫耀性消费是不必要的，他们更在意自己真正的幸福感。这类人认为，攀比可能使他们身心疲惫。人外有人，天外有天，攀比是无止境的。与其攀比累着，不如好好享受自己的恬然生活。这类人比较务实，懂得活在当下，享受在当下。

10.2.4.2　从众心理

从众心理影响居民高碳消费的低碳化行为。不跟风、不赶群儿、有独立想法的居民倾向于低碳消费，反之，无主见的居民倾向于高碳消费。从众心理造成的高碳消费包括：因从众而购买不必要的东西形成的高碳消费；因从众而购买高碳产品或高碳资源形成的高碳消费。社会心理学研究认为，群体对个体的影响主要是通过“感染”进行的。个体在受到群体精神感染式的暗示或提示时产生与他人行为相类似的模仿行为，与此同时，个体之间又相互刺激、相互作用，形成循环反应，从而使个体行为与大多数人的行为趋向一致。暗示、模仿、循环反应的过程就是求同心理过程。求同心理构成了从众行为的心理基础。

居民之所以会存在从众行为或从众心理，是因为居民无形之中进行了成本收益的分析。从众隐含的一个前提条件是人都是理性的“经济人”。理性的“经济人”是自我利益的最佳判断者和追求者，所以其最终的消费行为一定符合其个人的效用最大化法则。既然其消费行为符合效用最大化原则，那其他居民可以模仿他的行为以减少搜集信息的成本。此外，从众行为或心理在一定程度上满足了心理不确定性的需求，在不确定的情况下，从众可增加一定程度的心理满足效用。从众的结果有三种：①跟随参照标准一起失利，但是其相对地位没有发生改变；②跟随参照标准一起获利，这种情况不会使跟随者相对地位发生大变化，但是其绝对位置得到了提升；③跟随参照者获取零利润，从而既不改变其相对位置，也不改变其绝对位置。综合这三种情况，从众的结果至少不会降低个人的相对社会地位，这无形之中又是一种效用。在收益大于成本的情况下，消费者采取从众行为。在现今社会中多数居民进行高碳消费，所以其他人也会因从众而进行高碳消费。

10.2.5 人口统计变量

尽管性别对偏好的影响比较显著，但其作用机理比较简单，这里不作具体分析；另外，受教育水平与低碳消费知识之间存在一定的联系，前面已对低碳消费知识进行详细分析，此处不再详解受教育水平对低碳消费的作用机理。

10.2.5.1 年龄

年龄对高碳消费的低碳化也有影响。居民的年龄越高，则他们高碳消费的低碳化倾向就越明显。年龄不仅直接影响个人的身体状况，还与居民的社会角色、社会地位、收入有关。表现在消费行为上就是不同年龄的人群在消费行为与消费观念上互不相同。年龄大的居民社会阅历比较丰富，其价值观不同于年轻者，他们看事物更透彻、更真切，对事情的态度更恬淡。因此，年长者的效用曲线与社会效用曲线相似，对年长者的消费行为的分析类似于社会责任意识分析中对社会责任意识较强者的分析，年长者的消费均衡点在年轻者的消费均衡点右方，即年长者进行的低碳消费较多。

假设 G_1 和 L_1 分别为图 10-4（a）中的高碳消费量和低碳消费量，G_2、L_2 分别为图 10-4（b）中的高碳消费量和低碳消费量，进行高碳消费的成本和进行低碳消费的成本分别为高碳消费和低碳消费这两种商品的价格 P_G、P_L，消费者的收入为 I，居民年轻时的效用函数为 U_y，居民年长时的效用函数为 U_o，则图 10-4（a）的消费者均衡点由式（10.5）决定，图 10-4（b）的消费者均衡点由式（10.6）决定：

$$\begin{cases} I = P_1 G_1 + P_2 L_1 \\ \max\ U_y(G_1, L_1) \end{cases} \tag{10.5}$$

$$\begin{cases} I = P_1 G_2 + P_2 L_2 \\ \max\ U_o(G_2, L_2) \end{cases} \tag{10.6}$$

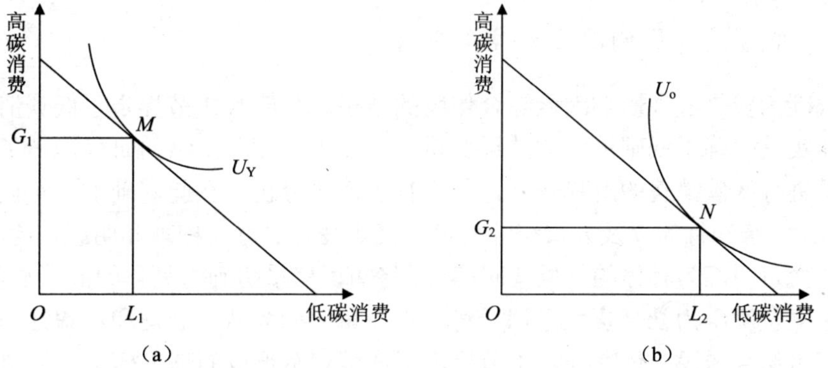

图 10-4　年长者和年轻者的消费者均衡

如图 10-4 所示，年轻者的无差异曲线 U_y 与预算约束线相切形成的消费均衡点为 M，年长者的无差异曲线 U_o 与预算约束线相切形成的消费均衡点为 N。由于年长者对世界万物的感悟比较深，更能认清人与自然的关系，因此年长者的无差异曲线较年轻者的无差异曲线向右下方偏移，所以 N 点在 M 点的右下方。比较 M 和 N 两点可以知道，N 点时居民的低碳消费量比 M 点时居民的低碳消费量多，即 $L_2 > L_1$。

年龄与收入之间存在一定的关系。根据弗朗科·莫迪利阿尼（1986）的生命周期假说，人在生命初期收入比较少，此时主要进行消费，不进行储蓄。随着年龄的增长，收入会逐渐增加，但是，当人进入老龄阶段，他的收入又开始下降。

为了平衡消费水平，人会在收入高峰时期进行储蓄以利于晚年的消费。在晚年时，由于不能预知寿命的长短，在收入有限的情况下，会生活得比较节俭。而节俭的生活本身就是少量利用资源和产品从而对环境排放较少的温室气体。从这一方面看，年长者的消费行为也表现出了低碳性。

10.2.5.2 个人月收入

居民个人月收入与高碳消费的低碳化呈反向关系，即居民个人月收入与居民的高碳消费正向相关，居民个人月收入越高就越倾向于高碳消费。通常，需求量的变动与收入的变动保持一致的商品属于正常商品，可见高碳消费属于正常商品。在消费者偏好和产品价格不变的情况下，收入增加会使消费者的预算约束线向右移动，向右移动的预算约束线和更高的消费者无差异曲线相切形成新的消费均衡点。由于社会大背景是以消费高碳消费品的多寡来进行等级划分的，居民收入越高其越有能力进行高碳消费时，居民会消费更多的高碳产品和高碳资源，因此，新的均衡点处居民的高碳消费量更大，低碳消费量更小。

10.2.6 低碳消费影响因素的综合分析

低碳消费是各种影响因素综合作用的结果。本章 10.1 节界定了低碳消费的内涵，其实是明确了低碳消费的结果变量，进而根据相关文献的研究提出了可能影响居民进行低碳消费的解释变量，并进行了理论分析。在此基础上，对认知、知识、信念、感知行为以及人口统计变量特征等变量进行了梳理和明确。具体如下，将认知变量明确为具体的气候变暖感知，将知识变量明确为具体的低碳消费知识，将信念变量明确为社会责任意识，将心理变量明确为从众心理和炫耀性心理。由这些变量结合居民个体特征，本节提出了低碳消费形成的理论模型，见图 10-5。

10.3 低碳消费状况的问卷调查

10.3.1 问卷设计的科学性

为科学地做好问卷调查，问卷设计是关键。在问卷设计过程中，先经过一轮与专家、居民的访谈，询问了他们哪些因素对居民的低碳消费行为影响较大，哪些行为足以体现居民的低碳消费行为，然后参考了国内外部分学者的相关文献，并根据中国固有的文化特点和本研究的目的进行了反复修正。

对于购买行为量表，参考施韦普克和康韦尔（1991）提出的购买意愿（P1）量表。此后，皮克特、坎根和格罗夫（1995）、约翰逊（1995）、纽厄尔和格林（Newell and Green，1997）等在研究中直接使用此量表。对于使用行为和温室气体吸收源的保护行为量表，参照施韦普克和康韦尔（1991）开发的对生态意识生活的态度（AECL）量表，皮克特（1995）设计的环保行为指标（ENVIROCON）量表，施特劳斯和罗伯茨（1999）提出的生态意识消费者行为（ECCB）量表。对于低碳消费知识量表，参考了王建明（2010）的资源环境知识量表。对于气候变暖感知量表，参照施韦普克和康韦尔（1991）提出的对乱扔垃圾的态度（AL）量表和对污染的认识量表。皮克特、坎根和格罗夫（1995）、约翰逊（1995）、纽厄尔和格林（Newell and Green，1997）等在其研究中也是直接使用此量表的。对于社会责任意识量表，借鉴了伯科威茨和丹尼尔（Berkowitz and Daniels，1964）的社会责任量表，并做了部分修正。比如，“污染是政府的责任”改为“有责任减少温室气体的排放”等。对于心理、认知水平量表，参考价值观念和生活方式（VALS）量表（Richins and Dawson，1992），设计了“我认为低碳消费降低消费质量或消费水平”。以上所有题项都采用了李克特五级量表。

低碳消费形成的多因素综合模型见图 10-5。

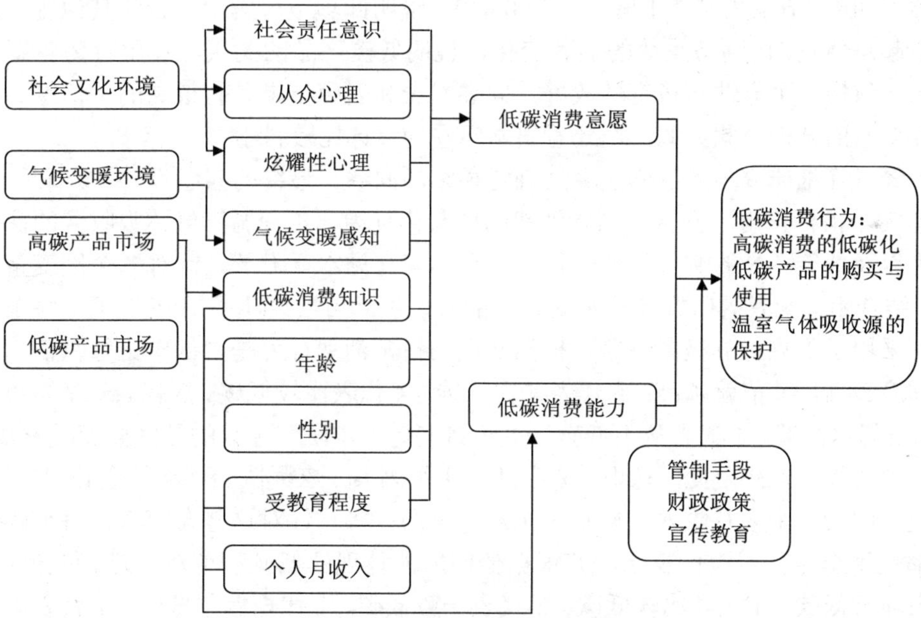

图 10-5　低碳消费形成的多因素综合模型

对大学生进行了预调查，并对预调查的结果进行分析，总结了被调查居民的意见，对一些不适合的语句进行了修正。预调查发现的问题如下：对于每一低碳行为的赋值问题，应从鼓励低碳的角度来对其进行赋值：某一行为越低碳则其得分就越高，反之亦然，并且每一题项的赋值原则要保持统一；居民所填收入未必为真，所以需设计其他来印证其收入的题项；每个题目只能让居民回答一个问题，不应让其从中选择。预调查中共获得了 33 份预调查问卷，接着对预调查结果进行分析以考察问卷质量。

采用内在信度指标来考察问卷质量。内在信度主要考察问卷中一组题目测量的是否是同一概念，一般用克朗巴哈α系数来分析。分析内在信度指标及其变化，能够为问卷的改进提供参考。罗纳德·L·塔汉姆、罗纳德·L·海尔、威廉·C·布莱克、罗尔夫·E·安德森等认为，克朗巴哈α系数应达到或超过 0.7。在探索性研究中，克朗巴哈α系数可以低于 0.7，但不能低于 0.5（王建明，2010）。问卷质量分析结果见表 10-3。对于因变量高碳消费的低碳化行为，总体克朗巴哈α系数为 0.768，删除任何一题项，克朗巴哈α系数都无显著提高或降低，说明因变量的内部一致性、可靠性和稳定性较好，问卷量表和研究结果具有很高的可信度。对于低碳产品的购买与使用行为，总体克朗巴哈α系数为 0.635，而删除掉 F2 后，总体克朗巴哈α系数显著下降，降为 0.439，说明此项不可删除，删除其他题项没有引起总体克朗巴哈α系数的显著变化，说明低碳产品的购买与使用行为各题项内部一致性、可靠性和稳定性较好，问卷量表和研究结果具有很高的可信度。各解释变量的分析与此类似，由此看出本问卷的设计比较科学。

经过仔细研究与多次修正之后确定最终的问卷。最终的问卷设置 45 个题目，选择 3 个指标作为因变量：高碳消费的低碳化行为、各种温室气体吸收源的保护行为以及低碳产品的购买与使用行为。具体问卷见本章附录。针对 3 个因变量指标，结合相关学者的研究和日常观察到的人们生活习惯设计了 19 个题目，每个题目都采用了李克特五级量表制，根据居民的日常消费行为是否低碳进行赋值，低碳程度越高，其值就越高：5 代表非常低碳、4 代表比较低碳、3 代表一般低碳、2 代表偶尔低碳、1 代表从不低碳。关于自变量，本研究选取的是气候变暖感知、低碳消费知识、社会责任意识、心理认知水平因素（炫耀性心理和从众心理）、人口统计因素（个人月收入、性别、年龄、学历）等。针对这些自变量，每个题目也都采用李克特五级量表制，并根据他们所能体现的低碳程度对其进行赋值：5 代表非常低碳、4 代表比较低碳、3 代表一般低碳、2 代表偶尔低碳、1 代表从不低碳，具体参见表 10-3，表 10-4 给出了除人口统计因素外的所有因变量和自变量的具体题目。

表 10-3　低碳消费行为量表的克朗巴哈α系数

题项序号	删除该题后α系数的变化	克朗巴哈α系数
E1	0.772	0.768
E2	0.796	
E3	0.745	
E4	0.765	
E5	0.765	
E6	0.752	
E7	0.750	
E8	0.748	
E9	0.715	
E10	0.725	
E11	0.718	
E12	0.752	
F1	0.575	0.635
F2	0.439	
F3	0.587	
F4	0.642	
F5	0.633	
G1		0.562
G2		
A1	0.539	0.571
A2	0.594	
A3	0.242	
B1	0.355	0.663
B2	0.491	
B3	0.721	
B4	0.698	
C1		0.768
C2		
D1	0.769	0.820
D2	0.741	
D3	0.780	
D4	0.782	
D5	0.838	

注：人口统计因素放在这个表里不大美观，故此这里没有放进去。但在表 10-4 进行实证分析时作为自变量放到模型中了。

表 10-4 低碳消费问卷变量一览表

变量类别	变量名称	调查项目
自变量（气候变暖感知、低碳消费知识、社会责任意识、心理认知水平）	A 气候变暖感知	A1 我认为当前气候变暖问题已经非常严重
		A2 我一直都非常关注气候变暖问题
		A3 气候变暖问题已经严重影响我们的日常生活
	B 低碳消费知识	B1 我知道什么是温室气体
		B2 我知道如何才能减少温室气体的排放
		B3 我知道什么是低碳产品和高碳产品
		B4 我非常了解“低碳消费”或“低碳生活”
	C 社会责任意识	C1 我有责任减少温室气体的排放
		C2 我愿意为温室气体的减排做出贡献
	D 心理、认知水平等	D1 我会跟随群体来调整自己的消费行为
		D2 我会随时跟别人比较穿着或用品
		D3 我会为了在朋友面前炫耀一下而购买某些商品
		D4 我会跟随别人购买当时我不必要的商品
		D5 我认为低碳消费降低消费质量或消费水平
因变量：低碳消费行为	E 高碳消费的低碳化	E1 电脑短时间不用我会选择待机
		E2 晚上回家我会把全部照明灯都打开
		E3 上班或上学时我会乘公交或骑自行车
		E4 夏天我会整日整夜开空调
		E5 我经常使用一次性筷子或纸杯
		E6 洗碗洗菜时我习惯把水龙头开到最大
		E7 电器使用完毕后我总是拔掉电源开关
		E8 衣服穿过后我总是攒起来一块洗
		E9 衣物洗好后我总是自然晾干
		E10 出门购物我总是自带环保袋
		E11 我总是将垃圾分类丢弃
		E12 如果看到公共场所有忘关水电现象我总是主动上前关闭
	F 低碳产品的购买行为	F1 购买电器时我会看节能指标从而选择节能电器
		F2 我总是购买节能灯、节能空调
		F3 家庭装修选用材料时我优先考虑环保节能的
		F4 购买同类商品时我会优先考虑包装可循环处理的
		F5 购买商品时我会考虑其环保与否
	G 温室气体吸收源的保护行为	G1 我时刻爱护城市的公共花草树木
		G2 看见别人践踏采折公共花草树木我会上前阻止

10.3.2　问卷调查的代表性

通过对城市居民进行问卷调查来获取第一手数据。农村居民的人均消费量远比城市居民的人均消费量小，农村居民的收入较城市居民的收入低，农村居民的资源再利用率较城市居民高，农村人口密度较城市小，农村居民消费过程中造成的资源浪费与温室效应问题没有城市集中，因此，城市居民的消费较农村居民的消费更具有研究价值，所以选择城市居民的消费行为作为研究对象。之所以选择杭州市居民为调查对象，①由于杭州是浙江省政治、经济、文化中心，且在全国省会城市中人均收入水平最高，包括居民消费意识等很多方面都走在了全国前面，对其进行问卷调查所得数据也许不能反映我国所有居民低碳消费的现状，但代表着我国居民未来低碳消费的倾向，杭州市居民的消费行为对浙江省乃至全国其他地方居民的消费行为具有一定的引导作用；②以单个城市为基础进行调查可以提高研究的数据质量；③由于经费、时间和精力等原因，所以就地开展调研。

本章的基础数据来源于实地调查，调查时间为 2011 年 1 月。由笔者及其他 4 名组员在杭州市的一些公园、居民小区、广场、超市等公共场所进行随机的面对面调查。为了保证样本具有代表性，能较好地切合杭州市居民的实际，抽样时尽量确保各层次都有一定的比例，各层次都尽量与杭州市 2009 年的统计年鉴的数据相符。比如，男女比例接近 1∶1，各收入层、各年龄层、各学历层等也都有一定的比例。具体调查地点不局限于少数几个点，而是由组员在多个地点展开，分布尽量广泛、科学。据杭州市 2009 年的统计年鉴的人口分布情况，主要选择在杭州市上城区、下城区、江干区、西湖区、拱墅区和滨江区的 50 多个公共场所进行调查，如百货商店、超市、浙江省自然博物馆、浙江省科技博物馆、居民小区、校园、公园、吴山广场、滨江大学城等公共场所。问卷数量分布如下：上城区 81 份，下城区 99 份，江干区 108 份，拱墅区 76 份，西湖区 151 份，滨江区 35 份。

通常，较为理想的样本应为变量数的 10～25 倍，并且样本量越大越好（王建明，2010）。本问卷涉及的变量有 45 个，理想的样本量应在 450 个以上。此次调查共发放问卷 550 份，收回问卷 550 份，剔除不完整问卷 18 份，最终获得有效问卷 532 份，有效问卷回收率为 96.73%，可见，样本量比较充足。

10.3.3　样本分析和信效度检验

10.3.3.1　样本基本分析

利用 Excel 2007 对问卷的总体情况进行统计分析，统计结果见表 10-5：男性

291 人（占比 54.7%），女性 241 人（占比 45.3%），男女比例接近 1∶1；25～54 岁的消费者有 356 人（占比 66.73%），这部分人占比比较大，因为这部分人是消费主体；个人月收入在 1 500 元及以下的人有 56 人（占比 10.53%），1 501～3 000 元的人有 141 人（占比 26.50%），个人月均收入在 8 000 元以上者较少，只有 99 人（占比 18.61%），高收入群体占比将近 20%，符合收入在人群中的分配比，同时也与杭州市人口的收入分配相近；学历及职业分布也比较合理、比较科学。综合来看，此次问卷调查结果与杭州市居民的人口统计特征基本相符，因此具有一定的代表性。

表 10-5　样本的基本特征统计

项目	指标	频数/人次	百分比/%
性别	男	291	54.70
	女	241	45.30
年龄特征	24 岁及以下	87	16.35
	25～34 岁	125	23.50
	35～44 岁	117	21.99
	45～54 岁	113	21.24
	55 岁及以上	90	16.91
学历特征	初中及以下	64	12.03
	高中及中专	127	23.87
	高职及大专	154	28.95
	本科	141	26.50
	研究生及以上	46	8.65
职业特征	党政机关或事业单位职员、管理者	73	13.72
	个体、老板、商户	60	11.28
	在校生	35	6.58
	制造、运输、手艺及相关人员	37	6.95
	服务业、商业及销售人员	97	18.23
	各类专业技术、教育科研人员	109	20.49
	离退休及下岗失业人员	40	7.52
	其他	81	15.23
人均月收入特征	1 500 元及以下	56	10.53
	1 501～3 000 元	141	26.50
	3 001～5 000 元	129	24.25
	5 001～8 000 元	107	20.11
	8 000 元及以上	99	18.61

10.3.3.2　信效度检验

为检验问卷数据的可信度本节进行样本信度与效度检验。效度是指量表的有效性，即测量工具在多大程度上反映研究者想要测量概念的真实性。效度越高表示测量结果越能准确测出所需要测量工具的真实特征。效度分为内容效度、准则效度和建构效度。本节主要对内容效度和建构效度进行检验。内容效度是指项目对欲测的内容或行为范围取样的适当程度。关于预测的内容，采用专家判断法和重复测试法来检验内容效度。问卷发放之前对杭州市居民的人口特征进行了分析，这保证了样本取样的适当性。

建构效度也称结构效度，用于多重指标的测量情况，此类效度有两个次类型：①聚合效度（convergent validity），当测量同一建构的多重指标彼此间聚合或有关联时，就有此种效度存在；②区别效度（discriminant validity），此种效度亦称为分歧效度（divergent validity），与聚合效度相反。此类效度是指当一个建构的多重指标相聚合或呼应时，则这个建构的多重指标应与其相对立之建构的测量指标负向相关。通常用因子分析法检验建构效度，常用的判定指标有两个：KMO 值和巴特利特球形检验卡方值。KMO（Kaiser-Meyer-Olkin）检验统计量是用于比较变量间简单相关系数和偏相关系数的指标，主要应用于多元统计的因子分析。KMO 统计量取值在 0～1。当所有变量间的简单相关系数平方和远远大于偏相关系数平方和时，KMO 值接近 1。KMO 值越接近于 1，意味着变量间的相关性越强，原有变量越适合作因子分析；当所有变量间的简单相关系数平方和接近 0 时，KMO 值接近 0。Kaiser 给出了常用的 KMO 度量标准：0.9 以上表示非常适合；0.8 表示适合；0.7 表示一般；0.6 表示不太适合；0.5 以下表示极不适合。KMO 值越接近于 0，意味着变量间的相关性越弱，原有变量越不适合作因子分析。一般认为 KMO 检验系数＞0.5，（巴特利特球体检验的 x^2 统计值的显著性概率）P 值＜0.05 时，问卷才有结构效度，才能进行因子分析。

信度又为可靠性，是指对同一对象进行重复测量时，所得结果的一致性程度，它反映了测量工具的可靠性或稳定性。信度分为内在信度和外在信度。内在信度是指量表测量的是否是同一概念，即组成量表的各题项之间的内在一致性，最常用的检验方法是克朗巴哈α系数（Cronbach Coefficient）。外在信度是指在不同的时间进行测量时量表结果的一致性程度，最常用的检验方法是重测信度（又称再测信度）。本章采用克朗巴哈α系数对样本进行内在信度检验。克朗巴哈α系数在 0～1，系数越大，表示测量的可信度越大。一般认为，克朗巴哈α系数在 0.9 以上，表明量表的信度甚佳；克朗巴哈α系数在 0.8～0.9，表明量表的信度可以接受；克朗巴哈α系数在 0.7～0.8，表明量表应做较大修订，但仍不失其价值。通常，克朗巴哈α系数在 0.7 以上的样本可靠性可以接受。

表 10-6 为本章建构效度的检验结果，由表可知，气候变暖感知、低碳消费知识、心理、认知水平和低碳消费行为的 KMO 检验统计量均超过 0.5，社会责任意识和温室气体吸收源保护行为的 KMO 检验统计量为 0.5，这与它们只有两个题项有关，并且所有分项的巴特利特球形检验显著性水平均为 0.000，因此，拒绝巴特利特球形检验零假设①，可以认为本调查问卷及各组成部分建构效度良好。

表 10-6　KMO 检验和巴特利特球形检验

项目		A	B	C	D	E	F	G
KMO 检验		0.67	0.69	0.50	0.75	0.70	0.70	0.50
巴特利特球形检验	χ^2统计量	397.39	737.20	263.27	710.52	712.58	288.31	124.52
	自由度	3	6	1	10	6	10	1
	显著性水平	0.00	0.00	0.00	0.00	0.00	0.00	0.00

注：A、B、C、D、E、F、G 各字母代表的含义分别为：气候变暖感知、低碳消费知识、社会责任意识、心理、认知水平、低碳产品的购买及使用行为、温室气体吸收源的保护。表 10-7 各字母代表的含义同此。

表 10-7 是问卷的信度检验结果。信度分析显示，本问卷的解释变量各题项之间的信度系数都在 0.7 以上，被解释变量各题项之间的信度系数也都在 0.7 以上，说明本问卷各题项的内部一致性、可靠性和稳定性均较好，研究结果具有一定的可信度。

表 10-7　各组变量的克朗巴哈α系数

项目	A	B	C	D	EFG
克朗巴哈α系数	0.712	0.787	0.769	0.739	0.756

10.4　低碳消费影响因素的实证分析

10.4.1　描述性统计分析

10.4.1.1　变量描述性统计分析

对解释变量和因变量进行描述性统计分析，见图 10-6。可见，从众心理的均值为 3.40，是 8 个变量中最小的一个，说明从众心理对消费者的低碳消费行为影

① 拒绝巴特利特球形检验零假设表示：认为相关系数不可能是单位阵，即原始变量之间存在相关性。

响相对较高（本问卷对从众心理题项的赋值原则：跟随他人进行高碳消费的行为得分较低，跟随他人进行低碳消费的行为得分较高）。其次是低碳消费知识，其均值仅为 3.49，说明城市居民的低碳消费知识比较匮乏。此次调查对象是杭州市居民，杭州市是中国环境意识较强的城市之一，在全国省会城市中其人均收入水平最高，包括居民消费意识等很多方面都走在了全国前面，如果其城市居民的低碳消费知识匮乏，那么可以推断出中国其他城市的居民低碳消费知识水平会更加不容乐观。炫耀性消费心理的均值为 3.65，说明中国城市居民中一大部分人在相互炫耀各自的低碳消费行为。政府部门可以充分利用这一点，以期达到事半功倍的效果。气候变暖感知和社会责任意识的得分较高，说明在城市推行低碳消费有一定的软实力基础。

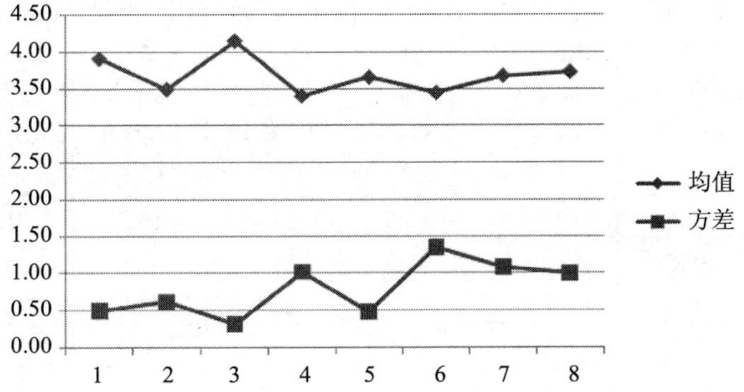

注：1 为气候变暖感知；2 为消费低碳化知识；3 为社会责任意识；4 为从众心理；5 为炫耀性消费心理；6 为高碳消费的低碳化；7 为低碳产品的购买与使用；8 为对温室气体吸收源的保护；菱形的代表均值；正方形的代表标准差。

图 10-6　解释变量与因变量的均值和标准差

10.4.1.2　题项描述性统计分析

从气候变暖感知的角度看，认可（包括同意和大致同意两项，下同）“我认为当前气候变暖问题已经非常严重”（A1）的人有 76.1%，有 58.8%的人认可“气候变暖问题已经严重影响我们的日常生活”（A3），认可“个人一直都非常关注气候变暖问题”（A2）的人有 56.0%。与之相反，不认可（包括不太同意和不同意两项，下同）“我认为当前气候变暖问题已经非常严重”（A1）的只有 3.6%，不认可“气候变暖问题已经严重影响我们的日常生活”（A3）的占比 8.5%，不认可“个人一直都非常关注气候变暖问题”（A2）的占比为 8.7%。理论上讲，认可（A1）的比例应该与认可（A3）的比例大致相等，但调查结果却显示出认可（A1）的比例比认可（A3）的比例高，认可（A3）的比例又比认可（A2）的比例略高一些，出现这种现象的可能原因如下：①居民经常听到或看到全球气候变暖问题已非常严重的新闻等信息，促使他们也这样认为，但温室效应是渐进型的，不会造成日常生活的突变，致使居民没有感觉到温室效应对生活带来的不便；②居民的言行不一，他们并没有一直都关注气候变暖问题，但是他们知道社会在倡导低碳生活，国家在呼吁低碳消费，为了迎合，他们选择自己认为气候变暖问题很严重且影响了日常生活，使得居民对（A2）的认可度小于（A1）和（A3）的认可度，具体见表 10-8。

表 10-8 城市居民对气候变暖感知和低碳消费知识变量的认可度

认可度	A1（均值 4.086，标准差 0.889）	A2（均值 3.664，标准差 0.938）	A3（均值 3.709，标准差 0.984）	B1（均值 3.637，标准差 1.172）	B2（均值 3.478，标准差 1.095）	B3（均值 3.455，标准差 1.098）	B4（均值 3.412，标准差 0.946）
	百分比/%	百分比/%	百分比/%	百分比/%	百分比/%	百分比/%	百分比/%
同意	37.6	20.7	23.5	27.4	19.5	21.2	15.2
大致同意	38.5	35.3	35.3	31.0	30.6	25.4	26.3
一般	20.3	35.3	32.7	26.7	33.3	35.2	44.5
不太同意	2.1	7.0	5.5	7.5	10.9	14.1	12.2
不同意	1.5	1.7	3.0	7.3	5.6	4.1	1.7
合计	100	100	100	100	100	100	100

从对低碳消费知识的调查可以看出，同意“我知道什么是温室气体”（B1）的人占样本总数的 27.4%，同意“我知道如何才能减少温室气体的排放”（B2）的居民占比 19.5%，同意“我知道什么是低碳产品和高碳产品”（B3）的居民有 21.2%，同意“我非常了解‘低碳生活’或‘低碳消费’”（B4）的人有 15.2%，不同意（B1）、（B2）、（B3）、（B4）的居民占比都非常小，分别是 7.3%、5.6%、4.1%、1.7%。这一结果在逻辑上比较合理。原因是：①必须知道什么是温室气体才有可能知道如何减少温室气体的排放；②低碳产品和高碳产品的划分便于居民进行低碳消费，知道什么是低碳产品和高碳产品即知道了如何减少温室气体的排放，由此可见同意（B2）和同意（B3）的比例应该持平；③“低碳消费”和“低碳生活”的内涵比较复杂，温室气体、低碳产品和高碳产品只是“低碳消费”或“低碳生活”内涵的一部分，对他们有所了解并不代表对“低碳消费”和“低碳生活”有全面的了解，并且对此问题认识的内部差异也非常小，仅为 0.946，所以同意“非

常了解‘低碳消费’或‘低碳生活’”（B4）的人数最少是可以理解的。具体见表 10-8。

从表 10-9 可以看出，认同（包括得分为 5 和 4 的人，下同）“我有责任减少温室体的排放”（C1）的人有 75.2%，认同“我愿意为温室气体的减排作出贡献”（C2）的人有 78.4%，认同（C2）的比例比认同（C1）的比例多 3.2%，由此可见，凡是愿意为温室气体减排作出贡献的人基本上认为自己有责任减少温室气体排放，所以二者所占比例基本相等。心理认知水平题项的调查结果显示，只有 8.5% 的人同意（得分为 1 的人）“我会跟随群体来调整自己的消费行为”（D1），同意（得分为 1 的）“我会跟随别人购买当时我不必要的商品”（D4）的人占比 4.3%，由（D1）和（D4）的结果可以看出，绝大部分的人处于可塑状态，只要给予他们正确的消费引导，他们就会进行低碳消费；认同（得分为 1 和 2 的人）“我会随时跟别人比较穿着或用品”（D2）的人占比 15.0%，认同（得分为 1 和 2 的人）“我会为了在朋友面前炫耀一下而购买某些商品”（D3）的人占比 11.1%，可见，炫耀性心理很重的人在人群中所占比重已不容忽视，超过了 5%；认同（得分为 1 和 2 的人）“我认为低碳消费降低消费质量或消费水平”（D5）的人占比 18.6%，从反面看则是绝大部分人认为低碳消费不会降低生活质量，可见在全社会推行低碳消费具备一定的认知基础。

表 10-9　城市居民社会责任意识、心理、认知水平各语句的得分情况

分值	C1（均值 4.090，标准差 0.940）	C2（均值 4.192，标准差 0.873）	D1（均值 3.118，标准差 1.101）	D2（均值 3.562，标准差 1.098）	D3（均值 3.731，标准差 1.098）	D4（均值 3.684，标准差 1.113）	D5（均值 3.337，标准差 1.092）
	所占比/%	所占比/%	所占比/%	所占比/%	所占比/%	所占比/%	所占比/%
5	40.4	44.9	13	24.2	31	29.7	16.2
4	34.8	33.5	19.7	27.1	26.3	26.1	26.7
3	20.3	17.9	41.9	33.6	31.6	31.4	38.5
2	2.4	3.4	16.9	10.7	7.0	8.5	11.8
1	2.1	0.4	8.5	4.3	4.1	4.3	6.8
合计	100	100	100	100	100	100	100

注：分数高低按低碳程度赋值，最能体现低碳的行为分数为 5，比较能体现的分数为 4，一般的分数为 3，不太能体现的分数为 2，绝对不低碳的分数为 1。

表 10-10 是城市居民高碳消费的低碳化情况。高碳消费的低碳化是指对高碳产品和高碳资源的减量化或高效率的利用。比较低碳（此处比较低碳是指得分为

5 和 4 之和，下同）在 50%以上的有“晚上回家我会把全部照明灯都打开”（E2）、“上班或上学时我会乘公交或骑自行车”（E3）、“夏天我会整日整夜开空调”（E4）、“我经常使用一次性筷子或纸杯”（E5）、“洗碗洗菜时我习惯把水龙头开到最大”（E6）、“衣服穿过后我总是攒起来一块洗”（E8）、“衣物洗好后我总是自然晾干”（E9）和“如果看到公共场所有忘关水电现象我总是主动上前关闭”（E12），共 8 项，可见，城市居民的日常消费习惯是比较低碳的，这有利于低碳经济的发展。然而还有几项是不低碳的：对于“电脑短时间不用我会选择待机”（E1）的比较低碳比例仅为 46.2%，原因可能是一些居民对待机状态不了解，认为待机之后会影响接下来的工作，也可能是有些人图便利，认为电脑待机很麻烦；“电器使用完毕后我总是拔掉电源开关”（E7）的比较低碳占比为 45.1%，其原因可能是：总是来回拔电源开关会影响插座的使用寿命，并且不拔电源也不会浪费几度电的思想在居民头脑中根深蒂固；对于居民的购物行为并非都是计划性的，所以居民并不随时携带环保购物袋，且对于年轻人来说，出门带着个袋子感觉很麻烦，所以造成“出门购物我总是自带环保袋”（E10）的比较低碳比例不及 50%；“我总是将垃圾分类丢弃”（E11）的比较低碳比例仅为 30.8%的主要原因如下：①居民并不知道哪些垃圾属于可回收还是不可回收，②某些居民区垃圾分拣的基础设施建设不到位。

表 10-10　城市居民高碳低碳消费情况一览表

分值	E1	E2	E3	E4	E5	E6	E7	E8	E9	E10	E11	E12
	所占比/%	所占比/%	所占比/%	所占比/%	所占比/%	所占比/%	所占比/%	所占比/%	所占比/%	所占比/%	所占比/%	所占比/%
5	21.8	25.9	31.0	20.1	13.0	18.6	20.5	24.4	38.0	20.3	11.8	30.1
4	24.4	32.9	30.6	36.7	45.7	38.4	24.6	29.1	25.8	29.1	19.0	36.7
3	13.0	28.8	16.9	25.9	25.9	26.9	20.5	21.4	20.9	19.7	26.7	15.4
2	23.7	8.8	16.7	11.7	9.2	10.6	19.7	14.8	12.4	20.7	26.5	13.3
1	17.1	3.6	4.7	5.6	6.2	5.5	14.7	10.2	3.0	10.2	16	4.5
合计	100	100	100	100	100	100	100	100	100	100	100	100

注：此表的赋值规则：非常低碳的为 5 分，比较低碳的为 4 分，一般的为 3 分，偶尔低碳的为 2 分，从不低碳的为 1 分。

表 10-11 是居民对低碳产品的购买及使用情况和对温室气体吸收源保护行为的调查结果。购买及使用低碳产品是低碳消费最直观的表现，是反映低碳消费状况的最佳指标选择。同意（包括得分为 5 和 4 的两项，下同）“购买电器时，我会

看节能指标从而选择节能电器”（F1）的有 359 人，所占比例达到 67.5%；认同“我总是购买节能灯、节能空调”（F2）的有 372 人，占比达 69.9%；认同“家庭装修选用材料时，我会优先考虑环保节能的材料”（F3）的人数为 407，所占比例高达 76.5%；认同“购买同类商品时，我会优先考虑其包装可循环处理的”（F4）的有 206 人，占比仅为 38.8%；认同“购买商品时我会考虑其环保与否”（F5）的有 246 人，占比为 46.0%。由（F1）、（F2）和（F3）的数据可以看出，居民对低碳、环保节能产品的支持率非常高，低碳、环保节能产品在城市的普及前途一片光明。（F1）、（F2）、（F3）与（F5）的数据相差如此悬殊。其原因可能是少数人存在一定程度的言行不一：他们确实已购买了一些低碳产品，但他们说他们在购买时没考虑这些产品环保与否。（F4）的数据之所以如此小，可能是因为消费者在购买产品时主要考虑商品本身的使用价值，并不太在意它的包装情况，所以为了推行低碳消费，不应依靠居民自己依据包装的选择，而是要命令企业采用可循环处理的材料来包装商品。

对于表 10-11 中温室气体吸收源保护行为的调查结果，认同（包括得分为 5 和 4 的两项，下同）“我时刻爱护城市的公共花草树木”（G1）的人有 410 人，占比为 77.1%，认同“看见别人践踏采折公共花草树木我会上前阻止”（G2）的人数为 234 所占比例仅为 44.0%，可见城市居民在自己保护公共花草树木方面做得非常出色，但他们中有很多人不会去关注他人在这方面的行为，导致（G2）的比（G1）的比例低 33.1%，这种行为与当前的社会风气有关。在当今社会中，如果随便管别人的事可能会招惹一些麻烦，所以居民为了自保，很少去管别人的事情，尤其是年轻一代。

表 10-11　低碳购买和温室气体吸收源保护行为调查情况

分值	F1（均值 3.707，标准差 1.246）	F2（均值 3.880，标准差 1.123）	F3（均值 4.203，标准差 0.935）	F4（均值 3.278，标准差 1.051）	F5（均值 3.293，标准差 1.108）	G1（均值 4.141，标准差 0.963）	G2（均值 3.293，标准差 1.179）
	所占比%	所占比%	所占比%	所占比%	所占比%	所占比%	所占比%
5	31.2	35.9	49.2	14.7	13.5	45.1	17.7
4	36.3	34.0	27.3	24.1	32.5	32.0	26.3
3	12.4	16.2	19.2	40.6	30.8	16.0	32.7
2	12.2	10.0	3.2	15.8	16.0	5.8	14.3
1	7.9	3.9	1.1	4.9	7.1	1.1	9.0
合计	100	100	100	100	100	100	100

注：此表的赋值规则：非常低碳的行为为 5 分，比较低碳的为 4 分，一般的为 3 分，偶尔低碳的为 2 分，从不低碳的为 1 分。

在图 10-7 中，认同（1、2 和 3 所占的比例和）“我愿意通过法律约束来实现低碳生活”的居民占比达到 83.89%，可见法律在调整居民行为的方面作用非常大，我们应该加快有关低碳生活和低碳消费方面的立法，通过法律约束来解决气候变暖问题。由图 10-8 可知，政府在实施低碳经济过程中发挥的作用最大，其次是公众，为此政府应该充分发挥其职能，最大限度地调动居民的积极性，正确引导居民进行低碳消费。

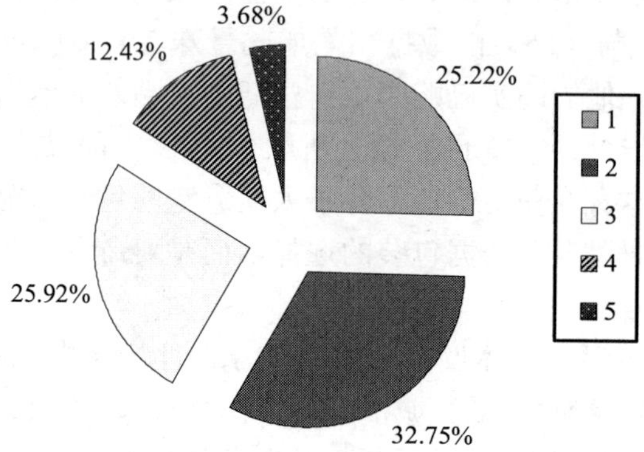

注：1 代表同意；2 代表大致同意；3 代表一般同意；4 不太同意；5 代表不同意。

图 10-7　利用法律约束来实现低碳生活的认可情况

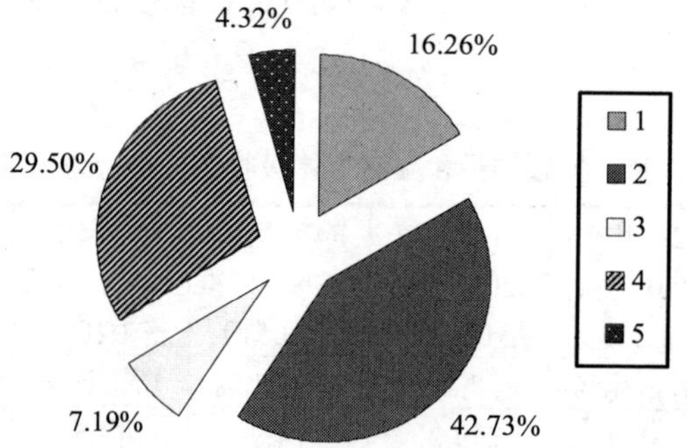

注：1 代表企业；2 代表政府；3 代表媒体；4 代表公众；5 代表民间环保组织团体。

图 10-8　在实现低碳经济过程中的决定力量调查情况

对于低碳产品的价格比普通产品价格高出情况，调查结果显示，当低碳产品比普通产品的价格高出 10%以下时会有 42.23%的居民购买，而当低碳产品比普通产品的价格高出比例在 10%～20%时有 41.17%的居民购买。综合来看，当低碳产品价格比普通产品价格高出比例在 10%以内时，会有 83.49%的居民购买（在求这个合计数时，我们认为接受 10%～20%价格的居民也会接受 10%以内的价格），具体见图 10-9。所以对于低碳产品和低碳资源的价格，政府应该加强监管，保证低碳产品和低碳资源的价格比普通产品或高碳资源的价格高出比例在 10%以内。

对于居民了解低碳生活方式的途径，调查结果显示，361 个人通过电视，270 个人通过报纸，336 个人通过网络，117 个人通过小区宣传栏，53 个人通过朋友宣传，83 个人通过社会团体活动。此题设置的是多项选择题，分析时是通过各种方式出现的频率来发现各方式的重要性的。

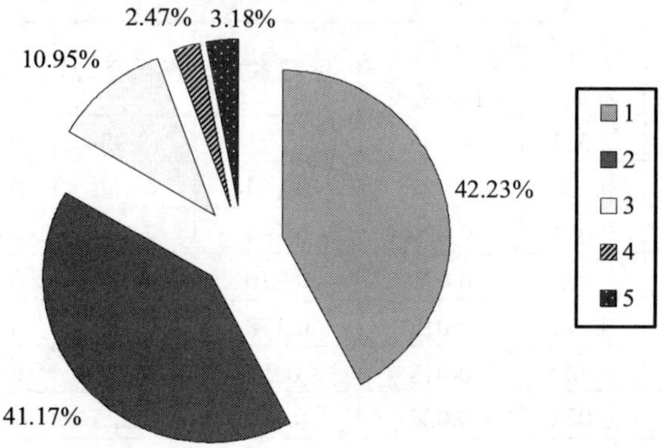

注：1 代表 10%以下；2 代表 10%～20%；3 代表 20%～30%；4 代表 30%～50%；5 代表不论多高都可以接受。

图 10-9　低碳产品比普通产品价格高出比例的接受度情况

10.4.2　低碳消费影响因素的回归分析

采用多元逐步回归分析法对城市居民消费行为低碳化的影响因素进行分析。据本章第三节问卷设计部分，高碳消费的低碳化行为、低碳产品的购买与使用行为和对温室气体吸收源的保护行为是因变量，心理特征、认知因素、人口统计变量等为自变量，具体变量及逐步回归分析结果见表 10-12、表 10-13 和表 10-14。

10.4.2.1　高碳消费低碳化影响因素的回归分析

由表 10-12 的模型检验结果及回归分析结果可以看出，回归模型的显著性水平为 0.000，说明该模型具有显著的统计意义。由容差值以及 VIF 值可知模型中各变量不存在多重共线性问题。Norusis（1997）提出，容忍度（Tolerance）是指以每个自变量作为因变量对其他自变量进行回归分析时得到的残差比例，大小用1 减去决定系数表示。该指标越小，说明该自变量被其他自变量预测的越精确，共线性问题就越严重。陈希孺等根据经验得出，如果某自变量的容忍度小于 0.1，则此自变量与其他自变量之间就可能存在多重共线性问题。表 10-12 中，各自变量的容差都远大于 0.1，说明这些自变量之间不存在多重共线性问题。方差检验表中 F 值对应的概率 P 值为 0.000，小于显著性水平 0.05，因此拒绝原假设，说明自变量和因变量之间存在显著的线性关系。模型中的拟合优度 R^2 较小是因为本次回归采用的是截面数据。参数检验表中各变量的概率 P 值都小于 0.05，说明各自变量和因变量在总体中存在显著的线性关系。

表 10-12 高碳消费低碳化的影响因素

模型	非标准化系数		标准系数	容忍度（t）	Sig.	共线性统计量	
	系数 b	标准误差				容差	VIF
常数项	2.023	0.145		13.984	0.000		
社会责任意识	0.106	0.025	0.184	4.186	0.000	0.775	1.291
炫耀性心理	0.074	0.029	0.134	2.530	0.000	0.533	1.875
低碳消费知识	0.135	0.029	0.210	4.631	0.000	0.732	1.366
年龄	0.073	0.018	0.178	4.123	0.000	0.805	1.242
个人月收入	–0.086	0.018	–0.203	–4.879	0.000	0.869	1.151
从众心理	0.072	0.032	0.119	2.225	0.027	0.530	1.887
相关系数 R	0.458		F 值		23.289		
判定系数 R^2	0.210		显著性水平		0.000		
调整系数 R^2	0.201		Durbin-Watson		1.916		

由表 10-12 还可以看出，影响居民高碳低碳消费的因素依次是社会责任意识、炫耀性心理、低碳消费知识、个人月收入、年龄和从众心理，其中个人月收入与居民高碳低碳消费呈负相关关系，低碳消费知识的系数最大，社会责任意识的系数次之，年龄、从众心理和炫耀性消费心理的系数基本相等，个人月收入的系数是负数。按表 10-4 中的字母含义：E 代表因变量高碳消费的低碳化，C 代表社会责任意识，把心理认知变量 D 分为炫耀性心理 D_1 和从众心理 D_2，B 代表低碳消费知识，Y 代表年龄，I 代表个人月均收入，则居民高碳消费低碳化的回归方程如式（10.7）所示：

$$E = 2.023 + 0.106C + 0.074D_1 + 0.135B + 0.073Y + 0.072D_2 - 0.086I \quad (10.7)$$

具体分析如下：①居民对减缓全球温室效应社会责任意识的差异，决定了他们日常生活中对高碳产品的高效利用情况的不同。居民社会责任意识越强，就越倾向于节约资源，反之，则趋向于浪费。②炫耀性心理对居民高碳消费的低碳化影响比较显著，心态较平和的居民往往更加注重低碳消费，喜欢攀比的居民则倾向于消费高碳产品并且不大注意节约。③居民对低碳消费知识掌握越多，就越懂得如何低碳，就越倾向于高碳消费的低碳化。④年龄对高碳消费的低碳化也有影响，居民的年龄越高，则他们高碳消费的低碳化倾向也就越明显。⑤居民个人月收入与高碳消费的低碳化呈反向关系。居民个人月收入越高就越倾向于浪费。⑥从众心理也影响居民高碳消费的低碳化行为，不跟风、不赶群儿、有自己独立想法的居民倾向于低碳消费。比较表 10-12 中低碳消费知识的系数最大，可见低碳消费知识对居民高碳消费的低碳化行为影响最为显著，因此，在促使居民消费行为向低碳化转变过程中应大力普及低碳消费知识，以期达到事半功倍的效果。

10.4.2.2　低碳产品购买与使用行为影响因素的回归分析

表 10-13 是居民低碳产品的购买及使用行为的影响因素分析结果。由此模型的检验结果及回归分析结果可以看出，模型具有显著的统计意义，各自变量间不存在多重共线性问题，自变量和因变量之间存在显著的线性关系。模型中的拟合优度小是因为采用的是截面数据。参数检验表中各变量的概率 P 值小于 0.05，说明各自变量和因变量在总体中存在显著的线性关系。

表 10-13　低碳产品的购买及使用行为的影响因素

模型	非标准化系数		标准系数	容忍度（t）	Sig.	共线性统计量	
	系数 b	标准误差				容差	VIF
常数项	1.587	0.185		8.577	0.000		
社会责任意识	0.176	0.032	0.243	5.507	0.000	0.774	1.292
年龄	0.093	0.021	0.180	4.485	0.000	0.937	1.068
气候变暖感知	0.151	0.036	0.186	4.188	0.000	0.765	1.307
从众心理	0.127	0.030	0.167	4.171	0.000	0.948	1.055
相关系数 R	0.451		F 值		33.589		
判定系数 R^2	0.203		显著性水平		0.000		
调整系数 R^2	0.197		Durbin-Watson		1.889		

由表 10-13 看出，影响居民低碳产品的购买及使用行为的因素主要为社会责任意识、从众心理、年龄和气候变暖感知。社会责任意识的系数最大，对居民的低碳购买行为的影响最为显著，气候变暖感知的系数次之，从众心理的系数也比较大，年龄的系数最小。按表 10-4 中的字母含义：F 代表低碳产品的购买及使用

行为，C 代表社会责任意识，D_2 代表从众心理，A 代表气候变暖感知，Y 代表年龄，则居民低碳产品的购买及使用行为的回归方程如下：

$$F = 1.587 + 0.151A + 0.176C + 0.093Y + 0.127D_2 \tag{10.8}$$

对各影响因素的具体分析如下：①居民对环保和减缓全球气候变暖的责任意识越强，就越倾向于购买和使用低碳产品。②居民的从众心理越强，越容易失去自己的独立想法，就越倾向于购买和使用高碳产品、高碳资源，从而减少低碳产品的购买及使用。③年龄对居民的低碳购买及使用行为具有显著影响，年龄越大，居民的低碳购买及使用行为倾向就越明显。④居民对全球气候变暖的感知越强烈，则他们就越倾向于购买和使用低碳产品。

10.4.2.3　温室气体吸收源保护行为影响因素的回归分析

表 10-14 为温室气体吸收源保护行为影响因素的分析结果，同理，此模型也具有显著的统计意义，且不存在共线性问题，且自变量和因变量之间存在显著的线性关系。模型中的拟合优度小是因为采用的是截面数据。参数检验表中各变量的概率 P 值都小于 0.05，说明各自变量和因变量在总体中存在显著的线性关系。

由表 10-14 得知，影响居民温室气体吸收源保护行为的因素主要有低碳消费知识、社会责任意识、炫耀性心理。按表 10-4 中的字母含义：G 代表对温室气体吸收源的保护行为，C 代表社会责任意识，D_1 代表炫耀性心理，B 代表低碳消费知识，则居民对温室气体吸收源的保护行为的回归方程如下：

$$G = 1.337 + 0.300B + 0.183C + 0.160D_1 \tag{10.9}$$

表 10-14　温室气体吸收源保护行为的影响因素

模型	非标准化系数		标准系数	容忍度（t）	Sig.	共线性统计量	
	系数 b	标准误差				容差	VIF
常数项	1.337	0.213		6.275	0.000		
低碳消费知识	0.300	0.048	0.276	6.293	0.000	0.783	1.278
社会责任意识	0.183	0.043	0.188	4.275	0.000	0.779	1.284
炫耀性心理	0.160	0.036	0.172	4.398	0.000	0.988	1.012
相关系数 R	0.451		F 值		44.954		
判定系数 R^2	0.204		显著性水平		0.000		
调整系数 R^2	0.199		Durbin-Watson		1.544		

对各影响因素的具体分析如下：①居民掌握的低碳消费知识越丰富，就越懂得如何减缓温室气体排放，就越懂得保护温室气体吸收源的重要性，就越注重对温室

气体吸收源的保护；②居民对环保和减缓全球气候变暖的责任意识越强烈，就越有责任感，就越倾向于保护温室气体的吸收源；③炫耀性心理对居民的温室气体吸收源的保护行为有显著影响，居民的炫耀性心理越浓，他们就越不注重温室气体吸收源的保护，反之则反是。综合表 10-14 中 3 个因素的系数可以发现，低碳消费知识对居民保护温室气体吸收源的行为贡献最大，其次是社会责任意识和炫耀性心理。

10.4.3　实证结论及其解释

（1）杭州市居民的低碳消费潜力巨大。描述性统计分析结果显示，杭州市居民中有一大部分人进行着高碳消费，但是总体来看，杭州居民的气候变暖感知和社会责任意识的得分较高：56%的居民气候变暖感知较强，75%以上的居民的低碳消费责任意识较强，这说明在城市推行低碳消费有一定的认识基础。并且，有一大部分居民存在从众心理和炫耀性心理，说明居民的可塑性比较强，如果对居民的这两种心理加以利用，则整个社会的低碳消费风尚将会顺利形成。

（2）社会责任意识对高碳产品减量化和高效使用的行为、各种温室气体吸收源的保护行为以及低碳产品的购买与使用行为都有显著影响。原因可能是心理意识能促使人的社会责任感产生并增强，而社会责任感的产生与增强会给人的大脑产生一种强大的压力，这种压力强迫人去执行某一行为，此压力可以称为心理压力。不同的压力形成不同的偏好，进而形成不同的消费均衡。居民的社会责任意识对其消费行为的影响应引起足够重视。

（3）年龄对居民高碳消费的低碳化和低碳产品的购买及使用行为影响显著。原因可能是：一些年轻人可能忙于学习、工作和事业，对气候变暖问题不像年长者那样关心，且他们的社会责任意识较弱，炫耀性心理和从众心理较重，从而不太注重高碳消费的低碳化和低碳产品的购买与使用；年长者多为经历过苦日子的人，他们知道生活的艰辛，知道如何才能充分利用资源、如何才能减少浪费，且他们大多保持勤俭节约的低碳生活方式；与年长者相比，年轻人更注重“面子”：在年轻人看来，过节俭的生活是自己不如同学或同事的表现，为了显示自己的生活并不比别人差，很多年轻人就慢慢形成大手大脚的消费习惯。

（4）从众心理和炫耀性心理对居民消费行为的影响不容忽视。从众就是以外界事物为参照，外界参照物怎么做居民也跟着怎么做。目前在中国，外界参照物多数是高碳消费者，则其追随者必然也是高碳消费者。炫耀性心理的形成是由扭曲的价值观导致的。在扭曲的价值观影响下，人们相互攀比，通过各种外界事物来炫耀自己的身份、地位等。从众心理和炫耀性消费心理既可以促使居民进行高碳消费，同样，如果能够被正确、合理地利用，则居民的消费行为也可以是低碳的。

（5）气候变暖感知和低碳消费知识对居民的低碳消费行为影响巨大。居民对气候变暖感知越强烈，就越会感到温室气体减排的紧迫性。此时，如果能够掌握丰富的低碳消费知识，那么他们的消费行为就将是非常低碳的。

（6）个人月收入与居民的低碳消费行为之间是反向关系。出现这种情况的原因可能是目前居民的基本消费还没有得到满足，随着收入的增加，居民的基本消费需求就越多，碳排放就越高。居民的基本需求是相对稳定的，恰恰是非基本需求随着收入的变化而变化。当人们的基本需求得到满足后，由于非基本需求的增加而导致的碳排放量可能会继续增加，可能存在这样的临界点，在居民收入达到这一临界点后，居民不再追求物质的享受，转而追求高品质的生活，非基本需求减少，碳排放量减少。

10.5 促进居民低碳消费的对策措施

10.5.1 通过教育手段引导居民进行低碳消费

正如 Webster（1975）的实证研究指出的那样，具有社会责任感的人更可能购买生态包装产品，这说明社会责任感能够影响居民的消费方式。因此，要想方设法提高居民的社会责任意识。

提高城市居民的社会责任意识，有助于促使其转向低碳消费。一些居民认为“减少温室气体的排放”是自己对社会的贡献而不是自己“应尽的责任”，这不利于全球温室气体的快速减缓，所以应让居民意识到“减少温室气体的排放”是其“应尽的责任”而不只是对社会的贡献。提高居民的社会责任意识要经历两个转变：①从社会责任的“无意识观”到社会责任的“贡献观”的转变；②从社会责任的“贡献观”到社会责任的“义务观”的转变。居民的社会责任意识由“无意识观”到“义务观”的转变是一个漫长的过程，在这个过程中，政策制定者除了要采取各种奖惩措施（包括激励与约束）来促使居民形成社会责任意识的“贡献观”，更需要加强教育，进而促使其形成一种强烈的心理压力，从而使社会责任意识“义务观”的形成（王建明，2007）。政府可以利用电视媒体、政府文件、科研报告等方式或者组织居民亲身参观、体验国内外的低碳消费典型来营造浓厚的低碳消费的氛围，进而慢慢地培养居民的社会责任意识，从而形成低碳消费意识，最终转化成低碳消费行为。

此外，从既有的问卷调查数据来看，居民低碳消费知识匮乏程度高于居民社会责任意识。认可“我知道如何才能减少温室气体的排放”（B2）的居民占比仅为 19.5%，同意“我知道什么是低碳产品和高碳产品”（B3）的居民仅有 21.2%，而同意“我非常了解‘低碳生活’或‘低碳消费’”（B4）的人更少，只有 15.2%，相比 75.2%的人认同“我有责任减少温室体的排放”（C1），以及 78.4%的人认同“我愿意为温室气体的减排做出贡献”（C2）而言，我国居民低碳消费知识匮乏程度可见一斑。也就是说即使在有社会责任意识的人中间，也有大量的人因为缺乏低碳消费知识而无所作为。这其中的缺失相应的科教落后是根本。另外从回归方程式（10.7）也可以看出，在居民高碳消费低碳化的影响因素中，低碳消费知识因子贡献值最高，达 0.135，也就是说低碳消费知识是影响高碳消费低碳化的最重要因素。所以增加居民的低碳消费知识是消费低碳化的重要一环，政府除了培养居民的社会责任意识之外，还有一个极其重要的功课就是丰富居民的低碳消费知识，而这同样需要政府发挥在各种媒体中的话语权，以及举行各种各样的公开的教育宣传活动加以引导。本章 10.3 中已显示此次调查中，361 个人通过电视，270 个人通过报纸，336 个人通过网络，117 个人通过小区宣传栏，53 个人通过朋友宣传，83 个人通过社会团体活动来获得低碳消费信息的，所以政府应该根据此次调查结果来利用各种媒介。

综合以上两点以及现有的研究，政府的教育宣传需要具体把握以下几个原则：

（1）加强对年轻城市居民的低碳消费教育。调查发现年长者较年轻人的消费行为更低碳，因此，需要更加注重对年轻群体加强宣传教育。而对年轻群体的宣传教育不局限于社会，政府还应重视家庭对年轻人的教育作用。年长者是家庭里的长辈，他们可以通过言传身教等方式来教育其子女过低碳节约的生活。年轻人在长期的耳濡目染下，生活方式必定会有所改变。

（2）促进低碳消费成为城市居民的时尚。从众心理和炫耀性消费心理可以促使居民进行高碳消费，同样也可以促使居民进行低碳消费。要实现低碳的消费结果，需要看对这两种心理的利用方式。政府可以利用居民的从众心理和炫耀性消费心理使其在高品质的低碳产品领域进行攀比、炫耀、跟风，使消费低碳产品成为一种社会时尚。此外，以国家广播电影电视总局为引领的新闻媒体应充分发挥明星效应在社会消费风尚形成过程中的巨大推动作用，通过该效应助推低碳消费的时尚风潮快速树立与崛起。

（3）加大对居民传播低碳消费知识的力度。从目前的调查来看，相当一部分社会责任意识强的人也因为缺乏低碳消费知识而不知道如何化强烈的责任意识为有力的低碳行动。如调查中居民对电脑待机、空调开启时间、垃圾分类等问题的认知不足导致即使有责任意识的居民消费也普遍存在高碳化倾向，这种低级错误的根源就是低碳消费知识缺乏。当前及今后一段时间政府应该突出对居民日常低碳消费的行为细节进行普及、宣传，让愿意为减缓气候变化贡献一份力量的居民知道如何从生活的点点滴滴做起，从身边的小事做起，实现低碳消费。

10.5.2 通过经济手段激励居民低碳消费

价格不仅影响居民的预算约束线，还影响居民的偏好。因此，从价格层面上对高碳消费和低碳消费进行控制，可以达到事半功倍的效果。影响价格的因素不仅有价格政策本身，还有国家的财政政策。价格层面的对策措施必须从这两方面着手。财政政策包括税收政策和补贴政策，税收政策主要是针对高碳产品的，补贴政策主要是针对低碳产品的。

10.5.2.1 高碳消费征税政策

税收政策是针对居民消费高碳产品和高碳资源造成的结果进行征税的。根据居民对高碳产品和高碳资源的消费量对消费高碳产品和高碳资源进行征税，有利于提高高碳产品的市场价格，从而增加居民的高碳消费成本，降低居民的收入效应水平，影响居民的消费偏好，进而通过替代效应增加低碳消费。换言之，税收政策可以通过改变居民的预算约束线与无差异曲线来改变他的消费均衡。另外，企业方面，税收政策会间接提高企业的生产成本，减少企业的经济利润，从而倒逼企业对低碳产品进行专项研发，形成厂商驱动市场消费结构的机制，促进居民进行低碳消费。

关于碳税税率，可以采用单一税率，也可以采用超额累进税率。采用单一税率的征税方式与采用超额累进税率的征税方式相比，其效果较差。因为超额累进税率是根据居民消费过程中排放 CO_2 的多少而调整税率的，碳排放越多，所缴纳的碳税就越多，高碳消费的成本就越大。而单一税率的征税方式是不管居民消费过程中排放了多少碳都采用一个固定不变的税率，这样不能有效控制碳排放较多者的消费行为，也不能给碳排放较少者带来心理鼓励，从而会使碳排放较少者的低碳消费行为受到影响。

征税环节可以是生产环节，亦可以是消费环节，还可以两个环节同时征收。对每个企业或每件产品制定一个碳排放标准，对于超过标准的企业进行征税或收罚金可以提高高碳产品的生产成本，进而提高高碳产品的价格，从而抑制居民的高碳消费，促进居民进行低碳消费。在消费环节对高碳产品征税，相当于直接提高高碳产品的价格，直接促使居民进行低碳消费。

10.5.2.2 低碳消费补贴政策

对于低碳产品进行补贴可以从以下两方面着手：①在低碳产品的研发阶段给予财政支持（总体来说是价格限制），这样低碳产品生产企业的生产成本就会降低，那么低碳产品的价格就有可能低于高碳产品的价格（如果生产企业想要赚取垄断利润的话，低碳产品的价格就有可能高于高碳产品的价格，这时就需要政府介入其中，对垄断加以管制）。在低碳产品价格低于高碳产品价格的时候，高碳产品就会被低碳产品替代，即居民会进行低碳购买。②在低碳产品的批发或零售阶段给予财政支持，这样就可以对生产企业的生产成本给予一定的弥补，从而会直接造成低碳产品的价格低于高碳产品的价格，则居民会增加低碳购买。

10.5.2.3　低碳消费补贴政策和高碳消费征税政策的组合使用

政府还可以把税收政策和财政补贴政策组合在一起使用。对每户或者每个人设立一个低碳产品账户，并在此账户中给定一个账户额度，就好比信用卡客户的信用额度一样。对于在额度内消费低碳产品和低碳资源，政府可以给予低碳产品和低碳资源的使用者一定的补贴，这样有利于鼓励节约资源（不管是高碳资源还是低碳资源，用多了都是浪费，都是高碳消费）。对超过额度，浪费低碳产品和低碳资源的消费行为给予一定的罚金，并加处滞纳金（具体罚金和滞纳金的征收率有望进行进一步的调研和计算）。对于高碳产品和高碳资源的消费行为，从其开始就征收一定的税金，这样可以在其源头就抑制高碳消费。对于过量的高碳消费，要提高税率，进行高强度的税收政策。

财政政策和价格政策的综合模型可以用图 10-10 来表示。对于由财政政策和价格政策形成的高碳产品高价、低碳产品低价的结果，还存在一个度的问题。本章 10.3 节的调查结果显示，当低碳产品价格比普通产品价格高出比例在 10%以内时，会有 83.49%的居民购买。如果财政政策和价格政策促成的低碳产品价格高于普通产品价格 10%以上时，则居民消费行为的改变依然不明显。要想有显著的政策效果，必须使低碳产品价格比普通产品价格高出比例在 10%以内。

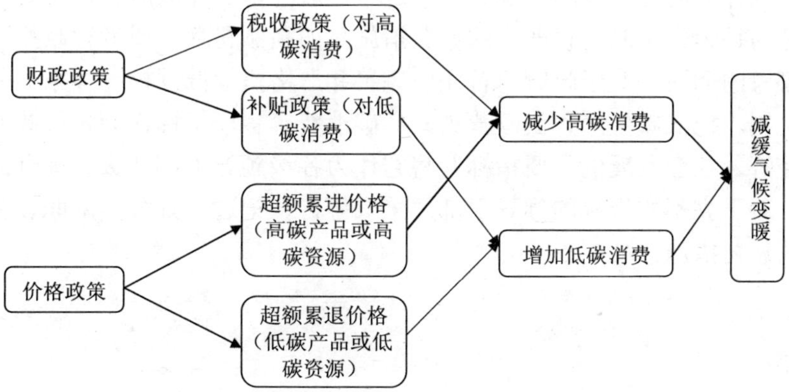

图 10-10　经济手段激励低碳消费

10.5.3 通过管制手段限制居民高碳消费

高碳消费是造成温室效应的直接原因，抑制居民的高碳消费是减缓温室效应最直接的方式。要想以最快的速度扭转气候变暖的趋势，则应采用管制手段来禁止居民高碳消费。如果教育引导手段和经济激励手段都难以奏效的话，也应该采用管制手段，并且管制手段也受到居民的认可。此次调查结果显示，“我愿意通过法律约束来实现低碳生活”的居民占比达到 83.89%，42.73%的居民认为政府在实施低碳经济过程中发挥的作用最大。管制手段强度最大，效果最明显。管制手段通常包括禁令、标准和惩罚措施等。

（1）实施禁令措施。禁令具有较强的强制性，效力最大。但由于现实生活的复杂性，行政部门并不能随意运用禁令来进行管制，但由于居民的一些高碳消费行为造成温室气体排放过多，政府已对此实施禁令。例如，禁止随意破坏公共绿地，禁止高排碳的汽车上路行驶，禁止使用一次性筷子，禁止使用一次性纸杯等。国内某些地区还禁止使用含磷洗衣粉的措施，其他地区可以进行参考，并结合当地的具体情况采取相应措施。

（2）实施标准措施。居民一般很难计算出自己的行为所排放的温室气体，但是可以通过对产品制定标准来达到这个目的。针对居民日常使用的能源制定标准，不同规格的能源每月可使用的量不同，对超过标准的使用量采取其他措施。2005年，美国制定的《能源政策法》提出，对汽车以及大多数家用能源设施实施最低能源效率标准，对建筑和空调、冰箱等高耗能家用电器，不断提高节能标准。

（3）实施惩罚措施。惩罚措施是温室气体排放标准的配套措施，是针对过量排放温室气体的居民采取的措施。对于过量排放温室气体的居民以及破坏温室气体吸收源的行为应实施比较严厉的惩罚措施，如高额罚款，或者行政拘留，情节严重者可考虑刑罚。对于政府，首先应完善并严格执行低碳核算体系，并建立低碳发展机制。把低碳生产、低碳营销、低碳消费等各项指标作为各级政府、部门及企业经济、社会发展的重要指标并将它作为各级领导干部选拔、提升的重要标准之一。对于完不成指标的领导干部要采取警告、记过、处分、降职、免职等不同级别的惩罚措施。

参考文献

[1] Berkowitz L., Daniels L. R.. Affecting the Salience of the Social Responsibility Norm: Effects of Past Help on the Response to Dependency Relationship. Journal of Abnormal and Social

Psychology，1964（68）：275-281.

[2] Goodall C.. How to Live a Low Carbon Life：The Individual's Guide to Stopping Climate Change. Earthscan，London，2007：319.

[3] Kaisa M. Heiskanen，Kai M. Savolainen. Palmitic Acid Anilide-Induced Respiratory Burst in Human Polymorphonuclear Leukocytes is Inhibited by AProtein Kinase C Inhibitor，Ro. Free Radical Biology & Medicine，1997（7）：175-1182.

[4] Newell，Stephen J.，Green. Racial Differencrs in Consumer Environmental Concern. Journal of Consumer Affairs，1997（31）：53-69.

[5] Norusis M.J.. SPSS Professional Statistics 7.5. Chicago：SPSS Inc. 1997：45-89.

[6] Pickett G.M.，Kangun N.，Grove S. J.. An Examination of the Consumer：Implications for Public Policy Formation in Promoting Conservation Behavior，In Polonsky，M.J.，& Mintu-Wimsatt，A.T.，Environmental Marketing：Strategies，Practice，Theory，and Research. The Haworth Press，New York，1995：230-245.

[7] Richins，Marsha L.，Dawson，Scott. A Consumer Values Orientation for Materialism and Its Measurement：Measure Development and Validation. Journal of Consumer Research. 1992（19）：303-316.

[8] Straughan R.D.，Roberts J. A.. Environmental Segmentation Alternatives：A Look at Green Consumer Behavior in the New Millennium. Journal of Consumer Marketing，1999（16）：558-576.

[9] Schwepker C. H.，Cornwell T. B.. An Examination of Ecologically Concerned Consumers and Their Intention to Purchase Ecologically Packaged Products. Journal of Public policy & Marketing，1991（10）：77-101.

[10] UNEP. Element of Policies for Sustainable Consumption. Nairobi，1994：33-76.

[11] Webster，F. E. Jr.. Determining the Characteristics of the Socially Conscious Consumer. Journal of Consumer Research，1975（2）：188-197.

[12] 汪秀英．绿色消费与生态消费的规则界定与分析．现代经济探讨，2005（8）：6-10.

[13] 王环．生态消费是社会和谐发展的自然选择．济南大学学报，2008（10）：11-15.

[14] 王建明．城市居民节约型消费行为的实证研究——及其对公共政策创新的启示．经济学家，2007（1）：38-44.

[15] 王建明．城市居民的循环型消费行为及其影响因素．消费经济，2007（2）：43-47.

[16] 王建明．消费者资源节约与环境保护行为及其影响机理——理论模型、实证检验和管制政策，北京：中国社会科学出版社，2010：15-286.

[17] 王建明，王俊豪．公众低碳消费模式的影响因素模型与政府管制政策——基于扎根理论的

一个探索性研究．管理世界，2011（4）：46-53.
[18] 王建明，贺爱忠．公众低碳消费行为的心理归因和政策干预路径．南开管理评论，2011（4）：33-38.
[19] 俞海山．可持续消费模式．北京：经济科学出版社，2002：10-15.

附录

低碳消费调查问卷

您好！我是浙江理工大学的硕士研究生。我正在做一项调查，以了解不同人日常生活中低碳消费状况，并根据此数据完成我的硕士论文。希望您能抽出几分钟时间回答这份问卷，您真实的想法将是我们最大的帮助，此次调查是完全匿名的。谢谢合作！

以下您的个人信息，请在符合您的选项序号上打“√”

1．性别：（1）男　　　（2）女

2．年龄：（1）24 周岁以下　（2）25～34 周岁　（3）35～44 周岁　（4）45～54 周岁　（5）55 周岁以上

3．学历：（1）初中及以下　（2）高中及中专　（3）高职及大专　（4）本科　（5）研究生及以上

4．职业：（1）党政机关或事业单位职员、管理者　（2）个体经营者、老板、商户　（3）制造、运输工人、手艺人及相关人员　（4）在校学生　（5）服务业人员、商业及销售人员　（6）各类专业技术、教育科研人员　（7）离退休及下岗失业　（8）其他

5．您的月均收入：（1）1 500 元及以下　（2）1 501～3 000 元　（3）3 001～5 000 元　（4）5 001～8 000 元　（5）8 000 元以上

以下是日常生活中的消费行为，请在符合您的选项序号上打“√”

	总是做到	多数做到	半数做到	偶尔做到	从未做到
6．电脑短时间不用时您会选择待机	5	4	3	2	1
7．购买电器时您会看节能指标选择节能的电器	5	4	3	2	1
8．我上班/上学时使用公共交通或自行车/步行（如有车）	5	4	3	2	1
9．晚上回家会把全部照明灯都打开	5	4	3	2	1
10．夏日您整日/整夜开空调	5	4	3	2	1
11．我经常使用一次性筷子、纸杯等用品	5	4	3	2	1
12．洗菜洗碗时您习惯把水龙头开到最大	5	4	3	2	1
13．电器使用完毕后总是拔掉电源开关	5	4	3	2	1
14．衣服穿过后总是攒起来一块洗	5	4	3	2	1
15．衣物洗后总是自然晾干	5	4	3	2	1
16．您总是只购买必要的衣物	5	4	3	2	1

	总是做到	多数做到	半数做到	偶尔做到	从未做到
17. 出门购物，总是自带环保袋	5	4	3	2	1
18. 您总是将垃圾分类丢弃	5	4	3	2	1
19. 如果看到公共场所有忘关水电现象，您总是主动上前关闭	5	4	3	2	1
20. 您总是购买节能灯、节能空调	5	4	3	2	1

以下是气候变暖感知、低碳消费知识相关题项，请在符合您的选项序号上打“√”

	同意	大致同意	一般	不太同意	不同意
21. 我认为当前气候变暖问题已经非常严重	5	4	3	2	1
22. 我一直都非常关注气候变暖问题	5	4	3	2	1
23. 气候变暖问题已经严重影响我们的日常生活	5	4	3	2	1
24. 我知道什么是温室气体	5	4	3	2	1
25. 我知道如何才能减少温室气体的排放	5	4	3	2	1
26. 我知道什么是低碳产品和高碳产品	5	4	3	2	1
27. 我有责任减少温室气体的排放	5	4	3	2	1
28. 我愿意为温室气体的减排作出贡献	5	4	3	2	1
29. 我时刻爱护城市的公共花草树木	5	4	3	2	1
30. 我见别人践踏采折公共花草树木，我会上前阻止	5	4	3	2	1
31. 购买产品时我主要看其价格，不考虑环保与否	5	4	3	2	1
32. 购买同类产品时我优选包装可循环处理的产品	5	4	3	2	1
33. 我会跟随群体来调整自己的购买消费行为	5	4	3	2	1
34. 我会随时跟身边同事、同学、朋友比穿着或用品	5	4	3	2	1
35. 我会为了在朋友面前炫耀一下而购买某些商品	5	4	3	2	1

	同意	大致同意	一般	不太同意	不同意
36．我会跟随别人购买我当时不必要的商品	5	4	3	2	1
37．我认为低碳消费降低消费水平和消费质量	5	4	3	2	1
38．家庭装修选用材料时我考虑环保节能的	5	4	3	2	1
39．我非常了解“低碳消费”或“低碳生活”	5	4	3	2	1
40．您愿意用法律约束来实现低碳生活	5	4	3	2	1

41．我家的轿车是什么品牌？（　）

42．我家的轿车的排量是多少？（　）

43．在实施低碳经济，我认为哪类力量最为关键？（　）

A．企业　B．政府　C．媒体　D．公众　E．民间环保组织团体

44．我觉得低碳产品比普通商品价格高多少我可以接受？（　）

A．10%以下　B．10%～20%　C．20%～30%　D．30%～50%

E．不论高多少都可以接受

45．我是通过什么方式了解低碳生活方式的？（　）

A．电视　B．报纸　C．网络　D．小区宣传栏　E．朋友宣传

F．社会团体组织的活动

第 11 章

低碳技术论

政府间气候变化专门委员会（IPCC）（2001）明确指出，低碳技术的研发规模和速度将决定未来温室气体排放减少的规模。只有掌握了先进的低碳技术，才能从根本上减少温室气体的排放。然而，发展低碳技术还存在障碍，主要表现为由于低碳技术存在外溢效应引起的创新性不足。相应地发展低碳技术也成为解决外部性问题的关键。本章从低碳技术的内涵界定入手，实证分析了低碳技术的环境和经济效应，并提出了促进低碳技术发展的对策建议。

11.1 低碳技术的内涵界定

11.1.1 低碳技术的内涵与分类

11.1.1.1 低碳技术的内涵界定

什么是低碳技术？孙滔（2010）认为低碳技术就是涉及电力、交通、建筑、农业等各个部门和能源开采利用等各个领域能控制 CO_2 排放量的新技术。徐大丰（2010）则认为低碳技术就是实现低碳经济而实施的技术，主要包括清洁能源、节能、减少碳排放量的技术。谢和平（2010）认为低碳技术就是指所有能降低碳排放量的技术。这些定义对低碳技术揭示的共同特征是：①低碳技术是应对气候变化的新技术；②低碳技术是促进 CO_2 等温室气体减排的新技术；③低碳技术是促进可持续发展的新技术。简单地说，低碳技术是为了减少 CO_2 等温室气体减排、应对全球气候变暖、促进可持续发展的新技术。低碳技术具有两大功能：一方面，低碳技术可以促进 CO_2 等温室气体的减排；另一方面，促进 CO_2 等温室气体减排的低碳技术可以实现产业化。与此对应，高碳技术则是指在生产、消费等领域中高碳排放的旧技术。

11.1.1.2 低碳技术的分类

在本章中，低碳技术有两种分类方法，一种按减少碳排放量的方式分为减碳技术、固碳技术和用碳技术，另一种则根据成本与收益的大小分为低碳又经济、低碳不经济两类。

减碳技术是指与传统高碳技术相比，在生产和消费过程中通过使用这种技术从而达到使碳排放量减少的技术。其特征在于，在生产过程中通过提高能源利用率，优先使用清洁能源，能源循环使用的方式，使单位 GDP 产生碳排放量（碳强度）减少，如热电联产技术等；在消费过程中，如智能电网技术，该技术令居民优先使用清洁能源产生的电能等。国际能源署（IEA）的报告（2008）指出，智能电网是监视、保护并自动优化相互关联的要素的现代化电力传输系统，它通过高低压电网和配电系统的中央和分布式发电机，使工业用户、楼宇自动化系统、能量储存装置以及消费者的家用设备运作。智能电网具有安全水平高、适应能力强等优势，且其能接收风能、太阳能等各类间歇性与随机性能源的发电并网，为大规模开发利用太阳能等清洁能源提供了坚强的后盾。目前智能电网研究较为成熟的主要是美国，美国通过量测、通信、信息管理、调度、电力电子和分布式能源接入等智能电网技术来适时地获取信息，且优先使用风电和太阳能发电，来减少碳的排放量。而我国的数字化电网建设也形成了智能电网的雏形，包括信息化平台、调度自动化系统、稳定控制系统、柔性交流输电等，对减碳也起到了一定的作用。

固碳技术是指通过植树造林或者用物理、化学和生物等方式来固定已产生的碳的技术，也被称为碳捕获与封存（CCS）技术。由于物理和化学固碳成本较高，生物固碳法地球上是较为有效的固碳方式。生物固碳法，主要包括微藻减排技术和植树造林。微藻减排技术较为环保、经济，更具有发展空间。虽然微藻减排技术在我国运用还不成熟，但是也已有了一些初步成就。我国大连化学物理研究所可以利用电厂所排放的 CO_2、余热、废水以及城镇污水等对微藻进行培养，从而为海水养殖提供微藻饵料。另外，我国固碳技术运用较多的则是植树造林。据统计，一棵树一年能吸收 CO_2 18.3 kg。据 2010 年的国土绿化状况公报显示，截至 2010 年底，已累计有 127 亿人次参加义务植树，植树 589 亿株。

用碳技术是指将生产过程中排放出来的碳作为原料，加以资源化利用，从而减少碳排放量的技术，主要运用于绿色化学。国外公司运用较多，如巴斯夫将所排放的 CO_2 用于生产尿素等。但是由于 CO_2 的活性太低，收集利用的工艺耗能太高，迄今用碳技术方面消耗的碳仅仅是碳排放量的一小部分。我国在固碳和用碳方面的技术还不成熟，运用较少。

此外，根据收益与成本的大小，将低碳技术分为低碳又经济与低碳不经济技术两类。低碳又经济技术是指收益大于成本的低碳技术，而相应地低碳不经济则是指收益小于成本的技术。根据低碳技术在社会和私人角度上的成本与收益大小，又可把低碳技术分为 3 种情形。①对社会和私人而言，其成本都小于其收益，即低碳又经济的技术；②对社会来说总成本小于总收益，但是在私人角度上成本大于收益的低碳技术；③在社会和私人角度上，其成本都大于其收益的技术。

11.1.2 低碳技术的特征

11.1.2.1 低碳技术与高碳技术的区别

高碳技术则是指在生产、消费等领域中传统使用的碳排放量较大的技术。衡量低碳技术与高碳技术的指标主要有能源利用率、能源利用效率、循环使用率、碳强度、清洁能源使用率等。能源利用率是指对燃煤、石油等能源的利用率，如燃煤的殆尽程度。我国能源利用效率主要有能源消费弹性系数、能源消耗强度以及单位 GDP 能耗等指标。能源消费弹性系数是指能源消费增长速度除以国民经济增长速度所得到的值。能源消费强度则是指生产单位国内生产总值所消耗的能源量。单位 GDP 能耗是反映能源消费水平和节能降耗状况的主要指标，是一次能源供应总量与国内生产总值（GDP）的比率，是一个能源利用效率指标。循环利用，主要是指对余热、余气等副产物的吸收循环利用。而碳强度，则是指单位产值的 CO_2 排放量。清洁能源使用率，主要是指清洁能源在我国能源使用结构的比率，如智能电网技术优先使用风能、水力、核能等清洁能源技术产生的电能。

低碳技术与高碳技术相比，一般具有能源利用率较高、能源利用效率较高（能源消费弹性系数小、能源消费强度、单位 GDP 能耗较小）、循环使用率较高、碳强度较低、优先使用清洁能源等特征（表 11-1）。

表 11-1 低碳技术与高碳技术的比较

比较项目	高碳技术	低碳技术
能源利用效率	较低	较高
能源消费弹性系数	较大	较小
能源消费强度	较大	较小
单位 GDP 能耗	较大	较小
能源利用率	较低	较高
循环使用率	较低	较高
碳强度	较高	较低
清洁能源的使用	较低	优先使用，比率较高

11.1.2.2　低碳技术的基本特征

低碳技术除了具有能源利用率较高、能源利用效率较高、循环使用率较高、碳强度较低、优先使用清洁能源等高效性的特征以外，低碳技术还具有环境友好性、先导性、外部性特征。

（1）环境友好性。由于低碳技术是指一切能使碳排放量减少的技术工艺。其具有减少碳排放的基本特征，能减少环境中的碳排放量，对环境具有友好性。

（2）先导性。面对全球气候变暖的严峻挑战，世界各国发展低碳经济的热情也日益高涨。而只有掌握了先进的低碳技术，才能从根本上实现温室气体的减排，发展低碳经济。因此发展低碳技术，是各国技术创新的研究发展方向，是各国增强国际竞争力的关键，且能有效推进经济发展。

（3）外部性。技术知识一般具有外溢扩散的现象，低碳技术亦是如此，具有外部性。低碳技术的发展，具有明显的外部效应，可为其他行业间传递使用。同时，清洁发展机制及国家间的技术转让 CDM 项目的实施，也将给予低碳技术在国际间扩散溢出提供广大的平台，大大增加低碳技术跨国界流动所带来的溢出效应。

Gustavsson（1999）通过研究技术、资源禀赋、要素价格、规模经济对经合组织国家的国际竞争力的影响，结果发现竞争力不仅取决于该代表性企业 R&D 活动，也与国内同行业以及知识经济扩散的总研发有关，表明了技术创新存在外溢现象。

11.1.3　我国的碳技术水平

碳强度是指单位产值的碳排放量，由于低碳经济的核心在于碳减排，因而把碳强度用作表征我国碳技术发展水平。本章通过《2010 年中国能源统计年鉴》中以标煤计算每万元消费的能源总量数据，国内生产总值（按 2005 年可比价格计算），再乘以国家发改委能源所的标煤碳排放量系数 0.747 6，对我国碳排放强度进行估算。同样把陈广玉（2011）文章中美国 CO_2 排放强度的单位 t/100 万美元，通过《中国统计年鉴》的汇率换算为万 t/亿元，计算对比结果见表 11-2。

表 11-2　2005—2009 年我国与美国的 CO_2 排放强度比较

年份	2005	2006	2007	2008	2009
我国 CO_2 强度/（万 t/亿元）[a]	3.508 7	3.399 1	3.234 6	3.070 1	2.960 5
美国 CO_2 排放强度/（万 t/亿元）[b]	0.577 4	0.554 2	0.551 7	0.532 2	0.507 8

数据来源：a：由中国能源统计年鉴计算所得；b：陈广玉．美国碳强度指标走势及其对中国的启示。

从表 11-2 可以看出，我国碳强度呈现明显的下降趋势，我国碳技术呈现低碳化的趋势。但与美国等发达国家相比，我国工业技术的碳排放强度仍存在较大的差距。美国 2005 年的 CO_2 排放强度为 0.577 4 万 t/亿元，而 2005 年我国碳排放强度为 3.508 7 万 t/亿元，是美国碳排放强度的 6.07 倍。2009 年我国 CO_2 排放强度 2.960 5 万 t/亿元，远高于美国 CO_2 排放强度，但其差距降低到 5.83 倍。

我国现阶段技术的碳强度指标呈现降低的趋势，正处于高碳技术向低碳技术的转化过程，但其与美国等发达国家的相应指标比较，可以得出我国 CO_2 排放强度较大，并且我国的资源使用效率、循环利用率都较低。陈世海（2009）表示我国目前总体能源利用效率约为 33%，比发达国家的能源利用效率低了 10 个百分点左右。可见，我国低碳技术发展较为迅速，但高碳技术仍占了较大的比重，低碳技术的发展尚处于较低水平。

11.2 低碳技术创新的环境效应分析

11.2.1 低碳技术创新的环境效应

Grossman 和 Krueger（1991）指出，影响环境的因素主要包括以下 3 个：经济规模、结构和技术。借鉴 Levinson（2007）对美国工业四种气体（SO_2，NO_x，CO、VOC）所作的分解分析方法，按照 Levinson 的思路，把工业总碳排放量 P 分解为工业各行业碳排放量 p_i 之和。而工业各行业碳排放量，又等于各行业产值 v_i 与单位产出碳排放量 z_i 之积。用 $\theta_i = v_i / V_i$ 即工业各行业产值占工业总产值的比重来表示各行业产值。$z_i = p_i / v_i$ 则为各行业碳排放强度，即各行业的单位产出碳排放量。

从而工业碳排放总量可以表示为：

$$P = \sum_i p_i = \sum_i v_i z_i = \sum_i \theta_i z_i V \tag{11.1}$$

将式（11.1）化为微分形式，则为：

$$\mathrm{d}P = \theta' z \mathrm{d}V + V z' \mathrm{d}\theta + V \theta' \mathrm{d}z \tag{11.2}$$

Levinson 认为在式（11.2）等式右边的三项分别为规模效应、结构效应和技术效应。

成艾华（2011）则在 Levinson 基础上把式（11.2）化成其微小变化量，P_0 为基期的碳排放量，而 P_t 为当期的碳排放量：

$$P_t - P_0 = \Delta P = \theta_0' z_0 (V_t - V_0) + V_0 z_0' \Delta\theta + V_0 \theta_0' \Delta z \tag{11.3}$$

由于$P_0=\theta_0' z_0 V_0$，通过等式左右各加上 P_0 并把$V_0=V_t-\Delta V$代入式（11.3），可化为：

$$P_t-\theta_0' z_0 V_t=V_t z_0'\Delta\theta+V_t\theta_0'\Delta z+r' \tag{11.4}$$

成艾华则把上式左边$P_t-\theta_0' z_0 V_t$视为排放量的减少即环境净效应，右边分别为结构效应$V_t z_0'\Delta\theta$、技术效应$V_t\theta_0'\Delta z$和交叉项r'。

在式（11.3）的基础上，代入$V_0=V_t-\Delta V$，则可得：

$$P_t-P_0=\theta_0' z_0\Delta V+V_t z_0'\Delta\theta+V_t\theta_0'\Delta z-\Delta V(z_0'\Delta\theta+\theta_0'\Delta z) \tag{11.5}$$

将方程两边同除以 P_0，则可得：

$$(P_t-P_0)/P_0=\theta_0' z_0\Delta V/P_0+V_t z_0'\Delta\theta/P_0+V_t\theta_0'\Delta z/P_0-\Delta V(z_0'\Delta\theta+\theta_0'\Delta z)/P_0$$

即：

$$(P_t-P_0)/P_0=\theta_0' z_0\Delta V/P_0+V_t z_0'\Delta\theta/P_0+V_t\theta_0'\Delta z/P_0+r/P_0 \tag{11.6}$$

在式（11.5）中，$\theta_0' z_0\Delta V$代表经济规模效应，可表示为不考虑结构效应、纯技术效应，t 期工业各行业总体规模发生变化对碳排放量的影响，在这里用产值来表征经济规模。各行业经济规模扩大，则其每行业的能源投入增多，从而使碳排放量增加。而$V_t z_0'\Delta\theta$是指结构效应，表示不考虑经济效应、技术效应，由工业各行业之间的产值比重变动对碳排放量产生的变化。由于不同产业的碳排放强度不同，如工业中的煤炭开采和洗选业、非金属矿物制品业、化学原料及化学制品制造业等行业碳排放强度较高，而服务业、农业以及工业部门中的通信设备、计算机及其他电子设备制造业等行业碳排放强度较低。由此可见，产业结构发生变化也会使碳排放量产生较大的变化。如果一国经济发展、工业化步伐加快，该国经济会从以农耕为主向以工业为主转变，越来越多的资源被开发利用，行业结构向碳排放强度较高的方向转移，则碳排放量增大；而当经济发展到更高水平时，该国产业结构升级，会从以能源密集型为主的重工业向服务业和技术密集型产业转变，结构转移使能源密集型产业的规模相对下降，那么整体经济能源强度将下降，碳排放量也将减少。$V_t\theta_0'\Delta z$则是指技术效应，即低碳技术创新对碳排放量的纯技术减排效应。在这里用单位产出的碳排放量来表征低碳技术创新。而这里的r为分解余项，是指结构效应、技术效应与规模效应之间相互的交叉项。而在式（11.6）中相应的$\theta_0' z_0\Delta V/P_0$、$V_t z_0'\Delta\theta/P_0$、$V_t\theta_0'\Delta z/P_0$以及$r/P_0$则分别代表经济规模效应、结构效应、技术效应和交叉项对碳排放量的影响变化率。

11.2.2 变量的选取以及数据的来源

11.2.2.1 工业产值数据来源及调整

由于 CO_2 主要是在物质生产过程中排放，多为工业排放。2005 年、2006 年、2007 年我国工业的碳排放量分别占碳排放总量的 84%、84.8%、85.3%，而且有上升趋势（张丽峰，2010）。本章以我国工业 CO_2 排放量为指标，分析规模效应、结构效应及技术效应的相应大小。

2003 年起我国采用新行业分类标准，中国工业经济统计年鉴、中国能源统计年鉴、中国统计年鉴等统一把我国工业划分为 3 个部门（采掘业、制造业、电力煤气与水生产和供应），共 39 个行业。虽然之前也有行业的数据，但由于行业分类标准不同，行业有一些差别，如将食品加工业改为副食品加工等，与以前年份不可比。所以，选取 2003—2009 年工业各行业的产值数据进行分析。

齐志新和陈文颖（2006）指出我国国有及规模以上企业占整个工业部门的比例都在 70%以上，虽然存在着一定程度上的信息扭曲，但抓住了主要信息，具有一定的代表性。查阅 2008 年中国普查经济年鉴，发现全部企业工业总产值为 543 944.60 亿元，而规模以上企业总产值为 507 284.89 亿元，其比例已经达到 93.26%之多。因此工业各行业产值分别选取《中国工业经济统计年鉴》中我国各行业全部国有及规模以上非国有工业企业的相应产值。由于 2005 年中国工业经济统计年鉴未出版，2004 年的工业各行业全部国有及规模以上非国有企业产值来源于 2005 年广东工业统计年鉴附录。

由于中国工业经济统计年鉴中各个行业的产值均为当年价格，为了保证数据的可比性，消除价格变动的影响，本章选取中国统计年鉴中的工业品出厂价格指数进行平减，换算成以 1996 年为基期的不变价格产值，具体结果见表 11-3。

表 11-3 2003—2009 年我国工业国有及规模以上非国有企业总产值 单位：亿元

年份	工业总产值（当年价格）	工业品出厂价格指数（1996 年=100）	工业总产值（不变价格）
2003	142 271.22	94.715	150 209.5
2004	201 722.19	100.506	200 706.0
2005	251 619.50	105.443	238 630.8
2006	316 588.96	108.608	291 498.0
2007	405 177.13	111.962	361 888.1
2008	507 448.25	119.684	423 991.8
2009	548 311.42	113.228	484 255.1

数据来源：由《中国工业经济统计年鉴》计算所得。

通过 2004—2010 年中国工业经济统计年鉴及中国统计年鉴中的工业分行业全部国有和规模以上非国有企业的产值数据除以相应年份的工业全部国有和规模以上非国有企业的总产值，则可计算得出各行业产值占工业总产值的比重，即结构数据 θ_i 。

11.2.2.2　对碳排放量测算的说明

由于目前没有中国工业 CO_2 排放的具体观测数据，本章借鉴 IPCC 研究成果进行估算。将最终能源消费种类划分为 4 类（煤炭、石油、天然气和水电核电），计算碳排放量时采用这 4 类能源消费的标煤总量乘以各自的碳排放系数，而后加总即可得其碳排放量。已有一些学者、机构对各种能源的碳排放量系数进行了研究，如 Zhang Zhongxiang（1998）、IEA（1998）等。根据 2004—2010 年《中国能源统计年鉴》中分行业以标煤为单位的终端能源消耗量，用国家发改委能源所的碳排放量系数（表 11-4）进行换算，得出工业各行业的碳排放量，列于表 11-5。进一步把工业各行业的碳排放量除以工业各行业以 1996 年不变价格计算的产值，即可得出每个行业单位产值的碳排放量 z_i 。

表 11-4　煤炭、石油、天然气与水、核电的碳排放量系数

单位（以碳计）：t/t 标煤

能源消费	煤炭	石油	天然气	水电、核电
碳排放系数	0.747 6	0.582 5	0.443 5	0

数据来源：国家发展和改革委员会能源研究所．中国可持续发展能源暨碳排放情景分析．2003。

表 11-5　2003—2009 年我国分行业碳排放量　　单位（以碳计）：万 t

年份	工业	煤炭开采和洗选业	石油和天然气开采业	黑色金属矿采选业	有色金属矿采选业	非金属矿采选业	其他采矿业
2003	92 046.18	3 395.04	2 943.31	443.43	452.00	662.08	173.89
2004	107 360.87	4 771.07	2 609.41	538.47	483.04	690.04	56.32
2005	118 694.29	4 794.59	2 643.89	726.01	508.87	693.65	76.01
2006	122 917.36	4 160.96	2 572.24	831.27	537.64	670.40	99.17
2007	133 704.39	4 492.58	2 596.12	982.23	613.22	707.92	94.58
2008	147 151.97	5 531.81	3 004.53	1 052.64	645.28	768.73	138.15
2009	153 499.09	5 648.94	2 748.33	935.03	622.67	819.20	189.26

年份	农副食品加工业	食品制造业	饮料制造业	烟草制品业	纺织业	纺织服装、鞋、帽制造业	皮革、毛皮、羽毛（绒）及制品业
2003	1 348.39	755.71	648.37	230.78	2 937.94	331.39	200.32
2004	1 550.63	847.42	722.53	196.54	3 650.19	378.75	222.50
2005	1 650.16	958.23	741.67	192.19	3 948.32	431.68	242.01
2006	1 611.64	939.04	709.18	173.66	4 303.55	465.51	259.75
2007	1 746.21	988.47	732.54	172.09	4 640.78	505.58	280.59
2008	2 041.95	1 154.79	868.60	173.89	4 781.93	542.26	290.62
2009	2 089.84	1 168.75	890.72	174.79	4 673.25	533.11	287.43

年份	木材加工及木竹藤棕草制品业	家具制造业	造纸及纸制品业	印刷业和记录媒介的复制	文教体育用品制造业	石油加工、炼焦及核燃料加工	化学原料及化学制品制造业
2003	374.24	93.02	2 063.83	291.69	116.89	6 513.96	14 158.62
2004	463.29	87.53	2 539.00	260.67	141.96	7 904.47	15 883.70
2005	564.26	99.52	2 672.61	209.85	148.30	7 946.35	17 307.48
2006	573.47	107.11	2 574.49	220.69	148.77	7 924.83	18 316.11
2007	619.67	110.51	2 498.98	241.87	155.26	8 570.83	20 003.53
2008	734.08	135.91	2 989.39	261.52	164.29	8 639.41	21 440.19
2009	784.30	137.42	3 065.91	267.25	160.45	9 534.68	21 390.96

年份	医药制造业	化学纤维制造业	橡胶制品业	塑料制品业	非金属矿物制品业	黑色金属冶炼及压延加工业	有色金属冶炼及压延加工业
2003	883.65	1 199.24	621.32	655.32	11 650.78	19 334.12	4 367.29
2004	843.46	1 011.19	708.90	884.10	15 305.29	23 070.72	4 904.06
2005	899.80	1 033.80	850.06	1 111.19	15 910.04	29 291.33	5 522.37
2006	868.01	1 064.56	882.35	1 164.51	14 877.45	31 725.83	6 411.43
2007	884.51	1 161.75	941.32	1 215.59	15 181.66	35 446.22	7 934.51
2008	1 017.10	1 082.96	998.67	1 384.83	19 006.01	38 477.74	8 347.75
2009	1 012.68	1 074.19	1 005.31	1 416.67	20 088.46	41 857.41	8 464.28

年份	金属制品业	通用设备制造业	专用设备制造业	交通运输设备制造业	电气机械及器材制造业	通信设备、计算机及其他电子设备制造业	仪器仪表及文化、办公用机械制造业
2003	1 344.90	1 223.94	766.99	1 346.05	710.45	810.83	159.60
2004	1 523.23	1 328.57	917.68	1 641.73	859.03	971.37	132.45
2005	1 697.86	1 599.49	982.44	1 525.99	906.95	1 108.42	147.61
2006	1 925.84	1 733.54	999.16	1 595.57	989.07	1 303.02	170.60
2007	2 117.55	1 923.92	1 073.00	1 777.01	1 153.86	1 500.45	193.70
2008	2 260.59	2 059.43	1 213.43	2 042.87	1 339.03	1 642.80	213.05
2009	2 271.05	2 229.11	1 243.57	2 266.65	1 386.41	1 656.89	218.24

年份	工艺品及其他制造业	废弃资源和废旧材料回收加工业	电热力的生产和供应业	燃气生产和供应业	水的生产和供应业		
2003	1 000.22	29.93	7 028.03	354.09	424.55		
2004	856.82	23.56	7 503.37	379.73	498.10		
2005	966.76	26.15	7 679.31	356.66	522.39		
2006	940.87	37.64	8 111.06	357.59	559.78		
2007	951.43	36.97	8 468.24	389.78	599.37		
2008	1 045.30	42.50	8 591.32	403.03	623.57		
2009	1 051.77	45.68	9 079.83	354.49	654.08		

数据来源：由《中国能源统计年鉴》数据计算获得。

11.2.3　实证结果分析

根据 2003—2009 年工业碳排放量及工业产值计算，绘出图 11-1。从图 11-1 可以看出，我国工业产值呈现持续上升的趋势，工业碳排放总量的增长也持续上升，不过其增长幅度小于工业产值。为了解释这种现象内在的原因，下面采用因素分解法分解碳排放量，来具体分析我国 2003—2009 年工业经济效应、技术效应、结构效应对碳排放总量的影响。以 2003 年为第一期，给出末期的碳排放总量，逐年碳排放量的变化率，分别分析经济效应、结构效应、技术效应和分解余值对碳排放量的影响。增加 3 个时间段，2003—2005 年、2005—2009 年及 2003—2009 年，其中 2003—2005 年为我国“十五”时期，2005—2009 年为我国“十一五”时期。具体实证分析结果见表 11-6，其中括号里的数字为变化率。

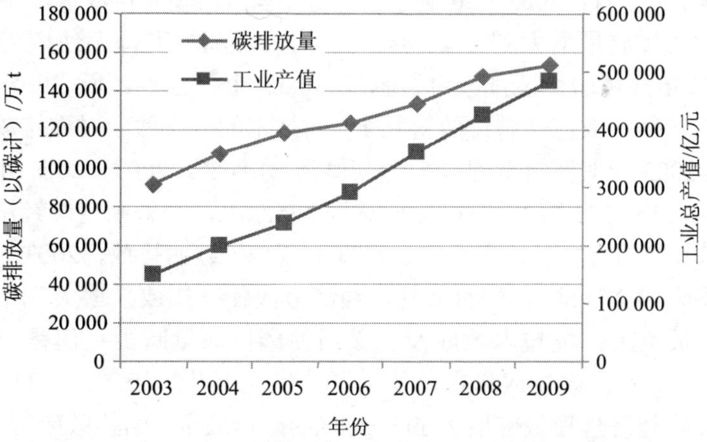

图 11-1　2003—2009 年我国工业总产值与碳排放量趋势图

表 11-6 我国工业碳排放量的分解结果 单位（以碳计）：万 t

年份	末期碳排放量	碳排放量变化	规模效应	结构效应	净技术减排效应	分解余值
2003—2004 年	107 360.87	15 314.69（16.64%）	122 989.7（33.62%）	8 364.76（9.09%）	–20 099.5（–21.84%）	–3 894.13（–4.23%）
2004—2005 年	118 694.3	11 333.42（10.56%）	127 647.46（18.90%）	2 234.48（2.08%）	–10 778.87（–10.04%）	–408.79（–0.38%）
2003—2005 年	118 694.3	26 648.1（28.95%）	146 229.47（58.87%）	12 695.28（13.79%）	–34 745.23（–37.75%）	–5 485.23（–5.96%）
2005—2006 年	122 917.4	4 223.07（3.56%）	144 990.3（22.15%）	–426.262（–0.36%）	–21 127.9（–17.80%）	–518.79（–0.44%）
2006—2007 年	133 704.4	10 787.04（8.78%）	152 599.1（24.15%）	2 136.328（1.73%）	–20 499（–16.67%）	–532.034（–0.43%）
2007—2008 年	147 152	13 447.58（10.06%）	54 367.26（17.16%）	4 075.415（3.05%）	–12 732.5（–9.52%）	–840.349（–0.63%）
2008—2009 年	153 499.1	6 347.12（4.31%）	168 067.1（14.21%）	–4 564（–3.10%）	–8 590.88（–5.84%）	–1 413.18（–0.96%）
2005—2009 年	153 499.1	34 804.8（29.32%）	240 867.1（102.93%）	4 273.548（3.60%）	–85 226.9（–71.80%）	–6 414.72（–5.40%）
2003—2009 年	153 499.1	61 452.9（66.76%）	296 744.4（222.38%）	27 922.18（30.33%）	–151 951（–165.08%）	–19 217（–20.88%）

数据来源：由《中国能源统计年鉴》《中国工业经济统计年鉴》《中国统计年鉴》数据计算所得。

从分解结果上看，2003—2009 年，经济规模效应使碳排放量每年增加 14.21%以上，共使碳排放量增大到 222.38%。结构效应基本上每年使碳排放量增加，2003—2009 年共对增大碳排放量贡献了 30.33 个百分点。而 2005—2006 年及 2008—2009 年结构效应使碳排放量减少。而技术的减排效应对碳排放的减少有显著的效果，2003 年其减排效果最大，其值为 21.84%，2003—2009 年共使碳排放量总额减少了 151 951 万 t，减排效应达到 165.08%。分解余值即经济效应与结构效应和技术效应的交叉项，也在一定程度上减少了碳的排放，2003—2009 年，其减排总效果达到 20.88%。总的来看，经济效应使碳排放量增大，结构效应基本上也使碳排放增大；纯技术效应及交叉项使碳排放量减少；但是由于后者效应大多小于前者，所以碳排放量在总体上还是呈现上升趋势。从表 11-6 可以看出，2003—2004 年经济规模效应增大了 33.62%的碳排放量，结构效应为 9.09%，而技术减排效果达到 21.84%，交叉项则为–4.23%，经济效应和结构效应对碳排放量的增大幅度远大于技术效应和分解余值的碳减排效应之和，故在 2004 年碳排放量增大。同理可以发现 2003—2004 年、2004—2005 年、2006—2007 年、2007—2008 年，经济效应、结构效应对碳排放增大的影响力之和大于技术减排和交叉项对碳排放量的减少幅度，所以碳排放总趋势上升。然而在 2005—2006 年，经济规模增大使碳排放量增多了 22.15%，结构效应使碳排放量减少了 0.36，技术效应的碳减排效果则达到了 17.80%之多，分解余值也贡献了 0.44 个百分点的减幅。但由于其减少值小于经济规模和结构效应给碳排放量带来的增大值，所以 2006 年、2009 年工业碳总排放量上升。

2003—2009 年技术效应一直为负（图 11-2）。图 11-2 中箭头向下，反映了技术效应所带来碳排放绝对量的减少，其表现为发展低碳技术，对碳减排具有较大的贡献。在 2003—2009 年其年均减少碳排放量达到 27.63%。这与我国国民环境保护意识的加深以及国家实行的一些环境保护政策等息息相关。

结构效应在 2005—2006 年、2008—2009 年对碳排放量存在减少作用，这与推测相符。而从表 11-6 中可以看出，在其他年间结构效应基本为正，即结构调整效应并没有改善环境，相反地进一步加剧了气候变暖的现象。为此进行分段分析，2003—2005 年的结构调整一直增大了碳排放量，在一定程度上加剧了全球气候变暖，但是结构效应对增大碳排放量的影响已然缩小，也就是说促使气候变暖的程度减少了。甚至在 2006 年，其行业结构调整起到了减少碳排放量的作用。而 2007 年结构效应又回升为正，在 2009 年又出现了结构效应减弱，甚至出现减少碳排放量的现象。

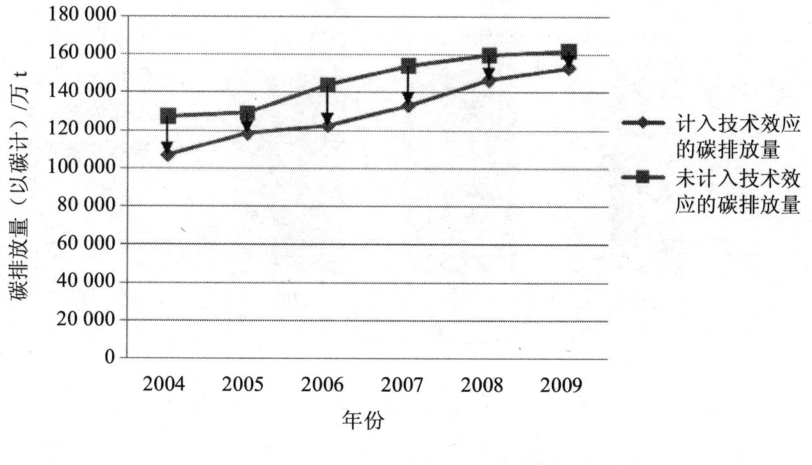

图 11-2　2004—2009 年我国的技术效应

进一步分析2007年、2008年的反常情况，我们发现，结构效应是使碳排放量增大的原因。按各行业碳排放强度大小，将工业分为碳排放强度小、中、大3组。把碳排放强度较小的农副食品加工业、饮料制造业、烟草制品业、纺织服装鞋帽制造业、皮革毛皮羽毛（绒）及其制品业、家具制造业、印刷业和记录媒介的复制、文教体育用品制造业、医药制造业、塑料制品业、通用设备制造业、专用设备制造业、交通运输设备制造业、电气机械及器材制造业、计算机及其他电子设备制造业和仪器仪表及文化办公用机械制造业纳入A组。煤炭开采和洗选业、黑色金属矿采选业、非金属矿采选业、其他采矿业、化学原料及化学制品制造业和石油加工、非金属矿物制品业、黑色金属冶炼及压延加工业、有色金属冶炼及压延加工业、燃气生产和供应业等排污强度较大纳入C组。其他则为B组。比较2006年、2007年与2008年各小组的比例，见图11-3。由于2007年、2008年与前一年度相比，碳排放强度较大的B组、C组所占比例增加，而碳排放强度较小的A组比例减少。也就是说，这两年低碳技术的发展，并没有使行业结构明显地从高碳排放行业向低碳排放的行业转移，从而使碳排放量减少。反而这两年，行业结构中高碳排放行业所占的比例更高，低碳行业比例减少，结构调整使碳排放量增大。这与原油等能源价格因素息息相关，由于2007年、2008年国际上原油价格下跌，我国煤炭等高碳排放的能源价格并没有以先前趋势上升，所以高碳工业的成本相对下降，因此我国2007年、2008年高碳工业所占的结构比例上升。

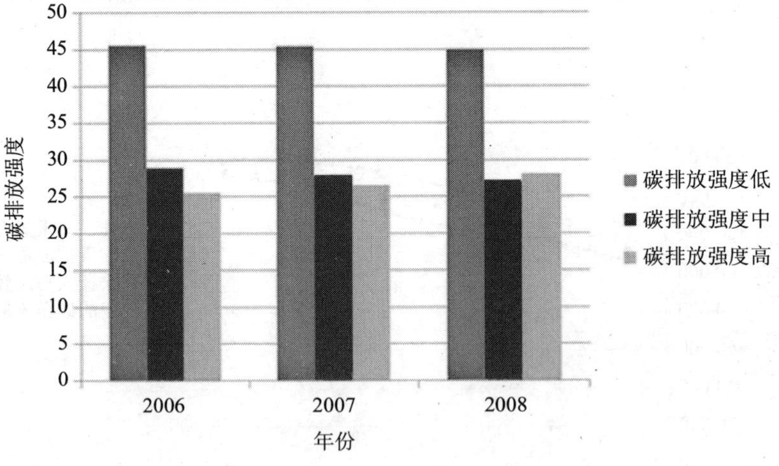

图 11-3 2006年、2007年、2008年工业各行业结构对比

11.2.4　结论

据以上分析可见，可以得出经济效应使碳排放量增大；结构效应整体上使碳排放量增大，但其影响较小；纯技术效应和交叉项都使碳排放量减少，而低碳技术的碳减排效果较为显著。由于经济效应、结构效应对碳排放量增大幅度在整体上大于技术效应和分解余值减少的幅度，所以碳排放量在总体上还是呈现上升趋势。总体而言，低碳技术创新对发展低碳经济起到了非常大的作用。2003—2004 年，低碳技术创新的净技术效应对碳排放量减少的贡献为 21.84 个百分点。2003—2009 年其净技术效应对碳减排贡献已达到 165.08%。从而可以看出，发展低碳技术创新对减少碳排放量非常有效。因此我国应大力推进低碳技术创新。

当然在发展低碳技术创新的同时，也要随时注意行业结构调整的方向。根据以上分析，2003—2005 年的结构调整一直增大了碳的排放量，在一定程度上加剧了全球气候变暖，但是结构效应对增大碳排放量的影响已然缩小，也就是说促使气候变暖的程度减少了。这也说明我国结构调整虽然没有很好地减少碳的排放量，还是存在从高碳行业向低碳行业转移的趋势。因此我国在促进低碳技术创新的同时，应加强行业结构的调整来使我国经济更为低碳化。例如，我国尽快淘汰电力、石油、钢铁等行业的落后生产能力、工艺技术和设备；优先发展低能耗、高附加值且具有国际竞争力的工业行业等，从而有效促进碳减排。

11.3　低碳技术创新的经济效应分析

本节以案例分析方式对低碳技术创新的经济效应做一个粗略研究。

11.3.1　太阳能光伏产业

太阳能光伏产业是指利用光伏效应半导体材料吸收太阳能，从而产生电能的产业，其主要是晶体硅太阳能电池产业。由于太阳能具有燃料免费、无噪声、无有害排放和污染气体，属于无环境污染的新能源，利用太阳能的技术即光伏产业技术，其减少了碳排放量，亦为低碳技术。

11.3.1.1　太阳能产业发展历程

1893 年法国科学家贝克勒尔首先发现光伏效应。1954 年首次制成了单晶太阳电池。而 1973 年的石油危机和 20 世纪 90 年代的环境污染问题，促使能源价格上涨，加大了发展太阳能光伏技术的动力，也大大促进了太阳光伏发电产业的发展。1978 年，美国建成 100 kWp 太阳地面光伏电站，随后德国、日本等国家也陆续大力发展太阳能光伏产业。据欧洲光伏行业报告指出，2000—2008 年对全球太阳能光伏产业投入资金大幅度增加，2000 年约投入 23 亿美元，而到 2008 年投资额度达到 384 亿美元。据欧洲光伏工业协会统计，太阳能产业的产品也呈现迅速增长的趋势，2003—2008 年，全球太阳能光伏电池产量增长尤为明显；从 2003 年的 744.3×10^6 W 跃升至 2008 年的 6.85×10^9 W，平均增长率达到 55.88%之多。同时全球太阳能光伏并网发电年度并网容量从 2000 年的 287×10^6 W 增大至 2008 年的 12.95×10^9 W，年均增长率达到 60.99%。

我国则于 1958 年开始研究光伏电池，光伏发电产业起步于 20 世纪 70 年代，90 年代中期进入稳步发展时期，其经历了一个从无到有、快速发展的过程。由于我国能源紧缺导致能源价格迅速上涨，因而太阳能光伏发电技术更为经济，国家政府大力鼓励光伏发电产业的发展。2001 年无锡尚德电池成立是光伏产业崛起的标志性事件。至 2008 年年底，我国光伏市场的累计装机容量达到 145×10^6 W，企业近 400 家，就业人员超过 10 万人。到 2010 年年底，我国已有 16 家光伏产品制造公司在海外上市，16 家在国内上市，产业总产值超过 3 000 多亿元，就业人数也增加到 30 万人。据中国光伏发展报告指出，2000 年我国太阳能光伏技术发电的累计安装容量为 19×10^6 W，到 2009 年，我国累计安装容量上升至 305×10^6 W。2009 年我国太阳能光伏系统的新增容量为 160×10^6 W，2010 年光伏市场的新增装机容量达到 500×10^6 W，已是 2009 年新增的 3 倍之多。截至 2010 年年底，累计安装量约为 900×10^6 W，跻身世界前十位。同时光伏电池产量亦从 2001 年之初的 3×10^6 W，达到 2007 年的 $2\,000\times10^6$ W，位居世界第一，见图 11-4。

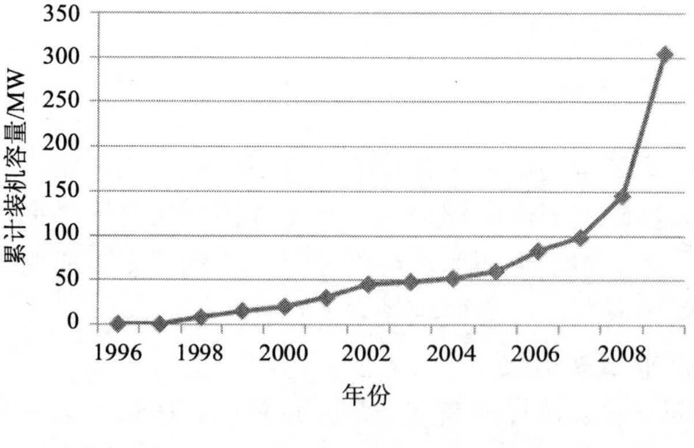

图 11-4 1996—2008 年我国光伏系统累计装机容量

11.3.1.2　电力行业的结构调整

电力行业包括发电和电网两个子行业，是指把各种类型的一次能源转换成电能，并输送到最终用户处，向最终用户提供电能以及辅助服务的基础性行业。发电可以分为火电、水电、核电和风电、太阳能发电等。其中火电包括煤电、气电、油电以及资源综合利用发电（余热、余气发电等）。

为了了解我国火电的碳排放量，将火电厂发电能耗乘以标煤的碳排放系数，得到我国每千瓦时发电所排放的碳，再将之乘以火电厂年发电量，可得 2005—2009 年我国火电厂发电总的碳排放量，见表 11-7。其中，火电厂发电能耗数据来自于中国能源统计年鉴，碳排放系数来自于国家发展和改革委员会能源研究所，火电厂年发电量来自于北京世经未来投资咨询有限公司的电力行业风险分析报告。由表 11-7 可知，我国火电厂发电的碳排放量较大，2009 年达到 7 132.513 亿 t C。可见，火电厂的发电方式相较而言，为高碳技术。

表 11-7　2005—2009 年我国火电厂的碳排放量

排放量	2005 年	2006 年	2007 年	2008 年	2009 年
火电厂发电煤耗（以标煤计）/[g/（kW・h）]	343	342	332	322	320
火电厂年发电量/（亿 kW・h）	19 857.23	23 188.78	27 012.6	27 857.4	29 814.21
发电厂总碳排放量（以碳计）/亿 t	5 091.926	5 928.889	6 704.614	6 706.034	7 132.513

数据来源：由中国能源统计年鉴与 2010 年电力行业风险分析报告计算所得。

太阳能产业的蓬勃兴起，一方面，兴起了太阳能行业；另一方面，以高碳技术为核心的火电行业面临衰退的趋势，从而使电力产业结构得到一定程度的调整。据 2010 年电力行业风险分析报告显示，我国 2007 年的火电发电量占总发电量的比重最高，达到 84.19%，而 2008 年、2009 年有跌落的趋势，见表 11-8。2008 年火电发电量占比为 81.82%，2009 年则为 81.67%，下降了 0.15 个百分点。

表 11-8　2005—2009 年火电发电量变化　　单位：亿 kW・h

年份	2005 年	2006 年	2007 年	2008 年	2009 年
总发电量	24 145.76	27 557.46	32 086.8	34047	36 506.23
火电年发电量	19 857.23	23 188.78	27 012.6	27 857.4	29 814.21
火电发电量占比	0.822 4	0.841 5	0.841 9	0.818 2	0.816 7

数据来源：2010 年电力行业风险分析报告。

由于能源紧缺、价格上涨以及环保主义思潮的兴起，加大了火电发展的成本，从而为原来成本较大的低碳技术，如太阳能光伏技术、风能等新能源低碳技术发展提供了契机。而低碳技术研发创新带来新兴产业的发展。正如光伏产业，通过增加劳动、资本与技术等要素的投入，太阳能光伏产业迅速兴起，推动经济进一步增长。但是，据 2010 年电力行业风险分析报告显示，我国太阳能发电量占总发电量的比例较小，仍不足 1%，这跟我国太阳能发电技术水平有限，且太阳能难以并网等有关。

11.3.1.3 太阳能光伏技术与生活质量

同样由于太阳能光伏技术的发展，也为改善人们的生活质量提供了途径。太阳能光伏技术的发展，为太阳能热水器的出现成为了可能。在生活上，太阳能的取之不竭以及巨大的能量，给消费者节省了能源，更为安全、更为经济。对社会来说，太阳能热水器利用太阳能，避免了电力的使用，减少了碳排放量，更为环保，更为低碳。太阳能热水器相比较而言，较为节能，由于备有热水储备箱，水温比较稳定，给消费者生活带来了便利性。还有太阳能计算器、太阳能灶通过太阳能也大大节省了能源，改善了人们的生活质量。

综上所述，太阳能光伏技术的发展，一方面促进了太阳能光伏产业的兴起，减少了碳排放量，促进了电力行业间的结构调整；另一方面也着实给人们增加了生活的便利性，改善了生活质量。

11.3.2 德国鲁尔区的低碳技术产业

11.3.2.1 鲁尔区发展低碳技术的背景

德国鲁尔工业区位于德国西部、莱茵河下游支流鲁尔河与利珀河之间，其地处欧洲的交通路口，是北欧通向中欧、南欧的捷径，具有便利的水运条件。鲁尔区的煤炭资源较为丰富，其煤炭地质储量达到 2 190 亿 t，占德国总储量的 3/4，其中经济可采储量约 220 亿 t，占总储量的 90%。而且鲁尔区煤炭的煤质好、煤种全，具有煤炭所含的灰分和硫分较低，发热量高的特点。优越的地理条件和富饶的资源条件集一身的鲁尔区在德国工业的发展中作出了较大的贡献。传统的鲁尔区以采煤工业为主，随着煤炭的综合利用，发展了炼焦、电力等工业，进而促进了钢铁行业、化学行业、机械制造业等的发展。其经济发展模式以生产煤炭和钢铁为主，以采矿、钢铁和煤化工业为主导的重型工业区。据任保平（2006）统计，鲁尔区煤炭、钢铁、机械三大部门的总产值曾经一度占到了 60%。

11.3.2.2 低碳技术发展与结构调整

20 世纪 70 年代以来，随着资源的开采、环境的污染，鲁尔区面临着结构性危机，其在德国经济中心的位置下降，其煤炭、钢铁等传统工业出现衰退问题。

低碳技术迅速发展，一方面对煤炭、钢铁等传统支柱产业进行了技术更新；另一方面研发新技术，如电子信息技术、太阳能技术、风能技术等。在煤炭、钢铁等传统产业中制煤气实验设备及先进连续退火炉的投产、在竖井设备中最新现代矿山开采技术的应用，都提高了能效、能源利用率，从而在一定程度上降低了碳排放量。同时积极发展低碳新技术，使电子信息、风能、太阳能等朝阳产业蓬勃兴起。多特蒙德，于 2000 年开始积极研发采用电子信息技术，关闭了地方钢铁厂，建立了较为低碳的电子城。同样以钢铁生产为能源供应的盖尔森基辛，利用太阳能技术建立了光电子公园、太阳能电池企业，开发了一批太阳能住房，成功建立起以太阳能和其他现代再生技术为热点的太阳城形象。

低碳技术的发展，使鲁尔区的产业结构得到了一定的调整。由劳动力在鲁尔区 3 个产业的分布，可以了解鲁尔区的产业间结构的变化。据统计，鲁尔区煤、钢两大部门就业人数 19 世纪 50 年代占总就业人数的 60%，非煤、钢工业的就业比重占 32%，而到 90 年代初煤、钢部门职工人数比重减少到 54%，第三产业部门就业人口的比重为 30.56%。到 2008 年，第一产业和第二产业职工占鲁尔区的比重仅为 28%。

11.3.2.3　发展低碳技术的经济效应

鲁尔区低碳技术的发展，通过影响其劳动、资本等要素的投入，促进了鲁尔区产业结构的调整：兴起了一批朝阳产业，使得煤炭、钢铁等传统工业面临着淘汰、衰退，从而把鲁尔区建成以采煤、钢铁、化学、机械制造等重工业为核心，轻工业与第三产业高度发达的地区工业综合体。其结构的调整，也带来了劳动、资本等生产要素在产业间的相应调整。在鲁尔区结构变革时，煤、钢等传统部门的失业问题也随之得到解决。鲁尔区政府对失业人员进行大量投资、培训，提高其职业技能，并多方面拓宽就业渠道，从而使传统部门的失业人员更好地向电子信息等第三产业部门转换就业。据统计，1964 年鲁尔区服务行业的就业率只占总就业人口的 38%。目前，有 80%的鲁尔区劳动力从事旅游、商业、服务等第三产业，煤、钢企业的就业率已不足 10%。鲁尔区对低碳技术的研发进行大量的资本投资，使得鲁尔区的人口素质增强，科研能力扶摇直上。同时建立起风险资本基金会与技术服务公司，为低碳技术企业提供了技术咨询与资金支持。目前，据统计，鲁尔区已具有 6 家大型研究机构，15 个技术转让咨询处与 12 个高新技术企业创业服务中心等，从而更好地促进低碳技术发展。

鲁尔区低碳技术发展，通过新兴低碳排放产业、淘汰高碳产业的方式使产业与产业间的结构得到了调整，给鲁尔区的经济发展带来又一强大的推动力。同时鲁尔区还大规模地进行植树造林，积极采用保护绿地、湿地等的措施，改善了居民的生活环境，提高了居民的生活质量。

11.4 促进我国低碳技术创新的政策建议

11.4.1 淘汰高碳技术，倒逼低碳技术发展

大量案例表明，对高碳技术进行限制或禁止可以为低碳技术创新创造机会。通过设定高碳与低碳产品标准、制定相关法律和规章等行政上的管制，使得高碳技术难以生存，淘汰高碳技术，并形成倒逼机制促进低碳技术创新。因此，我国政府可以通过建立完善应对气候变化法律法规和政策体系，加强应对气候变化制度的能力；通过扩大资源税征税范围，将碳资源等纳入资源税征收范围，以调整能源资源的有效使用，如研究征收碳税，并在局部地区如沿海城市进行试点等。我国政府还可以通过对以低碳技术为核心的工业进行优惠政策，特别是研发低碳技术的企业，使低碳工业成为有利可图的新兴领域，使高碳工业发展难以为继。同时，还可以通过对高碳与低碳产品设以标准，如取消对高碳产品的退税补贴等，淘汰高碳技术，从而促进低碳技术的发展。

11.4.2 采取财税政策，激励低碳技术创新

由于低碳技术具有较大的外溢性、外部性，发展低碳技术需要我国政府的投资与补助。针对低碳技术的 3 种情景分类中的第二种情景低碳技术，研发需要投入一定量的成本，对于私人企业而言，只能减少一部分的碳排放量，其效益较小，对私人企业来说不存在经济利润。对社会而言，由于该技术外溢性较大，开发出来可运用到各个行业，能使整个社会的碳排放量大幅度减少，从而社会总效益较大，超越其成本。该类技术在私人企业与社会角度上成本收益的不一致，使得在市场的作用下，碳排放权资源的配置是没有效率的。也因为对私人企业来说，成本远大于收益，且资助创新具有风险性，所以私人企业并没有充足的动力研发该技术，因此这类技术的研发力度不足。而对于政府来说，虽然研发该类技术能为社会带来较大的收益，大于其投入的成本，但是政府对技术的研发需求没有私人企业的明确。所以第二种技术的研发必须有政府与私人企业合作，政府在低碳技术研发和投资中直接采用财税制度，对低碳技术研发予以投资补贴。正如 2007 年麦肯锡报告中指出，全球每年大约有 100 亿的碳减排成本为正，其需要政府政策干预，对高碳技术予以征税以及对低碳技术加以补贴。

11.4.3　加大政府投入，引导低碳技术自主研发

发展中国家与发达国家之间低碳技术水平的差别和碳减排成本差异，给碳权交易、技术转让以及 CDM 项目带来了可行性。但是 CDM 等国际间的技术转让实践中我国仍出现难以引进先进核心的低碳技术，以及存在引进的技术吸收、消化能力不足等问题。所以我国发展低碳经济的根本出路在于提升自身的自主创新能力。

因此，我国政府应加大对低碳技术的研发投资，采用对自主投资研发的企业予以税收抵免，对低碳技术的专利申请提供优先的举措并予以补贴，且对教育与培训事业的发展给予支持鼓励等措施，为低碳技术自主研发提供良好的平台与条件，从而引导企业进行自主研发低碳技术创新，争取我国在经济、政治上的主动权。

11.4.4　加强国际交流，引进适用低碳技术

由于我国的低碳技术研发能力尚未较弱，技术落后，引进低碳技术是发展我国低碳技术的重要途径。根据国际经验也表明，技术引进可以使引进方迅速取得先进技术成果，是全球各国之间互相促进技术发展的必不可少的重要途径。例如 CDM 项目可以为我国企业提供先进的设备，可以从中习得操作运行设备等技术，促进低碳技术的发展。特别是在我国的低碳技术水平落后、研发投资不足的情况下，加强国际交流，实施 CDM 项目合作成为我国发展低碳技术的必要途径。

如今经济全球化促使技术资源的全球配置、CDM 项目的支持，为我国利用技术资源提供了难得的条件。后金融危机时代，也正是我国大规模、高效率加强国际交流与合作的大好时机。我国应好好利用这一契机，在更深层次上引进国际先进的低碳技术，着眼于互利双赢，进一步加强国际间的技术交流与合作。在此基础上，我国企业还应加大对引进低碳技术产品及设备等的学习、研究，从而更好地消化吸收，为我国发展低碳技术自主创新提供条件。我国政府则应建立起国际交流与合作的平台，鼓舞企业引进适用低碳技术，并使技术合作的效用得以充分发挥。

11.4.5　加强教育引导，通过消费者货币选票引导低碳技术发展

针对低碳技术产品产业化形成的同质与非同质产品，政府应加强教育引导，通过消费者货币选票引导低碳技术发展。

在高碳技术与低碳技术生产异质商品的前提下，如液晶显示屏与传统 CPR 显

示屏，对消费者来说是不同质的。消费者会依偏好选取品质更好、价格更低的商品。同样，在高碳技术与低碳技术生产同质商品的前提下，消费者往往偏好价格更低者。而对于社会来说，低碳技术产品更为环保，更为低碳，其生产程序对环境影响更小。在两者不一致的时候下，政府有必要通过对消费者教育引导，提高公众保护全球气候的参与意识，引导公众建立低碳的生活及消费方式，从而改变消费者对低碳技术产品的偏好，促进低碳技术持续稳定发展。政府可以通过电视、书刊、影像等方式宣传低碳技术产品对全球气候变化的影响以及应对全球气候变化的重要性，从而提升消费者的低碳环保责任心，倡导健康低碳的消费方式。

参考文献

[1] G. M Grossman，A. Krueger．Economic Growth and the Environment．The Quarterly Journal of Economics，1995，1 12：353-377.

[2] IEA．Energy technology perspectives：scenarios& strategies to 2050. Paris，2008.

[3] IPCC．Climate Change 2001：Mitigation of Climate Change．Contribution of Working Group 111 to the Fourth Assessment Report of the IPCC．Cambridge University Press，2001.

[4] Levinson A. Technology，International Trade and Pollution from US Manufacturing. NBER Working Paper No. 13616.

[5] P. Gustavsson，P. Hansson，L. Lundberg，Technology，resource endowments and international competitiveness，Europ. Econ. Rev. 43 1999：1501-1530.

[6] Zhang Zhongxiang. The Economics of Energy Policy in China：Implications for Global Climate Change. Cheltenham，UK：Edward Elgar Publishing Limited，1998：279.

[7] 陈广玉．美国碳强度指标走势及其对中国的启示．中外能源，2011（2）：17-22.

[8] 陈世海．2009 能效机制建设国际论坛．http://news.qq.com/a/20090226/001681.htm.

[9] 成艾华．技术进步、结构调整与中国工业减排．中国人口·资源与环境，2011（3）：41-47.

[10] 齐志新，陈文颖．结构调整还是技术进步——改革开放后我国能源效率提高的因素分析．上海经济研究，2006（6）：8-16.

[11] 孙滔．低碳技术——低碳经济的核心竞争力．河南科技，2010（8）：2-3.

[12] 徐大丰．低碳技术选择的国际经验对我国低碳技术路线的启示．科技与经济，2010，4（2）：73-75.

[13] 谢和平．发展低碳技术推进绿色经济．中国能源，2010（9）：5-10.

[14] 张丽峰．低碳经济背景下我国产业结构调整对策研究．开放导报，2010（2）：26-32.

第 12 章

低碳价格论

市场机制在绝大多数情况下可以有效地配置各种资源。但是，当存在碳排放等负外部效应时或者存在碳减排等正外部效应时，往往面临“市场失灵”的危险。而且，当政府面对自然垄断的自然资源行业，往往人为地干预自然资源价格，此时又往往面临着“政府失灵”的危险。随着全球气候变化的日益加剧，各国纷纷采取价格手段鼓励低碳经济的发展。而中国现行的资源价格却呈现高碳特征：高碳资源低价、低碳资源高价。从低碳经济视角研究资源价格改革促进低碳发展具有十分重要的现实意义。本章所谓的“低碳价格论”主要是从低碳经济视角研究自然资源价格问题，目的是追寻符合低碳发展的价格形成机制。

12.1 资源价格改革促进低碳发展的内在机理

12.1.1 提高高碳资源价格促进低碳发展的内在机理

假如把所有的资源简单地划分成高碳资源和低碳资源，前者如太阳能、风力能源资源等，后者如煤炭、石油资源等。这样，就可以通过价格的调整限制高碳资源的使用、鼓励低碳资源的使用以促进低碳发展。

12.1.1.1 资源价格上升对生产者的影响

资源相对于厂商来说是投入品，可以通过分析要素市场来解释资源价格上升对生产者影响的问题。厂商可以分为完全竞争厂商和不完全竞争厂商。本节以完全竞争厂商为分析对象，把同时处于完全竞争产品市场和完全竞争要素市场中的厂商称为完全竞争厂商。资源价格上升对不完全竞争厂商的影响的分析过程与完全竞争厂商类似，得到的结果也类似，所以这里就不再赘述。

根据微观经济学理论，完全竞争厂商使用要素的原则是使用该要素的“边际收益”等于“边际成本”。“边际收益”即边际产品价值 VMP，它是边际产品 MP 与产品的市场价格的乘积，即 $\text{VMP}=\text{MP}\times P$，它表示厂商增加使用一个单位要素所增加的收益。“边际成本”即增加一单位市场要素所增加的成本。在完全竞争市场，它就是单位要素的市场价格。因此完全竞争厂商的使用要素原则为 $VMP=MP\times P=P'$（P'表示要素市场价格）（高鸿业，2007）。

由以上的分析可以进一步得知，边际产品价值 VMP 曲线即厂商面临的要素需求曲线。见图 12-1，如果高碳资源价格从 P_0'上升到 P_1'，则厂商对资源的需求从 q_0 下降到了 q_1。

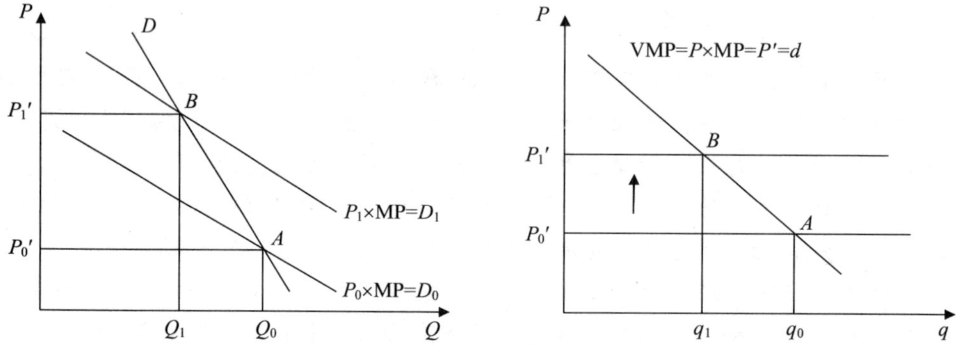

（a）行业　　（b）代表性厂商

图 12-1　高碳资源价格上升对生产者的影响

接下来看看行业对高碳资源价格上升的反应。要素市场的行业需求曲线并不是所有厂商的需求曲线的简单加总。因为单个完全竞争厂商的要素需求曲线等于边际产品价值曲线是有条件的——假设其他厂商不进行调整，否者厂商的需求曲线将脱离边际产品价值曲线。

当高碳资源价格从 P_0'上升到 P_1'时，所有厂商对高碳资源的需求下降，从而导致产品产出减少而导致产品的价格 P 从 P_0 上升到 P_1，产品价格的变化导致需求曲线由原来的 D_0 变为 D_1，从而使得厂商对高碳资源的需求点从 A 点变为 B 点。如此反复可以得到所有厂商都调整的情形下单个厂商对高碳资源的需求曲线为 D，高碳资源价格从 P_0'上升到 P_1'时，需求数量从 Q_0 下降到 Q_1，行业的需求曲线就是各个厂商调整后的需求曲线的加总，需求数量也是呈现下降的趋势，从而限制了高碳资源的使用。

12.1.1.2　资源价格上升对消费者的影响

生产者在生产过程中要消耗大量的资源，同样消费者在日常活动中也要消耗大量的资源，如各类能源，所以可以从产品市场角度来分析资源价格上升对消费者的影响。在消费者的收入和其他商品价格不变的条件下，见图 12-2，在资源价格上升以前，消费者的预算线为 AB_0，它与无差异曲线的切点为 a 点，此时消费者消费 q_0 数量的高碳资源，剩余的收入用在了其他商品上，此时对应的行业的高碳资源均衡需求量为 Q_0。对高碳资源放松管制导致了价格的上升，因此消费者的预算线由 AB_0 变为 AB_1，它与无差异曲线的切点为 b 点，此时消费者消费 q_1 数量的高碳资源（此时不考虑高碳资源是吉芬商品），对应的行业的高碳资源的均衡数量由原来的 Q_0 下降到 Q_1，因此资源价格上升使得消费者对高碳资源数量的需求下降。

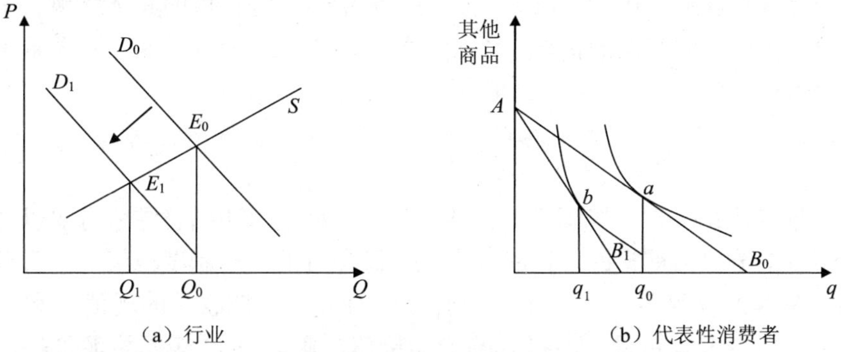

图 12-2　资源价格上升对消费者的影响

12.1.2　补贴低碳资源价格促进低碳发展的内在机理

与高碳资源相反，对于那些使用低碳资源的生产者与消费者，政府给予相应的价格补贴，以促进低碳资源的消费和低碳技术的应用。

12.1.2.1　价格补贴对生产者的影响

低碳资源的价格补贴对生产者的影响与资源价格上升对生产者影响的分析过程十分相似，见图 12-1（b），对单位低碳资源价格补贴对厂商来说就等同于单位低碳资源价格下降，当价格从 P_1' 下降到 P_0' 时，厂商对低碳资源的需求从 q_1 上升到了 q_0，从行业来看则需求量从 Q_1 上升到了 Q_0。所以对低碳资源的价格补贴会激励厂商对低碳资源的使用，从而达到低碳的目的。

12.1.2.2　价格补贴对消费者的影响

同样，对消费者来说，低碳资源的价格补贴就等同于其价格下降，见图 12-2，消费者的预算线从 AB_1 变为 AB_0，对低碳资源的需求也从 q_1 上升到了 q_0，从行业来看，需求量从 Q_1 上升到了 Q_0。所以对低碳资源的价格补贴会激励消费者对低碳资源的使用，从而达到低碳的目的。

12.2 低碳经济视角下我国现行资源价格政策评述

12.2.1 我国现行资源价格状况分析

12.2.1.1 我国现行资源价格的理论构成及其实践

长久以来，我国遵循劳动价值论的理论指引，按照劳动投入决定资源价格。因为价值是凝结在商品中的一般人类劳动，而价格又是价值的具体体现。由此导致资源价格无法反映资源的稀缺性程度。如果用 P 表示资源价格，L 表示资源开采的劳动价值，那么，式（12.1）成立：

$$P = L \tag{12.1}$$

在市场经济条件下，资源进入社会再生产过程是以明确资源所有权以及所有权与使用权的分离为前提的。在我国自然资源国有的产权制度框架下，资源价格的一部分是其产权收益的资本化，即资源所有者年预期收益的现值之和；另一部分是单位资源开发过程中所投入的劳动价值。假如用 P 表示资源价格，用 L 表示资源开采的劳动价值，用 C 表示资源产权收益的资本化，则 C=资源所有者年预期收益/利息率。那么，资源价格的构成由式（12.2）（谢高地、邵波，2005）表示：

$$P = L+C \tag{12.2}$$

式（12.2）的缺陷在于没有考虑资源开采的外部性问题。由于矿产资源等不可再生资源的过度开采会给当代人和资源产出地带来环境损害，即资源的开采具有代内外部成本，用 G_d 表示。另外，资源开采会造成代际外部成本问题，即损害后代人的资源环境需要，用 G_m 表示。这样，资源的价格构成就由式（12.3）表示：

$$P = L + C + G_d + G_m \tag{12.3}$$

市场化改革以来，我国政府也在不断探索资源定价机制的改革，具体表现为费、税、补贴等几种形式，如：1992 年 5 月 20 日起施行的林地补偿费绿化费，1994 年 1 月 1 日起施行的资源税，1994 年 4 月 1 日起施行的矿产资源补偿费，1997 年 10 月 1 日起施行的植物新品种保护费，1993 年 3 月 19 日起施行海洋废弃物倾倒费，1988 年 6 月 10 日起施行的河道采砂管理费，2003 年 7 月 1 日起施行的排污费，2004 年 8 月 9 日起施行的阳泉煤矿采矿权有偿使用费，2004 年 8 月 28 日起施行的征地补偿费，2006 年 1 月 1 日起施行的船舶垃圾处理费，2006 年 3 月 26 日起施行的石油特别收益金，2006 年 4 月 15 日起施行的水资源费，2007 年 1 月 1 日起新征建设用地有偿使用费，2007 年 3 月 10 日起山西省征收的煤炭可持续发展基金，2008 年 1 月 1 日起贵州省征收的煤矿矿山环境治理恢复保证金，2010 年 2 月 22 日施行的山西煤矿转产发展资金。

从资源价格的构成看，我国资源价格改革需要经历两次转型：第一次是从只考虑资源开采的劳动价值（L）向同时考虑资源开采的劳动价值（L）和产权价值（C）的转型；第二次是从只考虑资源开采的劳动价值（L）和产权价值（C）向同时考虑资源开采的劳动价值（L）、产权价值（C）、资源开采的代内外部成本（G_d）以及资源开采的代际成本（G_m）的转型。第一次转型自从市场化改革以来就在持续开展，但是，还不彻底，资源开采的产权价值的实现程度严重不足；第二次转型正在进行，但是，资源开采的代内外部成本（G_d）的实现程度严重不足，资源开采的代际外部成本（G_m）基本尚未考虑。

12.2.1.2 我国现行资源价格的定价机制

资源价格包括土地、水、电、煤炭、石油、天然气、太阳能、风能、潮汐能、核能、林木等各种资源的价格。这里选取水、电、煤炭、石油和天然气定价机制进行简要介绍。

（1）现行水定价机制。目前我国主要依据《水利工程供水价格管理办法》[①]对各种用水定价，该办法规定：水利工程供水价格由供水生产成本、费用、利润和税金构成。农业用水价格按补偿供水生产成本、费用的原则核定，不计利润和税金。非农业用水价格在补偿供水生产成本、费用和依法计税的基础上，按供水净资产计提利润，利润率按国内商业银行长期贷款利率加 2～3 个百分点确定。《办法》第十三条还对水利工程供水作了进一步规定，水利工程供水应逐步推行基本水价和计量水价相结合的两部制水价。基本水价按补偿供水直接工资、管理费用和 50%的折旧费、修理费的原则核定。计量水价按补偿基本水价以外的水资源费、材料费等其他成本、费用以及计入规定利润和税金的原则核定。水资源费征收标准由省、自治区、直辖市人民政府价格主管部门会同同级财政部门、水行政主管部门制定，报本级人民政府批准，并报国务院价格主管部门、财政部门和水行政主管部门备案。其中，由流域管理机构审批取水的中央直属和跨省、自治区、直辖市水利工程的水资源费征收标准，由国务院价格主管部门会同国务院财政部门、水行政主管部门制定。由此可见当前水资源定价政府色彩浓厚，市场影响几

① 资料来源：国家发展和改革委员会与水利部. 水利工程供水价格管理办法，2003。

乎没有，很难反映水资源稀缺程度和污染治理成本。

（2）现行电力定价机制。电价，是指电力生产企业的上网电价、电网间的互供电价和电网销售电价。它应当合理补偿成本，合理确定收益，依法计入税金。跨省、自治区、直辖市电网和省级电网内的上网电价，由电力生产企业和电网经营企业协商提出方案，报国务院物价行政主管部门核准。独立电网内的上网电价，由电力生产企业和电网经营企业协商提出方案，报有管理权的物价行政主管部门核准。地方投资的电力生产企业所生产的电力，属于在省内各地区形成独立电网的或者自发自用的，其电价可以由省、自治区、直辖市人民政府管理。跨省、自治区、直辖市电网和独立电网之间、省级电网和独立电网之间的互供电价，由双方协商提出方案，报国务院物价行政主管部门或者其授权的部门核准。独立电网与独立电网之间的互供电价，由双方协商提出方案，报有管理权的物价行政主管部门核准。跨省、自治区、直辖市电网和省级电网的销售电价，由电网经营企业提出方案，报国务院物价行政主管部门或者其授权的部门核准。独立电网的销售电价，由电网经营企业提出方案，报有管理权的物价行政主管部门核准。国家实行分类电价和分时电价。分类标准和分时办法由国务院确定。对同一电网内的同一电压等级、同一用电类别的用户，执行相同的电价标准。用户用电增容收费标准，由国务院物价行政主管部门会同国务院电力管理部门制定。任何单位不得超越电价管理权限制定电价。供电企业不得擅自变更电价。由此可见，电价并不是通过市场供求关系自发形成的，而是由物价行政主管部门和电力管理部门决定或核定的。

（3）现行煤炭定价机制。煤炭价格主要由成本、费、税、利等几部分构成。资源使用税、资源使用费、铁路运输费、铁路桥运输基金、点装费等诸多非煤因素对煤炭市场交易价格产生重要的影响。国家发改委放手 2010 年度的煤炭衔接会，是电煤迈向市场化的关键一步，但这并不必然带来煤炭价格的完全市场化。“市场煤”“计划电”以及由政府主导和推动的煤企重组，以非市场化的手段实现兼并重组，使得煤炭市场化不完全，煤炭价格在一定程度上依然由政府控制。

（4）现行石油定价机制。国家发改委根据新加坡、纽约和鹿特丹等市场价格的变动情况来确定调整国内的成品油价格，当三地成品油加权平均价格变动幅度超过 8%时，即调整国内成品油的价格。在此机制下，成品油经营企业可根据市场情况在不超过最高零售价格、最高批发价格或最高供应价格的前提下，自主确定或由供销双方协商确定具体价格。原油价格由企业参照国际市场价格自主制定。中石化和中石油之间互供原油价格由购销双方按国产陆上原油运达炼厂的成本与国际市场进口原油到厂成本相当的原则协商确定。中石化、中石油供给方炼厂的原油价格参照两个集团公司之间互供价格制定。中海油总公司及其他企业生产的原油价格参照国际市场价格由企业自主制定。由此可知，虽然石油定价机制已经逐步市场化，然而由于定价滞后和调整幅度规定，使得石油价格尚不能完全反映石油资源本身的稀缺性。

（5）现行天然气定价机制。从生产环节看，天然气成本由三部分组成：生产成本、运输成本和配送成本。天然气价格由成本、利润、税金组成。现行政策规定县级以上地方人民政府价格主管部门确定和调整管道燃气销售价格，应当征求管道燃气用户、管道燃气经营者和有关方面的意见。

12.2.1.3 我国现行资源价格的扭曲

综上所述，目前我国资源定价机制尚不能保证自然资源价格反映资源的稀缺程度。以水资源为例，水资源价格与价值严重背离，导致水资源短缺与浪费局面并存。我国绝大部分地区农业生产仍然处于大水漫灌的状况。全国平均每立方米水的 GDP 产出只有世界平均水平的 1/5。农业灌溉用水有效利用系数为 0.4～0.5，而发达国家为 0.7～0.8；单方水的粮食产量不足 1 kg，发达国家已达 1.6～1.8 kg；工业用水重复利用率只在 60%左右，发达国家已达 85%；许多城市输配水管网和用水器具的漏失率高达 20%以上，发达国家在 10%以下（晓丰，2005）。

根据式（12.3）可以清楚地看出，资源价格低于市场均衡价格，主要源于 3 个方面：

（1）资源产权收益的实行按程度严重不足。虽然我国资源开采已经实施有偿使用制度，但资源所有者的主体模糊和缺失，其价格仅仅具有象征意义，有些特殊的资源如排污权、碳权等的使用基本还是零价格。

（2）代内环境外部成本补偿不足。煤炭、石油等矿产资源的开发，往往面临当地居民的拆迁、资源开采中的环境污染、资源使用中的环境污染的负外部性问题。外部性的内部化主要有管制手段、庇古手段和科斯手段（沈满洪，2001）等。我国在政策实施中存在的问题是：管制手段面临政府失灵，庇古手段政策执行不到位，科斯手段不敢放手使用。由此导致外部性内部化的程度很低，与此对应的是 CO_2 等废气的过度排放。

（3）代际环境外部成本尚属空白。虽然可持续发展战略的提出已经 20 多年，但是资源开发中所出现的代际外部性问题始终尚无良策予以解决。

过低的资源价格造成了资源的过度使用、过度消耗，并导致开发利用效率低和资源贸易损失等现象，使得 CO_2 等温室气体过量排放，严重制约了资源行业的可持续发展。

12.2.2 我国资源价格扭曲导致经济高碳发展

12.2.2.1 高碳资源价格偏低致使高碳资源使用过量

我国的煤炭、石油、天然气等高碳资源价格明显低于其理论价格。高碳资源价格偏低造成对高碳资源的过度使用，使得经济发展高碳化趋势越来越严重。

我国还正处于工业化中期，经济社会发展对能源的依赖度极高。同时，我国的能源资源禀赋优势为煤炭。在这种能源禀赋结构下，我国经济快速增长不可避免地依赖煤炭。在国内主要耗煤产业中，火电、钢铁和水泥是“三大巨头”。2008年这三大行业耗煤合计占比达到 79%，其中火电、钢铁和水泥分别占煤炭消费量的 50%、17%和 12%，见图 12-3。

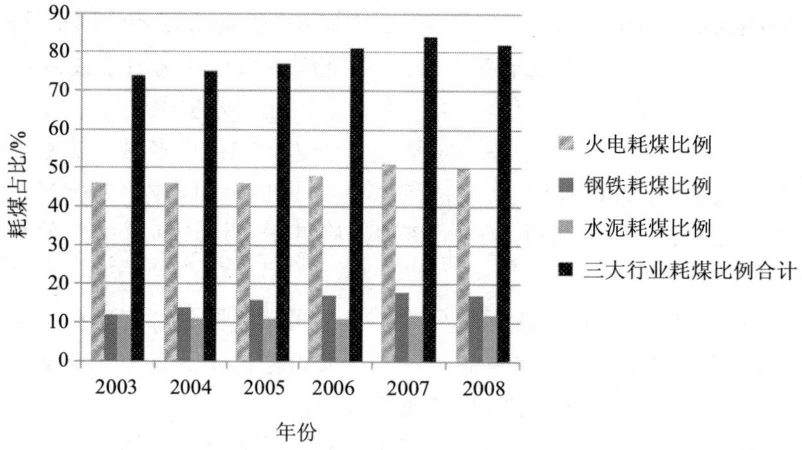

资料来源：佚名，四大行业耗煤量占比 82%，2009。http://news.gaogong123.com/asdisp-5de57a0b8d448baf-4506035.html。

图 12-3 我国火电、钢铁和水泥三大行业耗煤占比

在我国，热力电站大约消耗我国原煤年产量的 70%以上。电煤由国家指导定价，电煤价格低于其市场均衡价格，造成电厂对煤炭的过量需求。同时由于电价低于市场均衡价格，致使居民无节制地用电甚至浪费性用电和奢侈型用电盛行，2004 年全国各地陆续出现的拉闸限电现象就是一个明证。而煤炭又是碳排放量最高的资源，属于高碳资源。表 12-1 是各种化石能源燃料的碳排放系数表，从中可以看出煤炭的碳排放系数在能源资源中是最高的。

表 12-1　各种化石能源燃料的碳排放量系数　　单位：kg/TJ

燃料类别	IPCC 2006 年 CO_2 排放系数（以 CO_2 计）
原煤	94 600
焦煤	94 600
原油	73 300
柴油	74 100
液化石油气（LPG）	63 100
天然气	56 100
炼油气	57 600
炼焦炉气	44 400

资料来源：据政府间气候变化专门委员会（2006）：《2006 IPCC 国家温室气体清单指南》整理所得。

总之，资源禀赋优势和过低资源价格导致煤炭资源等高碳资源的过度使用，高碳资源的过度使用导致经济发展高碳化趋势日益严重。

12.2.2.2　低碳资源及低碳产品定价过高

（1）低碳资源价格过高导致低碳资源的使用缺乏激励。以能源为例，低碳能源资源包括天然气、非常规天然气资源（煤层气、页岩气、致密砂岩气等）和各种新能源亦即可再生资源，如风能、太阳能、地热能、海洋能、生物质能等可再生资源经转化或加工后的电力或洁净燃料。作为低碳资源的风能和太阳能，由于开发技术的限制，其利用成本相当高，使其供求均衡价格比高碳资源的均衡价格高出很多，造成对低碳资源的使用激励不足的局面。

据悉，风力发电成本是火力发电成本的 1 倍。风力发电成本主要由风电项目投资成本、运行维护成本和其他成本构成，其中，风电项目投资成本中的固定资产投资成本约占总投资的 85%以上。此外，风电发展还受自然条件和市场风险的双重制约。这些原因导致风电的价格是火电价格的 1 倍左右。目前风电价格为 0.51～0.61 元/（kW·h），而火力发电的不完全成本为 0.2～0.3 元/（kW·h）。①由于风电的不稳定性、输送距离远以及价格偏高使得风电的利用缺乏激励。

太阳能发电成本更是远高于煤电成本。首先，太阳能发电装置成本偏高，平均每瓦成本在 70 元以上。考虑到一户普通家庭最起码需要 5 kW 的设备，投资在 35 万元左右。其次，我国政府鼓励措施缺乏。欧美发达国家大都采取措施鼓励居民安装太阳能发电系统，比如部分赠款、无息贷款等，并以高出普通电价几倍的价格购买居民家中多余的太阳能电量。如德国的居民家中并网发电，自用电是 0.1 欧元/（kW·h），而卖出的电价是 0.5 欧元/（kW·h）。此外，发达国家还以法律

① 国家发展改革委．关于完善风力发电上网电价政策的通知，2009.

的形式促进太阳能产业的发展，如美国早在 1978 年就颁布了有关可再生能源的法律，以色列在 20 世纪 80 年代为太阳能热水器立法，规定凡新建住宅必须按技术规范安装太阳能热水器，从而使以色列的太阳能热水器普及率迅速达到了 85%。而我国 2009 年对企业的补贴标准具体为：对于建材型、构件型光电建筑一体化项目，补贴标准不超过 20 元/W；对于与屋顶、墙面结合安装型光电建筑一体化项目，补贴标准不超过 15 元/W[①]。这是针对企业的补助，而对于消费者这一群体的补助还缺乏类似的规定。

（2）低碳产品消费成本高导致低碳产品使用缺乏激励。低碳产品除了具有节能减排、降低能耗等功能外，产品本身从选材、设计、制造、运输及回收等方面也处处体现出低碳特征，因此其成本明显上升，价格自然也较高。专家认为，设计力量缺乏、技术含量高、安装成本高、维护投入以及推广费用高等是低碳产品价格偏高的原因。例如，利用吊顶辐射板为家中供热制冷的技术在国内少见。这类产品的技术含量和前期研发成本很高，所以售价就很难降低；水盆与马桶一体化的节水产品，对房屋建筑结构的要求比较严格，如安装这类产品需要做一些建筑结构上的调整，加之设计与技术成本，使该类产品价格高昂；许多优质的室内机电系统，本身花费并不高，100 多平方米的房间可能只需要几千元，但其安装及后期维护费用高到往往使普通消费者难以承受的程度。由于低碳产品的消费成本过于昂贵，导致低碳消费严重受阻。

12.2.3 我国资源价格扭曲的根源分析

12.2.3.1 我国的资源禀赋结构不理想

我国的资源禀赋特点使得煤炭价格相对于石油和天然气便宜很多，价格偏低致使煤炭过度使用，而煤炭又是所有能源中最高碳的。表 12-2 显示煤炭在我国能源生产中所占的比重，从中可见，我国 2008 年一次能源中原煤占 81%，原油占 11.3%，天然气占 4.3%，其他各类能源占 3.4%。很明显，我国清洁能源和低碳资源的生产量在能源总生产量中占比显著偏小。清洁能源和低碳资源的生产过少也导致资源价格的扭曲，阻碍低碳发展。因此，我国资源禀赋结构决定了我国经济高碳的显著特点。

---

① 中华人民共和国财政部办公厅，中华人民共和国住房和城乡建设部办公厅：《关于印发太阳能光电建筑应用示范项目申报指南的通知》，2009 年。

表 12-2　我国一次能源生产量结构

年份	电热当量计算法						
	一次能源生产量（以标煤计）/万 t	占能源生产总量的比重/%					
		原煤	原油	天然气	水电、核电		
					其他能源发电	水电	核电
2000	128 743	76.8	18.1	2.8	2.3	2.1	0.2
2001	136 223	77.2	17.2	3.0	2.7	2.5	0.2
2002	142 829	77.5	16.7	3.0	2.7	2.5	0.2
2003	164 011	79.9	14.8	2.8	2.5	2.2	0.3
2004	187 268	81.0	13.4	2.9	2.7	2.3	0.3
2005	205 860	81.5	12.6	3.2	2.7	2.4	0.3
2006	220 895	81.8	12.0	3.5	2.8	2.4	0.3
2007	234 956	81.8	11.3	3.9	2.9	2.5	0.3
2008	247 010	81.0	11.3	4.3	3.4	2.9	0.3

数据来源：中国能源统计年鉴 2009．北京：中国统计出版社，2010：3。

12.2.3.2　我国快速工业化对资源的迅猛需求

工业生产是人为改变物质形态进行加工制造的过程，大量采用自然资源作为工业原料和利用能源提供工业动力是工业生产的重要特点。由表 12-3 中 2003—2008 年的数据可以看出在我国能源消耗中，工业消耗的能源一直占能源总消耗的 70%以上，且稳定在 71%～72%的水平。

据《中国省域经济综合竞争力发展报告（2008—2009）》（李建平、李闽榕、高燕京，2010），上海、北京已处于后工业化阶段，天津、广东已处于工业化后期后半阶段，浙江、江苏、山东已处于工业化后期前半阶段，辽宁、福建处于工业化中期后半阶段，山西、内蒙古等 10 省份处于工业化中期前半阶段，河南、湖南等 10 省份处于工业化初期后半阶段，贵州处于工业化初期前半阶段，西藏尚处于前工业化阶段。由此可知我国大部分省份还没有完成工业化，还处于工业化快速发展的阶段。工业的发展依赖大量的资源，加上城市化的发展和人民生活水平的提高，在今后一段时间内，我国对能源的需求仍将处于高增长期。工业化的阶段性特征又决定了我国经济的高碳特征。

表 12-3 我国分行业能源消费总量（以标煤计） 单位：万 t

年份	2003	2004	2005	2006	2007	2008
消费总量	183 792	213 456	235 997	258 676	280 508	291 448
农、林、牧、渔、水利业	4 955	5 697	6 071	6 331	6 228	6 013
工业	131 168	152 507	168 724	184 946	200 531	209 302
建筑业	2 721	3 115	3 403	3 761	4 128	3 813
交通运输、仓储和邮政业	14 116	16 642	18 391	20 284	21 959	22 917
批发、零售业和住宿、餐饮业	3 915	4 484	4 848	5 314	5 689	5 734
其他行业	7 153	8 243	9 255	10 276	11 158	11 771
生活消费	19 765	22 768	25 305	27 765	30 814	31 898
工业占比	0.713 7	0.714 5	0.714 9	0.715 0	0.714 9	0.718 1

数据来源：中国能源统计年鉴 2009．北京：中国统计出版社，2010：4-28。

12.2.3.3 我国要素市场改革相对滞后

资源要素市场化改革是我国由计划经济体制向市场经济体制转轨过程中的薄弱环节，其市场化程度远低于一般商品市场。国资委管辖的 126 家央企全部是产业上游主要的基础性行业：航天军工、信息技术、石油石化、电力煤炭、汽车、机械、钢铁、有色、航运、地产、烟草等。央企自身大规模的扩张和对资源的垄断，不仅没有形成规模效应，还造成了严重的资源浪费。由此看出，反映市场供求关系、资源稀缺程度、环境损害成本的生产要素和资源价格形成机制还不完善，因此必须改变过去单纯依靠行政手段配置资源要素的方式，推进资源要素市场化改革，逐步建立用竞争性方式获得资源要素的配置机制和反映资源稀缺程度的资源要素价格形成机制。

与要素市场的市场化改革滞后相对应，我国资源开发领域存在进入壁垒。我国资源开发是由特定部门许可批准的：部分资源的开采由国务院地质矿产主管部门审批登记，部分是由省、自治区、直辖市人民政府地质矿产主管部门审批登记，还有部分是经国务院指定的机关审查同意后，由国务院地质矿产主管部门登记。国务院规定由指定的单位统一收购的矿产品，任何其他单位或者个人不得收购；开采者不得向非指定单位销售。

资源垄断与进入壁垒阻碍了资源开采的市场化，给政府自身留下了“设租”寻利的机会。资源开发的央企垄断导致资源开发使用效率的损失，助长了我国经济的高碳化。

12.2.3.4 对资源环境外部性缺少有效的管制办法

比较式（12.2）和式（12.3）可知，式（12.2）没有考虑资源开采时的代内外部成本（G_d）和代际外部成本（G_m）。出现这种情况的原因在于，在资源价值的构成中，无论是代内外部成本 G_d 还是代际外部成本 G_m，都很难通过市场机制自发地实现，都需要完善资源环境税费制度及征收机制来使这些外部成本内部化。而在中国的制度设计中，这方面的管制却严重缺失。原因主要是两个方面：①技术性障碍，特别是外部性的量化存在困难。关于资源环境外部性的量化方法主要来源于市场价值法、替代市场法和想象市场法等。虽然这三种方法在一定程度上解决了部分外部性的量化问题，但由于现实环境的复杂性、环境受损主体和补偿主体的难以界定以及损失的难以衡量，比如温室气体对具体的每个人的损失影响很难精确量化，使得外部性的量化存在困难。②制度性障碍，尤其是资源环境产权的界定等存在困难。科斯定理指出解决外部性问题的前提是明晰产权，而明晰产权本身就很难做到或者成本高昂。它不仅要求对各种权利作出明确的规定而且还要求已作出规定的权利具有排他性和可转让性。环境是公共物品，具有非排他性和非竞争性，无法将这种产权界定给私人，只能建立公共产权，公共产权内部的外部性问题显然无法通过科斯定理来解决。当然，随着环境容量稀缺性程度的不断加剧，环境产权界定所可能获得的收益终将超过其成本，届时开放性产权转向封闭性产权将会水到渠成。

12.3 资源价格影响低碳发展的实证分析

关于资源价格同碳排放的研究，尤其是针对中国的石油、煤炭等能源价格同碳排放的研究几乎没有人涉足。这主要是源于中国的能源价格尚未实现市场化、价格因素对能源消费的影响同已经实现市场化的其他商品相比较而言不显著所造成。本节以石油资源为例，实证分析资源价格与低碳经济的内在机理。

12.3.1 研究背景

IEA 数据库中有关中国碳排放数据显示，来自煤炭部分的碳排放占了接近80%的比重，这主要是源于中国以煤炭为主导的能源禀赋结构所造成。尽管中国石油消费逐年递增，而且 2007 年中国石油进口占石油总消费的比重已经超过50%[①]，但这些都无法改变中国能源消费依然是以煤炭为主导的格局。

① 根据《中国统计年鉴 2009》数据显示，2007 年中国石油消费量为 36 570.1 万 t，石油进口量为 21 139.4 万 t，可知进口占消费比重已经超过 50%。

虽然中国石油消费受世界市场影响的程度逐年递增，但是与石油相比较，中国是产煤大国，自给率较高，煤炭市场长期处在管制状态，尽管随着要素市场化进程的推进，煤炭价格已经开始市场化，但电煤价格仍然处在管制状态，因而煤炭价格对煤炭消费尤其是火电消费的调节作用受到一定的限制。因此，从某种意义上说，中国能源消费同能源价格的关联并不高。

然而，随着中国能源市场化改革的进行，能源价格对能源消费的影响逐渐显现。以石油为例，中国石油定价机制在新中国成立后发生了如下的变化：

第一阶段，1949—1981 年。由于该阶段中国处在计划经济体制下，因此无论是原油零售还是批发价格都处在中央政府的管制之下，因而也就不存在完整意义上的石油交易市场，价格对消费的影响更加无从谈起。

第二阶段，1981—1998 年。随着 1978 年中国开始以市场化导向为目标的改革的开始，中央政府开始放松对石油的管制，但此时的石油仍然处在双轨制中，离市场化定价仍然相去甚远。

第三阶段，1998—2001 年。市场双轨制被放弃，原国家计委出台了《原油成品油价格改革方案》，规定了国内原油、成品油价格按照新加坡市场油价相应确定，中国石油市场从此开始与世界市场接轨。

第四阶段，2001 年至现在。定价机制再度发生变化，国内汽油、柴油价格与新加坡、鹿特丹、纽约市场价格挂钩，当这三个市场平均涨跌幅度超过一定程度时，由发改委制定公布零售中准价；具体零售价由中石油、中石化集团公司在规定浮动幅度内确定，浮动幅度为 5%～8%。

从以上的阶段性描述可以看出，定价机制的改变使得中国石油价格同世界市场的联系不断加深，这主要是源于中国石油消费的迅速增加和对进口依赖的程度不断加大，随着时间的推移，这种联系将会越来越紧密。这种紧密联系在图 12-4、图 12-5 中得到了显著说明。

进一步可以想见，石油价格同世界石油市场联系的加深使世界石油价格对中国石油消费会产生一定程度的影响。这种影响应当直接反映在石油消费所导致的碳排放上并进而影响到碳排放总量上。而中国的碳排放在 1990—2008 年呈现快速增长的趋势，似乎与同期的石油消费总量以及进口石油消费量快速增长存在某种关联。进一步地分析可知，既然世界石油价格会影响到中国的石油进口，自然也就会影响到中国的石油消费总量，并进一步影响到中国的碳排放。

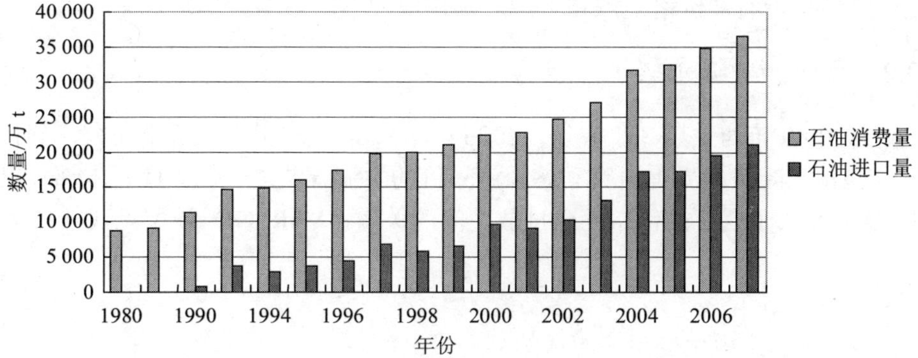

图 12-4　中国石油消费及进口量（1980—2007 年）

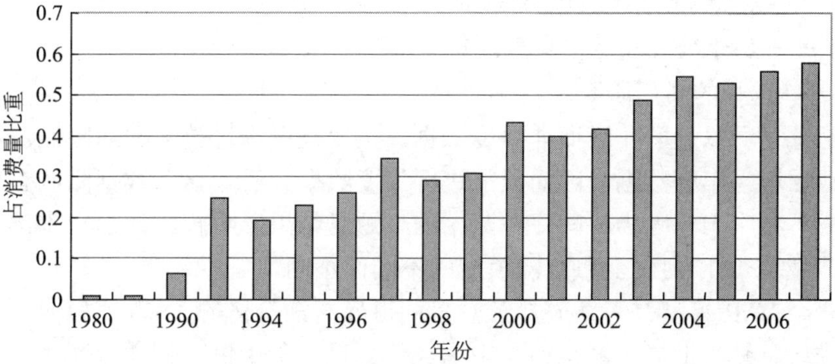

图 12-5　中国石油进口占消费量比重图（1980—2007 年）

然而，前面的猜测仅仅属于理论猜想。这种影响是否存在、如何影响、影响程度多大等，则需要通过实证分析解决。如果实证分析显示石油价格与碳排放之间存在内在关联，那么为了达到在 2020 年碳排放强度降低以及在未来可能进行的总体减排目标，可以采取资源价格调整的方式。

本节研究了世界石油价格同中国碳排放之间的联系，采用了 1983—2008 年的年度数据，使用了向量自回归（VAR）方法。这也是目前计量研究中常用的方法之一，在此基础上进行了格兰杰因果检验、脉冲响应函数和方差分解等分析。

事实上，本部分一共有两个 VAR 模型，一个是分析中国总体碳排放和世界石油价格、中国经济总量、货币供应量、通货膨胀率等之间关联的模型，另一个则是单独分析中国碳排放中由于石油消费导致的碳排放部分同世界石油价格、中国经济、货币供应量、通货膨胀率之间关联的模型。此外，还结合 Mork（1989）的文献，单独分析石油价格上涨和下降对碳排放的不同影响。

12.3.2 方法和数据介绍

自从1980年西蒙斯（于俊年，2006）将VAR方法引入经济学研究，到目前为止，VAR已经是世界上研究动态经济系统的主流方法之一。因此，本部分也选择用VAR方法研究石油价格同碳排放之间的关系，VAR（p）模型见式（12.4）：

$$y_t = c_t + \sum_{t=1}^{p} \Phi_t y_{t-i} + \varepsilon_t \tag{12.4}$$

式中：y_t——k维内生变量所组成的列向量；

y_{t-i}——该列向量滞后i期的向量；

Φ_i——$k \times k$维的系数矩阵，用于描述y_{t-i}对y_t的影响；

c_t——常数项所组成的k维向量；

ε_t——$k \times 1$维且满足白噪声的扰动向量；

p——选择的滞后阶数。

本部分之所以选取年度而非月度数据，主要是受碳排放数据的限制。已有的碳排放数据均为年度数据，因而只能进行年度数据分析。这一数据限制有可能对结果造成不利影响，因为时间序列数据的长短对结果影响较大。由于本部分有两个VAR模型，所以内生变量也随模型的不同而不同。

第一个VAR模型是考察碳排放总量同世界石油价格的关系，所以内生变量为中国碳排放总量、世界石油价格、中国经济总量、货币供给和通货膨胀率。第二个模型考察基于石油消费造成的碳排放总量同世界石油价格之间的关系，所以内生变量为石油消费导致的碳排放量、世界石油价格、中国经济总量、货币供给和通货膨胀率。数据均为1983—2008年的年度序列数据，VAR模型都是选择滞后三阶进行估计。

6个内生变量的选取描述如下：

（1）碳排放总量（记为TE）。我国目前没有统一的碳排放总量数据发布，这里采用美国能源署（EIA）的数据。

（2）基于石油消费导致的碳排放（记为OE）。由于我国目前没有关于石油消费导致的碳排放数据的发布，这里也采用美国能源署（EIA）的数据，为表述方便，以后记为石油碳排放。

（3）世界原油价格（记为OP）。我们选取纽约原油期货市场的交易数据，由于交易数据为逐日数据，所以将全年数据加总得到平均价格记为当年的石油价格，石油价格来源于IEA的网站。

（4）中国经济总量（记为 GDP）。考虑我们选取的数据时间起点为 1983 年，为便于比较，所以对所有的年度 GDP 数据进行处理，统一转化为以 1983 年不变价格计算的实际 GDP。数据来源为《中国 2007 年统计年鉴》和《中国 2009 年统计年鉴》。

（5）货币供给（记为 M2）。由于石油价格会影响一国的货币政策，进而影响到经济整体，最终影响到能源消费。所以将货币供应量也纳入进来，以人民银行发行的货币供给量作为货币供给的指标，数据来源为《中国 2009 年统计年鉴》和《2006 年金融年鉴》。

（6）通货膨胀率（记为 CPI）。通常情况下，研究者一般都采用居民消费物价指数作为衡量通货膨胀的指标，所以这里也采用居民消费物价指数作为衡量通货膨胀的指标。数据来源见《中国 2007 年统计年鉴》和《中国 2009 年统计年鉴》。

12.3.3　检验结果

由于有两个 VAR 模型，所以将按照两个模型的顺序来介绍检验结果，一般情况下，VAR 的检验包括单位根检验、格兰杰因果检验、脉冲响应函数和方差分解分析。这里主要关心石油价格的波动对碳排放、宏观经济的冲击。

12.3.3.1　单位根检验

由于这里分析的变量数据均为时间序列，如果该变量不平稳，则会影响到接下来的脉冲响应函数和方差分解分析。通过使用 ADF 和 PP 检验，可以分析出该变量的平稳性。ADF 和 PP 检验的原假设都是假定该时间序列具有单位根，只有当原假设被拒绝时，才能认为这些变量所代表的时间序列是平稳的，结果显示见表 12-4。

表 12-4　含有中国碳排放总量的单位根检验

变量	原变量		一阶差分		二阶差分	
	ADF 检验	PP 检验	ADF 检验	PP 检验	ADF 检验	PP 检验
TE	2.467 874	1.570 151	−2.365 760	−2.483 677	−4.731 984***	−4.734 779***
OP	3.407 034	4.096 954	−4.552 667***	−4.536 356***	—	—
GDP	14.933 21	12.814 95	−3.178 152**	−3.196 203**	—	—
M2	30.336 32	24.051 63	−2.981 216*	−3.054 499**	—	—
CPI	−2.281 325	−2.367 363	−4.488 112***	−4.470 106***	—	—

注：*，**，***分别代表在 10%，5%，1%的水平下拒绝原假设，即该序列平稳。

在没有进行一阶差分的前提下，所有变量都显示出非平稳性，为了获得平稳的时间序列数据，因此必须进行一阶差分。结果显示，在进行一阶差分后，除 TE

外，所有的变量都显示出时间平稳性，如 OP 和 CPI 在 1%的水平也拒绝具有单位根的原假设，GDP 则是在 5%的水平下拒绝具有单位根的原假设。为了获得 TE 的平稳序列，再进行二阶差分，二阶差分后 TE 终于显示具有平稳性质。以后如果不加以说明，则变量 OP、GDP、M2 和 CPI 代表一阶差分后的变量，而变量 TE 则代表二阶差分后的变量。

以上是对含有碳排放总量的变量进行单位根检验，由于本部分还有另外一个含有石油碳排放量的 VAR 模型，也必须进行单位根检验，检验结果见表 12-5。

表 12-5 含有石油碳排放的单位根检验

变量	原序列		一阶差分	
	ADF 检验	PP 检验	ADF 检验	PP 检验
OE	2.027 760	2.787 418	−7.324 436***	−7.538 650***
OP	3.407 034	4.096 954	−4.552 667***	−4.536 356***
GDP	14.933 21	12.814 95	−3.178 152**	−3.196 203**
M2	30.336 32	24.051 63	−2.981 216*	−3.054 499**
CPI	−2.281 325	−2.367 363	−4.488 112***	−4.470 106***

注：*，**，***分别代表在 10%，5%，1%的水平下拒绝原假设，即该序列平稳。

根据上述检验结果可知，原变量在不进行一阶差分的前提下，全部显示非平稳性质，在进行一阶差分后，所有变量都表现出平稳性质。以后如果不加以说明，变量 OE、OP、GDP、M2 和 CPI 代表一阶差分后的变量。

12.3.3.2 格兰杰因果检验

格兰杰因果检验并非逻辑上的因果关系检验，只是为了避免出现伪回归现象而进行检验，检验结果显示的格兰杰原因也仅仅指在时间先后顺序的关系。考虑到研究的主题是石油价格同碳排放之间的关联，因此，关注重心为石油价格同中国碳排放量以及中国经济的关系。检验结果见表 12-6。

表 12-6 含有中国碳排放总量的格兰杰因果检验

原假设 H_0	1983—2008 年	
	F 统计值	概率
OP 不是 TE 的格兰杰原因	3.682 39	0.035 26
TE 不是 OP 的格兰杰原因	0.432 58	0.782 64
GDP 不是 TE 的格兰杰原因	3.453 63	0.043 57
TE 不是 GDP 的格兰杰原因	0.517 17	0.676 77
OP 不是 GDP 的格兰杰原因	0.457 61	0.765 45
GDP 不是 OP 的格兰杰原因	0.750 19	0.576 60

从表 12-6 可以看出，1983—2008 年，世界石油价格是中国碳排放总量的格兰杰原因，同时中国 GDP 也是中国碳排放总量的格兰杰原因，反过来，中国碳排放总量既不是世界石油价格也不是中国 GDP 的格兰杰原因。这两个结果同预期一致，作为一个正在与世界石油市场逐步接轨的国家而言，其定价机制虽然采用滞后定价的方式，世界石油价格也理应成为中国碳排放总量的格兰杰原因。此外，随着中国经济的快速增长，对石油等能源的消费需求快速增加，由此也导致碳排放量的迅速增加，这也是预期中的结果。已经有许多文献证明中国经济是导致中国碳排放量迅速增加的首要原因。当然，这些文献在分解碳排放量时并未考虑到价格因素的影响。

而中国 GDP 不是世界石油价格的格兰杰原因与直观猜测也相符合。2007 年中国石油消费量仅占世界总消费量的 9%，以中国如此小的消费比重去影响世界石油价格似乎难度很大。这也是对中国经济拉动世界石油价格的结论的一种实证批判。

从表 12-7 可以看出，1983—2008 年，世界石油价格和中国经济总量均是石油碳排放的格兰杰原因，并且，世界石油价格同石油碳排放的关联较中国经济总量同石油碳排放更加紧密。这也与预期结果相符，由于中国超过一半的石油消费是从国外进口，因此世界石油价格对中国石油消费影响较大，也因此影响到石油碳排放，而中国经济的高速发展也产生了对石油的巨大需求，因而中国经济总量也会影响石油碳排放。

表 12-7　含有石油碳排放量的格兰杰因果检验

原假设 H_0	1983—2008 年	
	F 统计值	概率
OP 不是 OE 的格兰杰原因	13.310 4	0.028 55
OE 不是 OP 的格兰杰原因	0.660 02	0.707 70
GDP 不是 OE 的格兰杰原因	3.491 69	0.075 69
OE 不是 GDP 的格兰杰原因	0.012 52	0.911 99

12.3.3.3　脉冲响应函数

接下来，采用脉冲响应函数作为世界石油价格冲击对 VAR 系统的动态影响。考虑到前面格兰杰因果检验的结果，石油价格冲击对碳排放量的影响较为明显。图 12-6 将具体描述世界石油价格冲击对碳排放总量、经济总量、货币供给量和通货膨胀率的影响。

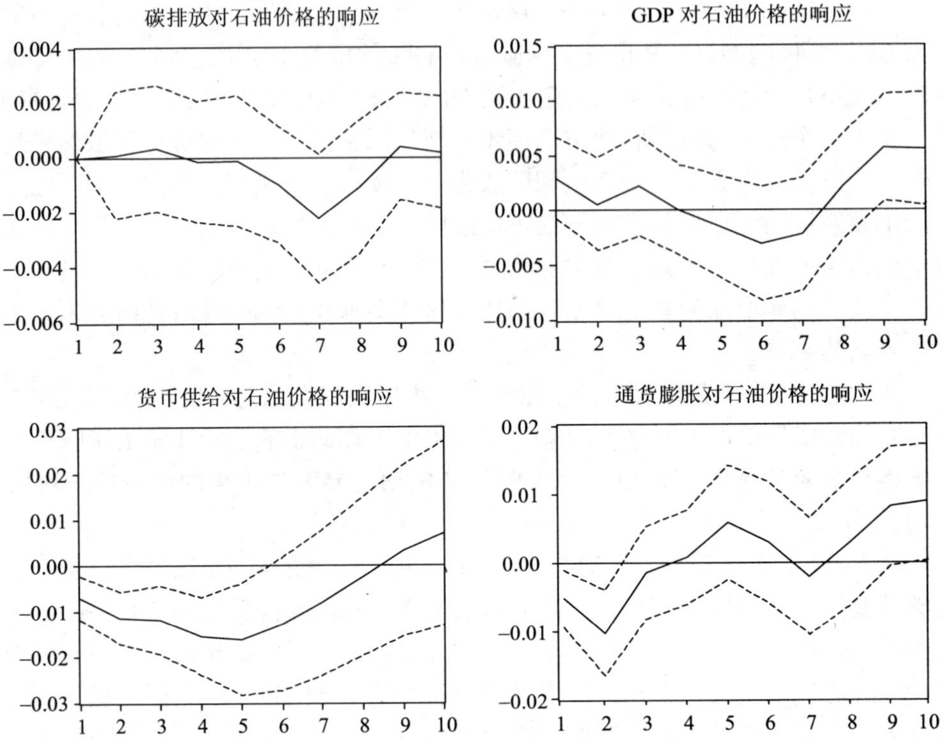

注：实线为脉冲响应变化，虚线为误差带，即响应变化的正负最大偏差。

图 12-6　世界石油价格线性冲击的脉冲响应函数

从图 12-6 可以看到，正的世界石油价格冲击将会降低碳排放总量，起初影响很小，一直到第 5 期以后突然放大，最大的影响出现在第 7 期，此时碳排放总量下降最多。之后会逐步回升，直到第 9 期后影响近乎为零。尽管图中碳排放下降的幅度仅为千分之几，但考虑到碳排放的变量是经历了二次差分之后所得到，因此如果恢复到碳排放量本身，这个幅度依然是非常大的。至于石油价格冲击导致碳排量下降，该结论既符合直观猜测，也同经典经济学理论一致。至于石油价格冲击对其他因素的影响可见图中各子图。

以上是第一个 VAR 模型中世界石油价格冲击所导致的其他变量的反应，接下来则是第二个 VAR 模型中世界石油价格冲击所导致的其他变量的反应。

从图 12-7 可以看出，世界石油价格的线性冲击对石油碳排放呈现出震荡影响，虽然在第 4 期之前以及第 6 期到第 8 期均呈现负向影响，但最大影响出现在第 5 期，此时为正向影响，即石油价格冲击导致碳排放量上升。这点与理论预测相矛盾。

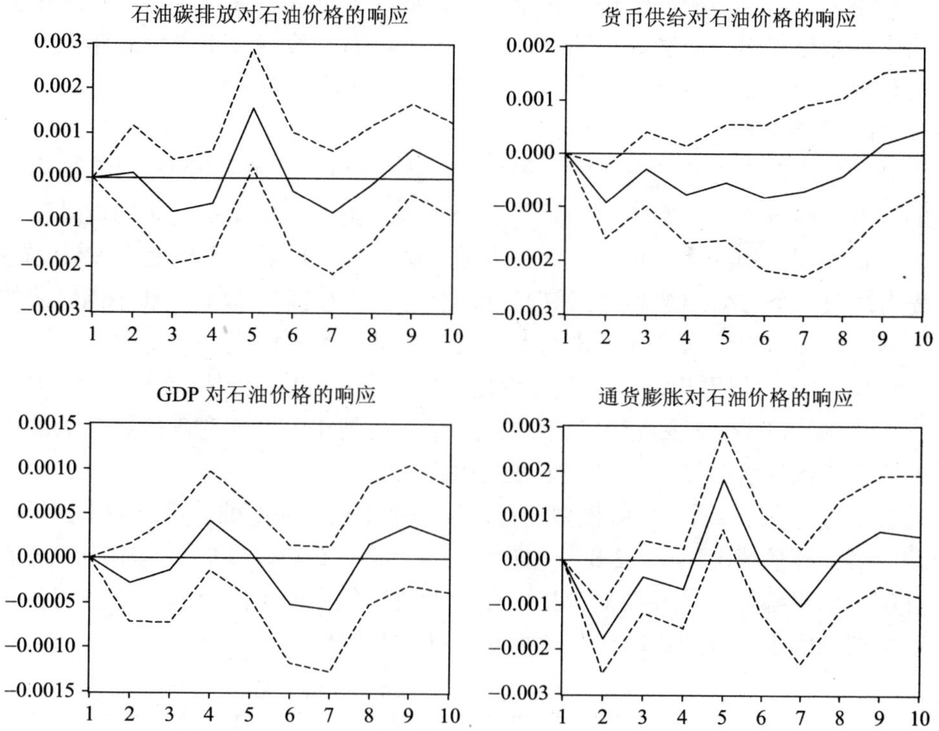

注：实线为脉冲响应变化，虚线为误差带，即响应变化的正负最大偏差。

图 12-7　世界石油价格线性冲击对各变量的影响

出现以上现象有可能是如下原因造成的：中国经济高度依赖于世界尤其是欧盟和美国对中国的进口需求，此外欧盟和美国的石油消费比重占到了世界石油消费的近一半。因此欧美经济的波动既会影响到中国经济的波动，也会影响到世界石油价格，世界石油上涨可能是欧盟和美国需求上升的结果，也同时会由于欧盟和美国需求上升导致中国经济增长，并进而导致碳排放量增加。如果比较世界石油价格冲击对中国经济和石油碳排放的影响，则更容易清楚地看出，尽管世界石油价格冲击都导致两者呈现震荡趋势，两者走势接近一致，但两者并不完全同步，比较图 12-6 和图 12-7 中碳排放和 GDP 对石油价格冲击的反应就可以看到中国经济比石油碳排放更早下降或者上涨。一定程度上，暗示了中国经济是石油碳排放的格兰杰原因，这点与前面的格兰杰检验结果也吻合。

无论是图 12-6 还是图 12-7，都可以看到世界石油价格冲击对 CPI 呈现出正向影响。这点与预期一致，作为一个石油进口国而言，世界石油价格冲击会带来中国通胀率上涨，这与经济学理论完全一致。而关于世界石油价格冲击对货币供给的冲击，则呈现出负向影响，这点也容易理解，石油价格冲击导致通胀上升，必然会导致央行采取减少货币供给和提高利率的政策应对通胀。

12.3.3.4　方差分解

脉冲响应函数描述的是 VAR 模型当中的一个内生变量的冲击对其他内生变量的影响，而方差分解则描述的是每一个结构冲击对内生变量变化的贡献度，进一步评价不同结构冲击的重要性。在方差分解部分，也需要考虑两个 VAR 模型，首先考虑第一个 VAR 模型，在该模型中重点关注中国碳排放总量和中国经济的方差分解，据此可以分析不同冲击对两个变量变动的贡献程度。

由图 12-8 可以看出，世界石油价格对中国经济和中国碳排放都有显著影响，其中对中国经济的贡献随着时间推移，贡献率达到 40%，而对碳排放总量的影响虽然不及中国经济明显，但也稳定在 20%左右。

接下来考虑第二个 VAR 模型，在此模型中主要关注石油碳排放与中国经济的方差分解。具体情况见图 12-8。由图可见，无论是石油碳排放还是中国经济的方差分解，结果都显示世界石油价格不是它们变动的主要来源。基本上它们各自的波动主要归因于自身的影响，其他变量对此贡献较低。

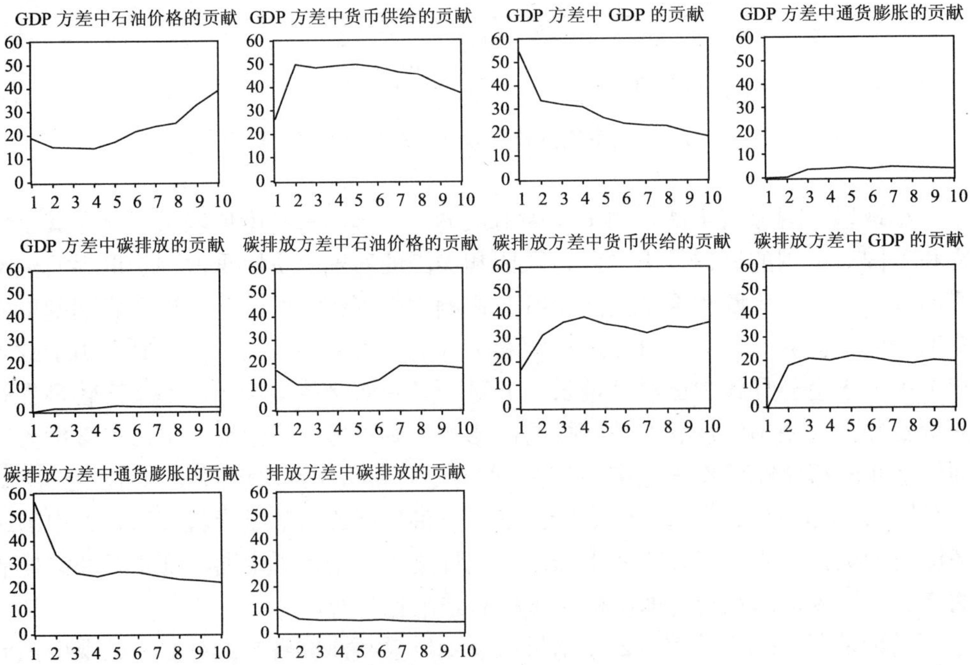

图 12-8　TE 和 GDP 的方差分解

12.3.4 对称性分析

上述的分析都是考虑世界石油价格线性冲击对 VAR 模型各内生变量的影响。但是在金融研究中，许多学者都发现好消息和坏消息所带来的资本市场冲击非对称。因此，这里也借助这一思想分析世界石油价格上涨和下降对碳排放的影响。这里主要借助 Mork（1989）的文献，他将石油价格变化分解为石油价格上升和石油价格下降两个独立变量，定义如式（12.5）：

$$O_1=\begin{cases}O_t,\ \text{如果}O_t>0\\0,\ \text{其他}\end{cases}$$
$$O_2=\begin{cases}O_t,\ \text{如果}O_t<0\\0,\ \text{其他}\end{cases}\tag{12.5}$$

这里 O_t 表示石油价格的变化率，而 O_1 和 O_2 则分别代表正、负的石油价格变化率。引入这一变量后，可以进行平稳性检验，检验结果见表 12-8。

表 12-8 O_1 和 O_2 的平稳性检验

变量	原变量	
	ADF 检验	PP 检验
O_1	$-5.000\ 681^{***}$	$-5.001\ 638^{***}$
O_2	$-5.417\ 948^{***}$	$-5.416\ 987^{***}$

注：*，**，***分别代表在 10%，5%，1%的水平下拒绝原假设，即该序列平稳。* 越多表明检验效率越好。

同前面的时间序列相比较而言，这里结果显示比较理想，不需要进行一阶差分即是理想的平稳序列，这主要是由于 O_1 和 O_2 本身就是经过差分处理过的序列。

从表 12-9 可以看出，在 5%的水平下，只有 OE 是 O_1 的格兰杰原因和 GDP 是 O_2 的格兰杰原因的备择假设得到检验结果的支持，其他的检验结果全部显示原假设不能拒绝，即石油价格无论是上升还是下降全部不是碳排放的格兰杰原因。

表 12-9 碳排放总量同转化后的石油价格的格兰杰因果检验

原假设 H_0	1983—2008 年	
	F 统计值	概率
O_1 不是 OE 的格兰杰原因	0.170 65	0.844 46
OE 不是 O_1 的格兰杰原因	7.352 81	0.004 63
O_2 不是 OE 的格兰杰原因	0.051 45	0.949 99
OE 不是 O_2 的格兰杰原因	0.282 10	0.757 47

原假设 H_0	1983—2008 年	
	F 统计值	概率
O_1 不是 GDP 的格兰杰原因	1.327 44	0.289 90
GDP 不是 O_1 的格兰杰原因	0.129 93	0.878 97
O_2 不是 GDP 的格兰杰原因	0.610 64	0.717 96
GDP 不是 O_2 的格兰杰原因	5.408 68	0.029 65

接下来则是进行脉冲响应函数分析，这里主要关注石油价格上涨和下降的冲击对碳排放总量以及 GDP 的影响。从图 12-9 可以看出，石油价格上涨和下降对碳排放的冲击并不相同，石油价格下降冲击导致碳排放增加，石油价格上涨冲击则导致碳排放减少，结果符合经济学常识，但两者同样的冲击幅度带来大小不同的影响和时滞。就影响大小程度而言，石油价格上涨带来碳排放的最高下降幅度高于石油价格下降带来碳排放的最高上升幅度，石油价格上涨会迅速导致碳排放下降，且在第 1 期下降程度就达到最大，而石油价格下降则会导致碳排放缓慢上升。而就影响长短而言，石油价格上涨的冲击影响在第 6 期后就几乎为零，即模型预测石油价格上涨会导致短期的显著影响，但长期效应不明显，而石油价格下降的影响几乎是持久的，尽管影响程度较小，但会带来碳排放的持久增加。

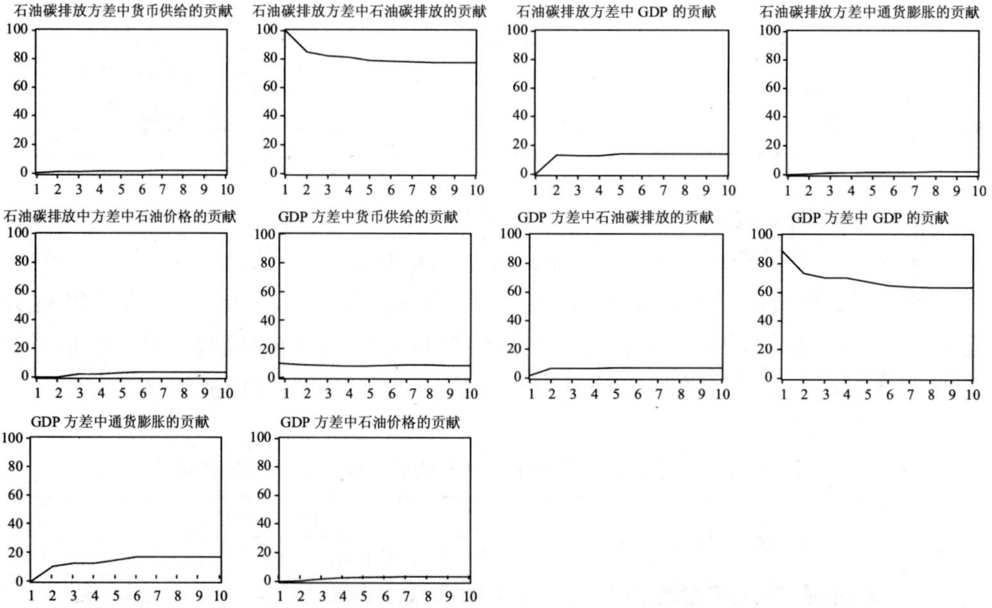

图 12-9 OE 和 GDP 的方差分解

12.3.5　研究结论

根据 IEA 的碳排放数据显示，中国已于 2006 年成为世界碳排放第一大国，中国的碳排放问题已经成为中国乃至世界关注的热点。以往对碳排放的研究多是基于各种分解方法研究碳排放的影响因素，并没有就石油价格或者其他资源价格对中国碳排放问题的影响进行研究。由于中国石油消费的迅速增加，对石油的进口依存度不断增加，能源市场化改革逐步进行，导致能源价格尤其是世界能源价格对能源消费的影响逐步加深，并进而影响能源消费导致的碳排放，这一新形势也使得研究能源价格对碳排放的影响有了实际意义。

本节基于 1983—2008 年的年度数据，采取通用的 VAR 方法实证研究了世界石油价格对中国碳排放以及石油碳排放的影响，进行了包括格兰杰因果检验、脉冲响应函数分析和方差分解等方式，得出如下结论：

（1）世界石油价格是中国碳排放总量的格兰杰原因。这说明世界石油价格对中国碳排放量已经产生影响，并且可以预见的是，随着中国能源市场化进程的加快，世界石油价格对中国碳排放量的影响将进一步增大。同时，中国 GDP 也是中国碳排放总量的格兰杰原因，这一结论同许多研究碳排放分解的文献结论一致，无论这些文献是采用 IPAT 还是 Kaya 等式分解的方法，结果都显示经济增长对中国碳排放贡献良多。

因此，通过调整石油价格定价机制，尽早使中国石油价格同世界石油价格接轨，降低乃至减少对石油企业不合理的补贴，有助于减少因定价不合理导致的能源消费浪费，并进而达到降低碳排放的目标，既适当满足国际社会对中国碳减排的要求，同时也达到节约能源缓解资源压力的目的。

同时，世界石油价格和中国经济总量均是石油碳排放量的格兰杰原因，并且世界石油价格同石油碳排放量的关联较中国经济总量同基于石油碳排放量更加紧密。说明世界石油价格对中国石油消费已经产生影响，也正因为如此，石油价格定价机制需要尽快调整。当然，另一方面，中国经济不是世界石油价格的格兰杰原因与直观猜测也相符合，这说明世界石油价格对中国而言依然是外生变量，即中国经济不是世界石油价格上涨的原因。

（2）根据脉冲响应函数分析可知，正的世界石油价格冲击将会显著降低碳排放总量，尽管起初的影响并不明显，但随着时间的推移影响逐步显现，最大下降幅度出现在第 7 期，此时碳排放总量下降最多，直到第 9 期后影响近乎为零。这一结果说明，石油价格上涨冲击有助于降低碳排放量，再度证明了石油价格与碳排放之间存在关联。

而在第 2 个 VAR 模型中，石油价格冲击导致石油碳排放量和中国经济呈现震荡反应，并且两者均没有显著的上升或下降趋势，但石油碳排放量和中国经济两者走势几乎一致，这可能同中国对欧美国家进口的过度依赖有关。至于方差分解结果则显示，世界石油价格对中国经济和中国碳排放总量都有显著影响，即石油价格是造成中国经济和中国碳排放波动的主要原因之一，石油价格冲击会造成中国经济和碳排放的显著波动。

（3）对称性分析结果显示，石油价格上涨带来碳排放减少，而下降则带来碳排放增加，并且两者对中国碳排放总量的影响并非是对称的。就影响大小而言，石油价格上涨带来碳排放的最高下降幅度高于石油价格下降带来碳排放的最高上升幅度，就影响长短而言，石油价格上涨的冲击影响在第 6 期后就几乎为零，即石油价格上涨对碳排放的影响不具备持久效应，而石油价格下降的影响几乎是持久的，会带来碳排放的持久增加。即石油价格的上涨有助于显著降低碳排放，但影响并不能持久保持，暗含调整目前国内偏低的石油价格，有望降低碳排放的政策含义，但长期的碳排放下降并不能仅仅依靠石油价格的调整，还需要其他措施的协助。此外，石油价格下降所带来的冲击可能导致碳排放的持久增加也值得关注。

12.4 促进我国低碳发展的资源价格改革对策

如前所述，高碳资源定价过低，会导致高碳资源的过度使用并导致 CO_2 的过度排放；高碳资源定价过高，又会阻碍具有资源优势的高碳资源的利用和经济社会的发展。因此，促进高碳资源定价科学化，是资源价格改革的一个方向。低碳资源的开发利用，可能由于科学技术的突破而使得开发主体可以获得能够激励其继续从事开发活动的利润率。但是，总体上，风能资源、太阳能资源等低碳资源的开发还处于成本大于收益的阶段，如果没有足够的价格补贴，追求利润最大化的企业是没有动力从事低碳资源开发的。因此，促进低碳资源的开发，是资源价格改革的又一方向。

12.4.1 促进高碳资源定价科学化改革

12.4.1.1 放松管制、市场取向的改革——以成品油价格改革为例

改革开放以来，我国对各种资源的价格进行了市场化改革。迄今，煤炭、原油的国内价格已基本与国际接轨，但是成品油价格依然没有完全实现市场化。市场化的价格是优化资源配置的前提条件，也是完善资源税制的基础，更是实现低

碳经济的有效手段之一。如果成品油价格低于市场价格，则会造成过度使用，进而增加单位 GDP 能耗；如果成品油价格高于市场价格，则会引来部分投机者利用国内外差价进行套利，如 2008 年的国际高油价时期，由于我国实行的成品油价格管制，在国际油价大幅走高时我国没能按照相关机制及时调整国内价格：一方面，没有能够通过价格形式有效抑制过度消费，甚至还刺激部分境外消费者到境内消费成品油；另一方面，国内预期涨价越来越强，各种囤油、惜售现象大量出现，国际炒家紧盯国内成品油价格的这一缺陷，不断推高国际市场期货价格和现货价格。即使在这样的高油价下，我国的石油进口量依然持续大量增加。因此成品油价格的市场化是必然之举。

我国现行成品油价格是按国家发改委 2009 年 5 月 7 日发布《石油价格管理办法（试行）》定价的，规定国内成品油价格以国际市场原油价格为基础，加国内平均加工成本、税金、合理流通费用和适当利润确定。具体定价办法为：当国际原油价格连续 22 个工作日移动平均价格变化超过 4%时，可相应调整国内汽油、柴油价格。当国际市场原油价格低于每桶 80 美元时，按正常加工利润率计算成品油价格；高于每桶 80 美元时，开始扣减加工利润率，直至按加工零利率计算成品油价格；高于每桶 130 美元时，按照兼顾生产者、消费者利益，保持国民经济平稳运行的原则，采取适当财税政策保证成品油的生产和供应，汽油、柴油价格原则上不提或少提。

成品油定价机制市场化是我国能源领域价格机制发挥作用的重要举措，也可以为实现低碳经济打下坚实基础。加快推动我国成品油价格形成机制市场化，必须做到：

（1）要实现国内成品油零售、批发市场对外放开，让我国成为全球市场的一个重要组成部分，为成品油价格的市场化提供有利条件。成品油市场的全部放开必将出现新的竞争态势，一度进口专营的局面将消失，批发市场的格局也会发生深刻的变化。目前国外石油巨头如 BP、壳牌、埃克森美孚、雪佛龙等跨国石油公司在我国的合资、控股以及独资加油站已经达到数千座，并广泛分布于沿海到内地的各大中心城市和交通干道上，紧锣密鼓地进行石油储运设施的建设，为批发市场放开奠定基础。

（2）要增加成品价格形成机制的透明度，逐步取消“时间窗”。“时间窗”是人为设定的一个成品油价格调整时间间隔，虽然在成品油价格形成机制中没有明确说到满足“时间窗”的条件就必须调整，但“时间窗”却会经常成为市场和社会的焦点，毕竟价格调整涉及千家、关系万户的敏感事件。现实的情况是，根据“时间窗”和“波动范围”预期价格上调时不调，社会有意见；根据“时间窗”和

“波动范围”预期价格下调时不调，社会更有意见。前者主要反映了生产商或投机商意见，后者则主要反映了包括居民用户的消费者意见。出现这种现象的原因显而易见，就是市场中的利益相关者分别以各自的利益得失评价成品油价格形成机制。根据经济学界对成品油价格波动研究结果，世界原油价格波动是国内成品油价格波动的最主要动因，而成品油价格上涨会通过产业链的传递而影响我国经济，加大经济运行成本。我国成品油价格形成机制对价格控制的主要效用在于调整成品油资源的分配，保障国民经济健康有序发展，调节社会对成品油的需求。建议逐步取消现有成品油价格形成机制的“时间窗”，提高成品油价格形成机制透明度。

12.4.1.2 完善管制、防止垄断的改革——以煤炭价格改革为例

中国是全世界煤炭开采量和消费量最大的国家。煤炭占中国能源消费的70%之多，高于世界平均水平40个百分点。中国每年80%的CO_2排放量来自于燃煤。煤炭价格的构成中存在突出的问题是：生产性价格高估，资源性价格低估，外部性价格严重低估。我国2007年10月优质动力煤的价格如下：大同的坑口价265元/t，秦皇岛的平仓价480～500元/t，上海的提货价580～590元/t，广州的提货价610～620元/t。而茅于轼等（2008）所著的《煤炭的真实成本》揭示，煤炭造成的环境、社会和经济等总体综合外部损失超过17 000亿元，相当于当年GDP的7.1%。煤炭外部成本的具体项目及计算结果见表12-10。

表12-10 煤炭外部成本的计算

煤炭的环境社会损失及管制缺陷带来的价格扭曲（2005年）		外部成本/（元/t）
煤炭开采的环境损害	水资源的破坏损失	26
	土地塌陷损耗	4.67
	房屋建筑和教堂设施等的损失	1
	水土流失和生态环境损失	25.8
	煤矸石堆放处置、自燃煤矸石的处理	4.9
	采煤空气污染	7.1
小计		69.47
煤炭燃烧的环境损失	健康损失	44.8
	农业损失	25.7
	工业、交通材料设施、建筑物寿命损失	6.8
	水质下降	12.7
	重金属污染	1.2
	燃烧的固体废物等	0.5
小计		91.7

煤炭的环境社会损失及管制缺陷带来的价格扭曲（2005 年）		外部成本/（元/t）
煤炭运输的环境损失	噪音、废气等	34.05
小计		34.05
煤炭的政府管制成本和价格扭曲	电价管制对煤价的抑抵	65
	煤矿安全投入偏低	71.03
	井下矿工损伤耗成本	14.53
	土地成本偏低	54.64
	企业办社会负担	–7
	煤炭超载运输损失	16.25
	铁路建设基金	–7
小计		218.65
总计		413.87

数据来源：茅于轼、盛洪、杨富强等，煤炭的真实成本，煤炭工业出版社，2008。

与煤炭价格过低、外部损害过大、政府管制成本过大直接相关的一个突出问题是煤炭资源开发的垄断问题。根据林伯强（2010）的判断：在电力领域，国有企业的电力供给所占的比例高达 90%以上；在煤炭领域，产煤大省山西省的国有企业矿井数占到全省的 82.1%；在石油领域，中石化和中石油两大巨头拥有国内陆地原油 90%的开采权。煤炭资源的垄断性开发导致的后果是十分严重的：①导致煤炭资源开发的低效率以及资源配置的低效率，因为依靠垄断地位就可以获取垄断利润；②导致煤炭资源开发中环境管制的不落实，有的央企不执行地方性法规，如拒绝上交生态环境补偿基金等；③导致煤炭开采的央企与煤炭资源所在地区的利益冲突，尤其是出现税源地和纳税地的不一致。

因此，低碳经济视角下煤炭资源的价格改革的举措是：①外部成本的内部化改革。由于我国的煤炭资源的价格主要只考虑开发成本，而对生态环境的成本考虑严重不足，从而导致不能反映煤炭使用的真实成本，造成能源使用效率不高，导致大多数企业高估自身的利润。通过环境税、碳税等手段促使煤炭开采、运输、使用过程中的外部成本的内部化。②完善政府管制的改革。通过定价机制改革、监督机制的建设等，降低煤炭资源管制中政府行为扭曲的成本。只有建立“管制管制者”的机制，才能防止政府管制的失灵问题。③反对煤炭资源垄断的改革。在我国各种能源资源中，煤炭资源量大、分布广，生产者和消费者数量多，完全可以建立竞争性的煤炭市场。

12.4.1.3　培育市场、健全体系的改革——大力培育资源基础市场和资源期货市场

与资源相关的市场体系包括资源基础市场、资源产品市场和资源期货市场。资源基础市场上资源产权交易及形成的价格反映了资源的稀缺程度和有偿使用；

资源产品市场上资源性产品交易及形成的价格反映的是资源初加工或深加工品的市场交换；资源期货市场则集套期保值与价格发现于一身，而且有利于资源开发利用的代际外部性问题的解决。我国资源市场体系的现实状况是自愿性产品市场相对发达，而资源性期货市场和资源性基础市场不够发达。因此，改革的方向主要是两个方面：①大力发展资源基础市场。包括资源在内的要素市场的市场化改革是完善社会主义市场经济的重要内容。资源基础市场的建设有利于在源头上配置好自然资源。要加大力度进行水权、林权、矿业权、排污权、碳权的产权界定、初始配置、有偿使用和产权交易等方面的改革，让最稀缺的自然资源配置到能够带来最大效益或效用的经济主体上。②大力培育资源期货市场。扩大期货市场中能源、金属等基础物资类商品期货，扩大资源期货市场在国际上的影响力和话语权。

12.4.2 促进低碳资源开发利用的价格补贴改革

对于高碳资源要取消价格管制、逼近均衡价格以抑制高碳资源的过度使用；而对于低碳资源则要给予补贴以激励低碳资源的开发利用。如表 12-11 所示，笔者在内蒙古、宁夏的调研可知，火电的发电成本是 0.25 元/（kW • h），风电的发电成本是 0.47 元/（kW • h），光伏发电的成本是 1.10 元/（kW • h）。火电的上网电价是 0.28 元/（kW • h），如果要求风电和光伏电均按照这个价格上网，那么意味着每发 1 kW • h 风电，企业亏损 0.19 元；每发 1 kW • h 光伏电，企业亏损 0.82 元。

表 12-11 各类电力的生产成本及其上网电价

发电类型	火电	风电	光伏发电
成本/[元/（kW • h）]	0.25 左右	0.47 左右	1.1 左右
上网电价/[元/（kW • h）]	0.28	0.45～0.58	1.15

在现有的技术水平条件下，风力发电和光伏发电是典型的政策性产业，需要政府补助。促进低碳资源开发利用的价格改革的主要方向是：①设立低碳发展基金，促进低碳发展。低碳发展基金的来源包括：国家的财政划拨，煤炭等高碳资源征收的环境税费中划拨，排污权和水权等初始转让费中划拨，社会捐赠等。低碳发展基金重点向从事风能、太阳能等低碳资源开发的企业进行价格补贴。②设立低碳研发专项，促进自主创新。低碳科技的研发是一项成本高、见效慢的活动，仅只有企业的研发投入是不够的。因此，国家科技部门要加大对企业低碳研发的投入，进行科技攻关，实现低碳发展成本的显著下降，促进企业持续发展。

参考文献

[1] 高鸿业．微观经济学．第四版．北京：中国人民大学出版社，2007：262-273.

[2] 谢高地，邵波．论我国自然资源价格形成机制的重构．学习与探索，2005（6）.

[3] 晓丰．我国节约用水的现状、措施和发展趋势．2005. http://bbs.h2o-china.com/viewthread.php?tid=107505&page=1&authorid=93714.

[4] 沈满洪．环境经济手段研究．北京：中国环境科学出版社，2001.

[5] 李建平，李闽榕，高燕京．中国省域经济综合竞争力发展报告（2008—2009）．北京：社会科学文献出版社，2010.

[6] 于俊年．计量经济学软件——Eviews 的使用．北京：对外经济贸易大学出版社，2006.

[7] Mork A.Knut. Oil and the macroeconomy when prices go up and down：an extension of Hamilton's results. Journal of Political Economy，1989，97（3）：740-744.

[8] 茅于轼，盛洪，杨富强，等．煤炭真实成本．北京：煤炭工业出版社，2008.

[9] 林伯强．能源价格机制非改不可．中国化工报，2010-12-22.

第 13 章

低碳财税论

碳排放的本质在于负外部性而碳减排的本质在于正外部性，从而导致碳排放的私人供给过多而碳减排的私人供给不足。针对外部性问题，庇古（1920）提出采用财税手段即庇古税方式实现外部性内部化。本章主要研究财税手段对发展低碳经济的影响和作用，并进而提出针对我国的低碳财税政策以及从高碳财税政策向低碳财税政策的转型路径。

13.1 低碳财税政策的内涵界定

13.1.1 低碳财税政策的内涵

马歇尔（1890）认为外部经济的存在使得市场交易无法有效进行，庇古（1920）继承了上述思想，并进而提出采用财税手段即庇古税的方式解决外部性问题。

庇古税的理论核心在于将产品的生产成本分为边际私人成本和边际社会成本，以及将产品的收益分为私人收益和社会收益，进而认定外部性的存在源于两种成本的差异或者两种收益的差异。当边际私人成本低于边际社会成本时，意味着存在负外部性，而导致了产品的私人供给过度。而当边际私人收益低于边际社会收益时，意味着存在正外部性，从而导致产品的私人供给不足。上述两种情形均使得市场机制无法有效配置资源，从而出现市场失灵。如要解决市场失灵，必须消除外部性即两种成本或两种收益的差异。

碳排放的经济学本质是外部性问题。由于温室气体的排放属于私人行为，但由此造成气候变暖的后果却由其他人共同分担，因而存在一定的外部成本，而这部分成本却没有纳入到私人决策中，碳排放就是属于边际社会成本高于边际私人成本的负外部性现象。

碳减排的经济学本质也是外部性问题。一部分人减排温室气体所带来的好处却由所有人共同分享，因而存在一定的外部收益，这部分收益并没有体现在私人减排的收益中。碳减排就是属于边际社会收益高于边际私人收益的正外部性现象。

根据外部性理论，碳排放过度和碳减排不足的原因在于外部性。依据庇古税定理，可以采取适当的财税政策消除碳排放的负外部性和碳减排的正外部性，从而实现促进碳减排和抑制碳排放的目标。而从国外征收碳税和财政补贴的实践来看，财税政策的确有助于碳减排。由于碳减排是低碳经济的基本特征，因此财税政策也可以应用于发展低碳经济。

低碳经济是以 CO_2 为主的温室气体减排为基本特征的经济形态，表现为经济低碳化和低碳经济化。前者指产业经济活动和生活消费方式都必须维持低排放水平，后者则是指低碳技术和低碳产品等成为企业获取利润的关键和居民获得效用的新时尚。从低碳经济的内涵而言，低碳财税政策是指能够促使碳减排或促进低碳发展的财税政策。

低碳财税政策的设计源于庇古税理论，其经济学本质就是外部性内部化。庇古税的理论是指通过征税从而消除边际私人成本和边际社会成本的差异或者通过补贴方式消除边际私人收益和边际社会收益的差异，进而消除了负外部性产品的过度供给和正外部性产品的供给不足现象，最终达到市场的有效均衡水平。通过征税方式消除碳排放外部性的低碳财税政策可以称为低碳税收政策，例如碳税政策，而通过补贴政策消除碳减排外部性的低碳财税政策可以称为低碳补贴政策，例如低碳技术补贴政策。

碳减排作为低碳经济的基本特征，是区别低碳经济与其他经济形态如绿色经济、循环经济等的重要依据，因此如果要将一项财税政策纳入低碳财税政策之列，该政策应当能够促使碳减排，在政策实施期内就能促使碳减排当然应当列入，而有些政策属于间接促使碳减排，在短期内可能无法达到立竿见影的碳减排效应，但在长期中有助于碳减排，则应当也列入低碳财税政策之中。例如促进低碳技术发展的补贴政策，虽然在技术研发周期内难以迅速促使碳减排，然而随着碳减排技术的成熟和推广应用，长远来看必将促进碳减排，因此该政策也应当包含在低碳财税政策的体系内，并且碳减排技术的成熟和应用又能促进经济转型，还能实现技术出口，进一步促进经济增长，达到双重红利。

从上述界定可知，碳税政策显然属于低碳财税政策，碳税征收依据是生产和消费活动中使用化石能源的含碳量，其征税目的一般为减少温室气体排放。由于碳排放主体并不是单独承担因碳排放而引起的全球气候变暖等后果，而是由全人类承担这一后果，因而使得边际私人成本低于边际社会成本，导致私人碳排放过度。通过征收碳税，使得私人个体为自己的碳排放行为付出代价，当税率刚好抵消边际社会成本和边际私人成本之间的差异时，私人主体的过度供给将会消失，此时的均衡水平是有效碳排放水平。而从国外已有的碳税实践经验来看，该政策的确实现了碳减排的目标。并且进一步研究可知，如果能对碳税机制进行有效设计，该政策不一定会带来对经济增长、收入分配等显著的负面影响。因而碳税政策应当列入低碳财税政策，而环境税和能源税是否能够视为低碳财税政策则需要分具体情形分析，环境税的征税目的一般为保护自然环境，能源税则是减少能源使用，这与碳减排的目标存在一定的交叉但又不完全重合。以能源税为例，征收能源税一般会减少能源使用，进而可能会降低因化石能源使用带来的碳排放，然而能源税的征税依据是能源使用量而不是含碳量，因而征收能源税并不一定能带来碳减排，甚至有可能带来碳排放的增长。因此需要进一步厘清上述两项财税政策对碳排放的影响才可以界定其是否属于低碳财税政策。

此外，补贴低碳产品和技术既有助于降低碳排放，同时又能带来新的经济增长点，同时促进低碳经济发展，理所应当属于低碳财税政策。以低碳产品补贴政策为例，尽管生产低碳产品促使碳减排，但是碳减排的收益由全人类分享①，因而对于生产者而言存在收益外溢。如果该收益不能通过合理的制度设计转移至生产者，则生产者缺乏供给激励，导致低碳产品的供给不足。通过补贴低碳产品，使得外溢的收益转移至生产者，生产者获得了足够的供给激励，则会提供充足的低碳产品，当补贴额度刚好等于外溢收益时，则生产者获得了最大的供给激励，此时低碳产品供给最为有效②，此时的均衡水平也是有效碳减排水平。

综上所述，低碳财税政策的经济学本质即实现外部性内部化，通过征税或者补贴的方式消除外部性，进而达到市场有效均衡。

13.1.2 低碳财税政策和高碳财税政策的比较

如前所述，低碳财税政策指促使碳减排或促进低碳发展的财税政策，与之相对应的财税政策则是高碳财税政策，即促使碳排放增加的财税政策。需要指出，碳减排作为低碳财税政策的目标指向，从政策设计开始就十分明确，并且政策效果也确实应该体现该意图，但是高碳财税政策的设计意图一般而言并非是有意识增加碳排放或者忽视碳排放增加的后果，碳排放增加则只是该政策实施的后果。即低碳财税政策可以依据政策设计意图及后果进行界定，然而高碳财税政策无法从设计意图而只能从政策后果的角度来界定。进一步分析可知，低碳财税政策是在发展低碳经济的大背景下出台，这一背景决定了该政策必须以碳减排为目标，同时在实践中也必须达到碳减排的效果。而高碳财税政策对碳排放的促进作用则

① 当然，此处的全人类包括代际间的人类，因为碳减排的收益被隔代的人类所分享。

② 如果补贴额度大于外溢收益，则对消费者显著不利，故称补贴额度等于外溢收益时，此时生产者所获得的激励最大。

并非是有意为之，但是在实践中确实促使碳排放增加。

以碳税政策为例，该政策的出台专门针对碳排放问题，其征税依据即是化石燃料中的含碳量，该政策目标导向即为碳减排，而在实践中也证明该政策的确有助于碳减排，同时可能带来经济新增长点进而促进经济转型实现可持续增长，因而该政策属于低碳财税政策，也正是因为征收碳税在各国的成功实践，中国政府也开始考虑通过征收碳税的方式来控制碳排放量的快速增长。

我国现行对油气企业实行的增值税政策就属于高碳财税政策。按照我国现行增值税征收规定，对油气田企业提供的生产性服务理应设置 17%的税率，不应有所优待，但是国务院批准对某些油气田企业设置 5%的增值税税率，甚至还规定从 2009 年 1 月 1 日起，对成品油生产企业在生产成品油过程中，作为燃料、动力及原料消耗掉的自产成品油，免征消费税。从碳减排的角度而言，油气田企业是碳排放的主力，其税率理应高于一般商品生产的税率，但现行规定却与此相悖，不仅没有规定高于一般水平的税率，反而还对油气企业设置低于一般水平的税率，甚至对成品油企业免征消费税，直接导致该类型企业碳排放增长。

既然低碳财税政策可以分为低碳税收政策和低碳补贴政策，则高碳财税政策也可以分为高碳税收政策和高碳补贴政策。总体而言，高碳财税政策和低碳财税政策存在如下区别①：

13.1.2.1　高碳税收政策和低碳税收政策征税目的不同

高碳税收政策的征税目的一般为获取税收收入从而支付公共产品成本，而低碳税收政策的征税目的则一般是促使碳减排。对于政府而言，政府可以通过征收高碳税收弥补无法通过商业经营的方式获取收入的不足，由于政府肩负着公共产品诸如国防、教育、基础设施建设以及政府自身雇员的开支，不得不寻求获得收入的渠道，税收收入就成为政府获得收入的最主要渠道，然而对于纳税者而言，同意缴纳税收的前提是税收收入不得用作他途，这也是纳税者和政府之间暗含的契约所在。而对于低碳税收政策而言，政府征税目的一般并不是获取税收收入，而是通过征税实现碳排放和碳减排外部性内部化，从而促使碳减排，这正是低碳财税政策的设计意图所在。

13.1.2.2　高碳税收政策和低碳税收政策征税效果不同

高碳税收政策导致效率损失，低碳税收政策则实现双重红利。根据哈伯格三角可知，相对于无征税的市场均衡情形而言，征收高碳税收由于提高了消费者实际付出的价格同时降低了生产者实际所得的收入，对消费者和生产者两方面造成了损失，虽然政府从中获得了税收收入，但对社会整体而言仍然存在效率损失，

---

① 由于财税政策包括征税和补贴两种方式，因此分别对征税和补贴进行比较说明两种财税政策的不同。

并且由于高碳税收政策忽视碳排放的外部性，导致各种产品相对价格并未包含外部性，进一步导致环境恶化。而低碳财税政策则通过消除碳排放和碳减排的外部性，首先实现环境改善获得绿色红利，进而通过适当的机制设计消除税收征收所带来的效率损失带来收入分配等的改善获得蓝色红利，从而获得双重红利。

13.1.2.3 高碳补贴政策和低碳补贴政策补贴目的不同

一般而言，出台高碳补贴政策的目的是增加社会福利，而出台低碳补贴政策的目的则是激励低碳发展。政府往往会选择在经济衰退或者意图扶持某些产业时采取高碳补贴政策，通过补贴政策可以消除消费者和生产者的负担，从而获得社会福利改进，促进经济增长。而低碳补贴政策则着眼于低碳经济发展的大局，通过补贴政策促使生产者和消费者分别选择生产和消费低碳产品，使得低碳经济化和经济低碳化同时实现，促进低碳经济发展。

13.1.2.4 高碳补贴政策和低碳补贴政策补贴效果不同

根据哈伯格三角，在不考虑外部性的前提下，无论是税收还是补贴政策，都将导致一定的效率损失，并且由于高碳补贴政策忽视或者无视碳排放的外部性，导致各种产品相对价格进一步扭曲，存在直接有害于环境和气候的补贴效应。例如我国在2008年为应对金融危机采取汽车下乡补贴的政策，虽然通过降低汽车的价格促进汽车的销售，成功拉动了国内消费，然而由于大量新增汽车的尾气排放，导致碳排放进一步增加，同时也污染环境。而低碳补贴政策着眼于消除碳减排的外部性，并且通过机制设计实现收入分配等方面的改善，实现双重红利。此外，由于低碳补贴政策促使碳减排和低碳经济发展，有利于环境问题的改善和气候变化的缓解，不存在有害于环境的补贴效应。

总体而言，低碳和高碳财税政策的差别主要体现在上述四方面。具体可见表13-1。

表13-1 低碳和高碳财税政策比较

比较项目	高碳财税政策	低碳财税政策
征税目的	主要在于获取政府税收	主要在于减少碳排放
征税效果	存在效率损失	实现“双重红利”
补贴目的	主要在于增进经济福利	主要在于激励低碳发展
补贴效果	存在效率损失，也可能存在有害环境的补贴效应	实现“双重红利”，不存在有害环境的补贴效应

13.1.3 低碳财税政策的特点

从低碳财税政策的内涵及其与高碳财税政策的比较分析中可以看出，低碳财税政策应具有如下 3 个特点：

13.1.3.1　目的明确

根据前文对低碳和高碳财税政策的分析可知，低碳财税政策是从目的和效果两方面界定，而高碳财税政策则是依据政策实施效果而非目的所界定，获取税收收入是其他一切财税政策的共同目的并非高碳财税政策所独有。所以对于高碳财税政策而言，高碳并非是该类型政策的目的，但是碳减排则是设计低碳财税政策的出发点和实施的落脚点，因此该政策目的十分明确。

13.1.3.2　机制灵活

虽然低碳财税政策目的明确，指向碳减排，然而在具体机制设计上，低碳财税政策却表现出极强的灵活性。以碳税为例，开征碳税的各国在具体机制设计上各有不同。从大类来看，是否实行税收中性对于实现双重红利的效果至关重要，从具体操作而言，是否降低或减免对低收入家庭征收的碳税、是否对不同行业征收差别税率、是否对重要能源部门实行补贴保持其竞争力，种种举措不一而足，然而殊途同归，充分说明低碳财税政策的机制灵活性。

13.1.3.3　有利环境

虽然设计低碳财税政策的目的在于碳减排，然而该政策在促使碳减排的同时也可能会同时降低对环境的污染。促使碳减排的途径一般为提高能源使用效率进而减少化石能源使用数量等，化石能源使用过程中不仅会排放出大量的温室气体，也可能会带来包括 SO_2、NO_x 以及其他污染物的排放，通过减少化石能源使用量，即达到碳减排的目的同时也可能达到降低污染物排放的效果。而碳减排和降低污染物排放都会起到保护环境的作用，因而低碳财税政策有利于环境保护。

13.2　我国现行环境财税政策分析

13.2.1　我国现行环境财税政策概述

13.2.1.1　收入角度

现行我国收入方面的环境财税政策主要包括排污费、污染处理费（污水处理费和垃圾处理费）、水资源费、矿区使用费、土地使用费（或场地占用费）、消费税、车船使用税、城市维护建设税、资源税、城镇土地使用税、耕地占用税以及其他促进环保的税收措施等。

2003 年 1 月，国务院颁布《排污费征收使用管理条例》（国务院令第 369 号）。该条例构筑了以总量控制为原则、以环境标准为法律界限的新的排污收费框架体系；实现了由超标收费向总量收费转变、由单一浓度收费向浓度与总量相结合的收费转变、由单因子收费向多因子收费转变、由低收费标准向补偿治理成本的目标收费转变；确立了排污费的“收支两条线”的原则；在加大环保执法力度、规范执法行为、构建强有力的监督、保障体系、突出政务公开等方面也做了明确规定。车船使用税一般是在缴纳机动车强制保险时由保险机构代为征收。机动车只有缴纳了交强险后才可以注册登记，才可以挂牌，所以受惠于交强险的强制性，我国的车船使用税征收比较顺利。其他税种如资源税、城市建设维护税、城镇土地使用税、耕地占用税以及消费税等，由于有具体的税则和专门的征收机构和具体的惩罚条例，实施效果良好。

13.2.1.2 支出角度

支出方面的环境财税政策主要包括生态环境补偿费、矿产资源补偿费、矿山企业安全费用、增值税、关税和企业所得税等。

建立生态环境补偿机制源于生态建设和环境保护的外部性。但是由于环境补偿主体难以明确，补偿标准难以核定，在我国现行生态环境补偿费机制中，除了生态公益林的实施情况和实施效果较为理想之外，其他方面的补偿机制均未达到预期效果。

关于矿产资源补偿费，许多国家设定的大部分矿产资源权利金[①]费率都保持在2%～8%，但我国对矿产资源仅仅按照销售收入的0.5%～4%征收权利金。特别地，我国石油、天然气、煤炭等重要能源补偿费征收率只有1%[②]，而国外石油天然气矿产资源补偿费征收率一般为10%～16%，美国的石油、天然气、煤炭（露天矿）权利金费也高达12.5%，澳大利亚、马来西亚为10%，而矿产资源的开发对环境的破坏以及未来资源开发影响极大。显然与发达国家相比，我国的矿产资源补偿费费率偏低。

根据现有《矿山安全法》规定，矿山企业必须从矿产品销售额中按照国家规定提取安全技术措施专项费用，并且该项费用必须全部用于改善矿山安全生产条件，不得挪作他用。然而此规定并没有得到有效的执行。

13.2.2 我国现行环境财税政策的高碳特征

13.2.2.1 对高碳资源、高碳生产和高碳产品征税过低或缺失

（1）对高碳资源征税过低。在我国现行资源税细则中，对原油、煤炭等高碳资源征收的税费过少，直接导致高碳资源的过度开采和使用。在新修改的《中华人民共和国资源税暂行条例》执行之前，税法规定对开采的天然原油征收税额为

---

① 权利金是指矿业权人向油气资源所有权人因开采矿产资源而支付的赔偿，在国内称为资源补偿费。

②《矿产资源补偿费征收管理规定》（国务院令第150号），1994年。

8～30 元/t 的资源税，对人造石油[①]则不征税；对原煤征收税额为 0.3～8 元/t 的资源税，而洗煤、选煤和其他煤制品不征税。

即便选取 30 元/t 的征收上限，与国际市场上动辄接近 100 美元/桶的原油价格相比实属微乎其微，该税额对石油开采商几乎不造成任何负担，根本无法约束原油的开采过度行为。并且对人造原油免税也不符合低碳减排的目标。人造原油可以缓解我国石油资源紧张的局势，但是它亦属高碳资源，对其免税进一步促进碳排放的增长。

（2）对高碳生产征税过低。现行增值税细则中虽然对油气田企业提供的生产性服务应用 17%的税率，但是国务院还批准对某些油气田企业采用 5%的税率，相当于变相补贴，甚至还规定从 2009 年 1 月 1 日起，对成品油生产企业在生产成品油过程中，作为燃料、动力及原料消耗掉的自产成品油，免征消费税，进一步降低这类型企业生产的成本负担。油气田企业属于高碳生产企业，出于碳减排的考虑，理应对其征收高于一般生产的税率，但我国现行税法却与此相悖，征收过低的税率对碳减排不利。

此外，在企业所得税、城镇土地使用税和耕地占用税等税种征收细则，也没有体现高碳生产企业的特殊性，仅仅设定与一般生产型企业同样的税率，从而鼓励高碳生产企业继续从事高碳生产活动。

（3）对高碳产品征税过低。高碳产品主要包括石油、煤炭等。针对石油，发达国家目前已经普遍征收燃油税。美国、加拿大、俄罗斯、英国、日本、法国和德国燃油税率分别为 33%、70%、80%、120%、300%和 360%。而从汽油零售价格的角度来看，比利时、法国、德国、意大利、荷兰和英国的汽油零售价格中，燃油税所占比重分别为 61.8%、63.8%、67.6%、60.3%、65.4%和 63.9%。我国周边国家和地区燃油税税负大体为 40%，如日本、韩国、印度、新加坡、俄罗斯、我国香港地区和澳门地区的汽油零售价格中燃油税所占比重分别为 41%、31.5%、52.1%、26.1%、44.2%和 39.3%。目前我国成品油零售价格中包含的间接税主要有增值税、消费税、城市维护建设税和具有税收性质的教育费附加。经过综合计算，上述税费在汽油、柴油零售价格中所占比重分别为 19.7%和 17.8%[②]。

13.2.2.2　对低碳资源、低碳生产和低碳产品补贴不足或缺失

（1）对低碳资源补贴过低。低碳资源主要包括可再生能源、天然气等。

在我国《再生能源法》第十九条中规定，电网企业确定的上网电价收购可再生能源电量所发生的费用，高于按照常规能源发电平均上网电价计算所发生费用

① 人造石油：从煤或油页岩等中提炼出的液态碳氢化合物，与天然石油具有相同或相似的成分。

② 佚名.《成品油价税费改革若干问题答问》. 2008. http://www.chinatax.gov.cn/n8136506/n8136548/n8136623/8712588.html.

之间的差额，附加在销售电价中分摊。该条款虽然变相降低再生资源发电企业的成本，但是并未给予较之非再生资源发电企业更高的利润空间，没有体现对低碳资源应有的补贴，难以刺激生产积极性。而在发达国家则明显倾向于补贴可再生能源，例如为鼓励可再生能源技术的发展，加拿大联邦政府采用了一定的财政（税收）补贴政策。如可对热力和电力生产用的可再生能源投资业提供一次性财政补贴，或加速设备折旧等；对采用可再生能源的运输业，可以免除乙醇燃料销售的联邦消费税等，这样给予上述企业较之非再生能源企业更高的利润空间，从而促进低碳资源的利用。

天然气不仅是清洁能源同时也是低碳资源，考虑环境保护和碳减排的双重收益都应进行补贴。但我国现行增值税中没考虑天然气的环境效益，对其征收的税率为 13%。此外，太阳能既属于新能源也属于低碳资源，出于开发新能源和碳减排的考虑，各国均大力补助太阳能。意大利规定，对私人安装太阳能设备，政府最高将给予 75%的资助；私人太阳能设备所发电力超过自己消耗的部分可以出售给公共电力部门。而以色列太阳能研究经费 1/3 来自政府，同时政府还规定新建房屋必须配备太阳能热水器，否则不予使用。

（2）对低碳生产补贴过低。低碳生产补贴主要涉及到增值税优惠和企业所得税优惠。

我国现行增值税细则中涉及到低碳生产的优惠，主要目的在于通过优惠政策来鼓励资源的综合利用、鼓励清洁能源和环保产品的生产，优惠的手段分别有减半征收、先征后退和即征即退。具体情况见表 13-2。

表 13-2 增值税税则中的税收优惠表

<table>
<tr><th>政策目的</th><th>优惠方式</th><th>优惠项目</th><th>政策依据</th></tr>
<tr><td rowspan="5">鼓励资源的综合利用</td><td>减半征收</td><td>以煤矸石、石煤、油母页岩（用量占发电燃料的比重必须达到 60%以上）生产的电力</td><td>财税[2008]156 号</td></tr>
<tr><td rowspan="3">即征即退</td><td>利用城市垃圾（重量占发电燃料的比重不低于 80%）生产的电力</td><td>财税[2008]156 号</td></tr>
<tr><td>利用煤炭开采过程中伴生的废弃油母页岩生产加工的页油岩及其他产品</td><td>财税[2001]19 号</td></tr>
<tr><td>生产原料中掺有不少于 30%的废旧沥青混凝土生产的再生沥青混凝土</td><td>财税[2001]198 号</td></tr>
<tr><td>先征后退</td><td>对煤层抽采企业的增值税一般纳税人抽采销售煤层气实行增值税先征后退政策</td><td>财税[2007]16 号</td></tr>
<tr><td rowspan="2">鼓励清洁能源和环保产品的生产</td><td rowspan="2">减半征收</td><td>利用风力生产的电力</td><td>财税[2008]156 号</td></tr>
<tr><td>列入《享受税收优惠政策新型墙体材料目录》的新型墙体材料产品</td><td>财税[2004]25 号</td></tr>
</table>

与低碳发展相关的企业所得税减免政策具体如下：

- 企业利用“三废”免税政策：规定利用废水、废气、废渣等废弃物为主要原料进行生产的企业，可在 5 年内减征或者免征所得税（财税[1994]1 号）。具体包括：①企业在原设计规定的产品以外，综合利用本企业生产过程中产生的，在《资源综合利用目录》内的资源作主要原料生产的产品所得，自生产经营之日起，免征所得税 5 年；②企业利用本企业外的大宗煤矸石、炉渣、粉煤灰作主要原料，生产建材产品的所得，自生产经营之日起，免征所得税 5 年；③为处理利用其他企业废弃的，在《资源综合利用目录》内的资源而新办的企业，经主管税务机关批准后，可减征或者免征所得税 1 年。
- 对国家鼓励发展的环保产业设备实行免税政策以及投资抵免、加速折旧政策。规定对专门生产《当前国家鼓励发展的环保产业设备（产品）目录》所规定的设备（产品）的企业（分厂、车间），在符合独立核算、能独立计算盈亏的条件下，其年度净收入在 30 万元（含 30 万元）以下的，暂免征收企业所得税，超过 30 万元的部分，依法缴纳企业所得税（国经贸资源[2000]159 号、国经贸资源[2002]23 号）。同时还规定企业技术改造项目凡使用《当前国家鼓励发展的环保产业设备（产品）目录》（第一批）中的国产设备，按照财政部、国家税务总局《关于印发〈技术改造国产设备投资抵免企业所得税暂行办法〉的通知》（财税字[1999] 290 号）的规定，享受投资抵免企业所得税的优惠政策，并可实行加速折旧办法。
- 公益性捐赠扣除。自 2004 年 1 月 1 日起，对企事业单位、社会团体和个人等社会力量，通过中华环境保护基金会用于公益救济性的捐赠，准予在缴纳企业所得税和个人所得税前扣除（财税[2004]172 号）。个人所得税纳税人捐赠额不超过应纳税所得额 30%的部分，允许在税前扣除（国税函[2003]762 号）。
- 外国企业为科学研究、开发能源、发展交通事业、农林牧生产以及开发重要技术提供专有技术所取得的特许权使用费，可以按 10%的税率征收所得税[①]，其中技术先进或者条件优惠的，可以免征所得税。其中与低碳发展相关而又可以享受优惠的技术包括：①在节约能源和防治环境污染方面提供的专有技术；②煤的液化、气化及综合利用技术。

从以上有关增值税和企业所得税优惠的具体税则中可以看出，目前我国对低

---

① 根据 2012 年最新企业所得税征收税率规定，内外资企业如无特殊政策所得税率统一为 25%，国家重点扶持的高新企业适用 15%，小型微利企业和非居民企业为 20%。http://wenku.baidu.com/view/cf2245282af90242a895e537.html。

碳生产的补贴种类为数不少，但是仍存在有的政策力度不足，有的政策存在空白的问题，并且由于补贴尚未涵盖所有的低碳生产，难以有效激励企业主动从事低碳生产。

（3）对低碳产品补贴过低。现有的低碳产品包括小排量汽车和车船以及新能源汽车。在车辆购置税中，对于小排量的汽车所给予的优惠补贴从 2009 年开始才可以享受，并且优惠税率也不高，2009 年和 2010 年分别为 5%和 7.5%。此外，在车船税中，并没有关于小排量车船的优惠条款。新能源汽车属于低碳产品，但是我国对新能源汽车一直不太重视，补贴政策力度也不够。在我国，新能源汽车比传统能源汽车售价高出 20%以上，而对于新能源汽车的补贴却不到其价格的 20%，造成新能源汽车实际价格高于传统汽车，难以推广新能源汽车。而国外对新能源汽车的补贴力度则显著大于我国，具体对比结果见表 13-3。

表 13-3 各国新能源汽车补贴对比

国家	补贴政策
中国	每千瓦时动力电池容量补贴 3 000 元，插电式混合动力车每辆最高 5 万元，纯电动乘用车每辆最高 6 万元。混合动力汽车被列为节能汽车，每辆一次性补贴 3 000 元
美国	购买混合动力汽车每辆最高可获 3 400 美元抵税额（已停止），购买插电式电动车每辆车可获 7 500 美元抵税额
日本	2009 年，税制改革法案指出根据环保车性质和指标，汽车购置税和汽车重量税可以全免、减免 75%或 50%
英国	购买纯电动汽车免除年度流通税，2010 年 4 月 1 日起，针对纯电动轿车，免除前 5 年的企业车辆税，针对纯电动货车，免除前 5 年的货车收益费；2011 年起，购买纯电动汽车和插电式混合动力汽车可以获得车辆价格 25%最高 5 000 英镑补贴
法国	购买 CO_2 排放不超过 60 g/km 的电动汽车最高可获得 5 000 欧元的补助金。购买 CO_2 排放不超过 135 g/km 的混合动力汽车可获得 2 000 欧元补助
西班牙	购买 CO_2 排放不超过 60 g/km 的电动汽车最高可获得 5 000 欧元的补助金。购买 CO_2 排放不超过 135 g/km 的混合动力汽车可获得 2 000 欧元补助

资料来源：【补贴起锚】表列各国新能源汽车补贴对比，http://www.p5w.net/stock/hkstock/ggzx/201006/t3010113.htm。

13.2.3 我国高碳财税政策的原因分析

如前所述，我国现行财税政策呈现出高碳性质。究其原因，主要包括以下 3 个方面：低碳财税政策取向不明确；环境财税体系不健全；环境财税体系实施不得力。

13.2.3.1 低碳财税政策取向不明确

我国现行与环境相关的财税政策主要指向节能降耗、可再生能源、废弃回收物资、科技创新等方向，其目的主要是遏制和解决环境污染问题，并没有明确地指向温室气体排放和低碳发展的财税政策，缺少专门促使碳减排的财税政策，如碳税政策理论研究才刚刚起步，实践层面几乎没有涉及。

电力部门作为碳排放的主力军，如要促使碳减排，理应通过价格工具调整电力消费无度的现状，虽然电力消费存在基本生存条件的一面，必须也应当适当考虑对低收入家庭征收低电价，但是这并不意味着就应当对全民不分收入高低均实行低价，最终导致高收入家庭用电无度。例如，2010 年 7 月对杭州市区的调研结果显示，某些居民户的电费高达 900 元/月，而电价却仅仅停留在 0.5 元/（kW·h）的水平。这种“低电价、高用电”的做法，不仅与我国能源紧张的大局不相符合，更是与低碳经济的目标相去甚远。

此外，运输业作为碳排放的又一主力军，贡献了相当比例的碳排放，导致目前我国各大城市严重的空气污染问题。从这个角度而言，汽车行业是否成为国家发展的支柱产业需要深思熟虑。然而在金融危机面前，我国政府为了保证经济增长的大局，一直在宣传拉动内需、促进消费，通过汽车下乡以及其他方式鼓励居民购买汽车，导致大量尾气以及随之而来的碳排放大量增加，走向低碳发展的反面。

13.2.3.2　环境财税政策体系不健全

在促进经济低碳化方面，我国主要倚重财政支出政策，而现行的财政体系没有完整的环境保护财政支出科目，更加没有覆盖碳减排领域，环境保护公共支出总量也明显不足，在不足的环境保护公共支出总量中，对促使碳减排和遏制碳排放增长领域的公共支出更加不足。虽然在能效投资、新能源开发等方面有一些财政支持与鼓励政策，也取得了一定的成效，然而对高能耗、高排放行为仍缺少必要的约束手段，其表现之一就是缺少相应的税收调控工具如碳税等，已有的资源税调控力度不够。碳税、能源税、环境税等能够使环境成本内部化的税种在我国十分欠缺甚至存在空白，而上述税种对环境保护的效果已经在许多国家得到实践证实。因此，必须尽快建立、健全符合我国实际的低碳财税政策体系，以促进“高投入、高能耗、高排放、低效益”经济增长方式向“低投入、低能耗、低排放、高效益”经济增长方式的转型。

13.2.3.3　环境财税政策实施不得力

我国环境管理中存在的一个突出问题是，中央和地方政府环境事权和财权不明确，部门之间缺乏合作与协调机制，导致我国环境财税政策实施不得力，屡屡出现环境突发问题发生却难以及时解决的现象。

我国环保部门与金融部门没有建立环境信息通报制度，没能将企业环境违法信息纳入人民银行的企业征信系统，从而难以区分破坏和保护环境的企业，无法用停止发放贷款等有效方式遏制企业破坏环境的行为。此外，专业性的节能减排监测、审核等保证国家节能减排财政资金使用效率的中介机构也没有建立，导致节能减排转向财政资金使用效率偏低并存在大量冒领和浪费现象。中央公安部门、环保部门、地方人民政府等权力交错导致缺乏明确的管理部门，使得环保工作难以顺利进行。

公共部门、政府部门和私人在环境保护中的利益关系不清晰。在环境保护、减少温室气体排放方面，利益关系不明确的结果就是利益各方产生“搭便车”的心理。公共部门、政府部门和私人相互寄希望于对方，进而导致各方均无作为，最终是任何一方都没管理环境或者没有管理好环境，环境问题进一步恶化。

此外，目前我国尚没有制定专门的关于环境财税政策实施的法律，立法层面的缺失使得环境财税政策的实施缺少强有力的法律支撑，更难以保证政策实施的力度和权威。

13.3 财税政策促进低碳发展的内在机理

13.3.1 模型假设、理论假说和基准情形

要从理论上说明财税政策促进低碳发展，就必须说明在实行财税政策前后经济发展方向确实发生变化，同时促使碳减排。因此，需要比较政策实行前后，经济发展的两种方向是否存在不同即是否有效降低碳排放量。以下是模型假设和理论假说部分。

13.3.1.1 模型假设

假设市场上只有“两种资源”：①高碳资源，这种资源的利用会导致过多温室气体的排放；②低碳资源，这种资源的利用可以减少温室气体的排放。同时假设市场上只有“两种产品”：①高碳产品，这种产品的使用会导致过多温室气体的排放；②低碳产品，这种产品的使用可以减少温室气体的排放。两种产品分别由两类代表性企业——高碳企业和低碳企业来生产，即高碳企业生产高碳产品，低碳企业生产低碳产品。

根据上述假设，将低碳财税政策分为两大类：产品类财税政策和资源类财税政策。进一步地，可将产品类财税政策分为对高碳产品征税和对低碳产品补贴两类，也可将资源类财税政策分为对高碳资源征税和对低碳资源补贴两类。当然，低碳财税政策不仅包括上述四类，还包括基于上述四类政策的政策组合。

当然，政策组合需要激励资源拥有者和需求者调整资源供给和资源需求决策，最终调整的结果有利于低碳发展。因此，还需要对资源拥有者和需求者进行相应的假定。

假定高碳资源拥有者和低碳资源拥有着分别拥有数量为 E_H 和 E_L 的高碳资源禀赋和低碳资源禀赋。两类主体通过供给各自拥有的资源获得相应回报，并通过消费两类产品获得效用。根据上述描述模型基本假设如下：

高碳资源拥有者效用函数为：$u_1(x_1,y_1)=x_1^{a_1}y_1^{1-a_1}$，其中 x_1,y_1 分别是高碳和低碳产品的消费量，a_1 为对应参数；

低碳资源拥有者效用函数为：$u_2(x_2,y_2)=x_2^{a_2}y_2^{1-a_2}$，其中 x_2,y_2 分别是高碳产品和低碳产品的消费量，a_2 为对应参数。

两个参数需要满足的性质为：$1>a_1,a_2>0$。出于计算方便的考虑，不妨假设 $a_1=a_2$，代表两类主体的偏好一致。

然后对生产函数进行说明：

市场中存在两类主体，自然也就存在两类生产函数。假定生产函数也为满足一次齐次性质的 C-D 函数。在完全竞争的前提下，该函数将自动保证经济利润为 0。

高碳产品生产函数为：$Q_1=E_{H1}^{\alpha_1}E_{L1}^{1-\alpha_1}$；

低碳产品生产函数为：$Q_2=E_{H2}^{\alpha_2}E_{L2}^{1-\alpha_2}$。

Q_1、Q_2 分别代表高碳和低碳产品的产量，E_{H1}、E_{H2} 为分别投入到高碳和低碳产品生产中的高碳资源数量，E_{L1}、E_{L2} 则为分别到高碳和低碳产品生产中的低碳资源数量，即高碳和低碳产品的生产都需要投入高碳和低碳资源，两类资源之间存在互补和替代性质。与一般生产函数不同的是，出于简化分析和计算的考虑，没有考虑劳动和资本。

考虑到高碳和低碳产品的不同特性，高碳产品生产技术应该是高碳资源密集型，低碳产品生产技术应该是低碳资源密集型。从生产函数的角度而言，参数应满足的性质是：$1>\alpha_1>1/2>\alpha_2>0$。为简化计算，不妨设 $\alpha_2=1-\alpha_1$。

最后根据高碳产品和低碳产品对温室气体排放的不同影响，如果实行财税政策能够在降低高碳产品产量的同时增加低碳产品产量，则视为达到低碳发展的目的。

13.3.1.2 理论假说

根据上述对资源和产品的“两分法”假设，提出如下四组理论假说：

（1）如果外部成本和外部收益未纳入成本-收益的核算范畴，则高碳产品的价格低于市场均衡价格，致使高碳产品的过度使用。因此，合乎逻辑的推理便是：

对高碳产品征收碳税→提高高碳产品的使用成本→遏制高碳产品的消费→实现低碳发展；

（2）如果外部成本和外部收益未纳入成本-收益的核算范畴，低碳产品的价格高于市场均衡价格，致使低碳产品利用不足。如前所述，合乎逻辑的推理是：对低碳产品给予补贴→降低低碳产品的使用成本→激励低碳产品的消费→实现低碳发展；

（3）如果外部成本和外部收益未纳入成本-收益的核算范畴，高碳资源的价格低于市场均衡水平，致使高碳资源过度使用。如前所述，合乎逻辑的推理是：对高碳资源征收碳税→提高高碳资源的使用成本→遏制高碳资源的使用→实现低碳发展；

（4）如果外部成本和外部收益未纳入成本-收益的核算范畴，低碳资源的价格高于市场均衡水平，致使低碳资源使用不足。如前所述，合乎逻辑的推理是：对低碳资源给予补贴→降低低碳资源的使用成本→激励低碳资源的使用→实现低碳发展。

根据上述四组理论假说可知，模型需要证明的基本命题也是四个：

命题 1：对高碳产品征税将促进低碳发展；

命题 2：对低碳产品补贴将促进低碳发展；

命题 3：对高碳资源征税将促进低碳发展；

命题 4：对低碳资源补贴将促进低碳发展；

尽管低碳财税政策包含上述四类财税政策及其任意组合，但是只需要证明上述四组命题即可以给出政策组合的效果，从而得出结论。

13.3.1.3　基准情形

本模型分析方法是进行不同情形的比较分析，将未实行财税政策的情形称为基准情形，而将实行财税政策的情形则依据不同财税政策分别列出，通过与基准情形的比较说明低碳财税政策的效应。

根据模型的基本假设条件以及结合一般均衡的基本条件可知，基准模型必然存在下列四组方程：

（1）消费者效用最大化方程。

高碳资源拥有者：

$$p_1 x_1 = a_1 R_1 E_H \tag{13.1}$$

$$p_2 y_1 = (1-a_1) R_1 E_H \tag{13.2}$$

低碳资源拥有者：

$$p_1 x_2 = a_1 R_2 E_L \tag{13.3}$$

$$p_2 y_2 = (1-a_1) R_2 E_L \tag{13.4}$$

式中：p_1, p_2, R_1, R_2 ——分别是高碳产品、低碳产品、高碳资源和低碳资源的价格。

（2）生产者利润最大化方程。

高碳产品企业：
$$R_1/p_1=\alpha_1\cdot Q_1/E_{H1} \tag{13.5}$$
$$R_2/p_1=(1-\alpha_1)\cdot Q_1/E_{L1} \tag{13.6}$$
低碳产品企业：
$$R_1/p_2=(1-\alpha_1)\cdot Q_2/E_{H2} \tag{13.7}$$
$$R_2/p_2=\alpha_1\cdot Q_2/E_{L2} \tag{13.8}$$

式（13.5）～式（13.8）中参数的含义如前所述，在此不再详述。C-D 生产函数的优点在于企业收益的分配完全依照生产函数中不同生产要素的指数进行。

（3）产品市场供求均衡方程。

高碳产品市场供求均衡：
$$x_1+x_2=Q_1 \tag{13.9}$$
低碳产品市场供求均衡：
$$y_1+y_2=Q_2 \tag{13.10}$$
收入均衡：
$$R_1E_H+R_2E_L=p_1Q_1+p_2Q_2 \tag{13.11}$$
$$Q_1={E_{H1}}^{\alpha_1}{E_{L1}}^{1-\alpha_1} \tag{13.12}$$
$$Q_2={E_{H2}}^{\alpha_1}{E_{L2}}^{1-\alpha_1} \tag{13.13}$$

（4）生产要素供求均衡方程。

$$E_H=E_{H1}+E_{H2} \tag{13.14}$$
$$E_L=E_{L1}+E_{L2} \tag{13.15}$$

根据瓦尔拉斯法则可知，独立方程仅有 13 个，式（13.9）～式（13.11）实际是一个方程，将前面的式（13.1）～式（13.8）结合起来，再加上式（13.9），则式（13.10）～式（13.11）是显然成立的，因此独立的方程仅有 13 个，用于解出 p_1，p_2，Q_1，Q_2，R_1，R_2，E_{H1}，E_{H2}，E_{L1}，E_{L2}，x_1，x_2，y_1 和 y_2 14 个变量。由于只需要了解相对价格，因此不妨设 p_1=1，则未知数只有 13 个。进一步地，本模型主要考察高碳和低碳产品的价格和数量，即 p_1、p_2、Q_1、Q_2，因此只需要列出 p_1、p_2、Q_1、Q_2 的解即可，其余变量的解则视分析需要列出。

根据软件 Maple 12 的运算，虽然可以求出 Q_1、Q_2，但是结果非常复杂，原因在于参数过多。因而将符号参数改为数值参数，只要数值设置满足模型要求，可以事倍功半。首先选取 $a_1=a_2$=1/2，这意味所有消费者对于低碳和高碳产品一视同仁，暗示价格是消费者决定低碳还是高碳产品的决定因素。其次设 $\alpha_2=1-\alpha_1$=1/3，同时设定高碳和低碳资源禀赋均为 50，即 $E_H=E_L$=50。

根据上述说明，p_1、p_2、Q_1、Q_2 的解分别为：

$$p_1=1,\quad p_2=1,\quad Q_1=Q_2=2^{\frac{2}{3}}\times 50/3\text{。}$$

按照上述分析方法继续考虑加入税收以及补贴后的情形，并同基准情形进行比较静态均衡分析以说明政策效应。为方便后面计算，以后的计算依然采用数值运算取代符号运算的形式，基本参数a_1、a_2、α_1、α_2的数值不变。

13.3.2 实施财税政策情形与基准情形结果比较

基准情形是不考虑任何税收和补贴情形，然而依据“二分法”假定和理论假说可知，存在四种基本的低碳财税政策类型：对高碳产品征税；对低碳产品补贴；对高碳资源征税；对低碳资源补贴。

接下来要在基准情形中加入税收和补贴变量，考虑到模型闭合性的要求，即税收和补贴需要在模型内部解决。此处不妨假设政府在征税完毕后，又将税收返还给高碳和低碳资源拥有者。不妨设高碳和低碳资源拥有者返还收入占总返还收入的比例分别为β和$(1-\beta)$，则β需要满足$0\leqslant\beta\leqslant1$的条件，即每个主体最多返还全部税收收入，最少不返还任何税收收入，暗含不可能出现大于税收收入或倒贴的情形，同时还暗示政府保持中立立场，不考虑自身利益。同理，当加入补贴变量，也需要解决补贴的来源问题，不妨同税收情形采取一致的分析方法，既然在返还收入中高碳和低碳资源拥有者所占比例分别为β和$(1-\beta)$，那么进行补贴时，高碳资源拥有者和低碳资源拥有者所占补贴总额的比例也应该为β和$(1-\beta)$。按照上述思路，分别分析上述四种财税政策及政策组合的效应。由于方程组篇幅过大，为节省篇幅，下文中只单独列出发生变化的方程。但每种情形依然存在15个方程。

13.3.2.1 情形1——对高碳产品征税

假设政府对高碳产品征收从量税，假设税率为t_1，满足$t_1>0$的条件。在征税情形下，消费者购买高碳产品的支付价格和高碳产品生产者的实际价格之间相差t_1，因此将p_1定义为消费者的支付价格，则高碳产品生产者的实际价格为（p_1-t_1）。发生变化的方程如下：

（1）消费者效用最大化方程。

高碳资源拥有者：
$$p_1x_1=(R_1\times50+\beta t_1Q_1)/2 \qquad (13.16)$$
$$p_2y_1=(R_1\times50+\beta t_1Q_1)/2 \qquad (13.17)$$

低碳资源拥有者：
$$p_1x_2=[R_2\times50+(1-\beta)t_1Q_1]/2 \qquad (13.18)$$
$$p_2y_2=[R_2\times50+(1-\beta)t_1Q_1]/2 \qquad (13.19)$$

式（13.16）～式（13.19）发生变化的原因除去参数代入数值外，还有消费者收入增加了收入返还部分。

（2）生产者利润最大化方程。

高碳产品企业：
$$R_1/(p_1-t_1)=2/3\cdot Q_1/E_{H1} \qquad (13.20)$$
$$R_2/(p_1-t_1)=1/3\cdot Q_1/E_{L1} \qquad (13.21)$$

式（13.20）、式（13.21）发生变化的原因在于高碳产品生产者的实际所获得的价格为（p_1-t_1）。

（3）产品市场供求均衡方程。

收入均衡：
$$R_1E_H + R_2E_L = (p_1 - t_1)Q_1 + p_2Q_2 \tag{13.22}$$

式（13.22）发生变化的原因在于从产品销售的角度来看，收入应当去除税收才是两个主体的报酬，也可以看成资源拥有者的收入还需要加上税收收入。

继续假设 p_1=1，解出 p_2、Q_1、Q_2，并进行比较静态均衡分析。

经过 Maple12 软件的运算，结果如下：

$$p_2 = \left(\frac{1}{2} - \frac{1}{6}t_1\right)^{\frac{1}{3}} \left(\frac{1}{2} + \frac{1}{3}t_1\right)^{-\frac{4}{3}} \left(\frac{1}{2} - \frac{5}{6}t_1 + \frac{2}{3}t_1^{\ 2}\right)$$

$$Q_1 = 50 \times 2^{\frac{2}{3}} \times \left(\frac{1-t_1}{3-2t_1}\right)^{\frac{2}{3}} \times \left(\frac{1-t_1}{3-t_1}\right)^{\frac{1}{3}}$$

$$Q_2 = 50 \times 2^{\frac{2}{3}} \times \left(\frac{1}{3-2t_1}\right)^{\frac{2}{3}} \times \left(\frac{1}{3-t_1}\right)^{\frac{1}{3}}$$

依据结果可知 Q_1、Q_2 与 β 无关，即产量与税收返还的分配比例无关。这一结论原因在于两个主体偏好一致，任意税收返还比例都将导致两种产品的需求增加完全相同，因此税收返还比例不会影响到产品产量。进而暗示如果偏好并非一致，则结论可能会变化。鉴于基准情形只是情形 1 中当 t_1=0 时的特例①，因此通过对 t_1 求导即可知征税对 p_2、Q_1 和 Q_2 的影响，p_2、Q_1 和 Q_2 对 t_1 求导的结果如下：

$$\frac{\mathrm{d}p_2}{\mathrm{d}t_1} = p_2 \times \left(-\frac{1}{18} \times \frac{1}{\frac{1}{2} - \frac{1}{6}t_1} - \frac{4}{9} \times \frac{1}{\frac{1}{2} + \frac{1}{3}t_1} + \left(\frac{4}{3}t_1 - \frac{5}{6}\right) \times \frac{1}{\frac{1}{2} - \frac{5}{6}t_1 + \frac{2}{3}t_1^{\ 2}}\right)$$

$$\frac{\mathrm{d}Q_1}{\mathrm{d}t_1} = Q_1 \times \left(-\frac{1}{1-t_1} - \frac{2}{3} \times \frac{1}{3-2t_1} - \frac{1}{3} \times \frac{1}{3-t_1}\right) < 0$$

$$\frac{\mathrm{d}Q_2}{\mathrm{d}t_1} = Q_2 \times \left(\frac{4}{3} \times \frac{1}{3-2t_1} + \frac{1}{3} \times \frac{1}{3-t_1}\right) > 0$$

---

① 只需将 $t_1 = 0$ 代入 p_2、Q_1 和 Q_2 的表达式，即可知此时的 p_2、Q_1 和 Q_2 数值同基准情形时完全一致。

因为t_1不可能小于0。根据Q_1和Q_2对t_1求导的结果，随着t_1增大，Q_1将会下降，而Q_2将会增加，即对高碳产品征税将会降低高碳产品的产量同时提高低碳产品的产量。对高碳产品征税一方面提高高碳企业的生产成本，等于变相降低利润，从而该企业会减少产量，进而导致该企业所使用的两种资源数量下降，而另一方面高碳企业减少使用的两种资源会流入到低碳产品生产过程中，从而增加了低碳产品的产量。这点从高碳资源和低碳资源在两类企业中的分布即可以看出：

$$E_{H1}=\frac{100(1-t_1)}{3-2t_1},\frac{\mathrm{d}E_{H1}}{\mathrm{d}t_1}=\frac{-100}{(3-2t_1)^2}<0;\ E_{H2}=\frac{50}{3-2t_1},\frac{\mathrm{d}E_{H2}}{\mathrm{d}t_1}=\frac{100}{(3-2t_1)^2}>0$$

$$E_{L1}=\frac{50(1-t_1)}{3-t_1},\frac{\mathrm{d}E_{L1}}{\mathrm{d}t_1}=\frac{-100}{(3-t_1)^2}<0;\ E_{L2}=\frac{100}{3-t_1},\frac{\mathrm{d}E_{L2}}{\mathrm{d}t_1}=\frac{100}{(3-t_1)^2}>0$$

上述分析是以生产者的角度切入，而产品价格和数量变化必定是供求共同作用的结果。由于低碳产品和高碳产品存在一定的替代效应，对高碳产品征税将可能导致低碳产品的相对价格下降。但是p_2对t_1求导的结果却显示下降趋势并非确定，原因在于低碳产品需求和供给同时增加。由于两主体都会增加对低碳产品的需求，但同时低碳产品的供给也在增加，因而低碳产品价格未必呈现下降。进一步分析导数结果可知，总体而言，p_2也会随着t_1的增加而下降，即最终供给增加的作用大于需求增加的作用，因而导致价格下降。

从上述分析可以看出，对高碳产品征税会降低高碳产品的产量并同时增加低碳产品的产量，从而促进低碳发展。即命题1得证。

13.3.2.2 情形2——对低碳产品补贴

接下来分析对低碳产品补贴的情形。由于补贴来源需要在模型内部解决，因而不妨假定对低碳产品补贴来源于对资源拥有者的征税。假设补贴为从量补贴，且补贴率为t_2。由于在补贴情形下，消费者对低碳产品的支付价格和低碳产品生产者获得的实际价格之间相差t_2，因此将p_2定义为消费者的支付价格，则低碳产品生产者所获的价格应为（p_2+t_2）。

（1）效用最大化方程。

高碳资源拥有者：

$$p_1x_1=(R_1\times 50-\beta t_2Q_2)/2 \tag{13.23}$$

$$p_2y_1=(R_1\times 50-\beta t_2Q_2)/2 \tag{13.24}$$

低碳资源拥有者：

$$p_1x_2=(R_2\times 50-(1-\beta)t_2Q_2)/2 \tag{13.25}$$

$$p_2y_2=(R_2\times 50-(1-\beta)t_2Q_2)/2 \tag{13.26}$$

式（13.23）～式（13.26）发生变化的原因在于资源拥有者的收入不再包含全

部的要素回报，还必须减去为补贴而缴纳的税收。

（2）利润最大化方程。

低碳产品企业：
$$R_1/(p_2+t_2)=1/3\cdot Q_2/E_{H2} \tag{13.27}$$
$$R_2/(p_2+t_2)=2/3\cdot Q_2/E_{L2} \tag{13.28}$$

式（13.27）、式（13.28）发生变化的原因在于低碳产品生产企业所获得实际价格为（p_2+t_2）。

（3）产品供求均衡方程。

收入均衡：
$$R_1\times 50+R_2\times 50=p_1Q_1+(p_2+t_2)Q_2 \tag{13.29}$$

式（13.29）之所以发生变化，既可以看成资源拥有者的禀赋需要用来购买产品和支付为补贴而缴纳的税收，也可以看成企业的收入包括消费者支付的总价和补贴总额。

经过 Maple 12 软件的运算，发现模型的解析解不存在，因而无法以情形 1 的方式分析。但进一步运算发现数值解存在，因而考虑通过设定不同的补贴率，分析 p_2、Q_1、Q_2 等变量的变化。为说明结果的需要，将 p_2、Q_1 和 Q_2 以及生产要素分布的变化。

由于该方式需要给出所有参数的数值，因此需要对 t_2 和 β 赋值，关注的重点则是 t_2 的变化对 p_2、Q_1 和 Q_2 的影响。回顾情形 1 可知 β 的取值不影响 p_2、Q_1 和 Q_2，因此也可以预期 β 的取值对结果无影响。

基于上述说明，设定 t_2 从 0 开始，以 0.02 的幅度增加直至 0.2，而 β 则分别设定为 1/2 和 1/4。具体计算结果见表 10-4 和表 10-5。

表 13-4　β =1/2 时补贴率变动时 p_2、Q_1、Q_2、E_{H1}、E_{H2}、E_{L1}、E_{L2} 的结果

t_2	p_2	Q_1	Q_2	E_{H1}	E_{H2}	E_{L1}	E_{L2}
0.00	1.000	26.463	26.463	33.333	16.667	16.667	33.333
0.02	0.982	26.220	26.694	33.109	16.891	16.443	33.557
0.04	0.965	25.978	26.934	32.879	17.121	16.218	33.782
0.06	0.947	25.733	27.178	32.644	17.356	15.991	34.009
0.08	0.929	25.484	27.425	32.403	17.597	15.762	34.238
0.10	0.912	25.230	27.676	32.157	17.843	15.531	34.469
0.12	0.894	24.972	28.931	31.906	18.094	15.298	34.702
0.14	0.877	24.710	28.189	31.648	18.352	15.063	34.937
0.16	0.859	24.443	28.451	31.385	18.615	14.826	35.174
0.18	0.842	24.172	28.717	31.115	18.885	14.587	35.413
0.20	0.824	23.895	28.987	30.839	19.161	14.346	35.654

表 13-5　β =1/4 时补贴率变动时 p_2、Q_1、Q_2、E_{H1}、E_{H2}、E_{L1}、E_{L2} 的结果

t_2	p_2	Q_1	Q_2	E_{H1}	E_{H2}	E_{L1}	E_{L2}
0.00	1.000	26.463	26.463	33.333	16.667	16.667	33.333
0.02	0.982	26.220	26.694	33.109	16.891	16.443	33.557
0.04	0.965	25.978	26.934	32.879	17.121	16.218	33.782
0.06	0.947	25.733	27.178	32.644	17.356	15.991	34.009
0.08	0.929	25.484	27.425	32.403	17.597	15.762	34.238
0.10	0.912	25.230	27.676	32.157	17.843	15.531	34.469
0.12	0.894	24.972	28.931	31.906	18.094	15.298	34.702
0.14	0.877	24.710	28.189	31.648	18.352	15.063	34.937
0.16	0.859	24.443	28.451	31.385	18.615	14.826	35.174
0.18	0.842	24.172	28.717	31.115	18.885	14.587	35.413
0.20	0.824	23.895	28.987	30.839	19.161	14.346	35.654

注：计算结果都是精确到小数点后三位，此外当 t_2 =0 时，Q_1 和 Q_2 的数值同前面计算的结果一致，只不过是将基准情形中 $Q_1 = Q_2 = 2^{2/3} \times 50/3$ 的表达转会为精确结果给出，在此特作说明。

需要说明的是，将税率设定为从 0.02 到 0.2 的 10 个税率等级，不代表更高税率的情形就无法求解，而是考虑问题说明已经足够，但税率高于 0.2 的结果与上述结果变化趋势一致。

从表 13-4、表 13-5 可以看出，随着补贴率的增加，p_2、Q_1 和 Q_2 分别表现出下降、下降和增加的趋势。即与基准情形比较，对低碳产品补贴可以降低低碳产品的价格和高碳产品的产量，同时导致低碳产品数量的增加，并且随着补贴率的增加，上述趋势愈发明显。而 p_2、Q_1 和 Q_2 的变化原因，也是对低碳产品的补贴会导致高碳资源和低碳资源流向低碳企业，进而导致高碳产品产量减少和低碳产品产量增加。这一点可以从 E_{H1}、E_{H2}、E_{L1}、E_{L2} 的变化中得到印证。

此外，还可以从表 13-4 和表 13-5 看到，尽管 β 的取值不同，但是计算结果完全一致，说明 β 的取值并不会影响 p_2、Q_1 和 Q_2。

表 13-4 和表 13-5 都说明对低碳产品的补贴将会导致高碳产品产量下降而低碳产品产量增加，从而实现低碳发展，因此命题 2 得证。

13.3.2.3　情形 3——对高碳资源征税

两种产品的生产函数中显示出两种资源使用比重存在差异，进而导致了两种产品单位碳排放量的不同。因此可以考虑通过对使用高碳资源的企业征收高碳资源税的方式来降低高碳产品的产量最终实现低碳发展。

将高碳资源税设置为从量税并且税率为 τ_1，由于两种产品生产都需要高碳资

源，因此征收也一视同仁，完全竞争的假设使得无法对两种产品所使用的高碳资源征收差别税率。

（1）效用最大化方程。

高碳资源拥有者：

$$p_1x_1=(R_1\times 50+\beta\tau_1\times 50)/2 \tag{13.30}$$

$$p_2y_1=(R_1\times 50+\beta\tau_1\times 50)/2 \tag{13.31}$$

低碳资源拥有者：

$$p_1x_2=(R_2\times 50+(1-\beta)\tau_1\times 50)/2 \tag{10.32}$$

$$p_2y_2=(R_2\times 50+(1-\beta)\tau_1\times 50)/2 \tag{10.33}$$

式（13.30）～式（13.33）变化在于资源拥有者的收入增加了税收返还的部分。

（2）利润最大化方程。

高碳产品企业：

$$(R_1+\tau_1)/p_1=2/3\cdot Q_1/E_{H1} \tag{13.34}$$

低碳产品企业：

$$(R_1+\tau_1)/p_2=1/3\cdot Q_2/E_{H2} \tag{13.35}$$

式（13.34）、式（13.35）变化在于高碳资源的使用成本是R_1与τ_1之和。

（3）产品供求均衡方程。

收入均衡：

$$R_1\times 50+R_2\times 50+\tau_1\times 50=p_1Q_1+p_2Q_2 \tag{13.36}$$

式（13.36）变化可以视为企业的收入分为要素成本和资源税收两部分。

利用软件 Maple 12 求解可得结果如下：

$p_1=1$，$p_2=1$，$Q_1=Q_2=50/3\times 2^{2/3}$

将上述结果同基准情形相比较发现结果没有区别。也就是对高碳资源征税不会对价格和数量产生影响，而这与之前的预期相违背。

模型的结果之所以与预期不相符合，主要是源于模型本身的假设所造成。在模型中，存在以下 3 个假定保证模型结果与预期不相符合：

- 高碳资源禀赋被设定为固定不变且全部高碳资源必须投入使用。
- 生产两种产品都需要使用高碳资源，只是比重不同。
- 完全竞争的条件保证生产两种产品时使用高碳资源时征收的资源税率必须保持一致，从而保证两类企业使用高碳资源的单位成本无差异。

根据要素需求理论，对要素的需求取决于要素的相对价格①，而相对价格又取决于产品价格和要素名义价格，如果两种产品的相对价格发生变动，则两类企业对高碳资源的需求将会产生变化，继而高碳资源会发生流动。然而结果显示，两种产品的相对价格和高碳资源的名义价格②均未发生变化，同时由于提供高碳资源在两种产品中获得的回报一致，高碳资源拥有者也不会改变供给决策。最终双方

---

① 此处的相对价格是指相对于产品价格而言，即要素所有者凭借生产要素获得实际回报。

② 不考虑征税和补贴情形下，高碳资源价格 $R_1=1/3\times 1/\sqrt[3]{1/4}$，而考虑对高碳资源征税 τ_1 的情形下，高碳资源价格 $R_1=\left(1/3\times 1/\sqrt[3]{1/4}\right)-\tau_1$。由于在征税情形下，企业使用高碳资源的成本是价格加税额，因此真实使用成本未发生改变。

都选择需求和供给决策不变。

但是在现实生活中很难出现与上述假设一致的情形，其原因：①资源禀赋并非固定，更加无法全部投入达到“零失业”。因而征收资源税一般会影响资源使用量，尤其是对于日渐紧缺的资源而言更是如此。②在我国同质资源在不同生产中的回报可能不同，尤其是煤炭、石油等。由于我国的要素市场远未市场化，还广泛存在同质要素不同回报的情形，加上征收资源税也存在一定的差异，因此征税不大可能不影响最终产量。

依据上述分析可知，通过对高碳资源征税依然可以提供较为有效的市场信号，实现低碳发展。因此，命题 3 依然得证。

13.3.2.4 情形 4——对低碳资源补贴

与对高碳资源征税的情形相反，由于低碳资源可以有效降低碳排放量，因此增加低碳资源的使用同时降低高碳资源的使用也会促进低碳发展。

与情形 1、2 和 3 保持一致，依然假定补贴费用来源于对资源主体征税，征税比例依然为 β 和 $(1-\beta)$，补贴率为 τ_2。则变化的方程如下：

（1）效用最大化方程。

高碳资源拥有者：
$$p_1x_1 = (R_1\times 50-\beta\tau_2\times 50)/2 \qquad (13.37)$$
$$p_2y_1 = (R_1\times 50-\beta\tau_2\times 50)/2 \qquad (13.38)$$

低碳资源拥有者：
$$p_1x_2 = (R_2\times 50-(1-\beta)\tau_2\times 50)/2 \qquad (13.39)$$
$$p_2y_2 = (R_2\times 50-(1-\beta)\tau_2\times 50)/2 \qquad (13.40)$$

式（13.37）～式（13.40）变化在于资源拥有者的收入需要去掉缴纳税收的部分。

（2）利润最大化方程。

高碳产品企业：
$$(R_2-\tau_2)/p_1 = 1/3\cdot Q_1/E_{L1} \qquad (13.41)$$

低碳产品企业：
$$(R_2-\tau_2)/p_2 = 2/3\cdot Q_2/E_{L2} \qquad (13.42)$$

式（13.41）、式（13.42）变化在于使用低碳资源的真实成本是 R_2 与 τ_2 之差。

（3）产品供求均衡方程。

收入均衡：
$$R_1\times 50+R_2\times 50-\tau_2\times 50 = p_1Q_1+p_2Q_2 \qquad (13.43)$$

式（13.43）变动在于资源拥有者的收入需要去掉低碳补贴才是产品价值总和。

利用软件 Maple 12 求解上述方程组，结果如下：

$p_1=1$，$p_2=1$，$Q_1=Q_2=50/3\times 2^{2/3}$

将计算结果同基准情形比较可知完全相同，甚至与情形 3 结果也一致，与理论预期不符。对低碳资源补贴是为了降低高碳产品的产量和提高低碳产品的产量，然而根据模型结果显示，补贴没有发挥任何作用。

与情形 3 结果出现的原因相似，模型结果之所以与预期不符，主要是源于模型的假设。在模型中，存在以下 3 个假定导致模型结果与预期不符：

- 低碳资源的禀赋被设定为固定不变的量。
- 低碳产品和高碳产品的生产都需要使用低碳资源，尽管比重不同。
- 完全竞争的条件保证生产两种产品时使用高碳资源时的补贴率必须保持一致，即两种企业在使用低碳资源的单位成本相等。

以上 3 个假设与情形 3 中的假设如出一辙。这 3 个假设使得两种产品的相对价格不变，同时结合低碳资源的名义价格①可知，两类企业对低碳资源的需求决策和低碳资源拥有者的供给决策均不会改变，因而两种产品的产量也不变。

在现实生活中，不大可能出现与上述 3 个假设一致或接近的情形。首先大部分低碳资源属于可再生资源，其数量一般不会保持不变或减少。其次对低碳资源实行补贴，只要补贴力度足够大，将导致低碳资源使用增加，因此会对高碳资源产生替代作用，进而促进低碳发展。并且，对使用低碳资源进行补贴将对市场发出信号，可以刺激低碳技术的改进，进而淘汰高碳技术，同样可以起到促进低碳发展的目的。因此，模型所预示的结果很难出现在现实之中。因而命题 4 依然会成立。

13.3.2.5 情形 5——政策组合

根据上述四类情形的分析结果可知，财税政策的确能促使低碳发展。然而从情形 1 到情形 4 只是单独分析四种基本财税政策的效应，而政策设计一般会考虑政策组合即税收和补贴同时进行，并且从政策执行成本而言，组合政策可以在发挥多种政策合力的同时，减轻经济主体的税收负担，从而降低政策执行的福利成本。因此，接下来将分析组合政策情形。从理论上来说，既然已经分析清楚政策单独实施的效应，那么组合政策情形分析将更为容易。具体结果见表 13-6。

需要说明的是，表 13-6 中仅仅列出了政策联合实施时的大致结果，只是说明变量变动方向，并不说明变动数值大小，即政策效应在大体方向上保持一致，但具体影响则不尽相同。无论如何，政策效应都是降低高碳产品产量而增加了低碳产品产量，最终促进低碳发展。

---

① 不考虑征税和补贴情形下，低碳资源价格 $R_2=1/3\times1/\sqrt[3]{1/4}$；而考虑对低碳资源补贴 τ_2 的情形下，低碳资源价格 $R_2=1/3\times1/\sqrt[3]{1/4}+\tau_2$。

表 13-6 征税和补贴联合实施时的大致结果

政策	对高碳产品征税	对低碳产品补贴	对高碳资源征税	对低碳资源补贴
对高碳产品征税		p_2 下降，Q_1 减少，Q_2 增加	p_2 下降，Q_1 减少，Q_2 增加	p_2 下降，Q_1 减少，Q_2 增加
对低碳产品补贴	p_2 下降 Q_1 减少 Q_2 增加		p_2 下降 Q_1 减少 Q_2 增加	p_2 下降 Q_1 减少 Q_2 增加
对高碳资源征税	p_2 下降 Q_1 减少 Q_2 增加	p_2 下降 Q_1 减少 Q_2 增加		p_2 下降 Q_1 减少 Q_2 增加
对低碳资源补贴	p_2 下降 Q_1 减少 Q_2 增加	p_2 下降 Q_1 减少 Q_2 增加	p_2 下降 Q_1 减少 Q_2 增加	

注：表中对角线表达的是四种基本政策单独实施的结果，情形 1 到情形 4 中已经详细说明结果，所以在此不再列出。

13.4 我国财税政策低碳化转型的路径分析

我国现有的环境财税政策具有高碳性质，而发展低碳经济需要借助低碳财税政策，因而我国必须实现高碳财税政策向低碳财税政策的转型。基于上述目标，转型路径包括针对高碳经济的税收政策、对低碳经济的补贴及对低碳技术创新的财政支持。严格地说，低碳经济补贴应当包含低碳技术创新补贴，不过由于低碳技术创新在低碳发展中具有举足轻重的地位，起到促使碳减排和引领经济新增长点的作用，因而单独列出分析。

13.4.1 针对高碳经济的税收政策

13.4.1.1 碳税

根据丹麦、瑞典、挪威、英国和荷兰等已经开征碳税的国家的经验，征收碳税需要满足必要的条件，主要包括一定的经济发展水平、适当的经济承受能力和迫切的碳税征收要求。

以经济发展水平为例，上述各国大致在相同时间征收碳税。瑞典、挪威、荷兰在 1990—1991 年开始征收，丹麦于 1992 年正式征收碳税，英国则是例外，直到 2001 年开始征收气候变化税[①]。由于上述各国均属于发达国家之列，征收时间大致相同说明经济发展水平差异不大，丹麦、芬兰、荷兰、挪威、瑞典和英国征收碳税当年 GDP 增速分别为 1.74%、0.77%、3.66%、2.72%、–0.55%和 2.26%。根据上述国家的发展历程可知，均已进入经济低增长的后工业化时代，这一点也进一步从征收碳税时各国的产业结构得到佐证。

图 13-1 显示丹麦、挪威、荷兰和英国在征收碳税当年的产业结构状况。由图 13-1 可知，各国第三产业比重均在 70%以上，说明已经完成工业化。而我国 2008 年三产业比重依次为 12%、51%和 37%，说明仍处于工业化中期，离完成工业化尚需时日。

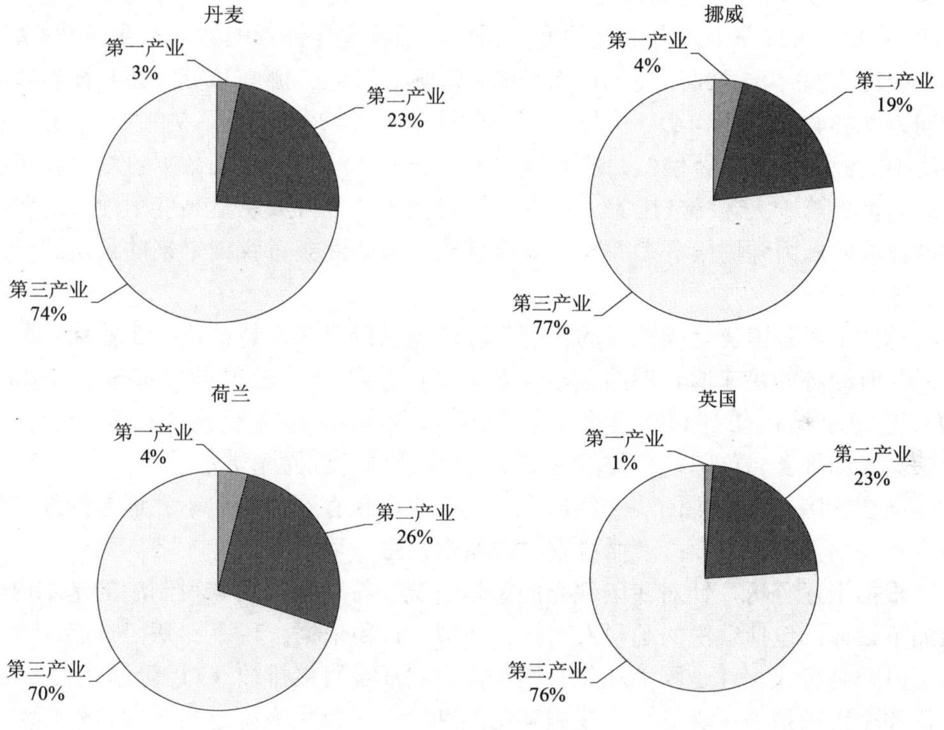

资料来源：世界银行。http://data.world bank.org.cn，丹麦的数据是 1992 年，挪威的数据是 1991 年，荷兰的数据是 1990 年，英国的数据是 2001 年。

图 13-1　丹麦、挪威、荷兰和英国征收碳税时的产业结构

① 气候变化税主要针对特种能源供给者征收，如电力、天然气、液化石油气和煤炭等，以销售税的形式征收，并且对家庭和非营利性慈善机构的能源供给不征税。同时还有降低税率的优惠措施。从税基、税率设定等与碳税存在细微差别。所以一般将气候变化税视为碳税的一种。具体见 http://www.fjfz-l-tax.gov.cn:8080/oldwww/news/yanxianni.asp?id=122。

经济承受能力是衡量各国承担开征碳税所带来的负面效应的能力，承担能力越大，则开征碳税的阻力就越小。而人均收入是构成经济承受能力的重要组成部分，不妨以上述各国开征碳税时的人均 GDP 作为度量指标。1990—1991 年，丹麦、瑞典、芬兰和挪威的人均 GDP 均在 27 000 美元以上；荷兰略低一些，1991 年人均 GDP 为 19 575 美元；英国在 2001 年开始征收气候变化税，人均 GDP 为 25 031 美元。而我国 2008 年人均 GDP 才首次突破 3 000 美元，与上述国家开征碳税时的收入水平差距巨大。

开征碳税的必要性则与碳税开征时机密切相关，如果一国近期面临的碳排放和能源消费形势十分紧张，则开征碳税实属必要，应在近期开征，否则应当暂缓开征计划。以我国当前能源消耗和碳排放总量数据可知，开征碳税实属必要。单位能耗 GDP 可以作为能源消耗的度量指标，根据世界银行的数据，我国 2007 年单位能耗 GDP 为 3.426 7 美元，而丹麦、瑞典、芬兰、挪威和英国在开征碳税时分别为 7.334 4 美元、4.283 9 美元、4.108 美元、6.475 2 美元、7.953 5 美元，说明我国能源利用率显著偏低，能源消费浪费严重。根据 IEA 的数据可知，我国已经成为世界第一大碳排放国家，世界各国对我国的碳排放总量高度关注，对我国施加较大的压力并提出许多关于碳减排要求，这必然会对我国未来的政策选择产生一定的影响。

总结上述各国实行碳税时的经济状况，可以得出 3 个特征：①工业化已经完成。此时经济的快速增长期结束，步入低增长时期[①]，第三产业比重超过 70%；②人均 GDP 均超过 19 000 美元，均属于高收入国家；③单位能耗 GDP 较高，部分国家（如丹麦、英国）单位能耗 GDP 甚至达到了世界先进水平。

结合各国开征碳税的实践经历，可知征收碳税存在如下启示：适当的经济实力；逐步增强政策力度；遵循税收中性原则；生产环节征收。

根据上述分析，针对我国现有的基本情况，特对我国的碳税制度的基本内容做如下设计，包括碳税的纳税人、征收环节、计税依据、税率和开征时点。

（1）纳税人。凡是因消耗化石燃料向自然环境直接排放 CO_2 等温室气体[②]的单位和个人都是纳税义务人。我国碳税的纳税人可以相应确定为：向自然环境中直接排放 CO_2 的单位和个人。其中，单位包括国有企业、集体企业、私有企业、外商投资企业、外国企业、股份制企业、其他企业和行政单位、事业单位、军事单位、社会团体及其他单位。

国内学者们（苏明等，2009；朱永彬等，2010）通过 CGE 模型计算的结果表

---

① 此时经济年增长率一般低于 3%。

② 为表述方便，以后均采用 CO_2 指代所有温室气体。

明，在征收 20～100 元/t 碳税的情况下，居民可支配收入下降 0.05%～1.8%。目前拉动我国经济增长的“三驾马车”：消费、投资和净出口均遇到难题：居民收入增长慢于 GDP 增长，导致消费持续低迷；过度投资已经导致投资效率下降、浪费严重的现象出现；金融危机的余波未消，国际需求大幅下降，出口难以为继。我国经济正处在经济结构转型的关键时期，提高消费对经济贡献的比重为当务之急，在此背景下，不提倡短期内对居民征收碳税。

（2）计税依据。碳税的征税对象是直接向自然环境排放的 CO_2，理论上应该以 CO_2 的实际排放量作为计税依据最为合理。但由于以 CO_2 的实际排放量为计税依据，涉及到 CO_2 排放量的监测问题，在技术上不易操作，征管成本高。在实践中更多地是采用 CO_2 的估算排放量作为计税依据，即根据煤炭、天然气和成品油等化石燃料的含碳量测算出 CO_2 的排放量。由于 CO_2 的排放量与燃烧的化石燃料之间有着严格的比例关系，且化石燃料的使用数量易于确定，因而通过对投入量或使用量的监测也可以确定出 CO_2 的排放量。根据《IPCC 国家温室气体清单指南》中能源部分所提供的基准方法，各种能源的估算 CO_2 排放量见表 13-7。

表 13-7　各种能源 CO_2 排放量估算表

燃料种类	单位	CO_2 排放量/t
原煤	万 t	19 383.39
洗精煤	万 t	24 423.00
焦煤	万 t	30 124.05
焦炉煤气	亿 m^3	79 328.63
其他煤气	亿 m^3	24 790.79
原油	万 t	30 358.42
汽油	万 t	29 549.03
柴油	万 t	31 275.01
燃料油	万 t	32 028.13
液化石油气	万 t	31 487.99
天然气	亿 m^3	21 731.90

资料来源：2006 年 IPCC 国家温室气体清单指南。

（3）税率。关于税率形式，由于 CO_2 排放对气候的影响只与其数量有关，而与其价值量无关，所以碳税应采用从量计征的方式，税率采取定额税率形式。这一点不论是学术界还是国外的经验，都已达成共识。

关于税率水平的选择是碳税政策的核心问题。过高的碳税会对实体经济造成较大的影响，过低的碳税则会降低企业和居民减排的力度，使其流于形式。虽然国内外学者对碳税是否能真正起到降低 CO_2 排放的作用存在着争议，但是比较乐观的一点是，绝大多数学者的模拟预测和国外的实施效果表明，碳税对 GDP 的影响是非常有限的。根据我国学者贺菊煌等（2002）基于 CGE 模型的分析表明，在征收 85.3 元/t 碳和 400 元/t 碳的情形下，GDP 将下降 0.087%和 0.493%。财政部财政科学研究所的结论也大致相同，在碳税税率分别为 10 元/t 碳、20 元/t 碳、30 元/t 碳、40 元/t 碳、70 元/t 碳和 90 元/t 碳的情况下，实际 GDP 下降分别为 0.01%、0.01%、0.02%、0.03%、0.06%和 0.08%。朱永彬等（2010）的结果则更加乐观，征收碳税不但不会使 GDP 有所下降，反而使 GDP 有所上升，在税率分别 20 元/t 碳、50 元/t 碳和 100 元/t 碳的水平时，GDP 增长 0.01%～0.09%，增长幅度随着税率的提高越发明显，但提高幅度不大。三位华人学者 Lu Chuanyi、Tong Qing、Liu Xuemei（2010）在《Energy Policy》发表的研究成果也支持上述观点，认为碳税对 GDP 的影响较小，但对碳减排将起到很大的帮助。当碳税为 50～300 元/t 碳时，GDP 将下降 0.19%～1.10%，而 CO_2 排放量将下降 3.12%～17.45%。“我国碳税税制框架设计”专题报告指出，在征收初期，碳税将从低标准起步，估计税额可能定在 10～20 元/t 碳。

税率水平的设计应该充分考虑差别因素，对煤炭、天然气和成品油等不同化石燃料实行差别税率。为鼓励使用环境友好的产品，使其对污染型产品进行替代，可以根据其污染物的含量的不同设置不同的税率，对化石燃料征收的碳税应该根据其碳含量的不同而有所不同；同时，为了减轻关键工业和经济部门的经济负担，根据各部门的能源需求价格弹性和能源效率水平，应有选择地实施差别税率。表 13-8 为财政部财政科学研究所设计的碳税税率征收方案。

表 13-8 碳税税率征收方案

税率	2012 年	2020 年
碳税/（元/t CO_2）	10	40
其中：原煤碳税/（元/t）	19.4	77.6
原油碳税/（元/t）	30.3	121.2
汽油碳税/（元/t）	29.5	118
柴油碳税/（元/t）	31.3	125.2
天然气碳税/（元/千 m^3）	2.2	8.8

资料来源：财政部研究所. 新形势下我国碳税政策设计与构想. 地方财政研究，2010。

（4）征税环节。碳税的征税环节有 3 种选择：①在生产环节征税，由化石能源的生产、精炼、加工企业缴纳；②在流通环节征税，即批发或零售环节，由化石能源的销售商缴纳；③在消费环节征收，由消耗化石能源的企业和居民缴纳。从充分发挥碳税政策效应的角度考虑，碳税的纳税人是消耗化石能源的企业和居民，在消费环节征税，并采取价外税的形式，更有利于刺激消费者减少能源消耗。但是从碳税的执行成本考虑，建议在生产环节征收碳税。在美国，据专家计算，只需对 2 000 个左右的生产环节经济体（石油炼化厂、天然气提供商、煤矿）征收碳税就可以覆盖全国所有的化石燃料消费，覆盖美国温室气体排放的 82%。而我国的油气、煤、电等行业国有垄断性经营企业居多，如果在生产环节征税，只需要对很少的一些经济体征税就能够覆盖全国所有的化石燃料消费，这样，在税收征管方面就易于操作，成本较低。

（5）时点选择。对于碳税推出的时间，选择的依据有 3 个：①国内外宏观经济形势；②国内企业和个人整体的税负水平；③国际社会的舆论压力。

碳税的征收首先要考虑国内外宏观经济情况。由于开征碳税不可避免地会对经济增长、产业竞争力、企业进出口、居民的可支配收入和物价等方面产生影响，因此在我国宏观经济过热或下滑的时期均不适合开征碳税。在经济过热时开征碳税加重物价的上涨压力；在经济下滑时开征碳税会导致经济难以复苏。此外，在国际经济环境不佳的情况下也不宜征收碳税，若国际需求不振，国内出口将面临压力，此时开征碳税无疑会加重企业出口成本。因而有必要选择不对宏观经济造成过大冲击的合适时机出台。就当前经济形势来看，国际主要经济体（美国、日本、欧盟）还未完全摆脱金融危机的影响，虽然在刺激政策下经济有回暖迹象，但仍有二次探底的风险。国内经济正面临着痛苦的经济转型期，投资拉动型增长方式已经走到尽头，在出口和消费均没有太大起色的情形下正在积极地寻找新经济增长点。当前经济形势不是碳税推出的最佳选择。

开征碳税必然会加大企业和个人纳税人的负担，尽管目前我国全民环境保护意识普遍提高，但是过高的税负水平必然会受到纳税人的抵制，产生较大的社会阻力。目前，我国正在积极进行资源税改革，将大幅提高资源税税率，上调幅度至少 1 倍；并将计征方法由目前定额征收改为定率征收，即由从量征税改为从价征税，以提高资源使用成本。由于目前国际市场资源价格普遍上涨，而以往实行的从量征收无法体现有效利用和保护资源的效果，改为从价计征后，能将税收与资源市场价格直接挂钩，既有助于通过税收调节资源利用，也有助于政府税收的增加。资源税已在新疆地区率先试点，在 2011 年 11 月 1 日正式向全国全面推广。在资源税改革增加相关纳税人税负的前提下，不建议短期内推出碳税。

碳税开征的时点还必须考虑国际社会对我国碳减排的压力。《京都议定书》规定附件 1 国家（即发达国家）的履约时间为 2012 年，而“巴厘岛路线图”达成的协议则不仅规定在 2012 年后发达国家应承担可测量、可报告、可核实的减排义务，同时也要求发展中国家采取可测量、可报告、可核实的适当减排温室气体行动。这样，2012 年后全球为应对气候变化必然会形成新的格局，也必然会对我国控制温室气体排放施加更大的压力。

根据资源税开征的时间，建议在资源税改革完成后的 1～2 年内推出碳税，也就是 2012—2013 年，此时也正好顺应国际社会对我国碳减排的新要求。

13.4.1.2 其他财税体系的完善

除碳税之外，其他财政税费体系的完善在一定程度上也能够间接减少 CO_2 排放。碳税的征收对象为化石能源，以化石能源为标的的税种在理论上都能起到调节 CO_2 排放的作用。在我国现行税制中，对化石燃料征税的税种包括资源税、增值税和消费税等税种。除了增值税这个普遍征收的税种外，碳税与其他相关化石燃料的税种在征税上存在着交叉。碳税与资源税交叉的部分是煤炭、原油、天然气等矿产资源，而与消费税的交叉部分是汽油、柴油等成品油。见表 13-9。

表 13-9 资源税、消费税、碳税征收范围

征收范围和对象（化石燃料）	资源税	消费税	碳税
原油、天然气、煤炭等资源性产品	√		√
汽油、柴油等成品油		√	√
焦炭等煤炭制品			√

资料来源：苏明，傅志华，等. 我国开征碳税问题研究. 经济参考研究，2009。

可见，适当提高资源税、消费税的水平，不仅完善了现有财税体制本身存在的问题，还进一步促进了碳减排，可谓一举两得。

碳税只是环境税的一个税种，从长期看，我国应建立环境税收体系。环境税收体系中不仅包括碳税、消费税、资源税等税种，还包括硫税、氮税、废水税等税种。碳税与硫税、氮税、废水税等针对污染物排放征收的环境税税种之间也同样存在着联系。两者的联系主要表现为：碳税与其他针对污染排放征收的税种，都能够在节能减排上发挥类似的调节作用。例如，碳税在通过减少煤炭消耗来实现 CO_2 减排的同时，也同样可以实现 SO_2 减排的作用；而针对 SO_2 排放征收的硫税，反过来也能起到一定的 CO_2 减排作用。由于能源使用是污染物产生的源头，碳税在通过减少能源消耗来实现 CO_2 减排的调节作用时，必然能产生因能源消耗减少而带来的 SO_2、氮氧化物等污染物排放降低的作用；一般减少污染物排放更

多地是强调通过末端治理来实现，只有在对污染物排放征税能够间接地促使企业减少能源使用时，才能在一定程度上实现节能的效果。由于碳税与硫税等对污染物排放征税的税种在调控重点上存在差异，有必要将两者结合起来，才能更好地发挥出环境税收体系在节能减排上的调控作用。在我国未来的环境税改革中，使硫税、氮税、废水税和碳税之间相互配合和相互协调，形成合力。

13.4.2　针对低碳经济的补贴

与税收政策相对应的是针对低碳经济的补贴政策，该政策主要针对碳排放较小的产品。从政策选择的角度来看，结合上、中、下游产业链的特点以及与碳税政策的配合，提倡对中游产业的低碳生产进行补贴，对下游产业的低碳消费进行补贴。之所以对下游产业提出消费者补贴，是因为下游产业作为产业链的末端，由需求直接决定其兴衰，对消费者的低碳补贴直接改善产业的需求状况效果明显。中游产业则要比下游更为复杂，其价格和产量不仅与下游的需求有关，还受到社会库存变动（主要由预期决定）、上游资源价格变动的影响。中游企业提供的产品为生产中间品，如冷轧钢、水泥、纯碱等，其产品特点是同质化程度较高，其低碳属性不是在产品使用中体现，而是在生产工艺中体现，所以对生产者补贴能够直接激励生产者采用更加节能低碳的生产工艺，补贴效果更为明显，见图 13-2。

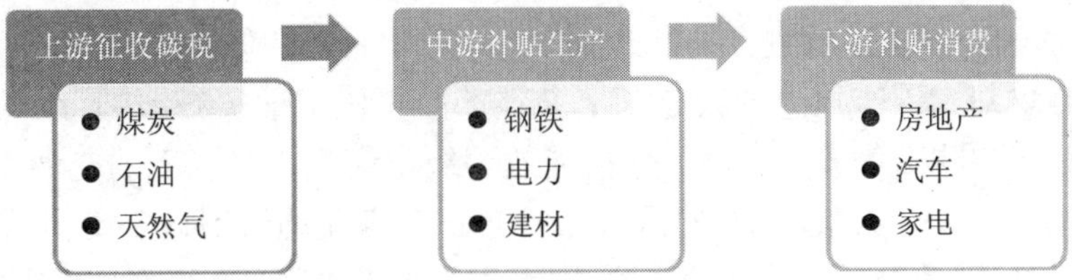

图 13-2　产业链中的财税政策选择

13.4.2.1　对消费者补贴

对消费者的补贴，首推房地产、汽车、家电三大领域。因为这三大产业消耗了大量钢材、水泥、电力等高碳资源，对上述领域低碳产品的补贴效果较为明显。

（1）对消费低碳汽车进行补贴。对于汽车消费的低碳补贴，我国在 2009 年已经实行，并且力度较大。从 2009 年 1 月 20 日至 12 月 31 日，国家对 1.6 L 及以下排量乘用车减半征收车辆购置税。2 月 17 日，财政部、科技部、发改委、工业和信息化部在北京为 13 个节能与新能源汽车示范推广城市授牌，明确对节能与新能源汽车的财政补贴政策。长度 10 m 以上的城市公交车为补贴重点，混合动力客车最高每辆补贴 42 万元，纯电动和燃料电池客车每辆分别补贴 50 万元和 60 万元；对乘用车和轻型商用车，混合动力车按混合程度和燃油经济性分为 5 级，最高每辆补贴 5 万元，纯电动车每辆补贴 6 万元，燃料电池车每辆补贴 25 万元。从 2009 年 3 月 1 日至 12 月 31 日，国家安排 50 亿元，对农民报废三轮汽车和低速货车换购轻型载货车以及购买 1.3 L 以下排量的微型客车给予一次性财政补贴，鼓励汽车下乡。上述补贴政策效果十分明显，我国汽车需求增速显著。根据我国汽车工业协会的统计分析报告，1.6 L 及以下乘用车购置税减半政策对汽车产销增长影响力度最大，2009 年该类车型销售为 719.55 万辆，同比增长 71%，销售增长贡献度 70%。但是，上述政策在促进汽车产业调整和促进低碳汽车发展方面作用尚不明显，还存在不够科学合理的地方。例如，同是 1.6 L 排量，但不同品牌型号的汽车油耗不同，污染物排放也不一样；某种质量好的 1.8 L 排量的车，其油耗和污染物排放可能比某些 1.6 L 排量的车还低，特别是当车辆使用一年以后，这种情况更为明显。也就是说，仅用 1.6 L 排量这个指标作为减征车辆购置税和发放财政补贴的依据并不完全科学。应建立更加科学的低碳汽车检测标准完善补贴依据，无论是 1.6 L 以下或 1.6 L 以上排量的汽车，都按照碳排放实测值分类，凡是符合“低碳汽车”排放限值要求的，无论是 1.6 L 以下或 1.6 L 以上排量的汽车，都按照“低碳汽车”排放等级减征车辆购置税和发放财政补贴，用碳排放标准取代 1.6 L 作为补贴依据。

（2）对消费低碳家电进行补贴。我国对于家电行业的低碳补贴已经有所成效。2009 年财政部、国家发改委公布了“节能产品惠民工程实施细则”，对高效节能产品实施财政补贴。“节能产品”是指能效等级 1 级或 2 级以上的空调、冰箱、平板电视、洗衣等 10 大类高效节能产品。“惠民”就是通过财政补贴方式来推广应用这些产品，财政补助标准依据高效节能产品与普通产品价差的一定比例确定。例如对能效等级 2 级的房间空调器给予 300～650 元/台（套）的补助，能效等级为 1 级的给予 500～850 元/台（套）的补助。发改委称这项工程每年可拉动需求 4 000 亿～5 000 亿元，可节电 750 亿 kW • h，相当于少建 15 个 100 万 kW 级的燃煤电厂，减排 7 500 万 t CO_2。目前家电业的提单补贴已经基本到位，对改善家电业的能源消耗结构，刺激低碳消费起到了比较积极的作用。

（3）对消费低碳住房进行补贴。我国房地产业的低碳发展道路目前还处于起步阶段。为了加强民用建筑节能管理，降低民用建筑使用过程中的能源消耗，提高能源利用效率，降低碳排放，国务院于 2008 年 10 月 1 日颁布施行《民用建筑节能条例》，然而条例实施效果不尽如人意。突出表现在三个方面：在设计阶段，设计单位已习惯于以往的设计思路，只考虑建筑、结构及水暖等方面合理与否，不愿费心考虑节能。因为节能设计势必对建筑物的平立造型、高度、结构及水暖设计等各项工作都增加了一定的难度，不仅多耗费了时间和精力而且影响了出图进度。相关审查机构也没有按照建筑节能强制性标准对施工图设计文件进行审查，没能贯彻《建筑节能法》；在施工阶段，施工单位对建筑节能技术了解不多，尤其在土建方面，因为对建筑节能的施工程序、施工方法存在抵触情绪而不接受技术；在建设阶段，有些建设单位认为没有必要在这一阶段增加投资，没有考虑以后长期取暖费用比现在增加的费用还要高，有些建设单位甚至要求设计单位、施工单位违反民用建筑节能强制性标准进行设计、施工。造成上述现象的重要原因是没有采取有效的市场激励手段。目前，房地产市场的商品房市场已经实现了高度市场化，对于各房地产企业来说，需求兴旺与否关乎企业收入水平、毛利率水平和资金周转率，因此低碳补贴政策标的应该选择需求端——消费者。对于房地产市场来说，其供给在短期内严重缺乏弹性，但需求却较有弹性，如果对消费者进行低碳补贴，用财政收入补助消费者购买低碳节能住房，降低低碳节能住房与普通住房的差价，使消费者更加偏好节能低碳型住房，则开发商自然会在下一期的投资当中选择更多的节能型住房项目，相应地，施工单位就会使用节能材料，而设计也会更多地考虑节能因素。

需要指出的是，对消费者低碳补贴的同时，需要借鉴发达国家的经验，通过需要逐步提高行业的低碳标准以真正实现行业的低碳转型。美国对汽车以及大多数家用能源设施实施最低能源效率标准，对建筑和空调、冰箱等高耗能家用电器，不断提高节能标准。欧盟规定到 2008 年，汽车行驶每公里 CO_2 的排放量在 140 g 水平，到 2012 年，将实行最严格的限排标准，即每公里排放 130 g 水平。此外，日本对能耗效率采取“最强者方式”，即涉及到空调等家用电器、汽车、新建住宅及其配套设备等行业内，将能源效率最好的产品作为整个行业的标准。

13.4.2.2　对生产者补贴

如前所述，在产业下游应针对消费者实施低碳补贴政策，同时对于中游产业的生产者，也应当实施低碳补贴政策，对其在生产过程中的节能低碳行为进行补贴。根据我国现有能耗现状，建议首先对钢铁、电力和水泥三大产业补贴，这三大产业为我国主要能耗产业，单位 GDP 耗能高，与发达国家差距大。

（1）对生产者的钢铁减碳进行补贴。我国钢铁行业消耗的能源占整个工业总量的 10%，吨钢综合能耗比世界先进水平高 15%～30%。其中平均吨钢耗新水量约 15 t，高出世界先进水平 10 t。我国宝钢等个别钢铁企业的能耗水平已经和世界先进企业旗鼓相当，武钢、鞍钢等大型钢铁企业与国际先进水平的差距也正在逐渐缩小。总体而言，我国大中型钢铁企业节能减排效果明显，但工业装备落后的中小企业能耗指标相对落后，依然能耗高、污染物排放量大的问题。中小型企业同大中型钢铁企业整体水平比较，存在约50%的差距。考虑这一因素，我国钢铁工业能耗水平同国际先进水平比较，总体上存在20%的差距。我国钢铁工业一次能源消耗以煤炭为主，约占70%的能源消费总量，这是导致了我国钢铁工业能耗过高的重要原因，但是，更重要的原因是我国钢铁产业节能技术、装备的普及率低，仍然使用许多国外已经淘汰的装备和技术，更进一步，技术水平落后的根源是行业集中度明显低于国际水平。2010年初，我国粗钢产量为300万t以上的钢铁企业共有32家，但粗钢产量达2 000万t以上的大型钢铁集团仅河北钢铁集团、宝钢集团、鞍钢集团、武汉钢铁集团4家，粗钢产量达3 000万t以上的仅河北钢铁集团（2009年产量3 339.43万t）和宝钢集团（2009年产量3 151.48万t）两家。与国际主要产钢国家相比较，我国虽然产量遥遥领先，但行业集中度明显偏低。2010年，我国产量排名前四的企业产量之和占全国比重（即四家厂商集中率）不到25%，而美国、欧盟、日本等发达国家排名前4位企业钢产量占全国比重（即四家厂商集中率）一般为60%甚至70%以上。钢铁产业具有显著的规模经济特征，推广先进工艺和低碳技术的前提是产业结构集中程度较高，因此当务之急是加快行业的整合力度。2010年9月，国务院出台了新的《国务院关于促进企业兼并重组的意见》，要求各省、自治区、直辖市人民政府和国务院各部委、各直属机构切实加快经济发展方式转变和结构调整，提高发展质量和效益，加快调整优化产业结构、促进企业兼并重组。钢铁业内人士认为，《加快钢铁企业联合重组指导意见》有望在后期公布。在产业整合基本完成之后，可对烧结矿余热回收、高风温热风炉、高炉余压发电（TRT）、高炉喷煤、干熄焦（CDQ）、转炉负能炼钢、转炉烟道汽化冷却、轧钢蓄热式加热炉等进一步提高高炉煤气、转炉煤气等二次能源回收利用率的先进工艺技术进行必要的补贴，鼓励低碳节能生产，实现钢铁产业的低碳化。

（2）对生产者的电力减碳进行补贴。电力是又一大高耗能产业，2008年我国发电量34 334亿kW·h，火力发电量27 793亿kW·h，占比高达80.95%，而火力发电的主要燃料又是碳排放系数最高的煤炭，由此可见电力行业的高碳性。减少行业的碳排放强度，目前看来有2种方式比较可行：①投资智能电网的建设。在发输配电方面，世界上老式电网的平均效率大约只有33%，而基于最新技术的智能电网的效率可达60%；在电的传输和分配上，能源的损耗则在7%左右，智能电网技术将有可能减少30%的电力损耗。②改善一次能源的结构降低火力发电的比例，2009年，我国能源消费总量约为31亿t标煤，其中，水电、核电、风电等商品化非化石能源消费量约为2.3亿t标煤，约占能源消费总量的7.44%。我国政府提出，到 2020 年，非化石能源占一次能源消费的比重达 15%。非化石能源比例提高一倍，并不意味总量只需要提高到 4.6 亿 t 标煤，在 2009—2020 年，我国能源消费总量预计还会增长。预计在 2020 年我国能源消费总量将达到 45 亿 t 标煤，则非化石能源消费总量应为 6.75 亿 t 标煤，几乎是现在的 3 倍。为实现这一目标，一方面，我国应大力投资建设核能、风能、水力发电等基础设施；另一方面，更需要引入市场机制，对风能、太阳能、生物质能发电企业给予更大力度的补贴，减少企业成本压力的同时使其电价具有一定的竞争力，也可以起到吸引民间资本进入新能源发电领域的作用。

（3）对生产者的水泥减碳进行补贴。水泥行业也属于碳排放大户，我国水泥行业具有产量高、能耗高、污染重、碳排放多的特点。从总量来说，我国水泥年产量占全球 50%以上，是排名第二的国家——印度的 13.8 倍。而从碳排放量来看，水泥行业排放量几乎占到了总量的 1/5。水泥产业减排主要通过两种途径实现：①水泥生产的过程 CO_2 减排，②水泥生产的能耗 CO_2 减排。水泥生产的过程 CO_2 减排是指减少能源消耗之外的生产过程中产生的 CO_2 排放，即主要是石灰质原料中碳酸盐矿物分解产生的 CO_2 排放，采用低 CO_2 含量的替代原料或生产低钙水泥都可以减少过程 CO_2 排放。水泥生产的能耗 CO_2 减排是指减少水泥生产所需燃料和电力的消耗，进而减少产生能耗 CO_2 排放，提高水泥生产工艺技术水平及能源利用效率。针对这两种减排环节，对企业分别进行低碳补贴，激励水泥企业进行低碳生产。值得庆幸的是，在 2010 年 8 月举行的“973 计划”项目中期检查会上，以南京工业大学沈晓冬教授为首席科学家的“水泥低能耗制备与高效应用的基础研究”973 项目组，已经基本掌握了“低碳水泥”生产技术，可实现水泥碳排放量减少 50%以上。据介绍，目前南京工业大学材料科学与工程学院已经完全掌握“低碳水泥”生产技术这一世界一流技术。该学院目前已与部分水泥企业合作开展“低碳水泥”技术应用合作工程，产出的低碳水泥具有质量高和寿命长的优点。“低碳水泥”虽然已经在技术上基本掌握，在经济上是否可行依然需要论证，因此更需要在技术推广的初期，对生产企业采取一定的补贴措施，鼓励企业采用低碳水泥技术。

13.4.3　针对低碳技术创新的财政支持政策

低碳技术不但能够减缓温室气体的危害，而且其衍生出来的低碳技术产业成为了一国新的增长点，并为经济的进一步发展带来了强劲的动力。低碳技术产业的经济效应主要体现在以下几个方面：提供就业、降低成本、出口技术，最终达到刺激经济增长的目的。

新兴产业的开辟与崛起少不了人力资本的支持，除去高端的科技研发力量外，基础生产过程可以吸纳大量的普通劳动力。随着新技术投产后所带来的规模效应，其产出成本必然随着时间的推移而逐渐下降，低成本的技术为大部分人所享有。来自格拉德哈森集团的研究者考察了欧洲的风速、经济基础设施以及风电场的技术进步。他们预计，到2020年欧洲风电将在整个欧洲创造300万个工作机会。他们还指出，这个巨大的新能源市场，将重振衰退的工业和不景气的行业，创造一个使欧洲走上使用完全清洁能源供应系统之路，且提供比煤电和核电更廉价的能源。这表明了低碳技术的应用带来了更多的就业机会和更低的能源使用成本上，使经济运行效率大幅提高。

风力发电是世界上增长最快的能源，装机容量每年增长 30%以上，到 2003年初，全球风力发电装机容量达 3 200 万 kW，相当于 32 座标准核电站，足以供应 1 600 万个欧洲普通家庭或 4 000 万欧洲居民的电力需求。随着风能发电成本大幅度下降，越来越多的风能发电厂将筹建与投产。而美国能源部利用太阳能大规模加热水的最新技术和太阳光集中反射的原理，通过融化盐来储存太阳能，并在俄亥俄州利用太阳能热水系统生产热水，为该州带来了可观的经济效益。类似地，福特汽车公司利用太阳能为车间取暖，每年创造经济效益达数十万美元。

低碳技术带来的经济效应远不限于国内市场，在部分解决了国内就业与生产成本等问题的同时，更大的经济利益来自于低碳技术的对外转让与低碳产品的出口销售。在全世界节能减排的呼声越来越强烈的背景下，那些技术研发实力相对落后、有减排压力的国家必然会寻求低碳技术的帮助，而作为少数拥有核心技术的这些国家，其寡头垄断者的优越地位便得以充分体现。而技术和专利转让的收益远不止一次性转让，后期的技术支持、设备维护与更新更是让技术拥有者得以维持较长时间的经济利益。任何一个掌握核心技术的低碳产业技术公司在向其他企业转让其技术、专利及配套设施的同时，必然能够得到可观的经济利益。

英国政府认为，绿色能源的研发及示范不仅有助于降低成本、增强能源市场竞争力、发现新的廉价能源，而且能创造出价值不菲的市场，促进产业升级。英国政府在 2002—2004 年的 3 年时间里，累计投入 2.5 亿英镑就太阳能、风能、生物燃料、水能和其他能源的利用进行研发和示范。其重点是支持技术开发并协助工业界实现碳排放减少；维持并开发英国的专门技术，帮助英国企业拓展国际市场，使其获得相应份额。

企业在发展低碳技术产业实现经济效益的同时，必然伴随着对地方及国家财政税收的有力支持。低碳企业为减少财政对失业人口的转移支付及增加财政收入两方面作出了不可忽视的贡献。此外也为地区经济，乃至国家的经济增长注入了新的推动力。

综上所述，低碳技术创新是推动低碳经济发展的核心竞争力，日本、美国和德国已经投入了巨大资金支持低碳技术的研发和推广，如何通过制度设计提高财政资金的使用效率是低碳技术补贴政策考察的重点。通过对发达国家的经验借鉴，应该提倡以英国的“碳基金”的形式使用和管理这部分资金。碳基金是英国政府 2001 年按企业运作模式成立的基金，其资金来源主要为英国的气候变化税，主要在 3 个重点领域开展活动：能够马上产生减排效果的活动；低碳技术的研发；帮助企业和公共部门提高应对气候变化的能力。碳基金作为一个独立的公司，介于企业和政府之间，实行独立的管理运营模式。一方面，碳基金每年从政府获得资金，代替政府进行部分的低碳领域公共资金的管理和运作；另一方面碳基金力图通过严格的商业管理制度保证公共资金得到最有效的使用。碳基金的这种独特地位，有利于协调政府、企业、科研机构的各方力量，共同培育低碳经济。

参考文献

[1] A. Marshall. Principle of Economics，London：The McMillan Company，1890.

[2] A. Pigou. The Economics of Welfare，London：The McMillan Company，1920.

[3] 贺菊煌，沈可挺，徐嵩龄．碳税和二氧化碳减排的 CGE 模型．数量经济技术经济研究，2002（10）：39-47.

[4] 朱永彬，刘晓，王铮．碳税政策的减排效果及其对我国经济的影响分析．中国软科学，2010（4）：1-9.

[5] 苏明，傅志华，许文，等．我国开征碳税的效果预测和影响评价．经济研究参考，2009（72）：24-28.

[6] 苏明，傅志华．关于我国开征碳税的几个问题．中国金融，2009（24）：40-42.

[7] 朱永彬，刘晓，王铮．碳税政策的减排效果及其对我国经济的影响分析．中国软科学，2010（4）：1-9.

[8] Lu Chuanyi，Tong Qing，Liu Xuemei. The impacts of carbon tax and complementary policies on Chinese economy. Energy Policy，2010（7）：55-59.

[9] 财政部研究所．新形势下我国碳税政策设计与构想．地方财政研究，2010.

[10] 苏明，傅志华．我国开征碳税问题研究．经济参考研究，2009（72）：3-16.

第 14 章

低碳对策论

由“高碳经济”向“低碳经济”的转变是中国经济转型升级的重要内容。我国在发展低碳经济方面进行了诸多尝试，但成效平平，而部分发达国家在发展低碳经济方面却走在世界前列，并取得了宝贵经验。本章首先通过对发达国家的低碳政策实践进行探究以期获得经验启示，继而对比分析了我国低碳政策实践中存在的问题，然后对各种低碳政策工具进行进一步的归纳整理，在此基础上提出了推动我国低碳经济发展的政策创新建议。

14.1 发达国家低碳政策述评

14.1.1 发达国家低碳政策的主要措施

欧美发达国家实施低碳政策的时间普遍较早，长期以来推出了大量风格各异的具体措施，归纳起来主要包括强制标准、绿色采购、税收调控、政府补贴、融资优惠、排放交易以及教育倡导等。

14.1.1.1 强制标准

美国政府出台了一系列法律法规对相关产品的设计、生产、销售和回收订立强制标准。最低能效标准设置了市场准入限制，新产品必须达到法律规定的能效水平才能进行销售和使用。美国政府大力推广能效标识计划如“能源之星”项目，厂家自行标出产品的能耗信息给消费者以明示，达到节能产品标准便可获得节能产品标签。

欧盟各国严格执行一系列能效标识方案及最低能效标准，只允许生产和销售符合最低能效标准的产品。比如，意大利自 2005 年 1 月起采取了“白色证书”制度，对企业的能源效率水平进行认证，企业必须申请“白色证书”，政府核准其最低的节能目标。英国政府推出了可再生能源义务，要求电力供应商在其供应消费者的电量中必须有一定比例来自可再生能源，其比例与政府确定的该年度可再生能源的电力总供给所占比例目标同步浮动（闫卡，2011）。除了强制性的能效标识方案和最低能效标准指令之外，欧盟各国还有一些行业性自律协议，这些协议是业界为实现节能目标而实施的自律性行为，在北欧的一些国家如瑞典、挪威、荷兰产生了较好的实施效果。

日本政府强制推行了诸多有效的节能管理制度，如领跑者制度，该制度将节能的最先进水平定为指导性标准，五年后这个指导性指标就转换为强制性标准，达不到这个标准的产品将被禁止在市场上销售。与此同时，又将新的领跑者标准定为指导性标准，以此来不断推进节能水平的提升。从 2008 年开始，日本开始试行“二氧化碳排放可视化”的管制制度，全力推进“碳抵消制度”和“碳足迹制度”。

14.1.1.2　绿色采购

美国政府主要以联邦法令与总统行政命令作为推动政府绿色采购的法律基础，规定了政府采购绿色产品清单，要求行政机关必须将环境管理制度融入到日常决策和长期发展计划中。美国自 20 世纪 90 年代以来已经先后制订并实施了采购循环产品计划、能源之星计划、生态农产品法案、环境友好产品采购计划等一系列绿色采购计划（赵书新，2011）。

欧盟各国政府的绿色采购有着不同的历史，为促使各成员国在绿色采购工作中采取统一标准和统一行动，欧盟于 2004 年 8 月出台了用以指导各成员国采购决策的《政府绿色采购手册》，与此相匹配还建立了一个包含有 100 多类产品的采购信息数据库。据 2006 年数据统计，欧盟各成员国中绿色采购占公共采购的平均份额为 19%，其中瑞典为 50%、丹麦为 40%、德国为 30%、奥地利为 28%、英国为 23%（闰鲁宁，2006）。

为了在政府管理机构推广绿色产品，日本政府在 1994 年颁布了绿色政府行动计划，规定了实施的基本程序和原则。为推动这一行动计划的有效开展，1996 年日本政府支持成立了由各产业团体组成的绿色采购网络组织（GPN），2000 年又出台了《绿色采购法》，将在中央政府所属机构推广和采购绿色产品计划提升到了法律层面。

14.1.1.3　税收调控

美国的低碳税收优惠政策主要包括直接税收减免和投资税收抵免等方面。部分具体措施如下：对低碳资源和低碳产品的投资生产给予税收减免，如新型煤炭技术项目；对可再生资源的投资、生产和利用给予税收减免；扩大对家庭节能投资的减税额度；对购买节能环保型的机动车的消费者允许在计征联邦和州消费税时提高扣除额；对提高能源利用效率的新型建筑给予税收减免；对替代能源的开发及利用给予税收优惠，如生物柴油和机动车能源转换装置。

为促进经济的低碳化，欧盟国家普遍实施了绿色税制改革，税收理念从“谁污染、谁付费”转向“谁环保、谁受益”，开征有利于控制碳排放量、保护环境的新税种，调整原有税制中不利于环境保护的相关条目，对节能环保实行多种形式的税收优惠（贾荣娜，2011）。欧盟于 2003 年在尽量不增加总体税负的情况下对能源税的整体框架作了较大修整，明确规定了欧盟各成员国能源税征收额度的最低标准，几乎涵盖了所有能源及其附属产品。针对高耗能行为采取高税负的负向激励，而对低能耗行为实施低税负或税收减免的正向激励；并且计提一定比例的能源税收入用于节能降耗技术的研发、节能降耗产品的推广与普及。英国政府对购买符合能耗和排放标准的绿色住宅给予税收优惠，对绿色车辆的购买者实施消费税减免等正向的激励措施，而对非绿色车辆则采取加倍征税等负向的激励措施。德国政府则通过减免税、提高设备折旧率和税前计提研发费用的方式鼓励企业积极参与环保行为，并且规定企业享受的税收优惠与节能挂钩，从 1999 年开始对油、气、电征收生态税，从 2000 年开始对国内太阳能企业实施比例为 50 欧分/（kW • h）的税收返还政策。意大利对低能耗工业电机和低能耗家用电器给予税收减免。

日本政府先后出台了特别折旧制度、特别会计制度等多项税收优惠政策，以鼓励企业使用节能设备，开发节能技术。例如，定期发布节能产品目录，开展节能产品和技术评优活动，对使用列入节能产品目录的 111 种节能设备给予税收减让优惠和特别折旧，减免税收约占设备购置成本的 7%；设备除正常折旧外，给予加速折旧优惠，最高可获得相当于设备总价款的 30%；对电动汽车购买者给予减税 7%的优惠，同时还调低电动汽车的增值税、购买税和年税。

14.1.1.4 政府补贴

美国联邦政府、州政府以及电力公司、天然气公司等公用事业单位每年均会提供大量补贴鼓励用户购买节能产品。例如，2001 年美国 40 个州级政府部门和公用事业单位共提供 1.33 亿美元开展现金补贴项目，鼓励用户购买经“能源之星”认证的节能电器和照明产品。现金补贴执行简便，涉及范围广，影响力度大，对于推动美国企业和社会公众参与节能减排工作发挥了巨大的作用。

欧盟通过设立节能消耗基金的方式对诸如余热利用、热电联产技术、新建筑材料等节能项目计划进行了资助，如“欧洲聪明能源计划”。据统计仅在 2003—2006 年，欧盟就支出了 2 亿欧元用于支持各成员国发展可再生能源、节约能源、提高能源使用效率以及开展可再生能源国际合作。英国政府安排财政资金直接资助家庭节能改造活动的开展。意大利政府于 2007 年年初推行能源一揽子计划，出台了一系列推动节能和可再生能源发展的财政措施，启动了一个关于能源效率和生态工业的工业创新计划，对申请企业的下列投资给予资助：可再生能源领域投资；环境影响小和节约能源的新产品的开发投资；可降低能耗的新工艺的开发。德国联邦经济部与德国复兴信贷银行建立节能专项基金，用于促进中小企业提高能源效率。

日本政府对国民购买低碳产品提供补贴，以促进相关产业的发展。例如，日本通产省规定，电动汽车的购买者和租赁企业将受到相当于电动汽车与普通汽车价格之差 50%的补贴，给当地政府和私人企业的补贴额达到了车辆的 50%和 25%；环境厅规定，地方团体购买电动汽车，可以从健康受害补偿预防资金中抽出 1/2 作购买费用，个人购买可抽出 1/4 作为补助费（朱红琼，2009）。

14.1.1.5　融资优惠

欧盟各国制定了许多支持企业节能减排的金融扶持政策，主要包括绿色信贷、绿色保险以及绿色证券。例如，为鼓励温室气体的减排，德国推出了由政府、政策性银行及商业银行等联合实施的金融优惠政策，采取政府贴息以及其他绿色金融产品方式激励企业减少温室气体排放，对于企业投资清洁能源和可再生能源项目低于市场利率 1～2 个百分点的优惠贷款。法国则设立了节能担保基金，该基金由法国环境与能源控制署和中小企业开发银行共同成立，专门对中小企业在节能方面的投资提供贷款担保，以保证中小企业提高能源效率方面的贷款。

日本低碳产业方面的投资资金主要来自于政府指定的政策性银行，它们提供的资金大约占了总投资额的 50%以上。这些政策性银行专门制订了针对节能技术开发和相关设备更新改造的 5 级特别优惠利率。这种利率一般只有商业银行贷款利率的 7 成至 8 成。政府通过设立的产业基础准备基金对那些向商业银行贷款的项目提供担保。此外，对于建筑物节能以及余热利用等投资项目，政府也会给予低息、贴息贷款和贷款担保等融资方面的优惠扶持。

14.1.1.6　排放交易

凭借完善的法律体系和发达的市场经济体制作为基础，美国在推行排放交易方面的工作较为成功。为了限制能源消耗所带来的环境污染，美国政府对含铅汽油的生产采取分配许可证的方式，对 SO_x 和 NO_x 实行限额排放交易计划。通过这些政策的实施，美国在限制污染物排放方面为企业提供了充分的灵活性，使其能够以最低的成本实现环境保护目的，从而使企业具有积极性和主动性，收到了很好的源头治理效果。

欧盟碳排放交易系统在 2005 年 1 月 1 日正式挂牌营运，为现今全球最大的温室气体配额型交易市场，涵盖超过 12 000 个固定排放源，约占欧盟 25 国

全部 CO_2 排放量的 45%。欧盟摈弃了分配许可量的做法，转为实现排放量的拍卖机制，这种方法将确保排放者实际支付由于排放 CO_2 而产生的环境成本。通过制定排放限额，鼓励企业以最低成本投资于能源效率和洁净技术。自启动运营以来，欧盟碳排放市场交易十分活跃，交易量不断上升，市场流动性也不断增加，仅 2008 年就有 10 家碳排放企业获得了总计价值为 5 亿欧元的碳交易配额。

14.1.1.7 教育倡导

为了给各种低碳政策措施的顺利实施创造良好的社会环境，美国开展了广泛的宣传和教育项目，以提升生产者和消费者的节能减排观念和能效意识。例如，每年 10 月是美国的“节能宣传月”，这一活动自 1991 年开始已有 21 年的历史。在节能宣传月期间，政府、商业组织或公益协会都会举办各种活动向公众宣传节能环保知识，鼓励人们在日常生活中身体力行地减少能源消耗。

欧盟各国十分注重节能减排观念的宣传和节能减排信息与技术的普及，开展了许多针对广大居民和节能管理人员的教育与培训项目，通过不同的手段和媒介加强节能减排信息的宣传，如“聪明用能培训项目”“安全和燃油经济性驾驶标准”培训项目等。法国在全国设立了 100 个能源信息点，通过电视公益广告、发放宣传资料、设立公用咨询电话等形式为个人、企业和政府提供服务；德国更是非常重视通过各种宣传手段来提高民众的节能减排意识，鼓励民众对政府、企业在节能与环保领域的工作进行监督。

为推动各种低碳政策措施的顺利实施，日本也开展了广泛的宣传和教育项目。比如，2004 年日本政府给非营利组织提供了 15.3 亿日元的补贴用于开展节能和可再生能源宣传普及活动。经济产业省定期发布节能产品目录，开展节能产品和技术评优活动，表彰能源管理的有功人员、优秀企业、节能集体、节能优秀产品等。此外，日本还在全国范围内建立了“节能共和国”活动，组织居民参加节能宣传教育。

14.1.2 发达国家低碳政策的实践效果

14.1.2.1 发达国家低碳政策取得的成绩

（1）提高了能源利用效率。经过多年低碳政策的实施，各主要发达国家的能源利用效率都得到了有效提升，其中英、德、法、意等国取得的成就尤为突出，表 14-1 列示了部分发达国家 2000—2008 年单位 GDP 能耗水平。

表 14-1　部分发达国家单位 GDP 能耗水平（以标油计）　单位：万 t/亿美元

国家	2000 年	2001 年	2002 年	2003 年	2004 年	2005 年	2006 年	2007 年	2008 年
美国	2.35	2.22	2.18	2.09	2	1.88	1.76	1.71	1.62
日本	1.1	1.25	1.3	1.2	1.13	1.15	1.18	1.17	1.03
英国	1.55	1.57	1.4	1.23	1.05	1.01	0.94	0.78	0.8
德国	1.73	1.77	1.63	1.36	1.2	1.16	1.13	0.94	0.85
法国	1.91	1.92	1.75	1.44	1.27	1.22	1.15	0.99	0.9
意大利	1.59	1.57	1.43	1.19	1.06	1.04	0.98	0.85	0.77
加拿大	4.15	4.15	4.1	3.59	3.16	2.85	2.52	2.3	2.36
澳大利亚	2.66	2.86	2.66	2.07	1.76	1.6	1.61	1.34	1.17

资料来源：世界银行数据库。http://data.worldbank.org/indicator/。

（2）减少了 CO_2 排放。以丹麦为例，丹麦率先建成了绿色能源模式，成为全球发展低碳经济的典范。在其能源消费结构中，天然气消费比重达到 20%，可再生能源和风能比重超过 35%，在过去 30 年中丹麦的 GDP 增长了 160%，而总能耗仅有微小增加，CO_2 排放量则减少了约 17%（王莹，2010）。

美国政府在 2008 年制定法规强制推动集成电路适配器的广泛应用，该政策的应用成功使得全球能源消费金额每年减少了 20 亿美元，CO_2 排放量减少了 1 300 万 t。

（3）促进了国民经济发展。以英国为例，1993—2002 年，英国实现了 200 年来最长的经济增长期，经济增长了 28%，温室气体排放减少了 8%（王彬，2010）。英国的实践证明，经济增长和低碳排放是可以同时实现的。

到 2009 年，英国有 5.5 万家公司积极参与低碳产业的生产经营，全国有超过 90 万人在低碳产业工作，低碳产业的人均产值超过 12 万英镑，约为英国平均水平的 2.2 倍。英国低碳产业市场 2008 年排名世界第六，占全球份额的 3.5%，其价值已达到 1 070 亿英镑。英国低碳经济的规模已经发展到位于医疗保健行业和建筑业之间的地位（谭筱川，2011）。

（4）推动了绿色消费市场。以欧盟为例，其实施的政府绿色采购计划对环境和能源消费产生了重要影响。各国政府机关将环境准则纳入其采购模式，对相关的供应商产生了积极影响，从而带动并产生了绿色消费市场。据联合国统计署调查，90%的德国人、84%的荷兰人在购物时会考虑选择环境友好型产品（贾荣娜，2011）。

14.1.2.2　发达国家低碳政策存在的问题

（1）排放配额过度发放。碳排放交易政策成功的关键在于定价，只有高到一定程度才能真正促使企业减排。例如，欧盟的许多企业已经将碳价纳入其投资决策中，但由于碳价过低还不能真正促进创新。问题在于排放的配额是欧盟委员会与各成员国协商决定的，各成员国都竭力争取更多的配额，从而导致排放总额大大超标，碳价远低于有效水平（李思一，2010）。

（2）政府补贴实施不当。在发达国家的低碳政策实践中，也存在一些由于政府补贴政策实施不当而造成资金浪费的案例。比如，美国的生物燃料计划，这项计划在对美国国内玉米乙醇提供补贴的同时还对进口巴西廉价甘蔗乙醇施加了关税限制政策，结果导致大量玉米低效地用于生产乙醇而不是出口到世界粮食市场，不仅浪费了大量政府资金，还抬高了世界粮价，极大地损害了这项政策的名声。

（3）引发过度投资问题。2008 年爆发的金融危机使主要发达国家陷入了经济衰退之中，作为应对措施，各国政府在低碳经济领域出台了大量激励政策，以期促进投资，尽快拉动经济增长。但由于激励不当，在一定程度上引发了过度投资问题。为了获得税收优惠或政府补贴，大量投资项目在短期中涌现，降低了投资质量。

14.1.3 发达国家低碳政策的经验启示

作为先行者，发达国家的低碳政策在长期实践之中取得了显著的效果，其经验教训对仍处于起步阶段的中国具有重要借鉴意义。主要的经验启示有：

14.1.3.1 注重市场机制的基础性

发达国家在制定和实施低碳政策时注重发挥市场机制的基础性调节作用，强调通过经济激励来影响经济主体的决策，避免了政府对市场的过多干预，从而能够有效地将政府的宏观调控与私人的微观决策结合起来，形成了发展低碳经济的强大推动力。

14.1.3.2 注重低碳政策的系统性

为了实现低碳经济发展有法可依，发达国家十分重视法律法规的制定，相关法律法规门类齐全，将社会经济发展的主要方面都纳入了低碳政策相关的法律法规体系之中。低碳政策工具多样化且相互协调，综合运用了强制标准、绿色采购、税收调控、政府补贴、融资优惠、排放交易、教育倡导等措施，组合成了一个有机的低碳政策系统，使得发达国家的低碳政策运行高效。各种政策工具组合使用，有奖有罚，在市场准入、税费缴纳方面通过有差别的政策待遇进行引导。一方面通过立法的形式颁布强制性标准，加大对高能耗、高排放行为的处罚力度；另一方面引入激励措施鼓励市场针对节能减排进行自我调节，引导企业、个人自觉开展低能耗、低排放工作，发挥政府的“有形之手”与市场的“无形之手”的共同作用（赵书新，2011）。

14.1.3.3　注重低碳政策的动态性

发达国家往往根据技术进步和产品更新换代而对已经实施的低碳政策及时加以修正，从而提高低碳政策的适用性，使其真正发挥促进低碳发展的作用，而非成为技术进步的障碍。例如，保持能效标准或自愿协议的及时更新，当受支持的技术已经适应市场时就不再施加激励，防止对技术创新形成不利影响。

14.1.3.4　注重社会公众的参与性

没有社会公众的广泛参与是不可能真正地建立起低碳社会的。发达国家注重教育倡导工作，投入了大量的人力物力吸引社会公众参与低碳活动，增强民众的低碳意识。例如，充分运用非政府组织（NGO）的优势，大力支持相关 NGO 开展低碳宣传活动，引导民众提高低碳意识。

14.2　促进低碳发展的政策工具

14.2.1　低碳政策的分类

哈密尔顿等（1998）在《里约后五年——环境政策的创新》一书中将实施可持续发展战略的政策手段列成了如表 14-2 所示的一个矩阵：

表 14-2　政策矩阵：可持续发展的政策与手段

主题	政策手段			
	利用市场	创建市场	实施环境法规	鼓励公众参与
资源管理与污染控制	减少补贴	产权/分散权力	标准	公众参与
	环境税	可交易许可证	禁令	信息公开
	使用费	国际补偿制度	许可证和配额	
	押金-退款制度			
	专项补贴			

低碳政策一般可分为经济手段和非经济手段两类，所谓经济手段是指通过改变经济主体原有的成本收益函数来促使其行为按照合意的方式开展，非经济手段是指运用强制性的命令、规定或道德说教等方式来促使经济主体的行为按照合意的方式开展。沈满洪（1997）将环境经济手段区分为庇古手段和科斯手段两大类，结合前文对发达国家低碳政策工具所作的归纳，这里进一步将低碳政策划分为财税手段、交易手段、管制手段、道德手段四大类，其中财税手段和交易手段属经济手段，管制手段和道德手段属于非经济手段。基于此分类，表 14-2 中利用

场一栏所对应的政策手段属于财税手段，创建市场所对应的手段属于交易手段，实施环境法规所对应的手段属于管制手段，鼓励公众参与所对应的手段属于道德手段。按照政策的约束力度和刚性程度进行排序，由硬及软分别是管制手段、财税手段、交易手段、道德手段（图 14-1）。

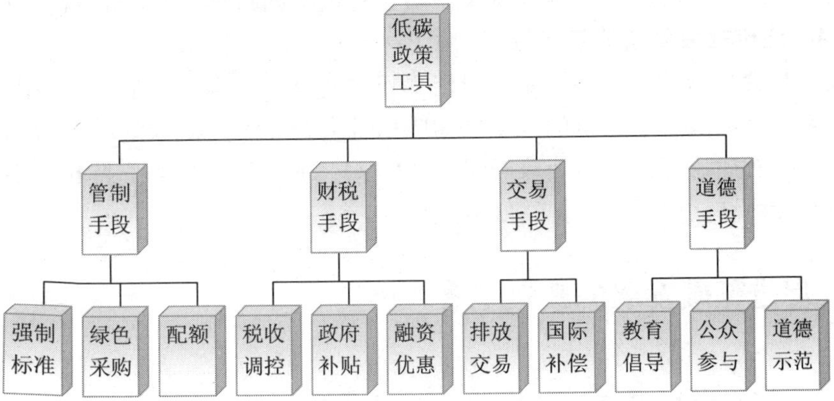

图 14-1 低碳政策工具箱分支图

14.2.2 管制手段

14.2.2.1 管制手段的内涵与政策工具

管制手段又称为命令—控制手段，它是指国家行政管理部门根据相关法律法规所授予的权力，强制要求被管制对象的某些属性达到法定标准要求。管制手段的主要特点在于被管制主体不具有其他选择，要么服从命令，要么接受惩罚（沈满洪，2007）。管制手段在实践中常用的政策工具主要包括强制标准、绿色采购及配额等。

14.2.2.2 管制手段的优越性与局限性

（1）管制手段的优越性。管制手段的优越性在于：①便于政府利用自身的权威强制推行某些主张。例如，政府部门可以通过颁布禁令在公共场所设立无烟区；②便于快速应对某些突发环境事件。命令控制的实施具有强制性、固定性、统一性的特点，这些优势特征赋予了管制手段在执行方面的通畅和统一，所以时效性很明显。

（2）管制手段的局限性。管制手段在实践中往往不能产生理想的效果，其原因在于：①难以确定有效的管制标准。从理论上讲，政府可以通过成本-收益分析来确定最佳管制标准，但实际上政府很难或者根本就不能获得分析所需的所有信

息。②政府失灵问题。在现实生活中，管制极容易成为政府部门设租和寻租的工具，导致监管部门与被监管方相互串通，滋生腐败和既得利益集团，不利于市场竞争机制的正常发挥，从而损害公共利益。③鼓励平庸。管制手段用同一标准来要求不同的企业，可谓是典型的“六十分万岁”，无法激励优秀企业做出更大努力去推动技术进步。更为严重的是，有些管制手段强制不同企业采用同一种技术，这便阻断了技术进步的其他路径，大大降低了技术进步的可能性。

14.2.3　财税手段

14.2.3.1　财税手段的内涵与政策工具

所谓财税手段，就是庇古在《福利经济学》中所表达的政策措施，即由于生态环境问题的重要经济根源是外部性，为了消除这种外部性就应该对产生负外部性的单位征税或者收费，对产生正外部性的单位给予补贴（沈满洪，2007）。庇古（1999）认为，市场在资源配置方面失效的原因在于各经济主体的私人成本和私人收益与相应的社会成本和社会收益不相一致，从而私人最优与社会最优的不一致。基于此，只要政府采取措施使得各经济主体的私人成本和私人利益与相应的社会成本和社会收益相等，则资源配置就可以达到帕累托最优状态。财税手段强调运用“看得见的手”即政府干预来解决外部性问题。财税手段在实践中常用的政策工具主要包括税收调控、政府补贴和融资优惠。

14.2.3.2　财税手段的优越性与局限性

（1）财税手段的优越性。财税手段的优势在于其易于推行，其理论依据直观易懂，强调政府调控，能够有效地在既有的行政体系下应用。并且财税手段具有相当程度的灵活性，给予了经济主体一定的自主选择权，经济主体可以在纳税和技术创新之间进行综合选择，故而能够比管制手段以更小的社会成本解决同样的生态环境问题。

（2）财税手段的局限性。虽然从理论上来看财税手段可以完全解决外部性问题，但在实际应用中却有着相当大的困难。关键问题在于信息不对称，运用财税手段的前提是对相关经济主体的私人成本和私人收益曲线有着清晰的了解，从而制定出最优的税率或补贴额度，但政府往往无法准确获知这些信息，从而产生南辕北辙的调控。

14.2.4　交易手段

14.2.4.1　交易手段的内涵与政策工具

交易手段是根据科斯定理所设计的，在产权得到充分界定且交易费用不大的情况下，外部性问题可以通过当事人之间的自愿交易而得以解决。科斯（1960）认为，外部性问题并不是政府干预的充要条件，一旦产权明晰且交易费用足够小，市场交易可以确保有效率的结果，产权分配方式不影响经济效率，仅影响收入分配。交易手段侧重于利用“看不见的手”即市场机制来解决环境经济问题。实践中常用的交易手段主要是排放交易制度。

14.2.4.2 交易手段的优越性与局限性

（1）交易手段的优越性。交易手段充分发挥了市场机制在资源配置中的基础性作用，因而在经济效率和环境效果等方面具有优越性。首先，交易手段可以有效避免信息不对称问题，具有充分的灵活性，理论上可以使治理成本最小化。交易手段的作用机理与经济主体追求收益最大化或成本最小化的行为是兼容的，社会最优的目标可以在各经济主体追求利润最大化的过程中实现，从而保证了经济效率，有利于促进技术进步和优化资源配置。其次，交易手段给予了多方利益相关者表达诉求的渠道，避免了由于政府部门独自决定调控目标而可能产生的偏差。比如，随着社会经济不断发展，公众对环境质量提出了更高要求，便可以向相应的环保组织捐赠款项以从企业手中购买更多的排放权，从而达成优化环境的目的，此种方式在其他环境治理手段中是无法实现的。

（2）交易手段的局限性。交易手段的不足之处体现在现实环境中产权难以界定和交易成本过高。①只有在产权得到充分和有效界定的情况下，交易手段才能发挥其作用；②只有在交易费用足够小的情况下，运用交易手段才是可行的。然而在市场经济程度不高的国家，产权往往未能得到有效界定，交易成本居高不下，构成了运用交易手段的巨大阻碍。

并且，交易手段的有效运行建立在市场机制充分发挥作用的基础之上，这就要避免政府的过多干预，但排放交易市场的建立又需要政府发挥推动作用，并维护良好的市场秩序，所以政府的介入是不可避免的。因而，准确定位政府的角色并对其权力加以有效限制便显得十分关键，这在尚未建立起现代政府管理体制的国家里是个很大的问题。

14.2.5 道德手段

14.2.5.1 道德手段的内涵与政策工具

低碳政策中的道德手段是指通过宣传教育改变人们的观念和价值取向，使人们逐渐树立起可持续发展的价值观念，自觉采用低碳化的生产、生活及消费行为方式。这是一种基于文化和意识形态理论的非正式制度安排，强调道德约束和行为习惯在塑造人们经济行为方面的重要性。

可以从两个方面来发挥道德手段的作用：一个是利用道德伦理为主体的社会精神对人们价值取向的影响，通过教育来强化良心效应，使得人们从事外部不经济行为时感到不安，降低自身的整体福利水平，从而尽量减少导致负外部性的行为。另一个是利用习惯、习俗等非正式制度对人们经济行为的制约，通过示范效应在社会中建立起利于低碳经济发展的行为习惯。实践中常用的道德手段主要包括教育倡导、公众参与和道德示范。

14.2.5.2 道德手段的优越性与局限性

（1）道德手段的优越性。道德手段的优越性在于其能够增加人们对生态环境问题的重视，提高人们对环境问题“感同身受”的程度，使环境成本和环境收益成为影响人们决策的重要因素，从而缩小私人成本和私人收益与社会成本和社会收益之间的差距，减少经济活动中的信息不对称，降低交易成本，为各种低碳政策的顺利实施创造有利的社会环境。

（2）道德手段的局限性。由于道德手段既不具有强制性也不具备经济激励作用，对经济主体的约束力度因人而异，故而其调控结果缺乏确定性。

14.2.6 不同政策手段的对比分析

管制手段、财税手段、交易手段及道德手段都各有其优越性和局限性。为了更好地把握它们相互之间的区别和联系，下面将进一步对它们进行对比分析。

14.2.6.1 管制手段与财税手段的比较

管制手段的主要特点就在于其强制性，依靠行政命令推行政策主张，具有很强的政策约束力。用集体决策代替了个体决策，被管制主体基本不具备自主选择权，从而妨碍了微观个体自我纠错行为的实施，如果政策制定失当，将会产生较高的社会成本。

而财税手段则相对灵活许多，它在更大程度上运用了价格机制来对相关经济主体进行经济激励，给予了经济主体较大的自主选择权，从而降低了政策制定失当可能带来的社会成本。

并且，管制手段的实施要求政府掌握有相当充分的信息，财税手段则因为运用了价格信号而在一定程度上缓解了信息不对称问题。

14.2.6.2 财税手段和交易手段的比较

如果将财税手段看做是部分地运用了市场机制的政府调控，那么交易手段则是代表了市场机制本身。虽然程度上不及管制手段，但财税手段的本质依然是用集体决策去代替个体决策，财税手段要取得良好实施效果的前提是政府能够了解各个经济主体所掌握的相关信息，但由于信息不对称问题，政府所能获得的信息往往是有偏差的，如果这种偏差过大，就会导致政策上的巨大失误。相比之下，交易手段就能很好地避免这些问题，政府通过完善市场而非取代市场的方式来达成目标，在施加宏观指导的同时，又能最大限度地发挥微观个体决策的巨大优势，政策灵活程度高，自我纠错能力强。从理论上来看，交易手段能够以最小的成本实现碳排放控制目标。

此外，财税手段会让政府承担更多的事务，但这也意味着赋予政府更大的权力，因此易于为政府所接纳。而交易手段虽然能够为政府减负，但也意味着要适当控制政府的权力，所以不易被政府采用。

一般来讲，交易手段只能在市场经济条件下采用，并且市场经济程度越高越利于其发挥效力，而财税手段等则能适用于多种经济体制。

14.2.6.3 道德手段和其他手段的比较

不同于管制手段、财税手段和交易手段，道德手段是通过教育倡导等方式来影响特定事物给经济主体带来的主观效用水平，从而使经济主体的行为决策朝着有利于创建低碳社会的方向发展，相比之下其政策实施的成本较低，但政策实施效果也较为不确定。

表 14-3 从政策约束力、政策灵活性以及经济主体主动性等方面对这四种手段的对比情况进行了列示。

表 14-3 4 种手段的比较

比较项目	管制手段	财税手段	交易手段	道德手段
政策约束力	高	较高	一般	低
政策灵活性	低	一般	较高	高
经济主体主动性	低	一般	高	较高
政策目标确定性	高	一般	较高	较低
信息需求量	较高	高	一般	低
经济激励水平	一般	高	较高	低
技术促进程度	低	一般	高	高
政策制定成本	低	高	高	低
政策执行成本	高	高	低	低
经济效率	较低	高	较高	一般
适用体制	不限	不限	市场经济	不限

14.2.7 不同政策工具的适用条件和范围

不同的政策工具适应于不同的领域和情形，只有明晰了它们各自的适用条件，才能根据具体情况选择正确的工具制定出有效政策。

14.2.7.1　管制手段的适用条件和范围

管制手段所包含的政策工具是应用最为广泛的，特别是其中的强制标准。政府可以通过颁布适当的标准来对特定领域的技术水平起到强有力的推进作用，但若标准制定或实施不当，则会反过来对技术进步产生阻碍。因此，强制标准应具备一定的前瞻性，并随着技术水平的变化而适时修订。绿色采购是政府实施低碳政策的一个重要工具，应该得到大力推行，但在具体实施中面临着“绿色产品”按什么标准确定、由谁确定等问题，解决不当不仅会滋生大量寻租活动，而且会给相关产业的健康发展带来不利影响。相比较而言，管制手段中的其他政策工具如禁令和配额的适用范围较小，仅限于对某些特殊资源和产品施加管制时运用。总的来看，管制手段中所包含的政策工具应尽量在“市场失灵”而“政府有效”的领域加以运用。

14.2.7.2　财税手段的适用条件和范围

财税手段中的税收调控和政府补贴在实践中也得到了广泛应用，但两者只有在管理机构掌握了足够的信息并且具备了较高的专业水平时才有可能产生良好的政策效果，因此在运用此类政策工具时应充分做好前期工作，开展深度调研并进行详细论证。融资优惠政策可用于推动或加快有关低碳产业及低碳技术的发展，该政策工具只有与市场紧密联系起来才能发挥良好效果。此外，押金退还制度也是财税手段的一种，该政策工具在减少废弃物数量方面具有很好的效果。财税手段中所包括的政策工具在“政府有效”时才能加以使用，并且还需要市场机制发挥一定的作用。

14.2.7.3　交易手段的适用条件和范围

交易手段中的排放交易制度在实践中有着严格的使用条件，首先是产权能够明确加以界定，其次是市场机制能够正常发挥作用，最后是交易成本不高于一定水平。交易手段仅限于“市场有效”时使用。

14.2.7.4　道德手段的适用条件和范围

道德手段中的教育倡导、公众参与及道德示范在绝大部分条件下都适用，虽然它们不能单独发挥作用，但往往能对相关政策的顺利实施发挥重要作用。

14.3　我国实施低碳政策的 SWOT 分析

14.3.1　我国实施低碳政策的优势

我国实施低碳政策的优势主要在于以下几方面。

（1）经济发展打下了坚实基础。实施低碳政策也就意味着要推动经济发展的转型升级，这需要一定的经济基础作为支撑。经过改革开放30多年的发展，中国经济已经取得了重大成就，经济总量跃居世界第二，仅次于美国，人均GDP超过了5 000美元，已进入上中等收入水平国家行列，这为我国实施低碳政策打下了坚实的经济基础。

（2）社会公众产生了低碳意识。一项政策的成功实施离不开社会公众的理解和支持，低碳政策更是如此，只有当社会公众普遍接受了低碳经济理念并自觉践行低碳生活方式，一个国家才能真正踏上低碳发展道路。随着我国经济的发展，民众的生活水平得到了极大提高，对生活质量提出了更高要求，低碳意识逐渐形成并不断加强，这就为实施低碳政策创造了良好的社会环境。

（3）政策实践取得了探索经验。在过去10多年中，我国各级政府相继出台了不少与低碳经济相关的政策法规，推行了诸多意在促进低碳经济发展的政策措施。其中的大多数政策法规和措施虽然由于制定上的不完善或者推行中的不得力而未能发挥良好功效，但各级政府的相关部门在此过程中还是取得了宝贵的探索经验，锻炼了一大批人才，从而为今后成功地实施低碳政策奠定了基础。

14.3.2 我国实施低碳政策的劣势

我国实施低碳政策的劣势主要在于以下3点：

（1）工业化仍未完成。首先，从经济发展阶段来看，我国正处于工业化中期，重化工业仍在加速发展之中，导致第二产业比重居高不下。其次，各级地方政府热衷于上马大量高能耗、高排放、见效快的重工业项目，不惜以破坏生态和环境为代价，追求短期经济利益最大化。在这样的局面下，实现低碳化和工业化的协调发展将是个十分棘手的问题。

（2）政府调控手段单一。低碳政策的成功实施对政府的宏观调控能力有着很高要求，往往需要政府灵活运用多种调控手段。但我国政府长期以来讲究“多、快、好、省”，习惯于主要依靠行政命令推行各种政策，将各种指标层层分解到各级政府，再由各级政府向企业施压，各经济主体并不具有内在的政策执行动力，导致部分政策流于形式，无法产生实质效果。

（3）市场机制发育不良。部分重要的政策工具如税收调控、政府补贴、融资优惠、排放交易等都需要市场机制发挥基础性的调节作用，但由于近些年来改革的进程缓慢或停滞不前，我国的市场经济体制尚未达到完善的地步，尤其在关键的矿产、能源等领域仍处于计划经济色彩浓厚的行政垄断控制之下，市场调节机制无法发挥核心作用，这就导致了相应低碳政策工具无法适用，资源配置长期处于低效率之中。

14.3.3　我国实施低碳政策的机遇

（1）全球经济进入一轮调整期。次贷危机的爆发通常被归因于金融业缺乏有效监管，但其根本原因在于主要经济体缺乏新的经济增长点，从而导致了房地产和金融领域的过度膨胀。金融危机后的世界经济在动荡中孕育着机遇，主要发达国家都将低碳经济列为了重点培育的下一轮经济增长点，我国经济在转型升级缓慢的背景下也即将面临增长乏力问题，加快实施低碳政策有助于我国紧跟世界发展趋势，甚至于实现对发达国家的赶超。

（2）国际社会的援助力度加大。虽然各国之间仍然未就各自的减排责任达成一致意见，但还是切实建立起了一些运行良好的援助项目，对发展中国家发展低碳经济提供资金和技术上的帮助。如能有效参与其中，这将对我国低碳经济的发展产生不可忽视的推动作用。比如清洁发展机制（CDM），它允许发达国家的投资者在发展中国家实施有利于发展中国家可持续发展的减排项目，从而减少温室气体排放量，以履行发达国家在《京都议定书》中所承诺的限排或减排义务。

14.3.4　我国实施低碳政策的挑战

（1）面临经济下行的风险。我国在近期实施低碳政策面临着经济下行的风险。低碳政策的实施在一定程度上会增加企业的生产成本，加大其经营风险。在美国次贷危机的影响还未结束、欧洲主权债务危机仍在持续发酵的情况下，欧美市场的需求持续处于疲软之中，这给过度依赖于出口拉动的中国经济带来了巨大困难，如果此时的低碳政策实施不当，有可能进一步恶化这种不利局面。

（2）面临发达国家的压力。2010 年我国 CO_2 排放量全球占比达到 24.59%，已经超过 82 亿 t，在 2009 年基础上增加了大约 8 亿 t，与排名第二的美国之间的差距继续拉大（表 14-4）。正因为如此，发达国家纷纷指责中国排放了过多的 CO_2，要求中国承担起更多的减排责任，这对于我国来说是个巨大的挑战。虽然从发展阶段上来看，我国正处于发达国家早已走完的工业化阶段，比发达国家排放更多的 CO_2 在所难免，但从一个负责任的大国的角度来看，这并不能成为我们心安理得无节制排放的理由。那样将会给发达国家占据道德制高点对中国进行遏制以口实，恶化我国的发展环境。

表 14-4 2010 年全球 CO_2 主要排放国排放情况

国家	CO_2 排放量/kt	全球占比/%	人均排放量/t
世界	33 508 901	100	4.9
中国	8 240 958	24.59	6.2
美国	5 492 170	16.39	17.6
印度	2 069 738	6.18	1.7
俄罗斯	1 688 688	5.04	11.8
日本	1 138 432	3.40	8.9
德国	762 543	2.28	9.3
伊朗	574 667	1.71	7.6
韩国	563 126	1.68	11.5
加拿大	518 475	1.55	14.9

数据来源：CDIAC 网站。http://cdiac.ornl.gov/trends/emis/tre_tp20.html。

14.4 促进我国低碳发展的政策创新

14.4.1 低碳政策工具的设计原则

政策能否取得成功的关键在于设计是否合理。在制定低碳政策时需要关注 2 个原则：①是否全面考虑了利益相关者；②政策设计是否满足占优纳什均衡。

14.4.1.1 全面考虑利益相关者

每一项低碳政策的实施效果都要取决于利益相关者对政策本身的认同程度和执行力度。所谓利益相关者是指其效用水平受到政策的影响并且能够对政策的实施效果产生作用的经济主体。在低碳政策的制定过程中，研究各个利益相关者的利益机制，针对不同主体的情况采取适当的措施，对于政策的顺利实施有着重要的意义。低碳政策的利益相关者通常包括政府、企业、消费者、社会公众等，其联系机制见图 14-2。

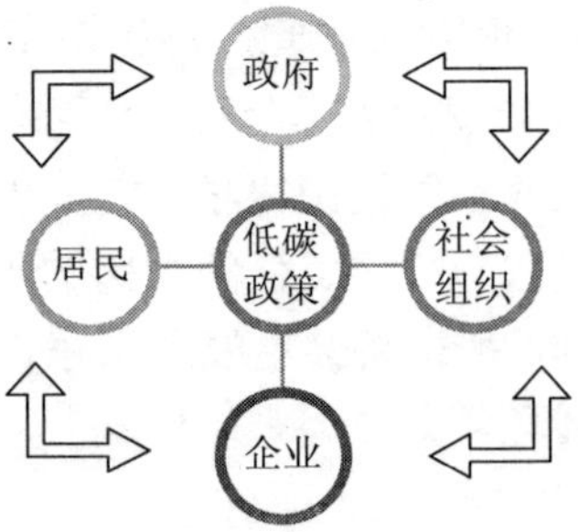

图 14-2 低碳政策中的利益相关者

（1）政府。政府包括中央政府和地方政府，两者的利益往往是不一致的，并且各级政府中的行政人员也在追求自身利益，在政策制定时需要特别考虑其中的委托-代理问题，政策设计要同时满足“参与约束”和“激励相容约束”。

（2）企业。企业追求的是利润最大化，如果其执行政策所产生的成本不能被补偿或者执行政策所带来的收益过低，作为“理性人”的它们便有动力去背离政策，这种情况下就需要在政策设计中加入相应的奖罚机制来进行纠正。

（3）居民。居民追求的是自身效用最大化，政策设计应该对这一点加以利用而不是与其相抵触。

（4）社会组织。社会组织包括个人和社会团体，它与其他社会主体有着不同的诉求，前者往往代表了公益、利他、互助、协作等观念，这些都是发展低碳社会的重要价值取向。社会组织在低碳政策的制定和实施中拥有更多的话语权有利于充分发挥其监督功能，形成多元化的参与机制。

14.4.1.2　满足占优纳什均衡

张维迎（1996）认为，一种制度（体制）安排要发生效力，必须是一种纳什均衡。所谓纳什均衡，是指这样一种战略组合，即在给定别人战略的情况下，没有任何参与人有动力改变自身战略。其实，一种制度安排要发生效力，仅仅是纳什均衡还不够，必须是占优纳什均衡。所谓占优纳什均衡，是指能给所有参与者带来最大效用的那一个纳什均衡。考虑一个完全信息静态博弈，参与人为政府和企业，它们的战略都有两种：A 和 B，各种战略组合下的支付矩阵见图 14-3。

		企业：A	企业：B
政府：	A	2，2	1，1
政府：	B	1，1	3，3

图 14-3　完全信息静态博弈 1

这个博弈有两个纳什均衡，即（A，A），（B，B）。假设以上博弈代表了一个政策，其目标是要实现（A，A），那么这个政策的设计是不合理的。必须在政策设计中改变双方的支付矩阵，才能保证政策目标的顺利实现（图 14-4）。

企业：

政府：	A	B
A	3，3	1，1
B	1，1	2，2

图 14-4　完全信息静态博弈 2

14.4.2　低碳政策工具的实施策略

良好的政策设计十分关键，但恰当的实施策略同样重要。在实施低碳政策时，需要对这些政策工具的适用条件有全面的认识，对不同政策工具之间的替代性和互补性有准确的把握，对不同政策工具的选择和组合使用有清晰的了解，并对各种政策的轻重缓急进行巧妙的安排。

14.4.2.1　注意低碳政策工具的相互关系

（1）政策工具的替代性。当两个不同的政策工具可以单独发挥作用，并且所产生的政策效果相同时，这两个政策工具之间便具有替代性。在同时使用多项具有替代性的政策工具时应特别谨慎，因为政策实施后会产生叠加影响，对经济体的短期冲击较大。例如，如果在进行资源税改革的同时又开征碳税，则势必对资源价格有较大影响，短期内会明显增加企业成本，特别是对高耗能产业和供给相对缺乏弹性的产业形成较大冲击。因此，当计划实施的不同政策工具之间存在替代性时要注意取舍。

（2）政策工具的互补性。当两个不同的政策工具可以作用于同一事物的不同方面，并且某种政策效果的充分实现需要它们共同实施时，这两个政策工具之间便具有互补性。就低碳政策而言，多种政策工具之间存在着互补性，比如配额与排放交易、碳税和补贴等。

表 14-5 详细展示了各种政策工具之间的替代性和互补性。

表 14-5　低碳政策工具之间的替代性和互补性

—	强制标准	绿色采购	税收调控	政府补贴	融资优惠	排放交易	公众参与	教育倡导	道德示范
强制标准	—	互补	替代	—	—	互补	互补	互补	互补
绿色采购	替代	—	替代	替代	替代	—	互补	互补	互补
税收调控	互补	替代	—	互补	替代	替代	互补	互补	互补
政府补贴	—	替代	互补	—	替代	—	互补	互补	互补
融资优惠	—	替代	替代	替代	—	—	互补	互补	互补
排放交易	互补	—	替代	—	—	—	互补	互补	互补
公众参与	互补	互补	互补	互补	互补	互补	—	互补	互补
教育倡导	互补	互补	互补	互补	互补	互补	互补	—	互补
道德示范	互补	互补	互补	互补	互补	互补	互补	互补	—

11.4.2.2　注意低碳政策工具的组合使用

对不同政策工具进行组合使用所产生的效果往往要优于单一政策工具，在实践中要注意加以运用。

（1）税收调控和政府补贴的整合使用。例如，为了抑制高碳产业的发展，可以采用增加税收和削减补贴的政策组合。政府通过提高税率，并取消原有的补贴，从而增加高碳产业的经营成本，降低其利润水平。这样便能促使部分投资退出高碳产业，遏制其过度发展。

相反，为了促进低碳产业的发展，可以采用减少税收和增加补贴的政策组合。政府通过降低税率，并提供补贴，从而减少低碳产业的经营成本，提高其利润水平。这样便能吸引更多的投资进入低碳产业，推动其发展。

在实际应用中，为了取得更好的政策效果，往往需要采用前面两种政策组合的再组合。例如，为了降低高碳资源的使用比例，可采用增加税收和削减补贴的方式来提高其价格，但由于低碳资源的价格水平处于更高位置，理性的经济主体依然会选择高碳资源，政策成效不大。如果同时对低碳资源进行补贴来降低其价格，从而增加低碳资源的吸引力，政策效果将会更好。

（2）税收调控和排放交易的组合使用。为了更为严厉地抑制高碳产业的发展，可以采用增加税收和买入排放权的政策组合。增加税收会提高高碳产业的经营成本，提高其产品价格，这将会降低其产品需求和利润水平，从而促使部分效率低下的企业退出该产业。政府在排放权交易市场上公开买入排放权将会推高排放权的价格，从而增加企业的排放成本，这对高碳产业的发展将产生进一步的抑制作用。两者结合起来运用，将会产生强有力的政策效果。

反之，为了促进低碳产业的发展，可以采用减少税收和买入排放权的政策组合。减少税收可以降低低碳产业的经营成本和产品价格，提高其利润水平，从而吸引更多的投资进入。政府公开买入排放权会推高排放权价格，使得低排放的企业在转让其排放权时可以获得更多的收益，从而有利于低碳产业的发展。并且，排放权价格的升高一方面增加了高排放企业的成本；另一方面却提高了低排放企业的减排收益，因而有利于提升低碳产业的相对竞争力。

（3）其他政策工具的组合使用。其他政策工具相互之间组合使用的机理与前面所述的例子基本相同，因此不再赘述。需要强调的一点是，公众参与、教育倡导、道德示范等与其他政策工具的关系均是“互补性”的（表 14-5），这表明应尽量将道德手段与其他政策工具进行组合运用，有助于更好地发挥政策效力。

总之，低碳政策工具的组合运用在于恰当利用政府调控和市场调节两种方式的各自优点，进行存量调整应主要依靠“看得见的手”，进行增量调整应更多地依赖“看不见的手”。

14.4.3 低碳政策工具的实施时序

在短期内，要求企业迅速降低碳排放既不讲效益、也不切实际，所以短期的政策目标应在于引导，加强居民和企业的低碳意识，形成更加严格的低碳政策预期。在中期内，经过一段时间的探索，部分企业已经走上了低碳发展的道路，而还有一些企业依然延续以前的发展方式，这时的政策应该加大对低碳企业的经济鼓励和对高碳企业的经济惩罚，加大对低碳消费的经济激励和对高碳消费的经济遏制。所以中期的政策目标是实现对低碳生产和低碳消费的真正利益反馈，以持续推动企业和居民的低碳行为。在长期，其政策目标是实现经济发展和碳减排的“双赢”，真正达到“经济低碳化”和“低碳经济化”。

基于以上思路，我国的低碳政策应该按照 3 个步骤开展实施：

（1）放开不合理的政府管制，利用市场调节机制理顺资源价格。低碳政策体系必须跟上市场化改革的进程，当务之急是推进资源价格改革，充分发挥价格信号的调控作用，逐步扭转高碳资源过度开发、低效开发的混乱局面。在具体政策工具选择上，要改变当前主要以行政管制为主的局面，转向更多利用市场调节的政策工具。

（2）启动环境税费改革，加快推动低碳经济转型。通过征收税费的方式，将环境成本纳入企业从事生产经营和民众日常生活的决策之中。同时，强化环境监测制度和能效考评制度，建立垂直的环保执法管理体系，减少地方政府对环保执法的干预。在政策工具的选择上要逐渐调整和强化税收及补贴等手段的运用。

（3）构建完善的低碳财税政策体系，通过产权改革进一步发挥市场机制的调节作用。综合运用被比作“胡萝卜”的经济手段和被比作“大棒”的管制手段，对低碳化的经济行为给予正向激励，对高碳化的经济行为实施负向激励，逐步建立起一套行之有效的低碳财税政策体系。积极推动区域间和企业间碳排放交易市场的建立。在政策工具的选择上要进一步增加市场创建型政策如交易手段的运用。

在低碳政策体系的创建过程中，道德手段的运用要贯穿始终。文化和意识形态的类型在很大程度上决定了何种制度得以建立，低碳政策的有效运行离不开低碳文化的支撑。因此，应积极开展宣传教育活动，向社会公众推广和普及低碳知识，倡导低碳化的生活消费方式，建立起低碳文化氛围。

14.4.4　近期促进低碳发展的重点政策

（1）实施排放总量控制政策。尽快实施排放总量控制政策，从总量上控制碳排放的增长。碳减排至少要经历 3 个阶段：①总量递增，强度递增；②总量递增，强度递减；③总量递减，强度递减。目前已经从第一个阶段转向第二个阶段。根据已经确定的总量，结合经济结构调整和各行业发展需要合理分配排放额度，切实发挥淘汰落后产能的作用。

（2）完善政府绿色采购制度。通过政府绿色采购来推动低碳产业的发展，带动社会公众进行低碳消费。订立透明化的统一采购标准，强制要求各级政府在采购中优先选择低碳产品。强化信息公开，接受社会公众监督。健全政府采购审查问责机制，严格监督各级政府的采购行为。

（3）构建低碳投资扶持体系。通过设立专项财政资金，建立多元化的低碳投资扶持体系，充分运用市场的调节机制鼓励企业开发低碳技术，对风力发电、太阳能发电、生物质能发电等可再生能源项目进行补贴。

（4）强化低碳税收调控作用。通过对相关税种进行整合优化来强化低碳税收的调控作用，当前中国已经具备了环境税改革的基本条件，应该尽快对现有的与环境有关的税种进行调整合并，开征独立的碳税，将废水、废气、固体废弃物等先行纳入征收范围。

（5）改革能源价格形成机制。加快改革能源价格的形成机制，放开能源领域市场准入，引入市场机制的基础性调节作用，充分发挥价格信号的资源配置作用，使能源价格正确反映资源的稀缺性和环境成本。

（6）实施低碳消费激励政策。运用补贴和税收优惠等政策工具，广泛开展教育倡导活动，综合运用经济手段和道德手段鼓励低碳消费行为，引导消费者购买低碳产品。对于低碳产品实施价格补贴的手段。

参考文献

[1] 闫卡．中国低碳经济发展策略研究——以低碳能源为例．海南大学，2011：38.

[2] 赵书新．节能减排政府补贴激励政策设计的机理研究．北京交通大学，2011：23-34.

[3] 闰鲁宁．国外政府绿色采购现状及对我国的启示．中国政府采购，2006（12）：9.

[4] 贾荣娜．促进低碳经济发展的财税政策研究．天津财经大学，2011：19-23.

[5] 朱红琼．国外促进节能减排的财税政策及对我国的启示．经济师，2009（8）：67.

[6] 王莹．欧洲低碳经济发展模式对中国的启示．东北财经大学，2010：14-17.

[7] 王彬．发达国家低碳经济转型的实践及其对中国的启示．吉林大学，2010：9.

[8] 谭筱川．英国低碳经济发展及其效果分析．吉林大学，2011：9.

[9] 李思一．各国政府低碳政策的经济效益评价．高科技与产业化，2010（6）：20.

[10] K·哈密尔顿，等．里约后五年——环境政策的创新．张庆丰，等译．北京：中国环境科学出版社，1998.

[11] 沈满洪．论环境经济手段．经济研究，1997（10）：54-61.

[12] 沈满洪．资源与环境经济学．北京：中国环境科学出版社，2007：82.

[13] 张维迎．博弈论与信息经济学．上海：上海三联书店、上海人民出版社，1996：10.

[14] 庇古．福利经济学．中国社会科学出版社，1999 年（英文版）.

[15] 科斯．社会成本问题，法制与经济学杂志，1960（3）．载科斯等著，财产权利与制度变迁．上海三联书店、上海人民出版社，1994.

本专著的部分前期研究成果目录

[1] 沈满洪，吴文博，魏楚．近二十年低碳经济研究进展及未来趋势．浙江大学学报：哲学社会科学版，2011（3）．

[2] 魏楚，黄文若，沈满洪．环境敏感性生产率研究综述．世界经济，2011（5）．

[3] 黄文若，魏楚．中国各省份二氧化碳影子价格研究．鄱阳湖学刊，2012（3）．

[4] 黄文若，魏楚．碳排放强度：影响因素与中国的应对策略．学习与实践，2011（9）．

[5] 魏楚，夏栋．中国人均 CO_2 排放分解：一个跨国比较．管理评论，2010（8）．

[6] 周楠．低碳工业的内涵与评价．鄱阳湖学刊，2012（1）．

[7] Chu Wei，Jianlan Ni，Manhong Shen. China's enegy inefficiency：A cross-country comparison. The Social Science Journal，48（2011）478-488.

[8] 魏楚，杜立民，沈满洪．中国能否实现节能减排目标：基于 DEA 方法的评价与模拟．世界经济，2010（3）；人大复印报刊资料《生态环境与保护》2010（8）．

[9] 苏小龙，沈满洪．能源结构促进二氧化碳减排的机制分析．鄱阳湖学刊，2012（1）．

[10] 沈满洪，苏小龙．能源低碳化研究文献述评．低碳经济，2013（2）．

[11] 沈满洪，池熊伟．中国交通部门碳排放增长的驱动因素分析．江淮论坛，2012（1）．

[12] 池熊伟．中国交通部门碳排放分析．鄱阳湖学刊，2012（4）．

[13] 池熊伟．我国低碳交通的发展现状及对策建议．经济评论，2012（4）．

[14] 沈满洪，王隆祥．低碳建筑研究的文献回顾与未来展望．建筑经济，2012（11）．

[15] 李娜，孟艾红，熊婧慧．低碳建筑研究初探．经济论坛，2012（3）．

[16] 孟艾红．城市居民低碳消费行为影响因素的实证分析．中国城市经济，2011（10）．

[17] 孟艾红，李娜．低碳消费文献综述．经营与管理，2012（3）．

[18] 沈满洪，孟艾红，贺震川．低碳经济视角下的资源价格改革．云南社会科学，2011（9）．

[19] 沈满洪，贺震川．低碳经济视角下国外财税政策经验借鉴．生态经济，2011（3）．

[20] 沈满洪，贺震川，孟艾红．低碳经济视角下的财税政策创新．鄱阳湖学刊，2011（3）．

[21] 苏小龙，沈满洪．发展低碳经济的双轮驱动机理：资源价格改革与财税政策创新．学习与实践，2010（12）．

[22] 沈满洪，贺震川，孟艾红．低碳发展的资源价格与财税政策的联动分析．学习与实践，2011（6）．

后 记

本书是浙江省委、省政府批准（浙委办[2012]68 号）的浙江省重点创新团队（文化创新类）——生态经济研究团队（编号：20120303）的一个重点成果。作为团队带头人，从团队的组建到创新团队的申报，从创新团队的分工到本专著的形成，历尽千辛万苦，终觉苦尽甘来。衷心感谢推荐我带领生态经济研究团队申报浙江省重点创新团队的浙江理工大学，衷心感谢在层层选拔中让生态经济研究团队不断胜出的浙江省社科界联合会、浙江省委宣传部、浙江省委组织部及其参与评审的各位专家，衷心感谢浙江省委、省政府授予生态经济研究团队以“浙江省重点创新团队（文化创新类）”的殊荣！

我从事生态经济学的研究将近 20 年，主要从事以水资源为主的资源经济理论与政策、以水环境为主的环境经济理论与政策等方面的研究。我申报的中国经济改革研究基金会 2010 年招标项目“资源价格及财税体系改革与低碳经济的发展”的成功中标使我开始进入当今极度热门的低碳发展领域。经过一年时间的合作攻关，顺利通过了课题验收，并发表了一系列论文。本书的第 12 章、第 13 章、第 14 章就是在该课题报告部分内容的基础上修改而成的。衷心感谢中国经济改革研究基金会的资助！

本专著的初稿形成时，正值浙江理工大学人文社科学术专著出版资金 2012 年度申报时，在学校人文社科办公室的关心下，我申报了该出版资金，并且成功获得批准。衷心感谢浙江理工大学人文社科学术专著出版资金的资助以及人文社科办公室同志们的关心！

本专著是我和团队成员历时 3 年合作完成的成果。由我设计整体思路和大纲，各位作者分头提出包括章节及核心观点的提纲，通过课题组研讨后形成正式的写作提纲。各位执笔者形成初稿后，我仔细审读并提出详尽的修改意见；各位执笔者完成修改稿后，我再次仔细审读并提出详细的完善建议……各位作者完成递交稿后，我再次进行审读并进行统稿。虽然本书的作者多达20人，但是每一章书稿的形成均倾注了我大量的精力。当然，巧妇难为无米之炊。没有各位团队成员的刻苦钻研和合作攻关，是不可能形成现在这样的书稿的。衷心感谢浙江理工大学、浙江大学、上海理工大学的每一位作者的辛勤劳动！

本专著各章的执笔人如下：

第1章 引论 沈满洪（浙江理工大学、浙江大学）；

第2章 高碳危机论 徐铭（浙江理工大学）；

第3章 低碳农业论 石清（上海理工大学）；

第4章 低碳工业论 周楠（浙江理工大学）；

第5章 低碳能源论 苏小龙（浙江理工大学）；

第6章 低碳交通论 池熊伟（浙江理工大学）；

第7章 低碳建筑论 王隆祥（浙江理工大学）；

第8章 低碳物流论 沈文婷（浙江理工大学）；

第9章 低碳金融论 黄文若（浙江理工大学）；

第10章 低碳消费论 孟艾红（浙江理工大学）；

第11章 低碳技术论 程小华（浙江大学）；

第12章 低碳价格论 沈满洪、吴文博（浙江大学）、苏小龙（浙江理工大学）、贺震川（浙江大学）；

第13章 低碳财税论 吴文博、沈满洪；

第14章 低碳对策论 程永毅（浙江大学）、沈满洪。

一部优秀的专著往往是在发表一系列论文的基础上形成的。在本专著的形成过程中已经发表了20余篇论文，还有部分论文正在投稿或成文过程中。我期待，本专著不是我组织开展低碳发展研究的终点，而仅仅是一个起点。

美国内布拉斯加大学倪金兰教授、中国人民大学魏楚副教授、浙江大学杜立民副教授、浙江理工大学谢慧明博士和夏栋、李娜、熊婧慧等研究生均从不同角度参与了本专著的研究或相关学术论文的写作。她们同样对本专著作出十分重要的贡献。

书稿从形成到出版，实际上是作者和编辑共同再创作的过程。长期以来，我与中国环境出版社结下了不解之缘，尤其是与陈金华编审形成了非常默契的合作关系。本专著的出版过程中倾注了陈金华编审等出版社各位同志的大量心血。衷心感谢中国环境出版社尤其是陈金华编审长期以来对我学术成果转化的大力支持！

路漫漫其修远兮，吾将上下而求索！需要感谢的单位和个人难以一一言表。我将以更加优异的成绩来表达对每一位培养我、关心我、帮助我、支持我的各位老师和同学、各位领导和同事、各位亲戚和朋友！

沈满洪

2014 年 1 月 21 日